彭水年鉴

PENGSHUI NIANJIAN

（2021卷）

《彭水年鉴》编辑部

方志出版社
Publishing House of Local Records

图书在版编目（CIP）数据

彭水年鉴. 2021 / 《彭水年鉴》编辑部编. --北京：方志出版社，2021.10
ISBN 978-7-5144-4890-0

Ⅰ. ①彭… Ⅱ. ①彭… Ⅲ. ①彭水县—2021—年鉴
Ⅳ. ①Z527.194

中国版本图书馆CIP数据核字（2021）第264222号

彭水年鉴（2021）

编　　者：《彭水年鉴》编辑部
责任编辑：冯　松

出 版 者：方志出版社
地址　北京市朝阳区潘家园东里9号（国家方志馆4层）
邮编　100021
网址　http://www.zgfzcb.cn
发　　行：方志出版社图书经销中心
电话（010）67110500
经　　销：各地新华书店
印　　刷：重庆巴南彩印厂

开　　本：889×1194　　1/16
印　　张：23.25　彩插：1.625
字　　数：578千字
印　　数：001~600册
版　　次：2021年10月第1版　　2021年10月第1次印刷

ISBN 978-7-5144-4890-0　　定价：320.00元

彭水苗族土家族自治县地方志编纂委员会

顾　　问： 石　强　彭玉萍（女）　程　途

主　　任： 陈清松

副 主 任： 罗道书　王凡鹏　冯吉光　秦胜成　冉　靖（女）　冉隆超　杨建华

委员单位： 县委办　县人大办　县政府办　县政协办　县纪委监委机关　县委组织部　县委政法委　县委统战部　县委宣传部　县委编办　县法院　县检察院　县发展改革委　县教委　县经济信息委　县民族宗教委　县公安局　县民政局　县司法局　县财政局　县人力社保局　县规划和自然资源局　县生态环境局　县住房城乡建委　县城管局　县交通局　县水利局　县农业农村委　县商务委　县文化旅游委　县卫生健康委　县退役军人事务局　县应急局　县审计局　县市场监管局　县统计局　县医保局　县林业局　县乡村振兴局　县信访办　县人武部　县税务局　县气象局　县档案馆　县工业园区管委会　县新城管委会　县九黎城管委会　县委党校　县供销合作社

办公室主任： 冉茂鸿

《彭水年鉴》编辑部

主　　　编：冯久洪

副　主　编：冉茂鸿　任　勇

执行主编：汪卫东

责任编辑：陈　坤（女）　曾小爽

编 辑 说 明

一、以马克思列宁主义、毛泽东思想、邓小平理论、“三个代表”重要思想、科学发展观、习近平新时代中国特色社会主义思想为指导，坚持辩证唯物主义和历史唯物主义的立场、观点和方法，力求思想性、科学性、资料性的有机统一。

二、《彭水年鉴》（2021卷）旨在反映2020年彭水苗族土家族自治县经济、政治、文化、社会发展状况以及各条战线、各行各业在改革开放、促进发展、建设打造具有民族特色的旅游城市中所取得的新成就、新进展、新突破；同时也为上层决策经济发展，群众知晓信息，外界认识、了解、走进彭水提供信息服务平台。

三、本年鉴共9个部分，分别是特载、大事记、县情总貌、政治、经济、社会事业、乡镇街道、荣誉、附录。

四、本年鉴采用分类编辑法，由类目、分目、条目组成。为便于查阅，全书条目标题均使用黑体字加【 】表示。

五、本年鉴资料均由县级各部门和有关单位提供，并经提供单位领导审核。

六、所有数据统计部门有统计的采用统计部门的数据，统计部门没有的则采用各部门、各单位提供的数据。有小数点的数据保留到小数点后两位。

七、本年鉴所收录的先进单位、先进个人均以获奖日期或获奖内容在2020年度内为准。

彭水苗族土家族自治县地图

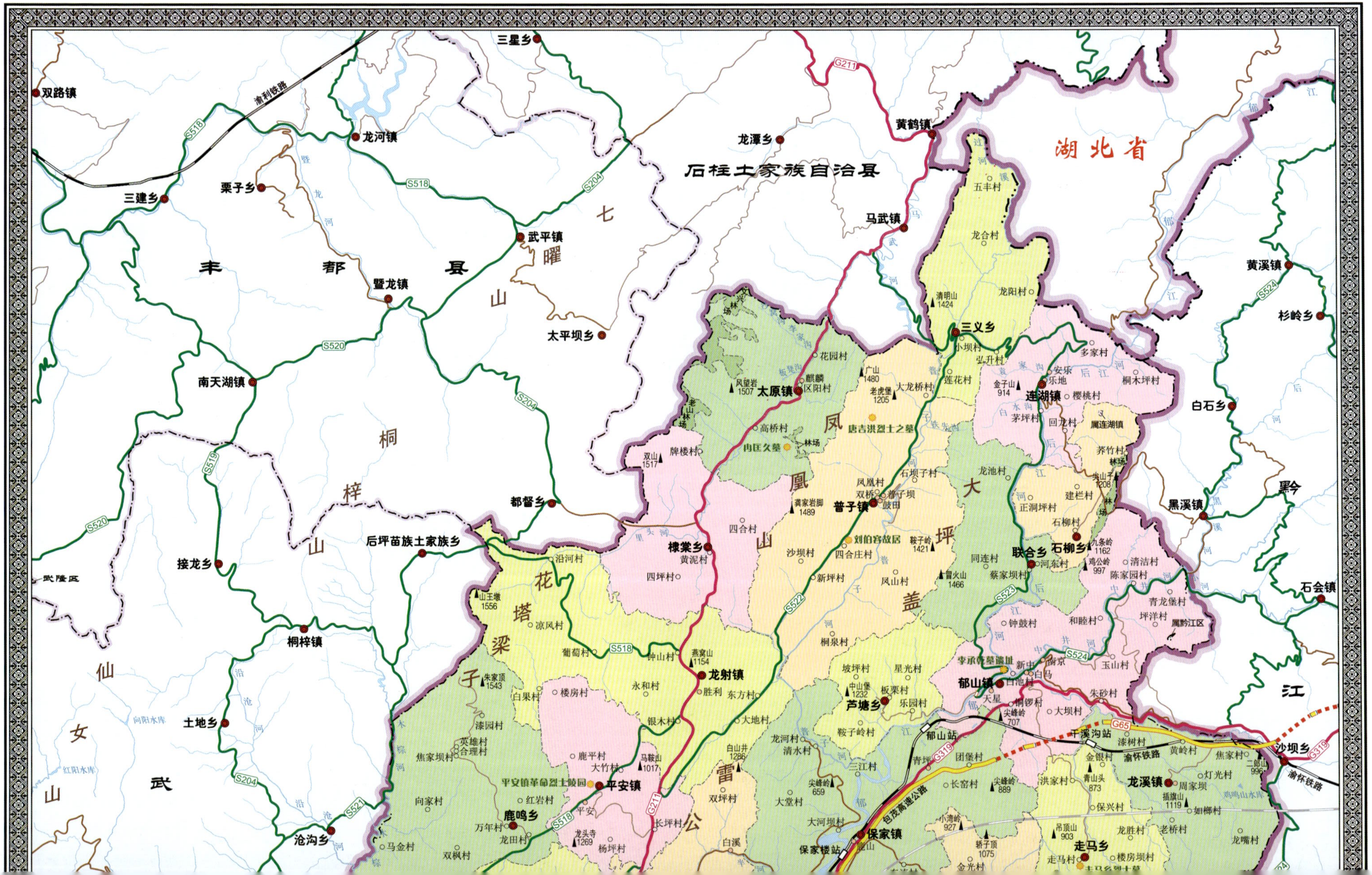

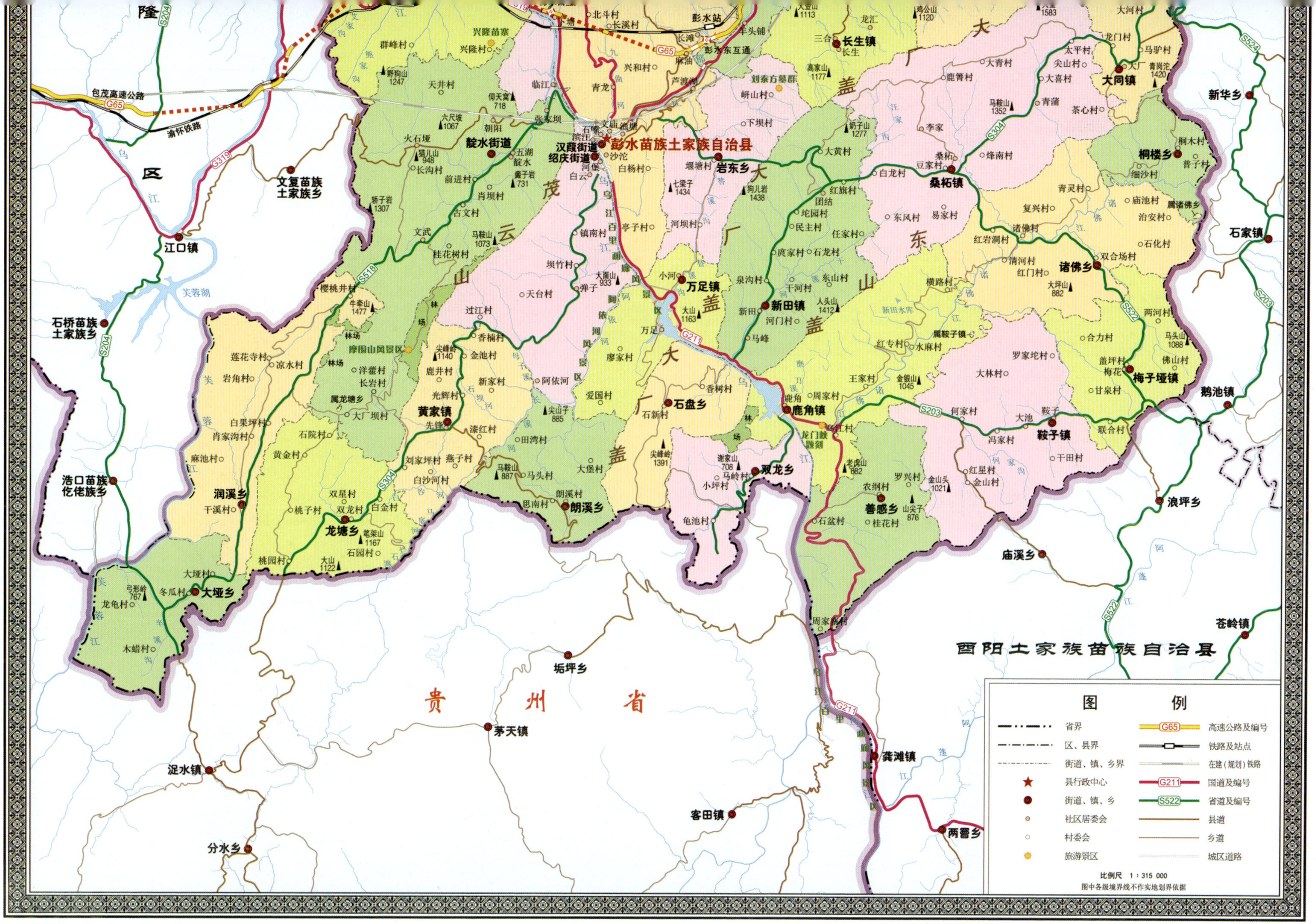

审图号：渝S（2019）012号

彭水苗族土家族自治县规划和自然资源局　监制　　重庆市勘测院　编制　　二〇一九年二月

世界苗乡 养心彭水

彭水县城今貌

（周玖林 摄）

阿依河漂流

（黄健 摄）

蚩尤九黎城

（冉林 摄）

摩围山飞云口

（卢进 摄）

乌江画廊

（李科 摄）

年度要闻（2020）

2020年8月14日，县委书记钱建超（左二）专题调研县融媒体中心工作

（县融媒体中心 供图）

2020年12月6日，县委副书记、县长石强（左一）到润溪乡调研脱贫攻坚、乡村振兴等工作

（润溪乡人民政府 供图）

2020年2月2日，县委常委、县纪委书记蒋孟轩（右二）在县卫生健康委调阅台账，督导全县新冠疫情防疫医疗救治物资保障及流转情况

（县纪委监委 供图）

2020年2月21日，彭水县组建医疗队驰援武汉

（冉林 摄）

2020年4月8日，彭水援鄂医疗队凯旋归来

（冉林 摄）

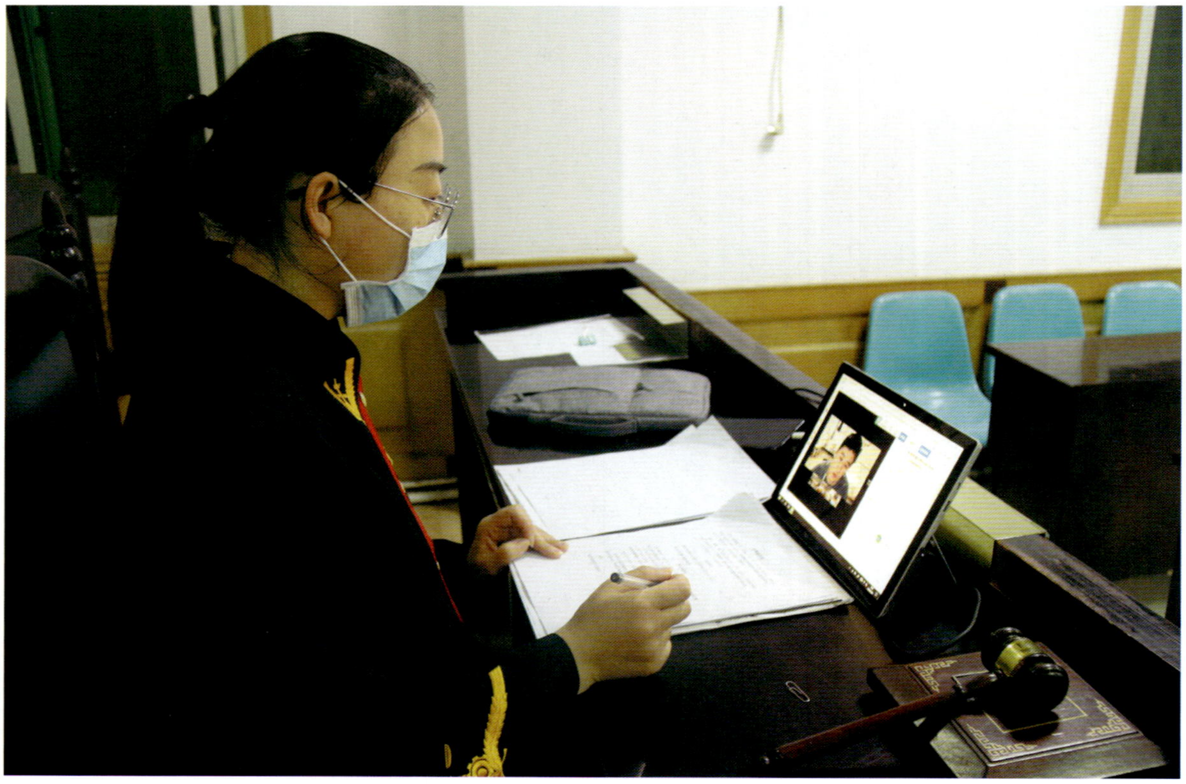

2020年4月21日，县法院家事法官何小敏组织身在外地的当事人双方进行网上庭审

（张丹 摄）

2020年4月23日，渝湘高铁彭水段建设项目开工仪式

（曾熙 摄）

2020年5月26—29日，彭水自治县第十七届人民代表大会第五次会议召开

（县人大办 供图）

2020年7月1日，乌江四桥、复线桥通车

（张国 摄）

2020年7月25日，县家庭教育研究会组织开展贫困家庭儿童研学旅行团活动

（县妇联 供图）

2020年8月14日，市建委主任乔明佳（右一）和副县长巩义胜（左二）为木欧水苗寨揭牌

（县住建委 供图）

中国传统村落干田村木欧水村

（杨明 摄）

2020年8月25日，中国电信重庆公司与彭水县举行“5G智慧彭水”战略合作协议签约仪式

（县经信委 供图）

2020年9月，桐楼乡普子村被命名为重庆市文明村镇

（任明川 摄）

2020年9月，善感乡周家寨景区成功创建国家AAA级景区

（罗运益 摄）

2020年9月26日，重庆市2020年知识产权服务万里行系列活动之“地标优品·彭水行”直播助力脱贫攻坚活动现场

（县农委 供图）

2020年10月28日，彭水自治县实施《妇女儿童发展规划（2011—2020年）》终期评估暨新规划编制工作调研座谈会召开

（县妇联 供图）

2020年11月13日，经中央外办协调，工信部在彭水召开全国中药材产业扶贫工作推进会。图为大会举行中药材产业扶贫签约仪式

（县经信委 供图）

2020年11月25—26日，彭水县举办“凝聚青春正能量，助力扶贫勇担当”网络直播带货活动

（团县委 供图）

2020年11月26日，网络直播带货

（周玖林 摄）

2020年12月，龙射镇社区教育学校特色培训班开设阿依藤草编课程

（杨芳 摄）

新田镇庹家村黄金田至阿依山盘山公路

（曾熙 摄）

保家镇白茶基地

（保家镇人民政府 供图）

大垭乡蔬菜基地

（罗宁 摄）

黄家镇漆红村安置点大棚种植基地

（县发展改革委 供图）

庙池村葡萄园
（诸佛乡人民政府 供图）

大垭乡塘口村易
地扶贫搬迁集中安置点
（罗宁 摄）

棣棠乡牌楼村
易地扶贫搬迁安置点
（县发展改革委
供图）

数字彭水（2020年度）

辖区面积	3903平方千米
年末户籍人口	70.30万人
地区生产总值	245.10亿元
一般公共预算收入	14.15亿元
一般公共预算支出	72.98亿元
农林牧渔业总产值	62.91亿元
工业增加值	40.51亿元
固定资产投资	91.7亿元
社会消费品零售总额	110.6亿元
城镇常住居民人均可支配收入	33775元
农村常住居民人均可支配收入	13397元

目 录

特 载

在县委十四届九次全会第二次全体会议上的讲话 …… 1
彭水苗族土家族自治县人民代表大会常务委员会工作报告 …… 4
彭水苗族土家族自治县人民政府工作报告 …… 11
中人国民政治协商会议彭水苗族土家族自治县常务委员会工作报告 …… 27

大事记

大事记 …… 34

县情总貌

地理 …… 43
历史沿革 …… 43
地质地貌 …… 43
气候 …… 44
自然资源 …… 44
土地资源 …… 44
动物资源 …… 45
植物资源 …… 45
矿产资源 …… 45
水资源 …… 45
旅游资源 …… 45
概况 …… 45
阿依河景区 …… 45
中国·彭水乌江画廊旅游区 …… 46
摩围山景区 …… 46
蚩尤九黎城 …… 46
郁山古镇文化旅游区 …… 46
鞍子苗寨 …… 47
乌江苗都 …… 47
乡村旅游景点 …… 47
人口 …… 48
民族 …… 48
宗教 …… 48
行政区划 …… 48
名优特产 …… 48
龙塘沟白酒 …… 48
火棘果 …… 49
蛇酒 …… 49
殷氏擀酥王 …… 49
彭水软籽石榴 …… 49
彭水响李 …… 49
彭水紫苏 …… 50
晶丝苕粉 …… 50
大脚菌 …… 50
黄家灰豆腐 …… 50
彭水山葵 …… 50
彭水蜂蜜 …… 51
经济体制改革 …… 51

供给侧结构性改革 …… 51
服务业发展 …… 51
社会信用体系改革 …… 51
民营企业改革 …… 51
营商业环境优化 …… 52
招商投资工作制度 …… 52
粮食储备安全管理 …… 52
农村公共基础设施管护体制改革 …… 52
经济社会发展概况 ……
复工复产 …… 53
涉企政策落地 …… 53
经济运行调度 …… 53
脱贫攻坚 …… 53
产业转型升级 …… 54
基础设施建设 …… 54
城乡统筹发展 …… 54
生态环境保护 …… 55
改革开放创新 …… 55
民生社会事业 …… 55

政　治

党政机关 …… 57
中共彭水自治县委员会 …… 57
概况 …… 57
经济建设 …… 57
政治建设 …… 57
文化建设 …… 58
社会建设 …… 58
生态文明建设 …… 58
彭水自治县人民代表大会 …… 59
概况 …… 59
县十七届人大五次会议 …… 59
立法工作 …… 60
监督工作 …… 60
决定重大事项 …… 61
人事任免 …… 61
代表工作 …… 61
联系指导乡镇人大工作 …… 62
新闻宣传和理论研究 …… 62
互动交流 …… 62
自身建设 …… 63
彭水自治县人民政府 …… 63
概况 …… 63
疫情防控 …… 63
经济发展 …… 63
脱贫攻坚 …… 64
区域协调 …… 64
生态产业 …… 64
文旅融合 …… 65
新的动能 …… 65
社会大局 …… 65
常务会议 …… 65
政协彭水自治县委员会 …… 66
概况 …… 66
加强政治引领 …… 66
服务中心大局 …… 66
助力脱贫攻坚 …… 67
众志成城抗疫 …… 67
履职福惠民生 …… 67
提案表达民意 …… 68
文宣塑造形象 …… 68
纪检监察 …… 68
概况 …… 68
“两个责任”落实 …… 68
执纪审查 …… 69
扶贫领域监督执纪 …… 69
信访矛盾化解 …… 70
“八项规定”落实 …… 70
巡察工作 …… 71
纪检监察体制改革 …… 71
自身建设 …… 71
组织工作 …… 71

概况 …… 71
党的政治建设 …… 72
基层组织建设 …… 72
干部队伍建设 …… 73
人才发展环境优化 …… 74
老干部工作 …… 74
党员干部教育 …… 74
宣传工作 …… 75
概况 …… 75
理论武装 …… 75
新闻宣传 …… 76
网络舆情 …… 76
宣教工作 …… 76
文化建设 …… 76
精神文明 …… 77
对外宣传 …… 77
统战工作 …… 77
概况 …… 77
思想政治引领 …… 78
多党合作 …… 78
服务发展 …… 78
党外人士队伍建设 …… 79
非公经济发展 …… 79
民族宗教 …… 79
海峡两岸交流 …… 79
人力资源和社会保障 …… 80
概况 …… 80
就业创业 …… 80
社会保障 …… 80
人事人才 …… 80
收入分配 …… 80
劳动关系 …… 80
行风建设 …… 81
川渝合作 …… 81
脱贫攻坚 …… 81
信访工作 …… 81
依法行政 …… 82
医疗保障 …… 82
概述 …… 82
参保征缴 …… 82
基金监管 …… 82
跨省异地就医联网结算 …… 82
付费方式改革 …… 82
集中采购 …… 83
医保信息系统迁移 …… 83
医保电子凭证激活 …… 83
医保扶贫 …… 83
疫情防控 …… 83
机关事务管理服务 …… 84
概况 …… 84
公务接待服务 …… 84
公务用车管理 …… 84
办公用房管理 …… 85
公共机构节能 …… 85
集中办公区域食堂和物业管理 …… 85
后勤服务 …… 85
扶贫助困 …… 86
机构编制 …… 86
概况 …… 86
机构改革后续 …… 86
机构编制法定化规范化 …… 86
县委巡察整改 …… 87
机构编制队伍建设 …… 88
党校工作 …… 88
学校概况 …… 88
理论学习 …… 88
干部培训 …… 88
教学基地 …… 89
科研咨政 …… 89
师资培养 …… 89
脱贫攻坚 …… 89
信访工作 …… 89
概况 …… 89
党风廉政建设 …… 89

信访业务办理 …… 89
矛盾排查化解 …… 89
接访下访 …… 90
信访法治建设 …… 90
四项攻坚行动 …… 90
专项治理 …… 90
群众工作 …… 90
退役军人事务 …… 90
概况 …… 90
服务保障 …… 90
安置军休 …… 91
就业创业 …… 91
优抚保障 …… 91
双拥共建 …… 91
褒扬纪念 …… 92
疫情防控 …… 92
基层基础工作 …… 92

群众团体 …… 94
总工会 …… 94
概况 …… 94
组织建设 …… 94
劳动竞赛 …… 94
劳模工作 …… 94
民主管理 …… 95
劳动保护 …… 95
服务帮扶 …… 95
互助保障 …… 95
职工维权 …… 95
女工工作 …… 96
财务经审 …… 96
干部培训 …… 96
脱贫攻坚 …… 96
共青团 …… 97
概况 …… 97
从严治团 …… 97
校外教育 …… 97
扶贫助困 …… 97
希望工程 …… 98
青年志愿服务 …… 98
青年创新创业 …… 98
新兴青年工作 …… 99
疫情防控 …… 99
妇女工作 …… 99
概况 …… 99
团结引领妇女 …… 99
聚焦脱贫攻坚 …… 100
深化乡村振兴 …… 100
践行核心价值观 …… 100
促进创业就业 …… 101
强化维权关爱 …… 101
推进组织改革 …… 101
科学技术协会 …… 101
概况 …… 101
思想引领 …… 101
开展科普宣传 …… 102
科技志愿服务 …… 102
培养科技工作者 …… 102
企事业科协、农技协工作 …… 103
科技扶贫 …… 103
急科科普 …… 104
科普宣传活动 …… 104
基层组织建设 …… 105
决策咨询工作 …… 105
工商业联合会 …… 105
概况 …… 105
理想信念教育 …… 105
商会建设 …… 105
思想政治建设 …… 106
参政议政 …… 106
民企“百日大走访”活动 …… 106
防疫抗疫 …… 106
公益光彩事业 …… 107
万企帮万村 …… 107

东西部扶贫协作 …… 107
残联 …… 108
疫情防控 …… 108
脱贫攻坚 …… 108
助残服务方式创新 …… 108
社会保障 …… 109
队伍建设 …… 109
权益保障 …… 110
其他工作 …… 110
文学艺术界联合会 …… 110
概况 …… 110
理论学习 …… 110
脱贫攻坚 …… 111
协会动态 …… 111
民族文化研究 …… 111
文艺交流 …… 111

法治 …… 112
政法委及综治 …… 112
概况 …… 112
维护政治安全 …… 112
疫情排查防控 …… 112
防范重大风险 …… 112
社会治安管控 …… 113
预防化解社会矛盾 …… 113
扫黑除恶专项斗争 …… 113
创新治理格局 …… 113
公共安全监管 …… 113
公安 …… 113
概况 …… 113
干部人事管理 …… 114
接处警情况 …… 114
大数据应用 …… 114
反诈工作 …… 114
合成作战 …… 114
扫黑除恶专项斗争 …… 114
社会治安重点地区排查整治 …… 114
缉枪治爆 …… 115
精神障碍患者服务管理 …… 115
打击长江流域非法捕捞 …… 115
“一标三实”基础信息采集 …… 115
户口清理 …… 115
出入境管理 …… 115
警务督察工作 …… 115
强化审计监督 …… 115
法制工作 …… 116
防范打击暴恐和邪教活动 …… 116
基础设施建设 …… 116
交通事故预防及车辆管理 …… 116
禁毒工作 …… 116
昆仑行动 …… 116
疫情防控 …… 116
网络安全 …… 117
监所管理 …… 117
放管服 …… 117
全警实战大练兵 …… 117
脱贫攻坚 …… 117
消防工作 …… 118
概况 …… 118
政治教育 …… 119
执勤训练 …… 119
火灾预防 …… 119
服务经济 …… 120
检察 …… 120
概况 …… 120
疫情防控 …… 120
“六稳”“六保” …… 120
脱贫攻坚 …… 120
刑事诉讼 …… 120
扫黑除恶 …… 121
法律监督 …… 121
公益诉讼 …… 121
司法体制改革 …… 121
控告申诉 …… 122

从严治检 …… 122
队伍建设 …… 122
接受监督 …… 122
法院 …… 122
概况 …… 122
刑事审判 …… 122
民商事审判 …… 123
行政审判 …… 123
脱贫攻坚 …… 123
执行工作 …… 123
司法为民 …… 123
司法改革 …… 124
审判队伍建设 …… 124
司法行政 …… 124
概况 …… 124
普法与依法治理 …… 124
社区矫正和安置帮教 …… 124
公共法律服务 …… 125
行政复议与应诉和行政执法协调监督 …… 125
队伍建设 …… 125
脱贫攻坚 …… 126
疫情防控 …… 126
全面依法治县 …… 126
概况 …… 126
体制机制 …… 126
履行政府职能 …… 126
依法行政制度体系 …… 127
行政权力 …… 127
行政执法 …… 127
矛盾纠纷化解 …… 127

军事 …… 129
人武工作 …… 129
概况 …… 129
思想政治工作 …… 129
党管武装工作 …… 129
战备训练 …… 129
动员融合 …… 130
党的建设 …… 130
“四个秩序”规范 …… 130
专武干部集训 …… 130
基干民兵队伍建设 …… 131
水上救援专业集训 …… 131
筑牢防汛固堤 …… 131
高中新生军训工作 …… 132
新兵回访 …… 132
“九一八”事变89周年纪念活动 …… 132
疫情防控 …… 132
脱贫攻坚 …… 133
民兵预备役建设 …… 133
概况 …… 133
专武干部暨民兵干部培训 …… 133
县民兵应急连任务行动训练 …… 133
民兵参建参治 …… 133
民用防空 …… 134
概况 …… 134
应急保障 …… 134

经　济

农业 …… 135
综述 …… 135
概述 …… 135
复工复产 …… 135
脱贫攻坚 …… 135
乡村振兴 …… 137
产业发展 …… 139
农业生态环境保护 …… 140
适度规模经营 …… 140
农技服务 …… 141
农业综合执法 …… 141
农业基础设施 …… 142
农业抗灾救灾 …… 142

土特产品 …… 143
畜牧业 …… 144
概况 …… 144
招商引资 …… 144
动物疫病防控 …… 144
养殖污染治理 …… 145
脱贫攻坚 …… 145
林业 …… 145
概况 …… 145
生态修复 …… 146
森林资源保护 …… 146
林业产业 …… 146
生态脱贫 …… 146
水利 …… 146
概况 …… 146
脱贫攻坚 …… 147
重点工程建设 …… 147
节水机关建设 …… 147
水旱灾害防御 …… 147
河长制 …… 148
扶贫开发 …… 148
概况 …… 148
战疫战灾战贫 …… 148
“三大战役” …… 149
社会扶贫 …… 149
国家脱贫攻坚普查 …… 149
总结宣传 …… 150
国家级检查 …… 150

工业 …… 151
综述 …… 151
概况 …… 151
工业经济 …… 151
建材工业 …… 151
矿产业 …… 151
企业管理 …… 151
科技发展 …… 152
民生建设 …… 152
电力供应 …… 152
概况 …… 152
电网建设与发展 …… 153
经营管理 …… 153
安全生产 …… 153
营销工作 …… 154
电力扶贫 …… 154
科技与信息化 …… 154
优质服务 …… 154
内部建设 …… 154
工业园区建设 …… 155
概况 …… 155
招商引资 …… 155
产业发展 …… 155
资产运营 …… 156
基础建设 …… 156
安全环保 …… 156
企业服务 …… 156
内部建设 …… 156
精准扶贫 …… 156
疫情防控 …… 157

商贸旅游业 …… 158
综述 …… 158
概况 …… 158
消费扶贫 …… 158
电子商务 …… 158
商业促销 …… 158
疫情防控 …… 159
对外贸易 …… 159
供销商业 …… 160
概况 …… 160
供销商业 …… 160
扶贫助困 …… 160
烟草专卖 …… 161
概况 …… 161

烟叶生产 …… 161
卷烟营销 …… 161
专卖管理 …… 162
脱贫攻坚 …… 162
内部建设 …… 162
石油 …… 162
概况 …… 162
精准营销 …… 163
降本增效 …… 163
网点建设 …… 163
队伍建设 …… 164
党建工作 …… 164
招商引资 …… 164
概况 …… 164
市对县考核 …… 164
旅游 …… 165
概况 …… 165
旅游产品 …… 165
旅游景区建设和管理 …… 166
旅游市场开发 …… 166
蚩尤九黎城开发建设 …… 167
概况 …… 167
规划编制 …… 167
建设管理 …… 167
招商引资 …… 167
高铁片区 …… 167
机关党建 …… 168
重要企业 …… 168
融资担保 …… 168
概况 …… 168
发展定位 …… 168
公司业绩 …… 168

城乡建设 …… 170
城乡规划 …… 170
概况 …… 170
规划编制 …… 170
规划管理 …… 170
生态保护红线 …… 170
测绘地理信息 …… 170
传统建筑保护 …… 170
城市管理 …… 170
概况 …… 170
体制改革 …… 171
城市品质提升 …… 171
城管执法 …… 171
园林绿化 …… 171
脱贫攻坚 …… 172
安全稳定 …… 172
住房和城乡建设 …… 172
概况 …… 172
建筑业 …… 172
农村住房保障 …… 173
城市提升 …… 173
房地产开发 …… 174
行政服务 …… 174
国土资源 …… 174
概况 …… 174
用地保障 …… 175
耕地保护 …… 175
农村乱占耕地建房问题专项整治 …… 175
生态修复 …… 175
矿产资源管理 …… 175
综合执法监管 …… 175
地灾防治 …… 175
不动产登记 …… 175
放管服改革 …… 176
脱贫攻坚 …… 176
疫情防控 …… 176
环境保护 …… 176
概况 …… 176
机构改革 …… 176
督察问题整改 …… 176
绿色发展 …… 177

污染防治攻坚 …… 177
环境监管 …… 177
环境宣传教育 …… 178
疫情防控 …… 178
移民安置 …… 178
概况 …… 178
移民工作 …… 179
脱贫攻坚 …… 179
彭水新城建设 …… 179
概况 …… 179
项目建设 …… 179
地产开发 …… 180
征地拆迁 …… 180
安全稳定 …… 180

交通 …… 181
综述 …… 181
概况 …… 181
机构设置 …… 181
疫情防控和复产复工 …… 181
重点项目建设 …… 182
渝湘高速铁路彭水段 …… 182
渝怀铁路二线 …… 182
黔石高速公路彭水段 …… 183
渝湘复线高速公路彭水段 …… 183
县级重点项目 …… 183
交通脱贫 …… 183
运输管理 …… 184
运输服务 …… 184
风险防控 …… 184
公路养护管理 …… 184
日常养护 …… 184
桥隧监管 …… 184
乡村公路养护 …… 184
公路巡查 …… 185

信息业 …… 186
邮政 …… 186
概况 …… 186
经济效益 …… 186
安全生产 …… 186
能力建设 …… 186
普遍服务 …… 186
和谐企业 …… 187
电信 …… 187
概况 …… 187
公司经营 …… 187
保障服务 …… 187
基站建设 …… 188
网络建设 …… 188
脱贫攻坚 …… 188
移动 …… 188
概况 …… 188
公司经营 …… 188
网络建设 …… 189
网络保障 …… 189
脱贫攻坚 …… 189
联通 …… 189
概况 …… 189
公司业绩 …… 189
基站建设 …… 190
网络建设 …… 190

财税 …… 191
财政 …… 191
概况 …… 191
预算执行情况 …… 191
金融行业运行情况 …… 191
保障社会民生 …… 191
争取上级支持 …… 191
支持企业复工复产 …… 191
夯实财政管理基础 …… 191
促进地方经济发展 …… 192
防范化解财政金融风险 …… 192

税收 …… 192
概况 …… 192
党建引领 …… 192
税费质量 …… 193
税制改革 …… 193
税收法治 …… 193
纳税服务 …… 194
政务管理 …… 194
脱贫攻坚 …… 195

金融 …… 196
银行 …… 196
银行监管 …… 196
概况 …… 196
银行保险业运行 …… 196
银行体系建设 …… 196
疫情防控和企业复工复产 …… 197
服务县域经济 …… 198
风险防控 …… 198
消费者权益保护 …… 199
党建及内部管理 …… 199
人民银行 …… 199
金融支持疫情防控 …… 199
首贷续贷中心建设 …… 200
金融支持脱贫攻坚 …… 200
金融统计 …… 200
金融稳定 …… 200
征信管理 …… 201
外汇管理 …… 201
1+2+N 普惠金融服务到村 …… 201
货币发行 …… 201
经理国库 …… 201
支付结算 …… 201
反洗钱 …… 202
工商银行 …… 202
概况 …… 202
经营业绩 …… 202
社会责任 …… 202
农业银行 …… 203
概况 …… 203
业务发展 …… 203
综合管理 …… 204
综合保障和其他工作 …… 205
农业发展银行 …… 205
概况 …… 205
党建工作 …… 206
经济工作 …… 206
宣传工作 …… 207
农村商业银行 …… 207
概况 …… 207
公司业绩 …… 207
信贷服务 …… 208
社会责任 …… 208
精细管理 …… 208
邮储银行 …… 208
概况 …… 208
业务发展 …… 209
案件防控 …… 209
主题活动 …… 209
业务培训 …… 209
支农工作 …… 209
安保工作 …… 209
服务质量建设 …… 209
检查监督 …… 209
廉政建设 …… 209
民泰村镇银行 …… 209
概况 …… 209
党建工作 …… 209
业务发展 …… 210
社会责任 …… 210
三峡银行 …… 211
概况 …… 211
业务发展 …… 211
内控管理 …… 212

党风廉政 …… 212
脱贫攻坚 …… 213
保险 …… 213
中国人寿保险 …… 213
概况 …… 213
拓展业务 …… 213
保险业务 …… 213
品牌服务 …… 214
理赔 …… 214
脱贫攻坚 …… 214

经济管理 …… 215
综述 …… 215
概况 …… 215
宏观经济管理 …… 215
重点项目管理 …… 215
公共资源交易监督管理 …… 216
能源利用 …… 216
农村经济及粮食管理 …… 216
易地扶贫搬迁 …… 216
疫情防控 …… 217
安全生产与自然灾害防治 …… 217
概况 …… 217
监管执法 …… 217
专项整治 …… 218
应急保障 …… 218
应急处突 …… 218
煤炭工业 …… 218
应急宣教 …… 218
市场监督管理 …… 218
概况 …… 218
市场环境 …… 218
安全工作 …… 219
质量惠民 …… 219
物价管理 …… 220
收费管理 …… 220
重要商品价格管理 …… 220
审计 …… 220
概况 …… 220
国家重大政策措施落实情况跟踪审计 …… 220
财政审计 …… 221
经济责任审计 …… 221
政府投资审计 …… 221
企业审计 …… 221
内部审计 …… 221
统计 …… 221
概况 …… 221
宏观经济运行监测 …… 221
统计管理体制改革 …… 222
重大国情国力调查 …… 222
常规统计 …… 223
行业统计“一套表” …… 223
统计产品丰富 …… 223
社情民意调查 …… 223
统计专项调查 …… 223
脱贫攻坚 …… 224
统计工作考核 …… 224
国有资产管理 …… 224
概况 …… 224
县属国有企业 …… 224
投资情况 …… 225
扶贫助困 …… 225
助推复工复产 …… 225

社会事业

科学技术 …… 226
概述 …… 226
自然科学综述 …… 226
科技体制改革 …… 226
科技队伍建设 …… 226
自然科学成果 …… 227
气象事业 …… 227

概况 …… 227
气象保障 …… 227
安全生产监督检查 …… 227
红十字会 …… 228
概况 …… 228
疫情防控 …… 228
红十字博爱送万家 …… 228
接收物资捐赠 …… 228
红十字博爱周 …… 228
救灾物资发放 …… 228
应急救护培训 …… 229
脱贫攻坚 …… 229
生命健康基地建设 …… 229
民族宗教事务 …… 229
概况 …… 229
民族事务 …… 229
宗教事务 …… 230
教育 …… 230
概述 …… 230
学前教育 …… 231
基础教育 …… 231
职业教育 …… 231
成人教育 …… 231
特殊教育 …… 231
文化 …… 231
概述 …… 231
文化事业 …… 232
文化产业 …… 232
舞台艺术 …… 232
图书馆 …… 232
群众文化 …… 232
民间文艺 …… 232
考古与文物 …… 232
体育 …… 233
广播电视 …… 233
概况 …… 233
栏目设置播出 …… 233
机构沿革 …… 233
脱贫攻坚宣传 …… 234
时政宣传 …… 234
融媒体 …… 234
概况 …… 234
传统媒体与新媒体融合 …… 234
抗击新冠肺炎疫情宣传 …… 235
脱贫攻坚宣传 …… 235
文旅推介活动宣传 …… 235
文化旅游宣传 …… 235
抗洪抢险宣传 …… 236
对外宣传 …… 236
新媒体 …… 236
广告经营 …… 236
对外交往 …… 236
档案 …… 237
概况 …… 237
宣传教育 …… 238
档案接收 …… 238
档案保管利用 …… 239
档案信息化建设 …… 239
疫情防控 …… 239
脱贫攻坚 …… 240
机关建设 …… 240
党史 …… 240
概况 …… 240
党史编研 …… 240
党史教育 …… 241
队伍建设 …… 241
地方志 …… 241
概况 …… 241
年鉴编纂 …… 241
部门志编修 …… 241
宣传服务 …… 242
队伍建设 …… 242
卫生健康 …… 242
概况 …… 242

抗击新冠肺炎疫情 …… 242
健康扶贫 …… 242
综合医改 …… 242
医疗服务保障 …… 243
服务体系建设 …… 243
民政工作 …… 245
概况 …… 245
脱贫攻坚 …… 245
社会救助 …… 245
基层政权 …… 246
儿童福利 …… 247
养老服务 …… 247
基层社会事务 …… 248
疫情防控 …… 248
人民生活 …… 249
城镇常住居民 …… 249
农村常住居民 …… 249

乡镇街道

汉葭街道 …… 250
概况 …… 250
脱贫攻坚 …… 250
经济发展 …… 251
社会发展 …… 251
生态环保 …… 251
疫情防控 …… 251
绍庆街道 …… 252
概况 …… 252
脱贫攻坚 …… 252
经济发展 …… 253
社会发展 …… 253
生态环保 …… 253
城镇建设 …… 253
党建工作 …… 254
靛水街道 …… 254
概况 …… 254
党建工作 …… 254
脱贫攻坚 …… 254
经济发展 …… 255
城市建设 …… 255
社会民生 …… 255
生态环保 …… 255
安全稳定 …… 255
高谷镇 …… 256
概况 …… 256
脱贫攻坚 …… 256
经济发展 …… 256
社会发展 …… 256
生态环保 …… 257
城镇建设 …… 257
党建工作 …… 257
郁山镇 …… 257
概况 …… 257
疫情防控 …… 258
脱贫攻坚 …… 258
经济发展 …… 259
社会发展 …… 259
生态环保 …… 260
基层党建 …… 260
城镇建设 …… 260
保家镇 …… 261
概况 …… 261
脱贫攻坚 …… 261
经济发展 …… 262
社会发展 …… 262
生态环保 …… 262
城镇建设 …… 262
乡村振兴 …… 263
桑柘镇 …… 263
概况 …… 263
脱贫攻坚 …… 263
产业发展 …… 264

社会发展 …… 264
生态环保 …… 264
社会安全 …… 264
城镇建设 …… 265
鹿角镇 …… 265
概况 …… 265
脱贫攻坚 …… 265
经济发展 …… 266
社会发展 …… 266
生态环保 …… 266
城镇建设 …… 267
信访工作 …… 267
黄家镇 …… 267
概况 …… 267
脱贫攻坚 …… 267
经济发展 …… 267
社会发展 …… 268
生态环保 …… 268
城镇建设 …… 268
文旅融合 …… 268
普子镇 …… 269
概况 …… 269
脱贫攻坚 …… 269
经济发展 …… 269
社会发展 …… 269
生态环保 …… 270
集体经济 …… 270
龙射镇 …… 270
概况 …… 270
脱贫攻坚 …… 271
经济发展 …… 271
社会发展 …… 271
生态环保 …… 272
场镇建设 …… 272
安全稳定 …… 272
民生实事 …… 272
连湖镇 …… 272
概况 …… 272
脱贫攻坚 …… 273
经济发展 …… 273
社会发展 …… 274
生态环保 …… 274
城镇建设 …… 274
万足镇 …… 275
概况 …… 275
脱贫攻坚 …… 275
经济发展 …… 275
社会发展 …… 276
生态环保 …… 276
城镇建设 …… 276
新田镇 …… 277
概况 …… 277
党建工作 …… 277
脱贫攻坚 …… 277
经济发展 …… 278
社会发展 …… 278
生态环保 …… 279
城镇建设 …… 279
安全稳定 …… 279
鞍子镇 …… 280
概况 …… 280
集镇建设 …… 280
产业发展 …… 280
民生保障 …… 281
脱贫攻坚 …… 281
人居环境 …… 281
安全稳定 …… 281
党建工作 …… 281
平安镇 …… 281
概况 …… 281
脱贫攻坚 …… 282
经济发展 …… 282
社会发展 …… 282
生态环保 …… 282

城镇建设 …… 283
长生镇 …… 283
概况 …… 283
疫情防控 …… 283
脱贫攻坚 …… 284
产业发展 …… 285
基础设施 …… 285
人居环境 …… 286
民生保障 …… 286
安全稳定 …… 287
自身建设 …… 287
龙溪镇 …… 287
概况 …… 287
脱贫攻坚 …… 288
经济发展 …… 288
社会发展 …… 288
生态环保 …… 289
高铁建设 …… 289
疫情防控 …… 290
梅子垭镇 …… 290
概况 …… 290
脱贫攻坚 …… 290
疫情防控 …… 290
经济发展 …… 290
社会发展 …… 291
生态环保 …… 291
安全稳定 …… 291
太原镇 …… 291
概况 …… 291
脱贫攻坚 …… 291
社会发展 …… 292
生态环保 …… 292
基础建设 …… 292
大同镇 …… 292
概况 …… 292
脱贫攻坚 …… 293
社会发展 …… 293
项目建设 …… 293
疫情防控 …… 293
鹿鸣乡 …… 294
概况 …… 294
脱贫攻坚 …… 294
经济发展 …… 294
社会发展 …… 295
生态环保 …… 295
安全稳定 …… 296
信访工作 …… 296
诸佛乡 …… 296
概况 …… 296
脱贫攻坚 …… 296
基础设施 …… 296
社会发展 …… 297
乡村振兴 …… 297
走马乡 …… 297
概况 …… 297
脱贫攻坚 …… 298
社会发展 …… 298
民生保障 …… 298
基层党建 …… 299
乡村振兴 …… 299
生态环保 …… 299
石柳乡 …… 300
概况 …… 300
脱贫攻坚 …… 300
经济发展 …… 300
社会发展 …… 300
生态环保 …… 301
安全稳定 …… 301
岩东乡 …… 302
概况 …… 302
疫情防控 …… 302
脱贫攻坚 …… 302
经济发展 …… 302
社会发展 …… 302

生态环保 …… 303
城镇建设 …… 303
农旅融合 …… 303
润溪乡 …… 303
概况 …… 303
脱贫攻坚 …… 304
经济发展 …… 304
社会发展 …… 304
生态环保 …… 305
城镇建设 …… 305
农旅融合 …… 305
棣棠乡 …… 305
概况 …… 305
脱贫攻坚 …… 306
经济发展 …… 306
社会发展 …… 306
生态环保 …… 307
城镇建设 …… 307
民生工程 …… 307
乔梓乡 …… 307
概况 …… 307
脱贫攻坚 …… 308
经济发展 …… 308
社会发展 …… 308
生态环保 …… 309
城镇建设 …… 309
农旅融合 …… 309
龙塘乡 …… 309
概况 …… 309
脱贫攻坚 …… 310
经济发展 …… 310
社会发展 …… 310
生态环保 …… 311
政务公开 …… 311
联合乡 …… 311
概况 …… 311
脱贫攻坚 …… 311
经济发展 …… 312
社会发展 …… 312
生态环保 …… 313
城乡建设 …… 314
芦塘乡 …… 314
概况 …… 314
脱贫攻坚 …… 314
经济发展 …… 314
社会发展 …… 315
生态环保 …… 315
城镇建设 …… 316
民生实事 …… 316
朗溪乡 …… 316
概况 …… 316
脱贫攻坚 …… 316
经济发展 …… 317
社会发展 …… 318
生态发展 …… 318
善感乡 …… 318
概况 …… 318
脱贫攻坚 …… 319
经济发展 …… 319
社会发展 …… 319
生态环保 …… 319
农旅融合 …… 320
三义乡 …… 320
概况 …… 320
脱贫攻坚 …… 321
经济发展 …… 321
社会发展 …… 321
党建工作 …… 322
双龙乡 …… 322
概况 …… 322
脱贫攻坚 …… 322
社会发展 …… 322
生态环保 …… 323
集体经济 …… 323

石盘乡 …… 323
概况 …… 323
脱贫攻坚 …… 323
经济发展 …… 324
社会发展 …… 324
生态环保 …… 324
城镇建设 …… 325
大垭乡 …… 325
概况 …… 325
脱贫攻坚 …… 325
经济发展 …… 325
社会发展 …… 326
生态环保 …… 326
城镇建设 …… 326
桐楼乡 …… 327
概况 …… 327
脱贫攻坚 …… 327
基础设施 …… 327
产业发展 …… 328
生态环保 …… 328
民生保障 …… 328
安全稳定 …… 329
文旅融合 …… 330

荣 誉

集体荣誉 …… 331
国家级荣誉一览表 …… 331
市级荣誉一览表 …… 331
个人荣誉 …… 332
国家级荣誉一览表 …… 332
市级荣誉一览表 …… 333

附 录

2020 年彭水自治县国民经济和社会发展统计公报 …… 334
机构领导名录 …… 339

特　载

在县委十四届九次全会第二次全体会议上的讲话

中共彭水自治县委书记　钱建超

这次全会是对党的十九届五中全会精神和市委五届九次全会精神的一次深入领会和把握，是对彭水"十四五"时期经济社会发展思路的一次深入研究和谋划，是对彭水自治县积极融入新发展格局、成渝地区双城经济圈建设和市域内"一区两群"协调发展的一次再部署再动员。概括起来，有以下四个方面的特点：

一是进一步坚定了坚决做到"两个维护"的政治自觉、思想自觉和行动自觉。"十三五"时期是彭水自治县发展进程中极不平凡的五年。五年来，中共彭水自治县委深学笃用习近平新时代中国特色社会主义思想，全面落实中央决策部署和市委工作要求，推动彭水各项事业发展迈上了新台阶。彭水历史性消除了绝对贫困，综合实力显著提升，城乡面貌发生显著变化，人民生活水平大幅提升。特别是2020年来，面对错综复杂的国际形势、艰巨繁重的国内改革发展稳定任务以及新冠肺炎疫情和洪涝灾害的严重冲击，中共彭水自治县委在以习近平同志为核心的党中央坚强领导下，成功战疫情、战复工、战贫困、战洪水，全县经济社会持续保持高质量发展态势。在"十四五"的新征程上，只要有习近平总书记这个党中央的核心、全党的核心领航掌舵，只要坚持以习近平新时代中国特色社会主义思想作为正确指引，各项工作就有信心、有底气、有希望，各项事业就能顺利。必须带头增强"四个意识"、坚定"四个自信"、做到"两个维护"，坚决把总书记的重要指示要求贯彻落实到彭水"十四五"发展的各领域全过程，确保彭水各项事业始终沿着总书记指引的正确方向前进。

二是进一步加深了对党的十九届五中全会精神和市委五届九次全会精神的理解把握。党的十九届五中全会是在全面建成小康社会即将收官、全面建设社会主义现代化国家即将启程的重要历史时刻，召开的一次十分重要的会议。全会对"十四五"发展作出重大战略部署，主要体现在三个"新"上，即新发展阶段、新发展理念、新发展格局，为未来擘画了波澜壮阔的新蓝图，定好了盘子、理清了路子、开对了方子。市委五届九次全会深入学习贯彻了党的十九届五中全会精神，对把握新发展阶段、贯彻新发展理念、构建新发展格局作出了具体部署和提出了明确要求，让"干"有方向、"做"有标尺。进入新发展阶段，是科学谋划"十四五"发展的逻辑起点。贯彻新发展理念，是"十四五"推动彭水高质量发展的行动指南。融入新发展格局，是"十四五"彭水发展的重大使命。要牢固树立"一体化"意识和"一盘棋"思想，全面把握新发展阶段，坚决贯彻新发展理念，积极探索融入新发展格局的有效路径，更好服务国家发展战略和全市发展大局。

三是进一步明确了全县“十四五”经济社会发展的思路重点。县委全会对标对表党的十九届五中全会精神和市委五届九次全会精神，明确了当前和今后一个时期的总体要求、主要目标、重大任务和2035年远景目标，勾勒了彭水未来发展的时间表、路线图。这些目标任务，既有前瞻性、指导性，又有针对性、可操作性。“十四五”时期，中央和市委系列战略部署，为彭水发展带来了重大机遇，彭水前途光明、未来可期。要更加注重从全局谋划一域、以一域服务全局，立足“民族、生态、文化”三大特色和比较优势，高质量建设具有民族特色的生态特色宜居城、生态旅游目的地、生态产业发展区、生态文明示范县，高水平打造“世界苗乡·养心彭水”，努力在构建新发展格局、推动成渝地区双城经济圈建设和市域内“一区两群”协调发展中展现新作为、作出新贡献。

四是进一步强化了党员领导干部的责任担当。推动“十四五”发展，关键在党、关键在人。只有把党的领导贯穿到改革开放和现代化建设各个领域各个方面，发挥好党的强大政治优势、思想优势、组织优势，才能把中央决策部署、市委工作要求、县委具体安排落到实处，更好引领和推动“十四五”发展。领导干部作为“关键少数”，担负“关键责任”，必须在履职尽责、攻坚克难上带好头、作表率、走前列。要胸怀“两个大局”，做到对国之大者心中有数，切实担负起推动彭水经济社会高质量发展的政治责任，树立底线思维，增强忧患意识，发扬斗争精神，不断提高执行力和落实力，为“十四五”经济社会发展提供有力保障。

学习好宣传好贯彻好党的十九届五中全会精神和市委五届九次全会精神，落实好县委十四届九次全会部署的各项工作任务，是当前和今后一个时期的重要政治任务。全县各级各部门要加强领导、精心组织，切实把思想统一起来、把力量凝聚起来、把责任担当起来、把各项任务落实下去。要在深入学上下更大功夫，对中央全会和市委全会精神，对本次县委全会工作安排，要结合全县工作实际，学深悟透、融会贯通，推动学习往深里走、往心里走、往实里走。要在广泛讲上下更大功夫，统筹动员各方面的力量，精心组织宣传宣讲系列活动，讲好精彩故事，汇聚加快发展正能量。要在扎实干上下更大功夫，联系思想实际、工作实际、发展实际，拿出更多务实管用的政策举措，确保中央决策部署、市委工作要求、县委具体安排落地生根、开花结果。

抓好学习宣传、贯彻落实，要贯穿和体现到做好当前各项工作上来。全县各级各部门要以学习贯彻党的十九届五中全会和市委五届九次全会精神为强大动力，认真落实县委工作安排，扎实做好各项工作，确保收好官、开好局。当前，要重点抓好以下七个方面工作：

第一，慎终如始做好常态化疫情防控。这次发现的1例境外输入无症状感染者，再次拉响了全县疫情防控的警报，充分说明常态化疫情防控一刻都不能放松。特别是元旦、春节临近，旅游和返乡人员增多，疫情防控的压力进一步增大。全县各级各部门要把做好今冬明春疫情防控作为当前最重要、最紧迫的任务来抓，始终保持高度重视、高度警惕、高度负责的工作态度，落实好常态化疫情防控措施，坚决巩固来之不易的防控成果。一要持续抓好外防输入工作，坚持“人”“物”同防，严格加强境外到彭返彭人员闭环管理，强化进口冷链食品检测，坚决斩断病毒输入链条。二要抓常抓细抓牢内防反弹重要环节，做好中高风险地区到彭返彭人员健康管理，紧盯隔离场所、医疗机构、农贸市场等重点场所重点部位，减少人员流动、减少旅途风险、减少人员聚集，确保“早发现、早报告、早隔离、早治疗”。三要强化宣传引导，及时发布确诊、流调、溯源、检测等方面的权威信息，严厉打击信谣造谣传谣等违法行为。加强健康教育，引导群众科学佩戴口罩、保持社交距离、勤洗手、公筷制、分餐制、咳嗽打喷嚏时注意遮挡等良好习惯，增强自我防范意识，筑牢常态化疫情防控的社会大防线。

第二，切实抓好《成渝地区双城经济圈建设规划纲要》贯彻落实。当前，双城经济圈建设进入全面铺开、纵深推进阶段，当务之急是抓好贯彻落实。首先，要把文件精神学习领会好。要把《规划纲要》作为党委（党组）理论学习中心组学习重要内容，作为党校教育培训的必修课，开展分层次、全覆盖学习培训，准确把握党中央战略意图和部署要求。其次，要把文件精神贯彻落实好。要找准工作切入点和着力点，认真开展调查研究，进一步细化总体思路、工作目标和重点任务，注重机制化、政策化、项目化、事项化推进，结合实际把各项措施落实好。要强化协同合作，加强与市内各区县、市级有关部门的沟通对接和四川省各地区的协同合作，谋划实施一批重大项目、重大工程，努力在推动成渝地区双城经济圈建设中作出更大贡献。

第三，全力巩固经济持续高质量发展良好态势。2020年以来，面对疫情、灾情冲击，全县经济经受住了考验。前三季度GDP保持2.8%的增长速度，很多指标增幅排全市前列。但要清醒地看到，经济高质量发展的不稳定性不确定性因素依然较多。一要继续加强经济运行调度，落实好各项扶持政策，解决好企业用能、物流、融资等问题，积极开拓市场、保障供应链顺畅，推动经济稳定增长。二要加快重大项目建设进度，加大土地、资金等要素保障力度，推动有效投资持续放量。三要认真落实提振消费系列政策部署，抓住年底消费旺季，加大提振大宗消费、农村消费等工作力度，进一步释放消费潜力。四要切实做好财政金融工作，加强财政资金统筹调度，防范化解政府债务风险，确保财政金融平稳运行。五要进一步抓好统计基础工作，客观全面反映全县经济社会发展情况。

第四，抓紧组织编制全县“十四五”规划纲要。要深入贯彻党的十九届五中全会精神和市委五届九次全会精神，结合县委规划《建议》，抓紧制定好全县“十四五”规划纲要。2021年全县“两会”，重点将审议全县“十四五”规划纲要。一要精心组织开好“两会”，深入讨论、集思广益，确保规划纲要更好贯彻上级精神、更好体现人民意愿、更好引领未来发展。二要科学编制好专项规划，注重与规划纲要和上级规划的衔接，使专项规划既有战略性和前瞻性、又有针对性和操作性。三要加强与市级部门的沟通对接，推动更多重点项目、重大改革、重要政策纳入全市规划大盘子，更好为“十四五”开局起步蓄势赋能。五年看头年。2021年是“十四五”起步之年，要提前谋划相关工作，科学确定年度目标，扎实做好项目储备、政策研究、要素保障等工作，确保“十四五”开好局、起好步。

第五，持续做好民生保障工作。元旦、春节将近，要加强对困难群众的兜底保障，抓实走访慰问和帮扶工作，让困难群众温暖过冬过节。要高度关注年底市场保供稳价工作，加强市场监测调控，扩大供应渠道，做到群众生活必需品货足价稳。要进一步完善稳岗就业措施，重点做好农民工转移就业、返乡创业就业和就业困难人员帮扶等工作，保持就业形势总体稳定。同时，年底也是农民工欠薪的高发期，要高度重视解决拖欠农民工工资问题，确保农民工工资及时足额支付。

第六，切实抓好安全稳定。2020年，重庆市相继发生了“9·27”松藻煤矿一氧化碳超限事故、“12·4”永川区吊水洞煤矿事故，敲响了警钟。要深刻汲取教训，坚决贯彻习近平总书记关于安全生产的重要指示精神，全面落实中央决策部署和市委工作要求，严格落实安全生产责任制，举一反三抓好道路交通、煤矿、非煤矿山、建设施工、旅游景区（点）、校园、消防、危险化学品、食品药品、地质灾害等重点领域和重点部位隐患排查和专项整治，及时补短板、强弱项，守住安全生产底线，坚决遏制重特大事故发生。要全力维护社会和谐稳定，加强社会治安防控，抓早抓小抓苗头，最大限度化解不稳定因素，严厉打击各类违法犯罪，确保人民群众祥和、安康过节。要切实做好信访维稳工作，深入开展领导干部接访下访和集中治理重复信访、化解信访积案专项工作，努力维护好群众合法权益。

第七，深入推进全面从严治党。2021年是建党100周年。要提前谋划2021年全县党建各项工作，结合系列纪念活动，加强理想信念教育和党史、新中国史、改革开放史、社会主义发展史“四史”教育，不断巩固深化主题教育成果。2021年还将进行县乡村班子换届，要着力做好摸排研判、矛盾排查化解、干部储备、能力提升和宣传教育等各项工作，确保配出结构优、功能强的好班子，换出心齐、气顺、劲足的好面貌。临近岁末，各级领导干部要带头从严要求自己，认真贯彻中央八项规定及其实施细则精神，坚决抵制各种不正之风和奢侈浪费行为，守好廉洁自律底线。

“十四五”时期，彭水发展思路、工作目标、重点任务已经明确，唯有沉心静气、真抓实干，才能将美好蓝图变为现实。让我们更加紧密地团结在以习近平同志为核心的党中央周围，全面贯彻落实党的十九届五中全会精神和市委五届九次全会精神，牢记嘱托、担当奋进，完成好这次县委全会确定的目标任务，奋力谱写高质量发展新篇章，开启社会主义现代化建设新征程，以优异成绩庆祝建党100周年！

彭水苗族土家族自治县人民代表大会常务委员会工作报告

——2021年4月9日在县第十七届人民代表大会第六次会议上

县人大常委会主任　胡勤俭

2020年工作回顾

2020年，县人大常委会深学笃用习近平新时代中国特色社会主义思想，深入贯彻党的十九大和十九届二中、三中、四中、五中全会精神，全面落实习近平总书记对重庆提出的营造良好政治生态，坚持“两点”定位、“两地”“两高”目标，发挥“三个作用”重要指示要求，认真贯彻党中央、国务院关于推动成渝地区双城经济圈建设的重大战略部署，在县委的坚强领导和市人大常委会的精心指导下，紧紧围绕全县工作大局，依靠全县各级人大代表，积极克服新冠肺炎疫情不利影响，统筹落实工作计划，依法履职、积极作为，较好发挥了地方国家权力机关的职能作用。

一、坚持党的领导，确保人大工作正确政治方向

始终把党的领导作为人大依法行使职权的重大政治原则，贯穿于人大工作的各方面和全过程。

坚定正确政治方向。旗帜鲜明讲政治，树牢“四个意识”、坚定“四个自信”、做到“两个维护”。坚定不移用习近平新时代中国特色社会主义思想指导和统领人大工作，深刻领会把握习近平法治思想，以依法履职的实际行动助力县委贯彻党中央和市委大政方针的决策部署落地落实。全面彻底干净肃清孙政才恶劣影响和薄熙来、王立军流毒，深刻汲取邓恢林、王杰案件教训。不断提高政治判断力、政治领悟力、政治执行力。

坚持全面从严治党。认真落实全面从严治党主体责任，切实将党建工作与人大工作同部署、同检查、同落实、同考核。全面贯彻落实意识形态工作责任制，守好人大阵地，管好人大队伍。严守政治纪律和政治规矩，旗帜鲜明批评和纠正违规违纪言行，锲而不舍落实中央八项规定及其实施细则精神，坚决反对形式主义、官僚主义。深化拓展“以案四说”“以案四改”，保证人大机关风清气正。

贯彻落实县委决策部署。自觉接受县委领导，服从县委决定，落实县委部署，严格执行请示报告制度，2020年，向县委请示报告工作22次。县人大常委会党组召开16次党组会议，专题研究重要事项，确保人大工作的正确政治方向。按照县委统一安排，围绕成渝地区双城经济圈建设开展课题研究，从文旅融合、生态环保与协调发展、乌江郁江生态走廊建设、民族立法、交通运输、水安全保障等六个方面，提出对策建议34条。为彭水更好融入成渝地区双城经济圈建设和“一区两群”协调发展提供决策参考。

二、坚持履职尽责，认真行使法定职权

担负宪法和法律赋予各项职责，认真行使立法、监督、决定、任免职权，保障国家机关有序运行。全年召开县人大常委会会议8次、主任会议16次，听取审议相关工作报告19项，开展执法检查3项、视察调研5项，作出决议决定9项，形成考察报告、调研报告23篇，受理群众来信来访20件次。

（一）立良法促善治，护航人民美好生活

推进民族地方立法。按照科学立法、民主立法、依法立法要求，着力推进《彭水苗族土家族自治县市容和环境卫生管理条例》立法工作。就条例初稿，专题向市人大法制委、市人大民宗侨外委、市人大常委会法工委汇报，并向县级各部门、各乡镇（街道）、各社会团体征求意见建议20余条。

参与全市人大立法工作。切实配合做好《重庆市人大常委会规范性文件备案审查基准（草案）》《重庆市文明行为促进条例（草案）》《重庆市突发公共卫生事件应急条例（草案）》《重庆市人力资源市场条例（草案）》等意见征集工作，积极反映全县人民群众呼声。

加强规范性文件备案审查。按照“有件必备、有备必审、有错必纠”原则，向市人大常委会报备县人大常委会制定的规范性文件2件，对县人民政府报备的7件规范性文件依法开展合法性审查，及时在网络平台备案，切实维护国家法制统一。

（二）增强监督质效，助推经济社会发展

围绕经济建设抓监督。加强对计划和预算执行情况的监督，听取审议国民经济和社会发展计划执行、财政预算执行情况报告，推动做好“六稳”工作，落实“六保”任务，确保复工复产财税扶持、减税降费政策的施行。听取审计收支情况报告，推动有关方面严格执行财经法律法规、深入整改问题。加强预算联网监督，提高财政预算管理水平。加强对规划编制工作的监督，在深入开展调研的基础上，听取审议“十四五”规划纲要编制工作情况的报告，推动践行新发展理念，按照项目化、责任化、清单化、时限化要求做好专项规划编制。加强对国有资产管理情况的监督，听取审议国有资产管理情况的报告，推动建立健全国有企业资产配置、使用、处置、评估和统计等制度，进一步规范国有企业资产管理。加强对乡村产业发展情况的监督，听取审议乡村产业振兴工作开展情况的报告，推动发展农村集体经济，着力构建一批现代农业、食品加工产业园。加强脱贫攻坚工作监督，推动完善“两不愁三保障”突出问题动态清零机制，落实防止返贫监测和帮扶机制，做好巩固拓展脱贫攻坚成果同乡村振兴有效衔接。县人大常委会还对交通重点工程建设、城市建设管理工作开展深入调研，推动优化交通环境，提升城市品质。

围绕社会建设抓监督。着眼学有所教，持续加强对义务教育基本均衡发展情况的跟踪监督，听取审议义务教育基本均衡发展情况的报告，认真分析彭水自治县义务教育均衡发展薄弱环节，提出进一步调整和优化学校布局、加强师资队伍建设、提高教育教学质量等建议，助力义务教育教学水平持续稳步提升。着眼病有所医，听取审议公共卫生服务体系建设工作情况的报告，提出不断提高疾病预防和控制能力、加强公共卫生应急管理体系建设、增强群众公共卫生理念等建议，助力提升公共卫生服务水平。着眼安全稳定，听取审议安全生产监管工作情况的报告，提出落实主体责任，深化执法检查，完善应急处理机制等建议，促进全县安全生产形势稳中向好。着眼劳动保障，专题调研劳动法、劳动合同法实施情况，提出加大劳动法规宣传力度、加强劳动力市场规范管理、帮助企业复工复产等建议，助力构建和谐劳动关系。着眼老有所养，专题调研养老服务工作开展情况，提出加快养老服务机构建设管理、推进医养结合、加强养老服务人才队伍建设等建议，推动提升养老服务质量。

围绕文化建设抓监督。为促进民族文化事业蓬勃发展，听取审议传承和弘扬少数民族优秀传统文化情况的报告，建议在规划引领、财政投入、人才建设、非遗普查等方面下功夫，推动民族文化传承与脱贫攻坚、乡村振兴、旅游发展相融合，最大限度把文化资源优势转变为经济优势。为营造全民健身浓厚氛围，专题调研全民健身条例贯彻实施情况，督促建好管好健身场地、健全体育组织网络、开展群众体育健身活动，满足个性化、多样化、层级化健身需求，让群众共享文化建设成果。

围绕生态文明建设抓监督。聚焦打好污染防治攻坚战，广泛开展视察调研，对水污染防治工作开展评议，提出加大水污染防治工作经费投入、建立健全水环境质量监管体系、压紧压实水污染防治责任等建议，督促相关部门采取更加有力的措施，进一步做好水污染防治工作，持续改善全县水环境质量。

围绕法治建设抓监督。强化法治政府建设监督。听取法治政府建设情况的报告，督促进一步提升法治观念，规范行政行为，不断提高执法水平。强化公安禁毒工作监督。听取审议禁毒工作情况的报告，在充分肯定彭水自治县禁毒工作成绩的同时，要求深入开展毒品预防宣传教育，加大涉毒违法犯罪活动打击力度，加强禁毒工作资金支持，努力在全社会形成自觉抵制毒品的浓厚氛围。强化法律法规执行情况监督。检查《中华人民共和国农民专业合作社法》实施情况，在加强法规宣传的同时，要求依法落实农民合作社有关税收优惠政策，着力培育特色农产品品牌。检查《重庆市职业教育条例》实施情况，要求深度推进工学结合、校企合作，加强“双师型”教师培养，着力提高职业教育办学水平。检查《重庆市宪法宣誓实施办法》实施情况，要求强化活动组织、完善法器配备、加强督促指导，确保宪法宣誓制度全面实施。县人大常委会还认真研究办理督办群众来信来访，推动一些信访问题合理解决。

（三）严格依法依规，认真做好决定任免

依法决定重大事项。严格按照法定程序，认真审查和作出各项决议决定。围绕全县经济社会发展，作出批准2020年国民经济和社会发展计划、2019年县级财政预算的决议。按照《预算法》《重庆市预算审查监督条例》要求，结合全县实际，作出批准2020年财政预算调整方案的决议。根据疫情防控形势和工作需要，作出推迟召开县十七届人大五次会议的决定。确保县委重大决策部署的贯彻落实。

依法开展选举任免。坚持党管干部原则与依法任免有机统一，通过依法组织任前法律知识考试、任前陈述、投票表决、颁发任命书、向宪法宣誓等做好干部任免工作。在十七届人大五次会议上，选举产生了县监察委员会主任、县人民检察院检察长和1名县人大常委会委员。全年组织开展任前法律知识考试5批8人次，任前表态发言8人次，依法任免国家工作人员15人次，组织开展宪法宣誓5批11人次。接受县人大代表辞职1名，终止县人大代表资格3名，补选市人大代表1名、县人大代表7名。加强干部任后监督，听取县文化旅游委、县卫生健康委、县市场监管局等16个部门负责人履职情况报告，并进行满意度测评，进一步增强国家工作人员宪法意识、责任意识和公仆意识，不断提高干部队伍整体素质。

三、坚持人民立场，提升代表履职效能

加强同人大代表和人民群众的联系，积极为代表履职搭建平台、创造条件、提供保障，代表主体作用得到充分发挥。

夯实代表履职基础。围绕学习贯彻党的十九届五中全会精神、习近平总书记关于坚持和完善人民代表大会制度的重要思想、民法典等专题，通过网络培训、专题讲座等形式，组织代表开展培训，提高代表履职能力。进一步密切县人大常委会组成人员与县人大代表沟通联系。扩大代表对县人大常委会工作的参与，全年共邀请208名代表列席常委会会议、参加视察调研、执法检查等工作。积极搭建代表履职平台。建成乡镇（街道）人大代表之家38个。加强代表履职情况量化管理，表彰优秀县人大代表30名，优秀代表建议10件。为全县县、乡镇人大代表落实履职补助，激发代表履职热情。

强化代表建议办理。进一步规范代表建议的交办、办理和督办工作。对县十七届人大五次会议期间代表提出的建议和部分跨年度代表建议，及时召开专题会议向“一府一委两院”和有关单位进行交办。突出督办重点，通过听取审议代表建议办理情况报告，开展“主任接待日”活动，促进代表建议办理工作取得实效。县十七届人大五次会议期间代表建议224件，已全部办结并答复代表，办成率83.9%。县十七届人大三次、四次会议跨年度办理代表建议17件已全部办结，办成率88.2%。“加快推进县城重点区域污水管网建设”“加强学校周边食品安全监管”等建议得到县人民政府高度重视，承办单位积极认真办理，较好解决群众关心的热点难点问题。

促进代表作用发挥。落实“两联一述”制度，进一步密切人大机关与代表、群众的联系。选派32批80余名人大代表参加市、县有关部门开展的听证、监督、征求意见等活动，积极为彭水经济社会发展建言献策。深入开展“脱贫攻坚·代表在行动”主题活动。全国、市、县、乡镇四级人大代表积极响应号召，全力参与脱贫攻坚。代表们结合自身专业和岗位，为联系村、社区提供科学技术、产业发展、人才培养、产品供需等信息，帮助村、社区和贫困群众搞好政策对接，同有关方面建立工作联系，为彭水成功脱贫摘帽贡献人大力量。

四、坚持联系指导，推动乡镇人大工作

坚持把加强乡镇人大建设，发挥乡镇人大作用，作为一项重要工作来抓，推动乡镇人大工作完善发展。

加强学习培训。坚持邀请乡镇人大主席列席县人大常委会会议，参加视察、调研及各类学习培训活动。抽调乡镇（街道）人大办主任服务县人民代表大会会议，不断提高乡镇（街道）人大干部履职能力。

加强业务指导。坚持片区联系制度，实现业务指导全覆盖。通过召开片区座谈会、走访调研、主任接待日活动等方式，分片区对联系乡镇、街道的人大工作进行指导，参与乡镇人代会的业务指导和人大代表家站建设的验收工作。

加强工作联系。加强与乡镇人大的联系，通过电话、微信群、QQ群等方式对乡镇关于人代会召开、代表辞职补选、代表家站建设、宪法宣誓流程、开展工作监督等方面的问题及时解答，推动基层人大工作整体水平不断提高。

各乡镇人大工作得到党委的高度重视与支持，

工作主题突出，贴近民生，亮点纷呈。在助力脱贫攻坚、产业发展，实施乡村振兴，维护社会稳定等方面作出积极贡献。

五、坚持守正创新，加强新闻宣传和理论研究

按照党管宣传、党管意识形态要求，扎实开展人大新闻宣传和理论研究工作。

加强新闻宣传。积极研究、阐释、宣传人民代表大会制度，全面准确报道人大会议和立法、监督工作。大力宣传代表在抗疫斗争、脱贫攻坚中的履职担当，讲好彭水人大故事、人大代表故事。2020年，出版《彭水人大》6期、《人大调研》2期，适时更新人大网站信息。向市、县新闻媒体报送人大新闻稿件130余篇（条），刊发刊播80余篇（条）。《认真履职主动作为助力打赢脱贫攻坚战》被市人大《人大信息》采用。《发展集体经济带领天台整村脱贫》被重庆日报采用。《努力让贫困群众看病“没负担”》《代表建议点亮贫困村脱贫希望》获2020年重庆人大新闻奖三等奖。

开展理论研究。组织开展人大理论征文研讨活动，《浅谈如何在立法中扩大公众参与》获市人大制度研究会表彰。

六、坚持服务大局，积极参与全县中心工作

根据县委的工作部署和安排，积极参与全县中心工作，强化工作措施，有力推动工作开展。

全力做好疫情防控。认真学习贯彻市人大常委会依法全力开展疫情防控工作的决定精神，深入部分医院、企事业单位和防控一线部门，专题听取审议了新冠肺炎疫情防控工作报告，进一步推动依法防控疫情，提高防控工作的科学性、精准性。选派3名干部奔赴疫情防控一线，参与卡点值守、防疫宣传等工作。全县各级人大代表在搞好自身防护的同时，积极投身疫情防控一线，带头落实防控工作措施，参与群防群治。凝聚众志成城抗击疫情的精神动力。

巩固提升脱贫成果。贯彻县委工作要求，抓好脱贫攻坚督查指导工作，落实35万元资金，支持联系乡镇的贫困村加强基础设施建设，发展扶贫富民产业，科学防灾减灾，高质量打赢脱贫攻坚收官战。县人大常委会领导对口帮扶的龙溪镇漆树村和高谷镇、普子镇、棣棠乡、龙溪镇、梅子垭镇、润溪乡交出全面建成小康的脱贫答卷，稳定脱贫、防止返贫的产业基础不断夯实，农村民生显著改善，乡村面貌焕然一新。

积极服务经济发展。深入联系乡镇督导重点项目复工复产工作，走访服务民营企业，帮助企业纾困解难。深入龙虎水库、鹿角乌江大桥建设等项目建设现场，推动项目建设复工。严格落实河长制，深度调研芙蓉江、过河溪、棣棠河、张家溪、甘泉河、龙洋河等水污染防治情况，推动有关整治工作，水质明显提升。

七、坚持抓好自身建设，筑基赋能人大工作

持之以恒抓实自身建设，不断激发人大干部凝心聚力干事创业的积极性。

强化理论武装。坚持以习近平新时代中国特色社会主义思想为指引，深入学习党的十九届五中全会精神，学习《中华人民共和国宪法》《中华人民共和国民法典》、人大业务知识，加强党性修养，增强政治定力，提高谋划工作、解决实际问题的能力。

提升工作效能。进一步完善议事规则、会务制度，及时签发会议公告公报、文件等，不断提升工作效率。根据工作需要开好党组会议、主任会议，研究解决日常重要工作，提高决策科学化、民主化水平。坚持规范与约束相结合、激励与鞭策相结合原则，进一步健全学习、办文、办会、财务、宣传、信访等规章制度，认真做好公务接待、财务管理、综治法建等工作，努力营造同心共力、团结协作、平等友爱、民主和谐的良好氛围，切实增强凝聚力和战斗力。

强化扶贫帮扶。夯实领导包乡、机关联村、职工包户的责任体系。选派1名干部到市扶贫办工作，1名干部到县扶贫办挂职，7名干部到高谷镇共和村、庞溪村、群峰村、铜鼓村开展驻村帮扶，其中驻村第一书记4名。县人大机关干部职工主动对接县级相关工作部门、乡镇政府及各村组干部，引导贫困群众做好疫情防控和防灾减灾工作，帮助贫困群众办理实事180余件次。

编纂人大志书。组织完成《彭水苗族土家族自治县人民代表大会志（1949—2019）》编纂工作。志书共计120余万字，2020年12月重庆出版社印刷出版。

争取指导交流。2020年，市人大常委会副主任杜黎明、沈金强、夏祖相同志先后到彭水调研经济社会发展、民族文化、全民健身、突发公共卫生应急条例立法、乡村产业振兴等工作，办公厅、农业与农村委、教科文卫委、民宗侨外委等专工委室到彭水调研，对全县人大工作给予了精心指导。承办市人大常委会工作报告征求意见座谈会。合川、南川、武隆、巫山等兄弟区县人大到彭水考察交流9批122人次。积极参加在广西自治区巴马瑶族自治县召开的全国部分少数民族自治县（旗）人大工作联席会。组织考察组外出学习考察职业教育、城市建设、文旅融合等工作，学习经验、取长补短，不断提升工作水平。

县人大常委会一年来取得的成绩，是习近平新时代中国特色社会主义思想科学指引的结果，是市人大常委会指导支持的结果，是中共彭水自治县委坚强领导的结果，全县各级人大代表、县人大常委会组成人员、县人大各专门委员会和常委会各工作部门主动担当、认真履职，“一府一委两院”密切配合、通力协作，全县人民和社会各界充分信任、大力支持。

回顾2020年的工作，我们清醒地认识到，县人大常委会工作中还存在一些差距和不足，主要是：在增强立法能力、提高立法效率上还需持续用力；在改进监督方式、增强监督实效、推动问题解决上还需积极探索；在丰富代表活动、发挥代表作用、提高建议办理质量上还需持续提升；在联系指导基层人大工作、提升干部履职能力水平、改进工作作风上还需继续努力。我们将高度重视这些问题，虚心听取代表和各方面意见建议，自觉接受监督，切实加以改进。

2021年工作打算

2021年是中国共产党建党100周年，也是“十四五”规划的开局之年。县人大常委会工作的总体要求是：坚持以习近平新时代中国特色社会主义思想为指导，深入学习贯彻习近平法治思想和习近平总书记关于坚持和完善人民代表大会制度的重要思想，全面贯彻落实党的十九大和十九届二中、三中、四中、五中全会精神，坚持党的领导、人民当家作主、依法治国有机统一，在县委的坚强领导下，立足新发展阶段，贯彻新发展理念，构建新发展格局，紧紧围绕“十四五”规划和2035年远景目标谋划人大工作，依法行使立法权、监督权、决定权、任免权，发挥好在全面建设社会主义现代化国家中的职能作用。

一、坚持党的领导，坚定人大工作正确政治方向

始终坚持党对人大工作的领导，不断增强“四个意识”，坚定“四个自信”，做到“两个维护”。及时学习传达贯彻中央和市委、县委的重要会议和文件精神，自觉把人大工作置于党委总揽全局、协调各方的大局中去思考和谋划。坚持重大事项请示报告制度，主动将人大工作中的重大问题、重大事项向县委请示报告，并抓好落实，使党的主张在人大工作中得到充分体现。更好地发挥县人大常委会党组对执行党委决策的保证作用和对人大工作的领导作用，切实担负起全面从严治党的主体责任，不断加强人大系统的政治建设、思想建设、组织建设、作风建设、制度建设和意识形态工作。

二、依法履行人大职能，助推经济社会高质量发展

认真做好民族自治地方立法工作。坚持和完

善党委领导、人大主导、政府依托、各方参与的立法工作格局，持续用力做好法规起草、论证、审议、清理等工作。完成《彭水苗族土家族自治县市容和环境卫生管理条例》制定工作。开展苗医苗药传承保护和发展的立法调研工作。做好《彭水苗族土家族自治县饮用水水源保护条例》修订工作。积极配合市人大常委会做好有关法律、法规草案的意见征集工作。

认真做好重大事项决定工作。积极探索行使重大事项决定权的有效方法，对事关全县改革发展的重大规划、重大民生问题进行讨论，作出决定通过加强工作监督等措施，推动决定的贯彻落实。

认真做好监督工作。加强对财政经济工作的监督。听取审议国民经济和社会发展计划执行情况报告。听取审议全县国有自然资源资产管理情况的专项报告，审议国有资产管理情况的综合报告。听取审议预算执行、预算调整、决算等专项工作报告，审查批准预算调整方案、县级决算。听取审议预算执行和其他财政收支情况审计报告及其整改情况报告，强化审计整改跟踪监督。做好预算联网监督工作，确保财政资金安全有效。听取审议乌江画廊旅游示范带建设工作情况的报告，助力经济高质量发展。加强对民生工作的监督。高度关注人民群众普遍反映的热点难点问题，听取审议国土空间规划、消防、脱贫攻坚成果巩固与乡村振兴有效衔接工作情况报告，书面听取生态环境保护工作报告。检查《重庆市促进科技成果转化条例》《重庆市宗教事务条例》《中华人民共和国未成年人保护法》《重庆市未成年人保护条例》贯彻实施情况，听取审议高中阶段教育发展情况的报告，开展农业面源污染防治工作评议，专题调研《重庆市实施〈中华人民共和国红十字会法〉办法》《重庆市实施〈中华人民共和国民族区域自治法〉办法》实施情况。加强对法治工作的监督。听取审议法制工作报告，促进法制建设。听取审议规范性文件备案审查工作情况报告，督促做好规范性文件备案审查工作。听取审议“七五”普法工作情况，并就“八五”普法工作作出决议。听取审议公安机关执法工作规范化建设情况报告，专题调研行政诉讼、民事行政诉讼等工作。

认真做好人事任免工作。把好议案和供职报告等材料初审关，坚持任前法律知识考试、主任会议听取组织部门或“一府一委两院”情况介绍、拟任命人员到会作供职承诺和宪法宣誓制度。依法审议决定人事任免事项。

三、提升服务代表水平，充分发挥代表作用

突出代表主体地位、做细代表服务工作。科学谋划县、乡人大换届工作，深入开展调研，加强换届培训指导，确保依法圆满完成换届选举工作。持续开展县人大常委会组成人员联系代表、代表联系选民、代表向选民述职等工作，进一步发挥人大代表作用。推进代表履职考核制度。及时开展代表履职登记，完善代表履职档案。认真听取代表建议办理情况的报告，加强代表建议办理质量跟踪，推动建议办理从提升办结率向满意率转变。落实代表活动经费和履职补贴，充分利用“人大代表之家”“人大代表活动站”，畅通群众表达意愿、提出建议的渠道，更好地服务和保障代表依法履职，把各方面智慧和力量凝聚到做好“十四五”时期经济社会发展工作中来。

四、加强自身建设，着力提高工作水平

认真开展党史学习教育，做到学史明理、学史增信、学史崇德、学史力行。聚焦党委工作重心、代表履职特点和群众民生福祉，完善人大工作机制，创新工作方式，提高工作实效。开展《中华人民共和国长江保护法》学习宣传活动，加强对乡镇（街道）人大工作联系指导，强化人大干部培养培训，全面提升人大干部推进经济发展、服务代表和群众的能力水平。加强人大新闻宣传和理论研究，展示新时代人大工作良好形象。

让我们更加紧密地团结在以习近平同志为核心的党中央周围，在县委的坚强领导下，永葆初心、牢记使命，乘风破浪、扬帆远航，扎实做好新时代人大工作，为推动彭水经济社会高质量发展和民主法治建设，开启全面建设社会主义现代化国家新征程贡献力量，以优异成绩庆祝中国共产党成立100周年！

彭水苗族土家族自治县人民政府工作报告

——2021年4月8日在县第十七届人民代表大会第六次会议上

县人民政府县长 石 强

一、“十三五”时期和2020年工作回顾

“十三五”时期是全面建成小康社会决胜阶段，是彭水发展进程中极不平凡的五年。最具战略指引意义的是，习近平总书记两次亲临重庆视察并对重庆提出系列重要指示要求，为彭水指明了前进方向、注入了强大动力；最具里程碑意义的是，党中央作出推动成渝地区双城经济圈建设的重大决策部署，市委市政府建立健全市域内“一区两群”协调发展机制，为彭水赋予了战略使命、带来了重大机遇；最具历史性意义的是，脱贫攻坚通过战天斗地实现改天换地，全县高质量脱贫摘帽，彭水人民与全国人民一道，告别延续千年的绝对贫困；最具根本性意义的是，生态优先绿色发展成为共识，生态产业体系优化升级，整体发展质量效益不断提升；最具标志性意义的是，城乡面貌发生显著变化，生态环境更加优美，公共服务全面加强，人民生活水平大幅提高。

五年来特别是党的十九大以来，在以习近平同志为核心的党中央坚强领导下，全县上下坚持以习近平新时代中国特色社会主义思想为指导，深入贯彻习近平总书记对重庆提出的营造良好政治生态，坚持“两点”定位、“两地”“两高”目标，发挥“三个作用”和推动成渝地区双城经济圈建设等重要指示要求，全面落实党中央国务院、市委市政府和县委决策部署，坚持从全局谋划一域、以一域服务全局，持续打好三大攻坚战，深入实施“八项行动计划”，统筹推进稳增长、促改革、调结构、惠民生、防风险、保稳定工作，坚决肃清孙政才恶劣影响和薄熙来、王立军流毒，保持经济平稳健康发展和社会大局稳定，推动彭水各项事业迈上新台阶。当前，全县政治生态持续向好，干部群众精神面貌持续向上，高质量发展动能持续增强，社会和谐稳定局面持续巩固，“十三五”规划目标任务总体完成，全面建成小康社会取得决定性成就。

——五年来，综合实力实现大跨越。经济总量跃升至渝东南前三位，超额完成全面建成小康社会“两个翻番”目标任务。地区生产总值从116亿元增至245亿元、年均增长8.3%，人均地区生产总值从22687元增至51223元。城镇常住居民人均可支配收入从22338元增至33775元，农村常住居民人均可支配收入从8388元增至13397元。累计完成固定资产投资625亿元，建成投资5000万元以上重点项目71个，民间投资占比提高到34.5%。社会消费品零售总额从52亿元增至111

亿元，限额以上商贸企业达164家。本级财政收入从25.3亿元增至28亿元，税收收入在大规模政策性减税的情况下从8.3亿元增至9.4亿元，财政支出规模从72亿元增至112.2亿元。

——五年来，脱贫攻坚实现大决胜。脱贫攻坚目标任务如期完成，115个贫困村全部出列，现行标准下112680名农村贫困人口全部脱贫，正式退出国家扶贫开发重点县。统筹整合财政涉农资金42.2亿元用于脱贫攻坚，衔接落实中央单位定点扶贫、东西部扶贫协作、市内对口帮扶等各类帮扶资金4.4亿元，工程类扶贫资金“共管账户”被财政部评为创新案例。全面清零“两不愁三保障”突出问题，多渠道帮扶贫困劳动力就业创业，兜底保障低保及特殊困难群体1.6万人，安全饮水保障率达100%，适龄学生无人失学辍学，贫困人口全部参加基本医疗保险，36个“流动医院”进村入户送医送药，贫困患者住院费用自付比例在10%以内，健康扶贫获全国通报表扬。易地扶贫搬迁3321户14207人，建成投用12个集中安置点，获评全国易地扶贫搬迁成效明显县，“五个强化”“七步工作法”等经验全国全市推广。深度改善贫困人口生产生活条件，完成不安全住房改造及农房整治3.9万户、改厨3.5万户、改厕4.5万户，乡乡通柏油路、村村通硬化路、组组通“四好农村路”、户户通人行便道，动力电、光纤、4G网络和便民服务中心覆盖所有贫困村。发放扶贫小额贷款8.8亿元，发展农民专业合作社1068家，所有贫困村均有特色产业和集体经济带动，贫困群众收入从5312元增至10835元，“产业村长”引领产业扶贫纳入全市脱贫攻坚典型经验库，蜂业扶贫获评全国先进。

——五年来，生态产业实现大发展。产业转型升级取得重大进展，三次产业结构调整为15.1∶32.6∶52.3，非农产业比重较“十二五”末提高4个百分点。生态旅游提速发展，形成了1个AAAAA、3个AAAA、3个AAA的景区品牌格局，建成乡村旅游示范点25个，连续两年入选全国县域旅游综合实力百强县，年接待游客量突破3000万人次，年旅游综合收入突破150亿元，太极泉水获中国特色旅游商品大赛金奖。生态工业持续壮大，清洁能源、健康食品、特色轻工等产业集群加速发展，亿元级以上工业企业达10家，规模以上工业总产值增至45.4亿元，生态工业贡献率达65%。生态农业稳定提质，建成全国甘薯绿色高质高效示范县、国家林下经济示范基地，新增全国“一村一品”示范村镇5个，打造“两品一标”农产品74个，彭水香椿、彭水紫苏获评全国名特优新农产品，晶丝苕粉、苗妹香香大米、黔中道紫苏油获绿博会金奖，五倍子蜂蜜感官品质获全国金奖，林业工作获全国突出贡献奖，承办中华蜜蜂产业发展大会和全国红薯生产技术考察活动，农业总产值从35.2亿元增至62.9亿元。

——五年来，城乡面貌实现大变化。新型城镇化质量稳步提升，城市建成区面积拓展到19平方千米，城市常住人口达23.5万人，常住人口城镇化率达40%。老城沙沱客运中心、乌江大桥整治、郁江大桥拆除重建、乌江四桥复线桥等项目竣工投用，水泥厂至九黎城滨江路全线贯通，豆芽湾、十字街等节点改造完成。新城核心区基本成型，签约落地开发企业11家，供应土地343.53公顷，商品房建筑面积达670万平方米，22条市政道路纵横贯通，城市展览馆、体育中心一期、全民健身中心、农贸市场、民族中学新校区、第五小学、第一示范幼儿园等配套工程建成投用，进驻机关企事业单位35个，累计集聚市民3万余人，花阶广场获评重庆最美坡坎崖。实施“大城三管”，扎实推进环卫保洁、绿化美化、灯饰亮化“三大提升工程”，城市环卫保洁面积扩大到240万平方米，滨江步道绿化品质提升，“马路办公”延伸至背街小巷和城乡接合部，成功创建国家园林县城。启动善感乡、润溪乡等乡村振兴综合示范，“三变”改革试点扩大到15个村社，“三社”融合发展全面推开。完成农村人居环境整治三年行动任务，创建国家森林村庄9个、市级大美乡村示范片3个、巴渝民宿示范点3个，建成摩围山改善农村人居环境市级示范片。提速完善基础设施，全县公路通车里程从5180千米增至8233千米，农网电压合格率达99.8%，重要公共区域覆盖免费无线网络，天然气长输管线全面竣工，乡镇污水集中处理率达85.6%，行政村生活垃圾有效治理率达100%，农村卫生厕所普及率达76.5%。

——五年来，改革创新实现大突破。巩固“三去一降一补”成果，产能30万吨以下煤矿全部关闭退出，累计政策性减税16亿元，金融机构存贷比达99.9%，县属国企资产负债率控制在70%以下。实施创新驱动发展战略，培育高新技术企业6家、科技型企业99家、“专精特新”企业2家，认证高新技术产品7个。不断优化营商环境，大力发展民营实体经济，市场主体总量从2.9万户增至4.2万户，万户市场主体商标拥有量位居渝东南第一，国家地理标志证明商标拥有量位居全市第一。建立招商引资“双组长”和6个工作组统筹推进机制，成功引进太极集团、红星美凯龙、世茂集团、新希望集团等多家上市企业到彭水投资，落地企业贡献税收14亿元。培育外贸进出口企业8家，累计外贸进出口总额3.2亿元。完成农村集体产权制度改革，全面消除农村集体经济“空壳村”。农村宅基地复垦489公顷，地票交易收入14.6亿元，跨省调剂城乡建设用地增减挂钩节余指标158.33公顷、获得专项补助资金7.1亿元。发放林权抵押贷款14.9亿元，开展非国有林生态赎买改革试点200公顷。打造“彭水赶场”电商平台，农村电商服务站点覆盖所有行政村，推进建设电商进农村综合示范升级版。

——五年来，生态环境实现大改善。县城空气质量、城乡居民饮用水水源地水质、地表水环境质量长期位居全市前列，土壤环境质量保持稳定，声环境质量主要监测指标符合国家限定标准，主要污染物总量减排任务全面完成。加强生态系统保护修复，完成第三次国土调查，划定永久基本农田6.44万公顷，新增耕地1133.33公顷，森林覆盖率提高到60.1%，承办全国新一轮退耕还林政策与管理培训会议，获评全国绿化先进集体。实施农村环境集中连片整治项目156个，关闭搬迁禁养区畜禽养殖场64个，污染源普查位列全国先进。“三线一单”和河长制全面落实，“绿色中国行”两度走进彭水，长溪河获评重庆最美河流，各级环保督察反馈问题整改按期高质量完成。成立渝东南首个绿色金融服务部，绿色贷款余额36亿元，在全市率先开展林业碳汇资源交易战略合作。

——五年来，民生事业实现大进步。严格兑现惠民政策，滚动实施民生项目，认真办理民生实事，民生支出占一般公共预算支出比重保持在60%以上。教育事业蓬勃发展，成功创建全国义务教育发展基本均衡县，全县校舍面积达106万平方米，教师高级职称占比提高到12%，公办园在园幼儿占比提高到52.3%，高考重本上线突破1000人，县职教中心入选全市30所高水平中职学校。医疗卫生条件持续改善，县中医院新城分院门诊楼投用开诊，乡镇卫生院、社区卫生服务中心、村卫生室标准化率达100%，基层业务用房面积达10万平方米，医务工作者高级职称人数增加1倍，分级诊疗基层首诊率保持在72%以上，县域就诊率达90%，县域综合医改、医共体“三通”建设和医疗器械监管工作在全国、全市作经验交流，基层医疗卫生机构集团化管理获评全国十大优秀医改案例。民族文化繁荣进步，公共文体设施覆盖所有村社并免费开放，“中国乌江苗族踩花山节”“渝东南生态民族旅游文化节”成为传承弘扬苗族文化的重要节会品牌，参加全国广场舞电视大赛获金奖。加强各民族交往交流交融，保护建设11个少数民族特色村寨，设置少数民族维权服务站，成功创建全国民族团结进步示范县。社会保障体系不断完善，累计城镇新增就业2.9万人，基本医疗保险参保率达96.1%，参加基本养老保险、工伤保险、失业保险人数达44.3万人，建成国家三级救助管理站、残疾人康复托养中心、社会福利中心和儿童收养部。治理消除地质灾害隐患点46处，实施搬迁避让168户774人，获评全国地质灾害防治高标准“十有县”。

——五年来，政府效能实现大提升。圆满完成政府机构改革任务，优化政府工作机构设置，政府运行更加规范高效。严格执行向党委请示报告制度，自觉接受人大和政协监督，人大代表建议、政协委员提案办成率连年提升。强力推进法治政府建设，全面完成“七五”普法，法治宣传教育、人民调解、法律援助等工作获全国先进，创建全国民主法治示范村4个。持续深化“放管服”改革，行政许可事项办理时限压缩率达82%，企业开办时限压缩至1个工作日，政务服务“全渝通办”，市场监管跨部门“双随机一公开”全覆盖，清理整顿人力资源市场秩序专项执法行动获全国表彰。公务用车制度改革租赁管理经验全市推广，获评国家级节约型公共机构示范单位2个。扫黑除恶专项斗争深入开展，公安工作综合考核多年位居全市第一阵营，安全生产监管监察获全国先进，食品安全示范城市创建满意度位居全市第一，信访事项及时受理率、按期办结率均达100%，“五老自治队”获评“枫桥经验”重庆实践十项行动典型经验。贯彻落实全面从严治党要求，巩固深化“不忘初心、牢记使命”主题教育成果，扎实开展“以案四说”“以案四改”，正风肃纪反腐向纵深推进。严格落实中央八项规定及其实施细则、市委县委实施意见精神，持续整治“四风”问题，为基层减负取得实效。

回顾党的十九大以来的这几年，县人民政府紧紧围绕把习近平总书记殷殷嘱托全面落实在彭水大地上这条主线，在县委带领下，以推动高质量发展为主题、以创造高品质生活为目标、以脱贫攻坚为统揽，坚定不移深化供给侧结构性改革，坚持不懈推动基础设施互联互通，蹄疾步稳推进改革创新，毫不放松抓好生态环保，持之以恒保障和改善民生，三大攻坚战取得决定性进展，“八项行动计划”三年任务总体完成，创新发展实现新突破，协调发展形成新格局，绿色发展迈出新步伐，开放发展呈现新气象，共享发展取得新成效，全县高质量发展之路越走越宽广，为开启社会主义现代化建设新征程奠定了坚实基础。

刚刚过去的2020年，是“十三五”规划、脱贫攻坚、全面建成小康社会收官之年。这一年，面对突如其来的新冠肺炎疫情、频繁而至的汛情、错综复杂的世情，县人民政府在以习近平同志为核心的党中央坚强领导下，坚定信心、保持定力，坚决贯彻党中央国务院、市委市政府和县委决策部署，全力以赴战疫情、战复工、战脱贫、战洪水，扎实做好“六稳”工作、高效落实“六保”任务，奋力夺取疫情防控和经济社会发展“双胜利”，交出了一份收官之年的满意答卷。

（一）疫情防控取得重大战略成果。听从总书记指挥，按照党中央部署，坚持人民至上、生命至上，第一时间落实重大突发公共卫生事件一级响应，严格落实“四早”“四集中”要求，抓好“四个工作面”，做好“两大保障”，打响了疫情防控的人民战争、总体战、阻击战，2020年2月19日，彭水自治县被确定为全市第一批低风险区县。我们针对疫情形势变化，及时调整防控策略，健全常态化防控机制，毫不放松抓好外防输入、内防反弹、应急处置，全县疫情防控向好态势持续巩固，为恢复经济赢得了主动。在这场“战疫”大考中，全县上下团结一心、众志成城、共克时艰，各级各部门顾全大局、尽责担当，医务工作者白衣为甲、逆行出征，基层一线闻令而动、冲锋在前，快递小哥、环卫工人、运输司机、物业员工等普通劳动者默默坚守岗位，广大市民自觉宅家抗疫，社会各界无私捐款捐物，全县14名先进个人、5个先进集体受到全市表彰，70万彭水人民都是平凡的英雄，每个人都了不起。

（二）经济率先恢复平稳增长。2020年初，受疫情影响，全县经济运行一度按下“暂停键”，一季度地区生产总值同比下降3%。随着疫情形势变化，彭水自治县严格落实分区分级精准防控，及时兑现各项纾困惠企政策，有力有序推动复工复产、复市复消，各行各业抢时间、补损失，上半年在全市率先恢复经济正增长，全年地区生产总值增长4.2%，增速位居渝东南第一、全市第八。固定资产投资增长6%、增速位居渝东南第三，社会消费品零售总额增长2.4%、增速位居渝东南第一。税收收入增长9.7%、增速位居全市第一，一般公共预算支出73亿元、总量位居渝东南第一。常住居民人均可支配收入增长8.6%、增速位居全市第一，金融机构存款余额增长12.6%、增速位居全市第七，商品房销售面积增长38.6%、增速位居全市第三。

（三）脱贫成果巩固拓展。努力克服疫情对脱贫攻坚的不利影响，所有扶贫项目如期建成投用，建设扶贫产业基地375个，完成消费扶贫1.2亿元，社会力量采购扶贫产品3.8亿元，引导贫困群众务工就业4.8万人，新发放扶贫小额贷款544笔，动态解决贫困人口参加基本医疗保险1139人。进一步加大社会扶贫力度，衔接落实东西部扶贫协作帮扶资金5364万元、两江新区对口帮扶资金1.7亿元，中央外办协调引进资金3619万元，促成腾讯公司全面定点帮扶彭水。全面攻克深度贫困堡垒，聚焦深度贫困乡村和全县715户2460名未脱贫人口，新增帮扶联系人495名，市管县管干部直接包户联系，帮助剩余农村贫困人口全部脱贫。实施脱贫攻坚总攻十大专项行动，打好定点攻坚战、百日大会战、收官大决战，逐项对标收官交账，“两不愁三保障”突出问题动态清零。有效巩固脱贫成果，建立防止返贫监测和帮扶机制，脱贫不稳定户、边缘易致贫户及时发现及时帮扶，高质量通过8次国家级检查考核。加强脱贫攻坚总结宣传，推出典型案例40个、典型经验85项，举行新闻发布会2场。开展脱贫攻坚与乡村振兴有机衔接试点，诸佛乡庙池村获评全国文明村镇，润溪乡樱桃井村入选全国乡村旅游重点村。

（四）区域协调发展迈向新阶段。积极主动融入成渝地区双城经济圈建设和市域内“一区两群”协调发展，与四川西昌缔结友好城市，同四川阆中开展文旅协作共建，协同渝东南、武陵山区有关市区县深化文旅融合、加快互联互通、加强联动发展。全面启动县级国土空间总体规划编制，划定“三条控制线”，生态保护红线面积占比36.2%，自然保护地面积1298平方千米。启动全国县城新型城镇化建设示范，新建新城供水主管网、县城污水处理厂二期、芦渡湖污水处理厂、县城垃圾渗滤液填埋场、污泥处理厂，建成九曲河、水泥厂等公共停车场，实施3个老旧小区改造，完成棚户区改造311户。加大城乡基础设施建设力度，完工干线公路565千米、“四好农村路”660千米，凤升水库蓄水验收，龙虎水库、摩围山水库、茨竹湾水库主体完工，建成乡镇污水管网100千米，完成15座乡镇污水处理厂技改，保家镇、郁山镇、高谷镇等7个乡镇通天然气。提速打造区域性综合交通枢纽，渝怀铁路二线、石黔高速彭水段建成通车，渝湘高铁、渝湘复线高速彭水段全面开工，高速公路通车里程达83千米。

（五）生态产业提质增效。确保“米袋子”“菜篮子”“肉盘子”安全保供，种植粮食7.87万公顷、蔬菜1.57万公顷，出栏生猪47.6万头，建设特色农业示范点33个，农业总产值增长5.2%。推动生态工业高质量发展，清洁能源、健康食品、特色轻工产业集群迭代升级，民俗工艺品、茶酒制品、苗医苗药等新增长点加速形成，大唐水电、茂田水泥、巨盾鞋业等骨干企业支撑明显，太极泉水二期初步投产，火吉饮料二期启动，工业园区“产值倍增计划”扎实实施，承办全国中药材产业扶贫工作推进会议，新落地工业项目8个，全县规模以上工业企业达27家。推动房地产市场平稳健康发展，新开工商品房面积63万平方米、完成总产值22.4亿元，商品房销售40万平方米、销售金额20.8亿元。提质升级商贸消费，新增限额以上商贸企业5家、外贸备案企业5家，招引落户大型商超3家，建成社区便民商圈5个，城市商业面积突破30万平方米，会展经济收入突破10亿元。

（六）文旅融合不断深化。阿依河成功创建国家AAAAA级旅游景区并入选全国景区百强品牌，摩围山获批市级旅游度假区，阿依河、蚩尤九黎城获评全市智慧旅游示范景区，“双晒”大型文旅推介活动获评全市最佳营销奖，推出6条环武陵山区、联渝东南的精品线路，全年接待游客2816万人次，旅游综合收入144亿元。着力打造文旅节赛品牌，精心举办第九届中国乌江苗族踩花山节、首届“决战九黎城下”电子竞技大赛全国总决赛，中国摩托艇联赛重庆彭水大奖赛获评全市体育旅游精品赛事。探索推行“线上游戏+线下旅游”新文旅模式，蚩尤九黎城特色建筑场景植入大型网络游戏《和平精英》，腾讯棋牌IP场景“苗乡欢乐茶馆”顺利落成，全县景区初步实现数字IP化。加强文创产品开发，举办“山海九黎·文创新光”设计大赛，建成苗绣非遗工坊2个，手工蜡染茶席入选“重庆好礼”外事外交礼品名单。文体事业持续进步，建成投用全县应急广播系统，流动文化服务进村748场次，农民体育健身工程覆盖所有行政村。

（七）新的动能加速生成。科技创新深入发展，获批科学技术部“科技助力经济2020”重点专项2个，新培育众创空间3家，申请专利175件，科普日活动获全国表彰。积极开展“云端”招商、“网上”签约，签约招商项目36个、投资总额57亿元，正式合同项目23个、投资总额26.8亿元。落实助力市场主体健康发展系列政策措施，新培育市场主体5460户，为市场主体新增减免税8231万元、减免社保费9442万元。扎实推进“互联网+政务服务”，公布第一批“零材料提交”事项143项、“零跑动”事项755项、“最多跑一次”事项572项，政务服务事项全程网办率达82%。强化大数据智能化推广应用，5G网络实现城区、园区、景区全覆盖，智慧园区初步建成，重点餐饮单位、特种设备纳入智慧监管平台。建成糯玉米、脆红李等网货基地，电商交易额达45亿元，网络零售额突破18亿元，农产品网络销售收入1.1亿元。

（八）社会大局保持和谐稳定。促进就业创业，城镇新增就业6389人，发放创业担保贷款2亿元。兜住民生保障底线，新增低保3176人，临时救助3466人次，农村留守儿童和困境儿童关爱服务全面落实。深入开展“五大环保行动”，严格落实重庆市第2号总河长令，各级河长巡河率达217%，推进长江流域禁捕退捕转产安置、野生动物禁养，“大棚房”“违建别墅”、农村乱占耕地建房等问题专项清理整治取得实效。全面加强公共安全监管，建设公共安全视频监控联网共享平台，重点公共区域视频监控覆盖率达100%，群众安全感指数达99.2%、位居渝东南第一。推进食品安全示范创建，食品安全评价性抽验合格率稳定在98%以上。实施安全生产专项整治三年行动和高层建筑消防安全提升计划，有序应对13次暴雨灾害、85起地质灾害险情，连续17年杜绝重特大事故，连续16年获评全市安全生产与自然灾害防治工作先进等次，社会生产经营单位连续19年未发生亡人火灾事故。扎实开展化解信访积案“百日攻坚”，全面落实网上信访代理员制度，视频接访系统覆盖所有乡镇街道。实施政府“过紧日子”系列措施，争取中央直达资金6.4亿元，新增债券资金17.6亿元，强化政府债务闭环管理，财政运行总体平稳。推进统计制度方法改革，顺利完成第七次全国人口普查。国防动员和后备力量建设稳步推进，退役军人组织管理保障体系不断健全，双拥工作和军民共建深入开展。国家安全、外事、侨务、港澳台、审计、保密、移民、人防、气象、地震等工作取得新成效，工会、妇女、儿童、青年、老龄、慈善、残疾人、红十字等事业实现新发展。

“十三五”及2020年成绩来之不易，最根本在于习近平总书记作为党中央的核心、全党的核心掌舵领航，在于习近平新时代中国特色社会主义思想科学指引，在于以习近平同志为核心的党中央坚强领导，在于党中央国务院和市委市政府的精准部署，是县委团结带领全县广大干部群众顽强拼搏的结果。

我们也清醒地认识到，彭水发展还面临一些困难和挑战。疫情变化和外部环境存在诸多不确定性，经济稳增长难度依然较大；产业能级有待提升，集群化、规模化、品牌化、市场化水平不高，构建现代产业体系仍有较长的路要走；创新创业创造氛围不够浓，民营经济发展不够活，营商环境还有待进一步优化；城乡协调发展存在一定差距，基础设施领域仍有不少短板，基本公共服务还有薄弱环节；发展中的各种矛盾和问题相互交织，优化法治环境、创新社会治理任务依然艰巨；政府自身建设也有需要改进的地方，一些部门和工作人员贯彻新发展理念、构建新发展格局的能力和水平亟待提升。

二、“十四五”时期主要目标任务和二〇三五年远景目标

“十四五”时期是彭水开启社会主义现代化建设新征程、谱写高质量发展新篇章的关键时期。对标对表习近平总书记对重庆提出的系列重要指示要求和党的十九届五中全会、市委五届九次全会精神，按照县委十四届九次全会部署，编制了《彭水苗族土家族自治县国民经济和社会发展第十四个五年规划和二〇三五年远景目标纲要（草案）》，提请大会审议。

“十四五”时期，彭水自治县经济社会发展的指导思想是：高举中国特色社会主义伟大旗帜，深入贯彻党的十九大和十九届二中、三中、四中、五中全会精神以及市委五届九次全会、县委十四届九次全会精神，坚持以马克思列宁主义、毛泽东思想、邓小平理论、“三个代表”重要思想、科学发展观、习近平新时代中国特色社会主义思想为指导，全面贯彻党的基本理论、基本路线、基本方略，统筹推进“五位一体”总体布局，协调推进“四个全面”战略布局，深入贯彻习近平总书记对重庆提出的营造良好政治生态，坚持“两点”定位、“两地”“两高”目标，发挥“三个作用”和推动成渝地区双城经济圈建设等重要指示要求，准确把握新发展阶段，深入践行新发展理念，积极融入新发展格局，切实担当新发展使命，坚持稳中求进工作总基调，以推动高质量发展为主题，以深化供给侧结构性改革为主线，以改革创新为根本动力，以满足人民日益增长的美好生活需要为根本目的，坚持系统观念，更好统筹发展和安全，加快建设现代化经济体系，推进治理体系和治理能力现代化，实现经济行稳致远、社会安定和谐，确保社会主义现代化建设新征程开好局、起好步。

“十四五”时期，彭水自治县经济社会发展的主要目标是：聚焦聚力渝东南武陵山区城镇群“建设具有山地特色和独特魅力的国家级文化产业和旅游产业融合发展示范区”“建设绿色创新发展新高地、人与自然和谐宜居新典范”等目标定位，充分彰显民族、生态、文化“三大特色”，重点实施绿水青山、固本强基、文旅融合、文旅赋能、文旅融城、乡村建设、科技提升、“两个共同”等“八项行动”，高质量建设具有民族特色的生态特色宜居城、生态旅游目的地、生态产业发展区、生态文明示范县，高水平打造“世界苗乡·养心彭水”，在全面建成小康社会基础上实现新的更大发展，努力在重庆发挥“三个作用”中贡献彭水更大力量。

展望2035年，彭水自治县将与全国全市一道基本实现社会主义现代化，经济总量和城乡居民人均收入再迈新的大台阶，民族地区产城景融合发展示范区、重要的生态康养和休闲运动基地、具有民族特色的国际知名旅游城市全面建成，“世界苗乡·养心彭水”享誉世界，生态美、产业兴、

百姓富的现代化新彭水阔步向前。

“十四五”时期，重点抓好六个方面的战略任务。

（一）推进创新驱动发展战略。在更高起点推进全面深化改革，扎实推进国资国企、财政体制、科技体制、投融资体制、要素市场化、商事制度等重点领域改革，促进有效市场和有为政府更好结合。进一步优化营商环境，激发各类市场主体活力，加大招商引资力度，推动各类企业“上云、上规、上市”，民营经济增加值占比达到64%。实施科技企业成长工程，促进各类创新要素向企业集聚，推进产学研深度融合，全社会研发投入占地区生产总值比重达到1%。改善创新生态，深入实施“彭水英才”计划，引进一批高层次急需紧缺人才，健全创新激励政策和科技成果转化应用体系。拥抱大数据智能化时代，挖掘数据资源的商用、民用、政用价值，拓展智慧政务、智慧城市、智慧交通、智慧医疗、智慧教育、智慧旅游和智慧社区等智能化应用，积极培育线上业态、线上服务、线上管理。强化信息网络基础设施建设，大力发展5G、工业互联网、物联网等，有序推进数字设施化、设施数字化。

（二）推进扩大内需战略。坚持扩大内需这个战略基点，深度融入国内大循环，积极参与国内国际双循环，在融入新发展格局中展现新作为。把新发展理念完整、准确、全面贯穿发展全过程和各领域，引导各方面把工作重点放在提高发展质量和效益上，促进增长潜力充分发挥，地区生产总值达到400亿元左右，人均地区生产总值达到6.5万元。全面促进消费，培育教育、医疗、养老、育幼、文旅等消费热点，提升假日消费、旅游消费、夜间经济，促进线上线下消费融合发展，社会消费品零售总额年均增长9%。积极扩大有效投资，固定资产投资年均增长8%，储备形成2500亿元规模的重大投资项目库，更加注重民生基础设施补短板，大力推进“两新一重”项目建设，让更多基础设施投资形成优质资产、产业投资形成实体企业、民生投资形成消费潜力。大力提高对外开放合作水平，积极参与共建“一带一路”、长江经济带发展、新时代西部大开发和西部陆海新通道建设，主动承接主城都市区外溢功能，加快推动各类开放平台提档升级，强化与邻近地区和周边城市协作联动，提高开放型经济发展质量和水平。

（三）推进乡村振兴战略。扎实做好巩固拓展脱贫攻坚成果同乡村振兴有效衔接，在五年过渡期内保持主要帮扶政策总体稳定，做到“工作不留空档、政策不留空白”。按照产业兴旺、生态宜居、乡风文明、治理有效、生活富裕总要求，全面推进乡村振兴，促进农业高质高效、乡村宜居宜业、农民富裕富足。把保障粮食安全作为首要任务，坚持最严格的耕地保护制度，严禁耕地“非农化”、防止“非粮化”，大力发展现代山地特色高效农业。实施乡村建设行动，编制完善村庄规划，保护传统村落和乡村风貌，完善乡村水、电、路、气、通信、广播电视、文化体育、商贸物流等基础设施，因地制宜推进农村改厕、生活垃圾处理和污水治理，优化农村人居环境。巩固和完善农村基本经营制度，持续推进农村集体产权制度、宅基地制度改革和农村“三变”改革、“三社”融合发展。壮大新型农村集体经济，引导新型农业经营主体向生产经营服务一体化转型，完善利益联结机制，促进小农户和现代农业有机衔接。

（四）推进新型工业化战略。推动制造业高质量发展，突出绿色化、集群化、特色化方向，更加注重补短板锻长板，促进全产业链优化升级，打造绿色生态产品供给地。巩固壮大实体经济根基，以“一园多组团”为依托，大力发展以水电、页岩气、光伏、风电等为主的清洁能源集群，以包装饮用水、果蔬饮料、自热食品、红薯制品、调味品、畜禽屠宰加工等为主的健康食品集群，以中药材加工、苗医苗药加工等为主的生物医药集群，以民俗工艺品、非遗服饰等为主的特色轻工集群，以信息技术、节能环保、智能装备、新型建材等为主的战略性新兴产业集群，工业总产值突破100亿元。着力打造工业园区升级版，扎实实施“产值倍增计划”，推进镇园一体化产城融合发展，建设中小企业集聚区，园区工业用地产出强度达到50亿元/平方千米。

（五）推进新型城镇化战略。加快推进以人为核心的新型城镇化，以全国县城新型城镇化示范建设为契机，推动城市补短板强弱项提品质，协同做特做优渝东南武陵山区城镇群。实施城市更新行动，优化城市空间布局，强化城市规划建设管理，增强集聚承载功能，彰显“江城”“山城”独特魅力，打造风情浓郁、气质独具的精致山地城市。加强统筹规划和分类指导，培育一批风情小镇、文化小镇、绿色小镇、康养小镇等特色小城镇，推进产镇、文镇、景镇融合发展。实施城镇老旧小区和城乡接合部改造提升，加快海绵城市和绿色建筑、地下综合管廊建设，全面规范城镇管网线路敷设和临街立面风貌。完善城市配套功能，加快道路桥隧建设和重要节点改造，优化商业配套和公共服务供给，深化“大城三管”“马路办公”。

（六）推进民生优先战略。坚持尽力而为、量力而行，加强普惠性、基础性、兜底性民生建设，不断优化公共服务供给，让发展成果更多更公平惠及全体人民。提高优生优育服务水平，推动学前教育普及普惠安全优质发展，确保幼有所育。推动义务教育优质均衡发展，高质量高水平发展高中教育、职业教育，促进学生德智体美劳全面发展，新增劳动力受教育年限达到12年，确保学有所教。千方百计稳定和扩大就业，常住居民人均可支配收入年均增长9%，城乡居民收入比降至2.4∶1，确保劳有所得。实施健康中国彭水行动，健全公共卫生服务体系和重大突发公共卫生事件医疗救治体系，争创一批三级医院，实现病有所医。发展老龄事业，加快构建居家社区机构相协调、医养康养相结合的养老服务体系，实现老有所养。促进房地产市场平稳健康发展，做好公租房、廉租房、长租房工作，保障住有所居。健全分层分类的社会救助体系，强化特殊困难群体关爱帮扶，做到弱有所扶。

“十四五”时期，奋力实现四个方面的战略目标。

建设生态特色宜居城。坚持节约集约原则，顺应自然本底，依托骨干通道，优化构建“一心两带三片区六重点多节点”城镇发展格局，建设民族地区产城景融合发展示范区和特色化发展的县城。建设老城、新城、蚩尤九黎城一体化发展的中心城区，按照“减载提质”要求完善老城功能、提升老城品质，按照“现代之城、未来之城、品质之城、魅力之城”定位扎实推进新城建设，按照“提韵加速”要求加快推进蚩尤九黎城建设和高铁南站片区开发，城市建成区面积达30平方千米，集聚30万人口。建设乌江画廊生态旅游示范带、郁江产城景融合发展示范带，实施乌江画廊品质提升行动，把好山好水好风光融入城镇建设之中，强化特色产业支撑，建设“干净整洁有序、山清水秀城美、宜居宜业宜游”的高品质城镇。统筹推进北部、东部、南部片区协调发展，坚持宜工则工、宜旅则旅、宜商则商、宜农则农、宜牧则牧，大力发展生态经济、民生经济，形成功能明显、优势互补的区域协调发展格局。加快高谷生态旅游镇、保家生态工业镇、郁山历史文化镇、连湖边贸旅游镇、新田建材工业镇、摩围山生态旅游度假区六个重要节点建设，辐射带动各乡镇街道特色化、差异化发展。提升基础设施互联互通水平，打通“五铁八高速一江一机场”等“大通道”，畅通城市路网、乡镇干线、客运枢纽、公共交通等“微循环”，建设以新城现代综合物流产业园、工业园区物流仓储中心、下塘乌江港航物流中心为支撑的“物流网”，完善水利、能源、市政等基础设施，加快推动新型基础设施发展。

建设生态旅游目的地。实施全域旅游发展战

略，分别按照“特色化、精致化、品质化、多元化”要求，加快推动蚩尤九黎城、阿依河、乌江画廊和摩围山等景区提档升级，辐射引领各乡镇街道因地制宜发展乡村旅游，形成步步皆景、处处宜游的全域旅游发展新格局，创建国家全域旅游示范区。做靓“千里乌江·百里画廊”峡江风光旅游名片，创建摩围山国家级旅游度假区，打造重要的生态康养和休闲运动基地，建设乌江画廊旅游示范带和武陵山区民俗风情生态旅游示范区，建成具有民族特色的国际知名旅游城市。深度融入大武陵产品体系和服务体系，培育一批文化特色鲜明的旅游线路，打造一批全国知名文化旅游节会品牌，提升“世界苗乡·养心彭水”国际影响力，年接待游客量突破3500万人次，年旅游综合收入突破300亿元。树立以旅彰文、以文促旅的理念，实施“文化+”“旅游+”战略，不断丰富康养旅游、非遗旅游、红色旅游、体育旅游等文旅融合业态，培育一批有竞争力的文化和旅游企业，开发一批知名文创产品，文旅产业增加值占比达到15%。

建设生态产业发展区。提质提速发展生态工业，打造35亿级清洁能源产业、20亿级健康食品产业、20亿级特色轻工产业、15亿级苗医苗药产业、10亿级战略性新兴产业，推进建设国家生物医药科技研发实践基地，规划建设苗医苗药研究院。实施农业品种品质品牌提升工程，拓展“一乡一特”“一村一品”，发展一批田园综合体、产业观光园和农旅融合综合体，第一产业增加值年均增长5%。提升以生态旅游为重点的现代服务业，发展休闲经济、节会经济、会展经济、康养经济、文创经济等业态，形成食、养、赏、娱、购集于一体的场景化、体验式、综合型市场形态，现代服务业增加值占比提高到55%。

建设生态文明示范县。优化以摩围山、七跃山和乌江、郁江为主的多点多廊道生态安全空间格局，提升生态系统碳汇能力。统筹山水林田湖草系统治理，持续推进治水、建林、禁渔、防灾、护文，筑牢乌江下游重要生态屏障。增强全社会生态环保意识，完善生态环境监测网络，深入打好污染防治攻坚战，让彭水天更蓝、地更绿、水更清、空气更清新。落实碳达峰、碳中和重大决策部署，加快推动绿色低碳发展，促进传统产业绿色化、绿色产业规模化，丰富高质量生态产品供给。深化生态文明体制改革，全面落实排污权交易、生态产品价值实现、生态保护补偿等制度，成功创建国家生态文明建设示范县。

三、2021年工作安排

2021年是中国共产党建党100周年，是我国现代化建设进程中具有特殊重要性的一年。全县经济社会发展主要预期目标是：地区生产总值增长6.5%以上，规模以上工业总产值增长8%，固定资产投资增长7%，社会消费品零售总额增长9%，一般公共预算收入增长6%，税收收入增长7.3%，城镇和农村常住居民人均可支配收入分别增长8%、9%，常住人口城镇化率提高1.5个百分点，粮食产量稳定在32万吨以上，节能减排降碳等约束性指标完成市级下达任务。

实现上述目标，要紧扣高质量发展主题，牢牢把握新发展阶段，完整、准确、全面贯彻新发展理念，推动构建新发展格局迈好第一步、见到新气象。重点抓好十个方面的工作。

（一）确保经济平稳增长

做实有效投资。做深做细项目前期工作，加强储备项目前期论证，优化项目报建程序，提升项目投资效率。推进全国县城新型城镇化示范建设，年度滚动实施64个建设项目，拉动投资稳定增长。创新基础设施和产业项目投融资体制机制，发挥财政专项、政府债券等杠杆作用，引导激发社会投资活力，加快建设183个重点项目，完成固定资产投资103.5亿元。加强政府投资管理，优化政府投资方向和结构，完善重点项目调度联席会议制度，跟踪开展实施情况监督检查，提高政府投资效益。

力促消费升级。激活消费潜力，巩固提升汽车、家电、建材等大宗消费，促进批发零售、餐饮住宿、文化旅游等消费加快回补，确保城乡消费稳定增长。扩大新型消费，健全城乡流通体系，发展直播电商、社交电商等新业态，建设一批电商特色小镇，打造10个农产品网货示范基地，新培育50个电商主体，实现电商交易额48亿元，网络零售额20亿元。稳定房地产市场，坚持“房子是用来住的，不是用来炒的”定位，切实增加商品住房有效供给，引导住房和人口合理分布。大力发展生产性生活性服务业，做大现代物流、现代会展、健康养老、家政物业等服务业态，加强公益性、基础性服务业供给，建设新城冷链物流基地，推动现代服务业提速提质。

壮大市场主体。助力市场主体健康发展，支持中小微企业和个体工商户发展壮大，新增市场主体5000户，民营企业总量增长12%，民营经济占比达到60%。降低企业开办成本，落实“证照分离”改革和“一业一证”改革，推进开办企业注册登记便利化，推行“一网、一窗、一次、一日”全流程办结。建立规范化机制化政企沟通渠道，实行市管领导联系重点企业制度，强化行业干部驻企服务机制，开展“政企双向评价”工作。落实纾困惠企政策，优化兑现减税降费政策措施，强化稳企金融支持，健全清理和防止拖欠账款长效机制。坚持公正透明监管，对新产业新业态新模式实行包容审慎监管，规范中介服务行为，加强社会信用体系建设。

（二）优化升级产业体系

推动生态工业高质量发展。力促水电、建材等传统产业扩产增效，完成巨盾实业搬迁入园及技改扩能，加快矿产品精深加工集聚区建设。培育新兴产业，提速壮大包装饮用水、果蔬饮料、自热食品、红薯制品等健康食品产业，大力发展调味品等食用品加工业。加大招商引资、稳商增资力度，有序推进太极泉水二期、畜禽定点屠宰加工等工业项目，启动苗医苗药大健康全产业链项目，工业投资增长10%。持续实施工业园区“产值倍增计划”，深化镇园一体化产城融合发展，提速实施大河坝片区整体城镇化、农产品仓储物流基地、大健康产业园等重点项目，努力实现工业发展“六个十”目标：新增规模以上工业企业10家、新招引落地实体企业10家、新建10万平方米标准厂房、新增工业增加值10亿元、创建健康食品品牌10个、实体企业入库税收增加10%。

大力发展大数据智能化产业。加快推动数字经济和实体经济深度融合，积极发展共享经济、平台经济、数字经济，推进数字产业化和产业数字化。促成一批大数据智能化产业项目落地，积极发展人工智能、云计算、区块链、数字内容等大数据产业。创新“互联网+”模式，加强大数据智能化在城市管理、生态保护、民生服务等领域应用。全力推进“管云、管数、管用”，信息系统迁移上云率达到95%、信息系统目标整合率达到50%。

促进产业链供应链现代化。通过投资、引资、扩资等多种方式稳链补链强链，推动传统产业改造升级、战略性新兴产业乘势而上、产业链条拓展延伸，全面优化升级产业结构。深入实施质量提升行动，打通上下游、贯通产供销、带动中小微，构建可靠可控、安全高效的产业链供应链。做好产业链前端和末端衔接，加快重点产业链供应链修复，增强产业链供应链稳定性。

（三）加快文旅融合发展

扩大“世界苗乡”品牌效应。实施景区品质提升计划，做靓做响阿依河国家AAAAA级旅游景区品牌，完善提升蚩尤九黎城、摩围山、乌江画廊、鞍子苗寨、善感周家寨等景区功能，有序推进郁山古镇开发，扎实创建全域旅游示范区。持续扩大全国旅游综合实力百强县影响力，进一步开拓国内外客源市场，游客接待量达到3000万人次，过夜游客超过800万人次，旅游综合收入达到170亿元。大力开展旅游整合营销，办好“一节一赛”“中国原生民歌节”“渝东南生态民族旅游文化节”等节赛活动。

深入实施“旅游+”发展战略。深化“互联网+旅游”，加强与腾讯公司深度合作，推进旅游产业IP化、特色化、流量化，拓展“线上游戏+线下旅游”新文旅模式。健全“快旅慢游”服务体系，提速建设九黎旅游运输综合服务中心、郁山盐温泉疗养度假区、摩围山休闲度假康养基地，升级智慧旅游平台，建成一批示范性旅游厕所。有序建设特色小镇、精品民宿、休闲农庄等乡村旅游景点，打造一批文旅、城旅、农旅融合示范基地。

加强文旅融合区域协同。深化渝东南区县文旅发展交流合作，统一规划、集中打造、共建共享，推动基础设施互联互通、文旅发展联营联动，逐步叫响“乌江画廊”旅游品牌。加强与武陵山区有关市县的衔接协同，提速打造武陵山区民俗风情生态旅游示范区，推出一批环线游、超长游精品线路。推进与成渝地区有关市区县文旅协作联动，推动产业融入、产品融入、市场融入。

（四）全面推进乡村振兴

做好巩固拓展脱贫攻坚成果同乡村振兴有效衔接。把巩固脱贫攻坚成果摆在头等重要位置，落实“四个不摘”要求，保持主要帮扶政策总体稳定。健全防止返贫动态监测和帮扶机制，开展农村低收入人口常态化帮扶。推动乡村产业提档升级，促进脱贫人口稳定就业，强化易地扶贫搬迁后续扶持。加强扶贫项目资产监管，落实公益性资产管护责任，明晰经营性资产产权关系，盘活到户类资产，确保持续发挥作用。优化结对帮扶关系和协作帮扶方式，用好中央单位定点帮扶、东西部协作、市级帮扶集团、区县对口协同发展等各级各类帮扶资源，增强内生发展动力。

提高农业质量效益和竞争力。牢牢把住粮食安全主动权，稳定粮食种植面积和产量，持续恢复发展生猪产能，抓好重要农产品保供稳价，开展节约粮食行动。深化农业供给侧结构性改革，实施种养业提升行动，巩固发展红薯、烤烟、畜禽养殖、中药材等现代山地特色高效农业，做优农业品种品质品牌，有效期内“两品一标”农产品达到100个。建设红薯产业示范园区，续建新希望生猪养殖产业化项目和天兆标准化示范种猪场项目，打造一批特色生态农业示范带、示范片、示范点。丰富乡村业态，强化农业科技创新运用，大力发展农产品加工、乡村旅游和农村电商，促进农业“接二连三”。

实施乡村建设行动。科学推进乡村规划建设，合理调优村庄布局分类，全面规范农村建设行为，开展农村住房安全专项整治。落实农村人居环境整治提升五年行动，注重保护少数民族特色村寨、传统村落和乡村特色风貌，重点抓好改厕和污水、垃圾处理。推动乡村振兴扩面提质，接续实施乡村振兴“十大重点工程”，在市级重点帮扶善感乡的基础上，县级统筹重点帮扶一批乡村，提升县域相对薄弱农村地区整体发展水平。集聚乡村人才，实施高素质农民培育工程，壮大在乡、返乡、入乡人才队伍。

深化农业农村改革。用活乡村土地资源，丰富承包地“三权分置”实现形式，盘活用好农村建设用地。深化农村产权制度改革，发展新型农村集体经济，提升农村集体资产经营管理效能。扩面深化“三变”改革，完善利益联结机制，“三变”改革试点覆盖率达到20%。培育新型农业经营主体，发展3家农业产业化龙头企业、50个农民专业合作社、20个家庭农场。持续深化“三社”融合发展，打造10个示范基层社，发展15个星级综合服务社。

（五）持续实施城市提升行动计划

加速城市更新。推动老城减载提质，加快两江大桥维修加固、城区隧道整治、乌江三桥节点改造，开工两江假日酒店至郁江二桥连接道、城北隧道至青龙嘴连接道、水泥厂至两江广场道路拓宽、天外天至南门洞道路拓宽等路网工程，续建两江城、乌江门、依云水岸等房地产项目，启动7个老旧小区改造。提速推进新城建设，完善市政路网，续建综合管廊和供水工程，开工滨河南北路、五湖公园、市民中心广场、新城殡仪馆等重点项目，加快商业功能配套，完成房地产开发投资6亿元。编制九黎城专项规划，推进九黎文化区建设，开工九黎城至徐家坝滨江路、九黎城片区棚户区改造等项目，畅通水泥厂至九黎城滨江路，完成九黎城坡坎崖绿化。

提升城市综合管理水平。深化“大城三管”，加大背街小巷整治提升力度，切实将新城、蚩尤九黎城纳入市政管理，推进“马路办公”向乡镇延伸。强化城区环卫保洁，严格落实“门前三包”“五长制”，完成3个商圈、5个城乡接合部环境卫生整治。提升市政设施品质，老城新增公共停车位1000个，城市建成区绿化覆盖率达到40%，照明设施亮灯率达到98%，启动环卫基地建设，推进靛水垃圾填埋场生态恢复。实施城区“道路平整”专项行动，持续开展道路颠簸破损、城市扬尘污染、车辆乱停乱靠等整治行动。

推进产城景融合发展。推动老城、新城、蚩尤九黎城和摩围山、乌江画廊景区一体化建设提升，促进城旅融合、城景互动。加快高铁南站片区综合开发，统筹高铁站场及出口、高速出口、蚩尤九黎城景区规划建设，开工站前大道、前程隧道、水系改道治理等项目。推进工业园区、景区景点、产业基地与城区、集镇、村落融合发展，加快建设乌江画廊生态旅游示范带、郁江产城景融合发展示范带。实施城乡融合发展提升行动，分类引导北部、东部、南部片区特色发展、提质发展，强化重要城镇节点辐射带动，打造一批产城景融合发展示范亮点。

（六）提速完善基础设施

构建综合交通网络。提速推进渝湘高铁、渝湘复线高速彭水段建设，完善交通换乘体系，加快构建现代综合交通网络。有序实施高铁南站城市交通综合枢纽、G65清平互通立交等一批重大交通项目，升级改造郁山沙湾大桥至连湖公路、阿依河至黄家旅游公路。建成“四好农村路”200千米，完成农村公路生命安全防护工程100千米，农村公路列养率达到100%。

完善农田水利设施。推进郁山湖、阿依河大型水库和泉口小型水库前期工作，加快建设永丰水库、红光水库，完工杉木沟水库。有序实施诸佛江重点河段综合治理工程、新城靛水片区防洪工程，推进农村饮水安全“一改三提”行动，新建农村饮水标准化供水工程3处，升级改造农村饮水供水工程20处。

提升能源供给能力。加快白鹤滩—江苏特高压直流工程彭水段线路建设，开工高谷、走马35千伏变电站，新建10千伏配电线路128千米，实施6个农村电网改造项目。保障城区安全稳定供气用气，天然气管网延伸覆盖人口5万人。

加快推进新型基础设施建设。扩大千兆光网覆盖面，新增宽带用户2万户。新建300个5G基站，有序推进4G网络升级改造，推广5G政用、商用。开展数字乡村试点，建成4个移动互联网试点村。加快物联网信息技术在农业、工业、校园等领域推广应用，加大智慧城市、智慧园区、智慧校园、智慧农业等建设力度。

（七）进一步深化改革开放创新

对标落实重点改革任务。紧紧扭住供给侧结构性改革这条主线，注重需求侧管理，促进企业减负、市场出清、经济增效。主动承接推进重点改革事项，持续深化财政、金融等重点领域改革。实施国企改革三年行动，推进国企优化整合、市场化经营，完成党政机关和事业单位经营性资产集中统一监管。以更大力度纵深推进“放管服”改革，加快政务服务标准化、规范化、便利化，推广“渝快办”“渝快政”。持续优化市场化法治化国际化营商环境，提高市场主体对营商环境改革的满意度获得感。

不断扩大对外开放。更好融入国内国际双循环，提升开放平台能级，加快畅通多向出口通道。积极对接共建“一带一路”、长江经济带发展和成渝地区双城经济圈建设，落实渝东南武陵山区城镇群建设行动方案。狠抓招商引资，突出委托招商、网络招商、以商招商，落地招商项目50个，正式合同额50亿元，其中工业项目20亿元，近两年落地项目实现投资20亿元。不断扩大外贸出口，打造苕粉、紫苏油、山茶油等农产品出口基地，促进胶鞋、服装等消费品出口，培育外贸企业5家。

激发创新活力。实施科技企业成长工程，推进重点企业与科研院所合作，加快新城“双创”孵化平台建设，培育一批高新技术企业、科技型企业、众创空间。强化企业创新主体地位，支持企业建设技术研发机构。加快科技人才引进和科技成果转化利用，引进市级科技特派员20名，推广新技术新品种10项。

（八）加强生态建设和污染防治

推动绿色低碳发展。继续打好污染防治攻坚战，做好碳达峰、碳中和相关工作，推进减污降碳协同，主要污染物排放总量完成市级下达目标。培育壮大绿色产业，因地制宜发展气候经济、山上经济、水中经济、林下经济等，让空气变财气、青山变金山、绿水变富水、林地变宝地。倡导绿色生活方式，开展绿色生活创建行动，鼓励低碳出行，推行生活垃圾分类，新建15个生活垃圾分类驿站。严格落实河长制、林长制，构建现代环境治理体系。

持续改善生态环境质量。深化国土绿化提升行动，完成营造林0.67万公顷，治理水土流失19平方千米，实施国土综合整治项目10个，矿山生态修复13.33公顷，森林覆盖率达到62.5%。加强“三水共治”，集中式饮用水水源地水质达标率保持100%，乌江、郁江彭水段水质分别保持III类、Ⅱ类以上。持续改善县城空气质量，确保常年保持全市前列。加大噪声污染整治力度，声环境质量主要监测指标持续下降。开展农用地土壤污染源头管控，抓好化肥农药减量、“白色污染”治理，确保土壤环境质量总体稳定。

解决生态环境突出问题。提升改造城乡污水处理设施，配套建设乡镇污水管网，县城、乡镇生活污水集中处理率分别达到96%、86%。深化农业面源污染防治，畜禽粪污、农作物秸秆综合利用率分别达到90%、85%。全面落实长江十年禁渔任务，清理整治各类非法船舶，建立打击非法捕捞联防联动长效机制。坚决遏制耕地“非农化”、防止“非粮化”，规范土地矿产资源开发管理。扎实整改各类环保问题，坚守生态环境安全底线。

（九）切实保障和改善民生

着力稳定就业。千方百计保居民就业，拓展市场化就业渠道，城镇新增就业3800人。积极落实援企稳岗政策，做好就业困难人员帮扶。鼓励创业带动就业，加大创业就业政策支持力度，培育一批创业典型。创新开展公共就业服务，实施职业技能提升行动，有序组织富余劳动力外出就业，保障农民工工资及时足额兑付。

完善社会保障体系。促进社保精准扩面，基本医疗保险和基本养老保险参保率稳定在95%以上。健全以居家为主、社区为辅、机构为补充的养老服务体系，升级改造乡镇敬老院，推动城乡社区养老服务全覆盖。抓好低保、特困人员、残疾人、妇女儿童、青年发展等工作，全面推行“一门受理、协同办理”社会救助制度改革。做好双拥各项工作，健全退役军人服务保障体系，提升退役军人服务保障质量。

优化基本公共服务。推动教育公平发展和质量提升，有序推进第三中学、森林希望小学等8个扩建项目，加快补齐农村办学条件短板，义务教育生均办学条件标准达标率达到86.5%，学前教育普惠率达到100%。推进公立医院高质量发展，投用县中医院新城分院住院楼，续建县公共卫生服务中心，开工关口传染病区扩建、县疾控中心实验室标准化等公共卫生项目。培育和践行社会主义核心价值观，传承弘扬民族优秀传统文化，加强文化遗产保护利用，鼓励文艺精品创作、民俗工艺品生产，打造一批乡村文化活动品牌。大力发展群众体育，积极创建全民健身示范县。

（十）坚决防范和化解各类风险

进一步筑牢常态化疫情防控防线。保持高度重视、高度警惕、高度负责状态，持续抓好外防输入、内防反弹，巩固拓展新冠肺炎疫情防控战略成果。坚持“人”“物”同防、闭环严防、关口细防、横向联防、社会谨防，坚决阻断疫情输入扩散渠道。完善县乡疾控体系，县级公立医院全部设置规范化发热门诊，加大重点人群健康筛查和核酸检测频次，增强早期监测预警能力。有序有效、周全安全推进疫苗接种工作，加快构建保障人民健康免疫屏障。加强物资储备，完善应急预案，确保一旦发现疫情精准快速处置。

严密防范重点风险挑战。多渠道化解政府债务存量，管好用好政府债券，严格落实政府债务限额管理，防范化解政府债务风险。严格规范县属国企融资行为，加强隐性债务风险监测，防止盲目投资及政府隐性债务增长。加强房地产开发事前、事中、事后全流程管理，发现和解决土地出让、房屋销售、验收交付、物业管理等环节突出问题。全面加强金融监管，有效应对企业债务违约、非法集资、网络借贷等风险。保障城市运行安全，加强城市规划建设管理各环节安全管控，健全城市应急指挥体系。

推进社会治理精细化。健全党组织领导下的自治、法治、德治相结合的城乡基层治理体系，深化落实“枫桥经验”重庆实践，加快建设善治乡村，认真扎实做好村（社区）换届工作。健全社会治安防控体系，常态化推进扫黑除恶专项斗争，扎实开展全民反诈专项行动，维护社会稳定和安全。完善政府系统意识形态风险防范机制，抓好网络意识形态工作，健全社会心理服务体系和危机干预机制。坚持和完善领导干部下访接访制度，开展信访专项治理，推进矛盾纠纷多元化解。深入实施安全生产专项整治三年行动，启动建设新城应急救援物资储备库及调度中心，提高防灾减灾抗灾救灾能力，积极创建全国综合减灾示范县。强化食品药品安全治理，完成国家食品安全示范城市创建工作。

四、切实加强政府自身建设

开局“十四五”、开启新征程，必须坚持党的全面领导，切实加强政府自身建设，着力打造学习型、法治型、创新型、廉洁型和服务型政府，不断提高把握新发展阶段、贯彻新发展理念、构建新发展格局的政治能力、战略眼光和专业水平。

（一）加强政治建设，做到从严治政。深学笃用习近平新时代中国特色社会主义思想，增强“四个意识”、坚定“四个自信”、做到“两个维护”，以实际行动兑现市委“三个确保”政治承诺。始终胸怀“两个大局”，心怀“国之大者”，善于用政治眼光观察和分析经济社会问题，不断提高政治判断力、政治领悟力、政治执行力。推动理想信念教育常态化机制化，巩固拓展“不忘初心、牢记使命”主题教育成果，扎实开展党史学习教育。坚决贯彻党的路线方针政策和党中央决策部署，以高度的政治责任感抓好中央巡视、各级审计反馈问题整改。严守党的政治纪律和政治规矩，持续深入肃清孙政才恶劣影响和薄熙来、王立军流毒，深刻吸取邓恢林等案件教训，以政治生态持续净化促进发展环境不断优化。

（二）加强法治建设，做到依法行政。严格实行政府权责清单制度，把政府活动全面纳入法治轨道，深入开展法治政府建设示范创建。健全重大决策事前评估和事后评价制度，落实重大民生决策事项民意调查制度。严格公正文明执法，行政执法实行持证上岗、亮证执法、全过程留痕和可回溯管理。加强行政复议、行政应诉工作，完善行政调解、行政裁决和仲裁制度。启动实施“八五”普法规划，健全公共法律服务体系，加强法律援助工作，建成投用青少年法治教育实践基地。全面推进政务公开，积极发挥融媒体作用，管好用好网络平台，及时回应社会关切。自觉接受人大监督、政协监督、监察监督、司法监督，主动接受社会和舆论监督，强化审计监督。认真执行人大及其常委会决议决定，支持人民政协履行职责，办理好人大代表建议和政协委员提案。

（三）加强能力建设，做到高效理政。加强政府系统各级干部思想淬炼、政治历练、实践锻炼、专业训练，不断增强“八种本领”，提高“七种能力”。强化自上而下和自下而上的层级担当，项目化、清单化、责任化推进重大项目、重点工程、重要工作，一级解决一级的问题，推动政府工作更加协同高效。坚持创新思维，积极推动科技创新、产业创新、企业创新、市场创新、产品创新、业态创新、管理创新，加快推进政务服务流程再造、业务协同、数据共享。倡导用数据决策、用数据管理，健全全程可量化的目标体系、督查体系、考核体系，优化“互联网+督查”“互联网+监管”，形成完整责任闭环。

（四）加强作风建设，做到务实勤政。大力发扬孺子牛、拓荒牛、老黄牛精神，锤炼抓落实的过硬作风，练就抓落实的过硬本领，紧盯抓落实的关键环节，力戒形式主义、官僚主义，坚持不懈推进各项工作落地见效。求真务实谋发展惠民生，切实为基层松绑减负，群众高兴满意的事情都抓紧办，群众反映强烈的问题都抓紧改。引导广大干部忠于职守、担当奉献，大力宣传改革创新、干事创业的先进典型，关心关爱担当作为、开拓进取的干部。坚持指挥棒导向，奖优罚劣，让想干事者有舞台，让能干事者有地位，让庸政懒政怠政者无机会，让不作为乱作为者受惩罚。

（五）加强廉政建设，做到廉洁从政。认真落实全面从严治党要求，一体推进不敢腐、不能腐、不想腐，深化拓展“以案四说”，全面推进“以案四改”。聚焦工程建设、资源开发、金融信贷等重点领域，紧盯财政支出、项目审批、并购重组等关键环节，消减腐败存量、遏制腐败增量。严格落实中央八项规定及其实施细则、市委县委实施意见精神，坚决惩治群众身边腐败和侵害群众利益问题。坚持政府“过紧日子”，全面规范财政财务管理，坚决取消无效或不必要支出，把宝贵的财政资金用到最困难的地方、最急需的领域。健全政府守信践诺机制，政府承诺企业和群众的事项，必须说到做到、坚决兑现。

新征程已经开启，新使命重任在肩。让我们更加紧密地团结在以习近平同志为核心的党中央周围，坚持以习近平新时代中国特色社会主义思想为指导，坚决贯彻落实党中央国务院、市委市政府和县委决策部署，不忘初心、牢记使命，同心同德、苦干实干，奋力谱写彭水高质量发展新篇章，开启全面建设社会主义现代化新征程，以优异成绩庆祝中国共产党百年华诞！

中国人民政治协商会议彭水苗族土家族自治县常务委员会工作报告

——2021 年 4 月 7 日在县政协十届五次会议上

县政协主席　谢　胜

2020 年工作回顾

2020 年是新中国历史上极不平凡的一年。以习近平同志为核心的中共中央团结带领全党全国各族人民，众志成城、艰苦奋战、化危为机，抗疫斗争取得重大战略成果，脱贫攻坚战取得全面胜利，“十三五”圆满收官，全面建成小康社会取得伟大历史性成就，创造了人民满意、世界瞩目、可以载入史册的新辉煌。2020 年来，面对前有疫情、后有灾情大战大考，县委全面落实习近平总书记对重庆提出的“两点”定位、“两地”“两高”目标，发挥“三个作用”和营造良好政治生态，坚持推动成渝地区双城经济圈建设等重要指示要求，团结带领全县各族人民，着力战疫战贫，深入谋划“十四五”发展，全力推动“双城经济圈”建设和“一区两群”协调发展。全县政治生态持续向好，干部群众精神面貌持续向上，高质量发展动能持续增强，社会和谐稳定局面持续巩固。

2020 年，在县委坚强领导下，县政协以习近平新时代中国特色社会主义思想为指导，深入贯彻中共十九大和十九届二中、三中、四中、五中全会精神，贯彻落实中央、市委和县委政协工作会议精神，不断增强“四个意识”、坚定“四个自信”、做到“两个维护”，将县委应对大战大考，决战决胜脱贫攻坚，编制“十四五”规划，推动“双城经济圈”建设，“一区两群”协调发展等重大任务作为工作重点，组织动员政协战线同步调研、同频协商、同聚共识，各方面工作取得满意成效。

一、切实把准履职中心环节，巩固共同思想政治基础

县政协常委会始终把加强思想政治引领、广泛凝聚共识作为履职工作的重心，通过有效工作，努力使县政协组织成为坚持和加强党对各项工作领导的重要阵地，成为用党的创新理论团结教育引导各界人士的重要平台，成为在共同思想政治基础上化解矛盾和凝聚共识的重要渠道。

积极发挥“重要阵地”作用。坚定不移服从党对政协工作的全面领导，严格执行重大问题请示报告制度。县政协党组每半年向县委作一次全面工作报告，及时向县委专题报告贯彻落实中央、市委、县委政协工作会议精神有关情况，自觉做制度执行的表率。注重发挥党员委员示范引领作用，健全了县政协党组成员联系党员委员制度，探索建立了中共界别委员与无党派人士、少数民族、宗教界委员结对联系机制，开展定期走访，加强正面引导，全面实现党的组织对党员委员全覆盖、党的工作对政协委员全覆盖。

不断完善“重要平台”功能。认真落实并不断完善党组会议、主席会议、常委会议集体学习和专委会活动、委员培训、委员片区活动等相配套的学习教育制度体系，把学习习近平新时代中国特色社会主义思想作为各类会议首要议题，组织委员和机关干部深入学习中共十九大和十九届二中、三中、四中、五中全会精神，学习《习近平谈治国理政》（一二三卷）和总书记最新系列重要讲话精神，紧扣落实中央、市委、县委政协工作会议精神，对标对表、查找差距、学习提升，引导全体委员不断增进“四个认同”，坚定不移走中国特色社会主义发展道路。

着力提升“重要渠道”效果。建立了重点关切问题情况通报会制度。常委会议、主席会议重点听取了县发展改革委、县市场监管局、县应急管理局、县财政局、县扶贫办等17个部门涉及改革发展稳定的重大问题和群众关切的热点难点问题有关情况通报，注重委员之间、委员与部门之间现场互动和协商讨论，有效增进委员对重点关切问题通报的理解、认同，并从政协的角度提出切实可行的对策建议，促进有关部门对解决重点关切问题的想法、办法更加周全。探索研究在全委会协商活动中凝聚协商共识的新做法，以协商形成的共识为依据，围绕协商共识转化落实情况开展委员面对面协商督导活动15次，更加全面准确地体现委员与党政部门协商达成的共识。

二、发挥专门协商机构作用，围绕发展大局议政建言

县政协常委会充分发挥人民政协专门协商机构作用，注重协商平台的搭建、协商主题的选择和协商形式的拓展，参政议政成效更加明显。

搭建多层次协商平台。县委高度重视政协工作，十分关心政协委员，为县政协履职营造了良好环境。县委、县政府领导同志出席县政协全体会议，听取委员议政大会发言，参加委员联组讨论，围绕全县工作部署与委员坦诚交流。建立了党政领导领衔督办县政协重点提案机制，畅通了协商对话渠道。探索建立了县政协领导班子走访民营企业、联系企业家委员新机制，努力架设企业和政府部门沟通桥梁。根据市政协统一部署，建立了与武隆、石柱政协聚焦“污水三排”委员明察暗访监督性视察调研交叉督导机制，持续推动巡河护河等生态环保工作常态化。组织委员视察调研县人民法院、县人民检察院、县公安局工作，民主监督工作机制日益完善。通过搭建多层次的协商平台，实现了委员与党政领导的高层次政治协商。

精选高质量协商议题。围绕推进成渝地区“双城经济圈”建设、“一区两群”协调发展组织专题调研。主动担当推动成渝地区双城经济圈建设的历史使命，与四川阆中市政协缔结为友好政协，就两地文化旅游发展、重点项目推荐等5个领域形成合作共识，共同唱好“双城记”、建好“经济圈”；认真落实县委重大课题调研工作安排，主席会班子成员分别领题，紧扣彭水全面融入成渝地区“双城经济圈”建设、“一区两群”协调发展等7个课题深入调研，开展对策研究，在全县交流会上汇报调研成果；在推动成渝地区“双城经济圈”建设大背景下，常委会议听取全县人才队伍建设工作情况通报，针对人才总量不足、结构不优，人才引进难、留住更难等深层次问题协商议政，提出破解人才发展瓶颈问题的对策建议。围绕科学编制“十四五”规划专题协商。把为制定彭水自治县“十四五”规划协商建言作为服务大局的主攻方向，列入年初工作计划。组织动员各参加单位、各专委会、全体政协委员，从5月份开始集中4个月时间，连续开展11次视察调研座谈和协商议政活动，着重研究优化总体空间布局、统筹城市提升和乡村振兴、推动重点领域创新、推动产业提速升级、推动文旅融合发展和加强生态保护等重大问题；召开“围绕‘十四五规划和二〇三五年远景目标’制定建言献策”专题议政性常委会会议，从进一步彰显区域特色、推进城乡一体化发展等6个方面提出32条重要建议意见，形成专题报告，为县委、县政府决策提供参考。

拓展多元化协商形式。丰富协商形式，规范协商程序，形成了以全体会议为龙头，以专题议

政性常委会、专题协商会和主席会议听取情况通报为重点，以提案办理协商、对口协商、界别协商为常态的协商议政新格局。创新开展远程协商、网络议政，实现协商形式更加多元、参政议政手段更加多样。按照全国政协安排，组织委员参加全国政协网络远程协商议政。在全国政协“推动民族地区特色产业发展，巩固脱贫攻坚成果”网络视频调研会上，县政协委员作了发言，围绕脱贫攻坚与乡村振兴有效衔接提出意见建议，得到全国政协和市政协领导充分肯定。市政协第十四次常委会专题协商会在彭水设立分会场，县政协围绕深入推进“一区两群”战略，提出《发挥政策引擎作用，推动区域协调发展》的对策建议，建言解决区域性发展重大问题。组织委员参加市政协举办的“共建西部科学城”网络议政活动，联合住彭市政协委员和县政协委员开展调研，联名提交《增强协同创新发展能力的建议》。创设了基层协商新载体，建立了县政协主席会班子成员联系乡镇（街道）委员片区工作新机制，成为县政协助力乡镇工作的特色平台。

三、突出聚焦第一民生工程，全力以赴助推脱贫攻坚

县政协常委会把支持、参与和服务脱贫攻坚作为首要政治任务和履行职能的重中之重，精选议题，深入调研，建言献策，为打赢打好脱贫攻坚战贡献政协力量。

*共担脱贫攻坚重任。*县政协党组会议、主席会议、常委会议，每会必议脱贫工作，在思想上、行动上与县委、县政府保持高度统一、步调一致，落实落细党委政府脱贫攻坚决策部署；县政协主席会班子成员领责包乡，和乡镇党委政府共担扶贫重担；20多名机关干部驻村包户，与基层干部共战扶贫一线；全体政协委员讲政治、顾大局，始终围绕全县脱贫攻坚总体安排同心同向，全县政协战线决战决胜脱贫攻坚的团结意识、大局意识得到充分彰显。其经验和做法得到市政协高度认可，在市政协主席王炯主持召开的第21次“双周学习会”上，县政协驻村干部代表以“在脱贫攻坚中发挥好政协作用”为主题，在乡村现场作专题报告。

*同心助力脱贫收官。*聚焦脱贫攻坚收官目标任务，全年工作要点突出脱贫攻坚主题，协商、通报、视察、调研计划详尽安排扶贫议题，并做到有措施、有建议、有督导、有成果；对委员提案、社情民意反映的脱贫攻坚突出问题，作出重点交办，主动跟踪督导，形成助力叠加效应，举全力共同破解难点问题。开好“脱贫攻坚巩固成果”专题议政性常委会议，围绕进一步拓宽增收渠道、优化政策机制、增强内生动力等事关精准脱贫的问题献计献策，持续加力巩固脱贫成果。组织委员在深入17个乡镇视察调研村级集体经济、乡村特色产业、人居环境治理的基础上，常委会又专门听取全县畜牧产业发展情况通报，就推动农业农村全面发展进行全链条建言献策，助力巩固拓展脱贫攻坚成果与乡村振兴有效衔接。

*贡献人民政协力量。*2020年，是本届政协围绕“五个助推”开展“脱贫攻坚委员在行动”的第四年，委员累计撰写事关脱贫攻坚的提案126件、议政建言312条，结对帮扶贫困户733户、走访贫困群众1.7万人次，办成实事823件，有实体企业的委员吸纳困难群众就业约1.2万人次，委员自主捐资捐物160余万元，帮助贫困学生300余人，协调解决贫困群众大病救助57人，全体政协委员成为脱贫攻坚战的参与者、推动者、践行者，彰显了新时代政协委员的责任和担当，展现了新时代政协委员的精神和风采。

四、全面调动政协战线力量，同舟共济抗击新冠疫情

面对突然而至的新冠肺炎严重疫情，县政协常委会坚决贯彻中央、市委、县委决策部署，主动作为、因时因势、合力合拍调整履职活动安排，全力协助县委、县政府应对大战大考。

*坚决听从县委指挥，主动投身疫情防控主战场。*县政协常委会议、主席会议多次召开专题会

研究安排政协战线疫情防控工作；主席会班子奔赴联系的七个乡镇，和基层干部群众一起排查值守，共筑疫情防控坚固防线；第一时间发出倡议书，组织动员全体委员投身抗疫，累计捐款捐物60余万元。县红十字会接受的第一笔社会捐款5.73万元来自县政协委员捐赠。医卫界别委员主动请战，带领医务人员奔赴武汉直接战斗在抗疫最艰苦、最危险前沿，一些先进典型受到表彰。工商联、经济界委员牵头动员民营企业捐资20余万元购买口罩、消毒液、洗手液等物资直接送往疫情防控一线。

奋力助推复工复产，减轻减缓疫情灾害压力。聚焦全县重点工程、重点项目推进情况组织常委会视察，听取全县国民经济运行情况通报、新城建设情况通报、民营经济发展情况通报、金融机构服务实体经济情况通报，积极疏解情绪，助力稳产稳岗。按照县委统一部署，主席班子成员主动走访企业，组织委员开展复工复产视察调研，实地督导凤升水库、长滩火车站扩能改造、高谷—龙射干线公路改造、两江小学建设等重点工程和民生项目11个，走访民营企业24家，广泛宣传中央、市委和县委纾困惠企政策，帮助反映、推动解决生产经营实际困难。主席会班子成员深入田间地头指导春耕复耕生产，协同联系乡镇党委政府做好种子、化肥、农药等春耕物资的调运、储备等工作，协调解决技术服务、产销对接等农业生产问题，全力确保疫情防控和保障群众生产生活两不误、同推进。

积极建言献策支招，群策群力扩大疫情防控成果。聚焦统筹推进疫情防控与经济社会发展情况，开展系列调研并组织专题协商议政，为全县经济社会秩序全面恢复建言献策。着眼抓好常态化疫情防控，组织政协委员调研，听取全县医疗体系建设及私立医院管理情况通报，从加强公共卫生设施建设、完善疾病预防控制体系、增强基层社会治理总体效能等方面深度建言，积极促进应对重大突发公共卫生事件的能力和水平。

五、持续关注人民群众期待，同向发力增进民生福祉

县政协常委会始终坚持履职为民宗旨，紧扣关系人民群众获得感、幸福感、安全感的实际问题献计出力，协助党委政府破解民生难题、增进民生福祉。

关注民生为民议政。增加促进民生改善议题在年度协商计划中的比重，共开展17次视察调研和协商议政履职活动。着眼民生关切，针对群众期待、社会关注的“入园难、入园贵”问题，就学前教育、特殊教育、义务教育发展召开专题议政性常委会议，听取全县学前教育基本情况及行政监管情况通报，积极推动办好人民满意的教育。围绕食品安全监管、重要交通节点改造、城乡污水管网建设、法律援助等涉及群众切身利益的实际问题持续跟踪调研，组织对口协商系列履职活动，收到良好效果。

聚焦难点为民办事。把提案办理作为为民办实事的重要抓手，围绕人民群众关注的热点难点问题，遴选出27件重点督办提案，分别由县委、县政府、县政协领导领衔督办，采取办前、办中、办后面对面协商，推行办理效果现场“考证”和提案民主评议，推动了一批群众期盼的“城区天然气降价”的“心头事”和高谷—太原公路提档升级、农村人居环境治理等民生提案得到有效落实，真正让提案办理贴近民生，让人民群众有更多幸福感和获得感。坚持主席会班子成员“开门接访”“包案下访”制度，一线听民声，疏导和协同解决群众反映的“急难愁盼”信访诉求，协助党委政府有效化解疑难信访积案。

团结各界为民出力。县政协十届四次会议期间，8个界别找准切口、深入调研，围绕天然气经营服务、打通县城“生命通道”等议题进行议政大会发言，集中反映群众心声，县委、县政府领导现场听取委员意见建议，促使一批影响群众日常生活的民生问题得到及时重视和解决；6个委员讨论小组围绕脱贫攻坚、文化旅游、交通建设、社会治理、乡村振兴等16个方面积极协商议政，从550余条委员建言中，汇总梳理意见建议82条，形成有分析、有措施的综合报告直送县委、县政府主要领导，并逐条分解落实责任部门，按时反馈吸纳情况。

六、立足政协事业长远发展，不断推进履职能力建设

县政协常委会牢牢把握新时代人民政协工作新要求，把加强政协委员和机关干部队伍建设，作为推动政协事业发展的重要保障，不断夯实履职基础。

委员队伍建设持续加力。创新联系服务委员方式方法，制定委员列席常委会议、主席会议制度，组织委员参加县政府有关部门相关会议，不断扩大委员参与调研、视察、座谈等活动覆盖面。加强委员履职管理，健全委员履职档案，加大委员履职情况统计评价力度，完善考核激励机制和进出机制，评选年度优秀提案，表彰优秀政协委员，编印《十届县政协助力脱贫攻坚集锦》，利用各类媒体平台加大委员履职成果的宣传，展示委员履职风采，激发全体委员履职尽责的积极性。

宣传文史工作影响扩大。2020年来，政协工作呈现了诸多亮点和特色，得到了县委肯定、社会认可和新闻媒体关注。彭水政协工作成效在国家级媒体《人民政协报（网）》刊登21篇，撰写的《画大决战脱贫攻坚“同心圆”》纳入大型文献史册《党的建设与思想政治工作优秀成果汇编》，被评为全国优秀理论成果一等奖，宣传层次得到了切实提升；《重庆政协报》、县融媒体中心等市县级媒体报道80余篇。编印《政协动态》《重要提案摘报》《社情民意信息》共48期。不断壮大《彭水文史》编撰队伍，收集整理“三亲”资料15万余字，编印《彭水文史（清样）》8期，宣传实效进一步增强。

机关建设更加规范有序。认真落实中央全面从严治党工作部署，切实加强政协机关党的建设，配齐配足机关党组班子，完成机关总支、支部和离退休支部换届工作。持续深化“不忘初心、牢记使命”主题教育，扎实开展“以案四说”警示教育，务实推进“以案四改”，进一步强化机关作风建设，铸就了一支忠诚干净、勇于担当的政协机关干部队伍。发挥专委会基础性作用，在年度工作要点和协商计划责任分解中，将协商调研课题以及专题协商会议交由各专委会牵头承担承办，有序开展调研视察和各项协商议政活动，工作活力得到充分激发。认真做好离退休老干部联谊服务工作，开展了系列离退休老干部视察、观摩活动。支持县纪委监委派驻纪检监察组履行职责，及时整改监督发现的问题。坚持正确用人导向，做好年轻干部选拔与培养。完善政协机关内部管理各项制度，机关管理服务水平不断提升，风清气正的政治生态持续巩固。

2020年工作取得的成绩，是市政协指导关怀的结果，是县委坚强领导的结果，是县人大常委会、县政府大力支持，老领导、老同志倾情关心的结果，是社会各界积极帮助的结果，是县政协各参加单位、全体委员、县政协机关干部共同奋斗的结果，是各部门、乡镇（街道）主动配合的结果。在总结成绩的同时，也应清醒地看到，县政协的工作还存在很多不足，专门协商机构作用发挥还需进一步强化；履职工作制度机制还需进一步完善；凝聚共识方式方法还需进一步探索；建言资政质量还需进一步提升；政协系统党的建设还需进一步加强。针对存在的问题，县政协必须认真研究，努力改进。

2021年工作打算

2021年是中国共产党成立100周年，是“十四五”规划开局之年，也是本届政协的收官之年，做好全年工作意义重大。2021年县政协工作总体要求是：坚持以习近平新时代中国特色社会主义思想为指导，认真学习中共十九大和十九届二中、三中、四中、五中全会精神以及中央政协工作会议精神，深入贯彻习近平总书记对重庆提出的一系列重要指示要求，全面落实中共重庆市委五届九次全会和县委十四届九次全会精神，在县委坚强领导下，牢牢把握新时代人民政协的历史使命，发挥好专门协商机构作用，紧扣中心大局同向发力，认真履行职能，更好凝聚共识，为奋力谱写彭水高质量发展新篇章、阔步走向社会主义现代化建设新征程作出政协新的贡献。

在坚持党的全面领导上坚守政协初心。进一步加强理论武装，把学习贯彻习近平新时代中国特色社会主义思想和中共十九届五中全会精神作为重中之重，与学习贯彻习近平总书记关于加强和改进人民政协工作的重要思想结合起来，与贯彻落实中央、市委、县委政协工作会议精神结合起来，同发挥协商议政、视察调研等活动的思想政治引领作用结合起来，切实把党的主张转化成参加政协各党派团体、各族各界人士的共识，推动党的决策部署落实到政协工作全过程。进一步加强党的建设，以党的政治建设为统领，不断加强政协系统党的建设特别是作风建设。发挥政协党组把方向、管大局、保落实的领导作用，严格落实政协党组管党治党政治责任，全面彻底干净肃清孙政才恶劣影响和薄熙来、王立军流毒，持续巩固良好政治生态。扎实开展党史学习教育，组织县政协系统学习中共党史、新中国史、改革开放史、社会主义发展史、统一战线史、人民政协史，切实增强做好各项工作的使命担当。举办庆祝中国共产党成立100周年系列活动，大力宣传党的光辉历程、党领导人民取得的伟大成就，引导全体政协委员和各界别群众感党恩、听党话、跟党走。

在服务中心大局上彰显政协作为。紧扣县委决策部署，围绕"十四五"开好局起好步开展专题协商；围绕全面融入成渝地区"双城经济圈"建设、"一区两群"协调发展、武陵山区城镇群建设，联动渝东南区县开展联合调研；围绕构建"一心两带三片区六重点多节点"城镇发展格局、打通交通"大动脉"、畅通"微循环"进行重点协商；围绕巩固脱贫攻坚成果、全面推进乡村振兴、农村"三变"改革、山地特色高效农业等重要问题积极议政建言；围绕"健康食品、清洁能源、特色轻工业"生态产业体系，加快打造"文旅融合发展新标杆"等议题开展主席会议协商；围绕垃圾分类处理、聚焦整治"污水三排""河水三乱"等问题开展委员监督性视察；聚焦优化城市管理，优质教育供给、社会保障、养老产业等保障和改善民生的问题，综合运用听取通报、现场视察、议政建言等履职方式，积极为县委、县政府提出切实可行的意见建议。努力将县委的重大决策部署和群众反映强烈的热点难点问题，转化为县政协履职担当、主动作为的具体举措，为彭水高质量发展献计出力。

在广泛凝聚共识上发挥政协优势。落实《中国共产党统一战线工作条例》，健全政协发挥新型政党制度优势的机制，画好凝聚共识的最大同心圆。落实全国政协《关于加强和促进人民政协凝聚共识工作的意见》，充分发挥人民政协"重要阵地""重要平台""重要渠道"作用，凝聚共同推动落实中共中央大政方针和市委、县委各项决策部署的强大正能量。以委员片区活动为抓手，协助党委政府做好解疑释惑、理顺情绪、凝聚人心工作。加强对外交流交往，扩大"朋友圈"，讲好彭水故事。重视政协文史工作，编印《彭水政协文史》《彭水政协志》。强化政协宣传工作，主动顺应新媒体时代发展，传播政协声音，为政协事业发展营造良好舆论氛围。

在强化自身建设上提升政协效能。加强政协常委会建设，进一步完善常委会工作机制，推行县政协常委提交本届履职报告并分批次向常委会述职机制。完善委员履职综合考评，着力在推进委员履职能力建设、密切联系群众、答好"委员作业"和交好"履职报告"等方面下功夫，引导全体委员担当作为。加强专委会建设，落实《关于加强改进专门委员会工作和制度建设的意见》，更好发挥专委会基础性作用。推动提案工作提质增效，出台《县政协提案工作规则》，坚持主席会班子成员领衔督办重点提案和民主评议提案工作。加强政协理论研究，学习借鉴智库建设经验，提升协商议政质量。探索基层协商工作机制，深化拓展委员片区活动小组功能作用，推动政协协商向基层有效延伸。压实机关党组管党治党责任，强化机关服务保障，提升机关服务能力。

新思想引领前行方向，新使命激发奋进力量。让我们更加紧密地团结在以习近平同志为核心的党中央周围，在中共彭水自治县委的坚强领导下，同心同德，奋发进取，以永不懈怠的精神状态和一往无前的奋斗姿态，画出最大同心圆，凝聚强大正能量，为开启全面建设社会主义现代化国家新征程而共同奋斗，以优异成绩迎接建党 100 周年！

大事记

1　月

1日　县委副书记、县长石强参加中央脱贫攻坚专项巡视“回头看”下沉调研专题会议。

6日　县委书记、县扶贫开发领导小组组长钱建超主持召开县扶贫开发领导小组2020年第1次会议。

是日　全县脱贫攻坚工作推进会召开。

是日　桑柘中学校老师张宏伦获“马云乡村教师奖”。

7日　文化和旅游部官方网站发布信息，彭水阿依河景区被确定为国家AAAAA级旅游景区。

10日　中央电视台CCTV发现之旅频道播出彭水自治县医改宣传片《彭水人“改”出幸福生活》。

11日　彭水新城靛水大道正式通车。

13日　彭水自治县公路管护中心正式挂牌成立。

17日　县委书记钱建超主持召开县委理论学习中心组（扩大）专题学习会。

是日　2020年老干部迎春座谈会召开。

19日　全县“不忘初心、牢记使命”主题教育总结会召开。

是日　全县经济工作会议召开。

是日　2020年各界人士迎春座谈会召开。

20日　彭水苗族土家族自治县第十七届人民代表大会常务委员会举行第二十二次会议，会议表决通过了《关于举行县第十七届人民代表大会第五次会议的决定（草案）》，决定2020年2月25—28日在县城举行县第十七届人民代表大会第五次会议，会期4天。

是日　中国共产党彭水苗族土家族自治县第十四届纪律检查委员会第五次全体会议召开。

21日　2020年春节联欢晚会在县民族会场举行。

22日　县委常委会召开会议，传达贯彻习近平总书记对新型冠状病毒感染的肺炎疫情作出的重要指示精神，研究部署全县疫情防控工作。

26日　县委书记、县新冠肺炎疫情防控工作领导小组组长钱建超主持召开新型冠状病毒感染的肺炎疫情防控工作会议。

29日　县委书记、县新冠肺炎疫情防控工作领导小组组长钱建超主持召开县新型冠状病毒感染的肺炎疫情防控工作调度电视电话会议暨县疫情防控工作领导小组扩大会议。

31日　县委书记钱建超赴包茂高速（彭水段）各卡口督查指导疫情防控工作。

2　月

1日　县委副书记、县长石强主持召开县第十七届人民政府第68次常务会议，专题研究部署新型冠状病毒感染的肺炎疫情防控工作。

3日　由江西到彭水的董某夫妇被诊断为新型冠状病毒肺炎确诊病例。

3—4日　市疫情防控工作第十督导组到彭水自治县督查新型冠状病毒感染肺炎疫情防控工作并召开座谈会。

7日　应对新冠肺炎疫情大力发展农业生产和

农产品保供稳价工作电视电话会议召开。

8日　县人民政府副县长谭毅力主持召开全县新型冠状病毒肺炎疫情防控工作业务培训会，全县各级各部门抽调参与基层一线的疫情防控人员（约200人）及各乡镇（街道）主要领导、干部职工、村（社）干部、辖区民警及基层医疗卫生机构医务人员（约1000人），共计1200人参加。

9日　县委书记钱建超赴重百超市检查市场保供工作，了解群众生活必需品市场销售和保供情况。

10日　县委书记钱建超主持召开县扶贫开发领导小组2020年第2次会议暨县乡村振兴领导小组2020年第1次会议。

是日　县委书记钱建超到县工业园区调研企业疫情防控及复产复工工作。

18日　彭水德济医院（民营）7人党外医护小分队出发驰援武汉市汉阳医院。

21日　县人民医院重症医学科、呼吸与危重症医学科20名医护人员作为重庆市第十四批援鄂医疗队成员出征援鄂。

22日　重庆市人民政府发布《通知》，同意彭水自治县退出国家扶贫开发工作重点县。

27日　彭水自治县召开农业农村工作会议和扶贫开发工作会议。

28日　县农业农村委发布，从3月1日起至6月30日，彭水自治县所有天然水域全面禁渔，为期4个月。

3　月

1日　县委副书记、县长石强主持召开统筹推进疫情防控和经济发展专题工作会。

2日　彭水自治县召开深化疫情排查和维护社会稳定工作会议，安排部署全县深化疫情排查和维护社会稳定相关工作。

3日　市扶贫办党组成员、巡视员李清一行到彭水自治县督导疫情防控和脱贫攻坚工作，督促推动疫情防控与脱贫攻坚责任落实、工作落实、政策落实，确保打赢疫情防控阻击战和脱贫攻坚战。

是日　县委书记钱建超率队开展“马路办公”，现场调研城区重要节点、在建项目复工复产和疫情防控工作。

5日　彭水自治县召开企业复工复产安全生产工作视频会议，认真贯彻落实全市企业复工复产安全生产工作视频会议精神，安排部署彭水自治县企业复工复产、疫情防控和安全生产工作。

6日　县委书记、县扶贫开发领导小组组长钱建超主持召开县委常委会扩大会议暨县扶贫开发领导小组会议，深入贯彻习近平总书记在决战决胜脱贫攻坚座谈会上的重要讲话精神，研究部署贯彻落实意见。

12日　县慈善会抗击新冠肺炎疫情防控慈善捐赠仪式在县政府举行。

13日　彭水自治县召开渝湘高速铁路征地拆迁启动会，贯彻落实市政府铁路建设会议精神，安排部署渝湘高铁建设的征地拆迁和协调服务工作。

是日　县市场监管局组织开展以“凝聚你我力量”为主题的“3·15”假冒伪劣商品集中销毁活动，对货值约15万元的假冒伪劣商品进行集中销毁。

17日　县委副书记、县长石强主持召开新城征地拆迁专题会议、大唐国际彭水水电开发有限公司风电项目招商引资专题会议。

19日　丰都县政协主席王润侠，县委常委、宣传部部长朱庆元带领丰都县文旅委、林业局、水利局及相关重点单位主要负责人一行11人到彭水自治县考察阿依河成功创建AAAAA景区经验，与彭水自治县有关部门和经营企业进行了座谈交流。

20日　县委全面深化改革委员会第六次会议召开，深入贯彻习近平总书记关于全面深化改革的重要论述，全面贯彻中央全面深化改革委员会第十二次会议精神和市委全面深化改革委员会第九次会议精神，听取有关工作汇报，审议相关文件，研究部署下步工作。

23日　彭水自治县组织开展“世界水日”“中国水周”宣传活动，以“坚持节水优先，建设幸福河湖”为主题，通过流动宣传车、设立宣传点、发放法律法规知识读本、河长制音频讲解等方式，向广大市民宣传节水护水惜水等知识。

24日　县委书记钱建超到三义乡、棣棠乡调研督导脱贫攻坚和疫情防控等工作。

是日　彭水自治县召开项目实施及资金监管业务培训会，进一步规范2020年全县扶贫项目规划、实施，切实提高财政扶贫项目资金使用效益，落实绩效监管责任，切实增强扶贫资金使用的规范性、安全性和有效性。

25日　市政协副主席谭家玲率市级有关部门和委室到彭水调研乌江流域生态走廊建设情况。

26日　彭水自治县举行招商引资重点项目“云签约”活动，7个重点项目成功签约，总投资达19.7亿元。

27日　彭水自治县召开公安工作会议。

30日　彭水自治县召开工业企业座谈会。

31日　县委书记钱建超到润溪乡、大垭乡调研督导脱贫攻坚和复工复产等工作。

3月　经县委常委会研究同意，中共彭水苗族土家族自治县政协机关党组正式成立。

4　月

2日　彭水自治县2020年工业园区工作大会在彭水工业园区召开。

3日　县委书记钱建超赴新城调研并召开座谈会。

是日　全县司法行政工作会召开，全面总结2019年全县司法行政工作，安排部署2020年工作。

7日　县人民医院呼吸消化内科副主任夏国华、县疾病预防控制中心流行病学科兼性病艾滋病科科长刘爽2名卫生技术人员获得“‘重庆好医生、重庆好护士’2020年第一季度特别人物‘战疫英雄’”称号。

8日　彭水自治县举行欢迎仪式，迎接彭水驰援武汉医疗队凯旋归来。

是日　彭水自治县2020年防汛抗旱指挥部暨气象灾害防御指挥部联席工作会议召开。

9日　经中央外办协调，腾讯副总裁、腾讯西南地区总经理蔡光忠一行到彭考察并召开座谈会，商讨腾讯全面定点帮扶彭水战略合作相关事宜。

10日　2020年全县党务工作会议召开。

是日　县人武部党委扩大会暨2020年武装工作现场办公会召开。

是日　县委书记钱建超主持召开县委教育工作领导小组2020年第1次会议。

是日　全县农村乱占耕地建房问题专项清理整治、2019年季度卫片执法检查整改暨农房收储复垦工作电视电话会议召开。

13日　彭水自治县召开春季开学安全暨市场监管食品安全工作会议。

是日　贵州务川科华生物科技有限公司董事长冉贤一行到彭水自治县考察构树扶贫开展情况，进一步推进构树扶贫工作。

14日　县委书记钱建超赴彭水中学、思源实验学校、民族中学，检查各学校疫情防控和2020年春季学期学校开学安全等工作情况。

16日　人民日报社人民周刊重庆区域中心助推消费扶贫座谈会在彭水召开。

是日　市市场监管局局长唐英瑜率督导组到彭水督导学校开学复课有关市场监管工作。

17日　县委书记钱建超主持召开腾讯全面定点帮扶彭水对接工作领导小组第1次会议。

20日　渝怀铁路二线彭水隧道全线顺利贯通。

22日　彭水自治县召开“云长制”工作和实施以大数据智能化为引领的创新驱动发展战略座谈会。

23 日 彭水自治县 15 个重点项目集中开工，总投资 32 亿元。

24 日 腾讯科技（深圳）有限公司与彭水县政府在重庆雾都宾馆举行全面定点帮扶战略合作协议签约仪式。

26 日 县人民医院成功完成首例子宫动脉介入造影栓塞术。

27 日 县委书记钱建超主持召开腾讯全面定点帮扶彭水工作领导小组第二次会议。

28 日 全县脱贫攻坚“百日大会战”动员部署电视电话会召开。

是日 县委书记钱建超主持召开 2019 年度乡镇（街道）党（工）委书记抓基层党建工作述职评议会。

29 日 县委副书记、县长石强主持召开渝湘高铁、渝湘复线高速公路征地拆迁暨控建工作座谈会。

5 月

1 日 县委书记钱建超带队到绍庆街道弹子社区、阿依河社区调研疫情防控和文旅农旅产业发展情况。

6—9 日 市人大常委会调研组到彭调研传承和弘扬少数民族优秀传统文化及《重庆市全民健身条例》实施情况。

9 日 彭水自治县与百龄帮（重庆）康养产业集团有限公司举行座谈会并签订战略合作框架协议，对彭水自治县养老产业进行系统性打造，共同推进彭水自治县养老服务行业高效发展。

12 日 市政协副主席、民盟市委主委吴刚率队到彭调研脱贫攻坚工作，并召开民盟重庆市委脱贫攻坚民主监督座谈会。

13 日 县委召开政法工作会议，深入学习贯彻习近平总书记关于政法工作的重要指示精神，全面贯彻落实中央决策部署和市委工作要求，研究部署全县政法工作。

是日 全县一季度经济形势分析会召开。

15 日 全县 2020 年武装工作会议召开，深入学习贯彻习近平强军思想、党的十九大和十九届二中三中四中全会精神，贯彻落实重庆警备区党委五届三次全体（扩大）会议精神，安排部署武装工作。

是日 县委书记、县总河长钱建超主持召开 2020 年全县总河长会议。

19 日 县委书记钱建超主持召开推动成渝地区双城经济圈建设集中调研成果交流会。

是日 中央外办定点扶贫彭水自治县脱贫攻坚工作视频会议召开。

20 日 县委常委会召开中央脱贫攻坚专项巡视“回头看”反馈意见整改专题民主生活会。

21 日 聊城市医务人员邹宪宝、囤荣耀一行到彭水开展“组团式”支医工作。

是日 彭水自治县召开决战决胜脱贫攻坚“百日大会战”暨结对帮扶工作推进会。

是日 全市“十四五”规划思路渝东南片区座谈会在彭水召开。

21—22 日 市发展改革委主任董建国率调研组深入三义乡调研脱贫攻坚工作。

26 日 中国人民政治协商会议彭水苗族土家族自治县第十届委员会第四次会议在县民族会场开幕。

27 日 彭水苗族土家族自治县第十七届人民代表大会第五次会议在县民族会场开幕。

30 日 县委书记钱建超率队赴清水坪乌江高铁大桥、九黎城隧道、乌江门至两江广场等城市道路开展“马路办公”并召开座谈会。

6 月

4 日 两江新区退休干部到彭水考察调研扶贫工作，并召开座谈会。

是日 市烟草专卖局党组书记、局长、总经理李定晓率调研组到彭，就烟草行业发展情况开展调研。

5日　“激情夏日不夜彭水”夏季购物美食消费节暨第五届大型汽车博览会活动在县城两江广场启动。

6日　彭水自治县组织开展主题为“养护水生生物资源促进生态文明建设”的“放鱼日”同步增殖放流活动暨“保护母亲河你与我同行”志愿者放鱼养水公益活动。

10日　县委理论学习中心组（扩大）专题学习会召开。

是日　市司法局党委委员、副局长李建勋带队到彭水调研司法行政工作。

是日　璧山区调研考察组一行22人在区政协副主席雍湘带领下抵达彭水自治县，就基层医疗改革工作进行调研考察。

是日　彭水第四届文化遗产宣传月系列活动在黄家镇红军街正式启动。

10—11日　中国医药健康股份有限公司天然药物事业部总经理曹杰、副总经理张箭，华润三九药业研发部副总经理王勇等一行到彭水自治县考察中药材产业发展情况。

11日　彭水自治县“十四五”总体规划编制调研座谈会召开。

15日　县委书记钱建超率彭水党政代表团赴合川区考察学习旅游产业、城市建设、社会治理等工作。

是日　彭水自治县召开中央外办定点扶贫工作推进会。

16日　县委副书记、县长石强主持召开渝湘高铁、渝湘复线高速公路建设推进会议。

16—17日　县委书记钱建超率彭水党政代表团赴四川省阆中市考察学习并签署文化旅游发展战略合作协议。

18日　贵州省仁怀市政协副主席杨应道率调研考察组一行到彭水自治县调研文旅融合发展工作。

是日　县委书记钱建超率彭水党政代表团赴綦江区考察学习城市建设、康养旅游等工作。

22日　县扶贫开发领导小组2020年第6次（扩大）会议暨县委落实中央脱贫攻坚专项巡视“回头看”反馈意见整改工作领导小组第2次会议召开。

是日　县委理论学习中心组（扩大）专题学习会召开。

29日　全县脱贫攻坚“百日大会战”推进电视电话会议召开。

是日　彭水举行2020年二季度重点招商项目集中签约活动，7个重点项目成功签约，总投资达17.8亿元。

是日　山东省聊城市莘县县委副书记、县长高志国率考察团到彭水，考察彭水东西部扶贫协作、脱贫攻坚、产业发展情况等工作。

30日　全市决战决胜脱贫攻坚专项督查第十组到彭开展督查并召开督查工作汇报会。

是日　彭水普速铁路（渝怀线）沿线外部环境专项治理路地协调会召开。

7　月

1日　上塘乌江大桥复线桥顺利通车。

是日　彭水自治县全面启动新版地理标志专用标志更换工作。

2日　县委书记钱建超会见了新加坡驻成都总领馆总领事陈子勤一行，双方就新加坡在彭水捐赠项目推进情况进行深入交流。

9日　县委副书记、县长石强主持召开中阳天然气公司临时接管和供应保障专题会议。

13日　县委书记钱建超主持召开县委理论学习中心组（扩大）专题学习会，强调突出规划引领，着力产业发展，积极融入成渝地区双城经济圈建设和市域内“一区两群”协调发展。

15日　海南岛国际电影节组委会组织的海南岛国际电影节彭水项目考察座谈会暨世说新语影业·重庆九黎集团战略合作签字仪式在蚩尤九黎

城举行。

16日　县委书记钱建超赴重庆阿依达太极泉水股份有限公司、彭水工业园区调研全县工业经济发展情况。

17日　国家林草局驻成都专员办副专员刘跃祥一行到彭水调研林业工作情况，并召开座谈会。

是日　派出脱贫攻坚普查工作组临时党委（扩大）会议召开。

23日　腾讯“全面帮扶推进彭水智慧名城建设促进数字经济高质量发展”合作交流会召开。

24日　2020·第九届中国乌江苗族踩花山节在阿依河、摩围山景区开幕。

25日　“乌江画廊杯”2020第九届中国·彭水阿依河漂流大赛在国家AAAAA级旅游景区——阿依河景区开赛。

27日　市委书记陈敏尔深入彭水县城镇社区、田间地头，就全面建成小康社会、决战脱贫攻坚调研。

27—28日　山东省聊城市茌平区委书记郭飞率考察团到彭水，考察彭水东西部扶贫协作、脱贫攻坚、产业发展等工作。

28日　市卫生健康委廖永前监察专员到彭水自治县现场调研妇幼健康工作。

29日　山东省聊城市高新区党工委委员、管委会副主任郭志刚一行到彭水考察对接扶贫协作工作。

30日　县委书记钱建超赴彭水新城调研，专题研究彭水职教中心项目规划建设事宜。

8　月

1日　彭水自治县第六届“退役军人”运动会在体育馆举行。

5日　聊城市党政代表团到彭水考察并举行聊城·彭水扶贫协作联席会。

6日　强化乌江流域跨区域生态环境公益诉讼检察协作意见会签暨人大代表视察联络活动在彭水举行。

是日　市政协民宗委主任吴亚率部分市政协委员到彭水开展以“渝东南城镇群发展”为主题的十四五”规划调研活动。

10日　彭水自治县乡镇《脱贫攻坚成果展播》在彭水电视台新闻综合频道正式开播。

11—14日　县委副书记、县长石强率彭水党政代表团赴四川省阆中市就文旅融合、特色产业、城市建设管理等方面进行学习考察，双方就文化旅游发展战略合作进行深入交流。

12日　“世界苗乡·养心彭水”第三届高山纳凉大同游暨乡村旅游文化节在大同镇大厂社区开幕。

13日　市住房城乡建委党组书记、主任乔明佳率调研组深入大垭乡调研脱贫攻坚工作。

14日　山东省聊城市冠县考察组到彭水考察对接扶贫协作工作，并召开年度扶贫协作联席会议。

16日　彭水摩围山黄桃2020年采摘节启动仪式在县城两江广场举行。

17日　县扶贫开发领导小组2020年第8次（扩大）会暨2020年上半年经济工作交流会、县委实施乡村振兴战略领导小组第3次会议召开。

20日　腾讯光子工作室群旗下腾讯棋牌IP场景彭水“苗乡欢乐茶馆”落成典礼在蚩尤九黎城举行。

是日　市委宣传部副部长张洪斌到彭水调研并召开座谈会。

是日　市委退役军人事务工作领导小组办公室主任、市退役军人事务局党组书记、局长张邦平率调研组到彭水自治县调研退役军人事务工作。

21日　县委书记钱建超主持召开县委理论学习中心组（扩大）专题学习会。

24—25日　县政协主席谢胜率部分班子成员、委室负责人及驻彭水县的市政协委员赴石柱县开展“聚焦污水偷排直排乱排问题”委员明查暗访交叉监督性调研视察活动。

25日　县政府与中国电信重庆公司签署“5G智慧彭水”建设战略合作框架协议。

26—27日　市委统战部第七走访组到彭水开展“抓‘六稳’促‘六保’民营企业百日大走访”活动，并召开座谈会。

27日　县委书记钱建超主持召开全县“两高”（渝湘高铁、渝湘高速）建设工作座谈会。

是日　国务院扶贫办党组成员、副主任陈志刚率队到彭水调研脱贫攻坚工作。

是日　自然资源部薛萍巡视员一行到彭水调研增减挂钩实施情况。

30日　由中铁电气化局集团西安电化公司参建的渝怀铁路涪秀二线彭水站新控制台建设成功，彭水火车站新站台正式投入使用。

31日　彭水县召开公职人员利用职务之便插手、参与或变相参与工程项目建设“以案四说”警示教育会。

8月　彭水再次入选2020年全国县域旅游综合实力百强县，排名第92位。

9　月

1日　两江小学新校落成暨2020秋开学典礼举行，两江小学正式投入使用。

2日　彭水举行重点招商项目集中签约活动，分别与中国北京同仁堂（集团）有限责任公司、中国医药健康产业股份有限公司、新希望集团西藏新好科技有限公司签署合作协议。

3日　全县脱贫攻坚“收官大决战”动员部署电视电话会议召开。

4日　山东省聊城市东昌府区党政代表团到彭水考察并举行东西部扶贫协作联席会。

9日　“两高”（渝湘高铁、渝湘高速）项目建设推进会召开。

10日　2020年教育工作会召开。

11日　市政协经济委主任刘宝亚率队到彭水调研文旅产业发展情况。

15日　全县旅游消费扶贫工作部署会召开。

是日　市人大常委会委员、市人大教科文卫委主任委员皮晓青带队到彭水，围绕公共卫生应急体系、公共卫生应急能力，以及疫情防控中的好经验做法等开展《重庆市突发公共卫生事件应急条例》立法调研。

是日　县政协党组书记、主席谢胜率县政协代表团赴四川省阆中市就文旅融合、特色产业、乡村振兴等方面进行考察学习，并与阆中市政协签订“缔结友好政协，助力文旅融合发展”合作协议。

16日　石柱自治县委书记蹇泽西率石柱党政代表团到彭水考察旅游产业、产城景融合发展、城市规划建设管理等工作。

17日　中铁建重庆投资集团有限公司渝湘复线高速公路总承包部在彭水自治县举行揭牌仪式，标志着渝湘复线高速公路项目开始施工。

是日　市税务局党委书记、局长程俊峰到彭水调研指导税务工作，了解基层税务工作及当前各项重点工作开展情况。

是日　山东省聊城市茌平区委副书记、代区长孙荣军率考察团到彭水考察对接扶贫协作工作，并召开东西部扶贫协作联席会议。

18日　山东省聊城市国资委副主任吴伟一行到彭水考察对接扶贫协作工作，积极拓展协作空间，聚力打赢打好脱贫攻坚收官战。

24日　四川省安岳县政协考察组到彭水自治县考察调研文旅融合发展情况。

25日　彭水自治县融媒体中心挂牌成立。

28日　2020年世界苗乡·养心彭水“忠诚之乡红色游”在黄家镇举行。

29日　2020·第九届中国乌江苗族踩花山节·民俗会在蚩尤九黎城开幕。

是日　2020首届“决战九黎城下”电子竞技大赛全国总决赛在彭水蚩尤九黎城正式拉开帷幕。

10 月

1日　县委书记钱建超带队赴阿依河、蚩尤九黎城景区检查节假日常态化疫情防控和旅游安全工作。

9日　县委书记钱建超到三义乡、太原镇、龙射镇调研脱贫攻坚和乡村振兴等工作。

10日　百部退役军人系列电影《战友》在彭水蚩尤九黎城开机。

18日　由内蒙古自治区发展改革委副主任高世勤带队的国家评估核查组到彭水，就“十三五”易地扶贫搬迁工作进行全面评估核查。

20—21日　来自柬埔寨、新加坡、巴基斯坦、澳大利亚、加拿大、菲律宾等国家的驻渝蓉领事官员一行到彭水考察交流扶贫工作。

22日　四川省政协副主席李昌平一行10余人到彭水自治县考察宗教活动场所管理、民族地区经济社会发展、成渝地区双城经济圈建设开展等工作情况。

25—26日　四川省卫生健康委基层处副处长黎旭带领四川八市县卫生健康委负责人到彭水考察基层医疗卫生机构集团化管理改革经验。

26日　县委理论学习中心组专题报告会暨2020年县管党政正职领导干部培训班开班。

28日　县委书记钱建超率队赴中央外办汇报衔接定点扶贫工作。

是日　市人大常委会副主任夏祖相率调研组到彭水调研指导乡村产业振兴工作。

28—30日　县委书记钱建超率彭水党政考察团赴山东聊城对接东西部扶贫协作工作。

29日　湖南省江华瑶族自治县政协组织该县政府办、政协办、扶贫办、发改委、住建局等单位负责人莅临彭水自治县，就彭水自治县精准扶贫与产业发展、农村相对贫困对象社会兜底保障等工作开展考察调研活动。

29—30日　市脱贫攻坚“收官大决战”调研指导组组长李清率队到彭水开展专项调研指导。

30日　彭水自治县融媒体中心顺利通过重庆市委宣传部组织的区县融媒体中心第一批验收，成为重庆市首批通过验收的区县融媒体中心之一。

11 月

2—3日　中央外办副主任刘建超率队到彭水调研指导脱贫攻坚工作。

3日　罗家坨苗寨AAA级旅游景区揭牌仪式举行，中央外办副主任刘建超、县委书记钱建超共同为罗家坨苗寨AAA级旅游景区揭牌。

4日　两江新区党工委副书记、管委会常务副主任王志杰带队到彭水调研对口帮扶工作。

5日　武隆区政协主席潘晓成一行10人到彭水自治县开展聚焦污水偷排直排乱排委员明查暗访区县交叉监督性调研视察活动。

是日　湖南省慈利县政协考察组到彭水自治县调研考察教师队伍建设和政协履职能力提升情况。

10日　重庆市脱贫攻坚先进事迹巡回报告会在彭水举行。

是日　重庆工会助力“脱贫攻坚”促进“文旅消费”座谈会在彭召开。

11日　2020“世界苗乡·养心彭水”盘歌诸佛人文庙池体验游在诸佛乡庙池农庄开幕。

12日　市民族宗教委党组书记李中武率队到彭水调研县脱贫攻坚与乡村振兴情况和民族宗教工作情况。

12—13日　县委书记钱建超率党政代表团赴四川省西昌市，考察学习城市建设和旅游产业相关工作，签订缔结友好城市合作协议，共商两地合作与发展大计。

19日　国家文化和旅游部民族民间文艺发展中心副主任唐建军率调研组到彭水调研县非遗保护传承及文旅融合发展情况。

25日　垫江县政协考察组到彭水自治县考察

文旅融合发展助力脱贫攻坚工作开展情况。

26日　城口县政府副县长伍咏梅带队到彭水考察县域医共体“三通”建设。

27日　重庆市北碚区副区长刘永带队到彭水调研基层医改工作。

12　月

2日　市委宣讲团到彭水宣讲党的十九届五中全会精神专题报告会暨县委理论学习中心组（扩大）会议举行，市委宣讲团成员、市委党校副校长向艳宏作宣讲报告。

是日　县扶贫开发领导小组2020年第13次（扩大）会议暨“收官大决战”调度会议召开。

4日　市委常委、两江新区党工委书记、管委会主任段成刚到彭水县大垭乡调研指导脱贫攻坚工作。

7—9日　东西部扶贫考核小组到彭水开展2020年度东西部扶贫协作考核，鲁渝健康扶贫协作顺利通过考核。

8日　国家税务总局政策法规司副司长戴诗友一行到彭水，与国家税务总局彭水县税务局党委签约基层党建联系点共建。

8—11日　省级交叉考核小组到彭水开展2020年脱贫攻坚成效考核，健康扶贫工作顺利通过考核。

22日　县委召开党外人士座谈会，就县委《关于制定彭水苗族土家族自治县国民经济和社会发展第十四个五年规划和二〇三五年远景目标》的建议听取意见建议。

28日　彭水自治县举行第四届民族文化与旅游融合发展线上研讨会，来自全国各地的专家学者聚焦“世界苗乡·养心彭水”主题，交流学术心得，分享研究成果，共谋彭水文旅融合发展大计。

县情总貌

地　理

彭水苗族土家族自治县位于重庆市东南部，处武陵山区，居长江一级支流乌江下游。北连石柱土家族自治县，东北接湖北省恩施土家族苗族自治州利川市，东连重庆黔江区，东南接酉阳土家族苗族自治县，南邻贵州省沿河土家族自治县、务川仡佬族苗族自治县，西南连贵州省道真仡佬族苗族自治县，西连武隆区，西北与丰都县接壤，全县辖区面积3903.79平方千米。地处北纬28°57′—29°51′、东经107°48′—108°36′之间，东西宽78千米，南北长96.40千米，水陆边界线总长414.90千米。渝怀铁路、渝湘高速公路、319国道穿境而过。县城位于乌江、郁江交汇处，沿高速公路距重庆市主城区180千米、铁路216千米。县人民政府驻汉葭街道北门街33号，海拔245米。

历史沿革

彭水，商周春秋属巴，战国属楚黔中郡，秦统一后延续之。西汉建元元年（前140年）置涪陵县，治所今郁山镇。东汉三国两晋南北朝历五百余年，县域隶属屡变。隋开皇十三年（593年）置彭水县，治所今郁山镇，属黔安郡。唐武德元年（618年）改黔安郡置黔州。至唐开元二十一年（733年），分江南道西部增置黔中道，为全国十五道之一，彭水为道、州、县三级治所驻地，除辖彭水、黔江等六县外，还统领数十羁縻州，其界北到今湖北建始，东到今湖南沅陵，南到今广西凌云，西到今贵州毕节，面积约29万平方千米。宋绍定元年（1228年），彭水隶属绍庆府（路），治所今绍庆街道，历143年，中经元代，至明洪武四年（1371年）绍庆府废后，彭水隶属新置重庆府。清乾隆元年（1736年），彭水改属酉阳直隶州。民国后，先属东川道，继属四川省，民国24年（1935年）隶属四川省第八行政督查区。1949年11月16日，彭水县解放，国民党政权在彭水的统治结束。1950年1月，彭水属川东行署涪陵专区。1952年9月，属四川省涪陵专区。1983年11月，经国务院批准建立彭水苗族土家族自治县，次年11月10日正式挂牌成立，隶属四川省涪陵地区。1997年重庆成为直辖市，彭水隶属重庆市。自西汉建元元年（前140年）置涪陵县（治所今郁山镇）至今，彭水建县历二千余年，更屡次成为道、州、县治所，历史悠久，人文荟萃，是国家西南版图的一方要地。

地质地貌

彭水属新华夏构造体系，位于鄂黔隆起带向四川中台坳下降的斜坡上，东北属鄂黔台褶皱带，西南属大娄山褶皱带。彭水地域在1.5亿年前的大部分地史时期均为海洋所占据，从震旦系到侏罗系，在前震旦系变质岩基础上，接受了厚达万米的巨厚沉积；在漫长的地质发展史中，经历了多次不均衡的升降运动为主的构造运动。晚侏罗系到晚白垩世间的燕山旋回的宁镇运动，以水平挤压为主形成的老厂坪（石柱县境内）背斜、普子向斜、郁山背斜、桑柘坪向斜、箐箕滩（黔江境内）背斜等规模巨大的北北东向褶皱及筲箕滩、七梁子冲断层等伴生断裂。背斜出露水面，沿断层开始了强烈的侵蚀。第三纪开始的喜马拉雅运动中，使县境普遍间歇性而又不均衡地抬升，造成郁山、马武（石柱县境内）及太原、棣棠、三岔溪、诸佛、桐楼、大园（属鹿角镇）、龙塘、弹子岍（属绍庆街道）正断层和火石垭、龙洋（属润溪乡）、大垭、石盘逆掩断层以及筲箕滩冲断层等，形成彭水北北东向岭谷相间的地貌特征。

彭水全境地势西北高而东南低。地形分为构造剥蚀的中、低山地形。主要山脉有凤凰山、花塔梁子、伏牛山、大厂盖等，境内最高峰七曜山位于太原乡，海拔1859米；最低点木棕河位于高谷镇，海拔195米。第四纪冰川运动以来，由于剧烈的侵蚀、剥蚀作用，使原始土丘不断破坏，原始地貌逐渐变形，甚至产生倒置，最后形成雄伟壮观的北北东向山脉河谷及小型山间盆地相间，顺地貌并存的自然景观。彭水地貌类型复杂，自然环境各异，“两山夹一槽”是彭水地貌的主要特征。

气　　候

2020年，全县平均气温17.6℃，较常年平均偏高0.1℃，年极端最高气温39.7℃，比历年极端最高气温42.5℃低2.8℃；年极端最低气温2.2℃，比历年极端最低气温-1.3℃高3.5℃；其中5月、8月气温均较常年显著偏高1.3℃，6月偏高0.9℃，7月偏低0.7℃，9月显著偏低2.2℃。降水量1855.0毫米，较常年同期偏多54%，为1951年以来同期最多，其中5月接近常年值，6月、7月分别较常年同期显著偏多9成和1.5倍（7月降水量为1951年以来同期最多），8月偏少4成，9月偏多8成。年总日照时数为613.2小时，比历年平均总日照时数889.1小时偏少31%。日最高气温≥35℃的高温日数为32天，较常年同期偏多2天；≥37℃的中等高温日数为14天，较常年同期偏多3天。其间，区域站极端最高气温出现在保家42.2℃（8月28日）。

自然资源

【土地资源】　全县土地利用向农业用地倾斜，耕地随海拔的升高而递减，林地随海拔的升高而递增。土层薄、肥力低、质地黏重的中低产田土、低产园、低产林多，可开发改造利用潜力大。土地以亚热带山区黄壤为主，可分为6个土类，13个亚类，20个土属，54个土种，66个变种。①水稻土类。彭水属冲积性水稻土亚类。所占面积2386.67公顷，其中：灰棕潮土水稻土属1180公顷，黄色潮土水稻土属1206.67公顷。零星分布于乌江、郁江沿岸低阶地，小河流下游冲积坝子内。暗紫色水稻土亚类集中分布在普子向斜底部的普子（砂石）、龙射、走马、芦塘、乔梓、新田（新场）、鞍子等乡镇，最高海拔1400米。②潮土类。彭水有灰棕潮土属和黄色潮土属两类，所占面积分别为399公顷和2026.67公顷。分布于乌江、郁江沿岸低阶地及中山区的岩溶盆地，溪谷带、坝。③紫色土类。彭水只有中性紫色土1个亚类，面积3466.67公顷，均属暗紫泥土属。分布于普子向斜和青冈向斜底部的红层台状低山丘陵区及桑柘向斜两翼，呈不连续的环状和条带状。④黄壤类。为彭水主要土壤类，总面积12.89万公顷，其中：黄壤亚类7.56万公顷，分布在海拔250—1350米之间地带；灰化黄壤亚类7153.33公顷，分布于海拔800—1400米间的条岭状页岩低中山林区，在龙射、龙溪、走马、大垭、双龙、朗溪、善感等乡镇出露；生草黄壤亚类2.86万公顷，分布于海拔800—1400米岩溶低中山顶部和中上部的缓坡台地，东山盖、西山盖、石盘山以及七曜山、茅尖山等地；粗骨性黄壤亚类1.76万公顷，分布于条岭状页岩低山逆倾坡地带的太原、棣棠、高谷、大垭、朗溪、万足、岩东、迁乔、龙溪、走马、郁山（朱砂）、连湖、桐楼、诸佛、梅子垭、鞍子、善感、鹿角（大园）、双龙等乡镇。⑤黄棕壤类。总面积6062.20公顷，其中山地黄棕壤亚类3348.87公顷，生草黄棕壤亚类2713.33公顷。山地黄棕壤亚类分布于海拔1400米以上的中低山；生草黄棕壤亚类分布于海拔1350—1400米以上的岩溶中山顶部和缓坡地。⑥石灰岩土类。为彭水第二大土类，总面积1.78万公顷，其中：黑色石灰岩土亚类1020公顷，黄色石灰岩土亚类1.68万公顷。黑色石灰岩土亚类分布于石灰岩露头的区域或岩石缝穴及凹地；黄色石灰岩土亚类分布于岩溶低中山区的溶槽，溶斗和缓坡地带，在桑柘、新田、普子、龙射、平安、靛水等乡镇出露。

【动物资源】 彭水人工饲养动物30余种。陆生野生动物有552种。有国家重点保护野生动物：Ⅰ级黑叶猴、胡兀鹫和云豹；Ⅱ级有大鲵、红腹角雉、柳叶鸡、白冠长尾雉、红腹锦鸡、白腹锦鸡等28种；Ⅲ级动物及市级保护动物有灰狼、狗獾、野猪、草兔、豪猪、赤狐、貉、豹猫等138种。

【植物资源】 彭水植物资源比较丰富。有维管束植物188科840属2162种。按资源植物分为药用、观赏、实用、工业四类。其中，药用植物资源种类较多，有中草药植物1417种，以杜仲、厚朴、银花、黄连、党参、当归和天麻等最为著名；观赏植物资源349种，主要是被子植物；野生食用植物有153种；工业用植物287种，主要以乔林木为主。珍稀植物有猕猴桃、五倍子、野生大豆、红三叶、金橘、岩桑、辛夷、重阳木、银杏、红豆木、黄杉和杜仲。农作物主要有玉米、红苕、马铃薯、小麦、水稻、油菜、芝麻、棉花、烟草、魔芋、花生、辣椒等。经济果木主要有板栗、核桃、油桐、桃、李、杏、梨等50余种。

【矿产资源】 全县矿产资源较为丰富，主要矿藏有大理石、方解石、萤石、石灰石、重晶石、石膏、白云石、砂井盐、铁、铜、铅、锌、硫铁矿等30余种。其储量重晶石、方解石均在100万吨以上，大理石5亿余立方米，萤石423万吨，白云石1亿吨以上。煤炭资源丰富，地下埋藏储量10066万吨，可开采量1918.20万吨。此外还有石油、天然气等。

【水资源】 彭水水资源丰富，乌江由东南向西横贯县境，境内流长64千米，有郁江、长溪河、芙蓉江、木棕河等大小支流20余条，过境水资源量大，但时间、空间分布不均，供需不平衡。水能资源蕴藏量274.36万千瓦，居全市首位，为重庆市能源基地县。

旅游资源

【概况】 随着渝怀铁路、渝湘高速公路、国道319线“三改二”工程和彭西公路、彭务公路等建设开通，彭水将成为重庆市的“后花园”。彭水还是距离重庆直辖市最近的民族自治县，地处长江三峡、武隆芙蓉洞、仙女山、湖南张家界等旅游“极核”的中心地带，担负着旅游中转站的职能，在发展跨省、跨县联合旅游上具有难得的区位优势。

【阿依河景区】 阿依河景区位于县南中部，居长溪河中下游，距彭水自治县城21千米。苗家人把善良、美丽、聪慧的女子称为“娇阿依”，阿依河因此得名。景区融山、水、林、泉、峡于一体，集雄、奇、险、秀、幽于一身，是全市乃至全国以喀斯特地貌为主的观光型、探险型、休闲型、民俗体验型河谷风景区。峡谷幽深，十里竹海，碧波鱼跃，风景绝美，享誉“全国民族文化旅游新兴十大品牌”“巴渝新十二景”，是“中国之美·十大自助游黄金线路”，被誉为重庆生态旅游的后起之秀。峡谷听音、竹筏放歌、碧潭戏水、浪遏飞舟、激情水寨、密洞寻奇、长廊寄情等产品深受广大游客喜爱，中国阿依河国际漂流大赛走向世界。徒步穿行，可观奇花异草，古藤老树；荡舟江上，可享激流险滩，惊涛碧浪；夜宿山寨，可品苗家美味，体验民族风情，是休闲观光、民俗体验、户外攀岩及水上运动的首选之地。2020年1月7日，阿依河景区被评为国家AAAAA级旅游景区。

【中国·彭水乌江画廊旅游区】 原名中国·彭水乌江画廊水上休闲运动旅游区，位于县域西南中部，规划面积170平方千米。乌江，发源于贵州，全长1050千米，在涪陵汇入长江。彭水境内流长64千米，彭水电站、银盘电站建成蓄水后，高峡平湖，峡湖相连，青山绿水，风光秀美。乌江是诗画长卷，历史长河，风情走廊。舟行乌江，两岸山峦雄奇，一里一景，风光旖旎，有“天险乌江，千里画廊”之美誉。清代诗人梅若翁曾赞叹：“蜀中山水奇，应推此第一!”船游景区，起于万足码头，止于龚滩古镇，全长41千米，起点距县城10千米。千里乌江，百里画廊；如诗如画，时尚浪漫。万足到周家寨36千米属乌江画廊精品段。犀牛峡奇秀峻美，马峰峡雄奇险峻，庞公峡清幽娟秀，“不是三峡，胜似三峡”；万足湖风情浪漫，鹿角湖渔歌唱晚，洪渡湖炊烟袅袅，“不在西湖，宛若西湖”。游船途经万足湖、马峰峡、鹿角湖、庞公峡、洪渡湖、周家寨，推出“让爱起航”主题，组织摆手舞互动，品尝乌江鱼美味，真可谓人在船上坐，船在画中行，歌舞峡谷生，情在景中生。

【摩围山景区】 摩围山位于县西南中部，居摩围山国家森林公园核心部分，距离县城30千米，总面积为1910.2公顷。摩围山海拔1394米（相对高度1170米），雄伟壮丽、直插云霄。著名诗人白居易曾赞叹“摩围山下色，明月峡中声”，形象描绘了摩围山及乌江峡谷的风光。景区内峰峦叠嶂、峡谷纵横，除有石林、绝壁、天坑、地缝、溶洞等地质奇观外，兼有漫山云雾、日出日落等天象景观和古树参天、千里碧海等森林景观；同时，具有深厚的历史、宗教文化背景。始建于唐代宗时期的“云顶古寺”仍存有石柱、石门、残墙、碑刻等遗迹。景区内植被丰富，森林覆盖率90%以上，负氧离子11万个/立方厘米，2016年10月，彭水摩围山景区获第二批“中国森林氧吧”称号。景区开发以养生度假为主题，成功开发飞云口、罗曼谷（爱情呐喊谷）、木屋村、石林、滑草、滑雪场等产品，精心建设养生酒店。木屋村中，有爱的小木屋和水晶房子。摩围山小木屋、水晶房子坐落在山林之中，屋中设有地暖，即使屋外天寒地冻在屋内也是如沐春风。

【蚩尤九黎城】 蚩尤九黎城位于县新城区东南角，乌江左岸，占地30公顷，总建筑面积59680平方米，是彭水自然风光与苗族历史文化的有机结合体。旅游景区分蚩尤九黎城、县游客集散中心和蚩尤部落三期工程，集苗族文化、旅游景区、游客接待于一体，打造“苗王神宫，九黎圣殿；苗族圣地，风情家园”的苗族主题文化旅游品牌，一期项目基本建成。蚩尤九黎城是中国最大的苗族传统建筑群，创下了数个世界之最：九黎神柱是世界上高度最高、直径最大、雕刻鬼神像最多的苗族图腾柱；九黎宫是世界最高最大的吊脚楼建筑体，世界最大的四合院建筑体，最奇特的楼中楼阁与楼中殿堂建筑集群；九道门是世界上建有最多朝门的苗族建筑景观。每年农历四月初八，蚩尤九黎城举行世界最大蚩尤祭祀仪式。“祭祀仪式”演变成万人规模的“蚩尤大典”，活动上还有各种苗族非物质文化表演，苗族特色美食品尝等活动，是展现苗族文化的重要平台。

【郁山古镇文化旅游区】 郁山古镇位于县东北部，居郁江下游，距离县城45千米。因富有食盐、丹砂资源，早在5000多年前，苗族、土家族先民蚩尤部落、濮人等，取水提盐，采矿炼丹，创造了古老的盐丹文明，为彭水成为今渝黔湘鄂桂接合部的政治、经济、文化、军事中心奠定了坚实的基础。西汉建元元年（前140年）置涪陵县，属巴郡，治今郁山镇。之后，郁山先后成为县、郡、州治所地历时近千年，建制镇历史长达780余年，千年古镇名副其实。郁山古镇具有得天独厚的优势：历史悠久，具有5000年盐业开发利用史，先后为县、郡、州、道治所所在地；文化底蕴深厚，是以盐丹文化为核心的“黔中文化”的发祥地，具有独特的盐丹文化、城镇文化、饮食文化、建筑文化、民俗文化、流放文化；有很多文物遗址，唐废太子李承乾、唐大臣长孙无忌，以及宋代著名文学家、书法家黄庭坚先后流放于此，被列入各级政府文物保护单位的有近十处，其中黄庭坚衣冠冢、唐太子李承乾墓、贺龙德政碑、古盐井都十分珍贵；郁山拥有优美的自然风光，境内有3条各具特色的河流（郁江、中井河、后照河）和一系列溶洞群，形成了青山、秀水、奇洞、怪石于一体的郁山风光带。

【鞍子苗寨】 鞍子苗寨位于鞍子镇，由石磨岩景区和罗家坨苗寨组成。石磨岩景区位于大池村，紧邻鞍子场，面积约2.5平方千米。景区属冰川时期留下来的石林，以石莲花为标志，造型千奇百怪，鬼斧神工，仙鹤嘴、埃及石狮、蓝鲸头、奥运火炬等栩栩如生。区内另有两座老式歌堂。罗家坨苗寨位于新式村，距离鞍子场7千米，山寨建在山坳中，长约2千米，全寨70余户300来人全是罗氏后裔。苗寨为国家第一批民族村寨保护项目，古色古香，风情醉人。世代生活在这里的罗氏子孙，住苗居、唱苗歌、跳苗舞、习苗俗、行苗礼，吊脚楼、火铺、鼎罐饭、三道茶……令人流连忘返。鞍子是重庆市“民歌之乡”，是民族文化品牌《娇阿依》的故乡，是乌江画廊上散发异域风情的神秘之地。一曲《娇阿依》，千年苗乡情。鞍子依托苗寨、苗族歌舞和奇石景观，打造苗族风情主题文化旅游品牌，推广“山盟海誓”“爱如磐石”爱情体验。

【乌江苗都】 古城彭水，三山拱卫，两江环流，依山傍水，错落有致。县城历史悠久，是黔中文化的发祥地。城区有汉代汉葭县旧址，唐代黔州、黔中道、宋朝绍庆府驻地旧址，黄庭坚首建绿荫轩遗迹，贺龙的红三军司令部和刘邓大军设指挥部旧址等。建有纪念黄庭坚的山谷公园。乌江穿城而过，郁江、九曲河在此汇聚，七桥相连彩虹卧波，十千米滨江文化走廊，中国·彭水水上运动大赛靓丽纷呈，国际艺术划水大赛、中国摩托艇联赛时尚浪漫，堪称“黔州故地，武陵水城”。

【乡村旅游景点】 彭水旅游资源点众多，乡村旅游资源十分丰富，可谓七彩乡村，繁花似锦。21世纪之初，市民周末大多在郁江芦渡湖游玩。随后保家老营顶（俗称老人顶）桃树林成为踏春赏花好去处，“桃花山庄”应运而生，重庆、涪陵、黔江游客自发前往，赏花者日达万余人。2010年前后，郁山成功打造“玉泉新村”，乡村旅游进入规模化发展。2012—2013年，长生镇、岩东乡联合打造“长生花海”，善感乡成功打造周家寨，组织文化活动，乡村旅游经济蓬勃发展。“长生花海”，以天师教首领范长生故乡水田坝为中心，连接大河三坝、桃花山庄、绕旗坝、岍山坝，为四季自驾、纳凉避暑的好地方。周家寨，画廊新村，“一脚踏两省，一竿钓三县，一眼收美景”，上山穿越怪石迷宫，下河尽情抛竿垂钓，入户品尝苗家美食，是休闲度假好去处。黄家镇挖掘其深厚的红色文化，打造红色旅游。以中国工农红军第三军在彭水的驻扎地为载体修建的重庆红军历史陈列馆于2016年10月22日开馆。馆内展示当年红三军转战彭水留下的宝贵红军遗迹，其中“一张留言条”格外引人注目。有红军街广场、牌坊等红色旅游景点，推出红军菜等特色。

人　口

2020年，全县年末常住人口53.06万人，比2019年减少1.17万人。城镇人口25.60万人，乡村人口27.46万人，城镇化率48.25%，比2019年提高2.81个百分点。年末户籍总人口70.30万人，比2019年减少0.03万人，其中：户籍城镇人口20.67万人，户籍乡村人口49.63万人。人口出生率为8.16‰，死亡率为4.7‰，自然增长率为3.46‰，符合政策生育率94.40%。

民　族

彭水自治县以苗族为主，兼有土家族、蒙古族、侗族、满族等33个少数民族，其中苗族人口有36万人，占全县总人口的51.2%，各民族分布居住在全县各乡镇、街道。彭水的苗族来源一部分是蚩尤的后裔，另一部分从今湖南泸溪发展起来的盘瓠部落迁徙而来。彭水苗族在全县各乡镇均有分布，主要集中在梅子垭镇、靛水街道、鞍子镇、新田镇、平安镇、诸佛乡、润溪乡等地。彭水土家族的先民为巴人，主要来自“八蛮”和“廪君”，并融入了其他民族。彭水土家族在全县各乡镇均有分布，主要集中在连湖镇、太原镇、龙射镇、普子镇、长生镇等地。彭水蒙古族分别聚居于今鹿鸣乡的向家村和太原镇的香树坝村，都姓张、谭，来源于元朝时南下征战的蒙古人。彭水侗族主要分布在诸佛乡境内，均属杨姓，来源于湖南芷江。彭水回族分布在棣棠乡和黄家镇一带，主要为马姓，为清代至民国时期零星迁入定居的。其他少数民族是新中国成立后调彭水工作或婚嫁进入彭水的。

宗　教

彭水宗教主要有佛教和天主教。佛教东晋时期传入彭水，唐代建有名刹云顶寺、开元寺。到彭水解放前，全县共有佛寺153处。2000年1月，彭水自治县佛教协会成立。全县佛教皈依人员400余人。清康熙四十三年（1704年）天主教传入彭水。县天主教爱国会成立于1991年10月，接受洗礼的天主教教徒有200余人。全县有宗教活动场所3个，分别是天主教真原堂、云顶寺、高谷兴隆佛教活动点；宗教团体2个，分别是县佛教协会、县天主教爱国会。

行政区划

截至2020年底，彭水苗族土家族自治县辖汉葭街道、绍庆街道、靛水街道3个街道，高谷镇、保家镇、郁山镇、桑柘镇、鹿角镇、黄家镇、普子镇、龙射镇、连湖镇、万足镇、新田镇、鞍子镇、平安镇、长生镇、梅子垭镇、太原镇、龙溪镇、大同镇18个镇，岩东乡、鹿鸣乡、棣棠乡、三义乡、联合乡、石柳乡、走马乡、芦塘乡、乔梓乡、诸佛乡、桐楼乡、善感乡、双龙乡、石盘乡、大垭乡、润溪乡、朗溪乡、龙塘乡18个乡。设有59个居民委员会，237个村民委员会；下设490个居民小组、1522个村民小组。

名优特产

【龙塘沟白酒】　普子龙塘沟酒厂位于普子镇，是一家百年老厂。清光绪二十一年（1895年）在龙塘沟开办“龙塘酒坊”。中华人民共和国成立后，逐渐将龙塘沟传统小灶酒厂转办扩大为国营酒厂。2001年，改制为民营企业。凭借武陵山天然纯净的自然环境，秉承传统的小灶白酒工艺，以当地生产的玉米、高粱、苦荞、糯米、小麦和优质泉水为原料，精心酿造、多年洞藏，形成天然纯正、甘甜醇和、清香浓郁、回味长久的独特风格。旗下有散装玉米酒、高粱酒、苦荞酒，有洞藏罐装、洞藏瓶装“龙塘沟”“龙隐台”“蚩尤酒”“酒罐罐”等品牌。2014 年 6 月，通过国家 QS 质量达标，获得全国工业品生产许可证，在桂林五省一市白酒品鉴会上获金奖。除县内销售外，还销往重庆、涪陵、黔江等地。

【火棘果】 火棘又称救军粮、水杈子，是一种可药可食可观赏的多用途花果植物。营养价值高，含原花青素、总黄酮、胡萝卜素、维生素 B_1、维生素 B_2、维生素 PP、维生素 C、维生素 E、多种氨基酸、有机酸以及微量矿质元素等，极具保健功效。重庆火吉健康产业（集团）有限公司以野生火棘果（红籽）为原料，建成现代化火棘果生产线一条，产品涵盖火吉野生果汁、火吉果精油等。其中年产火吉果汁 800 万听到 1200 万听，消耗火棘果原材料 1000 到 1500 吨，选用 800—1800 米海拔的野生、天然火棘果作为原料，配方精良、工艺独特，不添加香精、色素，火棘果从深山走向市场。

【蛇酒】 该酒采用成年健康的“五步蛇”，经驱虫、除菌、清理肠道等污物后，以 57 度小灶白酒和武陵山特有的名贵中草药风湿藤、小血藤等为原料，采用现代工艺精制而成，具有清热解毒、祛风除湿、活血化瘀等功效，对风湿及风湿性关节炎、中风偏瘫、三叉神经痛、全身筋骨疼痛、手脚麻木、脑风疼痛、骨质增生等病症有独特疗效。

【殷氏擀酥王】 “食尽江南珍馐味，始知郁镇有擀酥”。殷氏擀酥王创于清嘉庆元年（1796 年），至今已有两百余年历史。采用武陵山自产苗豆配与精面、白糖、酥油、香油、瓜片、橘饼、核桃、蜂蜜、枣泥、桂花、果仁等。采用独特的传统工艺与精湛的手工技艺制作而成“擀酥王”系列，堪称饼中一绝，属纯天然绿色优质食品。其皮薄馅厚，酥沙松软，入口化渣，清香滋润，食后丹桂余芳。被中国第五届美食节评为“名优产品”，被中国重庆名优农展会评为“最受消费者欢迎产品”，后获评“重庆老字号”“重庆名小吃”称号。不仅是美食珍馐，更是馈赠、保健和举酒赏月佳品。

【彭水软籽石榴】 软籽石榴因其籽粒像颗颗红玛瑙，故又名水晶石榴。1986 年从突尼斯引入中国，历经 10 余年的栽培试验和观察，各方面性状表现优异。适应性强，抗旱、抗病，适应范围广，择土不严，无论平原、丘陵、浅山坡地，只要土层深厚，均可生长良好。尤以成熟早（8 月中旬、农历 7 月初籽粒开始着色变红）、籽粒大（百粒重 56.2 克）、色泽鲜（籽粒红色）、果个大、果红色美观、果仁特软等特点突出，经济效益十分显著。果皮薄，平均厚 0.3 厘米，可食率 61.9%，肉汁率 92.6%，含糖量 15.8%，含酸量 0.29%，维生素 C 含量 1.87 毫克/100 克，更有健胃消食化积之功效。石榴中所含有的氨基酸几乎都是人体必需的氨基酸，例如谷氨酸、天门冬氨酸等；所含的无机质以钾为多，它是维持生命不可或缺的物质。除此之外，还含有维他命类和其他一些有效成分，诸如类固醇荷尔蒙、生物碱等。

【彭水响李】 彭水响李是 20 世纪 80 年代末引进四川茂县的青脆李品种，结合彭水当地自然条件进行种植，种植过程中全部使用农家肥，果子成长过程中不使用农药。这种青脆李咬上一口，会发出一声清脆的响声，当地村民将其称为响李。彭水响李正是“彭水想你”的谐音，也表达当地苗族娇阿依想你的含义。响李果子形态饱满，果皮青色，果肉外青里黄，缝合线正，缝沟浅，果粉厚、灰白色、肉质脆、味甜，有着浓浓的蜂蜜味。其营养丰富，富含维生素、氨基酸，生津利尿、清除肝热，有利健康。口感最佳期为 7 月 25 日到 8 月 5 日间，一日当中口感最佳的采摘时间在清晨和傍晚。作为全县重要的经济作物，县政府经常组织彭水响李管护知识培训，学习整形修枝、病虫害防治知识。县境内已建立多个彭水响李的生态种植基地，进入成熟期开始采摘时，市民纷纷前往彭水响李的生态种植基地，体验采摘乐趣，通过组织各类采摘活动促进当地经济发展。

【彭水紫苏】 彭水苏麻，学名紫苏，是卫生部首批公布既是食品又是药品的60个物种之一。武陵山脉一带对原生栽培种称之“苏麻”，因幼苗叶背和未成熟前籽粒呈紫色，故又称“紫苏麻”。彭水苏麻全株可入药，苏叶辛、温，归肺、脾经，为感冒药及藿香正气液的必需原材料。彭水苏麻籽实归肝胆经，气味辛、温、无毒，富含α-亚麻酸、迷迭香酸、齐墩果酸、熊果酸、蛋白质、叶酸、维生素（E、K1、叶酸等）以及硒、锶、锌、镁、铁、铜等微量元素。现代研究证明，α-亚麻酸代谢物EPA具有清血脂，改变血液黏稠的作用，DPA又称神经活性因子，有抗抑郁功用，脑黄金DHA是形成脑细胞和视神经细胞的基础物质，多选择渗入大脑和生殖器官中发挥重大作用。彭水苏麻在武陵山脉一带常用于肝病食疗，多显效。常食具有健脑、护肝、清血脂、“体白身香”的功用。2007年，紫苏被列入中欧中国南部山区农业生物多样性项目重要种质资源。2017年，被列入全国名特优新农产品目录，是重庆市名牌农产品、中国绿色食品博览会金奖产品、农产品地理标志纪录片《源味中国》全球传播产品。

【晶丝苕粉】 用鲜红薯为原料，采用原始的加工工艺，全手工精致提炼而成。其色微黄或微黑，光亮透明，味道滋润爽口，口感绵软，光滑富有弹性。食用时，将粉丝放入用温水浸泡5—10分钟，再将泡过的粉丝放入沸水中煮3—5分钟即可。晶丝苕粉可作酸辣、凉拌、油炸或与鸡、鸭、猪蹄清炖，可与牛、羊、鱼肉焖烤，亦可与各种肉丝、肉片爆炒，食法多样。

【大脚菌】 大脚菌分黄褐色、白色。气味浓香，质地细嫩，汤色乌黑油亮，吃之清香爽口。主要产于彭水自治县黄家、朗溪等乡镇，属纯天然绿色食品，人工无法栽培。大脚菌生长在海拔2000米左右，生长期只有2—3天，每年生长1次（有些年份不生长）。大脚菌含有丰富的维生素和蛋白质，营养价值极高。对人体有滋补、降压、健脾、美容、调节新陈代谢、清热、预防妇科疾病等功效，被西欧国家誉为“山珍”菌王，是家庭食用、承办宴席、赠送贵宾的珍稀贵重佳品。

【黄家灰豆腐】 灰豆腐是彭水自治县黄家镇一带的传统饮食。黄家灰豆腐制作技艺目前多以家传为主，其中大部分传承人为家庭主妇。豆腐做出来后，切成小块，放入准备好的清洁干燥草木灰中，这个过程叫“灰鲊”。经过一夜“灰鲊”后的豆腐，失去水分和原本的柔软，变得干硬。再入灰炒制，豆腐由干硬再次变得蓬松绵软。表皮不破，掰开里面有均匀绵密的蜂窝组织。灰豆腐既保留豆香味、充满嚼劲，同时蜂窝组织能充分吸收汤汁。炖汤、素炒皆宜。黄家镇灰豆腐制作技术已成为彭水非物质文化遗产之一。

【彭水山葵】 山葵别名山萮菜、哇沙密，海拔1200—2400米最为适宜生长，喜阴环境，生长周期为18—24个月。据《黄帝内经》记载：山葵为五菜之首，即：葵、藿、葱、韭、薤五种。山葵鲜主茎含蛋白质、脂肪、维生素、铁、硫、钾、镁、钙、锰、铜、锌、纤维素、可溶性无氮物。山葵酱口感好、呈绿色，有香、辛、甘、黏四种特色风味，是一种高海拔森林中生长的纯正的绿色调味品，其中蛋白质含量5.65%、多种氨基酸及脂肪含量1.2%、维生素C含量169.2mg/100g、异硫氰酸脂含量0.80mol/ml。异硫氰酸酯是山葵酱中的独特成分，其他酱类调味品不能与此相比。山葵不同部位ITCs（异硫氰酸酯）的含量：根茎0.84%，须根0.58%，叶柄叶片0.30%，种子0.31%，花苔的ITCs含量为0.42%。

山葵具有抗菌、杀虫、增进食欲、止痢、抗病毒、抗癌、抗氧化、血栓预防、护肤美容、增强能量、抗哮喘、防腐保鲜等作用。山葵在20世纪90年代引入彭水，赖明慧于2000年8月10日在县工商局注册成立“彭水自治县葡萄乡山葵种植农场”。山葵种植从葡萄乡1.33公顷发展到10公顷，后又发展到彭水自治县桑柘、鹿箐、小厂等地，规模达到20余公顷。一个生产周期亩产量叶柄、叶子、根须共达到5吨以上，根茎200公斤以上。早期主要销日本、中国台湾地区，出口的鲜山葵原料通过日本方检测符合质量要求，很受日本欢迎，现主要满足国内相当部分市场消费。

【彭水蜂蜜】 彭水养蜂历史悠久，20世纪70年代初，在中国农科院专家的指导下，开始推广蜜蜂新法活框饲养技术。2013年3月，彭水自治县被中国养蜂学会授予“中华蜜蜂之乡”称号。2016年，中国中华蜜蜂产业发展大会在彭水召开。2019年，全县境内有传统及新法养蜂户10000余户（其中10群以上800余户），蜜蜂保有量达10.3万群，已注册登记养蜂农业新型经营主体100余个。彭水蜂蜜产品以成熟蜜为主，大多数蜂农一年只在秋季取蜜1次，蜜源以五倍子、乌泡、野山花等为主，平均产蜜7.5公斤/群左右，售价为160—300元/公斤。彭水蜂蜜质量优良，醇味绵长，深受消费者喜爱，线上线下产销两旺。全县年累计产彭水蜂蜜770余吨（其中产五倍子蜜200余吨），产值1.5亿余元。

经济体制改革

【供给侧结构性改革】 印发《关于严格贯彻执行重庆市支持企业复工复产和生产经营若干政策措施的通知》（彭水府办发〔2020〕21号），《关于印发重庆市进一步助力市场主体健康发展政策措施任务分解的通知》（彭水府办发〔2020〕98号）；多次组织召开部门与企业座谈会，了解政策执行情况；通过微信公众号、微信群、电话、座谈会、走访等多种方式对政策措施进行宣传解读；成立督查工作小组，到部门和企业进行督查走访。各项减税降费政策减免合计15373.512万元；降低生产经营成本共计30306.923万元；发放创业担保贷款15450.5万元，直接扶持987人创业，带动1559人就业。

【服务业发展】 印发《彭水苗族土家族自治县人民政府办公室关于印发“激情夏日 不夜彭水”夏季购物美食消费节活动方案的通知》，开展“十大消费促进活动”，带动消费近15亿元，发放消费奖补14万元。2020年社会消费品零售总额达到111亿元、电子商务交易额达到45亿元、网络零售额达到18亿元。

【社会信用体系改革】 印发《关于印发彭水自治县2020年社会信用体系建设重点任务分解的通知》（彭水信用办发〔2020〕2号）、《关于印发〈彭水自治县公共信用信息目录（2020年版）〉的通知》（彭水信用办发〔2020〕6号）。统筹推进信用信息归集共享5万条，公示信用承诺4万份，完成税务、生态环境、建筑施工企业、交通运输企业等4个领域的信用评价，实施信用联合奖惩查询2万余次，反馈奖惩措施1400余次，推动信易贷融资支持5000多家企业和个人，涉及贷款6.23亿元，持续推动在招标投标、政府采购2个领域应用信用报告200余份，试点推动信易游，依托信用彭水网站建设信易游系统，打造蚩尤九黎城信用示范景区，不断推进政务诚信建设，开展公务员诚信教育4次161人次，实行审批限时办结。

【民营企业改革】 认真开展阻碍发展的陈规旧章、繁文缛节清理，共清理废止各类陈规旧章及文件5件。提高科研人员成果转化收益比例，作出重要贡献科技人员的奖励不低于该项科技成果转让或许可净收入的50%；做出主要贡献的科技人员的奖励份额不低于奖励总额的50%。完善中小企业公共服务平台，推动众创众包众扶众筹等新业态、新模式蓬勃发展，扩大创业投资规模，充分发挥国家新兴产业创业投资引导基金、中小企业发展基金等作用，化解创业融资难题，已培育“兴隆花果星创天地、彭水自治县冷水鱼、三农之友众创空间”等乡村创新创业孵化基地。

【营商环境优化】 印发《关于印发彭水自治县对标国际先进优化营商环境工作推进方案的通知》（彭营商办发〔2020〕1号）、《彭水自治县2020年对标国际先进优化营商环境责任分解》，企业开办时间压减至1个自然日以内，最快只需2小时；审批时限压缩至60%以上，部分行政审批事项可实现“不见面审批”，用地手续审批时限压缩至57日，工程规划审批压缩至55日；财产登记实现普通业务“一窗办理、即办即取”；完成两次一般工商业电价降价10%；企业所得税申报时间压缩到10分钟以内，房产交易税缩减至1小时以内；全县行政许可事项办理时限整体压缩率达82%，政务服务事项承诺办理时限总体压缩率达76.92%。2020年新设市场主体4612户，市场主体总量突破4万户。

【招商投资工作制度】 出台《关于印发彭水自治县促进产业发展扶持办法的通知》（彭水府发〔2020〕12号）、《总部企业招商鼓励扶持政策》《支持山东企业来彭投资优惠政策》等。成立了县委、县政府主要负责人任“双组长”的工作领导小组，下设生态旅游、生态工业（战略性新兴产业）、生态农业、现代服务业、新型城镇化、基础设施等6个专项小组，县委、县政府相关分管领导任专项小组组长。2020年共签约招商项目36个、投资总额57亿元，其中正式合同项目23个、投资总额26.8亿元。

【粮食储备安全管理】 印发《关于2020年度落实粮食安全行政首长责任制重点工作的通知》（彭水粮安考核办〔2020〕1号），将各项任务细化落实到相关部门。组成专项检查工作组，开展政策性粮食库存数量和质量大清查“回头看”及粮食库存检查工作，开展政策性粮食储备风险隐患排查和粮食质量安全监管、口粮市场专项检查、政策性粮食管理问题整改“回头看”专项行动。全县有粮食储备库点6个，有效仓容3.3万吨，共储备市县级储备粮1.45万吨。

【农村公共基础设施管护体制改革】 全县乡镇街道全面启动农村公共基础设施登记造册工作，将农村公共基础设施登记造册工作结合脱贫攻坚工作一并开展。积极开发农村基础设施管理公益岗位，安排农村清洁环卫保洁员553名、农村通畅公路养护岗位800名、水利（大灌区、山坪塘）管护员993名。水利局牵头制定《农村饮水安全工程运行管护办法（试行）》，由县政府办公室印发。部分乡镇引导村民通过“一事一议”管理公共饮水设施，采用“谁受益，谁管理，谁维护”原则，收取微薄的管理费，优先聘请当地贫困户管理维护，如龙溪镇灯光村。

经济社会发展概况

2020年，面对突如其来的新冠肺炎疫情冲击，国际国内形势发生深刻复杂变化，全县上下坚持以习近平新时代中国特色社会主义思想为指导，深入贯彻党的十九大和十九届二中、三中、四中、五中全会精神，全面落实习近平总书记对重庆提出的营造良好政治生态，坚持“两点”定位、“两地”“两高”目标，发挥“三个作用”和推动成渝地区双城经济圈建设等重要指示要求，全力以赴做好“六稳”工作、落实“六保”任务，统筹疫情防控和经济社会发展取得重大成果，历史性消除绝对贫困，全面建成小康社会取得决定性成就，着力做好稳增长、促改革、调结构、惠民生、防风险、保稳定各项工作，推动全县经济社会持续平稳健康发展，为“十四五”时期开启社会主义现代化建设新征程奠定了坚实基础。

【复工复产】 疫情发生后，坚持锁定全年既定目标不动摇，抢时间、赶进度、补损失。及早谋划复工复产工作，举行重点项目集中开工仪式，加快推进全县重点项目建设进度，全年实施重点项目 184 个，完成投资 91.7 亿元，同比增长 6%。举行招商引资重点项目“云签约”活动和重点招商项目集中签约活动，全年 36 个重点项目成功签约，总投资达 57 亿元。积极向上争取地方政府专项债券和一般债券资金 17.6 亿元，抗疫特别国债资金 1 亿元，中央直达资金 5.4 亿元，中央预算内投资 1.38 亿元，为统筹疫情防控与经济发展提供了强大动力。一企一策为企业解决资金、原材料、人力、物流等问题，规上工业企业、全县重点项目、脱贫攻坚项目以最快的速度实现复工，经济社会秩序全面恢复。

【涉企政策落地】 认真贯彻落实以减税降费、金融支持为重点的“支持中小企业 20 条”“支持企业 40 条”等暖企纾困政策，加大减税降费力度，全力提振企业信心。减免各项税费 1.2 亿元，累计减免各项社保缴费 0.9 亿元。为支持企业复工复产，降低生产经营成本 3.1 亿元，涉及优惠企业 49840 家。强化稳企金融支持，在系列政策拉动下，金融机构人民币存、贷款余额保持快速增长，全年分别增长 12.6%、12.3%。促进稳岗就业创业，实施中小企业援企稳岗政策，稳定岗位 2068 人，职业能力培训 4322 人，扶持 987 人创业，带动 1559 人就业。

【经济运行调度】 抓早抓实评估预警，疫情发生后，第一时间启动新冠肺炎疫情对全县经济社会发展的影响评估，对商贸、旅游、交通等领域提出预警，并针对性优化工作措施，统筹抓好疫情防控和经济社会发展各项工作。加强经济运行调度，疫情期间，累计召开经济运行调度会议 6 次，开展经济监测预警评估 7 次，及时准确反馈经济运行态势，分析有利形势，正面引导社会舆论预期，努力将疫情对经济影响降到最低。年初计划的 10 项指标中，实现地区生产总值 245.1 亿元，增长 4.2%，增速高全市 0.3 个百分点，居全市第 8 位，渝东南第 1 位。社会消费品零售总额 110.6 亿元，同比增长 2.4%，增速居渝东南第 1 位，是渝东南地区唯一实现正增长的区县。完成固定资产投资 91.7 亿元，同比增长 6.0%，增速居渝东南第 3 位，其中房地产开发投资 25.7 亿元，同比增长 151.3%。一般公共预算收入 14.1 亿元，同比增长 4.6%，其中税收收入达到 9.4 亿元，同比增长 9.7%，增速居全市第 1 位。常住居民人均可支配收入达到 21224 元，同比增长 8.6%，增速居全市第 1 位。

2020 年全县经济社会发展主要表现在以下方面：

【脱贫攻坚】 聚焦深度贫困和贫困群众“两不愁三保障”突出问题，落实中央单位定点扶贫、东西部扶贫协作、集团帮扶、市内区县对口帮扶，积极开展产业、就业、教育、医疗、住房安全保障等扶贫行动。创新“产业村长”模式，聘用产业村长 274 名，规划指导贫困户到户产业 2.2 万户，得到农业农村部和国务院扶贫办高度肯定，作为典型案例在全市推广。开展实用技术技能培训近 6 万人次，实现多渠道帮扶贫困人员就业，就业创业服务评价连续四年位居渝东南第 1。建立“五位一体”控辍保学机制、“一人一案”措施，义务教育阶段无一名学生因贫失学辍学。落实“先诊疗后付费”和“一站式”结算服务机制，贫困人口参保率为 100%，贫困人口住院费用自付比例控制在 10%以内。全面消除农村 C、D 级危房，累计搬迁贫困人口 14207 人，易地扶贫搬迁

“五个强化”“七步工作法”等经验在全国全市推广，彭水被评为全国“十三五”搬迁工作成效明显县。进一步加大社会扶贫力度，衔接落实东西部扶贫协作帮扶资金5364万元，两江新区对口帮扶资金1.7亿元，中央外办协调引进资金3619万元。全县115个贫困村全部销号，27772户贫困户112680名贫困人口脱贫，正式退出国家扶贫开发重点县。

【产业转型升级】 2020年，全县实现地区生产总值245.1亿元，增长4.2%。其中，三次产业分别实现增加值37.2亿元、79.7亿元、128.1亿元，增长4.8%、5.2%、3.3%，三次产业结构优化为15.1∶32.6∶52.3。农业产业稳步发展，发展红薯2万公顷、烤烟4386.67公顷、中药材3853.33公顷、经济林2.37万公顷，生猪出栏量47.6万头，中蜂保有量保持在10万群以上，蜂蜜产量800吨以上，农业农村部将彭水自治县红薯产业列入“一县一业”主导产业发展目录，“中华薯业强县”“生猪调出大县”“中华蜜蜂之乡”影响力不断扩大。生态工业初现雏形，全年实现规模以上工业总产值45.4亿元、增长4.2%，健康食品、特色轻工、清洁能源等生态工业集群支撑作用更加明显，中药材加工、苗医苗药等工业经济新增长点加快培育。商贸行业加快复苏，全年实现社会消费品零售总额111亿元，增长2.4%，增速居渝东南第1位，新增限额以上商贸企业5家，外贸进出口额实现1337万元，实现电子商务交易额45亿元，完成消费扶贫目标任务1.2亿元，招引3家商场落户彭水，新培育星级农家乐5家。全县旅游经济恢复正常，2020年接待各类游客2816万人次，同比恢复93%，实现旅游综合收入144亿，同比恢复95.7%。阿依河成功创建国家AAAAA级景区并荣获全国AAAAA级景区品牌100强，摩围山被评为市级旅游度假区，蚩尤九黎城成为海峡两岸交流基地，太原冷水鱼都、鞍子苗寨、善感周家寨成功创建国家AAA级旅游景区，再次入选“全国县域旅游综合实力百强县”。

【基础设施建设】 有序推动全县184个重点项目建设，全年完成固定资产投资91.7亿元，增长6%。大力实施交通基础设施建设，开工渝湘高速铁路和渝湘高速公路扩能项目建设，加快推进黔石高速公路、彭酉高速公路彭水段建设，完工渝怀铁路二线、乌江四桥复线桥等项目，完工干线公路565千米、“四好农村路”660千米。着力推进水利基础设施建设，加快凤升水库、龙虎水库、茨竹湾水库、新城乌江滨江段防洪护岸综合治理工程建设。强化信息基础设施建设，开通使用无线网络基站5443个，296个行政村实现宽带和4G的有效覆盖，城区人流量较大的公共区域免费WiFi全覆盖。积极实施电网提升行动，新开工35千伏鞍子变电站、110千伏摩围变电站，累计新开工和改造输电线路182.5千米，城镇配电网实现升级换代，农村户均配变容量达2.2千伏安，县域内实现村村通动力电和户户通照明电。气源保障有力，贯通武陵山长输管道和桑柘页岩气主管道，实现了双气源保障，全县已有7个乡镇（街道）接通天然气。

【城乡统筹发展】 积极主动融入成渝地区双城经济圈建设和全市“一区两群”协调发展布局，彭水自治县成功纳入全国120个县城新型城镇化建设示范县，全年累计实施补短板强弱项项目24个，总投资34.4亿元，完成投资5.6亿元。不断提升老城品质，完成豆芽湾、十字街、南门洞节点改造，完成劳动局宿舍楼、综贸公司、粮食局宿舍楼老旧小区改造，完工老城区供水管网更新改造，新增外河坝、九曲河、老虎口3个公共停车场。加速推进新城建设，建成新城8号路、12号路、市民中心广场、花阶广场等市政设施，开工消防训练基地、“双创”孵化平台等项目，累计进驻机关企事业单位35个，集聚市民5万余人，新城核心区初见雏形。蚩尤九黎城建设提韵，建成九黎文化区A区，九黎城景城片区文化植入更加丰富，高铁枢纽片区规划更加完善，下塘港口物流片区、康养片区和通用机场片区加快规划实施。扎实推进乡村振兴，全县“两品一标”产品累计达74个，名牌农产品累计达11个，名优特农产品3个。推动农业“接二连三”，成功打造全国乡村旅游重点村1个，获批市级一二三产业融合发展示范镇1个。

【生态环境保护】 持续打好污染防治攻坚战，不断改善生态环境质量。持续发力保卫蓝天，取缔销毁燃煤炉灶1200余个、燃煤大灶98个，淘汰黄标车284辆，查处冒烟车辆650余辆，累计创建市级扬尘示范道路15条，县城空气质量优良天数359天，较上年度同期增加7天，优良率98.1%，居全市第3位。精准施策保护碧水，全面推行河长制，坚决贯彻落实长江“十年禁渔”计划，累计建成污水处理设施66座，配套建设污水管网560千米，完成50处集中式饮用水源地规范化建设，乌江断面水质达Ⅲ类以上，郁江断面水质达Ⅱ类以上，次级河流稳定达标，县城集中式饮用水水源地水质达标率100%，乡镇集中式饮用水水源地水质达标率达95%以上。坚持不懈守护宁静，功能区噪声点位监测数据，均在国家标准限值内。全面加强生态系统保护与修复，累计完成退耕还林1.13万公顷，全县林地面积24.93万公顷，森林面积22.8万公顷，林木蓄积1000万立方米，森林覆盖率达60.1%，完成全境矿山修复，治理石漠化面积30.5平方千米，治理水土流失面积38平方千米，建成堤防11.4千米，完工5处水毁工程修复，有效应对暴雨洪涝灾害。

【改革开放创新】 改革创新取得积极进展，持续深化“放管服”改革。着力优化营商环境，开展“对标国际先进优化营商环境”重点宣传月活动，张贴大型户外宣传海报15幅，在景区、办事窗口摆放门型展架和发放宣传手册1000余份，在《彭水日报》、彭水电视台持续推出专题报道，彭水手机台、苗乡彭水APP、微信公众号等平台发布优化营商环境内容网络点击量45万次以上。全面实行“一网、一窗、一日、一次”全流程办结，行政许可事项办理时限压缩近三分之二，企业开办时间压缩至1个工作日，在全市率先推进市场监管跨部门“双随机一公开”全覆盖。扎实推进信用体系建设，累计归集信用信息1.2万余条，推广信易贷、信易批、信易评、信易+政府资金扶持等应用，加强政务、商务、社会等领域诚信治理。在全市率先完成企事业单位公务用车改革工作，共取消企事业单位车辆64辆，评估报废22辆，集中拍卖42辆，总成交金额258.8万元，溢价率170%。全面完成农村集体资产清产核资并通过市级验收，率先实现乡镇供销为农服务全覆盖。建立产学研协同创新合作模式，科技型企业增至83家，与市科学技术研究院、市林科院等6家院所签订科技战略合作框架协议。

【民生社会事业】 城乡基本公共服务进一步优化，社会保障和救助体系持续改善。全县义务教育阶段大班额比例降至8.6%，66人及以上超大班全部消除，义务教育巩固率提升至98%，两江小学、汉葭中学运动场扩建、普子中心校扩建等项目建成投用。新冠肺炎疫情防控取得积极成果，公共卫生防控体系更加健全，出台《健康中国彭水行动（2019—2030年）》，创建县级健康促进医院3家、学校48所、生态卫生村6个，持续深化医药卫生体制改革，承办全市综合医改试点工作推进会，投入6000余万元用于基层医疗机构设施设备建设，基层首诊率维持在72%左右，县域内就诊率90%以上，注册在岗全科医生128人，每万人口全科医生达2.68人，启动县人民医院、县中医院“智慧医院”建设并推进创建“美丽医院”，县妇幼保健院改扩建、县中医院新城分院门诊楼等项目建成投用。加大社会救助兜底保障力度，将符合条件的对象纳入基本生活兜底保障，实现应保尽保快保，做到“不漏一户、不落一人”，大力推进城乡养老服务设施建设，建成社会福利机构及社区养老服务中心共18个，养老床位增至2560张。进一步促进就业鼓励创业，城镇新增就业6389人，城镇登记失业率控制在3.8%以内，常住居民人均可支配收入增长8.6%，实现与经济同步增长。教育、医疗等基本公共服务均等化水平进一步提高，社会事业实现协调进步，人民获得感、幸福感不断增强。

政　治

党政机关

中共彭水自治县委员会

【概况】　2020年，中共彭水自治县委坚定不移贯彻习近平总书记重要讲话和重要指示批示精神，全面落实中央决策部署和市委工作要求，着力战新冠肺炎疫情、战脱贫攻坚、战复工复产、战洪涝灾害，各项工作取得积极进展，全县政治生态持续向好，干部群众精神面貌持续向上，经济高质量发展动能持续增强，社会和谐稳定局面持续巩固。

【经济建设】　全力稳住经济基本盘，扎实做好“六稳”工作，全面落实“六保”任务，精准有效抓经济运行调度，开展“云端”招商、“网上”签约招引落地项目23个，落细落实各项纾困惠企政策，各类市场主体平稳健康发展，全县经济社会持续保持高质量发展良好态势。有力有序恢复经济社会秩序，因时因势调整工作着力点和应对举措，成立复工复产专项工作组“一对一”联系服务企业，成为全市复工复产复市最快、生产生活秩序恢复最好的区县之一。全面融入成渝地区双城经济圈建设和市域内“一区两群”协调发展，列出34个重点课题组织开展集中调研，制定出台《关于认真落实市委五届八次全会精神全面融入成渝地区双城经济圈建设的意见》《关于制定彭水自治县国民经济和社会发展第十四个五年规划和二〇三五年远景目标的建议》，深化与周边地区的交流合作，与四川省阆中市签署战略合作协议，与四川省西昌市缔结友好城市，大力营造共唱“双城记”、共建“经济圈”的良好浓厚氛围。持续推进改革开放创新，中央和市委重大改革部署落地落实，经济社会发展动力活力不断增强。全县地区生产总值245.1亿元、同比增长4.2%，增速排渝东南第1位；规模以上工业总产值45.4亿元、同比增长4.2%，增速排渝东南第5位；固定资产投资91.7亿元、同比增长6.0%，增速排渝东南第3位；社会消费品零售总额110.6亿元、同比增长2.4%，增速排渝东南第1位；一般公共预算收入14.1亿元、同比增长4.6%，增速排渝东南第4位；城镇常住居民人均可支配收入33775元、同比增长6.1%，增速排渝东南第1位；农村常住居民人均可支配收入13397元、同比增长8.3%，增速排渝东南第2位；金融机构存款余额242.7亿元、同比增长12.6%，增速排渝东南第1位；金融机构贷款余额242.4亿元、同比增长12.3%，增速排渝东南第3位。

【政治建设】　持续加强理论武装，召开40次县委常委会会议、18次县委理论学习中心组会议、2次县委全会，深入学习贯彻中共十九大和十九届二中、三中、四中、五中全会精神以及习近平总书记系列重要讲话精神，对总书记最新重要讲话和重要指示批示精神及时传达学习、跟进落实，巩固深化“不忘初心、牢记使命”主题教育成果，全县党员干部增强“四个意识”、坚定“四个自信”、做到“两个维护”更加笃定。坚决贯彻落实中央和市委决策部署，扎实开展贯彻落实习近平总书记对重庆所作重要讲话和系列重要指示批示精神“回头看”，严格执行重大事项请示报告制度，抓好党内法规制度学习宣传和贯彻执行，切实把践行“两个维护”体现在坚决贯彻党中央决策部署的行动上。认真落实管党治党政治责任，县委常委会会议研究党建工作议题24次55个、纪检监察工作议题17次24个，推动全面从严治党向纵深发展。深入贯彻新时代党的组织路线，坚持新时期好干部标准选人用人，加强年轻干部培养，强化干部教育培训，持续营造“近悦远来”人才生态，全年在脱贫攻坚和疫情防控一线提拔使用县管干部32人、晋升职级公务员379人，引进高层次急需紧缺人才106名。坚决彻底肃清孙政才恶劣影响和薄熙来、王立军流毒，深化拓展“以案四说”警示教育，扎实推进“以案四改”工作，持续整治形式主义、官僚主义问题，常态化实施“领导干部政德教育培训计划”，全县政治生态持续向好。

【文化建设】　强化思想舆论引导，践行社会主义核心价值观，做好疫情舆论引导工作，倡导厉行节俭、反对浪费。推进文化事业繁荣发展，挂牌成立县融媒体中心，阿依山娃组合获“左权民歌汇·2020国际民歌赛”银尊奖，苗族《甩手揖》被列入全民艺术普及网络课程建设一期内容，央视《乡村大舞台》栏目对彭水文化旅游进行全方位展播，“晒旅游精品·晒文创产品”大型文旅推荐活动获得“最佳营销奖”“世界苗乡·养心彭水”品牌走向世界。严格落实意识形态工作责任制，坚持每季度听取意识形态工作汇报，加强意识形态管控，继续保持全市负面舆情最冷地的良好态势，全县意识形态领域总体安全。

【社会建设】　始终把脱贫攻坚作为头等大事和第一民生工程，坚决打好脱贫攻坚收官战，全县115个贫困村全部销号，27772户112680名贫困人口全部脱贫，高质量通过国家普查验收，历史性消除了绝对贫困。始终把人民生命安全和身体健康放在第一位，坚决扛起疫情防控重大政治责任，紧盯“外防输入，内防反弹”各个环节，落实“四早”“四集中”要求，抓好“四个工作面”和“两大保障”，健全完善常态化防控机制，迅速处置1例境外输入无症状感染者防控工作，用最短时间阻断了疫情传播扩散。始终把保障和改善民生作为一切工作的出发点和落脚点，扎实办好各项民生实事，两江小学建成投用，分级诊疗基层首诊率在72%以上，基本医疗保险、城乡养老保险参保率巩固在95%以上，针对疫情影响，加强群众生产生活物资保障、就业服务和特殊困难群体帮扶等工作。始终把维护稳定作为关系全局的重要工作，全力维护社会稳定，扎实推进全面依法治县，加强民主法治建设，深化“枫桥经验”彭水实践行动，稳步推进市域社会治理现代化试点工作，切实做好信访维稳、安全生产与自然灾害防治等工作，打好扫黑除恶收官战，全县社会大局持续稳定，人民群众获得感、幸福感、安全感不断增强。

【生态文明建设】　坚定贯彻新发展理念，坚持以建设生态文明示范县建设为目标，学好用好“两山论”，走深走实“两化路”，推动生态优先、绿色发展之路越走越宽。优化总体空间布局，提速建设“干净整洁有序、山清水秀城美、宜居宜业宜游”的高品质生活宜居地，每年供应土地1平方千米、开工房建100万平方米、入住10000人“三个一”目标推进新城建设得到市委书记陈敏尔充分肯定。推动生态产业优化升级，以健康食品、特色轻工、清洁能源等为重点的生态工业持续健康发展；以文旅融合发展为重点的生态旅游业进一步提档升级，摩围山被评为市级旅游度假区，成功创建3个国家AAA级景区，构建形成1个AAAAA、3个AAAA、3个AAA和1个市级旅游度假区的旅游品牌格局，彭水摩托艇赛事获评全市体育旅游精品赛事，再次入选全国县域旅游综合实力百强县；以红薯、烤烟、畜禽养殖及中药材等为重点的现代山地特色高效农业加快发展，农作物实现栽满种尽、畜禽养殖实现应养尽养，初步构建起以生态农业为基础、以生态工业为支撑、以生态旅游业为纽带的生态产业体系。全力构筑生态安全屏障，统筹推进山水林田湖草沙系统治理，全面落实河长制、林长制，打好蓝天保卫战、农业农村污染治理、土壤污染防治等重点战役，持续抓好中央和市级环保督查反馈问题整改落实，全县城乡集中式饮水水源地水质达标率为100%，境内所有河流水质均达到或优于Ⅱ类，县城空气质量优良天数达359天、优良率达98.1%，森林覆盖率达62%，让彭水天更蓝、地更绿、水更清、空气更清新。

彭水自治县人民代表大会

【概况】 彭水苗族土家族自治县人民代表大会常务委员会位于绍庆街道下坝街38号。县人大机关核定行政编制28名，事业编制12名，机关工勤编制4名，在岗职工48名。彭水苗族土家族自治县人民代表大会设县人大监察法制委、县人大财政经济委、县人大农业城环委、县人大社会建设民族委4个专门委员会。专门委员会设办事机构县人大监察法制委办公室、县人大财政经济委办公室、县人大农业城环委办公室、县人大社会建设民族委办公室，机构规格为正科级。彭水苗族土家族自治县人民代表大会常务委员会设县人大常委会办公室、县人大常委会教科文卫工委、县人大常委会人事代表工委、县人大常委会预算工委4个工作机构，机构规格为正科级。县人大常委会办公室挂县人大常委会信访办牌子。其中，县人大监察法制委办公室内设备案审查科，县人大财政经济委办公室内设经济监督科，办公室下设秘书科、行政科、督查科、信访科4个内设机构，人事代表工委内设代表联络科，预算工委内设预算监督科。至2020年底，县十七届人民代表大会实有代表247名；县第十七届人大常委会组成人员28人，其中主任1人、副主任5人、委员22人。

2020年，面对突如其来的新冠肺炎疫情冲击，面对国际国内的深刻复杂变化。县人大常委会深学笃用习近平新时代中国特色社会主义思想，深入贯彻党的十九大和十九届二中、三中、四中、五中全会精神，全面落实习近平总书记对重庆提出的营造良好政治生态，坚持“两点”定位、“两地”“两高”目标，发挥“三个作用”和推动成渝地区双城经济圈建设等重要指示要求，在县委的坚强领导和市人大常委会的精心指导下，坚持党的领导、人民当家作主、依法治国有机统一，团结带领全县各级人大代表担当尽责、开拓进取，积极行使宪法和法律赋予的各项职权，努力完成了县十七届人大五次会议确定的各项目标任务，为推动彭水经济社会高质量发展贡献力量。

【县十七届人大五次会议】 5月29日，彭水苗族土家族自治县第十七届人民代表大会第五次会议圆满完成各项议程后胜利闭幕。本次会议应到代表251人，实到代表233人，符合法定人数。会议表决通过了《彭水苗族土家族自治县人民代表大会议事规则》；选举蒋孟轩为县监察委员会主任，陈荣鹏为县人民检察院检察长，选举肖世成为县人大常委会委员。会议表决通过了关于县人民政府工作报告的决议、关于全县2020年国民经济和社会发展计划执行情况与2020年计划的决议、关于全县2020年财政预算执行情况和2020年财政预算的决议、关于县人大常委会工作报告的决议、关于县人民法院工作报告的决议、关于县人民检察院工作报告的决议。会议表彰了优秀人大代表、人大代表优秀建议和人大代表建议办理工作先进单位。大会举行了宪法宣誓仪式。新当选县监察委员会主任蒋孟轩、县人大常委会委员肖世成面向国旗庄严宣誓。

2020 年 5 月 26—29 日，彭水自治县第十七届人民代表大会第五次会议召开

（县人大办　供图）

【立法工作】　推进民族地方立法。按照科学立法、民主立法、依法立法要求，着力推进《彭水苗族土家族自治县市容和环境卫生管理条例》立法工作，形成条例初稿，并就条例初稿专题向市人大法制委、市人大常委会法工委和民宗侨外委汇报，并向县级各部门、各乡镇（街道）、各社会团体征求意见建议 20 余条。加强规范性文件备案审查。按照“有件必备、有备必审、有错必纠”原则，向市人大常委会报备县人大常委会制定的规范性文件 2 件，对县人民政府报备的 7 件规范性文件依法开展合法性审查，及时在网络平台备案。积极参与全市人大立法工作。切实配合做好《重庆市人大常委会规范性文件备案审查基准（草案)》《重庆市文明行为促进条例（草案)》《重庆市突发公共卫生事件应急条例（草案)》《重庆市奖励和保护见义勇为人员条例（草案）》等意见征集工作，积极反映全县人民群众呼声。

【监督工作】　围绕经济建设抓监督。加强对计划和预算执行情况的监督，听取审议国民经济和社会发展计划执行、财政预算执行情况报告，并作出相应决议，推动做好“六稳”工作，落实“六保”任务，确保复工复产财税扶持、减税降费政策的落实。听取财政审计收支情况报告，推动有关方面严格执行财经法律法规、深入整改问题。加强对规划编制工作的监督，在深入开展调研的基础上，听取审议“十四五”规划纲要编制工作情况的报告，推动践行新发展理念，按照项目化、责任化、清单化、时限化要求做好专项规划编制。加强对国有资产管理情况的监督，听取审议国有资产管理情况的报告，推动建立健全国有企业资产配置、使用、处置、评估和统计等制度，进一步规范国有企业资产管理。加强对乡村产业发展情况的监督，听取审议乡村产业振兴工作开展情况的报告，推动发展农村集体经济，着力构建一批现代农业、食品加工产业园。加强脱贫攻坚工作监督，推动完善“两不愁三保障”突出问题动态清零机制，落实防止返贫监测和帮扶机制，做好巩固拓展脱贫攻坚成果同乡村振兴有效衔接。县人大常委会还对交通重点工程建设、城市建设管理工作开展深入调研，推动优化交通环境，提升城市品质。

围绕社会建设抓监督。听取审议义务教育基本均衡发展情况的报告，助力义务教育教学水平持续稳步提升。听取审议公共卫生服务体系建设工作情况的报告，助力提升公共卫生服务水平。听取审议安全生产监管工作情况的报告，促进全县安全生产形势稳中向好。专题调研劳动法、劳动合同法实施情况，助力积极构建和谐劳动关系。着眼老有所养，专题调研养老服务工作开展情况，推动提升养老服务质量。

围绕文化建设抓监督。听取审议传承和弘扬少数民族优秀传统文化情况的报告，推动民族文化传承与脱贫攻坚、乡村振兴、旅游发展相融合，最大限度把文化资源优势转变为经济优势。专题调研全民健身条例贯彻实施情况，督促建好管好健身场地、健全体育组织网络、开展群众体育健身活动，满足个性化、多样化、层级化健身需求，让群众共享文化建设成果。

围绕生态文明建设抓监督。对水污染防治工作开展评议，提出加大水污染防治工作经费投入、建立健全水环境质量监管体系、压紧压实水污染防治责任等建议，督促相关部门加快改造城市供水管网，努力完成15座污水处理厂技术改造和全县50处集中式饮用水水源保护区方案编制，持续改善全县水环境质量。

围绕法治建设抓监督。听取法治政府建设情况的报告，督促进一步提升法治观念，规范行政行为，不断提高执法水平，扎实推进法治政府建设各项工作。听取审议禁毒工作情况的报告，加大涉毒违法犯罪活动打击力度，加强禁毒工作资金支持，努力在全社会形成自觉抵制毒品的浓厚氛围。检查《中华人民共和国农民专业合作社法》实施情况，在加强法规宣传的同时，要求依法落实农民合作社有关税收优惠政策，着力培育特色农产品品牌。检查《重庆市职业教育条例》实施情况，要求深度推进工学结合、校企合作，加强“双师型”教师培养，着力提高职业教育办学水平。检查《重庆市宪法宣誓实施办法》实施情况，要求强化活动组织、完善法器配备、加强督促指导，确保宪法宣誓制度全面实施。县人大常委会还认真研究办理督办群众来信来访，推动一些信访问题合理解决。

【决定重大事项】 依法决定重大事项。围绕全县经济社会发展，作出批准2020年国民经济和社会发展计划、2020年县级财政预算的决议。按照《预算法》《重庆市预算审查监督条例》要求，结合全县实际，作出批准2020年财政预算调整方案的决议。根据疫情防控形势和工作需要，作出推迟召开县十七届人大五次会议的决定。确保县委重大决策部署的贯彻落实。

【人事任免】 依法开展选举任免。坚持党管干部原则与依法任免有机统一，通过依法组织任前法律知识考试、任前陈述、投票表决、颁发任命书、向宪法宣誓等做好干部任免工作。在十七届人大五次会议上，选举产生了县监察委员会主任、县人民检察院检察长和1名县人大常委会委员。全年组织开展任前法律知识考试5批8人次，任前表态发言8人次，依法任免国家工作人员15人次，组织开展宪法宣誓5批11人次。接受县人大代表辞职1名，终止县人大代表资格3名，补选市人大代表1名、县人大代表7名。加强干部任后监督，听取县文化旅游委、县卫生健康委、县市场监管局、县医疗保障局、县林业局等16个部门负责任人履职情况报告，并进行满意度测评，进一步增强国家工作人员宪法意识、责任意识和公仆意识，不断提高干部队伍的整体素质。

2020年5月25日，彭水自治县人大第十七届常委会第二十五次会议上被任命人员进行宪法宣誓仪式

（县人大办　供图）

【代表工作】 夯实代表履职基础。通过网络培训、专题讲座等形式，组织代表开展培训，不断提高代表履职能力。进一步密切县人大常委会组成人员与县人大代表的沟通联系。继续扩大代表对县人大常委会工作的参与，全年共邀请208名代表列席常委会会议、参加县人大常委会视察调研和监督等重点工作。积极搭建代表履职平台。

建成乡镇（街道）人大代表之家38个。加强代表履职情况量化管理，表彰优秀县人大代表30名，优秀代表建议10件。为全县249名县人大代表、1684名乡人大代表落实履职补助，激发代表履职热情。强化代表建议办理。突出督办重点，抓好跟踪落实，对办理情况进行专题调研，听取审议关于代表建议办理情况的报告，积极开展“主任接待日”活动，促进代表建议办理工作的落实。县十七届人大五次会议期间代表建议224件，已全部办结并答复代表，办成率83.9%，较2019年提升5个百分点。县十七届人大三次、四次会议跨年度办理代表建议17件已全部办结，办成率88.2%，较2019年提升20个百分点。促进代表作用发挥。落实“两联一述”制度，进一步密切人大机关与代表、群众的联系。选派32批80余名人大代表参加市、县有关部门开展的听证、监督、征求意见等活动，积极为彭水经济社会发展建言献策。深入开展“脱贫攻坚·代表在行动”主题活动。全国、市、县、乡镇四级人大代表积极响应号召，全力参与脱贫攻坚。

【联系指导乡镇人大工作】 加强学习培训。坚持邀请乡镇人大主席列席县人大常委会会议、参加各专工委室组织的视察、调研等活动，不断提高乡镇（街道）人大干部履职能力。加强业务指导。坚持片区联系制度，实现业务指导全覆盖。县人大常委会领导和专工委室通过召开片区座谈会、走访调研、主任接待日活动等方式，分片区对联系乡镇、街道的人大工作进行指导。加强工作联系。加强与乡镇人大的联系，通过电话、微信群、QQ群等方式对乡镇关于人代会召开、代表辞职补选、代表家站建设、宪法宣誓流程、开展工作监督等方面的问题及时解答，推动基层人大工作整体水平不断提高。

【新闻宣传和理论研究】 出版《彭水人大》6期、《人大调研》2期，继续办好人大网站，加大对人民代表大会制度、重要监督活动、代表履职实践、基层探索创新等方面的宣传，主动向市人大报送履职信息和工作经验，扩大彭水人大影响力。全年向市、县新闻媒体报送人大新闻稿件130余篇（条），刊发刊播80余篇（条）。《认真履职主动作为助力打赢脱贫攻坚战》被市人大《人大信息》采用。《发展集体经济带领天台整村脱贫》被重庆日报采用。《努力让贫困群众看病“没负担”》《代表建议点亮贫困村脱贫希望》获2020年重庆人大新闻奖三等奖。开展理论研究。组织开展人大理论征文研讨活动，《浅谈如何在立法中扩大公众参与》获市人大制度研究会表彰。形成人大新闻宣传和理论研究浓厚氛围。

【互动交流】 2020年，市人大常委会副主任刘学普、杜黎明、沈金强、夏祖相先后到彭水调研经济社会发展、民族文化、全民健身、突发公共卫生应急条例立法、乡村产业振兴等工作，办公厅、农业与农村委、教科文卫委、民宗侨外委等专工委室到彭水调研，对县人大工作给予了精心指导。承办市人大常委会工作报告征求意见座谈会。合川、南川、武隆、巫山等兄弟区县人大到彭水考察交流9批122人次。积极参加在广西自治

2021年3月24日，全国、市、县人大代表视察蚩尤九黎城建设发展情况

（县人大办　供图）

区巴马瑶族自治县召开的全国部分少数民族自治县（旗）人大工作联席会。组织考察组外出学习考察职业教育、城市建设、文旅融合等工作，学习经验、取长补短，不断提升工作水平。

【自身建设】 持之以恒抓实自身建设，不断激发人大干部凝心聚力干事创业的积极性。强化理论武装。坚持以习近平新时代中国特色社会主义思想为指引，深入学习中共十九届五中全会精神，学习《中华人民共和国宪法》《中华人民共和国民法典》、人大理论和业务知识，加强党性修养，增强政治定力，提高谋划工作、解决实际问题的能力。提升工作效能。进一步完善议事规则、会务制度，及时签发县人大常委会会议公告、公报、文件等，不断提升工作效率。根据工作需要开好党组会议、主任会议，研究解决日常重要工作，提高决策科学化、民主化水平。坚持规范与约束相结合、激励与鞭策相结合原则，进一步健全机关学习、办文、办会、财务、宣传、信访等规章制度，扎实做好服务“三会”、公务接待、财务管理、综治内保等工作，努力营造同心共力、团结协作、平等友爱、民主和谐的良好氛围，切实增强凝聚力和战斗力。强化扶贫帮扶。夯实领导包乡、机关联村、职工包户的责任体系。选派1名干部到市扶贫办工作，1名干部到县扶贫办挂职，7名干部到高谷镇共和村、庞溪村、群峰村、铜鼓村开展驻村帮扶，其中驻村第一书记4名。县人大机关干部职工主动对接县级相关工作部门、乡镇政府及各村组干部，引导贫困群众做好疫情防控和防灾减灾工作，为贫困群众办理低保申请和扶贫小额贷款，做好残疾鉴定、慢性病核实、培训就业、产业发展等工作，帮助贫困群众办理实事180余件次。进一步密切党群干群关系，得到群众一致好评。编纂人大志书。组建工作专班，整合各方力量，深入调查研究，历时2年，完成《彭水苗族土家族自治县人民代表大会志》编纂工作。志书共计120余万字，于2020年12月在重庆出版社印刷出版。客观公正地反映了彭水人民代表大会制度建立、完善、履职的主要历程。

彭水自治县人民政府

【概况】 彭水苗族土家族自治县人民政府由县长、副县长及县人民政府工作部门的主任、局长等人员组成。县人民政府实行县长负责制，县长负责县人民政府全面工作，副县长按照分工负责处理分管工作，县人民政府工作部门的主任、局长负责本部门的工作。县人民政府驻地汉葭街道北门街33号，履行经济调节、市场监管、社会管理、公共服务和生态保护等职能。

【疫情防控】 听从总书记指挥，按照党中央部署，坚持人民至上、生命至上，第一时间落实重大突发公共卫生事件一级响应，严格落实“四早”“四集中”要求，抓好“四个工作面”，做好“两大保障”，打响了疫情防控的人民战争、总体战、阻击战，2020年2月19日彭水自治县被确定为全市第一批低风险区县。针对疫情形势变化，及时调整防控策略，健全常态化防控机制，毫不放松抓好外防输入、内防反弹、应急处置，全县疫情防控向好态势持续巩固，为恢复经济赢得了主动。

【经济发展】 2020年初，受疫情影响，全县经济运行一度按下“暂停键”，一季度地区生产总值同比下降3%。随着疫情形势变化，严格落实分区分级精准防控，及时兑现各项纾困惠企政策，有力有序推动复工复产、复市复消，各行各业抢时间、补损失，上半年在全市率先恢复经济正增长，全年地区生产总值245.1亿元、同比增长4.2%，增速位居渝东南第一、全市第八。完成固定资产投资91.7亿元、同比增长6%、增速位居渝东南第三，社会消费品零售总额110.6亿元、同比增长2.4%、增速位居渝东南第一。税收收入9.4亿元、同比增长9.7%、增速位居全市第一，一般公共预算支出73亿元、总量位居渝东南第一。常住居民人均可支配收入21224元、同比增长8.6%、增速位居全市第一，金融机构存款余额242.7亿元、同比增长12.6%、增速位居全市第七，商品房销售面积40.6万平方米、同比增长38.6%、增速位居全市第三。

【脱贫攻坚】 努力克服疫情对脱贫攻坚的不利影响，所有扶贫项目如期建成投用，建设扶贫产业基地375个，完成消费扶贫1.2亿元，社会力量采购扶贫产品3.8亿元，引导贫困群众务工就业4.8万人，新发放扶贫小额贷款544笔，动态解决贫困人口参加基本医疗保险1139人。进一步加大社会扶贫力度，衔接落实东西部扶贫协作帮扶资金5364万元、两江新区对口帮扶资金1.7亿元，中央外办协调引进资金3619万元，促成腾讯公司全面定点帮扶彭水。全面攻克深度贫困堡垒，聚焦深度贫困乡村和全县715户2460名未脱贫人口，新增帮扶联系人495名，市管县管干部直接包户联系，帮助剩余农村贫困人口全部脱贫。实施脱贫攻坚总攻十大专项行动，打好定点攻坚战、百日大会战、收官大决战，逐项对标收官交账，“两不愁三保障”突出问题动态清零。如期完成脱贫攻坚目标任务，正式退出国家扶贫开发重点县。有效巩固脱贫成果，建立防止返贫监测和帮扶机制，脱贫不稳定户、边缘易致贫户及时发现及时帮扶，高质量通过8次国家级检查考核。易地扶贫搬迁工作成效显著，获评全国易地扶贫搬迁成效明显县，“五个强化”“七步工作法”等经验全国全市推广。加强脱贫攻坚总结宣传，推出典型案例40个、典型经验85项，举行新闻发布会2场。开展脱贫攻坚与乡村振兴有机衔接试点，诸佛乡庙池村获评全国文明村镇，润溪乡樱桃井村入选全国乡村旅游重点村。

【区域协调】 积极主动融入成渝地区双城经济圈建设和市域内“一区两群”协调发展，与四川西昌缔结友好城市，同四川阆中开展文旅协作共建，协同渝东南、武陵山区有关市区县深化文旅融合、加快互联互通、加强联动发展。全面启动县级国土空间总体规划编制，划定“三条控制线”，生态保护红线面积占比36.2%，自然保护地面积1298平方千米。启动全国县城新型城镇化建设示范，新建新城供水主管网、县城污水处理厂二期、芦渡湖污水处理厂、县城垃圾渗滤液填埋场、污泥处理厂，建成九曲河、水泥厂等公共停车场，乌江四桥复线桥等项目竣工投用，豆芽湾、十字街等节点改造完成，实施3个老旧小区改造，完成棚户区改造311户，新城花阶广场获评重庆最美坡坎崖。加大城乡基础设施建设力度，完工干线公路565千米、“四好农村路”660千米，凤升水库蓄水验收，龙虎水库、摩围山水库、茨竹湾水库主体完工，建成乡镇污水管网100千米，完成15座乡镇污水处理厂技改，新增通天然气乡镇7个。提速打造区域性综合交通枢纽，渝怀铁路二线、石黔高速彭水段建成通车，渝湘高铁、渝湘复线高速彭水段全面开工，高速公路通车里程达83千米。

【生态产业】 确保“米袋子”“菜篮子”“肉盘子”安全保供，种植粮食7.87万公顷、蔬菜1.57万公顷，出栏生猪47.6万头，建设特色农业示范点33个，打造“两品一标”农产品15个，农业总产值同比增长5.2%。推动生态工业高质量发展，清洁能源、健康食品、特色轻工产业集群迭代升级，民俗工艺品、茶酒制品、苗医苗药等新增长点加速形成，大唐水电、茂田水泥、巨盾鞋业等骨干企业支撑明显，太极泉水二期初步投产，火吉饮料二期启动，工业园区“产值倍增计划”扎实实施，承办全国中药材产业扶贫工作推进会议，新落地工业项目8个，全县规模以上工业企业达27家。推动房地产市场平稳健康发展，新开工商品房面积63万平方米、完成总产值22.4亿元，商品房销售40万平方米、销售金额20.8亿元。提质升级商贸消费，新增限额以上商贸企业5家、外贸备案企业5家，招引落户大型商超3家，建成社区便民商圈5个，城市商业面积突破30万平方米，会展经济收入突破10亿元。

【文旅融合】 阿依河成功创建国家AAAAA级旅游景区并入选全国景区百强品牌，摩围山获批市级旅游度假区，阿依河、蚩尤九黎城获评全市智慧旅游示范景区，“双晒”大型文旅推介活动获评全市最佳营销奖，新增国家AAA级旅游景区3个，推出6条环武陵山区、联渝东南的精品线路，连续入选全国县域旅游综合实力百强县，全年接待游客2816万人次，旅游综合收入144亿元。着力打造文旅节赛品牌，精心举办第九届中国乌江苗族踩花山节、首届“决战九黎城下”电子竞技大赛全国总决赛，中国摩托艇联赛重庆彭水大奖赛获评全市体育旅游精品赛事。探索推行“线上游戏+线下旅游”新文旅模式，蚩尤九黎城特色建筑场景植入大型网络游戏《和平精英》，腾讯棋牌IP场景“苗乡欢乐茶馆”顺利落成，全县景区初步实现数字IP化。加强文创产品开发，举办“山海九黎·文创新光”设计大赛，建成苗绣非遗工坊2个，手工蜡染茶席入选“重庆好礼”外事外交礼品名单。文体事业持续进步，建成投用全县应急广播系统，流动文化服务进村748场次，农民体育健身工程覆盖所有行政村。

【新的动能】 科技创新深入发展，获批科学技术部“科技助力经济2020”重点专项2个，新培育众创空间3家，申请专利175件，科普日活动荣获全国表彰。积极开展“云端”招商、“网上”签约，签约招商项目36个、投资总额57亿元，正式合同项目23个、投资总额26.8亿元。落实助力市场主体健康发展系列政策措施，新培育市场主体5460户，为市场主体新增减免税8231万元、减免社保费9442万元。扎实推进“互联网+政务服务”，公布第一批“零材料提交”事项143项、“零跑动”事项755项、“最多跑一次”事项572项，政务服务事项全程网办率达82%。强化大数据智能化推广应用，5G网络实现城区、园区、景区全覆盖，智慧园区初步建成，重点餐饮单位、特种设备纳入智慧监管平台。建成糯玉米、脆红李等网货基地，电商交易额达45亿元，网络零售额突破18亿元，农产品网络销售收入1.1亿元。

【社会大局】 促进就业创业，城镇新增就业6389人，发放创业担保贷款2亿元。兜住民生保障底线，新增低保3176人，临时救助3466人次，农村留守儿童和困境儿童关爱服务全面落实。推动教育事业蓬勃发展，高考重本上线突破1000人。实施政府“过紧日子”系列措施，争取中央直达资金6.4亿元，新增债券资金17.6亿元，强化政府债务闭环管理，财政运行总体平稳。深入开展“五大环保行动”，森林覆盖率达60.1%，空气质量优良天数达359天，辖区河流水质均达到或优于Ⅱ类。推进长江流域禁捕退捕转产安置、野生动物禁养，“大棚房”“违建别墅”、农村乱占耕地建房等问题专项清理整治取得实效，污染源普查列全国先进。扎实开展化解信访积案“百日攻坚”，全面落实网上信访代理员制度，视频接访系统覆盖所有乡镇街道。全面加强公共安全监管，建设公共安全视频监控联网共享平台，重点公共区域视频监控覆盖率达100%，群众安全感指数达99.2%、位居渝东南第一。推进食品安全示范创建，食品安全评价性抽验合格率稳定在98%以上。实施安全生产专项整治三年行动和高层建筑消防安全提升计划，有序应对13次暴雨灾害、85起地质灾害险情，连续17年杜绝重特大事故，连续16年获评全市安全生产与自然灾害防治工作先进等次，社会生产经营单位连续19年未发生亡人火灾事故。

【常务会议】 县人民政府常务会议一般每月召开1—2次，由县长召集和主持，参会人员由县长、副县长、其他政府党组成员、县人民政府办公室主任组成。会议主要学习传达和研究贯彻党中央、国务院、市委、市政府和县委的重要指示和决定，讨论决定县人民政府工作中的重要事项，讨论地方性法规草案和政府规范文件，通报和讨论县人民政府其他注意事项，并形成会议纪要。2020年，县人民政府共召开常务会议35次，学习贯彻中央财经委员会第六次会议、中央农村工作会议、习近平总书记在统筹推进新冠肺炎疫情防控和经济社会发展工作部署会议上的重要讲话、李克强总理在重庆考察时的重要讲话等有关精神，研究审议《“十四五”规划编制工作方案（送审稿）》《彭水自治县2021年及“十四五”时期经济增长目标方案（送审稿）》《彭水自治县脱贫攻坚“收官大决战”实施方案（送审稿）》《彭水自治县新冠肺炎疫情分区分级分类防控实施方案（送审稿）》等有关事项，以及研究人事任免有关事宜和安排部署有关工作等。

政协彭水自治县委员会

【概况】 政协彭水自治县委员会前身是成立于1950年6月的“彭水县各界人民代表会议”，自1954年7月彭水县第一届人民代表大会第一次会议召开后，至1980年11月的26年时间，原各界人民代表会议不复存在，工作处于停滞状态。至十一届三中全会后，彭水县统一战线工作得到较快的恢复和发展，1980年12月，彭水县政协正式成立，1984年11月，随着彭水苗族土家族自治县的成立，原政协彭水县委员会正式更名“政协彭水苗族土家族自治县委员会”。2017年1月4—8日，政协彭水自治县第十届一次全委会召开，选举产生了十届委员会主席、副主席、秘书长及常务委员。至此，政协彭水自治县委员会自1980年12月正式成立以来，已历经40个年头、10届委员会。

【加强政治引领】 2020年，县政协常委会始终把加强思想政治引领、广泛凝聚共识作为履职工作的重心。

坚定不移服从党对政协工作的全面领导，严格执行重大问题请示报告制度。县政协党组每半年向县委作一次全面工作报告，自觉做制度执行的表率。注重发挥党员委员示范引领作用，健全县政协党组成员联系党员委员制度，建立中共界别委员与无党派人士、少数民族、宗教界委员结对联系机制，并开展定期走访，全面实现党组织对党员委员全覆盖、党的工作对政协委员全覆盖。

认真落实并不断完善党组会议、主席会议、常委会议集体学习和专委会活动、委员培训、委员片区活动等相配套的学习教育制度体系，把学习习近平新时代中国特色社会主义思想作为各类会议首要议题，组织委员和机关干部深入学习中共十九大和十九届二中、三中、四中、五中全会精神，学习《习近平谈治国理政》（一、二、三卷）和总书记系列重要讲话精神，紧扣落实中央、市委、县委政协工作会议精神，对标对表、查找差距、学习提升，引导全体委员不断增进“四个认同”，坚定不移走中国特色社会主义发展道路。

【服务中心大局】 搭建多层次协商平台，建立党政领导领衔督办县政协重点提案机制，畅通协商对话渠道。探索建立县政协领导班子走访民营企业、联系企业家委员新机制，努力架设企业和政府部门沟通桥梁。根据市政协统一部署，健全与武隆、石柱政协聚焦“污水三排”委员明察暗访监督性视察调研交叉督导机制，持续推动巡河护河等生态环保工作常态化。

围绕推进成渝地区“双城经济圈”建设、“一区两群”协调发展组织专题调研。与四川阆中市政协缔结为友好政协，就两地文化旅游发展、重点项目推荐等5个领域形成合作共识，共同唱好“双城记”、建好“经济圈”；认真落实县委重大课题调研工作安排，主席会班子成员分别领题，紧扣彭水全面融入成渝地区“双城经济圈”建设、“一区两群”协调发展等7个课题深入调研，开展对策研究，在全县交流会上汇报调研成果；常委会议听取全县人才队伍建设工作情况通报，针对人才总量不足、结构不优，人才引进难、留住更难等深层次问题协商议政，提出破解人才发展瓶颈问题的对策建议。围绕科学编制“十四五”规划专题协商，连续开展11次视察调研座谈和协商议政活动，着重研究优化总体空间布局、统筹城市提升和乡村振兴、推动重点领域创新、推动产业提速升级、推动文旅融合发展和加强生态保护等重大问题；召开“围绕‘十四五规划和二〇三五年远景目标’制定建言献策”专题议政性会议，从进一步彰显区域特色、推进城乡一体化发展等6个方面提出32条重要建议意见，形成专题报告，为县委、县政府决策提供参考。

【助力脱贫攻坚】 把支持、参与和服务脱贫攻坚作为首要政治任务和履行职能的重中之重，精选议题，深入调研，建言献策，为打赢打好脱贫攻坚战贡献政协力量。县政协主席会班子成员领责包乡，和乡镇党委政府共担扶贫重担；20多名机关干部驻村包户，与基层干部共战扶贫一线，工作经验得到市政协高度认可，在市政协主席王炯主持召开的第21次“双周学习会”上，县政协驻村干部代表以“在脱贫攻坚中发挥好政协作用”为主题，在乡村现场作专题报告。全年工作要点突出脱贫攻坚主题，做到有措施、有建议、有督导、有成果。对委员提案、社情民意反映的脱贫攻坚突出问题，作出重点交办，主动跟踪督导。开好“脱贫攻坚巩固成果”专题议政性常委会议，组织委员深入17个乡镇视察调研村级集体经济、乡村特色产业、人居环境治理情况，并专门听取全县畜牧产业发展情况通报，就推动农业农村全面发展进行全链条建言献策，助力巩固拓展脱贫攻坚成果与乡村振兴有效衔接。全年委员累计撰写事关脱贫攻坚提案126件、议政建言312条，结对帮扶贫困户733户、走访贫困群众1.7万人次，办成实事823件，有实体企业的委员吸纳困难群众就业约1.2万人次，委员自主捐资捐物160余万元，帮助贫困学生300余人，协调解决贫困群众大病救助57人，彰显新时代政协委员的责任和担当。

【众志成城抗疫】 面对突然而至的新冠肺炎严重疫情，县政协坚决贯彻中央、市委、县委决策部署，主动作为，全力协助县委、县政府鏖战疫情。常委会议、主席会议多次召开专题会研究安排政协战线疫情防控工作；主席会班子成员奔赴联系乡镇，和基层干部群众一起排查值守，共筑疫情防控防线；第一时间发出倡议书，组织动员全体委员投身抗疫，累计捐款捐物60余万元。

疫情暴发之初，各界别委员在第一时间发起委员捐款5.73万元，迅疾通过县红十字会送到县人民医院；医卫界别委员主动请战，带领医务人员奔赴武汉抗疫前沿参战；工商联、经济界委员迅速牵头动员民营企业捐资20余万元购买口罩、消毒液、洗手液等物资直接送往疫情防控一线。疫情缓解期间，主席会聚焦全县重点工程、重点项目推进情况，组织常委会视察，听取服务实体经济情况通报，积极疏解人员情绪，助力稳产稳岗。主席会班子成员主动走访企业，分别组织委员开展复工复产视察调研，实地督导重点工程和民生项目11个，走访民营企业24家，协调解决技术服务、产销对接及农业生产实际问题，全力确保疫情防控和保障群众生产生活两不误、同推进。

【履职福惠民生】 坚持县委想什么就议什么，县政府干什么就研什么，群众急什么就帮什么，务实履行协商议政和民主监督职能。

关注民生为民议政。全年共开展17次大规模视察调研和协商议政履职活动。着眼“入园难、入园贵”问题，就学前教育、特殊教育、义务教育发展召开专题议政性常委会议，听取全县学前教育基本情况及行政监管情况通报，积极推动办好人民满意的教育；围绕食品安全监管、重要交通节点改造、城乡污水管网建设、法律援助等涉及群众切身利益的实际问题持续跟踪调研，组织对口协商系列履职活动，收到良好效果。

聚焦难点为民办事。围绕人民群众关注的热点难点问题，遴选出27件重点督办提案，分别由县领导领衔督办，采取办前、办中、办后面对面协商，推行办理效果现场“考证”和提案民主评议，推动一批群众期盼的“城区天然气降价”的“心头事”和高谷—太原公路提档升级、农村人居环境治理等民生提案得到有效落实，真正让提案办理贴近民生，让人民群众拥有更多幸福感和获得感。

团结各界为民出力。8个界别找准切口，深入调研，围绕天然气经营服务、打通县城“生命通道”等议题开展调研，围绕脱贫攻坚、文化旅游、交通建设、社会治理、乡村振兴等16个方面积极协商议政，集中反映群众心声，促使一批影响群众日常生活的民生问题得到及时重视和解决。

【提案表达民意】 广大委员和政协各参加单位认真落实习近平总书记对提案工作的重要指示精神，以高度的政治责任感和使命感，紧紧围绕县委、县政府中心工作和人民群众的普遍关切，坚持以助推发展为己任，深入开展调研，积极履职建言，共提交提案201件。经审查，立案192件，占95.5%。其中，委员个人及联名提案189件，集体提案3件。对不予立案的9件已转相关部门参考或作为社情民意信息反映。在县委的坚强领导和县政府的大力支持下，通过各个承办单位认真办理，所提问题和建议已解决和采纳的165件（A类），占85.9%；列入计划逐步解决和采纳的10件（B类），占5.2%；因条件不成熟留作工作参考的17件（C类），占8.9%。跨年度办理11件，其中所提问题和建议已解决和采纳的9件（B转A类），占81.8%；继续办理的1件，占9.1%。通过问卷调查，委员对承办单位办理结果表示满意的占96.9%，表示理解的占3.1%。

【文宣塑造形象】 2020年，政协工作呈现了诸多亮点和特色，得到县委肯定、社会认可和新闻媒体关注。彭水政协工作成效在国家级媒体《人民政协报（网）》刊登21篇，撰写的《画大决战脱贫攻坚“同心圆”》纳入大型文献史册《党的建设与思想政治工作优秀成果汇编》，被评为全国优秀理论成果一等奖，宣传层次得到切实提升；《重庆政协报》、县融媒体中心等市县级媒体报道80余篇。编印《政协动态》《重要提案摘报》《社情民意信息》共48期。收集整理“三亲”资料15万余字，编印《彭水文史（清样）》8期，宣传实效进一步增强。

纪检监察

【概况】 中共彭水苗族土家族自治县纪律检查委员会与彭水苗族土家族自治县监察委员会合署办公，实行一套工作机构，两个机关名称的体制，履行党的纪律检查和国家监察职能。2020年底，县纪委监委机关有行政编制55名、工勤编制1名、事业编制9名；设领导职数11名，其中县纪委设书记1名、副书记3名、常委5名，县监委设主任1名（由县纪委书记兼任）、副主任3名（由县纪委副书记兼任）、委员5名（其中3名由县纪委常委兼任）；内设办公室、组织部、宣传部、党风政风监督室、信访室、案件监督管理室、第一二三四监督检查室、第五六七审查调查室、案件审理室、纪检监察干部监督室、扶贫领域监督检查室16个部室和下属事业单位县党风廉政信息中心；有在职职工54人。

【“两个责任”落实】 2020年，县委示范带动，把党风廉政建设和反腐败工作纳入重要议事日程，与全县经济社会发展同研究、同部署、同检查、同考核，持续传导压力，推动责任层层落实。县纪委严格执行“两个责任”履责纪实、廉政约谈、专题报告等配套制度，自觉担负“两个维护”重大政治责任，加强对习近平总书记重要讲话和指示批示精神落实情况、中央和市委县委决策部署落实情况进行全面督查。严格执行“一案双查”和“责任倒查”，倒逼主体责任落实，全年问责16件，给予党纪处分6人、诫勉谈话9人、通报批评5人和6个党组织。特别加强对党中央关于打好疫情防控阻击战、统筹疫情防控和经济社会发展决策部署及市委、市纪委监委工作要求落实情况的督查，全年共开展专项督查124次，发现并督促整改问题33个，提出意见建议22条，第一种形态处理19人，给予党纪处分1人，协助县委问责3个疫情防控落实不到位乡镇。加大复工复产督查力度，推动县域经济发展重要经济指标位居全市前列。

【执纪审查】 以整体推进中巡组、市纪委监委向彭水交办重点问题线索办理为契机，在削减存量上积极作为、在减少增量上持续发力，圆满实现2017年、2018年问题线索“清零”目标。全年处置问题线索192件，立案55件，结案49件，给予党纪政务处分52人，留置4人，移送司法机关6人。以“托底”的基本要求逐级负责，坚持重点问题线索委领导亲自挂帅，委主要领导对中纪委交办件、中巡组组长及市纪委监委领导批示件亲自担任组长，对证据收集、违纪定性、责任划分、文稿质量等方面实行“错情通报”，并严肃问责。截至2020年7月底，中巡组“回头看”移交43件问题线索全部办结，采取留置措施3人，移送司法机关6人，给予党纪政务处分7人，第一种形态处理20人，对32名实名举报人逐一点对点反馈，满意率70%，效果总体上得到上级、群众肯定；截至12月底，中央常规巡视移交84件问题线索已办结18件，组织处理2人。把“四种形态”综合运用贯通始终，充分运用“四种形态”提供的政策策略，既把“严”的主基调坚持好，中巡组“回头看”交办43件问题线索虽大多数是重复反映，但均做到“件件必查”“件件必审”；又坚持强化法治意识、证据意识、程序意识，坚持审慎使用审查调查措施，注重调查取证形成证据链条，坚持提醒教育常态化，注重防患于未然，全年运用第一、二、三、四种形态分别处理208人、30人、9人、16人，运用第一种形态处理占比79%。坚持“三个区分开来”激励干部担当作为，严把党风廉政意见回复关，审核回复814人次，亮“红灯”19人次，坚决防止干部带病提拔和带病上岗。坚持依规依纪依法、实事求是、不枉不纵，既捆住一些人乱作为的手脚，也放开广大党员干部担当作为、干事创业的手脚，制定印发《问题线索和案件处理结果反馈办法》，对初核结果为不属实或查无实据的失实检举控告，由相应委领导或承办单位负责人及时开展澄清、说明；大胆开展容错纠错，充分考虑疫情防控阻击战的严峻形势和艰苦程度，对19名疫情防控工作中责任落实不到位，但未造成不良社会效果的人，运用第一种形态处理。聚焦“后半篇文章”推进制度治理，充分发挥“近期案、身边案、典型案”的作用，《心态失衡自毁前程》等5篇文章被《中国纪检监察报》采用，其中《在贪图安逸中步步沉沦》被新华社、中纪委网站转载推送。全年发出纪律检查建议书13份、监察建议书6份，通报典型案例9期19件，开展“以案四说”警示教育308次，受教育1.8万余人次。针对全县公职人员利用职务之便插手工程领域较为突出状况，在全县范围内开展工程领域“以案四说”警示教育会。扎实推进“以案四改”工作，印发《关于在全县开展“以案四改”工作的通知》及方案，选取魏某某和李某案深化“以案四改”工作。

【扶贫领域监督执纪】 深入推进扶贫领域腐败和作风问题专项治理。制定印发《关于加强扶贫项目（资金）专项监督的通知》，建立协调协同、项目备案、跟踪问效等8个机制。成立11个督查组，对立项分配备案项目682个、备案实施项目656个进行全覆盖督查，发现并督促整改问题7个，集中约谈项目建设滞后的41个乡镇（街道）及县级部门，发函督促危旧房改造推进缓慢的9个乡镇（街道）。坚决查处扶贫领域腐败和作风问题，全年立案查处13件，给予党纪政务处分15人、组织处理14人，通报典型案件7起。扎实开展普查监督工作。制定出台五项具体监督措施，围绕“两不愁三保障”实现情况、普查数据质量控制、普查人员纪律作风等内容，开展流动督查。主动加强与县统计局的沟通衔接，了解普查工作中发现的问题，督促及时移送问题线索。集中整治群众反映强烈问题。开展农村乱占耕地建房专项整治，督促职能部门立案查处违法占地2起、农村违法占地修建住宅行为10起。深度挖掘涉黑涉恶腐败和“保护伞”问题线索，强化分析研判，坚持优先办理，做到快查快结，全年处置问题线索15件，立案2件、了结13件，给予党纪政务处分3人。

2020年8月14日，县纪检监察干部到绍庆街道天台村山坪塘整治工程现场，了解项目蓄水能力、群众满意度等情况

（县纪委监委　供图）

【信访矛盾化解】　针对彭水自治县信访举报长期高位运行的现状，排查梳理22件疑难复杂信访举报由委领导包案化解，建立包案台账，坚持“一案一策”，全力进行化解。委主要负责人亲自包4件“钉子案”“骨头案”，多次带案下访，接访重点信访人员，力所能及协调解决困难，已成功包案化解疑难信访举报17件。加强分析研判，定期向县委报送信访举报形势分析，推动形成县领导包案化解信访积案工作机制，并压紧压实各级各部门属地和属事责任，形成全县综合施策防范化解信访举报的工作格局。全年受理群众信访举报同比下降8.95%，纪检监察信访举报高位运行态势初步扭转。

2020年6月11日，绍庆街道纪工委会同相关部门到阿依河社区召开院坝会化解信访矛盾

（县纪委监委　供图）

【“八项规定”落实】　深入分析当前隐形变异“四风”问题主要表现，制定《作风建设监督检查参考提纲》，紧盯重要节点加强督查，狠刹违规操办和参加“升学宴”“谢师宴”等不正之风。修订《全面从严治党考核细则》，对违反形式主义、官僚主义问题采取加扣分举措。全年查处违反中央八项规定精神问题30起，其中形式主义、官僚主义问题18起，给予党纪政务处分18人、第一种形态处理49人，一律通报曝光。督促县财政局修改完善《关于进一步加强和规范公务接待管理工作的通知》、县机关事务管理中心制定出台《机关事业单位职工食堂管理暂行办法》，从源头上杜绝不正之风。

【巡察工作】 制定印发《巡察工作“后评估”制度》，不断推进巡察工作规范化。坚持巡视巡察上下联动，在市委巡视组对市规资局开展巡视时，借势对县规资局开展巡察，一体谋划、一体开展规划和自然资源领域巡视巡察，推动发现机制体制、工作落实方面存在的问题。第十轮巡察10个单位，发现问题97个，反馈问题95个，移交问题线索2件。第十一轮对15个单位党组织的巡察于2021年春节前完成，本届县委巡察全覆盖率达88.04%。

【纪检监察体制改革】 把制度建设作为推进纪检监察工作高质量发展的重要抓手，以“五个围绕”创新健全完善制度机制。围绕“两个责任”进一步形成合力创新制度机制，制定印发《关于监督推动落实〈党委（党组）落实全面从严治党主体责任规定〉的实施意见》《派驻（派出）机构负责人参加（列席）驻在部门和归口监督单位党组会议和有关会议制度》；围绕“监督第一职责”压紧压实创新制度机制，制定印发《关于进一步加强纪检监察机关政治监督的指导意见》；围绕“重点领域”权力规范运行创新制度机制，制定印发《关于加强扶贫项目（资金）专项监督的通知》，督促指导县发改委制定《彭水自治县限额以下工程建设项目发包操作流程》，督促县卫健委出台《关于进一步加强集团化成员单位财务管理的通知》；围绕“信访举报高位运行”的有效防范化解创新制度机制，推动形成县领导包案化解信访积案工作机制，制定《实名检举控告反馈工作制度》；围绕“自身建设”的持续强化创新制度机制，制定印发《关于加强上传下达确保纪检监察工作部署全面学习贯彻的办法》，修订完善《县纪委常委会议事规则》，制定《调研检查制度》，着力加强内部管理，提升工作质效。

【自身建设】 强化内部管理，严防“灯下黑”。2020年，县纪委监委制定印发《关于加强上传下达确保纪检监察工作部署全面学习贯彻的办法》《关于进一步强化领导责任的办法》等内部工作制度，进一步促进全县纪检监察组织规范有序运行。进一步收紧审查调查措施的审批权限，突出“非必要不使用”的审慎原则，实行调查组、初核组组长、协管、分管领导逐级审签制度，最后由书记审批，实行“必要性说明”制度，确保权力不泛化、不滥用。不断加大纪检监察干部信访举报和问题线索的办理力度，全年处置纪检监察干部问题线索15件，实现“清零”目标。其中，办结前2年遗存问题线索10件，书面函询了结5件，给予诫勉谈话2人；2020年收到问题线索5件均已办结，给予诫勉谈话2人、警示谈话3人。推进全员培训，提升政治业务水平。高度重视全员培训工作，年初制定《彭水自治县纪委监委深化纪检监察干部全员培训工作方案》，采取供给侧与需求侧相结合、政治教育与业务培训相结合、专家领导与岗位能手相结合、专题报告与交流互动相结合、培训学习与文体活动相结合、精心组织与跟进宣传相结合的方式，突出精准性、全面性、实践性、多样性、参与性、实效性，对全县纪检监察干部在县委党校开展为期5天的封闭式、全脱产业务培训。注重日常学习培训，坚持以政治培训为引领，推动政治素质和业务能力双提升，举办《中华人民共和国民法典》专题讲座、《公职人员政务处分法》及其他法规集体学习研讨，学习中纪委《纪检监察干部培训系列课程》6期11个专题，通过开展大讲坛、大讨论、大练兵、大比武、演讲赛等方式，着力提升纪检监察工作规范化法治化水平和实战能力。

组织工作

【概况】 2020年以来，彭水自治县委组织部在市委组织部的精心指导下和县委的正确领导下，以习近平新时代中国特色社会主义思想为指导，深入贯彻落实中共十九大和十九届二中、三中、四中、五中全会精神，深刻领会习近平总书记对重庆作出的重要讲话和重要指示批示精神，着力选干部、配班子，育人才、聚贤能，抓基层、打基础，把贯彻落实新时代党的组织路线的成效兑现在彭水各级党组织和全体党员干部战贫困、战疫情、战复工、战洪水的生动实践中。彭水自治县“重心下移、资源下沉，着力推动抓党建促脱贫攻坚”被中央组织部选编为抓党建促脱贫攻坚案例；彭水自治县“强化组织保障大力发展壮大村集体经济”、绍庆街道天台村“壮大集体经济，激发脱贫攻坚新动能”被市委组织部选编为抓党建促脱贫攻坚促乡村振兴发展壮大村集体经济案例。截至2020年底，全县有党委（组）45个，党工委11个，党总支37个，支部785个。党员21341人，其中少数民族党员12881人、农村党员12572人、女性党员4131人、35岁以下党员4022人、50岁以上党员11597人、本科及以上学历党员4558人。机构改革后，彭水自治县有县管干部873人，其中女干部128人、少数民族干部598人、40岁以下干部179人、具有研究生学历干部60人。全县人才总量达10.28万余人。其中，党政人才2740人，事业人才10244人，技能人才53441人，社会人才209人，企业经管人才200余人，农村实用人才36000余人。

2020年6月17日，彭水自治县扶贫驻村工作队专题培训班开班典礼

（夏孟春　摄）

【党的政治建设】　及时跟进学习习近平总书记最新重要讲话，切实增强“四个意识”、坚定“四个自信”、做到“两个维护”，兑现“三个确保”政治承诺，推动全县各级党组织和党员、干部把不忘初心、牢记使命作为永恒课题、终身课题，为夺取全面建设社会主义现代化国家新胜利凝聚强大力量。严格执行《关于新形势下党内政治生活的若干准则》，认真落实民主集中制。把政德建设纳入干部教育计划，分批次全覆盖开展干部政德教育，引导全县党员干部自觉做到为政以德、为政以廉、为政以民，提高政德建设水平。

【基层组织建设】　规范组织生活，把党的政治建设摆在首位，严格落实组织生活制度，强化督促指导，将“三会一课”“两学一做”“主题党日”融入日常、抓在经常。实施支部整体提升行动，制定《农村基层党建“整乡推进、全县提升”示范创建行动实施方案》，持续推进支部标准化规范化建设。全覆盖回访研判296个村（社区）党组织，按照持续整顿软弱涣散村（社区）党组织工作要求，“一支一策”整顿31个软弱涣散党组织，着力提升党组织组织力。健全落实任前联审、备案管理等机制，进一步把严村干部入口关。加强党员教育管理，严格落实党员发展三年规划，2020年发展党员300名，其中农牧渔占比50%。从严从实抓好抗疫一线发展党员工作，在抗疫一线发展党员18名。全面启动“党课开讲啦”活动，组织各级党组织书记上党课2000余堂。在全县基层党组织中广泛开展党员“亮形象、亮承诺、亮服务”活动，解决群众急难愁盼问题3万余件。不断壮大村级集体经济，全面推行村党组织书记通过法定程序担任村委会主任和村级集体经济组织、合作经济组织负责人，80%以上村干部带头入股或直接参与村级集体经济发展，全面消除“空壳村”。2020年底，115个贫困村村级集体经济累计收入达到995万元，全县村级集体经济累计收入达到1528万元。统筹推进各领域党建工作，完善社区工作者职业体系建设，调整优化社区网格设置，进一步提升城市基层治理水平；认真贯彻机关基层党组织工作条例、机关党的建设工作会议精神，以“三基”建设为抓手，推动全县机关做好“三个表率”、争创模范机关；督促国有企业配齐配强党建工作力量，制定企业党委前置研究事项清单，二三级公司全覆盖成立党组织，切实加强党对国有企业的全面领导；理顺民办学校党建工作管理体制，民办中小学已全部建立党支部，42所民办幼儿园实现党建指导员全覆盖；落实《关于加强公立医院党的建设工作的意见》，成立党委的公立医院均实行党组织书记与院长分设；理清律师行业党组织隶属关系，高标准建立2个党群服务中心，深入开展“两个覆盖”集中攻坚，非公企业党组织覆盖率达91.89%，社会组织党组织覆盖率达72.31%。

【干部队伍建设】 加强领导班子及干部队伍建设。严格落实新时期好干部标准，强化对乡镇班子履职情况的跟踪管理和分析研究，全覆盖开展乡镇班子回访，对班子整体运行情况和班子结构进行综合研判，优化改善班子结构。全年共优化调整乡镇党政班子8人次。严格贯彻《党政领导干部选拔任用工作条例》，从严落实选人用人全程纪实、干部选任事项报告等制度，精心做好干部日常调配工作。2020年共计提拔重用40人、晋升一级主任科员及以上250人。坚持从多渠道选拔任用领导干部，严格开展调任和选调，2020年从事业人员调任领导干部5人，成功选调1名龙溪镇宣传统战委员。认真做好干部挂职选派工作，2020年选派4人到山东挂职、5人到两江新区顶岗锻炼。坚持全方位监督管理干部，强化对各级领导干部的监督特别是重要对象、重要岗位、重大节点的精准监督；充分运用提醒函询诫勉等工作措施，全年共计开展提醒函询诫勉83人次；认真抓好个人有关事项报告重点查核和随机抽查工作，全年共查核领导干部个人事项报告4批次84人次，共处理查核不一致情形12人。强化党员干部教育培训。建成干部教育培训信息化系统，形成公务员培训和干部教育全过程信息库，为干部精准画像提供重要参考。坚持把习近平新时代中国特色社会主义思想和中共十九大、十九届二中、三中、四中、五中全会精神作为各类培训班必学内容，结合县情实际，科学设置班次和培训内容。2020年，共举办干部教育培训班22期，培训5176人次；落实市级调训26期，培训73人次，参训率达100%；强化扶贫一线干部教育培训，举办涉及脱贫攻坚干部教育培训班14期，培训1864人次；指导行业部门抓好以新任教师、中小学骨干教师、乡镇医师、农业技术人员为重点的专业技术人才培训，培训30000余人次。加强公务员队伍建设。按照法律法规要求严格招考录用程序，把好干部队伍入口关，加强公务员日常管理，做好年度考核工作，严格表彰和奖励审核，着力加强公务员队伍建设。2020年招录公务员50人，接收选调生16人，晋升职级公务员385人。

2020年8月31日，东西部扶贫协作培训班暨彭水县脱贫攻坚与乡村振兴专题培训班在山东大学青岛校区开班

（王志海　摄）

【人才发展环境优化】 坚持党管人才。健全完善党委联系服务专家和优秀人才制度，建立县领导直接联系专家和优秀人才名单，通过走访慰问、座谈交流等方式，加强与专家人才的思想联系和情感交流，当好思想“导师”和工作“助手”。完善机构设置。成立县人才发展中心，统筹协调全县各类人才的引进培养和跟踪服务、人才资源的统计与评估、人才项目和人才活动的落地实施。完善人才政策。出台《彭水苗族土家族自治县高层次急需紧缺人才引进办法（试行）》《彭水英才计划实施办法（试行）》等一系列文件，在引进人才的工资待遇、住房保障、财政补贴、配偶就业、子女入学等方面进行明确，为引才、用才、留才提供强有力的政策保障。加强区域合作。与阆中市委组织部签订《中共阆中市委组织部中共彭水自治县委组织部助推双城经济圈建设·构建人才服务一体化合作协议》，两地将围绕“文旅联动、人才协同发展”目标，以共建共享、互联互通、务实包容和协同发展为合作原则，重点在人才政策制度协同、人才平台资源共享、人才共引共育共用、人才服务保障双向贯通等方面加强合作，为推动成渝地区双城经济圈建设提供坚强人才支撑和智力保障。拓宽引进渠道。重点突出城乡规划、生态旅游、商贸经济、教育医疗等4个急需紧缺领域，通过考核招聘模式引进研究生106名，超过去五年总和。在高校毕业季，向成渝地区双城经济圈高校联盟及北京、上海等地高校发出人才邀请函，采取“高校推荐+现场考核”的引才模式，引进64名；在重庆“英才大会”期间，组建5个专项考核招聘组，现场考核招聘引进42名。“只要是英才，彭水就有舞台”的人才向心力初显成效。

【老干部工作】 加强离退休干部政治建设。教育引导离退休干部做到“两个维护”，增强“四个意识”，深入推进离退休干部学习教育常态化制度化，强化离退休干部政治素养。2020年先后组织开展政治理论集中学习6次，观看学习市级及以上离退休干部网上专题报告会、知识讲座6场次，邀请离退休干部代表参加全县重要会议和重大活动5次35人次。搭建离退休干部建言献策平台。以“我看脱贫攻坚新成就”为主题，组织老同志深入乡村开展参观考察、专题调研、个别访谈等，为彭水精准脱贫和乡村振兴建言献策、加油点赞。2020年共收到老干部关于脱贫攻坚主题征文18篇，摄影作品100余幅。落实好离退休干部生活待遇。坚持县“四大家”领导定期走访慰问离退休干部制度，在重大节日、传统节日对离退休干部进行慰问，全年累计慰问1850人次。按照支部书记每人每月300元、委员每人每月260元的标准落实工作补贴，累计支出支委成员工作补贴25.54万元。

2020年6月23日，彭水自治县举办离退休干部初心故事会

（杨少强 摄）

【党员干部教育】 在脱贫攻坚中发挥党员干部先锋模范作用。2020年新增派60名35周岁以下、政治素质好、工作能力强的优秀干部到贫困村开展驻村帮扶工作，实现115个贫困村驻村工作队有县级以上机关派出的人员不少于3人。截至2020年底，共有422名县级以上机关工作人员在贫困村开展驻村帮扶工作。严格落实《在脱贫攻坚一线培养锻炼干部办法（试行）》，注重在脱贫

攻坚一线培养锻炼干部，把脱贫攻坚作为培养锻炼、考察识别、选拔任用干部主战场。2020年，在脱贫攻坚一线提拔重用干部7人，晋升一级主任科员以上职级公务员130人。让党旗在疫情防控斗争第一线高高飘扬。先后发出3封《致全县广大党员干部的一封信》，要求全县各级党组织和全体党员在疫情防控中扛起责任。全县890个基层党组织和19个临时党支部、全体党员把打赢疫情防控阻击战作为“不忘初心、牢记使命”永恒课题和终身课题的生动实践。抽调26名优秀年轻干部、1312名党员充实到县疫情防控工作领导小组办公室和43个防疫检查点，成立党员突击队307支，划定党员责任区886个。提交党员请战书634份，135名疫情防控一线人员向党组织递交了入党申请书，18人在抗疫一线光荣入党。在县级及以上各类主流媒体宣传报道抗疫一线先进典型70余人次，同时，用好269.6万元党员自愿捐款资金，重点慰问战斗在疫情防控和防汛救灾一线的医务人员、基层干部、公安民警、社区工作者等。进入常态化防控阶段后，县委组织部第一时间发出工作提醒，引导全县各级党组织和全体党员统筹抓好疫情防控与复工复产、“两手硬”抓好疫情防控与防汛救灾、同步抓好灾后重建与复工达产。2020年，在疫情防控一线提拔重用领导干部31人，晋升一级主任科员以上职级公务员171人。在防汛救灾中汇聚组织力量。第一时间发出《工作提醒》，号召全县各级党组织和全体党员切实把防汛救灾工作摆到突出位置，增强打大仗打硬仗的思想自觉、行动自觉，全县共有7000余名党员投入到防汛救灾一线，有效凝聚起防汛救灾的强大力量。全面落实县领导包乡、乡领导包村、村干部包户到人责任，主动深入群众最需要、汛情最严重、抢险最困难的地方。全县各级基层党组织通过组建“党员应急突击队”“党员志愿服务队”等方式，积极投身防汛救灾工作，着力做好风险隐患排查处置，应急转移安置群众4000余人次，安排党费110余万元，对受灾群众和党员开展慰问。

宣传工作

【概况】 2020年，彭水自治县委宣传部始终高举习近平新时代中国特色社会主义思想伟大旗帜，自觉承担起举旗帜、聚民心、育新人、兴文化、展形象的使命任务，着力坚定主心骨、掌握主导权、唱响主旋律、把握主基调、打好主动仗，扎实抓好理论武装、新闻宣传、网络舆情、宣传宣教、文化建设、精神文明、对外宣传等工作，夺取疫情防控和实现经济社会发展目标“双胜利”。在中国共产党百年华诞的重大时刻和“两个一百年”奋斗目标历史交汇的关键节点，在全县凝聚起奋力开启全面建设社会主义现代化国家新征程的磅礴力量。

【理论武装】 扎实推动习近平新时代中国特色社会主义思想、中共十九大和十九届二中、三中、四中、五中全会精神落地生根，各级党委（党组）理论学习中心组开展学习1500余次，其中县委理论学习中心组（扩大）开展学习18次。征订发放《习近平谈治国理政》（第三卷）2400册，习近平总书记《论党的宣传思想工作》成为宣传思想文化干部案头经典。组织县委宣讲团、基层理论

2020年11月12日，县委宣传部在双龙乡香树村宣讲十九届五中全会精神

（县委宣传部　供图）

"名嘴"、大学生村官、本土人才等宣讲队伍开展习近平新时代中国特色社会主义思想、十九届五中全会、市委五届九次全会精神等主题宣讲300余场次，农村精气神培训累计2800余人次，超额完成任务。深入推进学习强国数字农家书屋建设，契合农村党员群众学习需求，提供了多样化、个性化、智能化、便捷化学习服务，积极开展"百本好书送你读"活动。在"学习强国"重庆学习平台累计供稿295篇，在全市排名第14位，多篇文章被推荐至全国总平台。全年意识形态领域总体安全，无意识形态领域安全责任事故发生。

【新闻宣传】 抓住改革机遇，坚持党管媒体原则，克服办公场所、建设资金等困难，成功组建并顺利挂牌融媒体中心。组建后的融媒体中心，实现了原电视台、日报社全员融合、平台整合、业务综合，形成12个媒体传播矩阵，运行机制更加成熟，产品打造更加迅捷，新闻队伍更具战斗力。全年接待、联络媒体记者超400人次，累计在中央主流媒体及其新媒体刊出正面宣传报道873篇次，其中头版7条；在市级媒体平台刊出报道3800余篇次，在市级以上主流媒体外宣用稿量超出去年同期300%；县融媒体中心全媒体平台累计刊发各类新闻稿件46600篇（条），其中苗乡彭水APP、抖音、微信公众号等新媒体平台累计阅读人数达2.26亿人次。

【网络舆情】 设立网络安全和信息化中心，加强队伍建设，形成"大网信""一张网"工作格局，积极服务中宣部舆情信息工作，完成全年任务的420%。全年收集整理涉彭水网络舆情信息1217条，向县委、政府主要领导编报《彭水舆情专报》57期，向县级部门、乡镇（街道）编发《彭水舆情信息通报》199期，其中新冠肺炎疫情专项通报65期，提供涉疫建议70余条。

【宣教工作】 以梦想课堂、梦想驿站等平台为载体，积极推动形势政策宣传教育，梦想课堂累计开课85场次。开展服务群众的志愿服务活动，发放招工指南、扶贫手册、普法等宣传资料20000份。加强爱国主义教育，深入开展"倡导国庆新民俗、打造爱国活动周"系列活动，积极推进致敬革命英烈、广泛悬挂国旗、传唱爱国歌曲等群众性活动。开展烈士纪念日活动，国庆悬挂国旗，打造最美中国红。深化未成年人思想道德建设，获得全市九童圆梦鼠年春节行动"新年景象""新年祝福"二等奖各1名，"新时代重庆好少年"荣誉称号1人。围绕习近平新时代中国特色社会主义思想、社会主义核心价值观、脱贫攻坚、乡村振兴、扫黑除恶等主题内容，发布各类建筑围挡及公路挡墙广告8000余平方米，T型户外公益广告80余块，灯杆广告300余根，LED显示屏播放相关广告12000余条次。

【文化建设】 牵头完成4个改革项目，统筹做好文化体制改革和文化事业发展，科学指导文化产业与旅游业融合发展。中央电视台《乡村大舞台》栏目面向全国观众展现彭水民俗文化风采。推进校地合作，联合中央民族大学，克服疫情影响，相聚云端，以视频会议方式成功举办第四届苗族文化论坛。推动彭水自治县红色文化融入长征国家文化公园重庆段建设。先后举办第九届中国乌江苗族踩花山节、第三届乌江画廊文化旅游节。彭水阿依山娃组合获"左权民歌汇·2020国际民歌赛"银尊奖。电影《战友》在网络电影周上获最具贡献力影片，在海南岛国际电影节巴彦淖尔影展获"最佳剧组"奖，《牧蜂姑娘》《迫切营救》入围重庆市2020年电影重点题材项目（全市仅12个名额）。拍摄脱贫攻坚纪录片《梦圆千年脱贫路》，创作《脱贫攻坚奔小康》《你叫扶贫干部》《你心我心》等脱贫歌曲。通过购买社会服务，开展送文化下乡34场次、送戏曲进村306场次，实现村社全覆盖。全年出动执法人员386人次，检查出版物市场153家（次）、印刷复制企业

51家（次），有效维护文化市场安全。

【精神文明】 设立新时代文明实践服务中心，打造完成3个乡镇文明实践所、14个村文明实践站，在深度贫困乡实现实践所、实践站全覆盖。围绕理论宣讲、文艺活动、健康义诊、法律援助、关爱帮扶等项目开展志愿服务，真正实现“五有”（有固定场所、有专人管理、有活动模式、有鲜明主题、有制度机制）、“五传”（传思想、传政策、传道德、传文化、传技能）。新冠肺炎疫情发生后，广大志愿者全面参与联防联控、守护一线医护人员家庭、心理疏导、助耕支农、复工复产、免费义剪等志愿服务，获市新冠肺炎疫情防控最美志愿者1人、最佳志愿服务组织1个。深入开展文明创建活动，县生态环境局、诸佛乡庙池村成功入选“全国文明单位”“全国文明村镇”。成功创建4个第二批美丽宜居乡村。深化“吃得文明”践行“光盘行动”工作，打造2条“互联网+明厨亮灶”餐饮示范街，40家餐饮单位接入“彭水智慧市监”。选树一批自主脱贫、优秀扶贫干部、优秀乡村教师等先进典型。2人获得“中国好人”，4人获得“重庆好人”，1人获得“感动重庆十大人物”。

2020年5月13日，县委常委、宣传部部长裴煜宇陪同市委宣传部副部长吴玉荣（左一）检查黄家镇白沙河村新时代文明实践站工作

（县委宣传部　供图）

【对外宣传】 圆满完成14项脱贫攻坚重大宣传任务。策划实施脱贫攻坚成果图片展、脱贫纪录片《春暖苗乡》《脱贫攻坚群英谱》、乡镇（街道）脱贫攻坚成果展播、报告文学《彭水放歌》5个重量级扶贫宣传产品。顺利完成脱贫攻坚新闻发布会，彭水红薯粉进入央视公益广告。推进文旅融合，再次开启“双晒”文旅大戏，梳理旅游资源，深挖文创家底，坚持用特色吸引流量，以流量促进销量，直播当日实现观看人数547万人次、点赞47.8万人次，800件太极水瞬间被抢购一空，获全市“最佳营销奖”。强化政企合作，彭水自治县与腾讯公司签署全面定点帮扶战略合作协议。利用腾讯公司强大的数据流量和科技优势，面向广大网民集中推介彭水形象。先后完成县长、副县长带货直播、“山海九黎·文创新光”设计大赛、“决战九黎城下”电子竞技大赛等合作项目，“苗乡欢乐茶馆”成为新的网红打卡之地。在第三届海南岛国际电影节集中推介彭水旅游，与世说新语影业签订战略合作协议，世界苗乡声名远扬。

统战工作

【概况】 中共彭水苗族土家族自治县委统战部位于汉葭街道鼓楼社区34号（县委办公楼1楼），

2020年1月19日，县委统战部在县委党校召开2020年各界人士迎春座谈会

（县委统战部　供图）

县委统战部加挂县委台办、县政府台办、县政府侨办牌子，与县侨联合署办公。县委统战部核定行政编制11名。设部长1名，由县委常委兼任；副部长3名（其中常务副部长兼任县台办主任，县侨办主任）。内设办公室、干部科、港澳台侨科、民族宗教和非公经济科，内设机构领导职数4名，机关后勤人员事业编制1名，在岗职工11名。核定县侨联编制5名，其中主席1名。下设事业单位统战服务中心，核定事业编制5名，领导职数设主任1名、副主任1名。

【思想政治引领】 2020年，县委统战部组织召开统一战线各界人士迎春座谈会、暑期谈心会、政党协商会、党外人士座谈会等会议，深入学习贯彻党的十九届四中、五中全会精神，牢固树立“四个意识”，坚定“四个自信”，做到“两个维护”。深入开展全县统一战线“学讲做”活动，组织开展多种形式的学习培训，组织学习习近平总书记关于加强和改进统一战线工作的重要思想和系列重要讲话精神。持续推动统战系统“不忘初心、牢记使命”主题教育活动，在党外知识分子中开展“弘扬爱国奋斗精神、建功立业新时代”主题教育活动。在新的社会阶层专业人士和无党派人士中开展“凝聚新力量·筑梦新时代”“不忘合作初心，继续携手前进”主题教育活动，不断巩固全县统一战线团结奋斗的共同思想政治基础。

【多党合作】 协助县委制定了政党协商计划，县委、县政府主要领导亲自参加政党协商会，各民主党派成员、无党派代表人士积极建言献策，充分发挥参政议政作用，推动多党合作落到实处。组织召开党外人士座谈会，围绕彭水自治县“十四五”规划制定和彭水融入“成渝双城经济圈”建设等提出建议意见43条。

【服务发展】 县委统战部充分利用民主党派资源，继续争取民盟中央及民盟重庆市委会支持。实施开展“暖心助学活动”，民盟广东东莞市委会筹资15万元资助全县100位贫困高中学生完成学业。持续开展“天籁列车”项目，为全县听力障碍人群捐赠助听器120个，价值6万余元；开展“慈善列车”活动，为高海拔地区小学困难学生发放冬衣200件，价值5万余元。引导民营企业开展“万企帮万村”等精准扶贫行动，帮助部分乡镇困难群众维修、改造危旧住房，开展困难群众慰问10户次，折合资金20余万元。开展就业帮扶活动，帮助100多名贫困村民在家门口实现了就业。积极推动消费扶贫，利用全国工商联e家平台线上促销。推动聊城市企业与重庆彭水黔中道紫苏油、彭水县百业兴森林食品开发有限公司、彭水县龙须晶丝苕粉有限公司、火吉果公司等10家农特产品加工企业合作，销售扶贫产品200万元，并在重庆主城区美源·美源（渝中区经纬大厦）设置彭水农特产品线下展示专柜。邀请《人民日报》《人民周刊》到彭水，与20家民营企业座谈、面对面交流，借助主流媒体线上推介，为农产品加工民营企业线上促销。积极争取到位少数民族发展资金2800万元，全部统筹用于脱贫攻坚，为如期高质量打赢脱贫攻坚战提供了重要支持。积极发挥“知联会”引导、教育作用。积极开展“知联会五下乡”活动，大力宣传脱贫攻坚、企业

2020年，彭水德济医院赴武汉医疗队

（县委统战部　供图）

复工复产等惠企政策，为企业提供疫情期间法律法规和政策咨询，帮助企业复工复产。积极组织党外人士围绕助推成渝地区双城经济圈建设开展调查研究，积极建言献策，撰写调研报告，为县委、县政府提供决策参考。新冠肺炎疫情发生后，全县统一战线坚决听从号令指挥，迅即作出防控安排，及时发出倡议，广泛动员统战成员共同抗疫。全县统一战线累计动员 100 余人奋战在抗疫一线，其中由彭水自治县 7 名党外知识分子和新的社会阶层人士组成的医护小分队驰援湖北武汉，所在单位获全市抗疫先进集体表彰。全县统一战线各领域坚持“一方有难、八方支援”的家国情怀，开展捐款捐物活动 40 余次，折合资金 400 余万元，得到市委统战部和县委、县政府的高度评价。为疫情防控贡献了统战智慧和统战力量。

【党外人士队伍建设】 2020 年，县委统战部会同相关部门健全完善“80 后”“90 后”优秀年轻党外干部库。加大党外干部培训力度，选派 1 人到市级实践基地参加实践锻炼，制订 2020 年党外干部培训计划，对 60 名党外干部进行素质能力提升培训。

【非公经济发展】 2020 年，县委统战部建立和完善民营企业走访机制，推进走访工作常态化。召开全县企业家座谈会，听取企业家的心声，收集企业的意见建议，帮助企业解决存在的问题和困难。扎实开展统战系统“‘抓·六稳’‘促·六保’民营企业百日大走访”活动，大力宣传重庆市“20 条”“40 条”“45 条”纾困惠企政策，印制汇编资料 1000 份，共走访民营企业（含个体工商户）1062 家，收集掌握困难问题 685 件，现场解决 219 件，政策解释 357 件，转交相关单位研究解决 109 件。积极助推民营企业复工复产，为全县民营经济从疫情影响中快速恢复作出了贡献。

【民族宗教】 积极申报民族团结进步示范单位，彭水自治县职教中心、九黎旅游股份有限公司、巨盾实业公司入选市级民族团结进步示范单位。持续开展少数民族青年才俊成长工程，全县 40 名少数民族特殊困难家庭应届一本大学生得到资助。切实做好少数民族流动人口服务管理工作，大力支持新疆驻渝工作组到彭水开展工作，妥善处理了涉及民族因素的矛盾纠纷。切实加强宗教事务管理，限时完成民间信仰活动情况调研和宗教工作调研，全面完成云顶寺护栏安装和绿化美化。持续实施“民族文化进校园”工程，完成“民族文化进校园”学校的申报工作。全县民族宗教领域和谐稳定。

【海峡两岸交流】 充分发挥海峡两岸交流基地蚩尤九黎城的优势和作用，积极开展渝台少数民族在民族、文化、经贸等多方面的交流交融。成立县统战服务中心，负责海峡两岸交流基地管理工作。应对疫情影响，创新交流方式，采取互发慰问视频、互致问候短片等方式，积极开展“台湾同胞遥祭蚩尤”“网上拜年”“新春送福”等线上交流活动，加强与台湾同胞的联络联谊。承办川渝台办座谈会，加强九黎城与成都“浓园”的互动合作，积极融入成渝地区双城经济圈建设。

2020 年 5 月 27 日，市委台办调研海峡两岸交流基地蚩尤九黎城

（县委统战部　供图）

人力资源和社会保障

【概况】 彭水自治县人力资源和社会保障局是县政府工作部门，正科级，内设办公室、人力资源科、政策法规科、综合事务科、事业人事科、工资福利科、劳动关系科、基金监督科。其直属事业单位分别是彭水自治县社会保险事务中心（正科级公益一类事业单位）、彭水自治县就业和人才事务中心（正科级公益一类事业单位）、人力社保行政执法支队、劳动人事争议调解仲裁院、人事档案管理中心。2020年末，全局共有在职干部职工86人，设党总支1个，党支部4个，党员66人。

【就业创业】 2020年，城镇新增就业6389人、城镇登记失业人员再就业1970人、困难人员就业1443人，分别完成目标任务159.7%、164%、289%。城镇登记失业率3.45%，比市上控制指标低0.35个百分点；发放创业担保贷款19676.5万元，就业技能培训4247人，市重点信产送工7563人，分别完成目标任务437.3%、146.4%、168%；彭水籍高校毕业生就业率达96.1%。通过“点对点”保障农民工返岗复工70车次2686人。通过多渠道多形式促进农民工返岗复工19.8万人，返岗复工率达100%。征收663万元失业保险金，失业保险新增扩面3336人，失业保险参保人数29422人，全面超额完成任务。

【社会保障】 2020年，参加城镇企业职工基本养老保险、城乡居民养老保险、失业保险、工伤保险、机关事业单位养老保险人数分别为8.28万人、28.16万人、2.94万人、4.87万人、1.87万人；征收基金分别为2.89亿元、0.34亿元、0.06亿元、0.08亿元、3.76亿元。拨付城镇企业职工基本养老保险、城乡居民养老保险、失业保险、工伤保险、机关事业单位养老保险待遇分别为5.35亿元、1.49亿元、0.07亿元、0.27亿元、3.33亿元；落实养老、失业保险降低费率政策，为全县参保单位减负8694.82万元；累计免征936户中小型企业、减半征收76户大型企业的养老、失业、工伤保险单位缴费共计9441.7万元。完成全县123名退捕渔民应保尽保的目标任务。

【人事人才】 招聘事业单位工作人员227名，招募高校毕业生到基层乡镇从事“三支一扶”人员61名，对21名两年服务期满考核合格的“三支一扶”人员定向招聘为乡镇事业单位工作人员，引进高层次紧缺人才15名，评审工程系列中初级职称366人。技能扶贫培训工作稳步提升，全年开展技能提升培训6140人次，完成全年目标任务的153.5%。

【收入分配】 严格落实规范管理工资日常业务审批制度，按政策审批机关工作人员年度考核结果晋升级别（岗位）工资档次、执行公务员职级工资制人员年度考核结果滚动晋升级别工资2201人、事业单位工作人员正常增加薪级工资9835人；办理日常工作调动工资手续1456人，工龄认定115人，审批一次性抚恤金134人，审批退休172人；完成机关事业单位职务、职称、岗位变动调整工资审批4063人。

【劳动关系】 调解结案331件、撤诉结案39件，裁决结案180件，结案率98.7%，超规定计划3.7个百分点。处理欠薪案件37件，行政处罚1件；为372名劳动者讨薪365.8万元；接受群众咨询7000余人次；开展专项执法检查3次；日常巡查和书面审查企业420家，涉及劳动者8000余人；办理上级交办欠薪信访件40件；评定守法诚信企业163家；公布重大欠薪违法案件1件；开展普法宣传现场咨询活动4次；收取农民工工资保证金3884.47万元。审查备案集体合同81份、工资协商专项合同81份、女职工特殊权益专项合同43

份、劳动安全卫生合同77份；开展企业薪酬调查51户；审批企业特殊工时制度180家、劳务派遣行政许可企业24家；创建和谐劳动关系示范点企业40家，评定A级企业14家，AA级企业1家，推荐市级AAA级企业2家。受理工伤申请337人，其中工伤认定决定325人，限期补正材料137人、不予认定决定8人、不予受理12件、中止认定19人、驳回认定申请6人。劳动能力鉴定258人。

【行风建设】 深入贯彻落实中央关于深化“放管服”改革、优化营商环境的决策部署；广泛开展人社政务服务“好差评”工作，重点关注企业群众对“快办”相关事项的感受和诉求，开展实施效果评价；开展练兵比武强队伍，举办全县人社系统窗口单位业务技能练兵比武知识竞赛，实现县、乡镇（街道）、社区（村）三级经办人员练兵全覆盖，获得2020年度全市人社系统窗口单位业务技能练兵比武总决赛二等奖和优秀组织奖。

2020年11月，重庆市举行人社窗口单位业务技能练兵比武总决赛，彭水县获二等奖

（县人力社保局　供图）

【川渝合作】 2020年底与四川省南充阆中市、成都温江区签订共同推进成渝地区双城经济圈建设人力资源和社会保障合作协议，有力地推动彭水融入川渝一体区域就业和创新创业市场，深化人才交流合作机制，加快推进两地人社领域公共服务共享与互认。

2020年12月2日，彭水与阆中人力资源和社会保障战略合作协议签约仪式在四川省阆中市举行

（县人力社保局　供图）

【脱贫攻坚】 就业扶贫方面，开发公益性岗位1562个，完成目标任务1000人的156.2%；通过各类工作措施，引导、带动等多形式、多渠道、多层次实现有劳动能力、就业意愿贫困劳动力48515名实现就业；组织74名贫困人员到山东省内企业就业，落实两江新区对口帮扶政策，实现中心城区就业2281人；举办7期共276名贫困人员参加的乡村旅游等特色培训班。社保扶贫方面，全县61367名应参尽参的贫困人员中，参加城乡居民基本养老保险52883人，参加城镇企业职工基本养老保险8378人，全面完成了十六周岁以上贫困人员应参尽参目标任务。全县20575名贫困超龄人员中领取城乡居民基本养老待遇19601人，领取城镇企业职工基本养老待遇974人，实现了贫困超龄人员享受待遇不漏一人的任务目标，同时做好动态清零工作。驻村扶贫方面，结对帮扶桐楼乡桐木村、细砂村建卡贫困户166户；选派14名政治素质、业务能力过硬的干部到走马、鹿鸣、新田、桐楼4个乡镇开展驻村工作。

【信访工作】 受理各类来信办理、来访接待、交办转办106件，办结5件。定期采取组织排查、预测、预防等措施，及时发现和化解纠纷苗头。采取送法宣讲进企业、辅导规范企业人力资源管理等多种柔性方式，常态化宣传就业社保、工资福利、劳动维权等惠民政策，努力从源头上减少不稳定、不和谐因素。全年未发生影响社会安定的信访案件。

【依法行政】 办理行政复议、行政诉讼64件、出庭应诉59次，实现审批服务事项网上办理。办结行政许可42件，不予许可1件。大力开展“法律七进”“普法宣传月”“12·4”法制宣传日等法律法规宣传活动，发放宣传资料5000余份，提供法律咨询1800余人次。及时答复人大代表书面建议主办3件、协办4件，政协提案主办3件、协办4件，人大代表、政协委员满意率100%。

医疗保障

【概述】 2020年，县医保局紧紧围绕县委、县政府中心工作，瞄准全年目标任务，认真贯彻落实各项医保政策，完成居民医保参保率达95%，建卡贫困户实现“应保尽保”任务目标，为群众提供更高效、便捷的服务，取得了良好效果。

【参保征缴】 全力做好医保参保，加强基金征收及医疗待遇的支付。2020年城镇职工医疗保险参保45076人，较2019年同期增加2884人；累计基金收入25006.67万元，较2019年同期增加1476.41万元；基金支出14113.36万元。职工大额医疗保险基金征收3331.08万元，较2019年同期相比增加322万元。城乡居民医疗保险参保574115人，较2019年同期减少4404人；累计基金收入48202.38万元，较2019年同期增加3584万元；基金支出42147.47万元。公务员医疗补助基金支出549.66万元，特殊人群医疗补助资金支出180.72万元。

【基金监管】 通过各种日常检查、专项行动等方式加强对各定点医药机构的稽查、检查力度；公布医保基金监管电话，畅通举报投诉渠道；定期组织召开全县定点医药机构基金监管专题会，规范服务行为；坚持医疗保险定点医药机构约谈长效机制，不定时对全县定点医药机构进行约谈，对存在的问题及时整改落实到位。2020年，共约谈定点医药机构125家，按照服务协议处理定点医药机构29家，处违规违约金505.5万元。

2020年6月29日，县医保局组织定点医疗机构开展第三批国家药品集中采购使用培训会

（县医保局　供图）

【跨省异地就医联网结算】 积极推进跨省异地就医全国联网直接结算工作，强化政策规定、简化办理流程、提高经办能力，切实解决跨省住院费用结算问题。2020年，全县医疗机构跨省全国联网结算93人次，基金支付67.79万元；参保人异地就医全国联网直接结算共834人次，基金结算590.37万元，其中职工医保254人次，基金结算155.37万元，居民医保580人次，基金结算435万元。

【付费方式改革】 严格执行在总额预算下的总额控制为主，精神病按床日付费、项目付费、按病种付费多元复合式医保支付方式。按规定纳入总额控制医疗机构职工医保15家次，居民医保72家

2020 年 10 月 17 日，县医保局工作人员在商贸园宣传医保电子凭证运用

（县医保局　供图）

次（含分院）；两个二级公立医疗机构县人民医院、县中医院全面推行单病种结算，单病种结算扩大到 100 种；积极动员部分民营医疗机构和条件成熟的公立医院，选择 3—5 个病种纳入单病种结算试点。

【集中采购】　贯彻落实国家药品、耗材集中采购。2020 年组织完成 3 批国家药品集中采购使用工作和渝黔滇豫四省市医用耗材集中采购使用工作，在全县 44 家医保定点公立医疗落地实施；同时积极推进第四批药品集中采购报量工作。

【医保信息系统迁移】　根据市局工作要求，全县 475 家定点医药机构医保信息系统，由之前依托人社“金保”系统迁移到市医保局自建的网络信息系统，完成由“市级—县级—各定点医药机构”平台建设，7 月 31 日 19 时至 8 月 1 日 6 时完成了迁移演练工作，并于 8 月 7 日起正式运行使用。

【医保电子凭证激活】　严格按照国家局、市局工作要求，积极推进医保电子凭证激活使用工作。开展医保电子凭证线下推广活动，共发放医保电子凭证宣传物料 4000 余份；对全县医保定点医药机构负责人进行医保电子凭证应用的专题培训，提高政策熟悉度。全县已激活医保电子凭证 11.15 万人，有 314 家（定点医疗机构 124 家、药店 190 家）定点医药机构开通医保电子凭证扫码支付功能。

【医保扶贫】　2020 年全县资助困难人群参加城乡居民医疗保险 135348 人，其中享受建卡贫困户资助政策 90887 人，资助金额共计 1136.08 万元。经过重新清理比对，建卡贫困户已实现“应保尽保”。积极落实贫困人口医疗保障，2020 年，贫困人口住院、特病门诊就诊 91773 人次，医保基金支出发生累计 11025.81 万元；医疗救助支出 2700.64 万元，扶贫济困资金支出 397.61 万元；基本医保、大病保险、医疗救助结算达 100%。持续开展特殊疾病鉴定及证件办理，加强宣传、落实责任、强化督导，2020 年，对符合特殊疾病（重大疾病、慢性病）标准的贫困人口办理特殊疾病证 720 人次，贫困人口重大疾病、慢性病就诊 48239 人次，医保支付 1120.58 万元。

【疫情防控】　落实企业减征，疫情防控期间对职工医保单位缴费部分实行减半征收，涉及单位 782 家，涉及金额 794.7 万元。为保障参保患者及时就医，县医保局及时预拨各定点医疗机构医保基金共计 1600 万元，确保各医疗机构有序开展医疗服务。对于疑似患者或确诊患者未参保的，在疫情流行期间实行“即参即享”；同时落实患病就医贫困人口基本医保、大病保险、医疗救助相关政策，提高贫困人口保障水平，县域内定点医疗机构全面实现“一站式结算”“无卡结算”。

机关事务管理服务

【概况】 2020年，县机关事务管理中心以习近平新时代中国特色社会主义思想为指导，紧紧围绕县委、县政府中心工作，深入贯彻落实党的十九大、十九届五中全会精神，全面贯彻落实中央八项规定及其实施细则等法规精神，深化改革、细化管理、优化服务、强化建设、不断健全体制机制、积极探索管理创新、扎实推进节约型机关建设，有力保障党政机关高效运转，为全县机关事务工作发挥积极作用。

【公务接待服务】 按照“有利公务、务实节俭、严格标准、简化礼仪”要求，围绕“细致、精致、极致”目标优质高效地做好公务接待和会议活动保障工作，1—12月，完成各类公务接待活动共93批次2103人，其中副国级领导1批28人，部级领导27批360人，厅级领导29批792人，党政代表团4批64人，其他32批859人；重要会议（全委会、人代会、政协会）4次约946人，圆满完成中央政治局委员、重庆市委书记陈敏尔到彭调研全面建成小康社会，决战脱贫攻坚工作，中央外事工作委员会办公室副主任刘建超到彭调研定点扶贫工作等重要接待任务，以及国家脱贫攻坚普查组、国家脱贫攻坚督导组、国家脱贫攻坚普查质量抽查组、脱贫攻坚市对县成效考核组、国家脱贫攻坚成效考核组等重要团组到彭接待服务工作；加大监管力度，根据《党政机关国内公务接待管理规定》要求，督促党政机关开展自查，进一步规范公务接待行为，控制公务接待经费开支。

【公务用车管理】 加强机关用车编制管理，圆满完成事业单位车改工作。2020年拍卖取消车辆共42辆，拍卖报废车辆18辆，有效保障各用车单位公务出行安全；结合各用车单位实际情况，严格配备标准，2020年共召开公务车辆更新联席会2次，更新处置及调剂公务用车共计12辆，其中处置更新7辆特种专业技术用车，报废2辆特种专业技术用车，调剂3辆事业单位业务用车；加强公务用车日常使用监管，推进公务用车信息化全市一张网。对全县范围内事业单位车改保留公务用车（除救护车外）统一安装车载OBD，推进公务用车“平台化、信息化、标识化”管理。采取先自查自纠再督查检查的方式，要求各单位及时更新车辆信息、录入相关费用（燃油费、维修费、路桥费、保险费等），完整张贴公务用车标识，对全县65个县级部门、19个街道乡镇及4个学校进行了公务用车“三化管理”检查；积极谋划，切实解决基层公务用车租车难，出行难问题。在市机关事务管理局统筹下，彭水自治县保家镇、桑柘镇、郁山镇纳入全市首批新能源汽车分时租赁试点，在三个乡镇各投放2辆新能源汽车，有效缓解了基层公务出行难问题；强化协调，确保公务活动有序开展。2020年，跨部门车辆集中管理平台共调度车辆1767余次，服务人次达5300余人次，完成全委会、人代会、国家脱贫攻坚普查组、

2020年7月14日，迎接国家脱贫攻坚乡镇街道后勤保障服务会召开

（机关事务管理服务中心　供图）

国家脱贫攻坚普查质量抽查组、脱贫攻坚市对县成效考核组、国家脱贫攻坚成效考核组等大型会议、调研活动的公务用车调度。

【办公用房管理】 结合现有办公用房布局，统筹协调优化办公用房调整。按程序及时组织县群团活动中心、县青少年活动中心等相关单位办公用房调配工作；依托重庆市党政机关办公用房管理信息系统，通过下发通知、线上培训、实地检查等多种形式，对全县党政机关办公用房数据进行全面的清理、排查，加大力度宣传党政机关办公用房面积使用标准，从而规范办公用房使用管理；坚持公平公正公开，依法依规处置闲置办公用房。采用公开竞租方式，依法处置闲置资产7处，实现年收入55.9万元，确保国有资产保值增值；坚持经济实用原则，做好办公用房大中型专项维修。坚持“经济适用、节约资源”原则，采用联席会审制度模式，完成石柳乡政府等6家单位联席会审会，明确县公安局等三家单位按程序进行办公用房维修改造工作。

【公共机构节能】 突出重点，创新宣传方式。认真组织形式多样的节能宣传周系列活动，推动在全社会形成崇尚节约节能、绿色低碳消费与环保的好风尚；县人民医院经过申报、创建、初评和复核等环节，顺利通过国家级节约型公共机构示范单位的验收评估，获得“2019—2020年国家级节约型公共机构示范单位”称号；完成全县20个公共机构职工食堂油烟治理工作，并通过第三方机构检测达到市上要求排放标准，圆满完成市局下达目标任务；根据市、县节约型机关、节水型单位创建工作要求，圆满完成23个节约型机关单位创建任务及29个节水型单位创建初评工作；积极组织实施两江综合大楼能源审计工作，等待市上验收；因地制宜做好公共机构生活垃圾分类工作，下发《彭水自治县公共机构生活垃圾分类实施方案的通知》，进一步明确职能职责、目标任务、实施范围、分类标准等，要求各单位通过制定实施方案、建立工作台账、设置分类垃圾桶等方式，全力推进生活垃圾分类工作。

【集中办公区域食堂和物业管理】 及时传达学习贯彻习近平总书记对制止餐饮浪费行为重要指示精神，在全县各级公共机构中发起“养成节约习惯、制止餐饮浪费”倡议，下发《关于全县党政机关和企事业单位开展“‘光盘行动’我带头”的通知》文件，并在公共机构中进行专项宣传，其中发放宣传海报900余份，制作标识标牌20块、发放光盘行动监督员红袖标30个，对全县26家行政单位食堂开展光盘行动检查；助推脱贫攻坚，2020年全县机关事业食堂共计完成消费扶贫510万元；加强对各集中办公区域职工食堂监管，完成公安大楼职工食堂和两江综合楼职工食堂服务商重新公开征集；进一步加强集中办公区域物业服务管理，完成县委大院等3处集中办公区域物业服务公开招标工作，督促各物业服务公司建立健全保安保洁管理等规章制度。

【后勤服务】 党校政务接待中心，2020年完成教职工用餐、各单位干部培训、公务接待后勤保障任务达503批次7万余人次，其中重点完成中央外办扶贫座谈会、市委调研组到彭调研、国家脱贫攻坚到彭普查、腾讯公司到彭考察、重点招商项目签约活动的后勤保障任务，充分体现后勤服务工作成为服务政治、经济的重要窗口，符合社会发展新要求；为适应后勤改革方向，引进新大正物业，以市场化、社会化为基础，对三个集中办公区实行集中统一管理，完善办公楼、各会议室设施，统一安保卫生保洁，既节约行政资源，又规范服务类型，提高工作效能。2020年在党校会场完成各类大小会议会务服务116场次18291人次，做到了会前准备、会中服务、会后收尾工作零失误，有力保障全局后勤工作优质、高效运转。

【扶贫助困】 按照党的“十九大”提出的“乡村振兴战略规划”总要求、帮扶规划总体任务和目标，及时调整帮扶计划，制定2020年工作规划，针对产业发展、基础设施建设制定详细、可行的帮扶措施，共规划建设项目3个，总投资375余万元；围绕精准脱贫，狠抓各项工作落实。按照全县脱贫攻坚工作安排，及时组织帮扶干部进村入户开展“八个一”帮扶工作，“支部联谊”、“院坝会”等经常性帮扶活动持续有效开展；针对上级在各次督导检查中反映的问题，及时建立整改台账明确整改时限和责任人，确保各类问题如期整改到位；对照贫困户脱贫退出5条认定标准逐户排查帮扶工作短板，及时抓好整改，重点对已脱贫的39户159人，围绕产业发展、就业创业、健康扶贫等方面，持续用力开展帮扶，为实现全部稳定脱贫奠定了扎实基础。

机构编制

【概况】 2020年，县委编办紧紧围绕全县工作重心，以做好机构改革“后半篇文章”为重点，统筹优化编制资源，大力推进机构编制法定化规范化。扎实开展机构改革“回头看”，进一步巩固机构改革成果。深入推进综合行政执法改革，全面完成全县重点领域8支综合行政执法队伍和其他8支行政执法队伍机构改革。着力保障重点领域机构编制配置，设立县乡村振兴促进服务中心、县两江小学校等10个事业单位，共核定事业编制278名。大力充实县级疾控机构编制需求，增核公共卫生领域事业编制29名。

【机构改革后续】 开展机构改革“回头看”，制定机构改革“回头看”工作方案，针对改革中机构设置、“三定”规定执行及职责分工落实、领导干部配备、人员转隶等情况开展“回头看”。贯彻落实《重庆市机构编制核查暂行办法》，坚持以问题为导向，对存在职责边界不清晰、执法机构人员未划转、人员队伍结构不合理等问题进行全面梳理。根据督查评估情况，对存在的问题进行逐一讨论分析，研究制定了整改方案。及时将存在的问题反馈相关部门，督促整改落实，确保机构设置规范、人员编制统一以及改革成果得到进一步巩固。不断深化综合行政执法改革，充分运用机构编制核查联动机制，会同县委第一巡察组实地调研市场监管、交通运输等重点领域综合行政执法改革情况。根据机构改革“回头看”有关单位自查报告，及时掌握综合行政执法机构履职情况，运转情况和执法人员配备情况。全面完成全县重点领域8支综合行政执法队伍和其他8支行政执法队伍机构设置、编制划转、机构挂牌、人员转隶。按照“属地管理，重心下沉”原则，适合委托乡镇执法的部门均与乡镇签署《委托执法书》，明确执法权限和执法边界。按照《重庆市（市、区县、乡镇）三级行政权力和责任事项清单》和对应市级部门公布的清单，各行政执法部门制定《行政执法事项清单》并对外公布。完善执法监督及执法协作机制，建立由县司法局牵头，各主管部门负责的行政执法监管体系。稳步推进事业单位改革，根据社会经济发展需要，不断优化事业单位布局，整合彭水日报社、县电视台设立县融媒体中心，整合县低碳经济管理服务中心、县煤矿信息调度中心设立县县城城镇化补短板强弱项服务中心；撤销县节约能源监察中心设立县大数据事务中心，撤销县房地产交易中心设立县城镇管线综合管理事务中心。动态调整中小学教职工编制，严格落实中小学教职工编制标准，对36所学校适度调整事业编制，收回22名中小学教职工编制；调整13所学校特幼教编制26名，增加特幼教编制3名；全面完成名称为“委、办、局”的事业单位更名，将县社会保险局更名为“县社会保险事务中心”，县就业和人才服务局更名为“县就业和人才事务中心”。

【机构编制法定化规范化】 积极贯彻落实《中国

共产党机构编制工作条例》。充分利用网络、有线电视、《彭水日报》、手机短信等媒介，大力宣传和学习《条例》以及机构编制各项政策法规。订购200本《条例》读本，分送县领导、乡镇和部门主要领导。将《条例》纳入县委党校（行政学校）主题班教学内容，不断提高广大干部尤其是领导干部对机构编制管理重要性和必要性的认识，进一步增强机构编制纪律意识，切实维护机构编制管理的严肃性和权威性。推进事业单位登记管理工作，规范事业单位法人登记管理，共办理事业单位法人变更登记69件，设立登记13件，注销10件，对201个事业单位法人年度报告进行公示。强化事业单位法人公示信息“双随机一公开”抽查，按照3%的比例抽取5家事业单位进行实地核查，撰写《关于报送事业单位法人公示信息抽查工作开展情况的报告》，并报送市登记局。做好全县统一信用代码数据统计，持续优化机关、群团统一信用代码赋码工作。夯实机构编制基础工作，加强机关、事业单位编制使用的动态管理，根据机构编制、实有人员变化情况及时调整机构编制和实有人员信息数据库，实现对编制使用情况进行实时监控。按照相关要求，对机构编制实名制系统数据进行全面自查，完善机构和人员编制基础信息，进一步提高数据准确性，为县委、县政府人力资源调配提供更为精确的决策依据。对机构编制业务内网涉密计算机、打印机和其他涉密设备采取专门的防范措施，保障网络安全。设备实行专机专人使用、专人负责，涉密文件和资料实行专人、专柜保存，确保保密工作各项要求落实到位。统筹优化机构编制资源配置，根据全县经济发展和民生领域需求，设立县人才发展中心、县新时代文明实践服务中心、县社会福利指导中心、县道路运输事务中心、县港航海事事务中心、县乡村振兴促进服务中心、县新城开发建设服务中心、县两江小学校、县融媒体中心、县县城城镇化补短板强弱项服务中心、县大数据事务中心、县城镇管线综合管理事务中心，共核定事业编制278名。按照“分期分批、逐步到位、有序规范、保证急需”原则，充分考虑事业单位人员结构和增减平衡，在余编范围内研究批复教育、卫生系统2020年公开招聘用编计划429名、政法专项编制用编计划13名；批复县疾病预防控制中心事业编制用编计划8名，用于公开招聘医疗卫生专业人才。调减汉葭街道社区卫生服务中心等4个单位11名事业编制，相应增加到大垭乡卫生院、龙射镇中心卫生院等7个乡镇卫生院。健全完善公共卫生体系建设，明确乡镇（街道）卫生院（社区卫生服务中心）公卫职责。结合事业单位分类改革，重新完善乡镇（街道）卫生院（社区卫生服务中心）职能配置，突出公共卫生（疾病预防）职责，设立对应业务科室，配备人员编制承担相关工作。重点加强县疾病预防控制中心、县结核病防治所等公共卫生机构的编制配备，在现有编制总额内，按照常住人口的万分之1.75为县疾病预防控制中心增加事业编制27名，为县结核病防治所增加事业编制2名，疾控机构总编制数达86名。完善健康教育所职能配置，强化公共卫生方面宣传教育职责。

【县委巡察整改】 制定整改方案，针对巡察反馈问题和意见建议，成立巡察反馈问题整改工作领导小组。召开主任办公会对巡察反馈问题进行专题研究，逐一列出问题清单，细化整改措施，明确整改责任领导、责任科室、责任人及整改时限。制定《关于县委第一巡察组反馈问题整改方案》，并按照方案实施整改。落实整改任务，召开全体职工会议，广泛听取意见，认真查漏补缺。根据整改方案，逐一对照问题清单，及时完成问题整改。对整改工作进行全面总结，形成《关于巡察反馈问题整改情况的报告》《关于主要负责人抓整改落实情况的报告》，并报送县委第一巡察组。召开专题民主生活会，为加强巡察成果运用，履行巡察整改主体责任，针对巡察发现的问题，召开巡察整改专题民主生活会。对照检查反馈问题，开展批评与自我批评，扎实推进巡察问题整改，并将整改落实情况及时向党员、群众通报，自觉接受党员、群众监督。

【机构编制队伍建设】 持续强化机关政治建设，全面加强思想政治建设，严格执行“三会一课”、民主评议党员、请示报告等一系列党内生活制度，扎实开展主题党日活动，强化党支部对党员的监督管理。严格遵守政治纪律和政治规矩，执行请示报告制度，坚持党员领导干部对工作中的重大问题和个人有关事项按规定程序向党组织报告。将意识形态工作纳入班子成员民主生活会和述职述廉报告的重要内容，主动接受监督和评议。不断加强机关党风廉政建设，履行党风廉政建设主体责任，严格落实中央八项规定精神，深入贯彻执行《廉洁自律准则》《纪律处分条例》，持之以恒纠正“四风”问题。运用好监督执纪“四种形态”，严肃各项纪律。经常性开展警示教育工作，深化“以案四说”“以案四改”，用身边事教育身边人，筑牢拒腐防变的思想防线，做到警钟长鸣。全面提升干部队伍素质，强化调查研究，以“走出去”的工作方式，到部门和乡镇开展事前调研，掌握精准信息，为机构编制事项的审议做好充足准备，进一步发挥参谋助手作用。坚持党管干部原则和新时期好干部标准，规范选人用人程序，打破“论资排辈”的用人观念。全体干部不断加强学习，增强工作本领，时刻保持能力不足的危机感和恐慌感，在学习中开阔视野、丰富知识，扎扎实实干好每一项工作。抓实抓细脱贫攻坚工作，按照《彭水自治县编办驻村工作队员管理办法（试行）》，加强派驻人员管理。按照县上统一部署和要求，向绍庆街道过江村派驻 2 名驻村工作队员，全体职工对点帮扶贫困户，并分期分批走访贫困户，扎实做好帮扶工作。做好疫情防控工作，领导班子积极参与疫情期间全县应急值守工作，按照县上统一安排值守下塘高速出口。全体职工认真遵守疫情防控期间相关规定，确保单位人员“零感染”。宣传疫情防控工作，在入户走访时动员帮扶户积极参与新冠肺炎疫情防控。

党校工作

【学校概况】 中共彭水自治县委党校位于彭水县靛水街道五湖居委 1 组，为县委直属正科级公益一类事业单位，与县社会主义学院、县行政学校实行合署办公。校园占地面积 3.22 公顷，建筑面积 28897 平方米，容积率 0.9，绿化率 36%，有教学楼、报告厅、学苑宾馆各一幢。党校内设机构有办公室、教研科、培训科、后勤科 4 个科室。编制 23 人，在编 23 人，其中 10 人参照公务员管理，13 人为专业技术人员。16 名专兼职教师中，研究生学历 11 人，副高职称 3 人，中级职称 9 人。

【理论学习】 加强中心组理论学习，坚持“两学一做”学习教育常态化、制度化，坚持读原著、学原文、悟原理，自觉主动学、及时跟进学、联系实际学、笃信笃行学，不断在学懂弄通做实上下功夫。围绕《习近平扶贫论述摘编》《党章》《中国共产党党内法规》《治国理政》等，全年中心组集中学习 12 次，党支部集中学习 20 次，牢固树立“四个意识”，坚定“四个自信”，做到“两个维护”。

【干部培训】 突出理论教育和党性教育主业主课地位，始终旗帜鲜明讲政治。2020 年，共举办各类培训班次 19 期，培训人数共计 2040 人。其中，常规班 7 期，培训人数 230 人；专题班 10 期，培训人数 1650 人；计划外培训班 2 期，培训人数 160 人。坚持以培训需求为导向，实现课程更新动态化；坚持以培训方式为载体，实现课程形式多样化。全年县党政领导班子成员到党校授课共计 7 人次，县部门、镇街党政主要领导干部到校讲课共计 80 人次。邀请市级部门领导到彭水授课 9 人次。

【教学基地】 充分挖掘彭水县历史文化资源，建成各具特色的革命传统、扶贫开发、生态经济、美好乡村建设等现场教学基地。如结合“不忘初心、牢记使命”主题教育，打造天津路红色文化历史故事街区基地、黄家镇红军历史文化老街基地；合理设置实岗锻炼项目，打造润溪乡特色农业发展实岗锻炼基地、庙池农庄山地农业与乡村振兴实岗锻炼基地等。

【科研咨政】 全年在各级各类刊物及研讨会论文集上发表理论文章33篇。市委党校“乡村振兴战略下重庆民族地区康养旅游发展研究”和“武陵山区乡村旅游与生态文明融合发展研究”一般课题结题；市社院委托课题“渝东南地区统一战线助推乡村振兴和稳定脱贫研究”和“中华传统文化中的协商民主思想及现代启示”等5项结题。参加渝东南片区党校系统理论研讨会，提交论文4篇，获一等奖1篇，二等奖1篇，三等奖2篇。编辑出版1期《乌江论坛》，刊发17篇文稿。报送《决策参考》5期。

【师资培养】 加强领导班子建设，不断提高领导班子思想理论水平、领导能力和决策水平，做到讲团结、善配合，确保步调一致，努力建设风清气正的党校。规范机构编制设置，增强党校教师岗位吸引力，采取在职进修、短期培训、挂职锻炼等方式培养优秀教师。先后选派教职员工到四川省委党校、四川省社会主义学院、重庆大学等地学习15人次。选派5人参加地方中心工作。选派1人赴山东省聊城市委党校挂职锻炼。

【脱贫攻坚】 校委领导班子多次专题研究扶贫工作，成立领导小组，明确目标、落实责任、细化措施。驻村工作队和全校教职工积极作为。全力做好脱贫攻坚相关培训，共举办各类培训3期，培训人数719人。其中，包括驻村工作队专题培训班437人，东西部扶贫协作暨全县优秀人才研修示范班210人和全县脱贫攻坚专题培训班72人。

信访工作

【概况】 2020年，彭水县信访办在县委、县政府的坚强领导下，全县各级各部门深入学习贯彻习近平总书记关于加强和改进人民信访工作的重要思想，紧紧围绕全县中心工作，坚持以人民为中心，统筹推进疫情防控和信访工作，深化信访矛盾控增量减存量防变量行动，着力攻坚克难，深化信访改革，畅通信访渠道，创新工作方法，解决了一大批信访突出问题，确保全县社会政治大局持续稳定，推动彭水县信访工作高质量发展。

【党风廉政建设】 深入学习习近平新时代中国特色社会主义思想，深刻领会习近平总书记对信访工作批示精神，持续开展“以案四说”警示教育活动，进一步强化党风廉政建设“两个责任”，深入开展党性党风党纪教育，严守政治纪律和政治规矩，完善廉政风险防控机制制度，强化监督执纪“四种形态”执行力，加强党风廉政建设法规制度学习教育，筑牢拒腐防变思想防线。

【信访业务办理】 2020年，严格落实信访事项网上办理规程，强化信访业务规范化、标准化、精细化管理。信访事项“五率”达目标要求。对群众提出的所有信访事项，全部纳入系统，主动接受群众评价监督，实现信访信息系统应用率、信访事项录入率、信访事项及时受理率均达100%、按期办结率达99.9%，纳入满意度评价的信访事项参评率达82.9%，群众满意率达99.7%，均超全市平均水平。

【矛盾排查化解】 矛排调处开展有力，坚持矛盾纠纷月排查和每季度开展一次矛盾纠纷大排查大化解活动，及时有效地把矛盾化解在基层。2020

2020年10月10日，县长石强（中）在县群众接待中心接访信访群众

（县信访办　供图）

年，乡镇（街道）排查矛盾纠纷，全部进行了调解，调解率为100%，办结率达93%以上。

【接访下访】　干部接访下访有序，坚持高位推动、以上率下，深入落实领导干部定期公开接访、深入基层下访等制度要求，推动矛盾问题解决在基层、源头。2020年，全县市管领导接访下访群众646件次、1243人次，乡镇（街道）和县级部门领导接访下访群众9703件次、11201人次，解决群众实际问题3000多个。

【信访法治建设】　扎实开展信访法治化建设，依法规范信访秩序，引导群众依法、逐级、有序、理性表达诉求，结合“七五”普法深入开展信访法治宣传“六进”活动，全年向到访群众发放《信访条例》等法律宣传资料共计1万余份；以宪法日宣传、防范化解重大风险宣传为契机，集中开展信访法治宣传活动3次；完善诉访分离和依法分类处理运行机制，访调对接、律师参与信访工作全力推进。

【四项攻坚行动】　对重点领域、重点群体、重点问题、重点人员严格落实包案化解责任。聚力开展信访矛盾化解“四重攻坚”。以“控减防”行动为载体，以专项治理为抓手，以源头防范为基础，严格落实“五个一”“三重新”工作要求。国家信访局交办的重点信访事项、市县级排查交办的重点群体、重点问题化解率均达100%。

【专项治理】　大力推进信访积案“清仓见底”“治重化积”专项工作。召开全县专题部署会、推进会，统一思想认识，整合力量推动突出问题化解。印发文件，高位推动专项工作任务稳步推进。截至2020年12月，排查清理信访存量问题，化解率42.2%，其中具有合理诉求的信访事项化解率达到50%以上。重复信访事项化解率37.6%。

【群众工作】　紧紧围绕信访工作就是群众工作的主线，全办干部职工按时深入一线进入农户面对面交流，有效化解扶贫领域的信访、舆情等矛盾问题，开展矛盾纠纷大排查大化解，深入查找干部在作风不实、政策执行不力、优亲厚友、不作为、慢作为、乱作为等信访突出问题。

退役军人事务

【概况】　2020年，县退役军人事务局坚持以习近平新时代中国特色社会主义思想为指导，贯彻落实习近平强军思想和习近平总书记关于退役军人工作重要指示精神，按照《新时代意见》《贯彻落实意见具体措施》和全市退役军人工作会议部署要求，持续固根基、扬优势、补短板、强弱项，实现了各项工作稳步推进。

【服务保障】　在县退役军人服务中心设立信访接待、优待抚恤、就业创业、政策咨询等窗口，配齐工作人员，做好日常业务工作，39个乡镇、街道退役军人服务站按照“五有”要求加大硬件设施建设，投入资金48万元在12个乡镇开展全国示范性退役军人服务站创建工作，296个村（居委）退役军人服务站由村（居委）党组织书记兼任站长，综合专干兼工作人员。

【安置军休】 将符合政府安排工作条件的13名退役士兵全部安置到乡镇事业单位，计划分配军转干部1名安置到县级行政机关，推动报到接收、保险接续、一站服务、分配上岗、档案核实管理等具体工作规范化，加强安置政策的宣讲，及时调整军休干部待遇，规范军休经费使用，加大军休干部的关心力度，定期走访慰问，对两名生活困难的军休干部发放补助金1万元。

【就业创业】 全年发放退役士兵学历教育补助19.1万元、退役士兵自主就业一次性经济补助金766.16万元，精心组织59名退役士兵参加“退役第一课”适应性培训，在培训期间举办退役士兵专场招聘会，择优26家市内外企业入场招聘，52名退役士兵与企业签订了意向性协议书，对全县近两年退役士兵培训需求进行全面统计，根据学历教育和职业技能培训需求分批安排落实，审核完成了439名退役士兵享受高职扩招教育资助，通过开发公益性岗位帮助3名下岗失业退役军人实现稳定的再就业，全县通过公益性岗位帮扶就业的下岗失业退役军人达到34人；退役军人侯春均取得“重庆市首届退役军人创业创新大赛”精准扶贫领域第一名成绩，代表重庆市参加“全国退役军人创业创新大赛”，获得优胜奖；县财政到位资金500万元，抽调人力社保、医保、民政等部门工作人员组成专班开展工作，清理历年安置档案和社保缴费核查，全县受理687人，养老保险和医疗保险已全部核查完毕，做到应接续尽接续。

【优抚保障】 全年发放各种优待抚恤补助资金3500余万元、发放重点优抚对象节日慰问金97.31万元；新增调整优抚对象99人；组织80名重点优抚对象分两期开展短期疗养活动，发放医疗补助46.44万元、危房改造补助9万元、生活困难补助45.76万元；发放重点优抚对象住院医疗补助509人次27.64万元；发放部分重点优抚对象门诊医疗补助340万余元，为22名重点优抚对象申请廉租房公租房落实补助1.39万元，发放2019年11月至2020年9月物价补贴261.86万元，印发《关于规范部分优抚工作业务流程的通知》《关于申请60周岁以上农村籍退役人员有关事宜的通知》和《关于进一步规范优抚待遇发放工作流程的通知》等文件，规范了优抚业务经办流程，解决了待遇发放时间不统一、发放项目不明确以及漏发误发等问题。

8月20日，脱贫攻坚第一书记（退役军人）进军营活动

（县退役军人事务局　供图）

【双拥共建】 安排专项资金62万元帮助部队解决文化宣传栏和荣誉室建设；县财政统筹资金194万元对武警中队生活设施进行维修改造；春节期间由县四大家主要领导、分管领导及相关部门、乡镇负责人率队对退役军人及其他优抚对象开展走访慰问，发放慰问品16万元；春节和八一期间，县四大家主要领导带队对驻彭部队进行慰问，共发放慰问金（含物资）19万元；开展“情系边海防官兵”拥军优属活动，对全县现役军人家庭进行慰问全覆盖，特别是对驻守新疆、西藏、云

南、广西、海南等边防海岛的现役官兵家庭逐户进行走访，了解并帮助解决困难，共发放慰问物资17.15万元；为获得部队表彰奖励的现役军人发放一次性奖励金14.9万元、发放义务兵家庭优待金493.98万元、发放2019年度大学生参军入伍和应征青年进藏进疆服役义务兵一次性奖励金137.3万元。

【褒扬纪念】 拟对县烈士陵园等9处烈士纪念设施进行维修改造，预算资金994300元，该项工作正在稳步推进中；在“清明”节期间，精心组织开展“致敬2020清明祭英烈”网上祭扫活动，在烈士陵园开展烈士墓碑清洗活动，通过彭水日报抖音发布后，网络浏览量6000余万次，网络点赞241.5万次，网络转发4455次；烈士纪念日，县委书记钱建超，县委副书记、县长石强等县领导率各界代表350余人开展纪念活动，深切缅怀革命先烈的丰功伟绩；依托重庆红军历史陈列馆、黄家坝红色基因传习所、马头山革命战役遗址打造县级退役军人革命传统教育基地。

【疫情防控】 在新冠肺炎疫情防控期间印发《致全县退役军人的倡议书》，引导全县广大退役军人积极参加疫情防控工作，共有700余名退役军人主动参与入户登记、宣传、设卡检查、消毒、劝返等工作，为全县疫情防控筑起一道可靠的长城，彰显新时代退役军人“若有战召必回”和冲锋向前的担当精神。

【基层基础工作】 指导乡镇（街道）、村（社区）退役军人服务站配齐配强人员，改善办公场地、配备设备，全面落实政治文化环境建设要求，在12个乡镇开展创建全国示范型退役军人服务站工作，投入资金48万元，提出硬件“四个一”，即一个退役军人之家、一个公共服务窗口、一间荣誉室兼接待室、一间站长办公室；精心编制“十四五”规划，总投资2995万元的县荣誉军人光荣院建设项目纳入市级专项规划清单。

2020年立功受奖人员花名册

所属乡镇	姓名	家庭住址	立功等级或奖项
汉葭街道	张　东	汉关路十角楼	“四有”优秀士兵（士官）
	罗博文	鼓楼街	“四有”优秀士兵（义务兵）
	王　健	柏杨村1组	“四有”优秀士兵（义务兵）
	尹　威	北门街	“四有”优秀士兵（义务兵）
	许玲松	沙陀社区	“四有”优秀士兵（义务兵）
	王万果	油麻6组	“四有”优秀士兵（义务兵）
	冉俊豪	长溪村5组20号	“四有”优秀士兵（义务兵）
	王儒霖	沙沱街公路小区	“四有”优秀士兵（义务兵）
联合乡	赵小飞	龙池村1组	“四有”优秀士兵（士官）
	吴　昊	河东村7组104号	“四有”优秀士兵（义务兵）
	腾　凡	龙池村7组	“四有”优秀士兵（义务兵）
	赵小飞	龙池村1组	三等功（士官）
	王双喜	龙池村4组	三等功（士官）

续表

所属乡镇	姓名	家庭住址	立功等级或奖项
龙射镇	陈双燕	钟山村	“四有”优秀士兵（士官）
	许石川	永合村	“四有”优秀士兵（士官）
	陈浩然	大地村2组33号	“四有”优秀士兵（士官）
	董相材	乡树林村	“四有”优秀士兵（义务兵）
	陈双燕	钟山村	三等功（士官）
大垭乡	冉　波	大垭口村	“四有”优秀士兵（士官）
	冉　波	大垭口村	三等功（士官）
	余一召	大垭口村2组	三等功（士官）
	王鹏程	冬瓜溪村2组	三等功（士官）
桑柘镇	文　军	居委2组	“四有”优秀士兵（士官）
	张裕林	茶兴村5组	三等功（士官）
	文　军	居委2组	三等功（士官）
绍庆街道	王　璨	镇南村5组	“四有”优秀士兵（义务兵）
	任江勇	弹子村1组	三等功（士官）
	杨久零	滨江路145号3-1	三等功（士官）
平安镇	曾凡爱	大竹村4组	“四有”优秀士兵（义务兵）
	代在行	阳平村4组	“四有”优秀士兵（义务兵）
普子镇	李小川	沙坝村4组	“四有”优秀士兵（士官）
	罗东升	普子坝村4组35号	“四有”优秀士兵（义务兵）
高谷镇	胡义波	磅溪村3组	“四有”优秀士兵（义务兵）
	田　熙	群峰三组	三等功（士官）
大同镇	侯江涛	大河村2组33号	“四有”优秀士兵（士官）
	段秀林	大河村3组	三等功（士官）
鞍子镇	朱江林	大林村4组	“四有”优秀士兵（义务兵）
保家镇	刘春生	羊头铺居委6组	三等功（士官）
棣棠乡	陈春勇	四坪村2组	三等功（士官）
靛水街道	董屿璠	前进村1组	“四有”优秀士兵（义务兵）
朗溪乡	冉吟松	大堡村	三等功（士官）
连湖镇	刘　凡	多家村7组44号	“四有”优秀士兵（义务兵）
龙塘乡	黄　胜	双龙6组	三等功（士官）
芦塘乡	付元均	星光村4组39号	“四有”优秀士兵（士官）
鹿鸣乡	何东飞	合理村三组	三等功（士官）
梅子垭镇	谢辽飞	联合村2组	“四有”优秀士兵（士官）
太原镇	刘志鑫	麒麟村1组	“四有”优秀士兵（义务兵）
郁山镇	吴吉钱	大坝村	“四有”优秀士兵（士官）
诸佛乡	任洲庆	红岩村2组	“四有”优秀士兵（义务兵）
走马乡	张爱民	农胜村3组	“四有”优秀士兵（士官）

群众团体

总　工　会

【概况】　2020年，在县委和市总工会正确领导下，彭水自治县总工会带领全县各级工会和广大职工群众，以习近平新时代中国特色社会主义思想为指导，贯彻落实习近平总书记关于工人阶级和工会工作的重要论述，坚持新发展理念，立足降低疫情影响和助力复工复产的新形势新任务，紧扣全面建成小康社会目标任务，围绕建设生态特色宜居城、生态旅游目的地、生态产业发展区、生态文明示范县，决胜全面建成小康社会、决战脱贫攻坚和城市困难职工脱困解困，坚定信心、勇于担当、砥砺前行，各项任务圆满完成。县总工会获得全市工会工作综合目标考核特等奖表彰。

【组织建设】　坚持党建带工建，积极推进基层工会组建工作。与县委组织部联合选聘4名非公经济和社会组织专职党建工作指导员（工会社会化工作者），新建基层工会组织15个，新增会员1440人，其中，新增百人以上工会组织2个，会员1001人；全县18家规模以上及百人以上企业已实现全部建会。持续开展会员实名制录入工作，积极推进会员实名制管理，新增会员实名制录入1696人，其中农民工会员780人。按照“先易后难，成熟一个建会一个”原则，以家政服务员和保安员为主要建会入会对象，积积极推进灵活就业群体建会入会，全县灵活就业群体企业建会率为83.33%，灵活就业人员入会率为94.86%。大力推进基层工会“职工之家”示范单位建设，评选命名基层“合格职工之家”9个，推荐“全国模范职工之家”1个、“市级模范职工之家示范单位”2个。不断规范基层工会选举工作，按时督促指导基层工会组织按期换届，推进会员评家、会务公开以及会员代表常任制等工作，落实会员的知情权、参与权、选举权和监督权。

【劳动竞赛】　大力推动开展职工劳动和技能竞赛，积极组织开展网上劳动竞赛活动，配合开展审计机关技能大赛，联合县供电公司举办彭水县“供电服务之星”技能竞赛活动，组织开展“助推绿色发展建设美丽长江”劳动技能竞赛，组织参加2020年川渝畜牧劳动和技能大赛，推荐评选网上劳动和技能竞赛“月度之星”6人。深化群众性技术创新活动，推动企业普遍开展合理化建议、技术革新、技术协作、发明创造、岗位练兵、技术比武等活动，激发职工创新创造活力。全县参与群众性技术创新活动职工达630余人次，收集职工合理化建议124条，开展技术革新、发明创造12个，开展岗位练兵、技术比武活动15次。

【劳模工作】　深化开展“中国梦·劳动美”主题教育，大力宣传弘扬劳模精神、劳动精神、工匠精神，举办劳模进企业、进学校、进社区“三进”活动2次，受众职工群众220余人。组织2名劳模参加市级休养活动，慰问各级劳模50人，发放慰问金2.8万元。成功推荐评选全国劳动模范1人。组织申报重庆市劳模创新工作室1个，推荐“巴渝工匠”1人，重庆五一劳动奖状、重庆市工人先锋号各1个，重庆五一劳动奖章1人。组织开展了全国优秀工会工作者推荐评选工作。

【民主管理】 组织开展民主管理调研活动，加强职工代表培训，培训企业职工代表815人。推进平等协商，举办集体协商竞赛活动，签订集体合同88份，覆盖企业1887家，覆盖职工23378人，惠及女职工11253人。开展重庆市厂务公开民主管理示范单位创建活动，推荐市级企业民主管理示范单位（重庆宏业医药有限责任公司）1个，行业民主管理工作示范点（彭水县装饰建材商会）1个。县总工会获评“全国推动厂务公开民主管理先进单位”。

【劳动保护】 深化“安康杯”竞赛活动，组织全县各企业职工干部参与“安康杯”职工安全健康意识与应急技能知识普及竞赛答题活动，覆盖职工800余人。深入开展《职业病防治法》宣传周活动，组织基层工会举办宣传咨询活动25场次，发放宣传资料10000份，受教育人数达3万余人。配合对2家企业开展尘毒危害专项执法，对10余家企业开展了劳动监督检查，维护职工身体健康。联合宣传部、司法局等部门开展“2020年梦想驿站主题活动”“送万福·进万家”书法公益活动、“安全生产月”“宪法宣传周”、金秋招聘月暨第十四个“重庆农民工日”专场招聘会、“网络安全宣传周”宣传活动，受益群众6000余人，为职工群众提供现场法律咨询服务300余人次。扎实开展“炎夏送清凉”活动。走访慰问18个生产企业、户外作业、建筑施工等高温天气从事作业的一线职工、农民工2500余人，发放慰问物资价值12.5万元。

【服务帮扶】 组织开展建档困难职工元旦春节慰问活动，慰问全国级、市级建档困难职工247人次，发放慰问金37.02万元。组织开展非公困难企业职工慰问活动，慰问149人、发放慰问金7.45万元。开展疫情防控期间建档困难职工生活救助活动，帮扶救助建档困难职工241人次，发放生活救助金24.1万元。开展2020年寒假、暑假建档困难职工子女“助学成才”社会实践支助活动，27人次建档困难职工子女参加社会实践活动，发放助学资助金91005元，并为每位学生购买了100元的意外伤害保险。深化日常帮扶工作，为建档困难职工发放生活救助、助学救助、医疗救助、终末期肾病救助、住房租金补贴、残疾人特别救助等专项帮扶救助金54.261万元。其中，助学救助53人次，发放助学救助类救助金28.48万元；医疗救助2人，发放医疗救助类救助金1.5万元；生活救助52人次，发放生活救助类救助金24.281万元。协调山东省聊城市总工会捐赠10万元购买农特扶贫产品，慰问建档困难职工33人。建立健全解困脱困工作机制，全面完善建档困难职工档案信息，加强动态管理，积极配合第三方评估机构开展城市困难职工解困脱困工作成效评估，脱困率达到96.93%，在库建档困难职工33人。开展阳光就业暖心行动，为5名建档困难职工家庭高校毕业生子女提供为期2年的过渡性就业岗位，2020年发放过渡性岗位薪酬93459.35元。过渡性工作岗位和“助学成才”社会实践活动得到《中国工人》杂志宣传报道。

【互助保障】 强化组织领导，充实兼职经办人员，制定2020年度职工互助保障工作方案，层层分解落实工作任务，压实工作责任，强化跟踪服务，稳妥推进职工互助保障工作。全县共有212家会员单位15321名职工参加互助保障计划，入会总金额138.29万元，与前三年同期平均入会金额比增长1.65%。全年累计协助会员完成互助金理赔336人次，理赔金额57.26万元。组织会员400余人开展2020年健康公益体检活动。2020年8月，被中国职工保险互助会评为“2019年度基层职工互助保障工作优秀单位”。

【职工维权】 深化法律宣传援助活动，组织开展“法援惠民生·关爱农民工”主题宣传活动，举办《民法典》进企业、《农民工工资支付条例》宣传活动5场次，发放各类宣传资料35000余份，提供法律咨询150余人次。受理转办职工法律援助案件23件，结案率100%，为职工挽回经济损失23.32万元；疫情防控期间组织3名签约律师服务企业58次，走访企业33家，服务职工群众385人次，调解因疫情产生的劳动争议2件，涉及劳动经济权益21万元。组织参加2020年重庆市“尊法守法·携手筑梦”职工法律知识竞赛决赛，提升职工法律意识和依法维权能力。

【女工工作】 开展女职工维权活动，宣传《疫情期间遇到家暴怎么办》《女职工权益维护法律知识》《女职工劳动保护特别规定》《反家庭暴力法》《妇女权益保障法》《预防和制止家庭暴力是社会的共同责任》等，参与人数10000余人次。慰问抗疫一线女职工，其中：慰问援鄂女职工21人，发放慰问金4.2万元；慰问各医疗单位一线抗疫女职工279人，发放慰问金5.58万元；慰问各乡镇部门关卡抗疫女职工65人，发放慰问金1.3万元。筹措资金3500元组织工会系统防疫一线女职工10人在县人民医院参加体检。组织单身女职工9名、男职工1名参加了“邂逅情缘·渝你相约”2020年单身青年职工联谊交友活动，协助县文化旅游委举办2020“世界苗乡·养心彭水”苗族相亲会。推进基层女工组织建设，按照“三同时”原则，新建女工组织14个。全县成立女职工委员会的681个，女职工组织覆盖率达到100%。

【财务经审】 做好已收经费企业的退费工作，暂缓征收小微企业工会经费和实体经济企业建会筹备金，完成申报退费企业17家共3.05万元。加强工会经费收缴工作，完成应征收工会经费单位信息维护72家，并及时启动工会经费收缴工作，向市总工会解缴工会经费51.01万元。严格财务内控管理，贯彻实施新《工会会计制度》，健全完善《县总工会单位内控制度》等各项财务管理制度，确保内控制度严格执行到位，防范各类风险发生加强专项帮扶资金管理使用，严格执行《困难职工帮扶资金使用管理办法（试行）》，做到按标准实名制发放，保证专项帮扶资金使用方向和标准；接受市总工会开展的困难职工解困脱困三方评估工作关于资金发放情况的检查，并及时与市总工会核对帮扶资金使用情况，在11月底按规定要求将帮扶资金结余437405元退回市总工会。强化基层工会经费预决算管理，按时完成全县283家单位工会经费收支决算汇总工作，及时批复基层工会2020年工会经费预算。加强工会资产监督管理。对房屋建筑物、办公用房、家具、办公设备、车辆等现有固定资产进行盘点，按规定对损毁资产进行核销，做到账物一致，数据准确。对单位不动产产权进行全面清查，还未进行产权登记的房屋及时衔接相关部门完善产权登记。

【干部培训】 组织机关干部和基层工会干部积极参加市总工会各类调训活动12人次，参加县级调训5人次，全面完成了市、县调训任务。

【脱贫攻坚】 及时调整充实县总工会脱贫攻坚工作领导小组，健全完善相关工作制度，进一步传导和压实工作责任。履行工会牵头部门职责，协调有关部门并配合润溪乡党委、政府推进脱贫攻坚“百日大会战”和结对帮扶工作。加强机关驻村扶贫干部后勤保障，按县委和政府要求全面落实驻村扶贫干部各项经济待遇，帮助解决机关驻村扶贫干部实际困难。落实机关干部脱贫攻坚帮扶责任人工作职责，每月分批组织帮扶责任人深入帮扶联系户开展走访帮扶活动1次以上，切实助推脱贫攻坚工作。履行脱贫攻坚消费扶贫职工板块牵头部门职责，组织动员全县各级工会组织和会员参与全县脱贫攻坚消费扶贫工作，累计购买农特扶贫产品156.22万元，惠及贫困户2181人次，带动785户贫困户增收89.69万元。积极承办市总工会举办的“重庆工会助力‘脱贫攻坚’促进‘文旅消费’渝东南片区座谈会”，探索工会文旅消费扶贫。衔接协调山东省聊城市总工会捐赠资金10万元，慰问在档困难职工33人。带头动员和组织机关职工通过各种途径购买农特扶贫产品2.1万元。

共　青　团

【概况】　2020年，彭水团县委继续巩固“不忘初心，牢记使命”专题教育，围绕中心、服务大局，夯实团的基层基础，大力促进青年成长发展，组织动员全县青少年特别是团员青年在打赢脱贫攻坚战、助力新冠肺炎疫情防控战中发挥生力军和突击队作用。坚持不懈用习近平新时代中国特色社会主义思想教育引领青年，深入开展“青年大学习”行动，不断深化主题团日，加强运营团属微信公众号“新彭水新青年”，并积极开通抖音、快手、B站、一直播等平台的账号，坚持不懈地用青少年喜闻乐见的方式筑牢思想阵地。

【从严治团】　从严管理团干部，为提升各级团干部思想政治素质、服务团员意识和业务能力，组织团干部参加团干部大比武和选送团县委书记参加专题培训班。为强化各级团干部工作交流，进一步抓好共青团工作，组织召开共青团基层建设座谈会1次和学校系统共青团工作会1次。同时，全面完成2020年度团支部书记“背靠背”满意度测评工作。从严管理团员，严把入团标准和程序，坚持“宁可少一点，也要好一点”原则，严格进行入团仪式和新团员教育培训，全县新发展团员700名。从严做好基础团务，为牢固树立大抓基层的鲜明导向，扩大团组织和工作覆盖，全县学校领域实现团组织全覆盖，社会领域团的组织密度增长14.89%，在新兴领域建立街舞青年团支部1个。加强基层团组织规范化建设，631个团支部全部完成星级创建和学社衔接等相关工作。按照标准，完成了团费收缴工作。从严表彰模范典型，为激励广大团员青年弘扬奋斗精神，树立一批看得见、学得来的先进典型，按照程序评选优秀共青团员和优秀共青团干部60名，评选五四红旗团支部和五四红旗团县委10个。推荐13次先进个人和集体，均获得市级表彰。青少年活动中心学员和集体获得市级表彰160个次。

【校外教育】　推动青少年之家建设，建立10家青少年之家，均已录入青少年之家云平台，全年共开展54场活动，签到人数795人，其中依托学校、青少年之家开展10场12355“青春导航·助力成长”青少年成长大课堂活动，覆盖全县1000余名青少年。持续深化“共青团+社会组织（社工）+志愿者”工作模式，实现“青少年之家”建设目标、“青少年之家”社会组织（社工）配备率达100%。县青少年活动中心充分发挥教育服务职能，大力开展特长培训和公益活动。在“童心向党·少年强”重庆市第四届青少年体育大赛获多个奖项，选送舞蹈《苗娃闹春》参加青少年校外教育展演季，举办小主播大赛彭水赛区比赛，选送2名小学生参加小小志愿者风采大赛；开展“流动少年宫”“智志双扶”系列活动、主题研学活动、传统节日配套活动等25场次，4000余人次青少年参与。2020年，中心集体获市级表彰4次，学员个人获得市级表彰156人次，县级表彰54人次。12个专题活动获《重庆日报》、重庆电视台、上游新闻、华龙网等市级主流媒体宣传报道13件次，《彭水日报》、彭水电视台、彭水手机台、苗乡彭水宣传报道23件次，学习强国推送专题活动2次。不断完善校外教育阵地建设，向市校外联争取到位资金400万元，用于青少年活动中心室内装修升级改造，已完成设计方案、财政评审、比选程序，进入确定最终合同程序。届时可年培训8000人，培训收入达400万元以上；向市财政局争取到位资金150万元用于青少年活动中心外墙LED屏安装，竣工后将成为全县户外宣传亮点。

【扶贫助困】　严格落实帮扶政策，对接帮扶龙射镇，领导干部1对1帮扶贫困户，建立1对1结队帮扶台账，派出1名中层干部全脱产扎实开展驻村工作，同时多措并举助力脱贫攻坚，领导干部带头，全员参与脱贫攻坚战。团县委书记梁潇赴山东威海挂职半年，与威海团市委和聊城团市委长期对接工作，推动彭水创业青年技能培训项目落地。副书记何娟、办公室主任带队，选派17名西部计划志愿者参与国家脱贫攻坚普查。招募54名西部计划志愿者分派至各乡镇街道，全部投身于脱贫攻坚一线工作。持续开展志愿活动，助力脱贫攻坚战。全年共开展23次扶贫助困志愿活动。充分发挥互联网优势，对接10名重庆市网红主播通过抖音小视频宣传销售彭水农副产品，推动深度贫困乡镇三义、大垭乡农副产品销售；组织3支带货团队14名西部计划志愿者开展3场网络直播带货活动，其中1支团队5人获市级“优秀志愿者团队”表彰。开展“脱贫攻坚·青春榜样”品美文、亮视频活动，学习脱贫攻坚工作优秀案例，树立先进典型；开展“冬日阳光·温暖你我”系列活动6场和其他关爱活动9场，收集深度贫困乡（镇）农村留守儿童和家庭困难青少年新年心愿，“点对点”实现“个性化”新年心愿，覆盖学生达1678名；常态化开展研学实践公益活动3次。开展创业培训数次。借助青锋巡诊活动，走进彭水县三义乡、大垭乡、靛水街道天井村，为创业青年、公司开展培训活动。

【希望工程】　让青少年健康成长，是国家和民族未来所系，团县委争取各方资源，在希望工程事业上持续发力，为贫困家庭青少年圆梦助学。“冬日阳光·温暖你我”2020年新春关爱行动帮助全县1257名困难学生和留守儿童实现新年心愿；“播种希望·让梦飞扬”“志智双扶”系列活动覆盖500余人次，走进贫困山区的学校，为学生们送上爱心物资；公益助学“圆梦行动”资助16名大学新生，共计90800元；获重庆儿童救助基金会捐赠3万元，资助全县30名失依女童；争取重庆市希望工程项目，资助13名大学新生，共计94000元。完善贫困地区校园基础建设，对接团市委，为3个学校争取美术设备项目、道路改造工程项目和灯光亮化工程项目，涉及金额85500元；为龙射镇修建一个塑胶篮球场35万元，为平安镇小学塑胶篮球场争取资金45万元，进入实地查勘阶段，争取资金11万元用于县域内小学足球场修缮或新建；利用好成渝地区双城经济圈建设契机，积极对接四川省青少年发展基金会成功落地保家中心校、棣棠中心校、合理完小图书室建设项目共计资金30万元。

【青年志愿服务】　为弘扬志愿服务精神，发挥青年团员先锋模范作用，积极号召全县青年参与志愿服务。壮大志愿服务队伍，2020年11月注册成立了彭水自治县青年志愿者协会，储备“河小青”“洁小青”“站小青”“疫情防控”等志愿者服务队伍，围绕助力打赢疫情防控阻击战、持续推动脱贫攻坚战、落实生态环境保护开展志愿服务，打造“冬日阳光·温暖你我”“青锋创业巡诊”等品牌活动。创新志愿服务载体，为实现形式多样化，进一步带动更多的志愿者参加志愿服务，2020年全年组织开展为期3天的春运“梦想驿站”活动1场、线上植树节活动1场、禁毒宣传活动4场、网络安全宣传活动2场、“关爱快递小哥·助力双十一”活动1场，组织青年志愿者、学生志愿者等开展“河小青”“洁小青”志愿服务活动15场；全年在5家青少年之家开展志愿服务活动54场，795人次参与。

【青年创新创业】　为培育一批有影响力的青年创新创业人才，不断提升青年创业层次和质量，超额完成2020年“青创10万+”项目，开展青创培训和“青锋计划”配套活动5场次，覆盖200余人次创业青年。争取资金，保障创业项目落地。为全县创业青年争取扶持资金2万元。实地走访，提供针对性意见。联系重庆青年企业家、青年创业导师和彭水县创业导师，在三义乡、大垭乡、绍庆街道白云社区、靛水街道前进村等开展实地走访5次，与创业青年进行深入交流。选派培训，推进平台建设。选派9名农业创业青年参加重庆市农业农村电商培训4场；组织创业青年参加各项青创赛事，推进“青创空间”建设，致力于将市青促会彭水分会建设好，管理好。

【新兴青年工作】 贯彻落实习近平总书记关于新兴青年群体工作的重要论述，团县委紧密联系新兴青年，利用微信公众号“新彭水新青年”发布新兴领域青年召集令，全年联系县新兴青年人数31人，建立新兴领域青年花名册，并在街舞青年中建立彭街舞蹈团支部，扩大团组织覆盖面。搭建新兴青年交流平台，组织6名新兴青年到长寿区参加重庆市新兴领域青年“青社学堂”专题培训暨“新时代·艺起来”街舞公益课堂进基层活动1场；2020年12月2日，团市委党组成员、副书记张珂一行赴彭水就新兴青年工作开启调研，并开展学习宣传党的十九届五中全会精神座谈会，彭水县街舞青年、网络作家、街舞青年、网约车司机各1名代表参会并发言。

【疫情防控】 抓好防疫物资储备工作，购买2万个一次性医用口罩、3000双医用手套和1000瓶酒精消毒液，用于建档立卡贫困青少年、疫情防控志愿者日常防护。推进青年参与疫情防控工作，召集各领域335名青年志愿者有序参与疫情防控宣传和排查工作，累计排查1万余人次。加强疫情防控知识宣传，通过“新彭水新青年”微信公众号发布疫情防控宣传信息49篇，其中，《重庆日报》、中国网、中国新闻网先后报道彭水县西部计划志愿者参加抗疫的先进事迹。同时，组织开展防疫作品展活动，推出书画抗疫作品展；依托青少年之家开展疫情防控知识竞答活动3场。开启公益培训讲座，拓宽疫情期间彭水县广大青年就业渠道。对接第三方机构，开办公务员、事业单位公益讲座3场，促进贫困家庭青年和未就业青年尽快就业，助力复工复产。

妇女工作

【概况】 彭水自治县妇女联合会位于彭水自治县靛水新城县委党校（党校教学楼4楼），核定行政编制5名，在岗在编人员5名，领导班子配备1正2副2兼（兼职副主席不占编制），内设办公室、综合部。

【团结引领妇女】 以“巾帼心向党”系列行动为抓手，团结带领广大妇女坚定不移听党话、跟党走。加强学习教育，进一步深入学习习近平新时代中国特色社会主义思想，全面系统学习习近平总书记最新系列重要讲话精神和党的十九届五中全会精神，全面贯彻落实市县重要会议及文件精神，累计召开各类学习会议40余次。利用微信公众号发布工作信息260余篇，开设“思想政治引领第一课”等学习专栏，得到人民网、新华网等主流媒体转载。加强典型培育，在全县各族各界各行各业常态化寻找政治素质过硬、爱岗敬业、乐于奉献、积极进取的先进集体和个人，并积极向市级推荐用榜样的力量，激励妇女团结拼搏、奋发向上。2020年，获评市级先进集体和个人28个、第二批全国“最美家庭”1户，联合县卫健委命名“新冠肺炎疫情防控先进个人”81名。加强宣传引导，以“立足岗位·争做苗乡最美巾帼奋斗者”为主题举办“三八”国际妇女节110周年线上系列活动；为全县16名一线女医护人员送去价值4.4万元三八节“暖心包”，为20名援鄂一线医护人员每人赠送1套护肤品；开展“寻找苗乡最美巾帼奋斗者”故事征集展示、“决战脱贫奋斗有她”等活动，在“彭水妇联”微信公众号展示最美巾帼奋斗者典型事迹36个，推送巾帼脱贫典型事迹10个，引导广大妇女增强干事创业和参与脱贫攻坚的热情。

【聚焦脱贫攻坚】 引领妇女在打赢脱贫攻坚战中建新功。开展结对帮扶行动，包村包户定点帮扶，定期到走马乡召开专题会议，研究脱贫攻坚工作。联系汉葭商会妇联、家庭教育研究会等社会组织为300余户贫困家庭捐赠价值10万余元的温暖箱、生活用品及防疫物资等；携手爱美科技有限公司等爱心企业，为困难妇女和家庭捐赠洗衣液600箱，引导妇女积极参与环境卫生治理。组织脱贫技能培训，联合荣玉刺绣公司为广大农村妇女开展刺绣技术免费培训4次，培训妇女200余人。组织各级妇联开展“双学双比”技能活动10余次，增强农村妇女致富能力。强化儿童关爱帮扶，依托县家庭教育研究会组织困境儿童和留守儿童开展“把爱带回家”寒假特别行动、九黎城研学旅行、暑期培训班、爱心体检、公益捐赠、安全知识讲座等各种形式关爱活动10场次，1000余人参加活动；发放价值6万余元的“快乐健康包”、“微爱行动·快乐操场体育箱”、大米、棉被等物资。助推成渝经济圈建设，与阆中妇联在共建联动发展机制、共搭创业创新平台、共推巾帼农特产品、共育手工编织品牌、共助乡村旅游发展、共护妇女儿童权益等方面达成初步协议。开展消费扶贫对接，邀请渝北区天宫殿街道100名职工，到彭开展工会活动、过夜游和消费扶贫等。联合重庆乐扶志愿者协会在主城社区组织彭水扶贫大米认购和捐赠活动，为彭水县特殊学校捐赠大米2500千克。

【深化乡村振兴】 围绕乡村振兴战略，充分发挥妇女在推动农业升级、农村进步、农民发展中的积极作用。提升综合素质，依托“妇女之家”组织开展“百千万巾帼大宣讲”“乡村巾帼大讲堂”等活动10余场，培训妇女500余人次，为妇女干部和群众开展政策宣讲、技术培训和女性创业故事分享等，引导广大妇女弘扬自尊、自信、自立、自强精神。实施产业助推，争取“渝大嫂”项目资金20万元，用于走马乡种植中药材26.67余公顷，带动120户贫困妇女家庭增收20万余元。争取市级巾帼产业示范基地项目资金9万元，支持重庆鼎桐林业综合开发有限公司等3个巾帼示范基地为妇女开展技能培训和提供就业、技术推广、暖心关爱帮扶等服务，惠及200余名农村留守妇女。促进乡风文明，持续推进“净化美环境万家行”项目，开展“巴渝巾帼美丽我家”卫生习惯专题培训3场、“绿色生活进乡村”活动5场，500余人次参与活动；联合县文旅委开展“渝你乡遇·有你最美”巾帼乡村旅游助力活动，助推产业提质增效、乡村全面振兴。

【践行核心价值观】 以“家家幸福安康工程”为抓手，积极培育和践行社会主义核心价值观。建设好家庭，疫情期间举办家里“蹲”“宅家汇”网上征集展示、“共抗疫情·我爱我家”家庭教育公益微课等活动，1000余户家庭踊跃互动。常态化开展“最美阳台”“最美庭院”等评选活动，获评市级“绿色家庭”“最美阳台”“最美庭院”6户，全国“最美家庭”1户；积极推进“节约爱粮·光盘行动”，开展“提倡光盘拒绝浪费——家庭晒承诺、晒行动”线上活动。传承好家教，开展困境儿童“微爱帮扶”“科学育儿进乡村”“亲子大讲堂”“家庭幸福密码”等家庭教育线上线下活动50余场，受益群众2000余人；开展“小手拉大手 共建绿色家庭”六一国际儿童节系列活

2020年把爱带回家寒假特别行动

（县妇联　供图）

动，促进儿童健康快乐成长。培育好家风，开展“阅读新时代 书香润万家”家庭阅读活动3场，300余人次参与活动；联合县纪委、县直工委开展“清风常伴·廉洁齐家”家庭助廉立德活动，发出《致全县党员干部家庭的公开信》，组织各级妇联开展“清风大讲堂”宣讲活动10余场，持续营造风清气正的良好政治生态。

【促进创业就业】 以提升妇女综合素质、促进妇女创业就业为重点，推动妇女为经济社会发展贡献力量。联合县就业局开展“春风行动”网络招聘会，为求职者和企业搭建双向交流平台。联合中小企业服务中心、荣玉刺绣公司等开展母婴、家政、刺绣等就业培训6场，培训妇女300余人。联合县教委等举办彭水县2020年县级技能大赛，激励技术人才努力提升专业技能，形成“劳动光荣·技能宝贵”良好氛围。

【强化维权关爱】 以“巾帼暖人心”系列行动为抓手，切实维护好妇女儿童合法权益。多种形式宣传，强化源头维权。开展“建设法治中国·巾帼在行动”线上宣传活动，引导广大妇女依法维护权益，增强干部维权及调解矛盾能力。耐心接访群众，强化实事维权。受理来信、来访、来电咨询等23人次，处理23起，信访处理率100%。建立200余名网宣员队伍，严格执行舆情监测，有效平息疫情期间2起舆情事件。服务困难群体，强化暖心关爱。为36名农村“两癌”妇女每人发放救助金1万元，为17名女高中生每人发放“春蕾计划”助学金3600元。利用重大节日慰问1338名困难妇女和260名困难儿童，发放慰问金24.68万元；为65名未脱贫残疾妇女送去暖心关爱包；为2户重庆市“最美家庭”每户送去5000元慰问金。

【推进组织改革】 以“巾帼亮形象”系列活动为抓手，推动基层妇联组织改革落地落实。加强阵地建设，争取市级项目资金22万元规范化建设11个妇女之家和11个儿童之家，推进全县妇女儿童活动阵地建设上台阶。获评重庆市示范妇女之家3个、重庆市示范儿童之家2个。实施基层妇联组织改革破难行动，指导成立彭水县装饰建材商会妇联。在妇联执委、女性创业典型、巾帼示范基地等先进典型家庭和工作场所建设5个“妇女微家”。加强队伍建设，组织执委开展业务培训，引导执委主动作为，积极履职，切实承担起作为妇联执委的责任。县妇联执委何小敏获得第三届重庆市“十大法治人物”称号，新田镇庹玲、连湖镇廖长春获评市级优秀基层妇联执委。加强党的建设，以“党建带妇建”为抓手，落实全面从严治党主体责任，推进党风廉政建设，落实中央八项规定精神。妇联党支部与走马村、县汉葭工商联党总支一支部开展支部共建，开设专题党课，开展走访调研等。巩固开展“不忘初心、牢记使命”主题教育、“抓党建促脱贫”“以案四说”警示教育、“党课开奖啦”等活动，不断增强机关党组织的政治功能和组织能力。

科学技术协会

【概况】 彭水自治县科学技术协会位于彭水自治县靛水新城（县委党校教学楼4楼），核定行政编制5名、事业编制1名，在岗职工5名，内设办公室。2020年，县科协围绕《市科协工作要点》和《全民科学素质行动计划纲要》实施主体环节，全年凝神聚力、埋头苦干，实现县公民科学素质达7.5%，比2019年6.6%增长0.9%，较好地推动彭水县科协事业的发展。推荐的单位和个人获中国科协表彰2次，市科协表彰7次。

【思想引领】 进一步健全周二学习制度，将深学笃用习近平新时代中国特色社会主义思想和党的十九届二中、三中、四中、五中全会精神作为全年科协工作主线，牢固树立“四个意识”，坚定

"四个自信"，做到"两个维护"。利用县科协全委（扩大）会议和科技工作者微信群、QQ 群等自媒体，加强科技工作者思想政治引领；为全县广大科技工作者特别是扶贫第一线的广大农技协免费征订《重庆科技报》和《科普惠农》杂志 500 余份，把理论武装和科学普及结合在一起，增强广大科技工作者对科普工作的获得感；在第四个"全国科技工作者日"活动中，带领科技工作者到科普基地调研，结合实际进一步领会习近平关于扶贫工作的重要论述；邀请市老科协副会长在"全国科普日"启动仪式上开展"四史"宣讲报告会，进一步增强广大科技工作者为实现新时代党的历史使命不懈奋斗的自觉性和坚定性；利用科技扶贫年终总结会议，传达学习党的十九届五中全会精神，增强中国特色社会主义制度优越性的认识；科协机关开展集中学习，通过读原著悟原理、交心谈心、调查研究等环节，做到理论学习有收获，查找班子和个人存在的问题，提出切实可行的整改方案，强化从严治党主体责任。

【开展科普宣传】 邀请陆军军医大学心理专家到彭水对 1500 余名师生开展网络成瘾心理健康辅导；牵头对县城太空家园馆科普设施进行评估，联合县教委等部门授予其"科普教育示范基地"，利用"科技活动周""全国科普日"活动组织 13 所县城中小学 3000 余名学生开展科普体验，并对优秀征文实施奖励。举行第二届公民科学素质大赛选拔赛，来自 10 个乡镇（街道）科协 40 名选手通过激烈角逐，桑柘镇科协以冠军水平代表彭水县赴武隆区参加渝东南片区公民科学素质大赛；积极开展"三下乡"等品牌科普宣传，组织广大科技工作者通过农业适用技术推广、创新成果展示、健康生活讲座和《科普中国》有奖关注等丰富多彩的主题活动，发放科普书籍、资料近 10 万册（份），同时隆重开展"县级十强农村专业技术协会""县级十佳农村科普示范基地"、第五届"十佳科技创新能手"和吴胜良等 21 名"特聘农技员"评选表彰活动，提高科普活动吸引力，为弘扬科学精神、提升公民科学素质打下坚实基础，其中彭水县"全国科普日"活动受到中国科协表彰。

2020 年 8 月 11 日，举办彭水自治县第三届公民科学素质大赛现场赛

（县科协　供图）

【科技志愿服务】 统筹科普信息员、科技专家、基层"三长"、乡土科技人才等各方面力量，组建彭水自治县科技志愿服务队支队。通过组织科技志愿者开展"迎新春·送科普"义务书写春联，全国防灾减灾日、全民营养周、反邪教科普知识街头宣传和社区科普大学专题讲座，"千会千人进千户"助推脱贫攻坚"百日大会战"，STEAM 科学实验培训进学校，健康知识培训进企业，农技协现场交流暨科技志愿服务进农村等活动，使广大科技工作者全面融入党群服务中心工作，服务基层、服务社会，充分发挥广大科技志愿者在推动新时代文明实践中的积极作用，进一步提升公民科学素质，助力全县乡村振兴战略实施。活动中共发放各类科普宣传资料 3 万余册（份），发放印有"科普中国"APP、微信、微博二维码的科普宣传袋 3000 余个，接受现场咨询 1000 余人次，开展专题讲座 10 场次，举行街头宣传 6 场次，开展科普知识培训 10 场次。

【培养科技工作者】 联合开展学术交流活动 4

次。由彭水县卫健委、彭水县科协主办，分别于6月13日、10月22日、11月4日和12月5日，在彭水县人民医院3楼多功能报告厅举行儿科适宜技术推广学术会、肿瘤综合治疗学术研讨会、重庆区域（心血管）重点学科建设系列学术活动和重庆市耳鼻喉头颈外科学术交流会，参加学术交流的各级医疗机构的医护人员共计800余人次；全国科技工作者日期间，以连载形式先后在《彭水日报》专题宣传李继晖等10名优秀科技工作者先进事迹；5月27日，彭水县科协领导陪同副县长罗远江先后看望慰问县林业局科技推广站站长李继辉、彭水县人民医院抗疫先进个人夏国华等10名优秀科技工作者代表，向他们致以节日的问候和美好祝福；组织全县科技工作者申报评选第六届彭水自治县“十佳科技创新能手”，候春均等10名提名人选已经县人民政府常务会议审议通过，待公示结束后由彭水县人民政府通报表彰；9月17日，在全国科普日活动启动仪式上表彰命名县子高中蜂等30个十强十佳十优农技协、科普示范基地和科普带头人。

【企事业科协、农技协工作】 积极动员有意愿的科技型企业成立企业科协，走科技创新发展路子，新组建彭水县百业兴森林食品开发有限公司科协，协助企业制定发展规划，帮助企业引进专家开展研发工作，提升企业创新能力。全年收集企事业科协、农技协技术需求4条，对接服务4次。同时积极组织重庆玖旺食品有限公司科协参加重庆市科创大会和退役军人创业大赛，并获得优胜奖。组织企事业单位科技工作者申报评选十佳科技创新能手；进一步完善县农技协联合会治理结构，新发展农技协2家，农技协总数达102家，初步形成全县农业产业门类齐全的社会化技术服务体系。并组织开展典型示范评选，促进基层农技协向规范化发展，2020年推荐彭水县特色养殖专业技术协会、彭水县子高中蜂养殖专业技术协会、重庆玖旺食品有限公司科协负责人候春均获市级“科普惠农兴村计划”项目奖励，获奖补资金25万元。组织重点农技协参加第三届渝东南农技协转型升级与乡村振兴研讨会。通过这些工作措施，提高了广大农技协参与科技扶贫的自信心和自豪感，营造了科技扶贫“创新争先”工作氛围；组建县老科技工作者协会。按照渝府督办〔2020〕1号要求，动员63名热心参加公益活动的老科技工作者组建了县老科技工作者协会，于9月17日正式召开第一次代表大会，充分发挥老科技工作者的优势特长，引领老科技工作者在参与决策咨询、科技创新、科学普及、推动科技为民服务等方面更好发光发热；积极开展科技创新培训。9月17—23日组织科技志愿者到10所边远学校分别开展STEAM科学实验培训；12月7日，邀请重庆理工大学教授、重庆市青少年科技辅导员协会副会长陈忠敏在彭水县第三小学开展青少年科技创新教育培训会；12月9日，邀请县林业局科技推广站负责人邓相舜在彭水县乔梓乡经果林协会开展经果林种植技术培训。

【科技扶贫】 县委、县政府安排90万元扶贫资金，支持县农技协（含合作社）围绕脱贫摘帽目标，坚持精准扶贫、精准脱贫方略开展科技助力精准扶贫。以贫困户增收脱贫为中心，以产业发展为重点，因村制定，因户施策，建立健全长效扶贫机制，变输血为造血。全年帮扶贫困户（含巩固脱贫成果户）761户、2982人。各农技协（合作社）帮扶贫困户实现总收入319万元以上、户均收入4196元以上、人均收入1071元以上。构建利益联结机制，动员41家协会采取“协会（公司）+村集体经济+建卡贫困户和一般农户”“协会（企业）+分红+贫困户”“协会+基地+专业合作社+科技示范户”等形式，确保贫困户在参与产业生产经营过程中获得稳定收入；组织签订帮扶协议，组织农技协（合作社）立足自身科普资源，就近面向全县115个贫困村与贫困户（或脱贫成果巩固户）开展扶贫对接，找准贫困原因，针对性地拟定帮扶措施，明确与帮扶对象产业培训、产前物资投放比例、农产品保护价收购、务工约定、二次分红、双方权利义务等事项签订帮扶协议，经村（社）和乡镇（街道）科协审核后报县科协备案；扎实开展科技培训，县农技协联合会调度扶贫力量，在贫困村开展青脆李、高山蔬菜、苏麻、红薯等种植及土鸡、中蜂、肉牛、水产养殖等农业科技培训90余场次，受训农民达3600余人次，培训覆盖建档立卡户1000余人次。

在全县脱贫攻坚工作中，及时将一名农村工作能力较强的副处级干部派驻到联系的润溪乡麻池村，帮助解决其必要的工作生活需求，让其脱产抓扶贫工作；全体职工每月深入联系的17户贫困户进行走访排查，解决个性化困难4件，一对一帮助确立脱贫规划，针对性地开展帮扶工作，力所能及解难题办难事；走访查看“两不愁三保障”落实情况后，将棉被、衣服和科普书籍等物资送到贫困户家中；与麻池村支部共同开展庆祝建党九十九周年活动，推动基层党支部党员积极发挥作用，更好地服务群众。

【急科科普】 2020年春节新冠病毒暴发初期，通过组织开展街头宣传引导群众扫码科普中国APP下载注册关注防控新型冠状病毒相关科普知识，彭水科协微信公众号、微博和彭水电视台、彭水同城网推送“防控新型肺炎，让春节更祥和”专题科学防控防护知识（阅读量8000余次），线上组织科技工作者和科技志愿者转发科普中国、科普重庆新冠病毒防控科普知识（阅读量超20000余次），及时协调已放假的广告公司加班在县城山谷科普画廊制作一期新型冠状病毒防治科普知识专刊，组织7600人参与科学防疫健康过年新冠病毒网络科普竞赛48000余次（答题次数列全市各区县第一名）等活动，让广大群众在家就能了解到准确科普知识，引导大家相信科学、杜绝谣言。

【科普宣传活动】 积极发挥科普平台宣传辐射作用，山谷科普画廊全年刊载安全、健康、法治等8期图文并茂的科普知识专栏，与县电视台合办科普大篷车栏目50余期，社区科普大学3个教学点全年开办60余期科普知识讲座；全面排查15个贫困村、县城部分公共场所和企事业单位安装的32台“科普文化重庆云”运行状况，对使用效果较差的村（社）开展针对性服务，不断发挥科普惠民作用；因地制宜开展青少年科技创新活动。2020年受新冠病毒影响，组织开展青少年科技创新大赛、“巴渝好少年 防疫小先锋”2020年重庆市青少年居家防疫展示活动、参观科技馆有奖征文等线上科技活动，共获得市级优秀组织奖3次。组织科技辅导教师市县两级培训2次100余人，在彭水县两江小学承办“重庆优秀科学家风采展”巡展活动，县城17所中小学的2000余名学生陆续组织参观，并收到观后感参加巡展有奖征文409篇，并对征文评选出一、二、三等奖和优秀组织奖；举行第三届公民科学素质大赛选拔赛。来自汉葭街道等8个单位选送32名选手参加现场赛，并选拔优秀选手参加渝东南片区复赛，获三等奖；通过乡镇科协微信群、青少年科技辅导员QQ群、各学校学生家长群、县广播电视台广告条目等方式积极组织全县公民参与六期重庆市公民科学素质网络竞答，努力提升公民科学素质；积极配合第三方机构完成全县公民科学素质测评工作，通过抽取调查对象的方式，测评结果暂未公布；积极履行服务职责，组织开展“全国科技工作者日”“全国科普日”和“三下乡”等品牌科普活动。组织广大科技工作者通过农业适用技术推广、创新成果展示、健康生活讲座和《科普中国》有奖关注等丰富多彩的主题活动，发放科普书籍、资料近10万册（份）；在“科技工作者日”系列活动上，宣传优秀科技工作者先进事迹，慰问科技工作者，召开科技工作者座谈会等活动；在全国科普日活动启动仪式上颁发县级“十强十佳十优”农技协、科普示范基地和科普带头人奖牌和奖金，颁发第十一届彭水县青少年科技创新县长奖，对青少年科技创新成果进行奖励，新聘任14位首席科学传播专家，开展了第六届“科普杯”运动会，制作一期科技助力精准扶贫成效科普长廊等活动，提高了科普活动的吸引力，为弘扬科学精神、提升公民科学素质打下了坚实的基础，彭水自治县“全国科普日”活动分别被中国科协和市科协表彰为优秀特色活动。

【基层组织建设】 以“三长”（学校校长、医院院长和农服中心主任）改革为突破口，聚焦乡镇科协工作“无人管、无人干”的困难局面，想办法、添措施集中力量完成乡镇科协改革任务，在2019年完成39个乡镇（街道）科协兼职主席和“三长”副主席配备的基础上，2020年3月初，联合县委组织部等5部门转发了市委组织部等五部门《印发〈关于进一步深化基层科协组织“三长制”改革的意见〉的通知》，进一步完善基层科协组织建设，着力搭建工作平台，切实履行科协“四服务”工作职责，“三长”积极开展科普活动，形成工作信息11篇上报市科协。

【决策咨询工作】 组织广大科技工作者参加重庆市第五届科协改革研讨会论文征集，完成上报9篇，1篇论文获得优秀奖，彭水县科协获优秀组织单位奖；建立科学传播专家团成员开展科普工作奖励制度，积极组织全县广大科技工作者围绕环境保护、青少年科技创新、农业农村工作开展调查研究，形成《科技工作者建议》4篇，报县领导决策参考。

工商业联合会

【概况】 彭水自治县工商业联合会（总商会）位于彭水县两江综合行政大楼三楼。有304个企业会员，47个团体会员（其中39个乡镇基层商会，5个行业商会，1个青委会，1个异地商会，1个民营经济协会），会员总数3236个。

【理想信念教育】 以“守法诚信经营、坚定发展信心”为主题，深入开展非公有制经济人士理想信念教育实践活动，着力加强对年轻一代非公有制经济人士的教育培养，着力发挥商会主阵地作用，引导和带动青年企业家接班兴业、自主创业，传承发扬工商界老一辈听党话、跟党走的爱党爱国的优良传统和“重信重义、自强不息、艰苦创业”的创业精神，更好地促进非公有制经济健康发展，促进非公有制经济人士健康成长。

【商会建设】 以“政治建会、团结立会、服务兴会、改革强会”为统领，按照“班子建设好、团结教育好、服务发展好、自律规范好”为主要内容，制定工商联组织发展规划，推进会员制改革，改善直属会员联系管理工作，制定《彭水县工商联团体会员入会及管理办法》，重点吸纳一批民营企业会员较多、有一定影响力、法人治理结构健全的协会商会作为团体会员。继续完善“五好”县级工商联工作，推进县工商联建设再上台阶。县汉葭街道商会获得2019—2020年度全国“四好”商会、市级“四好”商会。

2020年9月14日，聊城市临清三和纺织集团有限公司、茌平信发物流有限公司向彭水县普子镇凤山村、彭水县联合乡同连村捐款

（县工商联　供图）

【思想政治建设】 强化政治引领和思想引导，采取多种形式组织全县非公经济人士深入学习习近平总书记关于民营经济发展的重要论述，学习贯彻党的十九届五中全会精神和中央经济工作会议精神，以及《中共中央国务院关于营造更好发展环境支持民营企业改革发展的意见》精神；积极贯彻落实《关于加强新时代民营经济统战工作的意见》，以及全国、市、县民营经济统战工作会议精神，切实用习近平新时代中国特色社会主义思想武装头脑、指导实践、推动工作，引导广大非公经济人士加强自我学习、自我教育、自我提升，进一步凝聚思想共识，提振发展信心。举办专题讲座报告会4场，组织非公经济人士代表交流讨论118人次，党组班子成员为服务对象讲党课2场。组织60名民营企业家到县委党校开班培训一次、年度选派参加市级各类培训6人次，提升非公经济代表人士政治素养和贯彻落实党的路线方针政策的理论水平。向全县非公有制经济人士发出积极参与精准扶贫行动《倡议书》，引导广大非公企业和非公人士积极参与“村企共建”精准扶贫行动，印发《关于推进“村企共建”精准扶贫行动的意见》《关于推动民营企业参与“村企共建”精准扶贫帮扶方案》，并召开动员会广泛宣传发动，号召全县非公企业牢记回馈桑梓职责，践行社会责任，积极参与到脱贫攻坚工作中来，以“企村结对”活动为抓手，广泛调动民营企业和广大非公有制经济人士投身彭水自治县扶贫攻坚和“乡村振兴”战略。健全机关领导干部与非公经济代表人士谈心交心制度，加强与民营经济代表人士的经常性沟通。完善县工商联领导班子成员联系商会及企业制度，创新工商联指导服务商会工作方式，注重深入一线主动与民营企业家交朋友。会同政法委召开政法机关服务民营经济发展座谈会，向民营企业征求意见建议，保障政法机关进一步服务民营经济发展的针对性、实用性、有效性。会同县检察院成立与工商联常态化联络机制工作领导小组，召开服务保障民营经济健康发展检察官一对一服务民营企业家座谈会；会同县司法局建立健全律师参与化解和代理涉民营企业涉法涉诉信访案件接待等工作制度，召开律师及基层法律服务工作服务民营经济发展座谈会等一系列专题活动，深入企业开展律企对话暨“法律三进”活动，进一步强化民营企业法治意识。

【参政议政】 切实发挥工商联作为人民政协届别的作用。聚焦经济社会发展特别是“两个健康”中的重大问题，察实情、建诤言、献良策。2020年度提交团体提案1件、委员提案22件，报送社情民意18件，组织界别委员活动12次，参与县政协重点协商课题和重点提案调研4次，不断提升建言献策水平。促进建言资政与凝聚共识双向发力。

【民企“百日大走访”活动】 在县委统战部领导下，开展“百日大走访”活动，发放民营企业“百日大走访”活动《资料汇编》；走访民营企业（含个体工商户）1062家，行业商会3个，镇街商会39个，其他行业协会1个；收集民营企业反映的个性问题40件，共性问题8件，商会和行业组织反映的问题6件，均已根据相关职能职责分解到对应部门进行解决；建立县级领导、县级部门、乡镇（街道）三级联动的走访服务和定期走访研判、问题收集反馈和问题处理解决等机制措施，推动民营企业走访工作常态化。

【防疫抗疫】 组织引导民营企业坚决打赢新冠肺炎阻击战。全县商会组织和广大非公经济人士踊跃捐款捐物100多万元。其中，县工商联主席、总商会会长游兴茂个人通过县红十字会渠道捐款10万元支援县人民医院抗击新型冠状病毒防控阻击战，为白沙河村捐赠8万元；县民营经济协会组织捐款捐物16万元、彭水县（总商会）装饰建材商会组织捐款捐物15万元、汉葭街道商会组织捐款捐物15万元、县青委会捐赠4.28万元、县餐饮商会1.69万元。各商会组织捐款捐物用于购买口罩、防护手套、消毒液等防疫物资支援各乡镇（村）坚守卡口的一线工作人员、公安干警和环卫工人。商会组织和民营企业为保障供给各尽所能，全力保证抗击疫情“粮草”供应。县汉葭街道商会、彭水德济医院分别获得重庆市抗击新冠肺炎疫情先进商会和先进民营企业。

【公益光彩事业】 引导民营企业和商协会组织采取多种形式帮助贫困村、贫困户。防疫期间动员组织会员企业深入贫困户开展慰问活动，开展就业招聘、种养殖技术培训等帮扶，工商联企业家副主席杨昌洪为大同镇丧失劳动能力的10户建卡贫困户送去慰问金，帮助其家庭提高生活品质；汉葭街道商会、彭水县家庭教育研究会组织部分会员单位走访看望全县100名贫困户儿童，走访了桑柘片区、鞍子片区、汉葭片区、普子片区、保家片区，宣传疫情防控知识，为他们带去消毒防护品，部分爱心人士主动为这些困境儿童购买物资，此次活动共捐赠购物2.6万元。

【万企帮万村】 引导会员企业利用企业自身平台和人脉关系，对有劳动能力和就业意愿贫困人员就近提供就业岗位。参与的会员企业采取优先招收企业驻地或结对村贫困户子女就业，全县有20多家民企帮助100多名贫困村民在家门口实现了就业。

动员民营企业积极支持白沙河贫困村产业发展。2019年，白沙河村发展集体经济，带动本村91户村民种植白萝卜8公顷，其中涉及贫困户53户。到了萝卜采收的时节，却遇上了新冠肺炎疫情，眼看地里的萝卜卖不出去要烂在地里，村民看在眼里急在心头。黄家镇党委书记联系县工商联动员会员企业茂田水泥厂出资8万元与重庆海领实业有限公司共同收购了白沙河村100吨萝卜，并将这批白萝卜捐赠给湖北孝感、支援抗疫灾区。

利用全国工商联e家平台在线上促销，推动聊城市企业与重庆彭水黔中道紫苏油、彭水县百业兴森林食品开发有限公司、彭水县龙须晶丝苕粉有限公司、火吉果公司等10家农特产品加工企业销售扶贫产品200万元，并在重庆渝中区经纬大厦设置彭水农特产品线下展示专柜展示，邀请《人民日报》、《人民日报》周刊记者到彭水，与彭水县20家民营企业座谈、面对面交流，借助主流媒体线上推介，为全县农产品加工民营企业线上促销，切实带动农户脱贫致富。动员民营企业积极参与社会公益、慈善事业，组织企业参加“光彩行”活动，巩固提升精准扶贫成果。

重庆纵深农业开发有限公司，县汉葭街道商会、县装饰建材商会分别获得2020年度重庆市“万企帮万村”精准扶贫行动先进民营企业和重庆市“万企帮万村”精准扶贫行动组织先进单位。

【东西部扶贫协作】 9月14日，山东省、聊城市工商联率民营企业到彭水开展村企结对帮扶活动，其中，临清三和纺织集团有限公司向彭水县普子镇凤山村捐赠5万元，在平信发物流有限公司向彭水县联合乡同连村捐赠5万元，用于改善村级公益基础设施。

积极搭建消费扶贫工作平台，助力提升彭水农特产品销售影响力。山东省工商联二级巡视员李承新，聊城市委统战部副部长、市工商联党组书记徐文华率聊城亿沣连锁超市有限公司、鲁商文旅股权投资基金管理有限公司等9家民营企业到彭水开展消费扶贫活动，县委常委、县委统战部部长陶敏分别就当地经济社会发展、脱贫攻坚工作等作介绍，彭水县龙须晶丝苕粉有限公司、太极山泉水、重庆火吉健康产业（集团）有限公司、重庆市黔中道紫苏种植专业合作社、百业兴森林食品开发有限公司、重庆子高中蜂养殖有限公司通过PPT、宣传片等形式对特色产品进行现场推介，现场订购及后续定购金额达380万元。

残　联

【疫情防控】　按照市残联及县委、县政府要求，对全县“三类人员”受疫、受灾情况进行摸排，宣传疫情防控知识2100人次，捐赠防护口罩6000余个、消毒酒精250余公斤，对因疫情防控导致生产经营歇业、无其他稳定收入来源的27名困难残疾人经营者及46名无收入来源的盲人按摩人员按照300元/人的标准购买食用油、大米进行救助慰问，对因洪灾导致房屋、财产受损的4户贫困残疾人家庭，按照“一户一案”的原则，落实0.52万元进行补助。

做好康馨精神病医院疫情防控工作，县残联组织康馨精神病医院召开疫情防控专题工作会2次，听取工作汇报4次，向分管县领导汇报工作2次。牵头代拟起草了《关于做好新冠肺炎疫情防控期间严重精神障碍患者管理工作的通知》，确保450余名在院治疗患者、1100余名在家服药治疗患者生命安全。

【脱贫攻坚】　对全县未脱贫的100户建卡贫困残疾人、145户低保残疾人、35户“一户多残”按照“不漏一户，不落一人”的原则开展走访，收集困难需求信息558条，为254户残疾人家庭一一精准建立帮扶台账。

对发展种植业的156名贫困残疾人家庭投入资金15.96万元购买尿素、复合肥1587袋进行扶持，对118户发展养殖业的贫困残疾人投入资金23.8万元进行补贴，对91名有教育资助需求的建卡贫困残疾人家庭学生投入15.9万元进行教育资助，对88名有居家托养需求的建卡贫困残疾人投入11.04万元进行托养资助，对19名有医疗救助需求的建卡贫困残疾人投入5.1万元进行医疗救助，对63名有生活困难救助需求的建卡贫困残疾人投入15.3万元进行困难救助。

对涉及全县27个乡镇（街道）的293名卧床不起、行走不便的贫困残疾人上门鉴定服务。投入3万余元，邀请有资质的黔江中心医院到彭水县集中为未办证的200余名精神障碍患者进行残疾等级鉴定。

为30名有需求的贫困残疾人安装假肢，对全县68户未脱贫残疾人家庭发放生产资料、生产工具补助资金12万元，为22名有需求的建卡贫困残疾人发放电动轮椅，用活用好山东省聊城市残联60万元援助资金，对2户残疾人养殖大户扩大养殖规模、改进养殖方式、完善养殖设备进行资助扶持，对80户重度贫困残疾人家庭居住环境进行无障碍改造。

【助残服务方式创新】　康复工作有效开展，免费发放各类残疾人辅助器具（轮椅、拐杖、助行器）1531件；按照“发现一例，实施一例，救治一例”的原则，投入资金111万元实施0—6岁残疾儿童康复矫治手术124人次，投入资金27万元实施白内障患者免费手术381例，投入资金551万元实施精神障碍患者住院救治603人次，上门送药服务4313人次；指导靛水街道社区卫生服务中心、彩虹康复服务中心成功创建A级肢体残疾儿童定点康复机构和A级智力残疾儿童定点康复机构。落实市级配套假肢制作装配服务项目，为13名有需求的残疾人安装大小腿假肢。

通过政府购买服务的方式，整合县内外含医疗、法律、便民服务、母婴服务、口腔卫生等10类共32家社会爱心单位组成残疾人文化服务跨专业合作资源库，并招募、组建一支含学生、律师、理发师、医生、老党员等180余人的多元化人才队伍，为开展残疾人文化活动打下基础。由县残联牵头、县特殊教育学校师生共同编排残疾人舞蹈节目《龙脊》，参加重庆市第六届残疾人艺术汇演比赛获得舞蹈类节目一等奖。在全县开展“决胜小康 奋斗有我”2020年重庆市特殊艺术巡演6场，服务残疾人2800余人次。在汉葭街道兴河村、汉葭街道亭子村开展4场残疾人文化周活动，服务残疾人 175 人次。向市残联推荐残健融合阅读作品 2 个、推荐文化人才 2 名。特殊教育学校、黄家镇先锋社区文化体育示范点整改问题按时完成，全县 4 个文化体育示范点阵地作用有效发挥，全县文化体育活动参与率达到 18%。

县电视台、《彭水日报》报道宣传全县残疾人事业发展相关新闻 22 次。向市残联官方网站报送彭水县残疾人工作动态、新闻报道 70 余篇。向市残联微信公众号报送肖剑锋、宿祖兵、王洪、周华福、徐义丰等典型人物故事 5 条。向市残联推荐周华福、王洪参加“身残志坚·脱贫先锋”媒体评选展播活动。以国际残疾人日、残疾预防日等节点为契机，组织团县委、县妇联等部门和社会组织开展宣传活动 17 场，发放各类宣传资料 3000 余份。

按照市残联文件要求，为彭水县备战全国第十一届残疾人运动会选手梁俊、王婷婷落实 1.2 万元生活补贴和训练补贴，积极帮助解决生活之困。聘请专业体育教练 1 名，开展篮球训练 13 次、羽毛球训练 9 次、乒乓球训练 11 次、冰壶训练 32 次。培养体育储备人才 17 名，组建篮球、乒乓球、羽毛球、冰壶等 5 支体育队伍。组织开展健康理念倡导活动 2 场，服务残疾人及居民 116 人次。

2020 年，彭水县残联编排残疾人舞蹈节目《龙脊》参加重庆市第六届残疾人艺术汇演

（县残联　供图）

【社会保障】　加强兜底保障，落实兜底政策。通过基金会募集困难残疾人帮扶资金 6.4 万元，为 76 名贫困残疾人购买棉被等“四件套”进行慰问帮扶。投入资金 15 万元对 250 名就业年龄段的智力、精神及一、二级重度贫困残疾人进行居家托养资助。开展“关注残疾，冬送温暖”慰问活动，按照 700 元/人的标准对 254 户贫困残疾人家庭购买米、食用油等生活物资进行慰问，按照 500 元/人的标准对特殊教育学校 111 名残疾学生购买过冬棉服进行慰问。审核贫困残疾人生活补贴申请 4000 人，审核重度残疾人护理补贴申请 6111 人 。联合市残联基金会、深圳市阿尔贝斯科技有限公司开展“净水健康、爱心惠民”公益活动，免费为 190 户贫困残疾人家庭安装净水器，改善生活品质，保障用水健康。

加强就业扶持，落实教育资助。组织在鞍子镇、岩东乡、鹿鸣乡、润溪乡为 200 名农村残疾人开展残疾人实用技术培训。联合县扶贫办对 90 余名残疾人开展包括汽车美容、养老护理、家政服务等内容的职业技能培训，帮助其提高就业能力。输送 12 名贫困残疾人到重庆用工企业就业。按照 5000—20000 元不等的标准对全县 17 户残疾人种养殖业大户进行扶持，带动 23 名残疾人实现就近就便就业。落实用人单位按比例安置残疾人就业 76 人。乡镇（街道）公益性岗位解决残疾人就业 237 人。对 127 名县特殊教育学校中小学生按照 800 元/人·年的标准进行教育资助，对 2 名贫困残疾大学生按照 5000 元/人的标准落实入学资助，对 9 名贫困残疾学生按照 2000 元/人·年标准落实生活补贴。

【队伍建设】　按照市残联《关于加强残疾人法律救助工作站规范化建设的通知》要求，牵头协调县法院、县检察院、县公安局等部门成立了法律救助工作协调领导小组，并挂牌成立残疾人法律救助工作站，配备工作人员、落实工作经费、完善相关制度。严格按照市残联《关于进一步加强全市残疾人就业服务机构规范化建设工作的通知》

要求，挂牌成立残疾人就业服务中心。按照市残联《关于加强和改进村（社区）残协工作的意见》要求，动员组织全县296个村（社区），成立以村（社区）两委负责人、残疾人工作者、残疾人代表为成员的残疾人协会，进一步完善巩固残联基层组织，为打通联系和服务残疾人“最后一公里”打下了基础。按照市残联《关于配备乡镇（街道）残疾人专（兼）职委员的通知》要求，向各镇（街道）共配备残疾人专职委员14名，兼职委员43名，进一步充实基层残联组织工作人员，提升基层残联组织服务能力。

【权益保障】 按照一户一册的实施原则，投入资金86.7万元，为280名有需求的贫困残疾人进行个性化无障碍改造。按照1000元/人的标准为6名残疾人落实C5驾照补贴。充分发挥残疾人协会作用，组织40余名盲人开展1次普法教育宣传座谈会。组织开展“德法相伴”“‘莎姐’大普法·关爱残疾人”专项普法活动，发放各类宣传资料1200余份。对中残联反馈的马某某网上投诉信访案件，主要领导亲自牵头，上门核实信访内容情况，研究制定解决方案，化解信访诉求，做到及时息访，实现全年无越级违规信访的目标。投入资金30万元，为20户残疾人家庭按照15000元/户标准进行危房改造。

【其他工作】 在开展“两走一贴近”“关注残疾、冬送温暖”活动中，准确全面掌握全县未脱贫的100户建卡贫困残疾人、145户低保残疾人、35户“一户多残”家庭的困难需求，县残疾人联合会结合现行助残惠残政策，创新总结出“三看四问”的工作方法，即看住房环境，有无危房改造和无障碍改造需求；看身体残疾情况，有无康复服务需求；看基本生活状况，有无兜底保障需求；问产业发展情况，有无产业扶持需求；问子女教育情况，有无教育资助需求；问治病住院情况，有无医疗救助需求；问个人权益情况，有无法律援助需求。拉近了与残疾人情感上的距离，提升了残疾人满意度，共收集困难需求信息558条，为254户残疾人家庭精准建立了帮扶台账，为实现精准脱贫、精准帮扶打下了基础。

通过政府购买服务的方式，与县社工组织签订残疾人宣传文化体育服务合同，进而提升县残疾人文化服务的社会化、专业化、市场化水平，提高投入残疾人文化服务资金的使用效益，促进残疾人文化服务资源的优化配置。高质量完成了全年残疾人文化服务工作任务。通过与专业文化服务机构合作，编排的舞蹈节目《龙脊》，有力展现全县残疾人精神风貌。

文学艺术界联合会

【概况】 彭水自治县文学艺术界联合会位于彭水县靛水街道县委党校教学楼421室，成立于2007年11月，内设科室一个（办公室）。代管黔中文化研究院内设3个科室（《黔中文化》编辑部、黔中文化研究室、蚩尤文化研究室）。县文联在职人员4人；黔中文化研究院在职人员5人。县文联退休1人。在职干部职工中，中共党员7人；大专以上文化程度的干部9人，占机关总人数的100%。

截至2020年12月31日，县文联下属团体会员9个，即县作家协会、县音乐家协会、县舞蹈家协会、县美术家协会、县书法家协会、县摄影家协会、县民族民间工艺家协会、县诗词楹联学会、县观赏石协会。会员总数1005人，其中国家级会员57人，市级会员217人，妇女会员466人，少数民族会员734人。

【理论学习】 深学笃用习近平新时代中国特色社会主义思想，贯彻落实习近平总书记在文艺座谈会上的重要讲话、中央《关于繁荣发展社会主义文艺的意见》和党的文艺方针政策，及时将贯彻《讲话》和《意见》精神作为工作的重中之重，把握中央推动文艺繁荣发展的指导思想和方针原则，明确文艺工作的历史使命和时代责任，增强了用马克思主义文艺观武装头脑、引领创作、指导工作的能力和水平。

【脱贫攻坚】 县文联严格落实帮扶责任制，对帮扶户规划长效增收计划，实现稳定增收，确保稳定脱贫。选派刘兴模、苏志磊担任联合乡同连村、鞍子镇大林村驻村工作队第一书记，单位在岗干部职工帮扶率百分之百。

以决战决胜脱贫攻坚为契机，积极组织协学会深入基层开展“到人民中去”主题采风创作活动。县文联联袂市老年摄影家协会组织开展“圈里人家·我眼中的成渝双城经济圈”走进天台村系列摄影展活动；县文联、县扶贫办联合召开脱贫攻坚原创歌曲座谈会；县音协廖明、赵应波、廖军华合作创作歌曲《脱贫致富奔小康》《你叫扶贫干部》，周廷发、张海合作创作歌曲《兑现春天的梦想》，刘兴模结合自己驻村工作经历创作歌曲《时代真英雄——献给脱贫攻坚第一书记的歌》；县美协胡显强漫画作品《三口之家的时髦旅行》、严丽水彩作品《脱贫攻坚》入选重庆市脱贫攻坚主题美术作品展；县书协胡光绪书法作品入选“脱贫攻坚·我行动”中书协西部书界新秀作品展，夏翔飞书法作品入选全国扶贫书法大展，庹晓端、张润凡书法作品入选重庆市脱贫攻坚主题书法作品展。

【协会动态】 建立健全文艺家协会队伍，先后完成9个协（学）会换届选举，配齐老中青结合的领导班子，加强了队伍建设。

2020年，县级文艺家协学会组织坚持“创作”这一中心任务，将作品社会效益放在首要位置。县书协、县美协、县作协、县摄协等协学会送文艺进基层，在扎根人民生活中汲取源头活水，创作出一批践行核心价值观、展现社会真善美的文艺精品力作，多件作品在国家、市级展赛中获奖。

【民族文化研究】 承办第四届民族文化与旅游融合发展（线上）研讨会，12月28日来自全国各地的50位专家学者在彭水参会，聚焦“世界苗乡·养心彭水”主题，交流学术心得，分享研究成果，共谋彭水县文旅融合发展大计，助推彭水全方位的发展。深入推进黔中文化研究，推动文旅融合，编辑出版《黔中文化》6期，启动编纂《黔中道历史大事记》。

【文艺交流】 综合性文学艺术刊物《黔中文化》实现与渝鄂湘黔桂区县党政宣传文化系统的双向交流；以打造成渝经济圈为契机，与阆中文联、凉山州文联结对发展；加强会员素质提升，发挥榜样的力量，开展“建功新时代 弘扬德艺双馨”主题宣讲；苏志磊参加第35届“大众电影百花奖”评奖活动，系该奖评奖以来彭水首次产生评委。

法　治

政法委及综治

【概况】　2020年，在县委、县政府的坚强领导下，全县政法维稳战线围绕中心、服务大局，坚持以习近平新时代中国特色社会主义思想为指导，深学笃用习近平法治思想，切实履行职责任务，重大风险防范化解和平安彭水建设取得了全面进步。最具标志性的成效是综合反映彭水政法维稳工作，广泛赢得人民群众高度认同的安全感指数为99.2%，位居渝东南第1名，其他各项指标全面向好。

【维护政治安全】　坚决防范化解政治安全风险，健全完善平安彭水建设暨防范化解重大风险领导小组，加强防渗透、防暴恐、防邪教工作和网络意识形态管理，实现“4·25”“5·13”、全国“两会”等敏感期绝对安全。严密防范打击邪教组织，统筹常态化开展邪教底数摸排工作，加强反邪教数据库的建立和动态管理。2020年，侦破邪教案件2起、摧毁邪教窝点3个、抓获邪教人员8人；全面完成教育转化目标任务，未出现攻坚对象新增案件情况，巩固对象无一反复。

【疫情排查防控】　坚持从严从实从细原则，全力以赴战疫情。面对突如其来的新冠疫情，奋力构筑铜墙铁壁，成立村（社区）排查专项工作组，印发《疫情排查必清二十条》等20余个文件，召开专题会议30余场次。疫情期间滚动排查300万人，累计排查国内高、中风险地区入彭返彭人员146895人，排查境外入彭返彭人员1407人，彭水成为全市最早的低风险区之一。17人获市级表彰，1人获公安部表彰，县公安局获全市“先进集体”称号。2020年12月11日，彭水县发生一起境外输入无症状感染病例后，迅速启动战时机制，第一时间对事发小区及可能感染区域进行全面封控，迅速排查出关联轨迹人员2117人，集中隔离432人，及时阻断疫情传播途径。

【防范重大风险】　坚决打好防范化解重大风险攻坚战，聚焦政治、意识形态、经济金融、对美经贸、科技、社会等八大领域全面开展风险隐患排查，按照“三见三定”的要求，对全县各相关行业和领域实行风险隐患滚动摸排，对排查出的风险隐患，实行清单管理，逐一建立台账，实行表格化管理、项目化推进。通过全面摸排，全县共梳理出5大类167个风险，逐一制定化解措施，落实责任人，化解各类风险78个。

2020年10月29日，全县市域社会治理现代化试点工作现场会召开

（县委政法委　供图）

【社会治安管控】 持续保持对违法犯罪分子的高压态势，充分发挥“情报导侦、数据强侦”作用，破获刑事案件4739起，破案率326.83%，其中破现案401起，同比2019年上升34.27%；3个治安乱点挂牌整治地区，通过集中整治，刑事发案率同比下降66.99%；常态化开展“全警大巡逻”行动，对过激言行、刑释、吸毒等治安高危人员严格管控，对肇事肇祸精神病人及时救治管控，全县刑事案件、命案、治安案件、交通事故数量实现“四下降”。

【预防化解社会矛盾】 坚持以风险排查为前提，全力维护后疫情时期社会和谐稳定。突出重点问题化解，市上交办的1个重点群体和11件重点问题均已全部化解。突出矛盾纠纷大排查大化解，推动“清仓见底”“四重攻坚”案件化解，严格执行“五查”矛盾纠纷排查化解制度，共排查出信访矛盾纠纷222件，调解率、办结率分别达100%、89%。突出社会稳定风险评估，实施社会稳定风险分类评估17件，做到应评尽评、当否则否。突出人民调解工作，依托基层综治网格化管理平台，进一步完善大调解工作格局，共调处矛盾纠纷2329件，调解成功2329件，成功率达100%。全县来信来访总量3498件次4587人次，同比件次上升7.3%、人次下降9.8%。

【扫黑除恶专项斗争】 坚持依法打击，打掉涉恶团伙4个，涉黑涉恶判决172人。严格“两个一律”“一案三查”，处置涉黑涉恶腐败问题线索172件，立案查处涉嫌充当“保护伞”2件，其他违纪问题25件，给予党纪政务处分18人。建立健全长效机制体系，围绕“法治化、规范化、专业化”要求，着眼巩固和扩大专项斗争成果。建立健全分析研判常态化、排查整治常态化、重点管控常态化、整顿优化常态化、鼓励举报常态化一体化源头防治机制；建立健全问题线索“共享”、三书一函“共促”、联席会议“共商”、“三长”背书“共责”、办案协作“共战”一条龙执法办案机制；建立健全督导督办、应急处置、考核评价、宣传发动强化一系列组织领导机制。

【创新治理格局】 稳妥推进“雪亮工程”，公共安全视频监控建设联网应用项目于2020年3月完成招投标相关工作，4月开始入场施工，合同施工时间8个月，外场视频镜头已安装90%，内场平台安装调试80%，进入最后的完工收尾阶段。全面启动彭水县市域社会治理试点工作，各项创建工作有序推进。全面开展“平安乡村”创建，多功能普法宣传的青少年法治教育基地即将建成，凸显“五老自治队”特色的“枫桥经验”彭水实践全面推进。“五老自治队”先进典型李继儒获评中国好人，获评“感动重庆十大人物”。

【公共安全监管】 持续深化安全生产大排查大整治大执法，突出重点行业、重点区域、重点环节，对全县18个行业领域主管部门开展执法检查193257次，发现违法行为和隐患问题86003个、县政府挂牌整治重大安全隐患1个、执法处罚74704家次、警告8164次、经济处罚1233.5万元。2020年，全县共发生一般生产安全事故8起、死亡8人，占市安委会下达亡人控制指标（14人）的57.1%。

公　安

【概况】 2020年，彭水自治县公安局深入学习贯彻习近平总书记系列重要讲话、重要批示指示和重要训词精神，紧紧围绕市公安局和县委、县政府决策部署，全力以赴战疫情、防风险、保安全、护稳定，各项公安业务工作稳步开展，全县政治社会大局持续稳定。

全年立刑事案件1458件，破刑事案件727件；受理治安案件1285件，查处1009件；发交通事故4183起，死亡32人，受伤1239人，造成直接经济损失39.39万元。在全市年度综合绩效排名全市第15、县局序列第3。群众安全感、队伍满意度、执法公信力分别为99.2%、97.15分、97.24分。

【干部人事管理】 2020年，彭水县公安局民警岗位调整8人次。全年新招录民警7人，外区县调入民警2人，森林公安转隶14人，调出民警11人，退休3人。

【接处警情况】 全年共接报警电话66958个，日均接电话量183个，有效接警数36078起，占总接警量的53.88%。其中，刑事类警情918起，同比上升36.4%；治安类警情8306起，同比上升42.96%；交通类警情7225起，同比上升64.24%；求助类警情3316起，同比上升42.50%。录入调度警情22684条，反馈警情22684条，反馈率为100.00%。

【大数据应用】 全年运用视频大数据破获各类刑事案件289件，抓获犯罪嫌疑人136人，挽回群众、企业直接经济损失150余万元，成功预警集访非访20余次，服务群众寻找失踪失联儿童、学生、老人194起。全面完成智能交通设计工作，并策动县委政法委实施智能交通集成指挥平台建设。打造的便携伸缩式警用电子路锥预警系统成功进入重庆市公安局改革创新大赛复赛，并取得三等奖。

【反诈工作】 建成县反诈骗中心并投入使用，全力推进全民反诈专项行动。全年成功捣毁电信网络诈骗窝点3个，抓获犯罪嫌疑人100余人，破获案件4000余起，通过公安部电信诈骗侦办平台冻结银行账号1400余个，冻结金额1700余万元，追赃挽损110余万元。

【合成作战】 以合成作战办公室为主体，抽调精干警力升级扩容，组建“智慧侦查中心”。研判查询各类情报线索2600余条，明确各类犯罪嫌疑人身份信息183名，查询失踪失联警情182人次，查询交通类案事件56件次，查询涉毒人员信息210余人次，查询涉稳、涉恐、涉邪重点人员180余人次，协助外单位查询相关信息37件次，累计出具关押违法犯罪嫌疑人轨迹证明400余份，通过合成作战系统调取通话记录86件次，协助抓获网上逃犯33人。

【扫黑除恶专项斗争】 打好扫黑除恶专项斗争收官战，总结经验、固化机制，推动长效长治。累计核查涉案线索201条，打掉涉恶团伙3个，判决涉黑涉恶违法犯罪人员191人。被市公安局授予2019年度扫黑除恶专项斗争工作成绩突出集体二等功，2人获个人二等功、3人获个人三等功、6人获嘉奖。

【社会治安重点地区排查整治】 对汉葭街道文庙社区、绍庆街道河堡社区、靛水街道靛水社区3个治安重点地区开展集中挂牌整治。3个治安重点地区共立刑事案件68件，同比下降66.99%，社会治安态势明显好转，完成市局摘牌验收。

2020年10月，彭水县公安局侦破假红牛案。图为干警在分析研究案情

（县公安局　供图）

【缉枪治爆】 全年共收缴非法枪支31支，管制刀具90把，炸药60公斤，雷管69发。破获涉枪刑事案件23件、治安案件1件，采取刑事强制措施22人，治安处罚1人。查处涉爆治安案件12件，治安处罚15人，罚款20万元。

【精神障碍患者服务管理】 2020年，县公安局梳理排查疑似患者857人，共确诊并建档纳入管理严重精神障碍患者217人。建立联合服务管理小组740人，关爱帮扶小组1442人。全县严重精神障碍患者服药率81.37%，规律服药率54.31%，较2019年度大幅提升。

【打击长江流域非法捕捞】 深入开展涉渔百日走访活动，先后走访渔民123人、涉渔餐馆103家次、水产品店54家次、渔具销售点89家次。全县在册的66艘渔业船舶123人已全部退捕上岸，相关渔船渔具等附属设施设备全部处置完毕。全年共立非法捕捞水产品刑事案件23件，抓获犯罪嫌疑人40人，没收渔获物197公斤，放生鱼虾210公斤，实施生态补偿人工增殖放流5.3万尾鱼苗，破案数、抓获人数均为历年来最高，获得全市并列第一、渝东南地区第一的成绩。

【“一标三实”基础信息采集】 先后落实专项经费100万元，下沉机关警力45人，建立党委成员分片督导、警种部门捆绑协同、专项考核等机制，采取“四定”（定目标、定进度、定质量、定责任）、“三抓”（抓培训、抓阶段、抓机制）等工作措施，大力推进对全县186条街路巷、296个社区村组开展常态化基础信息采集。全县共登记在库“一标三实”基础信息1073423条。其中，标准地址在库数552281条，实有人口在库数132259条，实有房屋在库数354019条，实有单位在库数14628条，从业人员在库数20236条。

【户口清理】 全年注销户口7828人。其中，死亡注销户口人员4381人，迁出注销2855人，参军服兵役注销户口人员592人。清理核查18周岁以上无户口569人，通过办证、新增照片、注销重复虚假户口等方式处理567人。解决常住户口待定人员户口登记6080人，其中补录登记148人；变更及更正户口登记21258项；清理境外人员21人。为第七次全国人口普查提供科学准确的统计信息支持。

【出入境管理】 2020年，因受疫情影响，彭水自治县公安局受理公民出国（境）997人次（其中申请出国598人次，赴港澳298人次，赴台湾地区101人次），同比2019年度降幅高达91.4%。登记查验临住境外人员218人次（其中外国人85人次，港澳台居民130人次，华侨3人次），同比2019年度降幅达89.8%。疫情期间对非法出入境人员落地核查率达100%，查处“三非”（即非法入境、非法居留、非法就业）外国人案件5起。上报涉外领域情报信息、工作动态等36条，被市公安局出入境管理总队采用31条。通过临住信息比对核查敏感国家人员及不准入境人员信息104条，未发现异常情形。在出境未归人员清理摸排和在驻柬埔寨使馆申办旅行证人员核查等专项工作中，被市公安局出入境管理总队通报表扬。

【警务督察工作】 县公安局全年共开展现场督察283次，暗访24次，开展网上督察、视频巡查7450次，发现问题66个。开展视频巡查48次，发现问题7个。发督察通报12期，查纠违规问题20余件，诫勉谈话1人，警示约谈6人。全年共计收到信访投诉113件，投诉情况属实7件，部分属实1件，投诉情况不属实105件。共办理维护民警正当权益案件4件，监视居住1人，行政拘留1人，批评教育2人。

【强化审计监督】 对2名任职时间较长派出所所长开展经济责任审计，审计总金额936万元，发现问题3个，涉及违规金额3.6万元，提出审计建议3条。对交巡警大队执法活动财物开展专项审计，审计总金额2020.45万元，发现问题10个，涉及相关涉案财物1件，提出审计建议4条。对扫黑除恶案件开展专项审计，审计总金额16.96万元，发现问题4个，涉及金额8万元，提出审计建议3条。

【法制工作】 2020年，移送审查起诉479人，决定起诉366人，提请逮捕80人，批准逮捕67人，共审核各类刑事案件310案488人，审批刑事拘留228人，取保候审326人，监视居住190人；审核各类行政案件249件，处理处罚344人；审批强制隔离戒毒34人，责令社区戒毒17人；办理行政复议案件7件7人，其中维持5件5人，撤回1件1人，驳回1件1人；办理行政诉讼案件应诉4案5人，其中撤销2案3人。全年共巡查出存在问题的刑事案件469件，行政案件314件，刑事案件整改109件，行政案件整改67件，整改率22%。

【防范打击暴恐和邪教活动】 积极开展《国家安全法》《反间谍法》《反恐怖法》普法教育和防邪反邪宣传活动，对全县36家反恐重要目标单位开展督导检查95次，发现并整改隐患问题29起，全年未发生暴恐案事件。全年成功处置非法宗教活动5起，依法取缔非法聚集点2个，查处“门徒会”邪教活动6起、法轮功活动1起，共行政拘留14人，教育训诫20人，收缴反宣资料600份。

【基础设施建设】 2020年，彭水自治县公安局车辆管理用房房屋已全部完工，有序推进配套的水、电、气项目的施工；执法办案中心、民警战训基地建设已完成主体框架，正加速推进；将桑柘、鹿角派出所危房改造纳入新建房屋计划，待资金落实后启动新建项目。完成汉葭、靛水枫桥式派出所配套建设和连湖、高谷、汉葭、万足等派出所安防设施整改；对看守所、拘留所内部安全设施、发电机、生化池等进行分批分期整改。

【交通事故预防及车辆管理】 全年共查处各类交通违法行为71023起，开展各类专项督查92次，下发整改通知书14份，召开联席会议3次，警示约谈4家企业，督促车辆进行检验、报废、违法处理100辆次，督促A证、B证驾驶人按期审验、换证200余人次。全年共发各类道路交通事故4428起，全年一次性死亡3人以上交通安全事故“零发生”。全年办理车辆上户8192台次，补证、换证11111人次，满分学习教育536人次，科目二考试22851人次，科目三考试20167人次。

【禁毒工作】 全年破获涉毒案件48起，起诉涉毒犯罪嫌疑人51人，强制隔离戒毒65人，查获吸毒人员179人，缴获毒品4212.6克。汉葭街道渔塘社区禁毒图书角，打造禁毒宣传教育工作有力平台。联合彭水县晨光职业培训学校对社区戒毒康复人员开展职业技能培训，并帮助20余人实现了就业安置。在市公安局污水抽样检测中，彭水县污水含毒比例位于全市最低，在市禁毒办对社区戒毒人员随机抽检中，全市仅忠县、秀山和彭水3个区县阳性检出率为0。

【昆仑行动】 在打击危害食品安全的“昆仑1号”行动、打击危害药品安全的“昆仑2号”行动、打击侵犯知识产权和制售伪劣商品犯罪的“昆仑4号”行动中共破获2件生产有毒有害食品案，取保候审2人。破获1起假冒注册商标案，打掉窝点35个，团伙7个，抓获犯罪嫌疑人20人，涉案金额高达1亿元。

【疫情防控】 精准摸排核查涉疫风险人员8422名，追踪密切接触者1756人，集中隔离357人，破获涉疫情刑事案件4起，查结行政案件9起，有效防止了疫情传播扩散，有力维护了特殊时期的社会稳定。疫情趋缓后，梳理排查全县195所学校139885名返校师生涉疫情况，全面助力学校有序复学复课。研发“彭水县企业复工复产信息录入平台”并在全县推广使用，共采集并核查各类企业信息286家，员工信息7900余条，帮助企业安全复工复产。因防疫工作突出，彭水自治县公安局被重庆市委、市政府授予抗击新冠肺炎疫情先进集体，蒲秀川获得公安部全国公安系统抗击新冠肺炎疫情先进个人表彰，王云坤获得市委市政府抗击新冠肺炎疫情工作先进个人表彰。特警大队获市公安局集体二等功表彰；郁山派出所获市公安局集体三等功表彰；李中、冷晓波获市公安局个人二等功表彰；刘长云、钱艳、余福、谭锋、何红芬、郑义梁获市公安局个人三等功表彰。

【网络安全】 2020年，侦办涉网案件17起，抓获嫌疑人134人，移送起诉80人，公诉13人，行政处罚16人。

【监所管理】 2020年，拘留所共收拘199人，其中女性57人、男性142人；治安拘留184人、司法拘留15人。看守所共收押犯罪嫌疑人、罪犯共计582人，新收292人，处置出所人员290人。

【放管服】 在“重庆市网上公安局”微信公众号平台和市政府“愉快办”开通了50余项户证网上办理业务，19项公共服务事项、42项行政审批、27项行政许可全部实现网上办理、查询及预约服务；依托“e交管平台”“12123平台”“重庆市政府”等警务公众号，深度开发便民服务类应用，推出违章查询、在线罚缴、减分学习、业务预约等多项掌上服务模块，提高群众对相关服务事项的知晓率、关注度和参与度；大力推进简政放权工作，县局对下发审批权限事项的审批时限进行再缩短48项，进一步压减企业开办耗时。

【全警实战大练兵】 开展全警实战大练兵工作，先后投入24.6万元采购补充了盾牌、心肺复苏假人、单警装备、防爆器材等各类训练装备；投入82万元，组织全警开展晋升训练、新警培训、现场执法轮训、政治轮训、专业训练，提升基本素能。按照年初既定方案，把警体达标纳入年终评先评优标准，督促全局各单位扎实组织训练，全年累计训练达2.3万余人次，报送训练动态480余篇。

【脱贫攻坚】 县公安局落实14名民警驻村开展扶贫工作，落实266名帮扶民警开展对口帮扶。全年共开展电话走访928人次，实地走访3248人次，为贫困户赠送或购买防护物品52人次。通过走访了解群众诉求，帮助贫困群众解决就业、上户、产业发展、子女教育等各类问题共计100个。全力推进消费扶贫工作，通过食堂采购扶贫产品7759元，各职工线下购买扶贫产品87517元。扎实推进“平安乡村·智惠农家”项目建设，做好脱贫攻坚与乡村振兴有效衔接工作，切实打好脱贫攻坚收官战。

延伸阅读：

【邹某等电信网络团伙诈骗案】 2019年7月，犯罪嫌疑人邹某组织作案人员在陌陌、探探、世纪佳缘等网络交友平台，冒用女主播的身份物色男性受害人，通过聊天、谈感情的方式获取受害人信任后，诱导受害人在网络直播平台上充值送礼品，达到骗取钱财的目的。为了挽回群众损失，严厉打击震慑犯罪分子的嚣张气焰，彭水自治县公安局成立专案组对该案件进行侦办。经过前期深度经营和缜密侦查，专案组逐步掌握该电信网络诈骗团伙的窝点位置、组织架构和活动规律。2020年6月30日，党委委员、副局长周清茂，党委委员、县纪委派驻县局纪检监察组组长胥呈波带队，组织80余名精干警力尽锐出战，奔赴贵州省贵阳市开展收网行动，成功抓获犯罪嫌疑人66

人，查扣涉案电脑100余台、手机191部，扣押涉案车辆1台。经连夜讯问提审，犯罪嫌疑人对利用电信网络实施诈骗的犯罪行为均供认不讳，成功打掉该电信网络诈骗团伙。

【汪某某等团伙网络赌博犯罪案】 2019年12月，彭水自治县公安局在工作中发现，有人利用“闲聊”APP软件组织他人从事网络赌博活动。获悉情报后，彭水县公安局立即组织精干力量开展秘密侦查、远程取证。经过6个多月的工作，摸清了该网络赌博犯罪团伙的组织架构，掌握了犯罪事实及有关证据。2020年5月19日，办案民警迅速分赴渝北、南岸、长寿、彭水等地开展集中收网行动，成功抓获犯罪嫌疑人16名，扣押涉案手机20部、ipad两台，冻结涉案资金23余万元。经审讯，犯罪嫌疑人利用深圳小水滴公司运营的“闲聊”聊天软件建立4个赌博群，先后组织800余人从事网络赌博违法犯罪活动，并在赌局结束后采取发红包的方式进行赌资结算，从中抽头渔利45万余元。

【姚某、张某非法经营烟叶案】 2019年10月，彭水自治县公安局经侦大队民警与县烟草专卖局执法人员在彭水县境内查货两辆非法运输烟叶的货车，并现场抓获非法经营烟叶的秀山籍男子姚某和张某。经查，该批烟叶系姚某和张某合伙在贵州省沿河县田某处购得，准备运往酉阳县销售。经深挖扩线侦查，发现该案跨贵州、重庆、四川、湖南、湖北、云南、甘肃等7省市，非法贩卖烤烟烟叶达125余万公斤，涉案烟款达2500余万元。本案抓获犯罪嫌疑人22人，已起诉判决19人。该案已经成功发起集群战役，正在报批部督案件。

【赵某、谢某等违法生产假红牛案】 2019年12月，彭水县公安局接到报警称，“彭水市面上多个商铺、小卖店同时出现假冒红牛维生素功能饮料销售”。彭水县公安局高度重视，迅速抽调精干警力成立专案组，在市公安局打假总队的指导下全力展开案件侦破工作。经查，2019年以来，赵某、谢某为牟取暴利，组织以付某、薛某、刘某等为首的骨干人员形成固定团伙，在漯河市郾城区、临颍县等地的食品工业园等处设立厂房，以零星生产自创饮料为掩护，暗地通过对外采购包材、自行勾兑料液、机械灌装封口等方式非法生产假冒红牛等饮料，通过物流发货销售至各地。经梳理，全案销售网络涉及天津、四川、贵州、山东、河南、湖南、安徽、辽宁、吉林、广东、广西、重庆等13个省（区、市），涉案金额1亿余元。经鉴定，涉案红牛等饮料为假冒产品。2020年10月20日凌晨，在副局长周清茂的组织带领下，县公安局集结90余名精干警力、兵分5路，分别于河南漯河、河北石家庄、天津滨海、四川成都、重庆彭水等地同步开展收网查缉行动。行动中，共抓获涉案人员94人，刑事拘留20人，取保候审1人，捣毁假冒红牛等饮料生产“黑工厂”5处、仓储“黑窝点”30处，现场缴获假冒红牛、加多宝、拉卡拉等饮料成品34万余瓶，罐盖、罐体、罐底、印铁、包装箱（袋）包材等各类包材400万余件，查获成品加工、包材生产等专业生产线10条，涉案金额1亿余元。

消防工作

【概况】 彭水自治县消防救援大队位于靛水街道靛水社区，主要承担全县的火灾预防和灭火救援等工作。其中，大队部主要任务以防火监督为主，主要负责公众聚集场所开业前检查、火灾隐患排查整治、消防监督检查、日常消防宣传、火灾事故及应急救援调度指挥。下属沙沱消防救援站，位于汉葭街道沙沱街，配备泡沫消防车2台，水罐消防车3台，抢险救援消防车2台，32米登高平台消防车1台，消防多功能无人机1架，消防坦克1台，各类应急救援装备2314件（套），主要负责火灾扑救、抢险救援、社会救助等工作任务。

2020年，消防救援大队紧紧围绕《2020年全市消防工作和队伍建设要点》和《2020年重点目标任务》，抓住火灾防控和灭火救援“两个中心”，全力实现“两个稳定”和“两个提升”的工作目标，举旗育魂、担当作为，在新起点上加快推动彭水消防救援事业新发展。2020年，全县共发生火灾76起，直接财产损失241.1万元，人员伤亡3人，保持了连续20年生产经营场所、单位无亡人及较大以上火灾事故的良好局面。大队被重庆市消防救援总队评为2020年度“先进党委”“先进大队”“安全工作先进单位”，下属沙沱消防救援站被评为“先进消防救援站”。

【政治教育】 大队严格按照上级统一部署，深入开展“践行训词精神，担当神圣使命，坚持五个不动摇”专题教育，深入学习习近平总书记授旗训词要求、应急管理部书记黄明和各级首长重要讲话精神，赓续红色血脉，全面打造过硬一流的队伍；开设“政工干部精品课堂”8次，开展品读分享活动5期，结合学习教育活动，组织开展主官“推门听课”2次，开展授课评比活动2轮，遴选精品教案课件3份，拍摄《守卫苗乡 无悔青春》等微电影、微视频，依托“彭水消防大队”微信公众号宣传先进典型、展示教育成果等。在教育实践活动期间，大队1人朗诵《从此，我就是你》在全市消防救援队伍“践行训词精神 担当神圣使命”主题演讲及朗诵比赛中获二等奖，1人在全市条令纲要知识竞赛决赛中获二等奖，大队高层建筑室内消防栓管网供水改造项目在总队创新成果评选活动中获三等奖，大队作品《守卫苗乡 无悔青春》在总队“晒忠诚担当、晒严明纪律、晒勇闯敢上”活动中获优秀组织奖。大队所属沙沱消防救援站副站长覃垚积极响应组织号召加入119消防突击队，逆向而行，坚持在武汉抗疫2个月，央广网及总队政工微信号专门对覃垚的抗疫事迹进行了报道推送。

2020年11月9日，消防宣传月现场会

（县消防大队　供图）

【执勤训练】 大队严格按照执勤岗位练兵工作要求，科学组训、按纲施训、实战实训，全力提升队伍实战攻坚能力。积极邀请体、技能专家教练指导体能训练工作，坚持从严从实开展技战术训练，每月定期组织无预案临机处置演练和辖区熟悉调研。每月对辖区城市综合体、高层建筑、人员密集场所、易燃易爆等高风险对象，开展“全要素、全过程”拉动演练，每季度根据辖区实际开展特殊灾害技术实战实训，针对水域、山岳、车祸、深坑救援开展专攻实操，全面提升全体指战员实战能力和临机处置能力。在总队岗位练兵技体能比武中，获大队组第一名，大队总分排全市总分第四名。

【火灾预防】 大队积极发挥参谋助手作用，召开全县消防工作会，落实消防安全委员会联席会议、报告备案、工作督查制度，分别邀请县委书记钱建超、县长石强实地调研消防安全工作，强力推动消防安全综合治理。大队深刻汲取重庆渝北“1·1”加州花园火灾教训，扎实开展火灾隐患大排查大整治，持续推进高层建筑专项治理、“打通生命通道”工程、“春季攻势”1号和2号整治、“高低大化”“老幼古标”等高风险对象大排查大整治大执法等专项活动，全年共检查单位643家，督改一般隐患347处，办理行政处罚案件23件，临时查封案件2件，责令“三停”1家，挂牌督办重大火灾隐患1件，罚款6.39万元，保持了消防监督执法的高压态势。同时，稳步推进公共消防基础设施建设，完成43个市政消火栓、1000个独立式感烟探测器、20套电气火灾监控系统、5套简易喷淋系统、3处取水设施及消防全媒体中心建设安装任务。

【服务经济】 大队始终坚持以人民为中心的发展理念，以“放管服”改革为依据，着力强责任、防风险、除隐患、惠民生，确保辖区消防安全环境。大队深入推进消防宣传“五进”，举办“119”消防宣传月启动仪式和消防安全教育现场会，印制高层建筑、消防车道等火灾防控通告5000余份，发放张贴各类宣传展板、海报10万余张。市级登刊稿件18篇，县级媒体刊发宣传稿件50余篇，播出消防公益广告2000条次，利用小区出入口“小喇叭”、楼宇广播播送消防安全提示，发放“三清三查”提示卡2万余份。创新推出消防安全“云直播”，开展在线答问、播放火灾警示片、隐患查找小游戏等活动，将用火用电、烤火取暖等消防安全常识传到千家万户。大队根据“放管服”要求，全面变革服务理念、审批制度、审批流程，努力实现在最近的地方服务群众、用最快的效能服务企业，让社会单位“少跑路”，营造和谐稳定、公开透明的营商环境。

检　察

【概况】 彭水自治县人民检察院位于彭水县绍庆街道滨江社区38号，占地面积2500平方米，建筑面积5256平方米。院内设办公室、政治部、检察一部、检察二部、检察三部、检察四部、检察五部、检察六部8个部室。共有政法编制58个，工勤编制1个，实有政法干警54人，工勤人员1人。

2020年以来，共批准逮捕各类犯罪嫌疑人89人，提起公诉311人，监督纠正刑事执行违法违规76人次；立公益诉讼案62件，受理民事行政监督案件14件，支持起诉案件62件；审查办理控告申诉52件。

【疫情防控】 严惩妨害疫情防控犯罪，依法从严从快办理万某涉疫情口罩诈骗案；严格落实疫情期间案件办理指导要求，通过电话、网络、来信等方式依法办理各类案件。服从全县疫情防控工作部署，院领导主动深入隔离卡点、对口帮扶乡镇，督导落实防控责任，派出多名干警参加渝鄂交界“卡点”值守，3名干警被县妇联、县卫健委评为“新冠肺炎疫情防控先进个人”。

【“六稳”“六保”】 严格落实“三个一律”工作要求，扎实开展“保市场主体、护民营经济”专项行动，审慎办理涉企犯罪案件。起诉非法经营、合同诈骗等破坏社会主义市场经济秩序犯罪25人，起诉的姚某等18人非法经营案，涉案金额1000余万元。深入推进“保市场主体、助企业发展、清挂案积案”百日攻坚行动，监督撤案13件，为民营企业解除诉累、卸下包袱。检察长带队走访企业15家，解决各类诉求30余个。

【脱贫攻坚】 严格落实结对帮扶责任，积极落实帮扶资金、开展消费扶贫。选派2名优秀干警担任花园村第一书记兼工作队长、棣棠乡四坪村工作队员。按照县委、县政府对脱贫攻坚的部署要求，院领导班子成员积极履行帮扶责任人责任，多次下基层走访调研，全面补齐安全住房、稳定增收等短板弱项，做实做细帮扶工作。加大对困难对象司法救助力度，及时向困难家庭发放司法救助金17万余元，让法的温情惠及最需要的群众。

【刑事诉讼】 起诉故意杀人、强奸、抢劫等犯罪7人，涉毒犯罪39人，抢夺、盗窃等多发性侵财犯罪89人，电信网络诈骗犯罪9人。严厉打击聚众斗殴、寻衅滋事等严重妨害社会管理秩序犯罪，起诉27人，如起诉的金某等14人聚众斗殴案，均获法院有罪判决。受理监察机关移送审查起诉职务犯罪案件2件，自行补充侦查5人，起诉6人，法院判决6人。严厉打击侵害未成年人犯罪，批捕9人、起诉12人。积极推进“捕诉监防教”一体化机制，对涉罪未成年人附条件不起诉15人、相对不起诉15人，临界预防6人，跟踪帮教20人，其中3人经过帮教考上大学。深入落实“一号检察建议”，开展教职员工入职查询8100余人次，有犯罪记录的7人均受到相应处理。

【扫黑除恶】 专项斗争开展以来，组织召开公检法联席会议8次，围绕统一执法尺度、部门协作联动等建立长效机制5个，提前介入涉恶案件6件，移送“关系网”“保护伞”线索5人，发出重点行业领域社会治理检察建议4份，全面推动扫黑除恶常态化。检察长带头办理向某等21人恶势力团伙犯罪案，依法出庭支持公诉，法院认定恶势力成员4人，均被判处三年以上有期徒刑。

【法律监督】 对涉嫌犯罪的追捕3人、追诉5人，监督立案4件；对不构成犯罪和事实不清、证据不足的不批捕9人、不起诉10人，监督撤案22件。提请刑事抗诉1件，获法院改判。对确有错误的民事行政生效裁判，提请抗诉3件，经法院再审改判2件。监督民事审判活动并提出改进工作检察建议8件，获法院采纳。办理支持起诉案件60件，全部胜诉，帮助农民工追回欠薪27万余元，有效维护弱势群体利益。开展监管场所安全防范检察，纠正监管场所违法违规24件，办理在押人员控告申诉5件，办理重大案件侦查终结前讯问合法性核查5件，全力保障在押人员合法权益。开展监外执行巡回检察工作，纠正社区矫正执行违法违规11件，纠正剥夺政治权利执行漏管及其他违法情形8件。

【公益诉讼】 立食品安全公益诉讼案7件。落实2号总河长令，积极参与污水乱排、岸线乱占、河道乱建“三乱”整治专项行动，立生态环境公益诉讼案55件，督促清理垃圾和固体废物100余吨、治理水域污染点26处、整改牲畜养殖户25家。提起刑事附带民事公益诉讼4件，追缴生态修复赔偿金7万余元。积极稳妥拓展办案范围，检察长亲自办理第一起“等”外公益诉讼案件，推动县应急管理局开展辖区消防通道安全隐患大排查。

【司法体制改革】 运用“案-件比”管理指标加强案件质效管控，缩短办案周期，全年“案-件比”为1：1.21，排全市前5名。严格落实对检察官的监督、管理责任，评查案件86件，发出评查通报4期。院领导直接办案68件，检察长列席审判委员会3次。推进检察工作与信息化应用的深度融合，运用智能辅助办案系统，不断优化司法效能。充分保障犯罪嫌疑人的知情权和选择权，确保辩护人及值班律师参与率100%。严格把握“能用尽用”原则，对犯罪嫌疑人自愿认罪认罚的，适用331人，适用比例92.46%，提出确定刑量刑建议率95.46%，法院采纳率97.78%，辩护人及值班律师参与比例100%，被告人认罪服判率98.8%，有力促进了服判息诉。

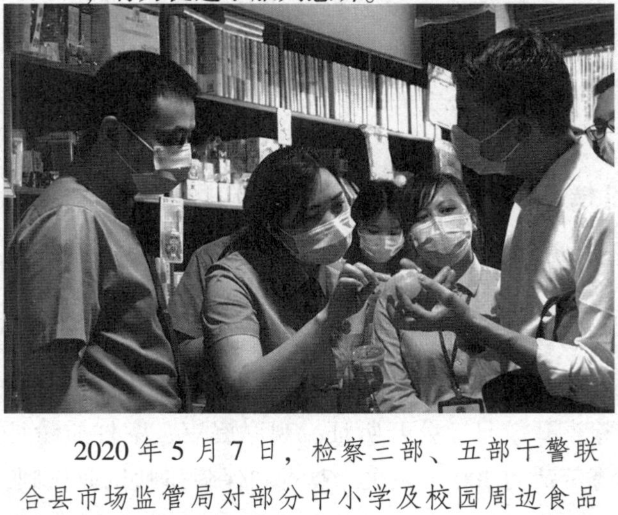

2020年5月7日，检察三部、五部干警联合县市场监管局对部分中小学及校园周边食品安全情况进行检查

（县人民检察院　供图）

【控告申诉】 弘扬新时代“枫桥经验”，通过检察长接访、带案“下访”，促进矛盾纠纷化解在基层和首办环节。深化落实“群众来信件件有回复”，对收到的群众来信全部做到7日内程序性回复、3个月内办理过程或结果答复。坚持以公开促公正，主持公开听证4次，邀请人大代表、人民监督员、律师和社会各界代表共同促进息诉罢访。

【从严治检】 落实全面从严治党、全面从严治检主体责任，严格执行“三个规定”，填报过问或干预、插手检察办案等重大事项19件。落实中央八项规定及其实施细则精神，开展检务督查，杜绝“四风”问题反弹。坚持用身边人、身边案教育警示干警，开展“以案四说”“以案四改”4次。精准运用监督执纪“四种形态”，开展全覆盖谈心谈话120余人次，提醒谈话10人次，杜绝人情案、关系案。院领导带头讲廉政党课6次，让全体干警知敬畏、存戒惧、守底线。

【队伍建设】 完善检察官业绩评价指标体系和考评机制，常态化、规范化开展检察官业绩考评。以争创“学习型”检察院、争当“放心型”检察官活动为抓手，组织干警参加各类培训380余人次，积极打造“彭检青年成长论坛”，借助“外脑”开展高质量培训，邀请检察系统全国先进工作者和业务专家为干警授课，不断提高实战能力。

【接受监督】 主动向县人大及其常委会报告工作5次。精准做好代表联络工作，领导班子面对面联络在彭全国、市人大代表40余次，开展“民有所呼、我有所应”“守护公共利益，共建美好家园”等检察开放日活动6次，累计邀请代表委员参加检察开放日、公开听证、观摩庭审、案件质量评查等活动300余人次。尊重和保障律师执业权利，为律师提供阅卷、光盘刻录88次。用好检察门户网站，严格落实法律文书公开、定期公布检察业务数据等制度，公开程序性案件信息421件，法律文书244份。“两微一端”累计阅读量500万余人次。

法　　院

【概况】 2020年，彭水自治县人民法院坚持以习近平新时代中国特色社会主义思想为指导，认真学习贯彻习近平法治思想，紧紧围绕“努力让人民群众在每一个司法案件中感受到公平正义”的目标，坚持服务大局、司法为民、公正司法，统筹抓好疫情防控与审判工作两不误，奋力为全县高质量发展提供有力司法服务和保障。全年共受理案件12010件，审执结11700件，结案率为97.43%，位居全市基层法院第1名，结收比101.62%，位居全市基层法院第8名，员额法官人均结案达到307.87件，审判质效排名位居全市基层法院第3名。2020年，县委主要领导两次批示肯定了法院审判执行和多元解纷工作。审执质效跑出“加速度”，作为典型经验在全市法院院长会上进行交流介绍。

2020年12月18日，县法院三法庭在辖区新田镇开展民法典实施宣讲活动

（县人民法院　供图）

【刑事审判】 依法审结各类刑事案件230件，判处罪犯377人，推动建设更高水平的平安彭水。审结严重暴力犯罪案件32件35人，多发性侵财案

件64件132人，“黄赌毒”案件44件47人，涉枪涉爆案件32件39人。审结贪污贿赂案件2件6人，让腐败分子受到法律制裁。严惩电信网络诈骗，审结2件40人，诈骗金额达979万元。深入开展扫黑除恶“六清”行动，快审快结涉恶案件2件22人，其中4人被认定为恶势力犯罪团伙，实现案件清结、黑财清底。法检“两长”共同出庭依法审结1件21人聚众斗殴、寻衅滋事、故意伤害涉恶犯罪案件，主犯向某、张某分别被判处七年六个月至三年六个月不等的有期徒刑。2018年以来，依法打击恶势力犯罪案件6件18人，审结“九+四”类案件89件205人，助力彭水经济发展环境、社会治安等方面向稳向好，群众安全感不断增强。

【民商事审判】　依法审理民商事案件7007件，弘扬契约精神、保护合法产权，维护公平竞争市场秩序。优化办案流程，全面提升审执效能，审结买卖、金融借款、民间借贷、保险等合同类案件共计2183件，法定期限内结案率100%。发挥破产程序的保护、救助、重整功能，依法审结崛鸿农业公司破产清算案件，化解债务总额6000万元。开展“送法进企”、涉企座谈等活动，走访太极水、金宏远、建工等企业11次，与工业园区企业座谈5次，分析研判法律风险，为企业发展建言献策。加强府院联动，妥善办理两江城项目系列民事案件，促进凯邦房产重获新生，有力服务县域经济发展。

【行政审判】　审结行政诉讼案件170件，行政赔偿案件11件，司法救助案件6件。促进行政机关负责人出庭应诉，防范“告官不见官、出庭不出声”现象，行政机关负责人出庭应诉率85.3%。促进司法与行政良性互动，针对行政程序中存在的问题发出司法建议6份，建议采纳回复率100%。召开5次座谈会，通报相关行政部门具体行政行为突出问题，防范同类问题诉讼风险。为全县800余名行政干部讲授《中华人民共和国行政诉讼法》和《中华人民共和国行政处罚法》，对行政实务工作进行指导，获得良好效果。

【脱贫攻坚】　切实发挥联系督导单位帮扶作用，有力推动善感乡整体脱贫销号。2020年8月，善感乡顺利通过国家脱贫攻坚普查验收。争取建设资金400多万元修建完成入乡公路，成为干部群众出行的“幸福路”。开展教育扶贫与消费扶贫，每年组织干警为贫困大学生捐款提供帮助，累计消费扶贫10.2万元帮助群众增收。利用审判资源，积极推进司法扶贫工作，妥善审理涉及贫困劳动力就业、扶贫项目建设、扶贫产业发展案件849件，为善感乡产业扶贫项目提供法律咨询13次，指导基层组织调处家事、相邻、侵权纠纷，为实施乡村振兴战略提供司法保障。

【执行工作】　执结案件4403件，结收比为104.38%，执行到位标的6.54亿元。建好“三中心一场地”，提升执行实效，坚持重大疑难复杂案件实行“立审执会诊”制度，审判人员提供案件重要信息，执行、审判人员共同研究，确定执行方案，有效化解矛盾纠纷，其中规范办理执行异议案典型经验被《人民法院报》采用宣传。建立执行悬赏机制，发布执行悬赏4期。强化执行威慑，亮出“利剑”，使“纸上权利”兑现成“真金白银”。开展“保民生·促执行”专项行动，查封房屋234套、扣押车辆11台、限制高消费1982人次、公布失信被执行人791人次、司法拘留61人，有力震慑失信被执行人。

【司法为民】　以新建审判大楼启动使用为契机，全力打造现代化诉讼服务中心，利用“互联网+诉讼服务”，提供网上立案、跨域立案、网上缴费、在线调解等服务，积极创建“文明示范窗口”，配备便民设施，当场立案成功率达90%以上，努力让群众“只跑一次”。审结教育、就业、医疗、住房、消费、物业、社会保障等民生领域案件5385件。积极参加“护薪”行动，审结工伤保险待遇、劳动争议、追索劳动报酬案件1947件，为劳动者追回劳动报酬2446万元。加大司法救助力度，为贫困群众缓减免交诉讼费16万元，发放司法救助金125.82万元。

【司法改革】 严格落实院（庭）长办案规定，院（庭）长办理案件7156件，占结案总数的61.16%。召开全庭法官会议12次、专业法官会议17次，提供参考意见29条，切实提升审判质量，全年一审案件服判息诉率达到94.28%。全面推进以审判为中心的刑事诉讼制度改革，完善庭前会议程序，庭前会议召开率为100%，当庭宣判案件206件，当庭裁判率为90%。完善审判流程、执行信息、裁判文书、庭审“四大公开”平台建设，网上公布裁判文书8203份，网络庭审直播案件1459件，让司法公正经得起人民群众的检验。在微信公众号、官方网站、微博及时发布动态信息3000余条。

【审判队伍建设】 持续巩固深化“不忘初心、牢记使命”主题教育成果，采取领导领读、集中学习、专家讲座、主题党课等形式，深入学习习近平法治思想。严格落实“三个规定”，执行干警执法考核档案、涉廉事项报告和内部人员过问案件追责制度，以“零容忍”态度坚决做到有案必查、有腐必惩，确保司法廉洁。坚持用文化凝魂聚气，建设陈列室、图书室，营造浓厚学习氛围。举办“建院70周年·职工运动会”，培养健康向上的情操。2020年顺利通过中央文明委新一轮复查考核，继续保留“全国文明单位”荣誉称号。立案庭何小敏获重庆市“第三届十大法治人物”称号。

司法行政

【概况】 彭水自治县司法局位于彭水自治县靛水新城公安大楼3号楼（2014年9月从汉葭街道山谷路14号迁入）。主要有人民调解、普法与依法治理、行政复议与应诉、行政执法协调监督、社区矫正、安置帮教、法律援助、公共法律服务等职能职责。县司法局有内设机构10个，派出机构39个（乡镇、街道司法所），下属事业单位3个（参公、事业一类、自收自支各1个），管辖律师事务所5个、基层法律服务所7个、司法鉴定所1个。局机关有职工25人（其中驻村10人），司法所有正式在编人员28人。

【普法与依法治理】 组织32名新提任领导干部完成法治理论知识考试和29名干部旁听庭审，全县干部、职工、教师共计1.3万人次参加了年度法治理论知识考试，合格率100%，有效促进领导干部学法用法和提升依法办事能力。采取“线上+线下学”“集中学+自主学”等多种形式，以《宪法》《民法典》《社区矫正法》宣传为重点共计开展各类法治宣传活动751场、发放宣传资料47万份。及时启动新冠肺炎疫情防控涉及的法律知识收集整理，编写《彭水自治县司法局新型冠状病毒感染的肺炎疫情防控常见法律问题问答》9期、发布《战“疫”普法主题海报》6幅、《重庆市防控新冠肺炎疫情法律指引》4部、印发防控疫情专项法治宣传行动工作方案；通过“彭水普法”微信公众号、彭水县属媒体及新媒体平台，以问答的形式，解答疫情防控中的有关法律问题。全面完成“七五”普法实施工作并接受市级验收。强化基层普法阵地建设和典型示范的创建工作，创建并申报79个自治、法治、德治“三治融合”村（社区）。

【社区矫正和安置帮教】 深入学习贯彻《社区矫正法》，进一步提高社区矫正教育管理工作水平。严格管控社区矫正对象，全面排查统计，做好教育引导，确保无脱管漏管现象发生。2020年，共计接收社区矫正对象256人，解除217人，常态化在矫人数310人；累计警告20人次，刑事案件社会调查评估98人。疫情期间，1名社区矫正对象主动向疫情防控一线同志捐献口罩、消毒液等紧缺防疫物资，起到了良好的正面教育效果。严格落实重点帮教刑释人员必接必送制度，主动与监狱、所在乡镇沟通衔接，按规定做好隔离、体温检测等工作。成功“列管”1名湖北籍刑释人员，在充分做好疫情防控前提下，衔接沟通户籍地司法局，成功将其送回安置。落实异地安置3人，累计衔接479人（重点对象71人），确保刑释人员安全稳定。同时，注重管理与服务结合，在“两类人员”中落实医疗救助22人、临时救助17人、指导就业24人、最低生活保障13人。

【公共法律服务】 通过“法援惠民生，扶贫奔小康”、根治拖欠农民工工资等活动，为人民群众提供优质高效的法律服务。2020年以来，“12348”法律服务热线共解答咨询1200余件次，办理法律援助案件1089件，为受援人挽回经济损失2056.6万元，其中农民工讨薪案件560件，挽回损失788万元。律师和基层法律工作者共为224家单位提供法律顾问服务，代理各类案件2156件，在疫情期间组建工作专班，为涉及鹿鸣乡苗龙公司拖欠农民工工资的548名农民工提供法律服务。办理公证1283件，司法鉴定387件。及时有效化解2329件包括疫情引起的各类纠纷，县医调委成功调处医疗纠纷32件，其中死亡案件15件。持续开展“助企抗疫，法治同行”活动，通过实地走访、进企法治宣讲、提供法律服务等方式，帮助其解决实际困难。领导班子成员带头，接访走访回访159家企业312人次。33家企业法律顾问办理企业涉讼、仲裁、调解案件9件，服务重大工程重点项目2个。特别是为企业复工复产提供了专门法律服务，全县39个公共法律服务站工作人员和15名律师组成“公共法律服务律师团”，对500余家用工企业开展法治宣讲129场次，发放《民营企业法律风险防控提示书》等资料500册。开展法律体检，审查劳动合同1000份，重新签订合同71份，调处纠纷74件，提供法律建议和法律咨询50余次。

【行政复议与应诉和行政执法协调监督】 持续推动依法行政，2020年新收到行政复议申请19件，办结18件。受县人民政府委托出庭应诉28件；收到司法建议3件，已办结，累计对政府决策、行政规范性文件进行合法性审查15件，办理行政执法证286件。高质量、高规格组织完成全县857名行政执法人员培训任务，县委副书记、县长石强在县政府第90次常务会上给予充分肯定。按照市司法局要求，依程序完成了6名人民监督员的选任工作。

2020年9月30日，在党校礼堂召开彭水自治县学习《中华人民共和国民法典》专题报告会

（县司法局　供图）

【队伍建设】 抓党建强引领，2020年9月，县司法局党组调整为党委，充分显示党对司法行政工作的高度重视。深化党风廉政建设，通过节前集体约谈、发送廉政短信等方式，加强重要节点期间纪律作风督察，在办公楼通道打造廉政文化；组织全系统员工观看《护航脱贫路》《为了“一个也不能少”的庄严承诺》等警示片，开展“以案四说”活动。按规定申报婚丧事宜8人次，各

类谈心谈话14次。抓学习培训促队伍素质提升，结合工作实际，积极组织开展各类业务培训，2020年以来共计安排干部职工参加各类培训33批443人次，为干部职工搭建增长阅历、锻炼自我、施展才华的平台。

【脱贫攻坚】 结合全国性脱贫攻坚工作目标，帮扶指导长生镇三合社区发展黄桃产业100公顷，收获商品黄桃16万公斤，产值341万元，实现200余户户均增收6000余元；发展40公顷贡椒、100公顷毛叶山桐子已初见成效，农户即将实现增收。促成14千米断头公路、产业路全部硬化，为1000名群众解决了饮水难问题。积极组织开展消费扶贫活动，向贫困户购买猪肉、洋芋、土鸡等农特产品4万余元。以自治、德治、法治“三治结合”示范村建设为契机，为对口帮扶的三合社区修缮了便民服务中心，指导打造法治文化大院3个。三合社区125户贫困户于2020年底全部脱贫，群众满意度达98%以上。

【疫情防控】 新冠肺炎疫情发生后，彭水司法行政系统全员参与，主动发声，严防疫情扩散。组织39个司法所100余名干部和10名驻村干部参与辖区内网格排查、社会面管控、卡点值守、宣传劝导等工作，充分发挥法治宣传职能，与基层群众面对面做好政策法规的宣传解释，引导广大群众正确对待疫情，做到不恐慌、不信谣、不传谣。

全面依法治县

【概况】 县委全面依法治县委员会是县委议事协调机构，统一部署和组织全面依法治县工作，直接受中共彭水自治县委及其常务委员会领导，负责全面依法治县的总体布局、统筹协调、整体推进、督促落实。主要职责是统筹协调全面依法治县工作，坚持依法治国、依法执政、依法行政共同推进，坚持法治国家、法治政府、法治社会一体建设，研究全面依法治县重大事项、重要问题，统筹推进科学立法、严格执法、公正司法、全民守法等。县委全面依法治县委员会主任1名，副主任4名，委员20名。县委全面依法治县委员会办公室设在县司法局，负责处理县委依法治县委日常事务工作，办公室主任1名，副主任2名。

【体制机制】 组织召开县委全面依法治县委员会第二次会议暨法治政府建设推进会议，集中传达学习中央全面依法治国委员会第一、二、三次会议精神和重庆市委全面依法治市委员会第一、二次会议精神、市委书记陈敏尔重要讲话精神，制定出台县委依法治县委员会2020年工作要点、重大法治事项请示报告制度、协调小组工作细则、全面依法治县督察工作办法、法治工作重要决定和方案备案规定等文件，进一步健全完善全面依法治县工作制度，为深入推进全面依法治县各项工作提供坚实的制度保障。

【履行政府职能】 深化行政审批制度改革，清理形成并公开《彭水自治县行政权力和责任事项清单》《彭水自治县公共服务事项清单》，全县共有行政权力事项4525项、政务服务事项413项，其中承接并行使市上下放行政权力事项94项，部分委托下放乡镇（街道）行政权力事项5项。提升政务服务效能，规范运行网审平台，推进政务服务事项标准化上线工作，行政审批事项运行191项，网上申请业务较2019年同期上升236%。梳理形成《彭水自治县政务服务工作问题交办清单》，限时整改涉及31个单位、69项政务服务工作问题。落实“四减”“四办”，全县704项行政许可事项承诺时限在法定时限基础上平均缩减比例达81.68%，平均跑动次数为0.19次，行政许可事项即办件比例达44.62%，全程网办事项占比达80.59%。推行工程建设领域审批业务网上办，实行并联审批、联合验收，启用行政审批专用章，落实一枚印章管审批。优化法治化营商环境，贯彻落实《中华人民共和国外商投资法》和《优化营商环境条例》，全面清理与优化营商环境要求不符的现行规定，已废止规范性文件1件、拟废止1件、拟修改1件。

【依法行政制度体系】 完善配套规定，主动对接、及时跟进全国、全市立法进程，按照相关规定要求，评估和完善传染病防治、公共卫生应急管理、野生动物保护、动物防疫等相关配套规定，确保各项工作有法可依。清理规范性文件，按照全市统一安排，对交通和卫生健康领域地方性法规配套规范性文件进行专项审查，通过制定出台相关配套文件和规定落实法规条文22条，未制定配套规定的条文9条，未全部落实到位的条文3条，现行有效行政规范性文件80件。加强合法性审核，按照《重庆市行政规范性文件管理办法》要求，对标对表合法性审核“七个是否”，对有关部门报送的规范性文件进行合法性审查；严格实行规范性文件“双备案”制度，对县政府制发的所有行政规范性文件，均报市政府和县人大审查备案，并实行统一登记、统一编号、统一发布。2020年共审核规范性文件9件，出具书面审核意见9件。

【行政权力】 严格依法决策，坚决执行《重庆市重大行政决策程序规定》，强化决策法定程序刚性约束；贯彻落实“三重一大”事项集体决策制度，严格执行县政府工作规则，明确决策范围，规范决策程序，强化监督检查，严肃责任追究，凡属“三重一大”事项，均按照法定权限和程序作出；充分发挥法律顾问、公职律师在依法决策、依法办事中的作用。推进政务公开，深化财政预决算、重大建设项目批准和实施、公共资源配置、社会公益事业建设领域政府信息公开，通过县政府门户网站发布各类信息4704条、重庆市政府管理系统发布信息440条，办理市长公开信箱（电话）600余件。自觉接受监督，严格落实县政府向县委请示报告制度，定期向县人大报告工作、向县政协通报情况，自觉接受党内监督、人大监督、民主监督、司法监督。2020年办结人大代表建议221件、政协委员提案185件，办结司法建议3件、检察建议34件，办结率、满意率均为100%。

【行政执法】 深化综合行政执法改革，推进市场监管、生态环境保护、文化市场、交通运输、农业、城市管理、自然资源、卫生健康8个领域综合行政执法改革；推进乡镇综合行政执法，指导39个乡镇（街道）组建综合行政执法办公室，集中行使依法授权或委托的环境保护、卫生健康等领域的行政执法权，39个乡镇（街道）统一设置综合执法大队，核定事业编制138名，领导职数43名，与综合行政执法办公室统筹运行。全面落实行政执法“三项制度”，严格执行《重庆市全面推行行政执法公示制度执法全过程记录制度重大执法决定法制审核制度实施方案》，把“三项制度”推进情况纳入法治政府建设考核评价体系；对照《重庆市行政执法人员管理办法》要求，加大执法人员资格管理力度，清理注销一批不符合条件的行政执法人员，2020年新办、换发行政执法证286件；加强行政执法人员培训，组织全县857名行政执法人员参加两期、4天培训，进一步提升全县行政执法人员的业务水平。加大重点领域执法力度，加强食品药品安全、医疗卫生、劳动保障、生态环保、安全生产等重点领域执法工作，严厉查处各类哄抬防疫物资和民生用品价格的违法行为，依法严厉打击抗拒新冠肺炎疫情防控措施、野生动物非法交易等违法行为。强化执法结果运用，将行政许可、行政处罚等信用信息归集到县级信用平台，并与市级信用平台完成互联互通。

【矛盾纠纷化解】 全力化解矛盾纠纷，全面推行法律援助、行政复议、公证、司法鉴定等领域线上和线下服务，实行线上线下结合收案、后台及时办理，2020年办理法律援助案件1078件，为受援人挽回经济损失2056.6万元；办理公证案件1283件、司法鉴定案件387件；以诉调对接、警调对接、访调对接、援调对接为抓手，充分发挥人民调解“第一道防线”作用，受理各类案件2002件，调解成功率100%。组建法律服务团1个、园区调解室1个、进驻商会企业建立律师调解室1个，开展“公共法律服务园区行”等活动，关注疫情引起的家庭纠纷、医疗纠纷、合同纠纷、劳资及租赁纠纷，将纠纷化解在当地和一线。深入开展普法宣传，全面落实“谁执法谁普法”普法责任制，组织开展“防控疫情、法治同行”专项宣传，编印《战“疫”普法主题海报》《防控疫情专项法治宣传行动工作方案》等资料，开展法律法规宣传687场次，发放宣传资料40.8万余份。加强行政复议应诉工作，贯彻落实《行政复议体制改革方案》，加强行政应诉工作规范化建设，提高各级行政机关负责人出庭应诉比例。2020年收到行政复议申请19件，立案受理19件，办结18件；各行政机关出庭应诉行政诉讼案件140件，其中行政机关负责人出庭应诉44件，县政府负责人出庭应诉2件。

延伸阅读：

县委全面依法治县委员会

主　任：钱建超　县委书记

副主任：石　强　县委副书记、县政府县长

胡勤俭　县人大常委会主任

谢　胜　县政协主席

彭玉萍　县委副书记

委　员：程　途　县委常委、政法委书记

巩义胜　县委常委、县政府常务副县长

蒋孟轩　县委常委、纪委书记、监委主任

裴煜宇　县委常委、宣传部部长

刘焕章　县委常委、组织部部长

陈钱万　县人大常委会副主任

包　庆　县政府副县长、公安局局长

杨从勇　县政协副主席

秦长春　县法院院长

陈荣鹏　县检察院检察长

杨国洪　县委办主任

冯久洪　县政府办主任

陈卫东　县委政法委常务副书记

龙文专　县委宣传部副部长

王天发　县人大监督法制委主任委员

蹇廷超　县政协联络委主任

付美兵　县教委主任

李方顺　县公安局常务副局长

张　波　县司法局局长

袁业国　县文化旅游委主任

县委全面依法治县委员会办公室

主　任：程　途　县委常委、政法委书记（兼）

副主任：陈卫东　县委政法委常务副书记（兼）

张　波　县司法局局长（兼）

军　事

人武工作

【概况】　2020年，彭水自治县人武部坚持深入贯彻习近平新时代中国特色社会主义思想和习近平强军思想，坚定坚决维护核心拥护核心，听党话，跟党走。在做好常态疫情防控的同时，牢固树立战斗力这个唯一的根本的标准，紧紧围绕备战打仗主责主业，狠抓民兵组织调整改革收官落地，提升站位、坚守战位，主业主抓、勇于创新，安心尽责、积极作为，各项工作稳步推进，人武部全面建设形势持续向上向好。

【思想政治工作】　紧紧围绕增强“四个意识”，坚定“四个自信”，做到“两个维护”，贯彻军委主席负责制，深化举旗铸魂育人，广泛进学校、进企业、进镇街、进村社宣讲党的十九届五中全会精神。持续抓实主题教育长效机制、专题教育整顿、意识形态领域、法纪警示和安全保密等经常性思想教育，坚决肃清政治领域形式主义、官僚主义。充分利用每周一课及交班会深入学习《习近平谈治国理政》第三卷和习主席系列重要讲话精神。重大时节组织主题党日活动，部党委领导8次专题上党课。强化政治能力建设，以“郭徐房张”流毒影响为反面教材认真纠苛除弊，坚决防止“四风”“微腐败”等问题隐患复燃反弹。集聚党史、档案专家挖掘、修订、编纂以“马头山战役”“红军留言条”为典型的红色文化，让营区强军文化建设提档升级。深入对口帮扶贫困村开展党建帮扶、教育帮扶、医疗帮扶、产业帮扶，抓住“东西协助”契机，协调上海黄浦区投入120万元用于基础设施建设，乡村面貌焕然一新，25个贫困户108人如期脱贫，联合当地政府拟制乡村振兴计划。加大舆论宣传力度，2020年在中央级媒体上稿12篇，省级上稿3篇，“山城军号”上稿20篇，“中国民兵”上稿8篇，警备区要讯上稿11篇。

【党管武装工作】　严格落实人武部党委第一书记现场办公会、党委扩大会、县委常委议军会、全县武装工作会等会议制度，组织乡镇、街道党（工）委书记党管武装工作述职，军地领导党管武装、党管动员意识显著提升。协调县委组织部、人社局推动并出台了《专职人民武装干部管理实施办法（试行）》，研究解决制约人武部全面建设发展的矛盾问题，为打好“十三五”民兵调整改革收官之仗奠定坚实基础。向县财政争取资金400余万元落实39个基层武装部规范化建设达标，已全部验收合格。

【战备训练】　严格落实战备制度，结合形势任务实时修订完善应急应战预案，建立健全军地应急联动机制，大抓任务行动分队建设，开展2次军地联合应急演练，组织4次民兵应急连、1次全专业民兵分队拉动点验，应急应战水平全面检验。严密开展军事训练，组织3期民兵应急连常态练兵备勤、1期民兵教练员选拔集训、1期“精武民兵”集训选拔、2批新兵役前教育训练，圆满完成片区“小专业大集中”水上救援专业70人次集训，开展2期专武干部靶向问题对标研讨式集训，圆满完成年度训练任务。全力处置应急突发事件，出动民兵参与新冠肺炎疫情防控工作，100余名民兵遂行防汛抗洪救援行动，后备力量作用发挥明显。

【动员融合】 大力发挥桥梁纽带作用，部党委第一书记和县国动委主任率部门主要领导专题研究年度党管武装和国防动员重要工作，召开武装工作现场办公会、县委常委会议军会解决驻彭部队现实问题。高标准完成深化民兵调整改革工作，组织4次军地联动会议、3次业务培训验收、2次乡镇民兵工作考评，全面完成体检政考、预建党组织等各项工作，接受警备区验收检查考评名列全市第6。大力开展国防教育，组织4期7100人次学生军训，部领导4次为干部群众上国防教育课，约2000余名学生和干部受教。依法廉洁征兵，圆满完成市征办下达的征兵任务，大学生入伍比例突破90%，全程公平公开公正，廉洁征兵“零问题、零腐败”。开展县国防动员潜力调查，修订完善县国防动员方案计划，全面打牢国防动员基础。

“七一”重温入党誓词

（县人武部　供图）

【党的建设】 突出增强政治能力，狠抓党委中心组理论学习，建立述学、考学、查学、评学制度，牢固树立问题导向、目标导向、结果导向，班子成员分工调研，每季度专题研究制约本级和基层武装部建设发展的现实难题，群策群力、群智攻坚。坚持民主集中制，严格按程序规矩办事，勇于担当破解难题。聚力深入纠治和平积弊，以上级下发的领导干部违规违纪问题为反面教材，加大对干部职工廉政和法纪教育，严格落实军地交往有关纪律规定。结合“五看五增强”教育活动，注重为干部职工解决实际问题，解难济困。树立班子成员良好形象，把好党委干事创业正确方向。

【“四个秩序”规范】 常态落实安全管控，深入开展“安全大检查”活动，对标对表国防动员部检查警备区机关指出的4个方面36个具体问题，本部对照自查出11个具体隐患，制定切实可行的整改措施，按要求扎实开展“百日安全活动”，全力堵塞安全漏洞。正规“四个秩序”，固化每周条令法规学习制度，做好信息网络安全加固。规范营院秩序，协调县城投集团投入60余万元整治营区环境，营院内和外围规整重建，面貌一新。紧盯重要部位监管，按要求开展枪爆专项清理整治，3次清理核查现役和民兵装备，逐枪逐弹核对数质量，确保账物相符，周密组织12门报废迫击炮安全调运交接。加强后装保障质效，加快推动新营区建设，县委、县新城管委会5次专题审议方案。规范疫情常态化防控措施，建立完善疫情应急防控预案。紧盯17个安全要素落实党委每月安全形势分析，落实重要时节、大项活动、要害目标安全风险评估，定人定责定时定标准，及时排查整改，确保问题常态清零。

【专武干部集训】 为着力解决专武干部职能定位不准、工作内容不清、工作方法不熟等突出问题，县人武部在“实”字上下功夫，精心筹划开展为期12天的专武干部集训，有效提升专武干部个人军事素质、武装业务水平和组织指挥能力。制定方案计划扎实，结合专武干事资格认证，重点组织全县39个乡镇街道专武干事和新任专武部长40余人参训，按照连队化管理、院校式教学、互动式研讨模式，采取理论讲解、专业辅导、科目训练、考核检验方式，综合运用“学、训、练、研、考”相结合的手段组织实施。设计课程科目翔实，紧贴武装工作现实需求，围绕业务工作、军事素质、指挥能力各方面开设课程，通过党管武装、民兵政治工作、战备训练、国防动员、兵役工作、民兵整组等授课，厘清工作职责，掌握工作方法；通过队列指挥、战术动作、实弹射击、军事体能、应急救援等训练，个人军事素质和组织指挥能力显著提升。发挥军地力量务实，克服基层乡镇干部人少事多、工学矛盾，协调地方党委政府大力支持人力、物力、财力，用好县委党校、红色遗址等资源开展教学。发挥县人武部业务骨干和优秀专武部长力量，精心备课授课，收集整理教案、课件20余套，为下一步抓实武装工作提供参考教案和方法手段。学习训练作风严实，始终坚持“严”字当头、“实”字托底，全程严格管理、严肃作风，坚持落实一日生活制度、1小时体能训练，坚持饭前有歌声、队列有番号、课后有讲评，注重点滴养成、严实作风培养。

【基干民兵队伍建设】　为解决民兵整组中编兵不实、法规不清、信息不明、制度落实难等矛盾问题，人武部坚持打假治虚，编实建强基干民兵队伍。联合督导现地“查”，制定民兵整组阶段检查实施细则，划片分组对编兵乡镇街道民兵整组工作现地检查，核查身份信息、询问基本情况、查阅软件资料，纳入党管武装目标考评评分项目，督导基层武装部编实队伍、落实好制度、完善好资料。注重荣誉体系“激”，制发民兵连（排）旗帜、基干民兵证，把个人基本信息、民兵之歌、誓词等记入证件，一目了然，增强基干民兵使命感、责任感；协调地方推动出台县域内公交车、旅游景区面向基干民兵凭证免费或优惠优待政策，增强基干民兵荣誉感。采取应急拉动“验”，在编兵乡镇（街道）组织点验基础上，县人武部以处置应急救灾、维稳处突等行动为背景组织实兵拉动检验，提高应急民兵处突能力。首次组织全县基干民兵专业分队集中点验，从人员装备、物资器材等全要素、全流程拉动检验，县国动委领导率成员单位、编兵单位及主管部门现场指导，有效提升基干民兵编建水平。

【水上救援专业集训】　7月20日至26日，根据年度军事训练计划，依据《民兵军事训练与考核大纲》，按照理论学习、实际操作、考核验收的方法开展为期7天的集中训练。此次集训按照“平时服务、急时应急、战时应战”要求，开展了包括共同科目、心肺复苏、水上救援器材操作等科目训练。集训期间，彭水自治县人武部通过集中抽调教学力量，实时优化训练内容，统一制定考核标准等方式，邀请县人民医院、县特警大队等专家精解理论、细讲操作、实练技能，使7个区县的专业民兵骨干打破了以往各自为战的训练理念，从统一思想、统一标准、不断向一体化靠拢。在实际操作及结课考核过程中，结合不同水域、不同天气等实际情况，教会再练、练熟再用、用精再考，更好地提高训练效果。训练间隙，7个区县专业骨干互动交流，开展了形式多样的活动，丰富了民兵的日常训练生活。

【筑牢防汛固堤】　为打赢防汛战，彭水自治县人武部积极作为，坚持“四个到位”筑牢防汛大堤。责任落实到位，防汛工作是季节性工作，有预见性，是关乎百姓生命财产安全的大事，要从思想上重视，做到未雨绸缪。县人武部在二季度初组织基层武装部长召开防汛部署会，统一思想，严格考核抽检，传导严实信号，促进基层将防汛工作作为此阶段中心工作来抓，切实将防汛减灾责任扛在肩上。演练保障到位，平时备战，战时应战。在集训中突出抓好抗洪抢险、地灾防治演练工作，进一步提高防汛抗灾能力。在多乡镇发生汛情时能有效应对，及时排险，用实际成效检验了基层民兵政治素质和应急应战能力。排查巡察到位，坚持“宁可多流汗、力保少受灾”的原则，采取“拉网排查”“常态巡查”与“重点排查”相结合的模式，查找隐患和灾情，及时排除，减少损失。在汛期临近时帮助隐患点商户和群众共转运价值约1500万元物资至安全存放点。值班值守到位，严格执行汛期24小时防汛值班制度，指导基层武装部临时编组多支民兵分队，以各村党支部委员会为作战指挥点，坚持在岗在位，切实履行职责，及时通过微信、电话、短信等方式向群众发布预警信息和灾险信息，确保人民群众生命财产安全。

【高中新生军训工作】 9月14日至10月15日，组织60余名民兵骨干分3批完成了县域内4所高中学校7000余新生军训工作。严密组织规划，成立由分管副县长和人武部主官挂帅的县学生军训工作领导小组，组织教委和校方召开联席会审议方案计划，涵盖了队列基础训练和内务整理、光荣传统和国防形势宣讲、地震和火灾应急疏散演练、空袭警报信号识别和自救互救等内容。严格落实规定，加强承训人员选拔标准、岗前培训、资质认证，组成相对固定、层次合理、素质过硬的优秀骨干队伍。按持证上岗要求，开展岗前集中培训考核，学习军训政策法规，开展作风纪律教育，组织军训技能培训，通过教方法、传经验、明纪律，确保承训队伍政治合格、素质过硬、作风优良。严肃纪律规矩，突出日常管理和言行规正，明确“十个严禁”，划清行为底线。重视训练的循序渐进，不打疲劳战、不打骂体罚、不搞超强度训练。人武部全程督导承训官兵讲究方法、文明施训，避免发生不良倾向，切实维护好军人和民兵的良好形象。严厉要求规范，依据军队条令条例带军训、管人。开展师生和民兵骨干的动态讲评，加强参训学生和跟训教师同步教育，引导师生正确认识军训价值和作用，自觉接受严格管理和艰苦训练，切实塑形体、练意志、提气质，增强学生军训的实用性，提高国防教育影响力。

【新兵回访】 彭水自治县征兵办采取“线上+线下”“走访+送报”的模式，组织对新兵家长回访一封家书、一条绶带、一次通话的“三个一”活动。新兵入伍后，县征兵办牵头组织乡镇政府部门，上门送上由新兵入伍前亲笔书写的家书，为家属赠予“一人当兵、全家光荣”的绶带。视频连线新兵所在部队干部，问询新兵入伍表现，邀请新兵与家属通话，鼓励新兵们扎根军营，刻苦训练。县征兵办公室以新兵家属走访为契机，深入查廉洁、持续激荣誉、实时跟情况，摸清新兵现实表现、身体状况和思想动态，从部队、家庭、征兵办三线共促，帮助新兵顺利度过适应期。

【“九一八”事变89周年纪念活动】 9月18日，彭水自治县人武部结合全国第二十个全民国防教育日活动和纪念“九一八”事变89周年契机，走进县第一中学开展“四个一”活动，为正在进行军训的高一新生上好了入学第一课。重温一段抗战史，邀请党史专家，为学生带来了一堂特殊的国防教育课，2000余名师生在一起重温了“九一八”事变的起因和经过，回顾了中华儿女抗击日本侵略者那段气壮山河的悲壮岁月。同打一套军体拳，为激发学生爱军习武的意识，教官带领新生们一起打了一套军体拳，田径场上杀声如雷，赢得老师们拍手叫好。同观一组“纪念抗战胜利75周年”主题展板，一幅幅展板，记录了抗日战争的悲壮历史，学生们在展板前驻足凝视，共同体味中华民族坚强不屈的战斗精神。同留一个名，组织参加活动的全体师生，来到“勿忘国耻、爱我中华”签名墙上签字，并勉励他们用实际行动践行誓言，报效祖国。

【疫情防控】 坚决贯彻落实习近平主席关于打赢疫情防控阻击战决策部署，第一时间成立疫情防控工作领导小组，加强疫情防控组织领导，与县应急办、卫健委等部门建立联络机制，每天动态掌握辖区疫情情况，召开专题会议研判形势，制定疫情防控方案，加强在岗和在外人员管控，每天通过交班点名、电话视频等方式传达上级关于疫情防控的会议文件、指示批示等。严格落实封闭式管理规定，张贴封控告示，严禁外来人员进入，营门24小时值守，对进出办公区域人员登记测量体温。发放疫情防控宣传手册，坚持每天对生活、办公区域消杀毒，保证零感染。充分发挥民兵“六个”作用，组织指挥民兵参与支援防疫工作，前期以卡点封控、宣传引导、排查巡逻为主，后期以助力地方复工复产复学为主，全县累计出动民兵11000余人次。会同县退役军人事务局组建“退役军人抗疫志愿者突击队”，吸纳631名退役军人，参与卡口执勤和进村入户宣传摸排工作，为打赢防疫阻击战提供了有力保障。

【脱贫攻坚】 彭水自治县人武部与石盘乡香树村持续深化军地党支部共建互促，发挥基层党组织战斗堡垒作用，确定了“党建扶贫理思路、军地联动建班子、党员互助结对子、互帮互学强素质、脱贫致富摘帽子”的党建扶贫思路。以“党建+红色”传承红色基因，筹资援建乡中心小学文化长廊，捐赠红色图书，运用驻地红色文旅资源和“渝扶贫”APP开展“让党旗飘起来”“国防教育智志双扶”活动。以“党建+绿色”拓展特色产业，跟进扶持产业发展，协调林业局批准复垦扩大油茶树种植面积13.33余公顷，联合市场监管局为高山蔬菜拓展大型商超销路，助推产业扶贫升级。以“党建+白色”关爱群众疾苦，依托县公立和民营医院组建民兵医疗分队，入村进校开展上门义诊，发放常用药，举办健康讲座。协调县交委优先投入800余万元为香树村建成13.5千米柏油通畅路。以“党建+暖色”营造亲民乡风，8名党员挂钩帮扶25户贫困户，1人常年驻村工作，每天登门访问、每周联系“穿亲”，每月跟踪问效季度分析形势，元旦、春节期间，给贫困户赠送被褥、大衣、米油等，在寒冬送去一份温暖，进一步增强党群亲和力。

民兵预备役建设

【概况】 2020年作为民兵调整改革“十三五”建设收官之年，全县各级坚决贯彻党中央、国务院、中央军委决策部署，坚持把民兵调整改革作为中心工作、重点工作抓细抓实按照学习标准、理清思路、摸清底数、调整组建、查找问题、整改落实的思路，重点在优化结构布局、夯实编组基础、改进军事训练、规范组织管理、量化考核标准上下功夫，已基本完成组织规模和结构布局调整，力量编组更加精干管用，使命任务强调应急应战，训练方法突出轮训备勤，能力素质得到稳步提升。通过调整改革，区分应急、专业、特殊民兵3类。全县基干民兵中党员比例、退伍军人比例均达到30%以上，实现了整组目标，基干民兵队伍应急应战能力稳步提升。

【专武干部暨民兵干部培训】 采取专项培训、集中轮训备勤、理论普考等方式，强化专武干部和民兵骨干能力素质。落实专武干部任职资格培训制度，采取县人武部统筹计划、统一组织的方式，6月，组织区50名专武干部暨民兵干部集训12天。

【县民兵应急连任务行动训练】 着眼民兵调整改革新变化、职能使命新拓展、训练模式新转变，以《民兵军事训练大纲》为依据，采取“教学示范、讨论研究、考核验收”的方式，6月，组织全县120名应急民兵进行集中任务行动训练，通过统一教学示范、统一训练方法、统一训练教材、统一考核标准，为全县选拔培养了一支熟悉新大纲、掌握基本军事技能、具备组训管理能力的民兵教练员队伍。

【民兵参建参治】 坚持在用兵中练兵强兵，积极组织民兵支援地方建设，共出动10000余人次参与县新冠疫情防控，先后组织交通卡点、街道巡察、场所消毒、复工复产等任务。6月底雨季汛期，出动民兵100余人次参加汛情巡视、物资搬运等任务，增强民兵参建参治及争当“彭水好民兵”意识。

民用防空

【概况】 2020年，彭水苗族土家族自治县人民防空办公室全面开展人防工程建设管理、防空警报日常维护、人防技能训练、专业队伍建设，业务水平和专业化程度显著提高，人民防空工作运转有效。“6·5”防空试鸣日正常鸣放，鸣响率100%。

【应急保障】 县民防办在万足、马峰、堰塘、泸渡湖、关口、青龙嘴、阿依河社区、下岩西、临江社区、文武社区等地建立疏散基地，组建工程抢险专业队伍、防化防疫专业队伍、通信专业队伍、医疗救护专业队伍、救援专业队伍，以应对突发状况。

经　济

农　业

综　述

【概述】 彭水苗族土家族自治县农业农村委员会位于绍庆街道阿依路99号，经2001年、2007年、2009年、2015年、2019年5次政府机构改革，整合原县农办、县农业局、县农机局、县农综办、县乡镇企业局、县国土房管局、县水利局、县发改委、县财政局、县林业局、县种子公司等单位职责，调整划转部分事业单位承担的行政职能，组建成立县农业农村委员会，为县人民政府组成部门。内设11个行政科室、5个直属事业单位（其中正科级事业单位2个，副科级事业单位3个）。核定公务员编制20名，事业编制81名，工勤编制4名。

2020年，在县委、县政府的坚强领导下，县农业农村委贯彻落实中央、市、县农业农村工作会议精神，扎实做好“六稳”工作，全面落实“六保”任务，统筹推进疫情常态化防控和农业农村经济高质量发展，着力稳定粮食生产、恢复生猪等重要农产品产能，扎实抓好产业扶贫和乡村振兴，加快推进农业绿色发展和农村人居环境整治，持续深化农村改革，全县农业农村经济总体呈现产量稳定、质量向好、改革深入、农民收入稳定增长的平稳态势，农业基本盘稳定，压舱石作用明显。2020年，实现农林牧渔总产值62.9亿元，同比增长5.2%，列渝东南第四，全市第15位；实现农业增加值37.2亿元，同比增长4.8%；2020年农村常住居民人均可支配收入13397元，同比增长8.3%，渝东南排名第五，全市排名第九（含并列）。

【复工复产】 2020年，县农委制定印发了《关于认真做好农业企业复工复产和涉农重点项目开工复工有关工作的通知》，建立农委县管领导干部联系农业龙头企业的工作机制，设立服务公开电话，主动对接农业经营主体。落实专人主动跟踪、对接、服务企业，做好复工复产分类指导，协调解决企业复工复产阻碍和难题，实现全县规模以上农产品加工企业和县级以上龙头企业全面复工复产，组织2批次、40余家农业新型主体参加全县企业融资政策解读培训会议，摸排50余家农业新型主体资金需求，分别上报市级主管部门5批次，同时与重庆银行、重庆农村商业银行、中国农业银行等金融机构对接，帮助重庆缘无瑕农业开发有限公司、勤华农业发展有限公司等企业解决融资1亿元左右。

【脱贫攻坚】 2020年，县农业农村委以国家脱贫攻坚普查、成效考核和全市决战决胜脱贫攻坚专项督查为契机，聚焦存在的产业政策落实不够精准、利益联结机制不紧密等问题，细化整改工作问题清单、责任清单、工作清单和整改台账，明确责任人，限期整改。加强领导，落实责任。组建产业发展及与贫困户利益联结机制专项小组，印发《产业发展及与贫困户利益联结机制专项小组整改工作方案》《关于切实抓好当前产业扶贫及脱贫攻坚问题整改有关工作的紧急通知》，将整改具体工作细化分解落实到责任单位和责任科室。对标对表，扎实整改。对照中央专项巡视反馈问题，逐项对标对表细化落实整改措施，完善整改工作方案，切实抓好问题整改。涉及县农委的44项各类问题整改任务已全部整改完成（其中：中央脱贫攻坚专项巡视“回头看”反馈意见11项，2019年国家脱贫攻坚成效考核9项，2019年贫困县退出专项评估检查反馈问题2项，2019年市对县脱贫攻坚成效考核反馈问题6项，扶贫资金审计自查自纠发现问题16项）。涉及县农委牵头的建新未拆旧建卡贫困户354户，已按要求整改完成（其中：拆除198户，封存156户）。及时出台产业扶贫政策。制定印发《彭水自治县2020年度产业扶贫实施方案》《关于对2020年度贫困户实施产业增收项目给予奖励的通知》《关于对2020年度贫困户实施产业增收项目给予奖励的补充通知》，进一步优化完善到户产业扶持政策，针对在家有劳动能力和发展意愿的贫困户，规划发展到户产业22039户90664人。围绕巩固脱贫成果、实施乡村振兴、补齐农村短板、保障社会供给、恢复生猪产能等方面谋划产业扶贫工作。加快产业扶贫项目落地。制定印发《关于开展2020年产业扶贫项目预申报工作的通知》《彭水自治县2020年农村集体产权制度改革和涉农项目督导工作方案》，组织开展2020年产业扶贫项目申报、评审工作，加快项目下达，督导项目进度。2020年下达扶贫项目183个，安排财政资金26358.62万元，截至2020年12月7日，已按进度拨付134个项目共计20550.98万元。创新“产业村长”带贫制度。制定印发《关于在全县推行“产业村长”实施意见》，指导全县39个乡镇（街道）聘任产业村长274名，加大产业引领和帮扶指导服务力度。探索将经营主体负责人、乡土人才等聘请为“产业村长”，充分发挥“产业村长”在村（社区）产业发展规划、产业政策宣传、技术指导服务、产销对接和村集体经济发展等方面的积极作用，在全市率先建立17533“产业村长”制度（1即“产业村长”是一个荣誉职务，不属于村干部、不纳入考核、不领取报酬；7即“产业村长”在村级产业谋划、发展规划、政策宣传、措施落地、技术帮扶、产品销售、集体经济发展等7个方面职责；5即通过组织、培训、项目、资金和表彰等5个方面给予“产业村长”政策保障；33即凝聚三个力量和实现三大目标，增强产业村长发展动力、激发贫困户发展潜力、凝聚共同发展合力，实现企业发展、集体经济壮大和贫困户增收目标），让资金跟着穷人走、穷人跟着能人走、能人跟着产业走、产业跟着项目走、项目跟着资金走。积极引导“产业村长”等到村到户开展产业谋划、发展规划、政策宣传、措施落地、技术帮扶和产品销售等。2020年，全县274名“产业村长”协助落实2.2万余户贫困户的到户产业规划并提供生产服务指导，引领带动乡村特色优势产业发展，推进375个扶贫产业基地建设，会同766名产业指导员开展技术指导服务17969次24337户70849人，累计培育高素质农民1639人（2019年934人、2020年705人）。此项工作得到市农业农村委充分肯定并作为先进经验在全市推广。不断完善利益联结机制。聚焦“三有三缺”即针对有劳力、有耕地、有资源和缺资金、缺产业、缺技能的贫困户，实施增收产业项目和指导服务到户到人。对于有能力和意愿发展产业的贫困户，分产业、条件和标准进行奖励，推动产业项目到户，2020年规划到户产业2.2万户，带动贫困户户均增收3000元左右。组建县级产业技术指导员50名、村级产业指导员766名、到户指导员7442名，积极开展产业技术指导服务。对有意愿但无能力发展产业的贫困户，鼓励其通过土地流转、资金入股、房屋联营、务工就业、产品代销、生产托管服务等方式与新型农业经营主体建立利益联结机制，带动贫困户 23374 户，享受村集体资产收益的贫困户达 22348 户。稳步推进易地扶贫搬迁后续产业发展。科学做好安置点产业发展规划，制定《彭水自治县易地扶贫搬迁后续产业发展实施方案》，指导 12 个集中安置点分别落实《易地扶贫搬迁集中安置点后续产业发展实施方案》。加快易地搬迁安置点及贫困户产业发展，每个集中安置点落实了 1 个以上增收产业，落实产业项目 7 个 1105 万元，带动集中安置点贫困户 278 户，着力推动实现有劳动能力和发展意愿的搬迁贫困户有 1 个以上增收项目。推进落实“一村一品”和菜园地，郁山白马社区、绍庆阿依河社区、润溪樱桃井村 3 个安置点成功获批“一村一品”示范村，12 个集中安置点落实菜园地 3.98 公顷，290 户搬迁贫困户户均菜园地面积 133 平方米。扎实做好深度贫困乡定点攻坚。委主要领导统筹，班子成员包干，对深度贫困乡开展帮扶指导服务。同时注重整合资金投入，统筹使用产业扶贫资金，推进深度贫困乡扶贫产业发展和产业基础设施建设。累计下达三义乡、大垭乡 2 个深度贫困乡产业扶贫项目 72 个，涉及财政资金 4294.82 万元（其中：产业发展类项目 52 个，财政资金 1365.87 万元；基础设施类项目 20 个，财政资金 2928.95 万元），2020 年下达产业扶贫项目 16 个，涉及财政资金 1376.67 万元（其中：产业发展类项目 8 个，财政资金 153.6 万元；基础设施类项目 8 个，财政资金 1223.07 万元）。积极开展东西扶贫协作。共落实使用东西协作产业资金 2750.71 万元（其中：烤烟产业 2731.21 万元、农业技术培训 19.5 万元），累计发展烤烟 14180 公顷（其中：2018 年 5220 公顷、2019 年 4573.33 公顷、2020 年 4386.67 公顷），累计带动农户 5956 户，其中贫困户 1410 户 6126 人（2018 年贫困户 558 户 2250 人，2019 年贫困户 444 户 2013 人，2020 年贫困户 408 户 1863 人），实现种烟农户每年户均收入 11.83 万元/年；开展农业科技人才和产业发展指导员等培训 260 人次。依托聊城市农业资源和新型农业经营主体发展优势，先后组织新型农业新型主体负责人交流对接 15 次、83 人次，签订产业技术框架合作协议 4 项，有力助推全县红薯、白茶、中蜂产业快速健康发展。累计互派农业农村部门干部挂职学习 2 批次共 2 人次（2018 年 1 批 1 人、2020 年 1 批 1 人），选派农技人员互访交流学习 15 批次共 53 人次（其中：彭水 9 批共 28 人次，聊城 6 批共 25 人次）。组织农业科技人才和产业发展指导员等参加鲁渝扶贫协作产业扶贫专题培训，累计培训 279 人次（其中参加市级培训 19 人次、县级培训 260 人次）。聊城市先后分 4 批优选 26 人次（2019 年 2 批 14 人次，2020 年 2 批 12 人次）深入郁山、保家等 10 余个乡镇（街道）开展支农服务。大力推进消费扶贫。充分结合休闲农业和乡村旅游发展，已建消费扶贫专柜 44 个（其中：绍庆街道阿依河社区 38 个、大同镇石笋岩村 6 个）。2020 年新下达乡村旅游项目 2 个，新建 8 个专柜（鞍子 5 个、善感 3 个）。全县消费扶贫专柜共计实现销售金额 235.2 万元。同时积极鼓励和动员机关单位食堂、干部职工和各类农业经营主体参与消费扶贫。机关食堂和干部职工共购买贫困户农特产品交易额达 8.76 万元，各类新型农业经营主体消费扶贫累计交易额达 243.96 万元。

【乡村振兴】 突出重点，提早布局。制定印发《彭水自治县乡村振兴十大重点工程实施方案（2020—2022 年）》，紧扣成渝地区双城经济圈建设，围绕构建“一区两群”协调发展格局，深入实施农村基础设施建设、产业融合发展、现代农业产业园建设、农村人居环境整治、高标准农田建设、农村“三变”改革、“智慧农业·数字乡村”建设、“三乡”人才培育、文化“乡村”示范、农村带头人队伍整体优化提升等“十大”工程，促进农业全面升级、农村全面进步、农民全面发展。加强脱贫攻坚与乡村振兴有效衔接。把脱贫攻坚作为乡村振兴的优先任务，通过乡村振兴巩固拓展脱贫攻坚成果，实现乡村振兴与脱贫攻坚有效衔接。做好脱贫攻坚与乡村振兴有机衔接的统筹谋划，研究制定《关于加强脱贫攻坚与乡村振兴衔接的指导意见（试行）》，全面落实“四个不摘”要求，着力做好规划、政策、工作、保障“四个衔接”。积极开展试点，印发《关于开展脱贫攻坚与实施乡村振兴战略有机衔接试点实施方案》《关于进一步开展乡村振兴示范镇村建设的通知》，选取善感、润溪及诸佛乡庙池村等开展乡村振兴试点。润溪乡樱桃井村成功创建国家级乡村旅游示范村，农户每年分红达30000元以上。保家清平社区成功建成市级乡村治理示范村。善感周家寨村、鞍子镇罗家坨村、太原冷水鱼成功创建AAA级乡村旅游景区。在大垭、三义两个深度贫困乡开展脱贫攻坚与乡村振兴有机衔接试点，推动落实8个方面40项具体工作任务。同时指导39个乡镇（街道）建设一批乡村振兴示范村，带动提升全县乡村振兴整体水平。推进农文旅融合发展，加强资金项目策划包装、落实落地。通过建设，各示范镇村主导产业突出、发展特色鲜明、示范效果明显、带动辐射力强，实现“一强二美三新”建设目标。持续打造乡村旅游五条精品路线，下达财政资金405万元，推进鞍子镇罗家坨、善感乡周家寨等2个乡村旅游景点AAA级景区创建。投入产业资金772.8万元，支持太原镇碧水清泉、润溪乡黄地峡农旅融合、大同镇“乡村旅游避暑纳凉点”和善感乡周家寨农业观光园等乡村旅游景点配套基础设施建设，促进乡村旅游景点提档升级。持续打造晶丝苕粉、紫苏面条、小米花生等地方特色农产品，引导乡村旅游便民销售点链接贫困户农副产品，建立“消费扶贫专柜”52个，利用“线上”“线下”资源优势，拓展旅游消费扶贫渠道，实现销售收入130余万元。围绕郁江流域沿线、乌江画廊沿线、阿依河沿线、摩围山沿线、七跃山沿线等5条主要交通要道，在汉葭、绍庆、靛水、郁山等21个乡镇（街道）启动新建和巩固提升适度规模优质水稻、红薯、烤烟、中药材、蔬菜、中华蜜蜂、特色经果林、乡村旅游等产业示范片（点）33个。创建现代农业产业园。加强对现代农业产业园建设的组织领导，成立相关工作机构，落实分管领导及具体工作人员，专项推进现代农业产业园建设工作。借鉴涪陵、潼南、江津等区县先进经验，加快规划设计，全力招引市内外知名龙头企业落户彭水，以郁山为核心，辐射石柳、联合部分村（社），高标准打造现代农业产业园。创新推动乡村文化繁荣。深入开展中共十九届五中全会精神、习近平总书记视察重庆重要讲话精神、习近平总书记关于扶贫工作重要论述等各类宣传宣讲活动，做到村（社区）、乡镇（街道）、县级重点部门“三个全覆盖”。传承文明乡风，开展梦想课堂活动80场次、“家风”润万家40场次、“三下乡”活动40场次、“孝善立德”主题实践活动30场次。丰富文化生活。统筹实施文化惠民工程，打通贫困地区公共文化服务最后一公里，296个村（社区）综合文化服务中心覆盖率达到100%。实施科技下乡，引荐和选派国家级三区人才、市县级科技特派员400余名，对30余个乡镇、115个村庄、340家企业协会开展指导服务。大力培育乡村人才队伍，扶持乡村就业创业。2020年回引农民工返乡创业210户，完成目标任务136%，为乡镇事业单位招聘本土人才和乡镇社区干部8名。激励引导人才服务乡村。全年招聘乡镇教育人才222名，卫生人才101名，农业、文化、规划、建设等事业单位紧缺人才127名，定向培养免费师范生12名，全科教师167名，全科医生23名。完成招募“三支一扶”人员61名，为深度贫困乡大垭乡、三义乡各分配2名“三支一扶”人员，有效改善农村缺才“瓶颈”。大力开展岗位技能培训，全年培育高素质农民705人，非物质文化技艺传承人等专业人才62人。抓好乡村治理示范。按照中央、市委关于开展乡村治理示范村镇创建工作相关部署要求，落实加强和改进乡村治理的重点举措，推进保家清平社区市级乡村治理示范村镇建设，树好乡村治理先进典型，引领带动全县乡村治理能力全面提升，建设充满活力、和谐有序的乡村社会。全面落实乡村治理18项重点举措、58个具体任务，构建政治、自治、德治、法治、智治“五治融合”的乡村治理体系。大力整顿提升软弱涣散基层党组织，选优配强乡村两级班子，精准选派驻村工作队队员421名，落实结对帮扶干部7742名，全面提升乡村党支部战斗力、凝聚力和组织力。累计创建全国“民主法治示范村（社区）”3个，市级“民主法治示范村（社区）”49个，67个“三治结合”治理示范村（社区）创建完毕并通过验收。以数字乡村建设为契机，推进乡村“智治”。获批国家“雪亮工程”重点支持区县，以农村地区主要交通干道、治安复杂部位为重点，新建治安高清视频监控镜头1213个、人脸识别卡口200套、车辆采集卡口200套，整合社会单位视频资源9300余路，利用互联网等提升乡村“智治”水平。实施乡村治理网格化管理。建立“五老”自治队296支，专职巡逻队30支，“红袖标”义务巡逻队296支，全县划分网格2052个，配齐网格员2052人。

【产业发展】 做好“粮袋子”“菜篮子”工作。制定出台《关于做好2020年粮食生产工作的通知》《关于做好2020年蔬菜产业发展工作的通知》《关于扎实做好2020年春耕春播工作的通知》《关于组织开展“战疫情、抓春耕、促生产”行动的通知》等农业生产相关政策。2020年落实粮食播种面积8万公顷以上，油料作物1.47万公顷（油菜1.37万公顷）。持续培育壮大特色主导产业。按照“县有主导产业、乡有骨干产业、村有特色产业、户有增收产业、人有一技之长”的发展思路，2016年以来，累计投入产业扶贫资金6.1亿元，围绕红薯、烤烟、畜牧、特色经济林、中药材、特色粮油等优势特色产业，完善扶贫产业体系。2020年发展红薯2万公顷，培育红薯规模加工主体28家、加工大户200户以上。带动农户8.7万户（贫困户6300户），产业链产值约5.6亿元，农业农村部将彭水自治县红薯产业列入“一县一业”主导产业名录。2020年种植烤烟0.44万公顷，收购烤烟588.5万千克，每千克收购均价27.27元（其中：上等烟60.81%），预计烟农总收入1.85亿元，户均收入10.26万元，实现烟叶税3532万元。带动农户1813户（贫困户404户）；发展中药材0.39万公顷（其中：草本药材0.21万公顷），建设中药材初加工厂5家，预计实现产值1.2亿元，带动农户6800户（贫困户730户）；培育经济林2.37万公顷，带动农户9.2万户（贫困户1.07万户）；2020年预计全年生猪出栏51万头，产值10.2亿元；牛出栏6万头，产值5.4亿元；羊出栏8万只，产值0.72亿元；家禽出栏250万只，产值1.25亿元；中蜂保有量10万群，产值1.5亿元。实现畜牧业年产值19.07亿元，带动农户9.09万户（贫困户1.1万户）。全县水产养殖总面积112公顷，水产品总产量487吨（其中：水产养殖产量402吨，捕捞产量85吨），实现产值2850万元。深入推进“一村一品”建设，实现每个乡镇（街道）、每个村社区有1—2个增收产业的目标，成功创建全国“一村一品”示范乡镇4个、全国“一村一品”示范村1个，市级“一村一品”示范村13个。2020年新申报市级“一村一品”示范村7个。全面落实产业到户政策，实现在家有劳动能力和有意愿发展产业的贫困户到户产业全覆盖，累计规划贫困户到户产业4.5万户（含重复），兑现奖补资金4446万元2.9万户（2020年贫困户到户产业规划2.2万户，兑现奖补资金3260万元1.6万户）。实施脱贫攻坚以来通过资金实物帮扶、技术指导培训等带动贫困户27608户，覆盖99.9%的贫困户。推动农业“接二连三”。成功打造国家乡村旅游示范村1个，创建乡村旅游AAA级景区3个，乡村旅游产值达25亿元。获批市级一、二、三产业融合发展示范镇1个。着力培育农产品品牌。全面加强与西南大学、重庆农科院、重庆农技推广总站等合作，引进培育作物新品种，成功创建“全国甘薯绿色高质高效示范县”，自主培育的彭薯1号、彭苏2号、彭紫薯1号、彭紫薯3号等9个新品种通过重庆市作物品种审定委员会审定，在全县全面种植推广。2020年新申报“两品一标”产品74个，已获批15个，全县有效期内“两品一标”产品累计达74个，彭水苏麻获国家地理标志产品认证，并在中央电视台《源味中国》栏目播出。全县名牌农产品累计达11个，名优特农产品3个，成功应用“巴味渝珍”区域公共品牌产品4个。“龙须晶丝苕粉”“苗妹香香”农产品获第20届中国绿色食品博览会金奖，“百业兴食品”生产的香椿酱菜、“黔中道专业合作社”生产的紫苏油等产品获第22届中国农产品加工业投资贸易洽谈会优质产品。大力培育新型农业经营主体。重点围绕产业基地、产品加工、品牌打造、市场营销等关键环节，扶持壮大各类新型农业经营主体。2020年，新培育农民专业合作社83家，累计达1268家（其中：示范社累计达115家），带动约3000户贫困户增收500余万元；新培育家庭农场5家，累计达196家，发展种养殖大户120户；新认定龙头企业3家，累计达39家（市级13家），带动贫困人口10000余人。积极推进农业社会化服务。充分发挥农民专业合作社生产技术优势、基层供销社市场优势、农村信用社融资优势，推动“三社融合”发展和小农户与现代农业有机衔接，推动农业社会化服务。基层供销社实现乡镇（街道）全覆盖。财政注入资金300万元建立农业担保风险金，2020年政策性农业保险额274.2万元，农业保险涉及农户18792户0.51万公顷农作物。抓好农业招商和项目落地。2020年，彭水自治县分别与攀枝花市钦云管理顾问有限公司、重庆万厦建设有限责任公司、山东牧蜂姑娘农业开发有限公司、四川天兆猪业股份有限公司（国家农业产业化重点龙头企业）、上海绿满地生物科技有限公司等企业签订正式合同5个，合同总额6.7亿元。黄地峡循环农业投资项目、中国武陵山（彭水）五倍子蜂蜜品牌建设项目、彭水自治县2400头标准化示范种猪场项目及彭水自治县30万头生猪产业化项目（续建）均全面开工。

【农业生态环境保护】 加强组织领导，明确目标责任。印发《彭水自治县2020年农村人居环境整治工作要点》，将工作任务分解落实到责任领导和责任单位。积极打造示范亮点。总投资4924.89万元，开展高谷镇庞溪村、保家镇三江村、润溪乡樱桃井村、大垭乡龙龟村、三义乡宏升村等5个行政村的农村人居环境专项整治。稳步实施年度目标任务。推进农村“厕所革命”。进一步改善农村环境卫生，累计完成农村改厕17784户，到2020年卫生厕所普及率已达到76.5%。切实加强农村污水治理，完成4座污水处理厂技术改造，2020年新启动的15座污水处理厂技术改造工程已完工11座，乡镇污水集中处理率达到85.6%。不断提升村容村貌，2020年完成农村旧房整治提升2000户，入户道路100千米。扎实开展村庄清洁行动，发动各级党员干部、群众、志愿者等43.2万人参与村庄清洁行动。深化农业面源污染防控。持续开展农药、化肥“零增长”行动，推广测土配方施肥、安全用药、绿色防控等清洁生产技术，开展农药、化肥专项治理，严格控制化肥农药种类和施用量。加大农业废弃物资源化利用，加快完成郁江流域农业面源污染综合治理项目。推广测土配方技术覆盖率达93%，化肥使用量同比减少0.5%。有序推进退捕禁捕工作，截至2020年9月30日，全县在册的66艘渔业船舶和123名渔业船员已全部退捕上岸。2021年1月1日零时起，全县所有天然水域暂定实行10年常年禁捕。

【适度规模经营】 2020年，县农委有序开展农村集体资产清产核资年度清查。农村集体资产年度清查（2018年度和2019年度）核实工作全面完成。积极统筹安排资金，确保全年安排股权化改革资金不低于3000万元。农村集体产权制度改革有序开展。制定印发《彭水自治县农村集体产权制度改革试点方案》，完成290个村（社）和1个组（河堡社区10组）村集体经济组织登记赋码工作，确认成员158784户、638142人。农村“三变”改革试点推进有力。2020年新增11个村，继续扩大“三变”改革试点工作。积极推进善感乡周家寨村、诸佛乡庙池村、三义乡五丰村、大垭乡大垭村等“三变”改革试点，推动资源变资产、资金变股金、农民变股东，80%以上农户通过入股分红方式参与产业发展。持续发展壮大村集体经济。2015年以来，累计安排村集体经济发展资金5045万元。截至2020年底，全县208个村级集体经济组织，实现经营收入1095.81万元（其中村集体经营收入最高的达到100余万元），296个村（社区）成立村集体公司299个，党组织书记担任负责人牵头实施项目310个，为贫困户提供就业岗位1万余个，全面消除115个贫困村集体经济“空壳村”。农村土地确权颁证工作有序推进。全县已完成158590户农户118392.84公顷承包地的二轮公示及合同签订、图斑签章工作。启动证书套印发放、档案整理和迎接市级验收工作，农村承包地确权登记颁证县级自查验收全面完成。

【农技服务】 高度重视草地贪夜蛾的监测防控工作。及时印发《彭水自治县2020年草地贪夜蛾监测防控预案》，按要求对草地贪夜蛾进行监测、普查、上报和技术培训等，全县共安装草地贪夜蛾性诱捕器80套，印发草地贪夜蛾防治情报1期。认真开展产业指导和技术培训。全县共落实7500余名帮扶责任人到户担任产业指导员，组建5个产业发展专家组50人，聘选村级产业发展指导员771名。开展精气神提振培训、雨露计划、养殖技术、农村劳动力职业技能培训、农村电商培训、科技扶贫培训4126人次（其中贫困人口2626人次）。开展农业产业田间现场培训100余场次。完成115个贫困村特聘农技员普查工作，聘请746名农技员为贫困户实施技术结对帮扶。组织农机服务组织及农机大户开展农机作业。指导全县各类农机具（微耕机、旋耕机、拖拉机等）2.1万台套投入春耕生产，机耕面积达4.67万公顷。推广补贴农机具数量455台，受益户数453户，总补贴51.56万元。组织农用物资服务春耕生产。会同县供销合作社等部门加强对农资经营企业和基层供销合作社的指导服务，抓紧催调合同货源，确保农资供应充足。加强与商务、公安、交通、市场监管等部门合作，确保农资供应绿色通道畅通。创新配送方式，采取改“座销”为“行销”“集中运送、分散销售”“送货到户”等方式，开展农资“点对点”配送种子380吨、化肥2万吨、农药7吨、农膜430吨，春耕春播所需农资全部及时配送到位。严格农资监管执法，持续开展农资打假专项执法行动。完成种子农药执法检查30次，出动执法人员626人次，检查门店154个，没收包装不规范种子7.8千克，下发责令整改通知书7份，没收过期农药18.2千克，假农药189.3千克，取缔3家无证经营农药行为，没收农药27.5千克，立案经营假农药3起，结案1起，处罚没款1.52万元，有力保障全县春耕生产农资安全。加强技术指导和服务。落实小春田管措施，对油菜等作物及时追肥。加强对乡镇（街道）的联系指导，制定下发《关于成立全县春耕春播及全年农业技术指导组的通知》，由班子成员和相关科室人员组成8个春耕春播产业技术指导组。共派出技术人员5000余人次分赴39个乡镇（街道）开展督促指导和服务。通过益农信息社和电视、报纸、短信、微信等渠道，宣传春耕春播政策措施和农业实用新技术，开通农技专家技术咨询服务热线，远程视频指导农民新技术，确保技术措施通过多渠道推广。

【农业综合执法】 2020年，县农委制定印发《关于开展农业安全生产大排查大整治大执法全力迎战高温汛期的通知》，在全县集中开展农业安全生产大排查大整治大执法，打牢基础迎战高温汛期。切实加强农产品质量安全监管。共完成农产品质量安全监督抽查抽样70个，用于快速检测样品178个32批次，通过快速检测合格率达100%。扎实开展农机安全专项整治工作。共出动检查人员200余人次，检查农业机械88台次，排查隐患30起，均已完成整改。劝说车主自动上缴号牌18块。全面试行食用农产品合格证制度，指导生产者加强自我质量控制、自我开具合格证和自我承诺，鼓励蔬菜、水果、畜禽、禽蛋、养殖水产品等产品随车附带合格证上市。发放农产品合格证1700余张，已实施合格证主体13家，附带合格证上市的农产品12.6吨，保障重要农产品源头安全。切实抓好渔政渔港监督管理工作。结合禁渔期和全县实际，利用电视、报纸等手段，通过张贴标语、横幅和分发资料，大力开展宣传教育活动，禁渔期间县电视台专题新闻报道9次，《彭水日报》宣传报道3次，其他网络媒体宣传报道40余次，张贴《春季禁渔通告》50余张，发放《禁渔告知书》和渔业法摘录等宣传资料3000余份、固定和临时性标语32幅，共出动执法车、船120艘次，检查渔业船舶198艘次、自用船舶80艘次、水产品市场4个、餐馆20家、水产品经营户17家。查处非法捕捞案16件，收缴电捕鱼具2台套、橡皮船1艘、网具360余副，没收渔获物约130公斤，放生鱼虾100余公斤。开展渔业船舶安全检查110次，检查船舶264艘，排查一般隐患6条，下达整改指令6份，整改率达100%。认真做好行政许可和行政执法工作，2020年共办理行政许可6件（其中农机办结5件、农药经营许可信息变更办结1件）。办理行政处罚案件1件，罚款13000元。办理群众来信来访4件，积极开展矛盾纠纷排查化解，做好敏感时期非正常上访隐患的排查和稳控工作，全年无非法上访、越级上访等发生。

【农业基础设施】 2020年，县农委抓好2019年度高标准农田建设项目建设。共投入扶贫资金5600万元，建设高标准农田0.35万公顷，项目建设稳步推进，已完成投资约1000万元。抓好2020年高标准农田建设项目选项立项、规划设计工作。拟投入专项资金7500万元，建设高标准农田0.43万公顷。抓好农田建设项目管理日常工作，助推扶贫攻坚。2020年，县农委高度重视农田建设工作，针对项目工程施工进度慢、专项资金拨付慢等建设问题，积极开展项目建设督导工作。督促项目业主单位及时启动项目建设，通过倒排工期、节点控制等方式全力推进项目实施，及时组织已完工项目验收，确保扶贫项目快建设、快投产、快达效。

【农业抗灾救灾】 2020年6月以来，全县连续不断的暴雨造成全县39个乡镇（街道）不同程度受灾。县农委及时采取一系列防灾救灾措施，最大限度地减少了灾害损失。主要领导统筹，班子成员包片，分8个组共计530人次深入乡镇（街道）开展防汛、减灾、核灾，组织开展抗灾自救。组织乡镇（街道）农业服务中心落实工作责任。组织农业技术人员深入生产一线，分赴灾区指导动员群众开展抗灾自救。派出农业技术人员2375人次，全县771名农业产业指导员深入产业扶贫基地、生产经营场所等，共计12000余人次，指导群众开展减灾救灾，恢复灾后重建工作。制定《全县农业防灾减灾技术方案》，落实减灾救灾措施。紧密配合县气象局做好分析研判，及时发布农业防灾救灾预警信息10万余条。采取有效措施。根据灾情实行分类指导，抓紧排涝，实行机械抽水和人工开沟排水相结合的措施，加大排水力度，使群众能及早进行作业；对绝收的作物进行补种，对受灾较轻的及时落实作物扶苗、洗苗、追肥等田间管理措施，促进受灾作物灾情转化，尽快恢复生长。做好农资保供和作物病虫害防控。做好农用物资供应，确保受灾地区恢复生产农资供应，确保顺利补种、扶苗、洗苗、追肥、田间管理等顺利进行。抓好病虫害防治，县农委组织发放病虫害防控药剂600千克，委派农技专家田间指导农户开展施药，有效抑制病虫害给农民带来的损失。多方协调全面降低农民财产损失。协调保险公司对受灾的2000余户农户（主体）进行理赔，涉及金额1400余万元。积极引导新型经营主体、农户与市农业担保公司对接，担保贷款8000余万元。

【土特产品】 近年来，县农委紧紧围绕彭水农业产业发展现状，努力培育地方特色品牌，已形成品牌的有："郁山晶丝苕粉""苗妹香香""黔中道紫苏油""香椿酱菜""鞍子小米花生""郁山擀酥""火吉果汁饮品"等一系列独具品牌优势的土特产品。

"郁山擀酥"——源于清嘉庆年间（1796—1820年），由"严富春斋"名师研制而成，其秘方留传至今已有200余年的历史。郁山擀酥饼，味美而纯真，以工艺独特，取料考究精细，食后丹桂余芳，以香、酥、甜、脆、爽口而倍受广大消费者的青睐。重庆各大超市均有产品销售。

"郁山晶丝苕粉"——是彭水自治县龙须晶丝苕粉有限责任公司生产加工的具有彭水少数民族传统工艺的一种特色农产品品牌。晶丝苕粉以县内山地种植的优质红薯为原料，提取优质淀粉，传承苗乡少数民族的传统工艺，手工生产加工苕粉丝，无任何添加剂，产品晶莹透明，柔韧可口。公司一直秉承"诚信良品"市场理念，重品质，讲诚信，产品畅销国内、外市场，产品质量得到国内外广大客户的赞誉，建立了国内外一批忠实客户，如有香港的"伤心酸辣粉""开心麻辣派对"，深圳"渝小味"，上海"入川大刀腰片火锅"，哈尔滨"东兴隆传统火锅"，重庆"陶然居"等。"郁山"牌晶丝苕粉已获得重庆市级"名牌农产品"、重庆市级"著名商标"、重庆市"消费者喜爱产品"等一系列称号，同时还取得了重庆市农业农村委"绿色食品""地理标志产品"，中国质量认证中心"HACCP产品体系"等相关认证。晶丝苕粉因其极佳的膳食口感和丰富的营养，是消费者们非常喜爱的膳食佳品。

"香椿酱菜"——是彭水自治县百业兴森林食品开发有限公司与西南大学食品科学学院联合研发的一个苗乡特色农产品品牌。优选生长在彭水摩围山脚和乌江、郁江江岸山腰，靠自然云雾及雨露滋养而生的红香椿为原料，以独特的高科技生产工艺保留香椿特有的香味和营养成分，并通过专利配方，生产出清香和香辣两种口感极佳的特色美食——香椿酱菜。该产品被重庆市农委认定为"名牌农产品"，重庆市科技局认定为"高新技术产品"，《百业兴食品》已被重庆市工商局评为"著名商标"，乃是居家旅游、佐餐宴宾、馈赠亲友之上乘佳品和放心食品。

"火吉果汁饮品"——是以野生火棘果红籽（红籽）作为主要原材料，由重庆火吉健康产业（集团）有限公司开发的火棘果汁饮品，含有丰富的有机酸、蛋白质、氨基酸、维生素和多种矿质元素，是营养极高的保健型果汁饮品。

"黔中道紫苏油"——彭水紫苏油是药食同源的农产品地理标志，采用彭水苏麻籽恒低温压榨的干性植物油，古称重油。结合传统古法土榨原理自主创新前置法工艺，引进国际先进的恒低温压榨设备精细制作而成。是具有泛绿、水状、鱼香、渗透性强和易吸收等特点的，富含ω-3多不饱和脂肪酸的干性植物油。彭水紫苏油中的α-亚麻酸在通过肝脏与脱氢酶、碳延长酶、Δ5去饱和酶的作用下，代谢为DHA/DPA/EPA等物质，EPA具有降血脂、改变血液黏稠的作用，DPA又称神经活性因子，抗抑郁，脑黄金DHA是形成脑细胞和视神经细胞的基础物质，有益智健脑、保护视力的作用。

"苗妹香香"优质米——产于彭水自治县鞍子镇无公害优质水稻基地。产区海拔600—1000米，山清水秀，生态优良，土壤富含硒、锌、锶、铁、钙等多种人体必需的微量元素和矿物质。基地原料严格按照“五统一”（统一供种、培训、供肥、管理、收购）和“七收七不收”（有社员证的收，有购种发票的收、是指定品种的收、当年新谷子收、水分低于14%的收、纯度净度高96%的收、亩限量收购400—500千克；反之不收）以及“一摸二看三闻四尝”的原则进行标准化生产、加工、销售，是渝东南无公害品牌优质米，彭水自治县农业科技成果的结晶。“苗妹香香”优质米具有“新、香、纯、洁”四大特点，食用“苗妹香香”要“一闻二品三食”。故有苗寨歌谣：苗妹香香米质新，口感香甜又滋润；品种纯净无杂粟，清洁保健利养身。

“鞍子小米花生”——具有“粒小、色艳、果香、肉脆”的特色花生品种，获国家地理标志证明商标。小米花生民间又称“植物肉”，原产美洲，湖广填四川传入彭水种植，经过当地苗民350余年的筛选，培育出了“粒小、色艳、果香、肉脆”的特色花生品种。具有独特的营养价值，特别是含有人体必需的18种氨基酸，有促进脑细胞发育、增强记忆的作用。

畜牧业

【概况】 2020年，全县生猪出栏51万头，产值10.2亿元；牛出栏6万头，产值5.4亿元；羊出栏8万只，产值0.72亿元；家禽出栏250万只，产值1.25亿元；中蜂保有量10万群，产值1.5亿元。共实现年产值19.07亿元。2020年，全县畜牧产业项目建设稳中有进，基础支撑作用明显。共下达两批畜牧产业项目，其中：第一批共计下达97个项目建设业主，涉及猪、牛、羊、蜂、禽、兔等6个品种，安排财政资金1462.75万元；第二批共计下达8个项目建设业主，涉及生猪、中蜂等产业，安排财政资金442.05万元。两批项目的建设实施，极大巩固了养殖群众基础，中蜂、肉牛、生猪的规模化率分别达到61%、60.5%、64%。

【招商引资】 2020年，县畜牧发展中心引进山东牧蜂姑娘农业发展有限公司建设中国武陵山（彭水）五倍子蜂蜜品牌项目。利用“企业+村集体经济+合作社+农户”养殖模式，全县扶持养蜂新型农业经营主体100余个，带动发展中蜂养殖户1万余户，实现中蜂保有量10万群；开发蜂蜜果酒6款、冲泡饮料1款；获批建立中蜂良种选育场1个、SC认证蜂产品加工厂1个。彭水自治县中蜂成熟蜜养殖获得成功，蜂蜜质量得到显著提升——五倍子蜂蜜获“国民好蜜——第四届蜂蜜感官品质大赛”金奖；“牧蜂姑娘”品牌入选重庆市10大好蜂蜜；记录电影《牧蜂姑娘》入围重庆市2020年电影重点题材项目名单，成为唯一一部农村扶贫题材电影。彭水自治县被中国蜂产品协会评为“蜂业扶贫先进县”。引进新希望六和股份有限公司和四川天兆猪业股份有限公司，分别投资3亿元和1亿元，在鞍子镇何家村和高谷镇共和村，投资建设生猪（种猪）养殖场及相关配套设施，两家公司均为国家农业产业化重点龙头企业，通过“公司+农户”的产业模式，引导本地农户共同发展。全年两个项目已投资7000余万元，项目建设得到有力推进。引进山东聊城市金彭达农业发展有限公司，落地发展100万只白鹅产业项目，该项目已完成在彭公司注册，成立重庆市苗都林下生态农业发展有限公司，与之配套的白鹅屠宰加工项目已于县政府第98次常务会议审议通过。

【动物疫病防控】 2020年，在县委、县政府的大力支持下，根据国、市两级指导意见，彭水在全市率先试行社会化购买基层兽医服务。县财政安排资金，采取劳务承包的方式，按照人均1500元/月·人的标准，招聘村级防疫承包人员140名。全年，全县生猪免疫口蹄疫887742头，猪瘟423251头；山羊免疫口蹄疫48124只；禽免疫禽流感963221只，小反刍兽疫24062头，犬狂犬病免疫15760只。常态化抓好非洲猪瘟、口蹄疫等动物重大疫病防控工作，尤其是在县外一些地方出现因违规调运出现疑似非洲猪瘟疫情以后，动防办成员单位和乡镇街道联防联控，重点抓好调运监管和血清检测环节，全年全县无大面积畜禽死亡报告。

【养殖污染治理】 通过近年来开展的各类粪污治理项目及畜禽粪污资源化利用项目，彭水自治县畜禽粪污综合利用率、养殖场户粪污设施配套率显著提升。根据农业农村部粪污直连直报数据显示，全县畜禽粪污综合利用率达到94.7%、规模场畜禽粪污设施设备配套率达到100%、大型规模养殖场粪污设施设备配套率达到100%。全县共计配套畜禽养殖场（户）粪污处理设施设备612家，项目总投资7277.8万元，其中中央财政投资3638.9万元。合计配套设施建设面积6.66万平方米；配套设施建设容积8.68万立方米；配套管网建设9.53万米；购置设备517台。在第二次全国污染源普查工作中，彭水自治县畜牧发展中心表现突出，成为全市唯一一个畜牧领域受到表彰的集体。陈明洪获得“表现突出个人”荣誉。

【脱贫攻坚】 2020年，县畜牧发展中心按照相关要求落实产业发展与贫困户利益联结机制，加强行业产业项目指导，把利益联结机制作为项目申报建设业主（非贫困户）的必要条件，确保落实到位。加强扶贫资金使用监管，进一步加强项目资金监管，坚持透明原则，规范使用，并按照县纪委监委《关于加强扶贫项目（资金）专项监督的通知》等要求，在项目评审、立项等环节，及时向纪检组备案。参与重点工作，搞好驻村帮扶。持续做好驻村帮扶和结对帮扶工作。2020年，中心继续保持6名驻村干部、30名帮扶干部职工的脱贫攻坚队伍，积极配合诸佛乡的庙池、复兴、清河、红门等4个村、160余户贫困户开展畜牧产业指导、脱贫资料完善等工作。新冠肺炎防控期间，中心职工坚持“战疫”“战贫”两手抓，采取电话联系帮扶的形式，重点做好疫情防控宣传和产业发展规划。疫情解禁后，全体帮扶干部入村到户，积极开展复工复产，强化政策宣传和技术指导，着力推进相关工作。开展扶贫培训，强化实用技术支撑。中心结合县情实际，落实畜牧产业指导定位，制印《关于认真开展2020年农村实用技能（养殖）扶贫培训的通知》，明确由丁飞等17人为成员的培训队伍，对年龄在16—65岁的全县建档立卡贫困人口、深度贫困乡和贫困村所有人口，其他特殊困难群众（残疾人等）有培训需求的人员，开展畜、禽、蜂等养殖实用技术培训，共组织培训800余人。做好贫困地区畜产品消费扶贫工作，按县定点屠宰场及动监所检疫登记不完全统计，全年全县外调到重庆渝北等地的生猪计13940头；在县城定点屠宰的生猪38252头、肉牛347头、家禽10443只；宰杀销售的猪、牛、禽售价分别按均价5000元/头、18000元/头、80元/只等折算，实现贫困地区畜产品消费扶贫26804万余元，完成目标任务的134%，并积极开展其他产品消费扶贫。

林　业

【概况】 2020年，彭水自治县林业局深学笃用习近平生态文明思想，学好用好“两山论”，走深走实“两化路”，进一步加大林业资源的管护与利用力度，着力筑牢乌江下游重要生态屏障，加快建设山清水秀美丽之地；紧密围绕市委、市政府的决策部署，在市林业局的大力指导下，扎实推进生态修复，加强森林资源保护，大力发展林业产业，着力推进生态脱贫，打好打赢脱贫攻坚“收官大决战”和国土绿化提升行动“秋冬季大决战”。全县共完成各类营造林1.01万公顷，占市上下达考核指标的100%。实现林业产值53.1亿元，同比增长120%。森林火灾受害率0.3‰以下，林业有害生物受灾率3‰以下，这两个指标均达到市对县考核指标。林业有害生物防治、森林防火工作先后得到市林业局领导的表扬。7月，县林业局获市人民政府颁发的重庆市科学技术进步奖。

【生态修复】　全年完成各类营造林1.01万公顷，占市上下达计划的100%，造林成活率和保存率均达到造林技术规程指标以上，森林覆盖率提高到62%，同比增长3.2个百分点。全年义务植树23.2万人次，植树118万株，新（续）建义务植树点22个。完成了2019年国土绿化提升行动和2016年新一轮退耕还林验收工作，并完善相关验收资料，及时兑现部分资金。

【森林资源保护】　全面加强森林防火工作，全年开展流动宣传36次，发送森林防火短信100万余条，滚动字幕1.5万次，设置森林防火“扫码入林”卡口194个，扫码7506条2.6万余人，在摩围山设置高空云台视频监控9处，建成森林防火检查站3个，森林火灾受害率0.03‰以下。加快推进松材线虫病除治工作，完成682个小班0.56万公顷的松材线虫病疫木除治，检查松材线虫病疫区农户企业1.59万户，清理14个涉木单位企业0.53吨松疫木、2006户农户61.84吨松疫木，通过治理，现有病死松树发生面积减少到354.2公顷，涉及乡镇只有8个42个小班，实际病死松树仅76株。保家镇、石柳乡等10个乡镇实现无疫情，全县林业有害生物受灾率控制在3‰以下。全面完成野生动物养殖处置工作，处置率达100%，兑现野生动物养殖后续处置资金409.49万元。初步完成自然保护地优化调整工作，优化整合后，全县自然保护地面积较优化前减少38339公顷，占全县面积的32.95%，比原来降低了9个百分点。

【林业产业】　加快林产品加工贸易产业发展，以实施国家重点工程为契机，恢复发展油桐0.67万公顷、五倍子1万公顷。建立一个林业工业原料林加工厂。加快木本油料产业发展，建成油茶基地0.67万公顷，山桐子木本油料0.4万公顷，实现年产值3亿元，初步实现资源培育基地化、经营管理集约化、林油发展一体化。加快林下经济产业发展，加快构建以林药、林经、林菜、林蜂等为重点的林下经济产业基地3.33万公顷，新建设特色林基地0.33万公顷，食用菌林基地0.13万公顷、香椿芽基地0.13万公顷。

【生态脱贫】　2020年，县林业局紧扣习近平总书记在解决“两不愁三保障”突出问题座谈会上的重要讲话精神，深化帮扶，真抓实干。在建档立卡贫困户中选聘生态护林员3611名，兑现生态护林员补助1805.50万元。兑现生态效益补偿资金3890.28万元，涉及农户13.30万户，其中贫困户2.23万户。全县累计建成特色经济林2.37万公顷，覆盖102个贫困村，惠及1.08万户贫困户，户均增收4800元。完成受禁食野生动物影响的农户特别是贫困户转产转岗工作，拨付19户养殖户补偿资金363.40万元。其中，涉及贫困户4户，补偿资金17.08万元。狠抓林业科技扶贫工作，实施技术培训39场，培训1700人次，其中建卡贫困户1400人次。

水　　利

【概况】　彭水苗族土家族自治县水利局为县政府工作部门，主要负责履行全县水利水电发展规划、建设、运行管理和质量监督，水资源的合理开发利用和保护，水生态建设和河长制，水利行政执法，水文监测和水旱灾害防御，节水用水，水土保持，水利工程移民管理等职能。全局共有编制95名，实有在编工作人员78名。机关内设办公室、规划建设管理（行政审批科）、水资源水保科、水利水电科、水生态建设与河长制工作科等5个职能科室；下设县水利工程服务中心、县移民服务中心等2个正科级公益一类事业单位，县水文与水旱灾害防御服务中心、县水利行政执法支队2个副科级公益一类事业单位，其中，县移民服务中心、县水文与水旱灾害防御中心、县水利行政执法支队等3个事业单位纳入参照公务员法管理。

【脱贫攻坚】 2020年实施农村饮水巩固提升261处，投资11319万元，巩固提升14.39万人饮水安全问题。完成全县4631处集中供水工程和89处5户以上相对集中的分散式工程的供水水质监测。截至2020年10月底，全县落实289名村级公益性管水员，2200余名具体管水员参与工程维护、水费收缴等工作，运行管护工作顺利开展，确保工程良性运行和持续发挥效益，为改善群众生产生活用水条件提供政策保障。

【重点工程建设】 凤升水库调水工程全面完工，枢纽工程主体完工，灌溉工程完成庙坝干渠隧洞掘进支护和明暗渠施工14.2千米；灌溉工程优化方案已初步审查，待修改审批后立即启动工程实施，累计完成投资约55750万元。龙虎水库大坝枢纽主体土建工程建设基本完工，完成金属结构工程部分安装，渠系隧洞累计进尺24.15千米，累计完成投资约31046万元。靛水防洪排涝工程完工，累计完成投资约9480万元。靛水新城乌江滨江段防洪护岸综合治理工程完成土石方开挖71万立方米，回填51万立方米，进场道路修建150米，完成格宾笼护坡2100米，完成6处箱涵主浇筑，钢筋制作2000吨，完成总工程量的65%，累计完成投资约14380万元。茨竹湾水库完成库区土石方开挖59万立方米，锚杆安装2.8万根，库区面板浇筑8000立方米，溢洪道已基本完工，借水工程完成60%，累计完成投资7214万元，工程总进度完成70%，累计完成投资约7200万元。杉木沟水库工程完成进库公路、临设工程及上坝公路；1至8号抗滑桩完成砼浇筑；坝体砼浇筑完成约10500立方米，完成项目形象进度61%，累计完成投资约2716万元。永丰、红光水库工程均完成施工招标，11月施工单位进场施工。

2020年8月20日，建成的大同镇吴家湾水库

（刘慧　摄）

【节水机关建设】 县水利局按照因地制宜、经济适用的原则，综合集成各项节水措施，强化用水过程管理，将局机关建成“节水意识强、节水制度完备、节水器具普及、节水标准先进、监控管理严格”的标杆单位，并顺利通过市局验收。

【水旱灾害防御】 增强忧患意识，坚持底线思维，强化压实责任，建立健全县、乡、村三级山洪灾害防御体系，修编2020年水库汛期调度运用计划、抢险应急预案、山洪灾害防御预案及抗旱应急预案116个。开展“汛前大检查、预案大演练”专项行动，落实隐患排查制度，对排查出来的隐患建立台账，限期整改销号。落实各项防御“四个重点环节”，狠抓监测预报，严格防御值守，加强会商机制研判，全面做好水旱灾害防御值守和应对处置，成功应对全年持续过境洪水和13次暴雨导致河流水位上涨，下发3次水库电站调度令，累计发送短信3.5万条至各乡镇及县级相关部门、重点区域及薄弱环节、山洪威胁区各级责任人及群众，最大限度减少灾害损失，全力保障人民群众生命财产安全。

【河长制】 彭水自治县河长办公室被评为市级标兵单位。长溪河（阿依河）获“2020年重庆市最美河流”称号。严格落实市第2号总河长令要求，全力抓好污水乱排、岸线乱占、河道乱建“三乱”整治专项行动发现问题整改，制定并实施《彭水自治县扎实开展污水乱排、岸线乱占、河道乱建“三乱”整治专项行动工作方案》，排查点位826个，发现问题54个，其中污水乱排问题20个，岸线乱占23个，河道乱建11个，完成整改31个(其中污水乱排16个，岸线乱占10个，河道乱建5个)。着力强化联防联控，加强跨区域联防联控，与武隆、黔江、酉阳、石柱、务川、沿河等区县签订跨界河流联防联控合作协议，会同酉阳县、沿河县开展联合打击乌江非法捕捞专项行动，会同武隆开展拆除网箱鱼行动，与利川市、黔江区实现水质通报、信息共享，推进联防联控常态化。加快推进“智慧河长”建设，运用大数据智能化等现代化技术手段建设“智慧河长”系统，县发改委已完成彭水自治县“智慧河长”建设项目可行性研究报告审批，批复投资5196.4万元。截至2020年底，正在开展一期平台建设招标工作，招标金额140万元。扎实推进河道管理工作，为进一步明确河道管理范围，明晰河道管理职责，保障河道工程的顺利实施和正常维护，确保河道行洪安全。彭水自治县筹措资金2300万元，“十三五”以来完成郁江、芙蓉江、龟池河等43条河流河道管理范围划界工作，完成划界的河流长度共计662千米，划界的岸线长度共计1256千米，安设桩牌2129块。做好统筹部署“清四乱”工作，2020年以来共计自查问题12个，完成销号8个，2018年以来共计发现问题25个，整改完成20个。

扶贫开发

【概况】 彭水苗族土家族自治县扶贫开发办公室位于汉葭街道高家台街41号（2020年3月搬迁至原气象局办公楼)。内设综合科、计划项目科、社会扶贫科和资金监督科、政策信息科等行政科室，下设有直属事业单位彭水自治县信息化扶贫服务中心1个。单位行政编制12人、工勤编制1人、事业编制16人，截至2020年底，有干部职工57人，其中在编在岗22人（行政8人、事业13人、机关工勤1人)，挂职副主任4人，借调人员23人，公益性岗位4人，社会购买劳动力4人。

2020年，面对“疫情”“灾情”带来的严峻挑战，县扶贫办始终保持不停顿、不大意、不放松状态，在县委、县政府的坚强领导下，以脱贫攻坚收官大考为主线贯穿始终，打好“定点攻坚战”“百日大会战”“收官大决战”三大“战役”，全面完成脱贫攻坚收官各项目标任务。截至2020年底，27772户112680名贫困人口全部脱贫，历史性消除了绝对贫困，脱贫攻坚实现圆满收官。

2020年3月19日，鲁渝协作“茶叶产业园”采摘明前茶

（县扶贫办　供图）

【战疫战灾战贫】 搭建就业服务平台，大力开展“四个专项活动”，有序组织贫困群众务工就业48515人，新开发公益性岗位2861个，新创建扶贫车间5个，开展技能培训100期、培训贫困人口3453人次。用好各级各类帮扶资源，推进电子商务扶贫专项行动，通过国家扶贫产品审核企业48家、产品259个，完成消费扶贫1.2亿元，有效解

决产品因疫情滞销卖难问题。统筹整合财政涉农资金9亿元，建立统筹、调度、使用、监督和评价五大体系，完善脱贫攻坚项目库，持续抓好扶贫项目建设，推动扶贫项目全面开复工。安排项目954个，已完工834个，剩余项目有序推进。组织党员干部开展打一个电话、宣传一次疫情防控知识、赠送一些防护用品、进行一次脱贫需求调查、制订一个脱贫增收计划“五个一”帮扶活动，一对一、点对点全覆盖帮扶，确保贫困群众基本生活不受影响。

【“三大战役”】 2020年，县扶贫办扎实开展“定点攻坚战”，聚焦三义、大垭2个深度贫困乡和全县715户2460名未脱贫人口、9个定点攻坚村，在原有帮扶力量的基础上，采取县领导和县管领导干部直接包户联系方式强化帮扶，对未脱贫人口新增帮扶联系人495名，对9个定点攻坚村分别落实1名县领导蹲点督战，确保剩余贫困人口如期脱贫。全面完成剩余贫困人口脱贫达标认定，实现现行标准下农村贫困人口全部脱贫。深入推进“百日大会战”，开展自查评估，组建村级自查评估工作组290个，组织自查评估人员7766人开展入户调查，完成贫困户录入100%。深入开展“十大专项行动”，聘请产业村长274名，22348户贫困户享受村集体资产收益；资助贫困学生6.98万人次、7446万元；贫困人口参保率100%，住院自付比例10%以下；金融扶贫到期应还款转化率97.72%；生态效益补偿等惠及贫困户22298户；将符合条件的1.5万人纳入低保兜底，实施特困供养500人。全力冲刺“收官大决战”，严格落实“四个不摘”要求，进一步夯实各级脱贫攻坚责任，继续保持相关扶贫政策稳定，持续加大对脱贫攻坚的监管力度，深入落实书记遍访制度，做到脱贫政策不变、工作队伍不撤、帮扶力度不减。建立防止返贫监测和帮扶机制，完成全县39个乡镇（街道）、290个村（社区）、27772户112680名建档立卡贫困人口和620户2153名边缘人口“两不愁三保障”突出问题排查，排查录入完成率100%。认真谋划全面脱贫与乡村振兴有效衔接，扎实推进三义乡、大垭乡2个市级乡村振兴试点建设，切实固底板、补短板、锻长板，人民群众获得感、幸福感、安全感进一步增强。

【社会扶贫】 扎实做好东西部扶贫协作，到位协作资金5364万元，下达援建项目30个、完工24个，剩余项目序时推进。党政干部挂职交流7人，专业人才技术交流101人。举办技能培训班7期，培训贫困群众276人。组织贫困群众到山东就业74人，就近就业254人。完成消费扶贫2686万元，带动1872人实现增收。持续推进中央单位定点扶贫。中央外办协调引进资金3635万元，完成消费扶贫215万元。协调中国扶贫基金会成功举办“社会力量助力彭水脱贫攻坚协作交流会”，40余家企业认捐13个彭水扶贫项目，合计资金和项目价值1500余万元。深入开展市内对口帮扶，两江新区对口帮扶5487万元，落实项目17个。市发展改革委帮扶集团直接捐赠资金290万元，协助争取各类专项资金1.86亿元，完成消费扶贫502.14万元。市住房城乡建委帮扶集团落实帮扶资金927.2万元。创新社会扶贫形式，与腾讯公司签订全面定点帮扶战略合作协议，围绕打造一馆、举办一赛、开发一品、做好一事、创新一销、建设一城“六个一”工作思路，深入推进“线上+线下”多方位扶贫。开展“创新扶贫·声光同行”扶贫专场直播，成交额近100万元。

【国家脱贫攻坚普查】 2020年，县扶贫办成立脱贫攻坚普查工作领导小组，建立健全39个乡镇（街道）普查机构，落实290个村（社区）普查责任人，全覆盖系统培训乡镇（街道）主要负责人、清查摸底工作人员等，绘制完成县、乡镇（街道）普查网格地图，确保普查工作有序推进。认真开展普查试点工作，规范清查摸底审核验收操作流程，建立“两上两下、两级把关”数据审核验收程序，确保数据质量，实现国家脱贫攻坚普查事后质量抽查未完成率、差错率“两个零”目标。

【总结宣传】 开展脱贫攻坚宣传总结“六个一”活动，即一本政策汇编、一套总结资料、一组成果展播、一批典型经验、一批典型案例、一批记忆符号，全面总结宣传脱贫攻坚历史性成就，总结脱贫攻坚先进典型案例40个、典型经验85个。举行重庆市脱贫攻坚系列主题新闻发布会彭水专场，向市内外全面展示脱贫攻坚成效，新华社、重庆广播电视台、《重庆日报》等媒体进行实时报道。开展“我与贫困户谈脱贫”活动，全县7000多名帮扶干部进村入户与贫困户面对面，谈党的政策好、谈脱贫成果、谈环境变化等，切实提升群众满意度。

【国家级检查】 2020年，先后迎接国家脱贫攻坚普查事后质量抽查、国家建档立卡数据质量专项评估、国家脱贫攻坚督查、国家审计署扶贫审计、国家脱贫攻坚成效考核等国家级脱贫攻坚督查检查，全力跑好脱贫攻坚“最后一公里”。2020年4—8月，审计署重庆特派办到彭水开展重大政策措施贯彻落实情况跟踪审计，对脱贫攻坚工作落实、责任落实、政策落实情况进行跟踪审计。7月25—27日，农业农村部发展规划司副司长严东权率队到彭水开展国家脱贫攻坚督查。9月4—8日，高谷镇群峰村、双龙乡龟池村、诸佛乡石化村3个村接受国家脱贫攻坚普查事后质量抽查。9月13—15日，全县5个乡镇15个村450户建档立卡贫困户顺利接受国务院扶贫办委托的第三方机构建档立卡数据质量专项评估工作。12月7—10日，由山西省委统战部一级巡视员王瑞宝带队一行共29人到彭水开展2020年扶贫开发工作成效省际交叉考核；12月7—10日，由上海市政府合作交流办公室二级巡视员陈晓云带队一行共13人到彭水开展东西部扶贫协作成效考核。

工　　业

综　　述

【概况】 彭水苗族土家族自治县经济和信息化委员会（规范简称彭水县经济和信息化委员会）是县政府正科级工作部门。主要职能职责包括贯彻执行国家、市县有关工业、中小微企业、科技创新、大数据应用、军民融合、信息化发展的法律、法规、规章和方针政策，及其行业技术规范和标准，并组织实施和监督检查；负责电力、天然气、液化石油气、醇基燃料、民用爆破器材的监督管理；完成县委和县政府交办的其他任务等。委机关内设办公室、经济运行科、投资规划科、小微企业科、环境资源科、信息化科、政策法规科、科技发展科8个科室；委下属设行政执法支队、大数据事务中心和生产力促进中心3个事业单位。全委机关事业单位在职在岗人员54人。

2020年，县经济信息委坚持以习近平新时代中国特色社会主义思想为指引，深入贯彻中共十九大和十九届二中、三中、四中、五中全会精神，全面贯彻党中央、国务院决策部署和市委市政府、县委县政府工作要求，聚焦高质量发展，坚持生态优先、绿色发展理念，突出生态工业主攻方向，加快构建以清洁能源、健康食品、特色轻工、战略新兴产业为主导的生态工业产业集群，全县经济规模不断扩大，生态工业体系逐步成型，成效日趋明显。全县累计完成工业总产值48.3亿元，同比增长5.5%，生态工业对全县规模以上工业的贡献率达69.74%，同比增长5.82%。全年完成工业投资2.8亿元，同比下降35.7%。

【工业经济】 2020年，全县规模以上企业实现工业总产值45.38亿元，同比增长5.1%。其中，能源板块实现总产值24.5亿元，同比增长6%；建材板块实现总产值9.13亿元，同比增长6.82%；食品饮料板块实现总产值4.08亿元，同比下降4.19%；矿产品加工板块实现总产值0.43亿元，同比下降57.64%；轻工制鞋板块实现总产值3.07亿元，同比增长27.66%；其他行业实现总产值4.17亿元，同比下降1%。

【建材工业】 2020年，全县有规模以上建材企业4家，包括茂田能源公司、宝霸石材公司、奥克建材公司、双华玻璃公司。茂田能源开发有限公司主营水泥生产，拥有新型干法水泥生产线2条，设计年产能200万吨。宝霸石材、奥克混凝土主营商品混凝土生产，设计年产能100万立方米。2020年，累计完成工业产值9.13亿元，同比增长6.82%。

【矿产业】 2020年，全县规模以上矿产企业4家，包括山润矿业公司、民发矿业公司、蓝宝矿业公司、常福矿业公司。山润矿业主营萤石、重晶石生产加工，设计年生产能力达100万吨。2020年实现规模以上工业产值0.43亿元，同比下降57.64%。

【企业管理】 2020年，县经济信息委高度重视企业服务工作，先后建立了规模以上企业、重点成长型企业、重点监管行业企业、重点在建企业“一对一”服务联系机制，定期开展企业走访和惠企政策宣传贯彻，及时收集协调解决阻碍企业稳产运行的突出问题，切实为企业发展出谋划策、保驾护航。精准实施驻厂指导统筹推进疫情防控和企业复工复产，3月初重点工业企业和重点工业项目全部实现复工复产。疫情期间，开具物流运输通行证141份，协调解决重点企业及其上下游产业链关联企业原材料、用工、资金、物流、营销等问题23个，帮助2家企业进入市级防控物资保障重点单位名库，获取贷款1000万元。筹集一次性医学口罩38.3万个、红外线测温枪50只、50升装75度酒精消毒液100桶。承办了全国中药材产业扶贫工作推进会，开展惠企政策培训4次，培训人数315人；培育市级“专精特新”企业1家，帮助25家中小企业获得贷款7591.8万元，帮助32家企业获取市县财政奖励资金315.8万元，同比增长5.2%，牵头偿还民营企业中小企业账款3185.02万元，偿还比例100%，协调解决企业建设运行问题18个。

【科技发展】　2020年，全县投入科技发展的财政资金500万元，累计突破5000万元。全社会研发投入完成6548万元，同比增长5.69%。获科技部“科技助力经济2020”重点专项立项2个，争取市级以上资金200余万元；组织实施县级科技专项12个，引进推广新品种新技术12项；新培育创新创业众创空间3家，新增科技型企业15家（累计培育99家），新增高新技术企业1家；引荐选派国家级三区人才和市级科技特派员53名，开展线上线下培训近300场次。

【民生建设】　实施大数据智能化升级改造项目4个，智慧园区初步建成投运，光纤网络实现村村通，新建5G基站607个，“互联网+政务”“互联网+教育”“互联网+医疗”等大数据智能化公共服务全面普及。靛水110千伏、鞍子35千伏变电站建成投运，264户贫困户的用电需求全面解决，全县296个行政村基本实现了村村通动力电和户户通照明电。全县10个乡镇（街道）场镇通气，乡镇气化率已近30%，覆盖全县75%的人口。

2020年8月25日，县政府与中国电信重庆公司签署“5G智慧彭水”建设战略合作框架协议

（县经信委　供图）

电力供应

【概况】　国网重庆市电力公司彭水供电分公司（以下简称公司）前身为彭水县电力公司，于2003年12月通过“发供分离”改制而成，2004年9月成为重庆市电力公司控股公司，政府占有12.6%股权，2011年12月完成政府股权无偿划转成为国网重庆市电力公司全资子公司，注册资本金1.6亿元。2016年9月，完成“子改分”工作，成为国网重庆市电力公司分公司。2019年3月，更名为国网重庆市电力公司彭水供电分公司。公司肩负着县境内39个乡镇、街道的供电任务，供电面积3903平方千米，供电客户22万户。公司设置8个职能部门、4个业务机构、29个班组、2家省管产业单位，从业人员559人。职能部门分别是办公室（党委办公室）、发展建设部（项目管理中心）、党委组织部（人力资源部）、财务资产部、安全监察质量部（保卫部）、纪委办公室（合规审计部）、党委党建部（党委宣传部）、电力调度控制中心（互联网办公室），实施机构分别是运维检修部（检修分公司）、营销部（客户服务中心）、

物资部（物资供应中心）。2家省管产业单位（重庆市中安电力开发有限责任公司、重庆润德供电服务有限公司彭水分公司）。2020年，完成固定资产投资1.22亿元，同比增长1.2%。完成售电量8.11亿千瓦时，同比增长5.06%。综合线损率8.48%，同比升高1.22个百分点，营业总收入4.08亿元，同比增长1.49%。综合供电可靠率99.81%，综合供电电压合格率99.91%。

【电网建设与发展】 主网情况：县境内有500千伏变电站1座、220千伏变电站1座，代管220千伏线路2条，85.39千米；110千伏变电站5座（东门、保家、新田、普子、靛水，主变10台，容量46.3万千伏安），110千伏线路18条，364.46千米；35千伏变电站11座（白云、上塘、黄家、关口、连湖、桑柘、坪上、龙射、润溪、同河，主变24台，容量18.16万千伏安）；35千伏线路27条，线路长度438.87千米。配网情况：10千伏公用线路84条3593.31千米，0.4千伏及以下低压线路1.03万千米；公用配电变压器3617台，10千伏电缆49.28千米。小水电情况：全县境内现有已投运非统调小水电31座，装机容量为65.47兆瓦；其中2兆瓦以上电站有8座，装机容量为50.42兆瓦，占全县总装机容量的77.01%。自备发电厂1座，即茂田自备电厂9兆瓦。

2020年，公司配网检修现场

（彭水供电公司　供图）

2020年，电网投资1.14亿元，同比增长27.93%；带动社会投资2.3亿元。编制“十四五”电网规划，加大过境特高压的协调力度，在地方政府的支持下，优化±800千伏白鹤滩送出工程（彭水段）跨越七跃山自然保护区路径方案，完成过境8个乡镇的签字许可及许可证的办理。摩围110千伏输变电工程、鞍子35千伏输变电工程、路溪滩水电站35千伏送出工程如期竣工投运。

【经营管理】 2020年，累计成效超3200万元。挖潜增收方面，推动带电作业125次，减少停电户数3788户。稽查和反窃电增收248.32万元。盘活闲置房屋资产增加出租收入87.20万元。降本增效方面，经济调度小水电上网，节约购电成本20.75万元。自制电杆转运工具减少项目建设成本约12万元。对车辆实行集中管理，基层班组车辆就近加油、食材就近采购，升级改造废旧电脑76台，常态开展预约订餐和人走灯灭的举措，节约办公成本64.97万元。核定并下达内部定员，实施精准补员和包干绩效核算，节约人工成本217.40万元。政策争取方面，争取2018至2019年个人所得税手续费返还3.09万元。获得县政府无偿划拨用地0.57公顷，用于110千伏摩围变电站建设，节约土地成本费344万元。制定产业单位《三年行动提升方案》和《2020年经营目标及奖惩方案》，持续深化以绩效为导向的发展方式。中安公司累计签订合同211个，合同金额1.1亿余元。营业收入同比增长81.38%，利润同比增长166.65%。润德彭水分公司首次盈利，实现利润3.93万元，同比增长205%。

【安全生产】 2020年，公司开展“安全意识提升年”活动，印发《安全生产专项整治三年行动计划》，完成两个清单“一下一上”报送工作。召开安委会5次，月度例会9次，签订全员安全目标责任书348份。对公司11个部门、165个岗位的安全责任清单进行重新修订，完成彭水自治县首次大面积停电联合应急演练。安全生产持续稳定。圆满完成触电防治三年专项行动。1人署名文章在市公司《重电信息》刊载推广，1人获触电压降先进个人，实现全年安全生产目标。供电保障安全可靠。接管彭水220千伏变电站运行维护，班子成员分别带队开展隐患排查治理，治理房线隐患115处。成功应对“6·11”等暴雨洪水灾害天气，圆满完成芦塘煤矿事故抢险任务及各类重要保电。

【营销工作】 2020年，营销系统贯彻落实国网和公司工作要求，以客户为中心，不断优化营商环境，努力开拓市场，圆满完成各项目标任务。完成售电量8.11亿千瓦时，同比增长5.06%。综合线损率8.48%，上升1.22个百分点，净增容量19.08万千伏安，同比增长218.53%。全年完成电费回收100%。实现电能替代1948.6万千瓦时，节电量162.2万千瓦时。采集覆盖率100%，综合采集成功率99.56%。创建1个重庆市公司“五星级”供电所；全年未发生电网责任的客户安全事故，未发生造成重大社会影响的供电服务质量事件。

【电力扶贫】 公司42名党员干部结对110户贫困户，帮助贫困户解决子女上学就业、产业发展等121个问题。以公司+员工消费、“带货”+展销等方式完成消费扶贫23.68万元。落实乡村振兴战略行动计划，对143处农村饮水项目及时调整电价，降低农村用电成本。为城乡困难家庭1.58万户贫困户实施电量减免，减免电费341.62万元。公司获市公司2020年脱贫攻坚先进单位，获彭水自治县扶贫工作先进集体。

【科技与信息化】 2020年，公司推进能源互联网建设和科技创新，能源大数据中心建设已获县政府批复，积极推广数据增值服务产品，完成与企业签订合同金额18万元，取得10项政府机构数据服务产品应用证明。完成2篇论文的发表、2个专利的申请、3个专利的授权，科技项目验收完成率100%。

【优质服务】 2020年，公司克服持续亏损压力，电网投资1.14亿元，同比增长27.93%；带动社会投资2.3亿元。落实小微企业“三零”服务，报装接电458户。实施中压业扩配套工程立项28个，实施低压非居零星业扩配套工程133个，为客户节省办电成本1110万元。2020年治理低电压台区128台，低电压台区治理率同比上升39.1%。配网10千伏线路累计故障跳闸较2019年减少48次，同比减少17.4%。配网故障率降低10%以上，用户平均停电时间降低13%。加快电动汽车充电业务发展，新建投运4个渝湘高速公路充电站，完善包茂主干高速路段充电网络。不断拓展电能替代的深度和广度，完成电能替代1948.6万千瓦时。组建综合能源彭水分公司，充实业务人员，积极拓展综合能源业务开展，完成年度产值253.66万元，利润17.6万元。

【内部建设】 2020年，公司突出党委“把方向、管大局、保落实”的职责，组织161名党员、班组站长开展国网战略专题党课，广大干部员工使命感和危机感得到增强。党委班子带领80名党员、团员开展高跳闸线路白三线专项特巡，发现并治理隐患200余处。制订全年巡检排障计划12项，出动红岩共产党员服务队379人次，巡查线路179.5千米，故障抢修67次，清理树障5万余棵。大力推进“党建+”工程，实施“党建+精益化运维”项目，红岩服务队主动上门走访大客户45家，志愿者服务队进乡村、进社区、进学校宣传用电、办电政策和安全用电知识，发放宣传资料4万余份。党风廉政建设深入开展，细化“两个责任”清单，开展小金库专项排查，狠抓巡查“后半篇”文章，“不忘初心、牢记使命”主题教育查摆问题整改率100%，巡察发现问题整改合格率达95%以上，审计反馈问题整改完成率100%。持续整治漠视侵害群众利益问题6条，治理低电压台区50余个，推动小微企业“三零”服务落地。人才队伍建设持续加强，构建职务、职员、专家三通道发展体系，常态推进岗位聘任制，优化中层干部，盘活二线干部。强化干部梯队建设，遴选市公司“千人三库”13人，选拔提任青年干部3人，积极探索二线干部的管理模式，创新协理员分级分类管理机制，聘任一级协理员1人，促使二线干部“退位不退责”。和谐企业建设稳步推进，成功举办渝东南片区单身职工联谊活动，获得系统内外单位一致好评。开展“我心向党 再铸辉煌”职工文艺汇演，提振员工精气神。常态化关爱留守儿童、看望孤寡老人，上门排查用电安全隐患67次。公司《农网升级改造服务乡村振兴》社会责任根植项目入选市公司优秀案例。积极推进国网战略和企业文化落地实践，公司调控班成功创建市公司企业文化示范点。积极主动为职工办实事。启用公司生产综合大楼，鞍子、连湖等供电所建设前期工作推进顺利。关心关爱一线班组，完成保家、黄家、高谷等班组房屋维修。公司获2018—2019年度全国“安康杯”竞赛优胜奖，公司“档案竞赛团队”获档案竞赛优秀奖。高谷供电所、调控班获市公司工人先锋号。黄家供电所成功创建市公司五星级红旗班组，调控支部获评市公司五星级支部。营销团支部被市公司评定为四星级团支部。1人获国家电网劳动模范，1人被评为重庆市技术能手。

工业园区建设

【概况】 彭水特色工业园区于2006年经重庆市人民政府批准设立，位于重庆市两小时经济圈内，距彭水县城18千米，距渝怀铁路保家货运站1千米，距渝湘高速公路保家收费站2.5千米，渝怀铁路、渝湘高速公路、319国道横贯园区。园区规划面积6.4平方千米，首期启动4.5平方千米。截至2020年底，已建成房屋面积30万平方米，其中标准厂房23万平方米、廉租房4万平方米、科技孵化楼3万平方米，已建成道路8.9千米、市政管网21千米、自来水厂（日供水0.6万吨）、污水处理厂（日处理0.3万吨），建成南岸桂园路居民安置点和郁江南北两岸防洪堤。建成区达1.6平方千米，完成基础设施投资25亿元。园区定位为健康食品、生物医药、特色轻工和战略性新兴产业园区。

2015年以来，按照县委、县政府决策要求，工业园区强化“公司化运作”工作机制，撤销管委会下属事业单位（执法大队和企业服务中心），人员划归县国资管理中心委派管理，管委会部分职能职责交予园区实业公司履行。园区管委会核定行政编制2名，设主任1名（县领导兼任），副主任（兼职）3名，负责园区重大事项的决策、重点工作的研究部署、园区发展方向的把握。园区实业公司配备党委书记、董事长1名，总经理1名，副总经理1名，总工程师1名，财务总监1名。内设10个部室（综合部、内审部、财务部、招商部、企业服务部、产业发展部、规划建设部、土地管理部、物业管理部、安全环保部）和1个子公司（彭水县泰安实业有限责任公司），有干部职工78名。

【招商引资】 招引苗药熏香、苗乡科技互联网+、5G光电子元器件生产、布面鞋生产、火吉果二期、白鹅屠宰及深加工等实体经济项目13个，其中成功签约落地项目8个，项目总投资75300万元。继续深入对接紫薯饮料（酒品）、红薯粉丝深加工、凯蒂斯竹纤维、塑料餐具、内衣制品等项目。总部经济招商平台10家，招引总部经济企业408家，累计总部经济企业1399家。

【产业发展】 入园实体企业28家，太极泉水、宏绿食品、火吉饮料等健康食品产业壮大发展，三五三九巨盾实业等特色轻工产业落地投产。完成固定资产投资53881万元。完成工业总产值242963万元，工业增加值72889万元。新增规模企业1家。创建健康食品品牌商标10余个。

【资产运营】 园区公司实现资产总额253854万元，所有者权益93625万元，完成营业收入44768万元、年度利润5493万元，企业资产规模及营利能力实现大幅提升。实现入库税收57820万元，其中总部经济入库税收53228万元、实体经济入库税收4592万元，有力有效支持地方经济发展。完成融资67200万元，其中，申报政府专项债券资金20000万元，获农发行项目贷款39000万元，获华夏银行流动资金贷款4200万元、农行流动资金贷款4000万元。

【基础建设】 2020年，县工业园区续建项目加快建设。农产品仓储物流基地建设项目完成土石方开挖、场平回填20公顷，完成4、5号箱涵浇筑，完成P2路道路工程量40%，开展1号地块标准厂房基础开挖及北岸电力线路搬迁；巨盾制鞋生产线技改扩能项目第一条生产线全面投产，第二、三条生产线即将建成投产；火棘果深加工项目一期已投产，二期已签订投资协议，在北岸供地1公顷，正在开展厂房设计等相关工作。新建项目加速前期准备。大河坝整体城镇化项目成功申报政府专项债2亿元，通过项目匹配土地方式完成标准厂房、综合服务中心等公开挂网招标，已进场开展地勘工作，同步开展初步设计；智慧园区信息化系统建设项目已搭建5G基站平台系统，完成管理和服务平台建设，并上线运行，最终完成评价评级；树脂工艺品加工项目已完成厂房方案设计，并在南岸转让土地1.2公顷，即将实施厂房建设。

【安全环保】 2020年，县工业园区落实安全责任，健全安全工作机制；每月召开一次企业安全工作例会；全年开展安全检查200余次，发现隐患300余个，整改率达99%；组织开展消防培训6次，消防演练2次。限时完成中央、市环保督查反馈问题的整改；完成环境应急预案、风险评估编制备案；园区污水处理厂全年处理污水4.1万余吨，实现污水达标排放；开展“乌江清洁大行动”，切实解决园区环境卫生突出问题，营造干净清洁的营商环境。全年开展生态专项检查30余次，发现问题40余个，整改率达到100%。

【企业服务】 2020年，县工业园区实行“一对一”服务企业机制，坚持企业需求导向和问题导向，深化一站式、保姆式服务机制，实行“一对一”服务企业专班任务清单化、工作时序化。主动帮助协调企业享受优惠扶持政策。帮助企业以商招商，寻找合作商机，盘活停产企业。协调解决企业证照办理、融资服务、招工、原材料组织、子女入学等困难和问题。

【内部建设】 2020年，县工业园区不断优化完善园区运行机制和体制，保障园区高效运行；严格执行《政府工作规则》，健全公司法人治理结构，坚持“三重一大”集体决策；积极践行“两学一做”学习教育活动，持续巩固“不忘初心、牢记使命”主题教育成果，认真学习宣传贯彻落实习近平新时代中国特色社会主义思想和中共十九大及十九届五中全会精神，落实全面从严治党，开展党风廉政建设，加强对员工的教育和管理。按照“上为县委县政府分忧，下为群众企业解难”的原则，投入大量人力、物力，将征地拆迁、工程欠款、企业建设、劳资纠纷等诸多遗留问题、矛盾纠纷逐渐处理和化解，维护园区正常的生产生活秩序。

【精准扶贫】 坚持以脱贫攻坚为统揽，充分发挥园区优势，切实强化责任担当，扎实实施产业扶贫送订单、就业扶贫送岗位、社会扶贫结对帮扶

“双送一帮”助力脱贫攻坚行动。在县城及各乡镇举办现场招聘会8次，送就业岗位2500个，现场招聘成功150人，意向招聘1200余人；企业与村社结成帮扶对子4个。积极开展结对帮扶，选派61名干部职工深入保家镇、普子镇、汉葭街道等3个镇（街道）、7个村（社区），一对一帮扶建卡贫困户149户。加大资金支持，投入资金90余万元支持保家镇及相关乡镇决战决胜脱贫攻坚。全体职工积极参与消费扶贫，通过网购和实体购买，实现消费金额66916元，消费品目涉及养殖畜禽类、种植农作物类、种养殖加工类等，帮扶近70户贫困户，有效推进了消费扶贫工作的开展。

【疫情防控】 2020年，县工业园区重宣传，通过网络、微信群、QQ群等载体提高宣传效率；通过一对一联系企业确保宣传效果；通过标语、平面媒体、广播等加大宣传频率。祛隐患，组织疾控中心专家开展培训，做到主动防控；采取有力措施，做到科学防控；加强后勤保障，口罩、测温仪、消毒物资保障到位，做到精准防控。强监管，落实落细园区责任，主动作为指导和帮助入园企业做好疫情防控各项措施，组织企业分类分批分人群有序复产复工。献爱心，组织发动企业捐款捐物，携手助力疫情防控。太极泉水、宏绿食品、费尔曼电器、火吉果饮料、凯蒂斯实业公司、铬帅服饰等10余家企业捐款捐物折合90余万元。

入园企业租用的标准厂房

（县工业园区管委会　供图）

商贸旅游业

综　述

【概况】　2020年是“十三五”规划收官之年，是全面建成小康社会决胜之年。受全球“新冠肺炎”疫情影响，发展外部环境发生深刻变化，经济下行压力和风险挑战有所加大。彭水自治县也迎来了重要战略机遇发展期，高质量发展体制机制正在形成，经济结构优化升级、科技创新能力提升、深化改革开放、加快绿色发展、推进治理体系革新带来新机遇。

2020年，在县委、县政府的领导下，在市商务委的指导下，扎实开展商务工作，采取有效措施促销增收，全面推进商贸流通工作持续发展，商贸工作运行良好。全年实现社会消费品零售总额110.6亿元，同比增长2.4%，增速位列渝东南第1名，渝东南、渝东北17区县第3名。批发零售业商品销售总额157.4亿元，同比增长0.9%，其中批发业位列渝东南第5位，渝东南、渝东北17区县第16名。零售业位列渝东南第1位，渝东南、渝东北17区县第9名。住宿餐饮营业额19.7亿元，同比增长-1.5%，其中住宿业位列渝东南第2位，渝东南、渝东北17区县第12名，餐饮业位列渝东南第1位，渝东南、渝东北17区县第9名。新增限额企业5家，共达到151家，新增外贸备案企业5家，外贸进出口额实现1337万元，实现电子商务交易额45亿元，新招引3家商场落户彭水（包括：丰绿市场建玛特购大型建材家居市场、佳惠华盛堂购物中心、佳惠超市两江广场店），新培育星级农家乐5家，完成消费扶贫目标任务12095.78万元。

【消费扶贫】　创新方式、推进东西部扶贫协作消费扶贫工作取得实效。2020年，全县完成扶贫产品认定288款（国扶网公示259款），认定扶贫产品总量5.4亿元。消费扶贫销售扶贫产品12095.78万元，带动受益贫困户489户1872人，扶贫产品销往东部地区（山东）2686.08万元，同比增长24%，开展东西部扶贫协作消费扶贫带动贫困户680户2976人。

【电子商务】　将农村电子商务与农村主导产业相融合，实施“千店带万户”电商扶贫行动，采取“电商+基地+农户”发展模式，发展“网货基地”，培育“网货品牌”，狠抓人才培育，建立网货中心，实现集聚效应，降低物流成本，打造农村电子商务升级版。通过“激活助农新引擎、打造网络集散地、构建增收助推器”3条措施，实现电子商务交易45亿元，同比增长32.3%；网络零售18亿元，同比增长39.5%；农产品网络销售16亿元，同比增长35.6%；快递包裹进出比2∶1；新增电商就业1168人，带动3万余户农户实现增收1.5亿元。涌现出了“沐晖农园”等为代表的200余名农村电子商务扶贫带头人，实现农特产品额销售1.2亿元。

【商业促销】　2020年，通过渝交会、农商互联大会、餐饮产业大会、扶贫爱心购、东西协作、两江新区扶贫帮扶等活动，线上线下结合，在重庆主城江北观音桥、渝中区解放碑和两江新区各街道开展农特产品电子商务营销，与主城九区企事业单位、机关食堂、社会团体等对接，开展彭水自治县农特产品推介，累计组织160家经营主体开展营销推介活动33场，线上线下累计销售农特产品1.2亿元。通过开展营销推介活动，莯辉高山生态农业发展有限公司、苗乡人家网络科技有限公司、苗妹香香优质农产品专业合作社等38家企业，累计与主城九区128个单位签订购销合同，形成长期、稳定的消费合作关系。举办各类展会活动，推介彭水旅游和农特产品，拉动彭水消费10余亿元；评定星级农家乐5家，全县达136家。

【疫情防控】 2020年，县商务委严格落实防控措施，坚决防止疫情反弹。压实疫情防控常态化管理责任，加大对商场、超市、农贸市场、餐饮行业、宾馆酒店、洗浴中心等人员密集场所疫情常态化防控管理，落实工作措施；切实加强重点场所的消杀工作和风险排查，特别是农产品批发市场、海鲜专业市场、生鲜超市、农贸市场和菜市场、社区菜店等经营场所进行监管，严控人员和车辆流动，严格落实登记、测温、通风、消毒等防控措施，确保食品产品安全。推进加油站、点建设，全县累计建设加油站、点36家。加大对成品油的储备力度和对市场的监测力度，成品油储备能力达3500吨，应急物资储备达20种，增强了保供服务能力。

【对外贸易】 2020年，积极发展开放型经济，新增外贸进出口备案企业5家，重点培育胶鞋、紫苏油、服装、苕粉、太极水、火吉果等企业开拓国际市场，强力推进外贸出口创汇，全年实现外贸进出口额1337万元，招引3家外资企业入驻彭水，完成服务贸易（外包）执行额150万美元。

延伸阅读：

“十三五”期间主要指标完成情况：

“十三五”期间，全县限额以上商贸企业共151家，较“十二五”末增加50家，社会消费品零售总额110.6亿元，年均增长11.9%。建设2条美食街、培育1条特色型夜市街；培育农家乐近300家，评定星级农家乐42家，建特色商店20家；招引入驻大型商场10余家；建设农贸市场43个，实现乡镇全覆盖；建设城区菜市场8个；培育物流快递企业53家，发展壮大1家物流企业；建设乡镇商贸中心5个，万村千乡店196个，建成“重庆市商贸百强镇”1个。

“十三五”期间，全县城乡商业网点2万多个，商业面积超过30万平方米。老城商业集聚了购物中心、百货商场、超市、专卖店、连锁店、酒店、餐饮等零售商业，基本形成集休闲、文化、娱乐于一体的商贸氛围。新城商圈基本成型，全民健身中心、生态停车场、展览馆对外开放，鑫沃、交建、天怡等房建面积达135万平方米，累计入驻机关事业单位20多个，集聚3万余人，世贸两江城、红星美凯龙商业综合体加快推进。九黎城建设配套不断完善，九黎大酒店建成投用，被国台办确定为“海峡两岸交流基地”。乡镇商业业态大幅提升，实现全县乡镇（街道）农贸市场全覆盖、日用品连锁超市、星级以上农家乐餐馆，每个村都有便民店。社区便民商业发展较快，社区修理、干洗、餐饮、便利店、农贸市场等便民网点不断增加，建成河堡、鼓楼、沙沱、渔塘、滨江等5个社区便民商圈，满足县城内人口及周边区县购物休闲、餐饮娱乐等需要。

“十三五”期间，农村电商持续快速发展。累计开展电商人才培训28000人次，全县共有电子商务经营主体2000多家，快递包裹进出比实现2：1。建立“社区抗疫服务自提点”150余个，实现“无接触配送”3万余次。出台并深入推进落实《彭水自治县深化实施电子商务扶贫行动方案》，全面完成电商体系建设，建成电子商务服务站点324个，建成贫困村电商服务站点70个，基本实现农村电商服务站点全覆盖。聚集彭水农特产品400余个，网商店铺、电商企业100余家，重要景区及乡村旅游景点60余处，农家乐100余家，对接贫困户2000余户。重抓网货中心建设，建立产品“小云仓”，建成了糯玉米、“彭水红薯”、脆红李、“彭水土鸡”、密本南瓜等网货基地。夯实平台建设，通过“彭水赶场”“沐晖农园”、淘宝店、天猫店等平台实现农产品销售收入1.2亿元。

供销商业

【概况】 彭水苗族土家族自治县供销合作社联合社位于汉葭街道石嘴街120号（县供销大厦3楼）。核定事业编制14名（参照公务员法管理）；领导职数设主任1名，副主任3名；内设机构领导职数设办公室主任1名，科长3名；县社机关实有工作人员21人，其中参公9人、机关工勤1人、事业人员5人、总公司聘请人员6人；内设办公室、资产财会科、经济发展与信息科、合作指导科。社属企业有彭水自治县供销社总公司、祥宏烟花爆竹公司、彭峰农资公司、桐君阁大药房彭水中心店、壹玖金属回收公司。

【供销商业】 2020年，县供销合作社在县委、县政府的领导下和市供销合作总社的指导下，以推进“三社”融合发展为抓手，深入推进供销合作社综合改革，着力基层供销社与农民专业合作社在产业发展、农资配送、种养殖技术、统防统治、机耕机收、农产品收购等方面有机融合，同时主动协调在彭金融机构与基层社、农民专业合作社开展农村合作金融服务，形成“三社”有机统一，逐步建立完善“植根农业、服务三农”的现代农业服务体系，在助推脱贫攻坚和乡村振兴中发挥了重要作用。获全市供销合作社综合业绩考核贫困区县组一等奖，综合排名第一。

围绕全县产业发展布局，引领发展农民专业合作社51个，系统累计引领发展农民专业合作社1079个，实现100%贫困村和96.8%行政村有农民专业合作社带动；打造连湖镇、芦塘乡、龙射镇等6个市级示范基层供销社，郁山镇供销社被中华全国供销合作总社评为“基层社标杆社”；打造黄家镇光辉村、新田镇马峰村等6个星级综合服务社，持续推进基层社经营服务网点进村；优化农用物资货源结构，引导社属企业彭峰农资公司和乡镇（街道）供销社加强农资储备调运，农资保供实现量足、质优、价稳；规范建设现代农村流通服务网点，形成完善的县、乡镇（街道）、村（社区）三级流通网络体系，各类经营网点保持在800个以上，实现农产品经营额12.7亿元、电商经营额1.8亿元；依托基层供销社组建农业社会化服务组织5支，围绕农业产前、产中、产后各环节，提供全产业链综合服务，配送各类农资到村社近2万吨、开展农作物机耕机收服务近0.33万公顷、统防统治近1万公顷；县农民合作社服务中心签约服务359家合作经济组织，为其开展代记账、报税、工商年检等综合服务；稳步推进农村合作金融服务，积极协调在彭金融机构为99家合作社融资贷款2967万元；规范建设废弃农膜回收网站（点）38个，网络覆盖面达97.4%，选定县级回收企业1家，指导各基层社、村级综合服务社，回收废弃农膜388吨，完成市对县考核目标任务的103.4%。

【扶贫助困】 2020年，县供销社结对帮扶三义乡农合村28户建卡贫困户，选派优秀干部担任三义乡小坝村驻村工作队长和汉葭街道双坪村驻村工作队员，持续做好脱贫攻坚驻村工作。持续推进基层社经营服务网点进村，与村集体经济组织和农户共建农村综合服务社，创建黄家镇光辉村、新田镇马峰村等6个综合服务社星级社，吸纳常住农户600余户（其中贫困户200余户）加入综合服务社。依托基层供销社建立消费扶贫专区和专柜，在桑柘镇供销社、润溪乡供销社日用品超市设立县域农特产品专区2个；在善感乡供销社、龙射镇供销社、郁山镇供销社、鞍子镇供销社、朗溪乡供销社日用品超市设立县域农特产品专柜5个。积极动员、组织系统内外农副产品生产、加工、流通类企业和农民合作社入驻平台，推荐适销对路、带贫减贫效果好的农副产品上线销售，不断扩大扶贫农副产品的销售规模。截至2020年底，832个平台彭水自治县入驻供应商41个、上线销售活跃供应商20个、审核上架产品64个，累计销售232.96万元，全面完成财政预算采购任务。

保家供销社农资仓库

（县供销社　供图）

烟草专卖

【概况】　彭水自治县烟草专卖局（分公司）成立于1983年，设有14个科（室），6个烟叶工作站，有在岗职工396人。2020年共实现主营业务收入9.06亿元，实现税利1.81亿元。

【烟叶生产】　坚持以工业需求为导向，以质量品质为核心，实现管理增效、技术提质“双轮驱动”，全年按计划种植烟叶0.42万公顷，收购烟叶588.5万千克，上等烟比例60.81%，中部烟比例68.81%，每千克均价27.28元，在遭受严重灾害的情况下，各项指标均超出预期。生产基础持续夯实，通过加强技术培训、更新生产工具、启动示范引领等方式，确保育苗、移栽、烘烤等关键生产技术落地更见实效。质量管控更加精细，以“四个有利于”作为收购工作的出发点和落脚点，狠抓流程管理、纯度提升、进度平衡，国家局收购等级检查得82.3分，市局工商交接检查综合合格率达71%，等级纯度90%以上，均高于全市平均水平。减灾降损成效显著，全县共有3049公顷烟田不同程度受灾，涉及受灾烟农1701户，占全县总烟农户数的94%；灾害发生后，通过强化技术指导、引导烟农改种、协调保险理赔、争取工业救助、发动捐款捐物等，多措并举帮助烟农减灾降损，最终行业上下及保险理赔共计救助资金2059.3万元，烟农生产生活得到有效保障。

烤烟

（县烟草公司　供图）

【卷烟营销】　坚持十六字方针，紧盯市场状态，稳总量、提结构、夯基础、增效益，卷烟销售指标呈现“三增长一提升”，即总量、销售收入、单箱结构增长，地产烟份额提升，全年共计销售卷烟16082箱，同比增长1407箱，增幅9.6%；实现销售收入5.37亿元，同比增长6068万元，增幅12.7%；单箱结构33403元，同比增长933元，增幅2.87%；地产烟市场份额60.9%，提升2.3个百分点。市场状态进一步优化，客户盈利水平不断提升，经营信心明显增强，零售毛利率达到11%以上。品牌培育进一步加强，年底实际在销考核品规159个，远低于市局186个的控制目标，地产品牌销售9795箱，销售额2.3亿元，同比分别增长14.0%和20.8%。终端形象进一步提升，完成现代终端建设目标420户，超目标7户，其中城网109户、农网311户，终端示范街2条。

【专卖管理】 保持打假打私高压态势，持续净化“两烟”生产经营环境，全年共计查获案件85起，查获卷烟3362.1条，查获烟叶21.67吨，总案值84.5万元，超额完成案值案件任务。打假破网成果显著，依靠“政府领导、部门联合、多方参与、密切协作”的打假打私打非体系，成功破获“10·15”非法经营烟叶案，涉案人员已有18人获刑，金额高达1250余万元，是重庆近年最大的涉烟叶网络案件。市场监管富有成效，坚持APCD工作法，运用日常执法、机动稽查、路检路查、专项整治等方式，扫除监管盲区。行政许可改革扎实推进，结合彭水市场实际，重新修订《彭水县烟草制品零售点合理布局规定》，施行后社会反响良好。内部监管不断深化，推进“两烟”生产经营闭环监管，全年开展烟叶生产收购专项检查4次，涉及全县6个站24个收购点；卷烟内管系统异常预警164条，有效预警处理率达到100%；未发生一起“双五万”以上案件。

【脱贫攻坚】 积极承担国有企业脱贫攻坚社会责任，贯彻落实县委、县政府和重庆市烟草专卖局

2020年9月28日，彭水分公司召开专题会，统一上部烟收购标准

（县烟草公司 供图）

（公司）关于脱贫攻坚有关决策部署，坚持落实“四不摘”要求，充分发挥烟草产业优势，全面参与脱贫攻坚战，加快推进三义烟叶收购点建设，积极协助市局（公司）帮扶红岩洞村和大堡村，对口帮扶万足镇廖家村，全年带动全县408户贫困烟农实现收入3390.8万元，户均收入8.31万元。2020年10月，县烟草专卖局被重庆市扶贫开发领导小组授予“2020年度重庆市脱贫攻坚工作先进集体”称号。

【内部建设】 坚持以习近平新时代中国特色社会主义思想为指导，扎实推进党建工作，着力把党建政治优势转化为企业高质量发展优势。先后召开专题会研究党建工作8次，班子成员带头上党课14次，支部书记讲党课18次，扎实推进政绩观专题教育、政治生态突出问题全面整改和对照中央巡视反馈意见检查整改。坚持抓在日常、严在经常，建立“第一议题”和读书班制度，坚持中心组学习制度，深化学习方式和内容，全年共组织开展中心组（扩大）学习会7次、支部集中学习及主题党日活动108次。扎实推进支部标准化规范化建设，组织开展“抗击疫情·奉献爱心”“心系绿叶·情予烟农”募捐、“颂党恩、跟党走”朗诵、“党员冲在一线，党旗插在田间”等主题鲜明、形式多样的党日活动，支部战斗堡垒作用和党员先锋模范作用充分发挥。按期完成党费收缴、使用，有序开展党员档案清理，新培养入党积极分子2人、发展预备党员1人、按期转正3人，党员日常教育管理扎实有效。

石　油

【概况】 2020年，面对突如其来的新冠疫情和形势多变的市场环境，中国石油天然气股份有限公司重庆彭水销售分公司高举习近平新时代中国特色社会主义思想伟大旗帜，深入贯彻党中央决策部署，坚决落实公司各项工作要求，迎难而上、

顶压前行，取得疫情防控阻击战和提质增效攻坚战“双胜利”，主要业绩指标全面完成，实现“十三五”圆满收官。全年销售成品油6.5万吨，纯枪销量5.8万吨；非油店销收入1153万元，非油毛利186万元；利润总额1610万元；获黔江分公司2020年度先进单位。

【精准营销】 克服疫情、低油价双重影响，抢抓“春运、春耕、复工复产”时机，年初成立联合攻关小组，按照“网格化、责任制、全覆盖”客户开发维护体系，成立8个市场调研小组，共计行驶1万多千米，走访170多个行政村，深入开展市场调查、客户普查工作，牢牢抓住扶贫公路建设用油2300吨的契机；大力推进化肥等新业务培育工作，累计拜访40余户化肥代销点，洽谈20余户种植大户，全年实现销量611吨。联合发力，零售直销深度融合。零售当先，直销补充，联合开发维护客户。直销经理做好油品直销业务同步推进非油销售，拿下化肥种植大户3户，润滑油大户2户，贡献非油销售收入近50万元。建设“不夜站”，点亮“夜间经济”。落实点对点竞争的加油站，取消叫醒式服务，实行二十四小时服务，狠抓“夜间经济”，客户进站2分钟之内响应，做到服务“黑天和白天一个样”，通过服务提量，夜间油品、非油销量同比提升40%。全员行动，拓展销售渠道。精心打造“三公里商圈”。利用“6·30”、“9·30”等活动契机，各加油站对三千米范围内的小区、居民楼、企事业单位进行摸排，了解客户需求，发动员工在小区群、朋友圈发布爆款商品信息，线上预定，下班后送货上门。在繁华闹市区设点摆摊12场次，同步开展网络直播3场次，其中仅“6·30”活动就实现销售8万元。巧打合作牌，在电力公司办公楼设置自助贩卖机，年增加非油销售10万元；借助与定点扶贫村的关系，与太原镇麒麟社区开展合作，建立化肥惠民专营店，既帮助村级集体增收，解决村民购买化肥难的问题，也填补了在太原镇化肥销售空白区。与县商务委合作开设爱心助农土特产代销专柜，为与农场电商合作，形成蔬菜水果销售点奠定了基础。积极协调外河坝汽服业务开业，5个月实现汽服销售17万余元。

【降本增效】 强化合规手续办理。全面排查合规手续办理及到期情况，提前与中介机构协调，按时完成春、秋两季三防检测、油气回收检测、职业健康现场监测、排污许可证、七站现场安全评价及危化证延期、安全生产应急预案备案、安全管理人员资格证及环境应急预案备案，确保油站合规平稳运营。损耗治理成效明显，全年损耗同比下降7.11吨，损耗率同比下降0.24‰，填单率及索赔成功率提升明显。强化基础管理，每月部门牵头，抽调加油站人员参与对所属12个加油站进行联合监督检查，落实夜间巡查9站次，基础管理得以提升，合规意识明显增强。严控五项费用，全力压减降成本。把握政策红利，积极协调地方关系，争取各项政策减免。实现消防土地使用税半年减免19708元；电费减免共计14708.61元。按照“一切费用皆可降”的原则，强化费用管控。加油站安装智能控制开关，合理设置站内开关灯时间，有效降低电费成本。清平站与桑柘站积极协调供水费用，两站每个月减少400元费用；对办公电话进行清理整合，根据实际需求降低电话套餐档次，停用5个不常用号码，年降低费用3000多元。精减食堂工作人员1名，取消办公楼绿化，每年节约费用25000元；强化自有维修，向管理要效益。加油站设施设备实行集中维修、废旧利用，集中维修加油枪14把，相比于新购入节约了近2万元费用。

【网点建设】 以效益效率为投资工作的目标和出发点，紧盯开发重点方向，创新方式，按照年初制定的目标，转观念、强沟通，牢固树立“自主开发为主，合资合作为辅”的网络开发指导原则，积极推进网络开发建设工作。紧盯“十四五”规划站点布局，取得渝湘高铁上塘口濯溪沟站进出口及阿依河进出口加油站点指标意向性批复。完成靛水新城、新田彭酉高速互通加油站的延期工作。强沟通、勤汇报，主动协调各职能部门协助解决问题。靛水新城的选址工作得到了县级各级部门的支持，各职能部门仔细分析给予指导性意见。有序推进加油站整改，协调施工队伍，沟通协调办公室的整改，消除线路隐患，改进办化环境，增强员工工作热情。修建下塘加油站截水沟，完善引水功能，杜绝公路污水排进加油站，为加油站正常运营提供保障；完成关口加油站加油机的更换工作，提升客户体验，确保设备正常运行。

【队伍建设】 大力实施人才强企战略，不断落实上级公司人事、劳动、分配三项制度改革部署，宣传贯彻“基本薪酬按出勤、变动薪酬凭考核”“工资是挣的，而不是发的”等理念。细化考核细则，覆盖机关部门每一个岗位、加油站，严格考核，激发调动大家干事创业的积极性。开展轮岗交流学习，经营部机关人员到加油站轮岗交流一名，到分公司轮岗交流两名，站内实现轮岗2人，调整岗位1人，实现一人多岗，能上能下，协同补位；实现培训学习常态化，采取内、外部培训相结合，轮流日常交叉检查的方式进行岗位实践培训，全年外培13人次，岗位实践12人次，成功举办“解放思想、转变观念”为主题的业务素质提升培训班，每周一“学而时习之，不亦说乎”夜校班学习成为常态，为培养一批素质优良、技术精湛的高技能的人才奠定基础。

【党建工作】 坚持“党的一切工作到支部”鲜明导向，做实党支部达标晋级管理工作。各支部组织学习30次，先后开展“心系油站”“忆苦思甜，不忘初心”“七一党日”“忆峥嵘岁月 回顾军旅生活”、助力脱贫攻坚“百日大会战”等主题党日活动12次，党员挂点油站覆盖率实现100%，全年新发展党员1名。针对生产经营工作中的“急难险重”任务，组织党员开展形式多样的主题实践活动。各支部先后开展“战严冬、转观念、勇担当、上台阶”主题教育，“服务练兵，喜迎双节”岗位实践活动，加油站联合党支部到太原镇麒麟社区、郁山站帮扶打造化肥专营店。群团工作凝聚力量，全年帮困救助、日常慰问，与“双节”慰问、金秋助学等活动有机结合，帮扶困难员工7人次，发放慰问金26000余元。全年开展以“雷锋精神在青年突击队中闪光”为题的3·5雷锋日活动、“以质量取胜，为美好加油”3·15宣传活动，“凝心聚力、争创佳绩”郊游活动等群团活动。思想宣传守正创新，积极开展“战疫情、强服务、提纯枪”争先创优专项活动，营造比学赶超的良好氛围，全年共计6座加油站，5名加油站经理，18名营业员获得表彰。重庆公司网站刊发经营部宣传报道91篇，其中8篇上了销售公司网站，3篇上了《彭水日报》，1篇上了《油商周刊》，在系统内外唱响彭水声音。党风廉政建设取得实效，风清气正的政治生态逐渐形成。抓好重庆公司党委巡察、分公司党委联合稽查问题销项整改工作，大力整治加油站“微腐败”行为，全年联合监督检查8次，开展提醒谈话19次，通报批评3人次。坚决落实党中央脱贫攻坚决策部署，持续开展精准扶贫，协调上级公司筹集资金7万元，支持对口贫困村基础设施建设，捐建的宝石花桥全面竣工。

招商引资

【概况】 2020年，共接待来彭客商187批次1178人次，举办招商项目座谈会对接会200余次，举行招商项目集中签约2次。全年共签约招商项目36个，合同总额57亿元。其中正式合同项目23个，计划总投资26.8亿元。招商落地企业入库税收5.76亿元。

【市对县考核】 2020年，招商服务中心牵头负责市对县招商投资促进成效考核工作，年初市上下达的任务包括正式合同额（20亿元）、到位资金（6亿元）、年度目标完成3项。全年共签约市招商局入统正式合同项目18个，合同总额24.2亿元，完成年度目标任务20亿元的121%。2020年正式合同额、到位资金两项指标均超额完成。

旅　　游

【概况】　彭水旅游资源丰富，种类繁多，个性鲜明，涵盖8大主类，23个亚类，48个基本类别，798个单体。民族、生态、文化是彭水独特的优势。民族优势方面，有苗族、土家族等33个少数民族，其中苗族人口有36万人，占全县总人口的51.4%，是重庆唯一以苗族为主和全国苗族人口聚居最多的少数民族自治县，是重庆的苗乡、中国的苗乡、世界的苗乡。生态优势方面，有摩围山、七跃山等生态屏障和乌江、郁江等生态水系，森林覆盖率达60%以上，山水自然交融、相映相彰，形成了一幅绚丽多彩的美丽山水画卷。文化优势方面，自汉初置县2000余年，历为道、州、县三级治所地，拥有历史悠久、内涵丰富的苗族文化、盐丹文化、黔中文化和红色文化。

2020年，县文旅委在县委、县政府的正确领导下，立足“品牌引领，活动助推，全域建设，彭水特色”工作思路，依托“民族、生态、文化”三大特色，以脱贫攻坚为统揽，统筹推进疫情防控和经济社会发展，推动文旅、体旅、农旅、商旅、城旅创新融合发展，对标建设文旅融合发展新标杆、绿色创新发展新高地、人与自然和谐宜居新典范要求，全力打造彭水旅游业发展升级版，旅游经济保持良好发展势头。2020年，接待游客2815.9万人次，同比恢复93%，实现旅游收入143.6亿元，同比恢复95%。

【旅游产品】　彭水旅游资源丰富，主要表现为：浓郁的苗乡风情，有以苗族先祖蚩尤部落文化为载体的蚩尤九黎城和苗族《娇阿依》为代表的原生态民族歌舞；优美的自然山水，是重庆市“水利能源基地县”和“森林资源大县”，最具代表的有阿依河、乌江画廊、摩围山等生态旅游产品；悠久的历史文化，郁山古镇是盐丹文化的诞生地和黔中文化的发源地。此外，还有独特的羁縻文化、神秘的宗教文化、惊心的流放文化。

阿依河：原名长溪河，因国家级非物质文化遗产《娇阿依》而得名，是重庆著名“爱情治愈圣地”“清凉胜地”。2020年1月7日，被评为国家级AAAAA景区，有“巴渝新十二景”“全国民族文化旅游新兴十大品牌”“游客最喜爱的旅游景区”“全国最佳自驾游线路”之称。景区分为3个观光游览区（峡谷观光区、步游观光区、竹筏观光区）、2个休闲度假区（接待中心民族风情休闲度假区、牛角寨民族风情休闲度假区）、2个体验区（漂流体验区、户外体验区）、1个激情漂流区、1个特色商品服务区。对外开放的游览项目有8大项目：峡谷听音、竹筏放歌、碧潭戏水和浪遏飞舟、情定苗寨、天梯、青龙洞和青龙谷等。尽显千年不变的美丽，堪称重庆一绝。

蚩尤九黎城：蚩尤九黎城位于彭水自治县亭子坝，东经摩围山隧道与彭水老城区相连，南接彭水新城，北至乌江并与湘渝高速下线互通，是国家AAAA级旅游景区，是重庆市首个以苗文化为主的旅游景区，由40余处单体景观建筑构成，是集历史、文化与休闲为一体的核心景区，是渝

阿依河竹筏放歌

（县文旅委　供图）

东南地区旅游廊道上的一颗璀璨的明珠，世界最大苗城之一。主要景观有九道门、九黎宫、蚩尤大殿、盘瓠大殿、蚩尤神府、百戏楼、妈妈阁、百苗长廊、演武场、七十二行街、九黎神柱、蚩尤循道、辛女洞，还有沿着山脊展布的北斗七星亭、接龙桥、接缘桥等，再现九黎部落、蚩尤王城的繁华胜景。其中九道门、九黎宫、九黎神柱创造3项世界吉尼斯纪录。

摩围山：摩围山位于彭水南部，地处茂云山国家森林公园核心区，是国家AAAA级景区，森林覆盖率91%，平均海拔为1400米，年平均气温14.9度，已开发飞云口、情人谷、双林景观、豹头崖、云顶寺、少数民族传统体育训练中心等产品，获“中国森林氧吧”“全国十佳文化生态景区”“全国生态文明景区”“环渝地区最受网友欢迎自驾游目的地”称号。春天山花绽放，香气四溢；盛夏阳光和煦，碧空如洗；深秋薄雾浓云，变幻莫测；隆冬玉树银花，流光溢彩。这里轮番上演金银花海、林涛送爽、彩林果香、茫茫雪原，是夏季避暑、冬季赏雪的好去处，有“休闲度假胜地”之称。

乌江画廊：乌江源于贵州，全长1050千米，在涪陵区汇入长江。乌江画廊，高峡平湖，奇雄险秀，是诗画长廊、历史长卷、风情走廊，随船而行，一步一景，美不胜收。彭水境内流长64千米，集长江“瞿塘之雄、巫峡之秀、西陵之险”于一体，犀牛、马峰、庞公3峡雄奇峻美，万足、鹿角柔美妩媚，有“平湖奇观、天下一钓”之誉，为观光体验、休闲度假之胜地，清代诗人翁若梅曾叹：“蜀中山水奇，应推此第一！”

摩围晨曦

（张龙河　摄）

乌江风韵

（王维刚　摄）

【旅游景区建设和管理】　彭水进入“2020年全国旅游综合实力百强县”榜单，阿依河景区成功创建国家AAAAA级旅游景区，并进入中国AAAAA级旅游景区排行榜前100名，鞍子镇罗家坨苗寨景区、太原镇泉水渔都景区、善感乡周家寨旅游区成功创建国家AAA级旅游景区，摩围山成功创建市级旅游度假区。苗绣《石磨岩》获得2020“重庆好礼”文创产品大赛铜奖，“手工蜡染席”入选2020“重庆好礼”外事礼品名单。

【旅游市场开发】　“晒旅游精品·晒文创产品”大型文旅推介活动荣获最佳营销奖，“带货直播”“云上文旅馆”备受关注，派出“巡游推介团”到四川多地开展“成渝地·巴蜀情”2020重庆文旅“大篷车”营销推广，为游客带去特色民俗表演、旅游商品展示、旅游推介和优惠政策，争取中央外办支持，在北京地铁站、上海虹桥高铁站等户外广告平台推出文化旅游产品，受邀参加第三届海南岛国际电影节，开展文化旅游专题推介。

2020 年，县长石强（左二）线上直播带货
（县文旅委　供图）

蚩尤九黎城开发建设

【概况】 彭水苗族土家族自治县蚩尤九黎城管委会位于靛水街道张家坝社区 1 组九黎城 10 号楼 1 楼，成立于2019 年 11 月，根据县委、县政府关于印发《彭水苗族土家族自治县蚩尤九黎城管理委员会职能配置、内设机构和人员编制规定》的通知，确定为县政府派出机构，负责牵头编制蚩尤九黎城控制性详细规划、城市设计及各类专业专项规划，负责蚩尤九黎城规划范围内开发建设项目的综合监管和协调服务、负责蚩尤九黎城开发建设招商引资和土地推介等工作。内设办公室、规划资源科、建设管理科、招商发展科，核定行政编制 9 名，领导职数 1 正 2 副。下设县蚩尤九黎城开发建设服务中心，根据县委机构编制委员会《关于设立县蚩尤九黎城开发建设服务中心的批复》，确定为九黎城管委会管理的副科级公益一类事业单位，负责为蚩尤九黎城开发建设提供技术保障等相关服务，核定事业编制 10 名，领导职数 1 正 2 副。

2020 年以来，在县委、县政府的领导下，管委会以习近平新时代中国特色社会主义思想为指导，不断巩固深化“不忘初心、牢记使命”主题教育成果，围绕“打造世界知名的民族生态文化旅游目的地”目标，不断增强紧迫感、责任感、使命感，团结干部职工努力抓新机、开新局、出新绩，推动各项工作迈上了新的台阶。

【规划编制】 紧紧围绕成渝地区双城经济圈建设和“一区两群”协调发展战略部署，抢抓高铁时代战略机遇，深度谋划九黎城定位与发展，在全面踏勘、收集资料、汇总意见的基础上，牵头制定《彭水苗族土家族自治县蚩尤九黎城详细规划》《彭水苗族土家族自治县蚩尤九黎城城市设计》，对建设范围、规划人口、功能分区等作出全方位的详细布设，于 2020 年 12 月经县规委会第三次会议审议通过。

【建设管理】 围绕土地征收、房屋拆迁、土地流转等多年积累下来的难点堵点，召集规资、住建、九黎集团等相关部门召开联席会议 40 余次，强化对重大问题的分析研判，发挥集中力量攻坚克难的优势，全部摸清问题症结、明确破题路径、也攻克了一些发展制约。五州矿业征收难症结已摸准，骊达驾校搬迁障碍基本扫清，电信机房搬迁加快推进，码头建设问题破解有序展开，棚户区项目完成土地征收，文化街项目主体工程完成 80%。

【招商引资】 把“盘活土地资源、推动项目建设”作为首要任务，全年召开专题会议及相关会议 16 次，随团开展精准考察 10 余次，借鉴成功范例并紧密结合彭水实际，主导策划《彭水自治县九黎城高铁片区新型城镇化 PPP 项目策划建议》，为推进政企优势互补、合作项目建设提供解决思路。加强政策和项目推介力度，接待具备资本实力、整合能力、创新能力的项目考察团队 60 余家(次)，达成深度合作意向 9 家。

【高铁片区】 为高质量打造高铁片区，谋深谋细“十四五”期间建设计划，加快完善基础设施、公共服务等相关功能配套，主导编制《彭水苗族土家族自治县蚩尤九黎城新型城镇化建设项目实施方案》，策划了道路、桥隧、学校等概算总投资约46亿元的30个重点项目，其中《高铁南站游客集散中心》《彭水县高铁站前大道新建项目》《高铁片区水系改道治理项目》等6个重点项目纳入2021年优先启动建设计划。

【机关党建】 2020年，管委会落实管党治党政治责任，坚持以政治建设为统领，努力打造讲政治能担当的模范机关，全年通过党工委会、主任办公会、职工会、“三会一课”等形式集中开展60余次学习活动，不断增强政治判断力、政治领悟力、政治执行力。全力应对大战大考，以迅速的行动、有效的举措圆满完成抗击新冠、脱贫验收、防洪度汛等各项任务。努力建设作风正生态纯的过硬队伍，围绕党风廉政和反腐败工作抓主体责任和班子成员的“一岗双责”召开专题会议及相关会议10余次，深入开展“以案四说”专题教育和“以案四改”专项整治，努力把抓严的“主基调”、讲廉的“主旋律”融入思想和工作全过程，为积极涵养和持续保持风清气正的政治生态提供坚强保证。

重要企业

融资担保

【概况】 重庆市彭水县兴农融资担保有限公司成立于2013年3月21日，由重庆中业投资集团有限公司和重庆兴农融资担保集团有限公司共同出资组建而成。公司注册资本金为2.5亿元，其中：重庆中业投资集团有限公司出资2.4亿元，占股96%；重庆兴农融资担保集团有限公司出资1000万元，占股4%。截至2020年底，公司有员工12人，其中班子成员2人，中层干部4人；员工平均年龄37.3岁，大学本科占比46.15%；内设综合部、业务部、风控部、资产管理部、财务部、基金管理部6个职能部门。

【发展定位】 坚持以盘活“三权”资源，服务“三农”发展为宗旨，坚持通过“三权”抵押融资，以支持农业产业化龙头企业做大做强为切入点，带动农业结构优化、产业升级、农民增收；通过支持有市场、有效益、符合国家产业政策的中小企业信贷资金需求及创新产品推广，培植一些优质中小企业客户群体，推动县域经济提档升级；通过支持农村种养殖业、运输、加工类农村经济合作组织和企业，满足农村物流企业流动资金需求，促进以农产品流通为主体的龙头企业发展；通过支持商贸、城镇居民消费贷款，拉动居民消费需求的增长；通过支持建卡贫困户发展资金需求，助推精准扶贫的顺利完成等，实现自身经济效益和社会效益的双丰收。

【公司业绩】 截至2020年12月，公司累计实现担保业务695笔，为200余家企业先后累计提供担保金额300467万元，其中涉农项目416笔，金额99646万元;“三权”抵押项目391笔，金额93751

2020年6月，县兴农融资担保有限公司与郁山镇人民政府对重庆晶丝苕粉有限公司开展保后检查

（县兴农融资担保有限公司　供图）

万元，小型企业 697 笔，金额 300264 万元；微型企业 30 笔，金额 1452 万元。累计实现营业收入 8395. 62 万元，提取担保赔偿准备金 2747. 47 万元，提取未到期责任准备金 684. 10 万元，提取一般风险准备 159. 89 万元，实现利润 2556. 12 万元，上缴税费 893. 36 万元，上缴国有资本收益 1533. 16 万元。

城乡建设

城乡规划

【概况】 2020年，全县规划至2020年城乡建设用地总规模92.96平方千米，截至2020年底，已规划实施城乡建设用地92.96平方千米，实际使用城乡建设用地约85.96平方千米，使用率92.5%，剩余存量建设用地约7平方千米。

【规划编制】 高起点启动编制县级国土空间总体规划，完成“国土空间开发保护现状评估”“三线划定与空间管制”等7个专题研究，形成县级国土空间总体规划初步成果。完成鹿角镇乌江村等47个村规划编制工作。

2020年8月20日，县国土空间总体规划编制专家组开展实地调研

（范鹏于 摄）

【规划管理】 全年召开规划委员会全体会议3次，审议通过《学坝片区控制性详细规划维护》《河堡片区节点改造》等规划设计方案29个。依法依规办理建设项目用地预审和选址43件，用地规划许可29件，工程规划许可52件，竣工规划核实13件。检察院宿舍楼等7处老旧小区完成电梯增设，南门洞、十字街等节点改造建成投用，城市展览馆正式对外开放。

【生态保护红线】 优化调整生态保护红线面积约1400平方千米，占全县总面积36%，各类矛盾和冲突得到有效解决。

【测绘地理信息】 完成全县行政区划、交通地势、水系地图以及乡镇一镇一图编制，靛水新城10平方千米1∶500地形图测绘和108个永久性测量标志巡查核查。

【传统建筑保护】 靛水李氏民居等4个传统建筑群完成挂牌和保护规划编制，启动郁山历史文化名镇保护规划修编和8处重庆市优秀历史建筑测绘建档工作。

城市管理

【概况】 2020年，县城管局围绕建设“宜居宜业宜游”公园城市目标，以“花街、花道、花园”为设计要求，统筹专项投资269万元，全方位提档升级下塘快速通道公路沿线绿化带，改建城市绿地约20000平方米；多渠道统筹资金6679万元，拆除房屋建筑约9800平方米，改造南门洞、十字街、沙陀3个重要城市节点，变城市“肠梗阻”为靓丽的街头景观；积极争取黔江区、南川区、武隆区、丰都县、垫江县等20个区县180余名城市管理执法工作人员到彭水参加全市城市管理执法片区交流会议，吸引市级会务消费资金6.3万元，带动景区旅游消费10余万元。

【体制改革】 2020年，县城管局深化城市管理市场化模式，环卫保洁、绿化管护、照明管护、水域清漂保洁、餐厨垃圾收运等实现市场化作业，路内停车管理、户外广告规范移交至城投公司经营。常态化开展城市管理“马路办公”，县委书记、县长带头，全县开展马路办公巡查2692次，解决问题7786个。落实“门前三包”责任制，签订责任书2万份，试行城市综合管理“五长制”，设立“五长”200名，进一步健全公众参与机制。推进执法体制改革，深入贯彻落实县委办、县政府办《关于印发深入推进城市执法体制改革改进城市管理工作实施方案的通知》精神，整合城市管理执法大队和县城乡规划建设执法大队等城市管理相关职能，完成城市管理综合行政执法支队设置。巩固农村生活垃圾治理全国验收成果，严格按照乡村振兴工作要求，建成覆盖全县286个行政村（农村社区）的“户集、村收、乡（镇）转运、县处理”生活垃圾收运处置体系，行政村生活垃圾有效治理比例为100%。持续推进城乡“生活垃圾分类”，加大垃圾分类宣传指导，开展垃圾分类进社区、进机关、进学校宣传活动202次，设立垃圾分类宣传标语160处，新增垃圾分类示范小区3个，完成垃圾分类系统分类驿站建设3个。全县50%的行政村和县城10个社区全面开展生活垃圾分类示范。

【城市品质提升】 按照“产城景融合发展”要求，提升老城品质，启动乌江三桥节点拓宽改造，竣工上塘乌江大桥复线桥，打通豆芽湾、南门洞、十字街节点，提升快速通道绿化景观品质，建成九曲河、水泥厂公共停车场，改造老城区供水管网1.5千米和一户一表1000个。提速新城建设，启动新城供水主管网建设，指导建成市民中心广场、花阶广场等重点绿化工程，花阶广场获“重庆市最美坡坎崖”称号。推进新城市政道路建设，新增城市路网8万平方米。提档蚩尤九黎城，完成九黎城（二期）外围人行道建设、九黎城至乌江四桥连接带景观规划，实施九黎城隧道路灯建设，打通老城与九黎城之间城市外环。

【城管执法】 全面推行城市管理执法“三项制度”，深入开展城市管理百日提升行动。开展占道经营治理。以农贸市场、学校、医院为重要节点，先后开展十字街、老车站、汉关路、画廊路、阿依路等沿线专项治理，城区进出口市容秩序明显改善。开展户外广告、店招店牌治理。拆除不符合城市风貌、存在安全隐患的户外广告、店招店牌约1000平方米，全面清理城市“牛皮癣”，进一步清除视觉污染，净化城市空间。开展违法建筑治理。按照“存量递减、新增为零”的原则，立案查处违法建筑107件，拆除违法建筑约23938平方米，实现2020年度违法建设零增长，全面完成违法建筑整治五年行动目标任务。开展扬尘污染治理。以城区进出口、砂场、工地为重点，协调公安、环保、交通开展联合执法，严查运输车辆密闭运输、冒装撒漏、带泥上路等违规行为，在同步提升建设步伐与管理水平的挑战中，保障城市干净整洁有序。开展城区交通秩序治理。联合交巡警对人行道和车行道违停车辆均采取摄像录入，杜绝管理盲区，有效缓解城市交通拥堵。开展噪声扰民治理。积极配合公安局依法制止生活噪声、商业噪音21起，静化城市环境。开展侵占毁损市政设施治理。强化市政设施日常巡查，清理乱占、乱堆、乱挂，保障市政设施安全、完好。

【园林绿化】 2020年，全县完成下塘快速通道景观提升、花街广场、市民中心广场等建设，新增城市绿地24.02公顷，截至2020年底，城区绿化面积 408.01 公顷，绿化覆盖面积 476.20 公顷。在下塘高速路出口、迎宾大道、两江广场、大转盘、山谷公园等城市重要节点累计布置摆放鲜花 60 万盆。全年加强城区园林绿化日常管护工作，包括绿地日常保洁、除草、施肥、病虫害防治、整形修剪、大树涂白等项目，其中全年修剪行道树 2000 余株，修剪灌木 12 万平方米。

【脱贫攻坚】 全年争取农村生活垃圾治理资金 539.4 万元，开发公益性岗位 373 个，从事农村环境卫生保洁、生活垃圾分类指导等村级公益事业，安置全县具有劳动能力、就业意愿的贫困人员 373 人。落实 49 名在编干部职工结对帮扶诸佛乡、龙溪镇、靛水街道贫困户 209 户。推选 17 名工作人员驻村开展脱贫工作，其中 3 名任第一书记，建成部门联村、干部联组、工作人员帮户的全覆盖帮联责任制。引导干部职工注册“重庆市消费扶贫馆”，组织全体职工 200 余人到诸佛乡开展工会活动，职工购买贫困户农产品 10 万余元；对接“两江新区”企事业单位 200 余人参与彭水自治县消费扶贫，落地消费资金 180.77 万元。以乌江及支流为重点，以“河长制”为抓手平台，清理两河四岸危岩垃圾，强化乌郁两江水域清漂常态管理，确保乌江流域江清岸洁。

【安全稳定】 2020 年，县城管局加强内部安全管理，确保人员、市政设施、行业车辆安全生产，实现 2020 年无重大安全事故发生。开展安全生产专项整治三年行动城市运行安全专项工作，领导班子带队安全生产工作检查 90 余次，发现问题 97 处，整改 97 处，2020 年目标任务完成率达 100%。完成城市桥梁安全检测及隐患整治，完善两江大桥危桥限行措施。

住房和城乡建设

【概况】 彭水苗族土家族自治县住房和城乡建设委员会（简称彭水县住房城乡建委）位于彭水靛水新城公安指挥大楼 2 号楼。机关内设办公室、行政审批科、村镇建设科、建筑业管理科、城市基础设施建设科、房屋管理科、设计与绿色建筑发展科、人防科共 8 个行政科室。下属事业单位设城乡建设执法队、民防信息指挥保障中心、城建档案管理中心、房屋管理中心、房地产交易中心 5 个事业单位。2019 年 9 月，完成城镇污水管网及污水处理厂建设、管理、运营职能职责；完成移交建设项目消防审查、审批、验收职能职责；完成房屋管理和房地产交易职能职责。截至 2020 年底，县住房城乡建委核定编制 80 名，实际在编正式职工 66 名，保留原临聘人员 19 名，公益性岗位 1 名，借调 5 名，全委职工 91 名。

2020 年，县住房城乡建委深学笃用习近平新时代中国特色社会主义思想，深入贯彻习近平总书记对重庆提出的系列重要指示要求，在县委、县政府的领导下，打好了疫情防控、复工复产、防汛抗涝、住房保障等多场硬仗，积极主动融入成渝地区双城经济圈建设和“一区两群”协调发展，各项目标任务圆满完成。

【建筑业】 坚持疫情防控和复工复产两手抓两手硬，按照“外防输入、内防反弹”防控策略，完善疫情常态化防控机制，各房地产在建项目有序开工建设，圆满完成疫情防控和复工复产任务。安全监管到边到位。对全县 41 个房屋建筑和市政基础设施建设项目做到安全生产执法检查到边到位，持续开展“建安”、高温汛期大排查大整治大执法行动、安全生产专项整治三年行动，创建 5 个扬尘示范工地。全年下发安全隐患整改通知书 60 份，排查一般安全隐患 340 余个，整改率达 100%；对安全生产履职不到位的项目经理实行扣分处理，共处理 6 个，共扣 24 分。质量监督力度加强。常态化开展节能、商品混凝土、检测、监理等专项检查，对涉及地基基础和主体结构安全、重要使用功能的原材料常态化进行随机监督抽测，成功申报1个智慧工地；全年发放巡查通知200余份，下达整改通知100余份，对质量监督履职不到位的项目经理约谈7起、记23分，责令项目作业返工2起，执法处罚项目3起。夯实建筑业市场管理。强化城市建设配套费征收、欠缴催收、追缴，全年共征收5590.3万元，完成全年计划的101.64%；征收催收15个项目易地建设人防费2117万元，占全年目标任务的211.7%。严格建筑及劳务资质审批，严格查处违法挂靠以及违规转包分包，严格农民工工资保障制度；加强房地产市场管控，强化预售资金监管，确保消费者合法利益。全年在县住房城乡建委招投标备案的建设项目共计46个，投资金额共计约283095.31万元，项目投资同比提高15.3%。国有资金报建项目实现工程建设项目入场交易率达100%，应公开招标工程公开招标率达100%。加强公共租赁住房管理。全年受理廉租房申请对象69户，符合条件纳入保障51户，其中实物配租45户，领取租赁补贴6户；全年共收取公共住房租赁租金146.53万元，发放租赁补贴76.31万元。持续抓好城镇房屋主体安全排查。全年检查公共租赁住房小区62次，排查城镇房屋2078栋、共52.57万平方米，城镇危房管理系统新增录入D级危房66栋、面积1.89万平方米。

【农村住房保障】 印发《农村住房安全保障巩固拓展工作方案》，巩固住房安全保障成果，建立农村住房安全保长效机制。消费扶贫完成600余万元，完成农村工匠培训52名，按时完成中央脱贫攻坚专项巡视“回头看”反馈问题1项、2019年国家脱贫攻坚成效考核问题3项、2019年脱贫攻坚市级实地检查反馈问题3项整改并销号，助力脱贫攻坚工作推进。全面清理动态新增农村危房，及时按政策纳入改造，下达并完成改造257户农村危房（其中建档立卡贫困户82户），农村危房实现动态清零。在脱贫摘帽普查、国家脱贫成效考核中住房保障“零问题”反馈，为全县实现高质量脱贫交上了满意的答卷。拍摄制作彭水县农村住房保障工作专题宣传片并在重庆电视台播出，全面展示彭水县农村住房保障的艰辛历程和辉煌成果。试点示范乡村振兴，探索传统村落保护与乡村振兴深度融合，完成鞍子镇干田村木欧水传统村落保护与建设，打造成为市级人民幸福生活共同缔造示范点，并成功举办全市现场推进会，受到市住房城乡建委和其他区县好评。

美丽乡村建设

（县住房城乡建委　供图）

【城市提升】 2020年，全县40个乡镇污水管网新建项目（新下达37个、续建3个）实现27个项目全面开工建设，累计完成管网建设100千米，累计完成投资8000万元。新城道路配建雨污水管网续建11项，完成建设5千米，打通38#路污水隧道；启动污水处理厂二期管网建设工作，稳步推进污水处理厂二期提效工作。建立城区管网维护长效机制，完善县城管网日常运维、应急抢修等工作流程，全年检修处理管网故障75次，对易引发污水溢流的14个问题点位聘请专业队伍进行维护；完成南门洞、县委下方、红军渡、金河湾、乌江三桥、两江桥及九曲河等8个管网入河污水排口治理，城市生活污水处理率达95.8%。完成15座乡镇污水处理厂技改，通过处理工艺、设施设备升级改造，实现稳定达标排放，乡镇污水集中处理率达85.6%。新城道路8个续建项目完成12.9千米建设，新城综合管廊6个续建项目完成建设614米，花街广场完工、市民中心广场即将快速推进。完成城区地下管网排查，累计排查地下管网256千米、QV视频检查44千米，形成排水管网数据库，为下步开展雨污分流改造奠定了基础。完成重庆市第一号、第二号总河长令“三排”问题、2019年河长制审计反馈问题和2019年、2020年水利部、市河长办暗访12项反馈问题整改以及第二轮中央生态环境保护督查反馈重庆的共性问题整改子方案编制，对标反馈的问题完成乡镇污水处理厂和彭水一中、龙射镇管网建设共4项整改工作；加大乌、郁两江沿线乡镇污水管网建设力度，全县污水收集实现提质增效，污水处理稳定达标排放，乌、郁两江水质长期稳定保持在2类。完成人才公寓筹集133套，助力人才强县；老旧小区改造项目3个有序推进；完成棚户区改造311户，超额完成年度目标任务。建成2个星级智慧小区（飞洋华府为1星级小区，鑫沃·恒阳府为2星级小区），建工·新领域建成渝东南第一个绿色生态小区。

【房地产开发】 2020年，新开工房地产项目2个，新开工商品房面积63.03万平方米，同比下降0.8%；在建项目19个，同比增长11.76%，累计在建施工面积222.64万平方米，同比增长23.66%；累计固定资产投资16.81亿元，同比增长3.61%。全年完成商品房销售3809套，面积40.43万平方米，其中住宅3476套38.60万平方米，非住宅333套1.83万平方米。成交总金额20.76亿元，成交均价5135.00元/平方米。同比销售面积增长43.47%，成交均价增长17%。

【行政服务】 建筑行业行政服务放管服改革水平进一步提高。强力推进工程建设项目审批改革，创新举措压减审批时限，社会投资类项目从立项到竣工验收全流程审批时间压减至50个工作日以内，行政许可类事项审批时限平均压缩70.22%，超额完成压缩70%的目标，大大降低企业经营成本。进一步优化营商环境，优化“一个窗口”为企业提供“一站式”服务，致力于“三减一提”，推行并联审批、联合验收、网上办理，落实“一枚印章”，进一步提高审批效率。全年共受理业务397件，其中初步设计审批39件、施工许可业务47件、预售许可业务39件、施工图审查备案业务38件、消防设计审核确认业务26件、质量竣工验收监督9件、能效测评业务17件、档案验收10件、竣工验收备案21件、建筑业企业资质业务116件、城镇污水排入排水管网许可2件。

国土资源

【概况】 截至2020年末，全县国土调查面积389537.11公顷。按照新《土地管理法》分类，分别为农用地373359.03公顷，占比95.85%；建设用地10364.7公顷，占比2.66%；未利用地5813.38公顷，占比1.49%。按照《第三次全国国土调查工作分类》，分别为耕地87641.39公顷，占比22.50%；园地3118.95公顷，占比0.80%；林地263655.19公顷，占比67.68%；草地1541.24公顷，占比0.40%；湿地422.24公顷，占比0.11%；商业服务业用地132.43公顷，占比0.03%；工矿用地810.93公顷，占比0.20%；住宅用地6932.75公顷，占比1.80%；公共管理与公共服务用地474.30公顷，占比0.12%；特殊用地109.20公顷，占比0.03%；交通运输用地5773.79公顷，占比1.48%；水域及水利设施用地

5315.20公顷，占比1.36%；其他土地13609.50公顷，占比3.49%。

2020年5月29日，召开规划自然资源工作专题调研座谈会

（赵佑东　摄）

【用地保障】　2020年，组建上报渝湘高铁、高速扩能等16个项目300公顷农转用报批，取得市政府用地批文266.67公顷。实现土地供应128公顷（划拨70.6公顷，出让57.4公顷），入库土地价款12.62亿元；其中新城供应土地52.8公顷，实现土地收入8.19亿元。完成集体土地征收204.87公顷，兑付征地费1.51亿元，安置536人，参保468人。

【耕地保护】　实施鞍子镇红星村等土地整治项目15个，新增耕地239.33公顷。落实133.33公顷高速、高铁等重点建设项目占用耕地占补平衡，完成45.8公顷重点项目建设占用基本农田补划。积极开展补充新增耕地不实清理整改和设施农业用地上图入库。

【农村乱占耕地建房问题专项整治】　多种形式集中广泛宣传农村乱占耕地建房“八不准”、防止耕地非农化“六严禁”等规定要求，及时印发农村乱占耕地建房问题专项整治工作方案和技术方案，组织专业队伍和基层力量高质量完成23167个线索图斑的内业清理和外业摸排举证，并上报市级审查和国家审核。

【生态修复】　统筹生态系统保护修复，以点带面推进历史遗留和关闭矿山地质环境治理恢复与土地复垦，全面完成49个矿山77.34公顷乌江流域10千米范围内矿山的生态修复。

【矿产资源管理】　2020年，全县建成绿色矿山7个，挂牌出让采矿权5宗，合同约定出让收益9145万元，入库价款3192万元。开展矿产资源“打非治违”，34个交通扶贫项目自采自用取料场和29家非法采石加工经营点全面取缔关闭。

【综合执法监管】　2020年，县规资局开展自然资源综合执法动态巡查500余次，制止违法行为200余次，立案查处违法案件118件。扎实推进土地矿产卫片执法检查，案件查处率100%，结案率96.3%。

【地灾防治】　全年投入地灾治理专项资金5000万元，完成鹿角场镇等6个市级地灾治理项目，以及桑柘田家湾滑坡等20个“减灾销号”项目。争取到位市级灾后重建经费4464万元，启动普子小河场等17个灾后重建项目。完成1∶5万地质灾害详细化调查及区域精细化调查工作。全年处置地灾险情85起，新增群测群防点35处，紧急撤离群众222户622人，搬迁避让40户188人，人民群众生命财产安全得到全力保障。

【不动产登记】　产权交易、登记和税款缴纳实现“一窗办理”，二手房过户、婚姻存续期内房屋产权变更、公证继承等业务实现“即办即取”。全年登记国有土地上不动产15794件，登记集体土地上不动产1657件，登记林权160件，发放不动产产权证书6209本，证明9701份。办理抵押登记4162笔，抵押金额29.01亿元。

【放管服改革】 2020年，县规资局全面实行“一窗受理、并联审批”，通过“多审合一减环节、并联审批减材料、多测合一减成本”等措施，行政许可事项法定办理时限压缩率达75%，审批服务效率明显提升。

【脱贫攻坚】 2020年，县规资局继续落实农村建设用地复垦“四优先”政策，全年竣工验收复垦项目135.93公顷，完成地票交易94.67公顷，地票收入2.8亿元，涉及建卡贫困户1137户。实施易地扶贫搬迁旧房收储160户，兑付收储资金618万元。完成2019年度增减挂钩跨省调剂复垦项目竣工验收，到位补助资金1.91亿元。处置易地扶贫搬迁旧房2090户，处置率100%；拆除建卡贫困户危房148户，封存112户，拆除率61%。办理3320户易地扶贫搬迁户新房产权证，覆盖率100%。

重庆日报 土地 28

科学整合土地资源 探索农村“三变”模式

彭水县规划和自然资源部门开展脱贫攻坚工作五年回眸

2020年12月29日，《重庆日报》刊登彭水县规划和自然资源局脱贫攻坚工作五年回眸

（县规资局 供图）

【疫情防控】 2020年，县规资局出台服务企业稳定发展十条保障措施，有序组织项目施工单位和矿山企业复工复产。派出12名党员干部全力支援参与基层防控，组织干部职工募捐抗疫资金25718元。

环境保护

【概况】 2020年，全县生态环境保护工作在县委、县政府的领导和县级各相关部门的支持下，坚持以习近平新时代中国特色社会主义思想为指导，深学笃用习近平生态文明思想，深入落实中共十九大、十九届二中、三中、四中、五中全会精神，紧扣习近平总书记对重庆提出的“两点”定位、“两地”“两高”目标和“四个扎实”要求，凝心聚力污染防治攻坚战，持续推进生态优先绿色发展行动计划，痛下决心整治突出环境问题，持续改善辖区环境质量，切实推动经济社会高质量发展。2020年，县生态环境局先后获县级无烟机关、市级节水型机关等称号，11月被中央文明委授予第六届“全国文明单位”称号，是全市生态环境系统本届唯一一个。

【机构改革】 根据县委机构编制委员会《关于彭水苗族土家族自治县生态环境保护综合行政执法支队机构编制事项的通知》，县环境行政执法支队更名为县生态环境保护综合行政执法支队，为县生态环境局管理的正科级行政执法机构，于2020年7月17日正式挂牌。

【督察问题整改】 成立县生态环境保护督查工作领导小组，制定《督查领导小组工作规则（试行）》《督查领导小组办公室工作细则（试行）》。印发彭水县《贯彻落实〈重庆市中央生态环境保护督察报告〉整改方案》，制定总体整改方案1个、专项整改（子）方案18个以及11个举一反三问题整改措施清单。严格履行县生态环委会办公室和县生态环境保护督查工作领导小组办公室职责，对督察整改情况实行“月调度”，全年组织召开工作例会3次，领导小组会议5次。定期开展重点问题专项督查和“回头看”核查工作，持续跟踪问效督促整改落实。全年开展专项督查2

次、回头看核查1次，印发催办函5份、提醒报告2份。全市环保督察整改、全市自查反馈涉及问题、第二轮中央督察整改年度6个专项任务以及11个举一反三问题已全面完成。

【绿色发展】 持续推进生态文明体制改革，履行改革专项小组联络员职责，督促指导县水利局和县农业农村委完成2件生态环境损害赔偿案件。协助市生态环境局筹备召开渝东南片区生态文明体制改革座谈会。统筹实施生态优先绿色发展行动计划，全面完成市、县《生态优先绿色发展行动计划（2018—2020年）》明确的各项工作任务。完成《“十三五”规划终期评估》以及《“十四五”生态环境保护及协调发展专项规划（征求意见稿）》编制。

【污染防治攻坚】 2020年，县生态环境局常态化开展扬尘治理、餐饮油烟整治、机动车尾气抽检、燃煤炉灶取缔等专项工作。全年治理餐饮业油烟40家，实施汽修行业挥发性有机物治理2家，完成非道路移动机械编码74辆，抽检加油站油气回收系统运行10家，新建加油站在线监控设施3座。2020年，县城空气质量优良天数359天，优良率98.09%，较2019年增加7天；其中，优的天数270天，较2019年多27天；PM_{10}平均浓度34微克每立方米、$PM_{2.5}$平均浓度24微克每立方米、SO_2平均浓度18微克每立方米、NO_2平均浓度18微克每立方米，各项污染指标均呈下降趋势，空气质量优良天数排名全市第三。完成彭水一中迁扩建项目配套污水管网工程、郁江桥等2个地表水国考断面规范化建设、47个乡镇集中饮用水水源地规范化建设、14个千人以上农村饮用水源地划分及规范化建设，保家、郁山万人千吨水源地整改并销号。2020年，辖区地表水水质总体为优，城乡集中饮用水源地水质达标率均为100%，辖区河流水质均达到或优于Ⅱ类，特别是乌江（彭水段）水质较2019年大幅改善稳定达到Ⅱ类；城市水质指数（CWQI）累计7个月排名全市第一，其余月份均保持全市前三。全面排查农村黑臭水体，开展重点企业土壤污染状况调查。持续推动农村环境治理，实施鞍子罗家沱等5个行政村环境连片整治项目。完成2.8万头畜禽养殖污染治理配套设施建设，规模养殖场粪污处理设施装备配套率达95%，畜禽养殖粪污综合利用率达79%。开展国家重点生态功能区核查，完成生态状况定期遥感调查评估58个野外样点采集；推进露天矿山综合整治，26家露天矿山完成提档升级18家、停产整治1家、关闭取缔7家；自“绿盾2017”以来，累计发现梳理出的93个问题已完成整改83个（剩下10个有序推进中，整改时限为2022年）。全年功能区噪声年均等效声级昼间58.7分贝（考核限值60分贝）、夜间48.6分贝（考核限值50分贝），道路交通噪声年均昼间等效声级63.8分贝（考核限值66分贝），区域环境噪声年均昼间等效声级52.2分贝（考核限值53分贝），均在考核限值内。

【环境监管】 完成第二次全国污染源普查，县生态环境局被评为全国污染源普查工作先进集体，4

2020年10月15日，县生态环境监测站采样人员会同市生态环境监测中心采样人员对芦渡沟饮用水水源地水质进行现场采样监测作业

（县生态环境局　供图）

名普查工作人员被评为先进个人。全年审批建设项目环境影响评价文件35个，环境影响评价登记表备案项目51个；夜间作业审核30次，工业项目选址35家（次）；现场检查企业150（次）；检查备案畜禽养殖场13个。提前3个月完成696家企业固定污染源排污许可发证登记，发证登记双“清零”，实现全覆盖。完成县城垃圾处理厂渗漏液处理在线监控建设，国控重点污染源自动监控管理到位；配合生态环境部完成乌江彭水段入河排污口排查，对83个疑似点位逐一进行现场核查和监测溯源；制定污水偷排直排乱排专项行动工作方案，实地排查点位1012个；全年累计调处环保信访投诉302件，排查整改环境安全隐患44个。出台《生态环境违法行为有奖举报工作实施方案》；下发《行政处罚决定书》8份，罚款金额29万元；下达《责令改正违法行为决定书》45份，约谈企业6家。督促14家风险企业及工业园区修订完善突发环境事件应急预案及风险评估，在重庆市宝霸石材有限公司举行年度突发环境事件应急演练，妥善处置“3·16石柱县老鸹石水库泄流影响普子河水质”突发环境事件。

【环境宣传教育】 2020年，县生态环境局召开新闻发布会2次，通报生态环境工作情况和辖区环境质量状况，并就社会关注热点问题进行现场解答。组织策划开展“山清水秀·绿动巴渝”大型主题采访活动，《践行“两山论”让天更蓝水更绿地更净田园更美丽》一文获中国网、华龙网、网易重庆等20多家权威媒体平台转载。加强环境舆情监测，确定核心通讯员，主动回应社会关切，正面引导环境舆论。联合华龙网开设“点赞生态彭水网络环保云展”专题活动，专题总浏览量超350万。《守护郁江郁 畅饮不老泉》《绿水青山唱开怀》两则视频在全市“攻坚战污染·绿色促发展”主题短视频征集展示活动中获“最佳魅力奖”“最佳组织奖”。全年通过微信、微博发布相关工作信息2074条；累计招募志愿者317人，累计服务时长5184小时；开展环保设施向公众开放线下活动6次，策划开展环保设施向公众“云开放”活动1次。

【疫情防控】 疫情期间，每天由班子成员带队，前往县城各医院和隔离点检查医疗废物废水处置情况，以及县城污水处理厂设施运行情况，督促落实疫情防控要求和行业规范。选派干部到双龙乡卡点参与防控检查工作，3名女同志组成的环保巾帼红成为战“疫”线上一道靓丽风景线。积极响应党中央号召，全局党员干部筹集捐款4850元支持疫情防控工作。印发《指导帮扶企业复工复产工作方案》，现场指导帮扶企业52家；印发《实施监督执法正面清单工作方案》，对有助疫情防控、经济恢复且环境风险较小的32家生产企业纳入监管执法正面清单管理。

移民安置

【概况】 彭水苗族土家族自治县移民服务中心位于汉葭街道鱼塘社区水利局办公楼（111室）。核定事业编制12名，在岗职工13人（其中正式职工8人，借用1人，临聘4人），离退休3人，内设综合科、规划管理科、安置迁建科、后期扶持科和政策宣传科。2020年，县移民服务中心持续抓好移民安置、重点项目建设、信访稳定、移民

善感乡周家寨

（冯高福 摄）

档案、移民资金管理等工作，善感乡周家寨美丽乡村配套设施建设项目完成交工验收工作，累计完成投资1200余万元，库（坝）区移民总体稳定。

【移民工作】 2020年，按照市、县的统一安排部署，县移民服务中心主动搞好服务，推动乌江银盘水电站和芙蓉江浩口水电站移民安置市政府竣工验收工作顺利进行。对标对表把握重点工作任务。领会乌江银盘水电站和芙蓉江浩口水电站移民安置竣工验收专题会议精神，坚持目标导向、问题导向和结果导向，梳理重点任务，按照时间节点倒排工期，细化措施，压实责任，确保整体推进。银盘电站方面，完成5个单项项目工程竣工财务决算，累计完成13个；万足镇、鹿鸣乡完成调整资金兑现工作。高谷镇、汉葭街道、靛水街道启动资金兑现程序。绍庆街道集中力量清理完善移民资金台账。移民资金财务总决算开展汇总编写报告。浩口电站方面，芙蓉江浩口水电站移民资金财务总决算完成初稿工作。涉及大垭乡龙龟寺村5组43户207人的出行路项目由渝浩公司完成立项工作。组织兑现新增移民规划变更资金。

【脱贫攻坚】 深入做好河门村脱贫帮扶工作。对标“三精准”“三保障”“三落实”要求，组织帮扶干部进村入户，对脱贫攻坚工作成效进行自查评估，掌握实情，切实做到心中有数。坚持问题导向，压实整改责任。针对贫困户存在的问题，因户确定整改措施，建立整改销号台账，切实抓好整改落实，确保脱贫攻坚各类问题动态清零。加大跟踪帮扶力度，持续开展动态监测，防止因疫因灾致贫返贫，努力把疫情、灾情对脱贫攻坚的影响降到最低。切实抓好三义、大垭两个深度贫困乡的扶贫通畅公路建设扫尾工作，已完成交工验收，着力开展工程结算审核。

彭水新城建设

【概况】 2020年，新城管委会始终坚持以脱贫攻坚为统揽，着力疫情防控和经济社会发展，按照“项目推进、片区开发、盘活市场”的思路，锁定“三个一”年度目标任务，奋力攻坚克难，强化保障服务，突出落地见效。持之以恒抓市政基础设施和公共服务设施建设，推动房地产开发和土地出让，抓服务质量促进营商环境改善，扎实统筹推进相关工作，较好地完成了各项年度目标任务。新城开发建设“三个一”目标得到市委书记陈敏尔肯定。

2020年新城全景

（刘宽明　摄）

【项目建设】 新城管委会始终将项目作为推进新城开发建设的抓手，不断推进项目建设。截至2020年底，38号路全线贯通；8号路、12号路、13号路、广场路、新城临时治丧点、花阶广场、滨河公园（民族中学段）建成投入使用；中医院住院部、邮政和电力业务用房、公安局办案中心等不断完善相关配套设施；消防站、公共卫生服务中心、市民中心广场等项目加紧建设；人武部新营区、摩围中学、31号路等项目即将开工建设；新城殡仪馆、五湖公园等项目加紧推进前期工作。新城核心区路网基本形成，基础设施和商业配套日趋完善，累计入驻企事业单位35家，入住人口达5万余人。

【地产开发】 新城累计签约开发企业11家，实际落地开发企业8家。实施地产开发项目9个（建工新嶺域、鑫沃世纪城、飞洋华府、世界咨花、凤凰台、丰绿阳光、恒阳府、璟宸府、开元府），筹备开发项目1个（州河实业）。新城全年供应土地52.77公顷（其中出让土地27.55公顷），实现土地价款入库8.2亿元；商品房施工建筑面积100.7万平方米，其中新开工建筑面积34.8万平方米，竣工建筑面积9.9万平方米；商品房销售1625套18.6万平方米，总销售面积同比增长20.7%；缴纳配套费0.3亿元，税收入库1.5亿元。新城多个开发项目获市级好评。飞洋、鑫沃、建工等项目成功创建“绿色小区、智能小区和绿色建筑小区”。

【征地拆迁】 全年共计完成土地征收25.95公顷，签订房屋拆迁协议35栋，拆除房屋37栋，搬迁坟墓155座，结算改签协议12户，报批征地人员安置139人，兑现征地拆迁补偿费近0.6亿元。长期遗留下来的未批先用林地问题得到全面整改。长期反映的城市脏乱差问题得到有效突破和提升。运渣车和运渣场得到有序规范，新城城市管理更加完善。

【安全稳定】 全年矛盾纠纷共110件次，已化解107件次，除房屋拆迁和资金调度外，基本实现问题清零，有力有效地保障了新城健康平稳发展。同时，协调解决了新城蟠龙路应急滑坡、安置房产权办理、部分小区用水用电、通信、公交专线等问题。全年无一项目因阻工而停工，持续5年无一人到县、上市、赴京集访非访，实现了质量安全责任事故“零”目标。

花阶广场

（赵勇　摄）

交　通

综　述

【概况】 截至2020年底，全县公路里程8232.52千米。按行政等级分：高速路65千米，国道184.06千米，省道479.36千米，县道242.63千米，乡道380.02千米，村道6879.45千米；按技术等级分：一级路71.23千米，二级路202.11千米，三级路115.29千米，四级路6690.72千米，等外级公路1153.17千米。乡镇通畅率100%，行政村通畅率100%，撤并村通达率100%，小组通达率100%（2020个），小组通畅率93%（1879个）。公路路网密度以国土面积计算为211千米/百平方千米（国土面积3903平方千米），以人口数量计算为117.61千米/万人（70万人口）。有铁路里程68.00千米，水路通航总里程320.70千米。

2020年4月14日，新田镇庹家村黄金田至阿依山盘山公路

（曾熙　摄）

【机构设置】 根据县编委机构改革部署，县交通局机构编制改革顺利完成，形成“一机关四中心一支队”的机构格局。2019年1月21日，县交通委员会更名为县交通局，作为县政府工作部门，为正科级；2019年6月24日，明确县交通局职能配置、内设机构和人员编制，下设办公室、综合规划科、财务审计科、建设管理科、安全监督科、运输管理科、政策法规科（行政审批科）、政工人事科8个内设机构；2019年9月24日，县公路局调整设置为县公路管护中心，为县交通局管理的副科级公益一类事业单位；2020年4月7日，原县交通工程质量安全监督站保留的公益服务职责整合到县交通信息中心，调整设置为彭水苗族土家族自治县交通信息与工程事务中心，在原县港航管理处保留的公益服务职责基础上，设立彭水苗族土家族自治县港航海事事务中心，在原县道路运输管理所保留的公益服务职责基础上，设立彭水苗族土家族自治县道路运输事务中心，三个中心均为县交通局管理的副科级公益一类事业单位；2019年12月31日，县交通运输系统内公路路政、道路运政、水路运政、港口行政、地方海事行政、工程质量监督管理等执法门类的执法职责整合，组建彭水苗族土家族自治县交通运输综合行政执法支队，为县交通局管理的正科级行政执法机构。

【疫情防控和复产复工】 新冠肺炎疫情发生以来，交通运输行业在县委、县政府的领导下，在防控工作领导小组的统一安排下，取消春节假期，第一时间集结车辆27台、人员140余人投入疫情阻击战，先后建立方案预案4个，健全1个牵头单位、49个成员单位和5组1办的组织体系，坚持每日工作调度、全天候交通运输管制、24小时值班值守、每日信息通报等制度，通过印发文件约30份、电视报纸发布通告等方式，有效作出应急处置10余次，先后设置交通运输疫情检测点（劝导站）138个，组织人员开展24小时值班值守，其中，县级卡口截至4月8日检查车辆约5.29万台次，检测人数约23.84万人次、发热病人10人次，转运送医3人次。积极进行道路保畅保通，保障应急车辆通行，加强运力调度，有效保障客货运输，完成县委、县政府赋予的防输入、防扩散、防反弹、保基本的交通职责使命，确保全县人民群众身体健康和生命安全。严格执行分区分级分类管控措施，坚持一手抓疫情防控、一手抓复产复工，多次召开专题会议研究部署、明确工作要求，印发《关于做好交通建设项目开工复工工作的通知》，按照主要领导抓总，分管领导具体抓的原则，主动对接、精准服务，持续优化营商环境，全面落实中央和市县出台的各项扶持政策，从县级层面召开交通项目推进会、约谈会、座谈会、控建会，举行渝湘高速铁路彭水段开工仪式，集中20个交通干线项目开工，建立项目推进日报、周报、月报制度，加强督导检查，实行定期通报，全力以赴为企业解决资金、原材料、防疫物资等实际困难和问题，为项目建设和企业发展提供最优质、最便捷、最实在的服务，助推铁路、公路、水路相关企业开工复工。渝湘高速铁路和渝湘高速复线彭水段建设顺利开工，渝怀铁路二线和黔石高速公路项目彭水段建设全面复工，彭水至道真、彭水至丰都高速公路项目规划方案有序进行，27个县级重点项目、267个农村公路项目全面开工复工，行业监管的公路和水路客货运输企业、驾校、维修企业、公交企业等全面复工，行业开工复工率100%。

重点项目建设

【概况】 2020年，完成交通争资4.15亿元，完成交通固定资产投资11.66亿元、同比增长52.90%。

【渝湘高速铁路彭水段】 渝湘高速铁路彭水段完成工程建设投资5.30亿元。累计完成路基35万方、隧道（正洞、斜井）5965成洞米、桥梁139成桥米、桥桩267根、承台8个、桥墩2个、涵洞180米。严格控建，固定证据300余户，有效制止抢搭抢建、抢栽抢种行为。完成土地实物指标调查153.6公顷、房屋实物指标调查61145平方米，拆除房屋58栋22000平方米，兑现拆迁、搬迁款3504万元，搬迁坟墓241座，迁改“三电”及管网95处。

2020年4月23日，渝湘高铁彭水段建设项目举行渝湘高铁彭水段建设项目开工仪式

（曾熙 摄）

【渝怀铁路二线】 渝怀铁路二线竣工通车，累计完成建设投资32亿元，完工里程67.16千米，累计完成路基127万立方米，隧道（正洞、斜井）完成48300成洞米，桥梁完成7940成桥米，累计征收永久性用地54.19公顷、临时用地70.46公顷、房屋123667.33平方米，拆除房屋447户，安置415人，申报养老保险394人，累计完成路基127万方、隧道48300成洞米、桥梁7940成桥米，开展“三损”清理还建工作，完成炮损赔偿390余户，火车站配套建设与站房建设进入最后冲刺

阶段。

【黔石高速公路彭水段】 黔石高速公路彭水段竣工通车，累计完成投资约26.30亿元，完成里程17.60千米、隧道5座、桥梁11座、涵洞19道、路基4.24千米，建设连湖互通和连湖管理中心1个，累计征收土地面积70.63公顷、临时用地面积47.93公顷，搬迁坟墓310座，拆迁房屋147户37227.53平方米，完成安置530人，落实养老保险511人，兑付安置补偿1017.02万元，缴纳养老保险金1523.96万元，兑现青苗补偿费、土地补偿费、房屋补偿款约7018.78万元。

【渝湘复线高速公路彭水段】 渝湘复线高速公路项目彭水段完成投资2.54亿元，占年投资计划的102%。开掘隧道259米、开挖桩基9根，完成路基挖方1785立方米、填方42700立方米。严格控建，无新增抢搭抢建行为发生。丈量永久用地面积195公顷、征收142.47公顷，发放青苗补偿、土地和房屋拆迁补偿资金1694万元。拆除房屋7户、搬迁坟墓163座，搬迁电力杆线6处、通信杆线26处、天然气管线1处，迁改居民饮水管2处。完成施工便道14条、拌合站7座、钢筋加工厂2座、炸药仓库5座、试验室5座。

【县级重点项目】 龙射镇葡萄村至沿河村公路建设项目二标段完成总工程量的90%，鹿角乌江大桥工程已完成总工程的32%，开展10个作业面，项目全面铺开建设，乌江四桥复线桥项目建成投用，新城外环连接道工程完成总工程量的75%。加强交通建设“三年行动计划”工作的组织领导，压实工作责任，强化考核倒逼，成立班子成员分别任组长的6个工作专项督导组，加大项目协调指导、巡查督导力度，建立工作周报、月报制度，定期开展通报，34个565.4千米干线项目和2060千米“四好农村路”项目建设任务全面完成。

【交通脱贫】 投入资金约1.65亿元，下达“四好农村路”建设计划212.27千米、完成140千米，完成新续建项目520千米。打响脱贫“百日大会战”，从县级层面召开农村公路推进会（约谈会）5场次，加大指导和督查力度，交通三年会战项目累计完成路面1690千米。同时，加大对乡镇管养公路的指导和督促力度，新开发公益性岗位（乡村道路维护岗）800个用于乡村公路养护，加强客运运力组织，贫困村运力投放全覆盖。两江帮扶扎实推进，深度贫困乡项目建设全面完成。三义乡建成干线项目2个27.87千米、农村公路项目35个133.44千米、安全护栏60千米，建设客运站1个、招呼站点9个。大垭乡建成干线项目2个35.95千米、农村公路项目47个123千米、安全护栏60千米，建设客运站1个、招呼站点6个，隧道照明项目2个、绿化带项目1个、公路扩宽项目1个，大垭停车区、摩围山服务区、芙蓉江停车区加紧施工。三义乡和大垭乡的村民小组通达率、通畅率均为100%。扎实开展对口帮扶普子镇工作，局机关和局属5个部门对该镇的4个贫困村建立包干扶持机制，35名帮扶责任人扎实开展驻村帮扶工作，75名帮扶责任人常态对375户贫困户结对帮扶，驻村结对帮扶力度全县最大。领导班子、帮扶责任人扎实开展深入一线抓脱贫攻坚工作。发挥行业优势，支持普子镇交通基础

2020年11月4日，三义乡龙阳村通畅公路
（曾熙　摄）

设施建设，全镇交通条件已处在全县最好水平，对口帮扶所涉及的乡镇和村，全部完成脱贫摘帽任务。

运输管理

【运输服务】 2020年，县交通局落实交通疫情防控措施，加强应急运力组织，圆满完成春运、高考、重要节假日道路客货运输任务，春运期间共运送旅客90.08万人次。完成水路客运量6.32万人、水路客运周转量259.21万人千米、港口货物吞吐量37073吨。完成466辆农村客运车辆的保险补助和营运补贴结算。完成29家一、二类维修企业和9家驾校的2019年度安全服务质量信誉考核，严格对驾校科目二培训学时实施电子围栏计时管理，新办从业资格证182本，到期换证733本。完成712艘自用船舶清理，建立信息台账。扎实推进生态环保工作，认真履行巡河部门职责，科学组织施工，全力开展维修企业、船舶防污染等整治工作。

【风险防控】 深入贯彻安全发展理念，始终以“平安交通”建设为抓手，严格落实安全生产责任制，风险防控水平稳步提升，零目标顺利实现。加大“安全生产月”宣传，强化安全意识，发放宣传单23000余份、宣传扇宣传袋5000余套、悬挂安全标语82幅，召开安全工作专题会议16次，研判水上交通、道路运输、公路畅通、交通工程建设等重点领域的安全生产工作形势，召开风险研判专题会议4次，摸排一般风险35处，全部落实管控措施。深入开展建安专项整治、平安交通三年攻坚、打非治违、化危品运输、9座以上租赁经营、道路货物运输、安全生产三年行动、大排查大整治大执法等专项行动，扎实开展隐患排查整治，出动车辆3466车次、人员18045人次、艇370艘次，检查客运车辆9989辆次、货运车66530辆次、船舶270余艘次、工地492个次、巡查公路1951次，共排查安全隐患984个，全部进行评估、登记、整改和建档，查处客运案件222件、货运案件218件、船舶案件9件，发出监督检查意见书15份，收取罚金36.75万元。加强应急能力建设，成功处置公路突发险情82次，其中阻断交通险情24次，清除各类水毁坍方72166立方米，有效应对冰雪天气，扎实开展汛期应急救援队员素质训练，开展各类应急救援演练6次，成功救起乌江、郁江落水群众12名，持续开展“扫黑除恶”专项斗争工作，畅通信息举报渠道，强化与公安衔接，认真办理信访疑难案件，有效维护交通行业稳定。

公路养护管理

【日常养护】 2020年，县交通局将16个一线道班优化整合为13个，圆满完成普通公路基础信息填报录入、国省道路况检测和国评工作。公路日常保洁保畅，清扫路面（肩）78.12万平方米、桥隧17.60万米，清理边沟20.70万米、行车视线遮挡物72千米，疏通桥梁泄水孔117处，粉刷行道树105千米。小修保养，修补路面坑槽3848平方米、灌缝27900米、铺设水稳层5230平方米、新开挖边沟9.20千米、施划标线481.90平方米。

【桥隧监管】 严格桥隧监管，完成全县桥隧巡查3000余座（次）、定期检查94座、复测11座，开展汛期检查80余次。大中修工程，投入资金2.71亿元，完成路面改造工程15条269.64千米、隧道提质升级工程7座、危桥改造11座、桥梁病害整治2座、桥栏杆改造4座、服务区4个、重点路段边坡治理5处、2018年公路安全生命防护工程150千米、预防性养护工程2个。

【乡村公路养护】 开展乡村公路养护指导700余人次，排查整治安全隐患344处，投入水毁资金483.20万元，清除各类坍方25669.79立方米、修建挡墙11110.90立方米、修复混凝土路面

5708.54平方米、路基挖方31132.70立方米（水毁路基改线）、修建涵管43米，路基填方1149.60立方米（水毁路基补强），新开发乡村公路养护公益岗位762个。

【公路巡查】 加强公路巡查，确保公路完好畅通，共查处超限车1235辆，卸载2602.87吨，拆除违章建筑2处，清除乱堆乱占1167立方米，强化固定和流动治超，加强路警联合治超，确保公路基础设施安全。

信息业

邮　政

【概况】　中国邮政集团有限公司重庆市彭水县分公司位于彭水县汉葭街道绸缎街35号，有从业人员195人，内设机构为4个部室（综合办、市场部、渠道运营部、金融部），经营范围函件、集邮、包裹、报刊及各类邮政代理业务。下设营业网点24个，乡镇邮政代办所21个。担负着全县3903平方千米（3个街道、18个镇、18个乡、55个居民委员会）、70万余人的邮政通信任务。近年来，在市邮政分公司、黔江片区分公司的具体指导下，在地方各级党委、政府及相关部门的关心和大力支持下，在历届领导班子的带领下，在全体彭邮人的共同努力下，以构建普惠邮政、平台邮政、数字邮政、绿色邮政、活力邮政、和谐邮政“六维共生”的新邮政发展格局为统领，围绕“推进高质量发展、创造高品质生活、实施高效能治理”重要目标，落实市分公司党委工作要求，深入践行重庆邮政经营理念，求是求实谋发展，对标对表抓落实，全力推动各项工作再上新台阶。

【经济效益】　2020年，彭水邮政积极应对新冠肺炎疫情影响，严格落实“求是求实谋发展，对标对表抓落实”的要求，统筹推进疫情防控和生产经营，以“四梁八柱”发展战略为指引，全力抓好巡视整改，奋力夺取疫情防控和实现经营服务目标“双胜利”，圆满完成全年目标任务。县分公司完成收入8779.61万元，完成计划目标的100.79%，同比增幅10.70%，高于全市平均增幅（8.91%）1.79个百分点，高于彭水地方GDP增幅（4.2%）6.5个百分点，规模排名全市第35位，增幅排名全市第11位、片区第3位。全员劳动生产率达到44.3万元/人，较2019年提高3.21万元/人。

【安全生产】　坚持“安全第一、预防为主”的方针和“谁主管、谁负责”的原则，与网点签订“安全生产目标责任书”“防火安全责任书”和“综合治理责任书”压实管理责任，坚持依法经营，树立规章制度权威，统筹发展与安全，强化“万无一失、一失万无”的安全发展理念，确保不发生各类重特大案件和安全责任事故，实现企业安全发展。

【能力建设】　2020年，完成邮政生产指挥调度中心项目的主体建设和装修设计及三义邮政所的新建；完成普子、郁山、北大街、滨江路等网点的装修改造；完成3个网点的辅助用房装修、九黎主题邮局的迁址装修、21个乡镇邮政代办所及6个自办局所邮政营业场所普服达标维修整治、45个“邮快超市”的建设工作。新增自助设备23台，新增运钞车2台，投递车辆6台（电动三轮车3台，长安车3台），基础保障能力得到进一步夯实。

【普遍服务】　2020年，分公司践行“人民邮政为人民”的初心使命，强化普服工作落地，全年未发生违反普遍服务“两条红线”的情况，未发生重大舆情和媒体曝光事件，无监管部门处罚情况。围绕丰富普服内涵、以无处不在的中国邮政满足无处不在的美好生活需求这个中心，持续推动普服管理、渠道平台转型、普服业务发展“三项创新”；稳步实现普服质量和客户体验、普服业务规模和效益、可持续发展能力“三大提升”；抓好集团公司“十大任务”分解落实，确保取得实效。全力推动普服年度关键指标任务达成，包括：乡镇普服网点覆盖率100%；普服网点营业时间达标率100%；建制村直接通邮率100%；机要通信安全率100%；邮件全程时限全面达标；给据邮件信息断点率压降到万分之一以下；报刊短缺率压降到万分之三以下；投递外勤关键节点扫描率持续提升；建制村直接通邮频次稳中有升。

【和谐企业】 2020年，分公司坚持以人民为中心的发展思想，全力践行“用户至上、员工为本”的企业核心价值观。“十四五”期间，全面落实市分公司创造高品质生活的相关要求，形成健全完善的客户分等分级维护体系，为客户提供适销对路、优质高效的邮政产品（服务）；推动企业与员工互爱共进，企业成为关爱员工生活的“贴心人”，员工做好企业产品（服务）的“体验官”，稳步提升员工收益，努力改善员工福利；员工教育培训实现全员覆盖，提档升级建设“四好”职工小家，各类生产办公场地条件环境有效改善，基层后勤服务实现提档升级；贯彻“快乐工作、幸福生活”的理念，培育“乐观、自信、坚韧、奋进”的重庆邮政企业精神，让企业更有温度、让幸福更有质感，让发展成果更多惠及全体员工。

电　信

【概况】 中国电信股份有限公司彭水分公司隶属于中国电信股份有限公司重庆分公司。自成立以来，以客户为根，服务为本，建设以销售、服务、协调为中心的渠道平台，促进整体市场健康发展。2020年，公司有合同制员工82人，平均年龄42岁，其中大学本科学历53人，占比64%；外包员工78人，平均年龄35岁，其中大学本科学历22人，占比28%，内设职能部门5个（综合管理部、销售服务部、网络部、政企客户部、综合服务支撑中心），下设班组14个，支局14个，核心营业厅2个（江南营业厅、江北营业厅）。

【公司经营】 坚持高目标牵引，制定“强县计划”引领发展，2020年分时段开展“跨年战役”“战疫行动”助力复工复产、数字乡村达标行动、春夏攻坚战、宽带回归行动、秋季营销、“满意服务、十分依赖”等一系列生产经营服务活动，并以机制创新激发一线活力，通过红黄黑旗赛制、支局战区绩效PK抢盘、战区跨支局营销、达量激励等多种方式营造奖优罚劣、争先创优的拼搏实干氛围，较好地完成了全年主要经营指标。全年主营收入累计完成11575万元。深耕客情关系，营造好外部环境，促成县委组织部党教宽带发文、政法委平安乡村发文，推动乡镇签订平安乡村建设合作协议，为宽带和天翼看家发展营造了好的局面；实施智慧市场监管项目，完成雪亮工程最大网络包段、智慧电梯监管、组织部干教系统、卫健委备用电路、县医院智慧病房、120指挥平台信息化建设等，锻炼了队伍，提升了能力。

【保障服务】 2020年，公司扎实抓好“两深入、两服务”，党总支专题研究“两深入、两服务”工作，带头改进工作作风，深入基层，开展总经理接待日，倾听客户之声，深入农村客户家中收集调查服务问题。全年开展总经理服务日12次，全过程跟班一线达到40余次，及时解决问题11个，组织党员深入农村走访用户，收集了解用户需求和服务问题，及时解决问题62个。应政府战贫要求，做好通信保障，2020年做好了县长带货、双晒第二季、花仙谷带货、保家工业园带货、旅游节等直播通信保障；在疫情防控特殊时期，克服一切困难全力做好疫情通信保障，应急安装卫生调度电路39条，新增27个防疫卡口视频监控，进入隔离区突击安装监控视频4个、宽带电视48

条。为满足疫情期间学生停课不停学，安装宽带2014户，防疫通信保障得到各级政府的高度认可。

【基站建设】 截至2020年，中国电信彭水分公司基站总数量1119个，其中2G基站277个，4G基站681个，5G基站161个。2020年累计完成基站建设218个，全面提升网络质量，为客户通话质量、流量使用等提供保障。

【网络建设】 2020年，围绕网络强国、扶贫攻坚使命开展工作，全年完成属地化投资509万元（含市管5G配套电源100万元），其中围绕5G配套、千兆光网投资占比48.89%。全力做好5G建设，积极联系推动市公司与县政府签订“5G智慧彭水”战略合作协议，实施“百日攻坚”活动，大力推进5G共建共享，5G基站达到161个，县城、靛水新城道路覆盖率超过91%；农村光网不断向边远自然村延伸，全年新增末级端口7798个；持续深化农村无线覆盖，通过调闲补缺新增4G站点41个。

【脱贫攻坚】 积极接应市委、县委及市公司部署，从产业扶贫、消费扶贫、信息扶贫、网络扶贫等多个维度开展工作。2020年共计入户走访128户次，消费扶贫5.12万元；业务扶贫共惠及3731户家庭；聚焦农村养殖、种植业，加大产业信息建设和帮扶力度，为企业开通光宽带和视频监控，助力线下管理生产，线上品牌销售，帮助扶贫产业特色产品引入市公司积分兑换商城，扩大销路，已引入22款产品，累计兑换7258份，兑换金额17.5万元；为三义乡搭建天翼看家平台，副市长李明清通过视频联线顺利调研彭水三义乡扶贫工作，获得市通管局高度认可。

2020年9月8日，为三义乡搭建天翼看家平台，副市长李明清通过视频联线调研三义乡扶贫工作

（中国电信彭水分公司　供图）

移　动

【概况】 中国移动通信集团重庆有限公司彭水分公司（以下简称彭水移动）隶属于中国移动通信集团重庆有限公司。自1999年9月成立以来，始终坚持“以客户为根，服务为本”的服务理念，以追求客户和社会满意为己任。2020年，公司有员工96人，内设职能部门4个（综合部、市场部、集团客户部、建设维护部）、城区分局1个、农村分局8个、旗舰厅1个（金山营业厅）、营业厅98个、泛渠道57个。

普子镇大龙桥村扶贫基站建设中

（中国移动彭水分公司　供图）

【公司经营】 在经济社会数字化转型呈现“五纵

三横”的新形势下，深入贯彻落实以人民为中心的发展理念，秉承“正德厚生，臻于至善”的核心价值观，以“创世界一流企业，做网络强国、数字中国、智慧社会主力军”为总体目标，“推进数智化转型，实现高质量发展”为发展主线，加快“三转”，拓展“三化”、深化“三融”、提升“三力”。2020年，彭水移动全年通信服务收入超2.5亿元，移动通信用户超32万户，其中5G用户4.8万户，家庭宽带用户近8万户，客户服务实现行业领先，为本地最大的无线、有线运营商。

【网络建设】 2020年，累计完成基站建设201个，其中5G基站154个。新增家庭宽带0.9万余户线，实现全县家宽户籍覆盖率90%以上。

【网络保障】 全力确保彭水全境网络运行通畅，疫情期间协调各方力量，快速响应各级政府部门通信需求，重点盯防、巡检“一办十组”和5所重点医院周边共115个基站，全力保障居家用户语音通话和上网需求，扩容站点80%以上，扩容千余次，成功解决10万余用户手机上网慢、上网卡等问题，停课不停学期间共建设基站13个，扩容超千余小区，开通宽带1200余户；防汛抗洪期间，面对百年一遇的洪水、山体滑坡，出动各方保障人员600余人次、保障车辆200余次；节假日、高温天气，出动人员500余人次、保障车辆200余次。

新冠疫情防控期间，为保证学生停课不停学，移动公司技术人员紧急安装、维护宽带网络

（中国移动彭水分公司　供图）

【脱贫攻坚】 切实履行社会责任，积极响应县委、县政府精准脱贫号召，积极开展结对帮扶，对口帮扶彭水县郁山镇钟鼓村17户贫困户，2020年现场走访200余人次；积极开展行业扶贫，面向全县贫困户推出专属优惠资费，办理超万笔；积极推进消费扶贫，全年共计购买扶贫产品16.8万元。

联　通

【概况】 中国联合网络通信有限公司彭水县分公司隶属于中国联合网络通信有限公司重庆市分公司。自1994年7月成立以来，始终贯彻一切为了客户、一切为了一线、一切为了市场的经营理念，推进公司高质量发展，促进公司业绩提升，推动整个市场良性循环。2021年，公司有员工45人，平均年龄35岁，大学本科占比81%，内设职能部门3个（办公室、销售支撑中心、云网运营交付中心）、片区营销中心3个（政企营销中心、城区营销中心及乡镇营销中心）、旗舰厅1个（彭水营业厅）、营业厅38个。

【公司业绩】 2020年，公司秉承“竞争实现超越、创新开拓未来、激情战胜艰险、诚信立足天下”的核心价值观，坚持维护和巩固客情关系，持续关注客户利益，建设以“三个一切”为目标的经营理念，深挖客户价值，在内部开展围绕生产一线的各种劳动竞赛，调动员工积极性，企业连续几年年度考核名列前茅。2020年，公司实现主营业务收入46.1亿元，预算完成率95.1%，收入同比增长4%；基础业务完成37.8亿元，同比增长-1.1%；创新业务完成8.3亿元，同比增长35.9%；全年完成营业利润（不含5G）1.33亿元，预算完成率101.1%。

【基站建设】 截至2020年，中国联通基站总数量1510个，其中2G基站330个，3G基站255个，4G基站712个，5G基站213个。2020年，累计完成5G基站建设157个，全面提升网络质量，为客户通话质量、流量使用等提供保障。

【网络建设】 全年完成驻地网建设13468户；完成零星专线建设40条，其中重点项目“雪亮工程”完成824条链路专线建设。

财　　税

财　　政

【概况】 彭水自治县财政局位于彭水自治县汉葭街道鼓楼社区绸缎街新世纪大厦4楼，内设办公室、预算科（基层财政科）、国库科、行财科、社保科、经建科、农业科、监督评价科、综合科、政府采购科（国有资产管理科）、债务管理科等11个科室，下设国库集中支付中心、财政投资评审中心、金融发展中心等3个局属事业单位。核定行政编制23名、事业编制71名（其中参公53名）、行政工勤编制2名，在编在岗职工83名。

【预算执行情况】 2020年，全县完成本级财政收入276786万元。其中，一般公共预算收入141461万元，同比增长4.6%，总量居渝东南第2位；一般公共预算收入中税收收入完成94148万元，同比增长9.7%，增幅居全市第1位、渝东南第1位。全县财政支出完成941859万元，同比增长5.2%。其中，一般公共预算支出729830万元，同比增长0.2%，总量居渝东南第1位。

【金融行业运行情况】 2020年，银行机构各项存款余额242.68亿元，比年初增加27.09亿元，增幅12.57%；各项贷款余额242.36亿元，比年初增加26.57亿元，增幅12.31%；贷款不良率为0.58%，比年初下降0.67个百分点。

【保障社会民生】 充分发挥公共财政保障职能，调整优化支出结构，严控“三公经费”等一般性支出，确保财力向社会民生、重点建设等领域倾斜。实现教育事业支出14.86亿元，同比增长0.8%；农林水事务支出18.19亿元，同比增长4.4%；社会保障支出8.18亿元，同比增长15.5%；改善医疗卫生条件支出7.83亿元，同比增长19.5%；住房保障支出1.63亿元，同比增长10.9%；文化事业发展支出6943万元，同比增长13.8%。

【争取上级支持】 完善争资以奖代补激励机制，多渠道争取项目资金支持，有效缓解财政收支矛盾，增强了财政保障和服务经济社会发展能力。2020年，累计争取到位上级转移支付资金52.1亿元，同比增长1%，其中直达资金6.4亿元；争取到位政府债券资金25.6亿元，其中新增债券17.6亿元，较2019年净增7.6亿元。

【支持企业复工复产】 积极开展应对疫情影响财政收支预算评估，加强财政收入形势分析预判，坚决避免收取“过头税”、乱收费等影响减税降费效果的行为，不断巩固和拓展减税降费成效。2020年，全县累计减免税费7932万元，其中新出台政策减免3821万元；减免各项社保缴费9442万元。

【夯实财政管理基础】 深化预算管理改革，严格执行零基预算和零结转制度，编实编细部门预算，强化预算公开评审，实现年初预算公开评审全覆盖。积极推进预决算公开，制定《彭水县财政预决算领域政务公开标准指引》，加强乡镇公开工作指导。科学编制财政中期规划，扩面编制政府综合财务报告。全面实施绩效管理，试点编制部门整体绩效目标，探索开展项目支出事前绩效评估和绩效跟踪监控，推动部门整体绩效管理，强化绩效评价结果运用，探索建立绩效评价结果的反馈与整改、激励与问责机制，对2018年预算管理综合评价结果，试行挂钩2020年预算，相应扣减相关单位公用经费122万元。强化财政投资评审，采取纵推改革、自加压力、明确责任、按月通报等系列举措，不断优化评审流程，压缩评审时限，提升了评审时效和评审满意度。2020年，完成财政投资评审项目74个，其中提前完成评审项目62个，按时完成评审项目12个，限时办结率100%。规范政府采购及资产管理，全面落实政府采购政策，规范政府采购程序，防范政府采购风险，实现政府采购支出1.54亿元，节约率18.2%。受疫情影响，对承租国有资产类经营用房的中小微企业减租262.7万元，帮助企业渡过生产经营难关。强化财政监督管理，开展以财政财务制度执行、资金使用绩效、代理记账机构等为重点的财政专项检查，加强财务会计业务指导，全年开展财政扶贫项目资金督查指导和资金绩效检查3次。

【促进地方经济发展】 支持实体经济发展，2020年，地方法人银行业金融机构累计发放普惠小微信用贷款450笔，惠及企业444家（包括循环自助贷款），贷款金额7061.4万元。降低企业融资成本，以“降门槛、降成本、降风险”为目标，全面落实各项优惠政策，担保机构在原担保费收取标准的基础上减免10%，减轻小微企业融资负担。2020年，兴农担保公司累计为辖区内小微企业发放贷款47笔，金额1.03亿元。大力支持少数民族特需商品、生产生活必需品、药品等企业发展，降低企业融资成本。2020年为辖区内符合条件的长盛电器、晶丝苕粉、金绿农业、百业兴和三五三九等5家企业给予民贸民品贷款贴息58.6万元。

【防范化解财政金融风险】 加强政府债务管控，2020年，全县负债余额261.6亿元，其中政府债务72.9亿元、政府隐性债务93.3亿元、关注类债务19.5亿元、经营性债务75.9亿元，继续保持在可控范围。强化非法集资监管，召开非法集资风险分析研判会、防范非法集资工作纳入综治网格化管理、开展涉嫌非法集资风险专项排查和强化宣传教育引导，守住了不发生系统性、区域性金融风险底线。

税　收

【概况】 2020年，全县入库各项税费收入299390万元，同比下降0.85%。其中，入库税收收入175492万元，同比增收9799万元，增长5.91%，其中区县级税收94178万元，同比增收8330万元，增长9.70%，增速排名全市第1名；入库非税收入13177万元，同比增长4.53%；入库社保费收入110721万元，同比减收12938万元，下降10.46%。2月28日，彭水县委书记钱建超在县局呈报的税收经济分析《从增值税发票数据看彭水县经济复工复产状况》上作出肯定性批示：“在新冠肺炎疫情影响下，县税务局从服务地方发展大局出发，主动作为，深入企业指导复工复产，深入分析企业复工复产情况，为县委县政府决策提供了参考。希望继续认真落实企业税收优惠政策，贴心服务，为全县企业复产扩能添动能，增信心。”9月23日，彭水县委常委、常务副县长巩义胜在县局呈报的税务工作专报《强化税收数据分析 服务地方经济发展》上作出肯定性批示：“基于发票的‘税收经济运行数据手册’，实现了税务分析的再升级，充分运用了大数据手段，宏观、全面反映了实体经济的运行情况，为县委政府决策提供了权威的参考。希望税务局再接再厉，继续完善！”

【党建引领】 牢固树立政治机关意识，不断增强“四个意识”，坚定“四个自信”，坚决做到“两个维护”，充分发挥基层党组织战斗堡垒作用。完善《党委理论中心组学习制度》和《2020年度县局党委理论中心组学习意见》，开展中心组专题学习12次，党委委员带头主题发言25人次。建立每月第一周周二下午集体学习日制度，开展机关政治理论学习6期，廉政教育4期。充分用活用好“学习强国”平台，全局党员干部“学习强国”学习参与度稳居全县县级部门前10位。将党建工作和税收工作同部署、同落实、同检查，党委书记带头履行第一责任人责任，组织和带领党委班子主动履行“一岗双责”，创新开展党建“六个一”活动，每月开展1次党委书记公开信访接待，党委委员每月参加1次机关、基层税务所支部活动，走访1户企业、参加1次青年大讲堂、走访慰问1名老干部、去大厅当1次导税员。2020年12月8日，与总局政策法规司党支部举行了基层党建联系点共建签约仪式，被确立为总局政策法规司党支部“基层党建联系点”“行政执法监督工作联系点”，被推选为“法治税务建设示范创建”单位，品牌创建充分激发党建工作活力，推动党建业务深度融合，税收工作高质量发展。

【税费质量】 始终严格贯彻落实“依法征收、应收尽收、坚决不收过头税、坚决防止和制止越权减免税”的组织收入原则，统筹做好减税降费与组织收入工作。从税收贡献的角度看，2020年全县区县级税收实现94178万元，占一般公共预算收入的比重为66.6%，较2019年同期提高3.1个百分点。税费收入占地方财政收入的比重更趋合理。2020年全县纳税100强入库税收13.45亿元，为全部税收的76.6%，较2019年同期增长2.6个百分点，重点税源支撑性更强。时刻关注大额入库税款，及时向税务所下发疑点数据。按季召开收入形势分析会，强化督促落实，保证工作进度。加强与财政局、经信委、规资局等部门联系，依托税收共治体系，及时共享涉税数据，优化税源监控。

【税制改革】 坚决落实落细各项政策措施，奋力推进各项改革任务落地，确保改革红利惠及市场主体，税收调节作用不断显现。严格按照市税务局统一部署和工作要求，扎实抓好个税汇算清缴工作，圆满完成规定的退补申报率和退补办结率，确保改革红利惠及每一个人。全年个税汇算共涉及884户扣缴单位，已汇缴17813人。其中，退税6047人，已退税金额257.52万元；补税350人，已补税金额185.32万元。在全市区县税务局中率先成立专票电子化试点工作组，多次召开专题会部署专票电子化试点工作，以1个工作组，7个专项职能组，9个税务所为实施主体形成“网格化”管理格局。按照市税务局安排部署，结合实情，制定实施方案和工作任务清单，实行挂图作战，确保责任到人，做到对表销号。形成工作任务按周推送、完成情况按周反馈的工作模式，确保改革任务按照既定时间节点落地落实落细，于12月30日开出了首张增值税电子专用发票。持续做好非税收入征管职责划转，成立专项工作组，制定实施方案、应急预案，积极开展非税收入业务培训及系统测试，点对点向企业进行划转政策宣传。多次前往财政局、水利局、人防办、环保局等部门做好水土保持补偿费等四项非税收入划转沟通协调及资料移交工作，全力推进非税收入征收职责划转工作平稳落地。

【税收法治】 始终把税收法治建设作为全局工作的重中之重，不断增强法治思维、严格规范执法、强化制约监督，以高质量税务法治，推动各项工作不断实现高质量发展。全面落实行政执法“三项制度”要求，严格按照公示载体、公示内容和公示时限规定进行公示，严格按照税收执法全过程记录工作规范执法记录仪的使用和管理，新配置执法记录仪9台，配备约谈询问室5间。完善了县局《权责事项清单》并编制《税务所权责事项清单》。全年召开重大涉税事项集体审议会议12次，审议处理重大涉税事项37项，涉及纳税人

204户次。及时做好行政执法信息公示平台上线与维护，顺利完成行政执法信息公示平台管理端岗位设置、角色配置及流程测试。主动公示基础信息、行政征收、行政许可、执法服务等信息350条。扎实开展内控平台疑点核查，完成112条未按规定认定信息的重新核实认定，完成内部重点风险扫描疑点信息核查2批次23条，财务审计专项核查任务24条，完成政策落实风险排查疑点核查整改12批。积极开展内控自我评估，共提出有针对性内控建议37条，被市局采纳4条。按照税务总局、市税务局关于法治税务建设示范创建相关工作部署和要求，成立法治税务建设示范创建工作领导小组及4个职能工作组，建立党委统一领导、全面依法行政领导小组统筹协调、各部门齐抓共管的工作推进机制。制定《法治税务建设示范创建工作实施方案》和创建工作宣传推广方案，根据总局有关创建活动的85项三级指标细化分解任务清单，为法治税务建设示范创建打下坚实基础。

【纳税服务】 始终把深化“放管服”改革，持续开展“便民办税春风行动”作为服务经济社会发展大局的切入点，不断创新服务观念、方式、手段，着力提高服务质效，促进营商环境全面优化。整合县行政服务大厅税务窗口和不动产登记中心窗口，实现新办企业、房产交易等涉税事项“一窗办理、即办即取”。针对自助办税区较为拥堵问题，在县行政服务中心二楼增设电子税务局自助办税区，并安排专人负责业务辅导，推动实现纳税人缴费人“就近办”“顺路办”“随手办”。简化退税流程，为服务“提速”。多次召开专题会议研究部署，制定规范退税流程业务操作指引，对退税流程进行再梳理、再优化。促进办税前台和税务所、科室之间无缝对接，快速联动。同时，实行专人专岗办理、退税全程专人辅导、建立台账跟踪管理制度，确保退税工作高效开展，进一步缩短了退税时间，节约了纳税人缴费人办税成本。大力推行“非接触式”办税理念，确保“非接触式”办税力度不断强化。全年纳税人缴费人征期总体网报率均保持90%以上，发票代开替代率达到95.23%，发票领用替代率达到92.75%，均高于全市平均水平。积极推行“12366”纳税服务二级热线，配备2名专职接线员，共为纳税人解答各类难点热点问题2000余次，纳税人缴费人全年零投诉。通过优化服务驱动，促进纳税自愿遵从，在县政府的统筹安排下为全县25家A级纳税人授牌，联系银行为34户企业授信1909.7万元。深入开展纳税人满意度调查大走访和问卷调查活动，共走访纳税人358户次，发放问卷调查1395份。邀请第三方机构对办税服务工作进行暗访调查，针对调查结果在全局范围内组织开展纳税人满意度提升培训，深入基层税务所走访、调研，对纳税人缴费人反映的问题进行及时沟通解决，县局2020年度满意度调查成绩比2019年提升13位。

2020年4月23日，县税务局一行到彭水县德济医院看望慰问参加驰援武汉市汉阳医院的返彭医护人员，为他们送去个人所得税优惠“礼包”

（县税务局　供图）

【政务管理】 坚持站在全局抓协调、围绕大局出思路，紧紧围绕中心工作，做好服务保障，确保政令畅通。宣传质效稳步提升，精心策划宣传主题，积极完善激励措施，努力提升宣传质效，多篇稿件和图片获《中国税务报》、新华网、华龙网、七一网、“重庆税务”公众号、彭水快报等各类媒体及市局内网采用近40次，全面展现了彭水税务新风貌。公文系统运转有序，强化公文管理，进一步规范了公文办理流程，明确了公文办理时限，积极开展公文处理督查督办，公文处理工作效率和质量进一步提高。保密工作日趋规范，保密工作结合税收保密工作实际，定期组织召开保密工作会议，进行保密知识培训，加强对干部职工保密意识教育，开展保密工作自查整改1次。平安建设稳妥推进，全力做好信访安全做好重点工作、重点人员的矛盾纠纷排查，建立矛盾纠纷台账，实行清单化管理。做好政务值班、车辆安全、网络舆情、档案管理等工作，有效保障税收中心工作顺利完成。共开展安全隐患排查6次，档案安全自查整改2次。绩效管理提档升位，紧密结合实际，细化指标，完善标准，落实绩效管理责任，强化绩效管理运用，全力推进数字人事、组织绩效管理工作提档升位，2020年，县局绩效考核在第二片区28个单位中排名第10位，在第二片区位列第一段。

【脱贫攻坚】　加强组织领导，初心使命不改。进一步健全党建引领脱贫攻坚工作责任制，坚持将党建与脱贫攻坚深度融合，将脱贫攻坚重要论述及有关会议精神纳入党委中心组必学内容清单，组织开展集中学习研讨，让脱贫攻坚理论入脑入心。积极主动与帮扶村党支部联合开展党日活动，注重将脱贫攻坚先进典型宣传融入其中，充分发挥基层党员在脱贫攻坚工作中的引领作用。提高思想认识，扶贫力度不减。全体帮扶干部和驻村工作队员以“不停顿、不放松、不大意”的精神状态，全力落实帮扶责任人“八个一”工作要求和“四个不摘”要求，做好汉葭街道亭子村和棣棠乡牌楼村两个村共84户贫困户的扶贫工作，县局帮扶干部定期前往帮扶村对口贫困户家中走访慰问，及时关心贫困户生活和生产中的困难，同时帮扶干部还积极与村委对接，参与谋划村扶贫产业项目，切实解决贫困户就业、创业、增收问题。严格责任落实，工作节奏不变。加强对扶贫政策的宣传，积极协助2名贫困大学生落实就学资助政策；为5户生病、受伤贫困户送上慰问金，县局机关食堂购买帮扶村农产品达7万余元；与对口帮扶区县两江新区税务局加强合作，积极开展消费扶贫，完成20万元采购额度；鼓励工会等群团组织到九黎城、摩围山、鞍子苗寨等县内景区开展活动；积极向成渝双城经济圈兄弟单位推介彭水阿依河、九黎城和摩围山等旅游风光，争取联系更多的成渝双城经济圈兄弟单位同事到彭水旅游；积极参与“世界苗乡·养心彭水”系列乡村旅游活动和景区主题活动，购买彭水县九黎城—摩围山景区门票，小计金额5.8万元；结合税收职能积极落实《支持脱贫攻坚税收优惠政策指引》等扶贫领域税收优惠政策，为企业稳岗就业，扩大贫困户务工增收提供了就业空间。

金　融

银　行

银行监管

【概况】　2019年，根据重庆银保监局《关于黔江银保监分局"三定"方案的批复》将原"中国银行业监督管理委员会黔江监管分局彭水办事处"更名为"中国银行保险监督管理委员会黔江监管分局彭水监管组"。彭水银保监组于2019年6月5日正式挂牌。根据"三定"方案，彭水银保监组主要职责为"在银保监分局授权和统一领导下，依法依规独立负责所在县市银行业、保险业机构及其业务活动的监管工作，收集所在县市相关金融风险的信息并向上级机构报告，承担交办的其他工作"，人员编制2人，陈天旺为组长，2019年12月任命朱毅为组长，负责全面工作。由此彭水银保监组除履行对银行业及其机构的监管职责外，正式履行对保险业及其机构的监管职责。

【银行保险业运行】　2020年，彭水银保监组采取工作督导会和工作走访、工作汇报等形式，加强对辖内银行保险机构的工作督导，2020年全县银行业保险业运行情况总体平稳向好。县域银行业各项存款余额240.88亿元，较年初增加27.75亿元，增幅13.02%。各项贷款余额242.36亿元，较年初增加26.57亿元，增幅12.31%。存贷比达100.62%。县域银行业实现利润3.58亿元，较2019年同期增140万元，增幅0.38%。县域保险机构实现保费收入6.29亿元，保险赔款2.23亿元。其中，寿险保费收入3.91亿元，保险赔付0.64亿元；产险保费收入2.38亿元，保险赔付1.6亿元。

【银行体系建设】　2020年度，彭水银保监组狠抓县域金融服务体系建设，积极推进普惠金融服务，县域银行保险业金融机构及其网点数量与类型不断丰富，网点布局进一步合理，服务体系进一步完善，服务便利度进一步提升。2020年县域共有银行机构8家，银行业务代理机构1家（邮政彭水分公司所辖支局代理邮储银行业务），其中国家政策性银行1家（农业发展银行彭水支行），国有大型银行3家（工商银行彭水支行、农业银行彭水支行、邮政储蓄银行彭水支行），重庆市属地方城市商业银行2家（重庆银行彭水支行、三峡银行彭水支行），重庆市属地方农村商业银行1家（重庆农村商业银行彭水支行），彭水县属地方法人银行机构1家（重庆彭水民泰村镇银行）；全辖共有银行营业网点198个，其中自助银行（24小时服务）109个，自助服务机具（CRS \ ATM）215台，流动服务车1台。从营业网点分布看，县城（3个街道办）网点78个，其中自助银行46个，自助服务机具（CRS \ ATM）120台；乡镇网点120个，其中定时定点服务网点5个，自助银行63个，自助服务机具（CRS \ ATM）95台，流动银行服务车1台（农商行）。县域共有保险机构17家，其中财产保险公司7家（人保财险、人寿财险、太平洋产险、平安产险、大地产险、中华联保产险、安诚产险），人寿保险公司8家（中国人寿、人保人寿、太平洋人寿、平安人寿、恒大人寿、阳光人寿、泰康人寿、生命富德人寿），保险中介2家（安诚保险代理销售部，2020年新增1

家，华康保险代理销售公司彭水营业部），保险营业网点25个，银行保险金融服务实现了乡镇全覆盖。全辖银行保险机构从业人员3099人。其中，银行机构从业人员842人（含邮政分公司银行从业人员110人），保险机构从业人员2248人（营销人员2058人）。2020年度，监管组加大督导工作力度，不断强化农村金融服务。积极推进大型银行网点下沉乡镇，农行彭水保家支行12月开始营业。持续推进银行金融服务“村村通”建设，2020年，银行机构“惠农通”“e融通”等便民服务点323个，POS机204台，全面实现了银行便民服务点行政村全覆盖。持续推进金融服务提档升级，积极督导持续推进金融服务提档升级。全年共计完成网点装修并验收开业9个，农行、农商行、邮政公司对乡村便民服务网点的264台服务机具进行了更新，银行便民服务机具更新率达86.7%，服务功能和农村金融服务获得率不断提升。

【疫情防控和企业复工复产】 加强监管引领，统筹推进疫情防控和金融支持“企业复工复产和决战决胜脱贫攻坚”工作。疫情期间，严防死守，全力抓疫情防控。彭水银保监组提高政治站位，强化组织领导，带领县域银行保险机构党员干部紧急行动，担当履职，全力抓疫情防控措施落实。于1月29日成立“彭水县银行保险机构疫情防控领导小组”，按照分局和县委县政府的工作部署，细化工作措施，采取坐班值守、电话和现场巡查、疫情监测日报等方式加强督导，强化措施落实。4月份，还会同公安局召开“银行保险机构疫情防控暨安全维稳工作督导会”，畅通与县分管领导、县府办的信息沟通，及时通报信息、报告疫情情况。12月份，彭水发生新的疫情，监管组第一时间启动应急预案，督导县域银行保险机构落实疫情防控紧急措施，确保了系统内疫情有效防控，得到重庆银保监局蒋平局长“彭水监管组疫情防控工作主动，值得市局学习”的批示。自疫情发生以来，县域银行保险机构及营业网点未出现停业的情况，也未有相关疫情发生，金融运行平稳。积极协调，助力县域疫情防控。彭水银保监组协调县金融发展中心向市金融监管局争取，解决了银行保险机构防疫口罩缺口20000多个。同时，积极督导并协调各银行保险机构搞好疫情捐赠，支持县域疫情防控工作。疫情期间，县域银行保险机构向抗疫一线捐赠口罩、消毒液、防疫扎包、饮用水、取暖设备等物资折合人民币26.7万元，特别是在疫情形式最严峻、抗疫物资紧缺时期，阳光寿险彭水支公司还向县政府疫情防控办捐赠了口罩6000个（N95口罩1000个），县域中国人寿、阳光人寿、泰康人寿等保险机构共计向11426名抗疫一线人员捐赠抗疫保险，提供风险保障29.48亿元，人保财险公司还向全县约11万名学生（含幼儿园）捐赠学生疫情保险，提供风险保障110多亿元。强力督导，统筹推进金融支持企业“复工复产”政策落实。成立“彭水县疫情金融支持企业政策落实推进工作领导小组”，细化工作方案，先后召开“银企座谈会”“银行保险机构疫情金融支持政策落实推进工作督导会”“疫情金融支持企业政策落实情况周报工作培训会”等，开展3次政策解读宣讲，及时传导党中央、国务院、银保监会、重庆市委市政府、重庆银保监局等相关疫情期间金融支持企业“双复”政策，持续加强与发改委、经信委等部门协作，及时沟通企业信息，联动搞好政策宣传及摸底调查，坚持“金融支持企业复工复产工作推进周调度督查制度”，切实强化“双复”工作督查。县域银行机构共计通过上门走访和电话等方式，摸底调查企业及个体工商户8305户，新增授信7408户，金额39.99亿元，新发放贷款6367笔，金额23.75亿元；为企业办理贷款展期1024笔，金额5606万元，为企业办理续贷2088笔，金额7.04亿元，调整还本8笔，金额2908万元，调整还款计划40笔，金额1012万元，调整付息期限24笔，涉及贷款金额8126万元，减息3笔，金额3万元，降低利率1362笔，涉及贷款金额3.43亿元，人行再贷款661笔，金额2.37亿元（其中：疫情专项再贷款1户，2笔，金额400万元）。从摸底调查和新增授信客户看，新增授信客户获得率达到96.34%，新增授信获得率达到96.84%。

【服务县域经济】 监管组在人少事繁的情况下，认真履职，积极督导县域银行业保险业围绕全县重要领域、重点项目、重点工程加大信贷投放力度，服务实体经济，支持县域脱贫攻坚和乡村振兴战略，促进地方经济发展。持续推进小微企业金融服务，监管组专题召开“普惠金融工作推进督导会”“民营企业金融服务推进座谈会”“银税互动工作推进会”，积极引导并督促银行机构创新业务品种，支持小微、民营企业。持续推进“放管服”改革，加大力度推进“企业减负30条”和疫情支持企业政策“45条”落地，把无还本续贷、尽职免责、不良容忍度等信贷监管政策落到实处，持续缓解融资难融资贵的问题。县域银行机构全口径小微企业贷款余额108.66亿元，占各项贷款余额的44.83%，小微企业贷款户数8190户，较2019年增加1481户。持续推进农村金融服务，助力脱贫攻坚。召开“县域银行保险机构支持脱贫攻坚暨乡村振兴专题督导会”，配合相关部门召开“银行金融扶贫工作推进会”和“全县扶贫小额贷款风险防范暨贷后管理专题会议”等会议，有效传导三农与扶贫金融支持政策，持续督导推进扶贫小额信贷扩大政策覆盖面，积极推进扶贫小额信贷业务的开展和风险防控工作，助力县域脱贫攻坚和乡村振兴战略。2020年县域涉农贷款余额为200.62亿元，较年初增加28.11亿元，涉农贷款占比为82.78%。其中，扶贫小额贷款2034户，余额0.89亿元，自开展小额扶贫贷款工作以来，累计发放小额扶贫贷款17722户，金额8.88亿元，贷款获贷率为63.49%。积极推进小额扶贫贷款“扫村行动”。协调配合财政局、扶贫办，督导小额扶贫贷款经办行按照“两个到位”和“应贷尽贷”的原则，采取银行机构划片包乡、逐户摸底调查、符合条件应贷尽贷的办法，全力推进小额扶贫贷款未获贷农户的“扫村行动”，发放宣传资料2万余份，做到了政策宣传到位。2020年县域5家小额扶贫信贷经办行（2020年新增三峡银行为经办行）未获贷贫困户（含边缘户）摸底调查乡镇39个，行政村（社区）296个，摸底调查农户31765户，完成目标任务86.35%，新发放小额扶贫贷款1134户，金额924.3万元，占有信贷需求农户的63.63%。督导民泰村镇银行持续推进“信用村”建设，开展信用村评定31个，授信金额8.6亿元。支持县域重点项目建设，召开“银行机构重点项目信贷支持专题会议”，督导县域银行机构加大县域重点项目建设信贷支持力度。全年县域银行机构向县域国有公司以及重点建设项目累计发放贷款23.01亿元，2020年年末国有公司及重点建设项目贷款余额为135.39亿元，较2019年新增9.79亿元。积极督导，切实做好“防灾、抗灾、减灾”工作，发挥保险稳定器作用。2020年极端天气自然灾害频发，给县域农业生产和人民群众生命财产造成较大损失。彭水监管组召集相关保险机构深入走访受灾乡镇及行政村，实地查看灾情，按照“快查、快审、快赔”的“三快”和“应赔尽赔”原则，督导加大灾害保险理赔工作力度，切实减轻灾害损失，为受灾群众生产自救提供有力支持。2020年共计赔付1951户农房等损失保险金46.04万元，烟农烤烟损失赔付1675户，赔付金额1075万元，实现县域有史以来单项最大额保险赔付。

【风险防控】 严守风险底线，加强金融监管防范金融风险，全年未发生系统性、区域性风险。强力控不良，召开“银行风险防控专题督导会”，督导银行机构做实信贷资产质量，“压存量，控增量”，县域银行机构不良贷款控制较好。2020年县域银行机构不良贷款余额1.41亿元，较年初减少1.3亿元，下降47.92%；不良贷款率0.58%，较年初下降 0.67 个百分点，实现了“双降”目标。全力防风险，持续关注政府融资平台、房地产领域、扶贫小额信贷、信用卡等重点行业、领域的风险防控。全县政府承诺偿还的融资平台公司、国有公司隐性债务未出现本息逾期情况。持续推进债委会工作，积极督导持续推进黔龙、凯邦、双薪等风险化解。凯邦风险得到有效控制，黔龙、双薪风险化解工作正在加紧推进之中。合力抓案防，与银行保险机构签订《案防安保责任书》，会同公安部门召开“第六轮银行安全评估整改工作督导会”和五一节、国庆节“安全维稳工作督导会”，督导县域银行保险机构做好安全保卫、案件防控、信访维稳和“防风险、保稳定、迎两会”各项工作，确保了疫情和两会期间的稳定。全辖实现了“零案件”目标。持续治乱象，召开“银行保险机构巩固治乱象成果促进合规建设推进督导会”和“保险市场乱象整治专题会议”，督导开展乱象整治工作，着力推进车险费率改革。建立保险机构“营销人员入职、离职信息监测月报制度”，建立“辖内保险营销人员离入职信息库”，对保险营销人员不良行为进行监测和结果应用，县域保险市场乱象得到一定的遏制。舆情重管控，督促各银行保险机构强化舆情风险日常监测和处置工作。妥善处置凯邦民工到重庆银行讨薪行为，避免由此可能导致的群体事件，从而引发区域性、系统性风险。

【消费者权益保护】 监管组认真履行职责，持续加强金融消费者权益保护工作，金融消费者权益保护工作进一步加强。加强督导巡查，对辖内银行保险机构开展了侵害消费者权益乱象整治抽查工作。强化消费者投诉处置，全年共接待金融消费者来访 32 人次，受理并妥善处置金融消费者投诉 17 起。全年未发生重大舆情事件。加强金融知识宣传，利用“3·15”“7·8 全国保险宣传日”“金融知识普及月”等载体，牵头并督导银行保险机构持续开展送金融知识进学校、进农村、进社区、进机关、进企业等公众教育活动。2020 年，在加强疫情防控措施的前提下，共组织辖内银行保险机构开展了街头集中宣传 5 场，各银行保险机构开展各类宣传活动 60 余场次，特别是疫情期间，邮储银行、民泰村镇银行等机构深入大垭、润溪等乡镇开展送金融知识进乡村的金融知识和防诈骗等宣传，民众金融知识水平和防诈骗能力得到进一步提高。

【党建及内部管理】 认真开展“不忘初心，牢记使命”主题教育活动，强化党风廉政建设和内部管理，促作风转变。持续开展“不忘初心，牢记使命”主题教育活动，利用工作例会，强化十九大和十九大五中全会精神、习近平新时代中国特色社会主义思想和习总书记系列重要讲话精神以及《习近平谈治国理政》的学习，组织员工到黄家镇红军街开展红色教育和廉政教育活动，并上报《传承石碑精神，永葆廉洁之风——参观黄家镇红军街六棱碑有感》清廉文化征文，不断提高员工政治思想素质。强化党风廉政建设，组织员工认真学习《党风廉政建设责任书》《案件防控暨安全保卫工作责任书》和相关纪律规定，向分局纪委报告党风廉政建设责任制落实情况，开展廉政风险防控排查，梳理部门和岗位廉政风险点，绘制监管组权力运行流程及风险点分布图，开展个人投融资情况排查和党员干部利用名贵特产特殊资源谋取私利专项排查并上报排查报告。督导辖内银行保险机构持续推进“清廉金融文化建设”。建立健全各类登记簿，持续完善和强化内部管理，内部基础管理不断夯实。

人民银行

【金融支持疫情防控】 2020 年，支行积极贯彻落实金融支持疫情防控政策，县域金融运行整体平稳良好。2020 年年末，银行机构存款余额 242.68 亿元，同比增长 12.57%；贷款余额

242.36亿元，同比增长12.31%。不良贷款余额为1.41亿元，不良率为0.58%，较年初分别减少1.3亿元、下降0.68个百分点。督促辖内银行机构加大金融支持疫情防控工作力度，运用专用及新增额度向村镇银行发放支农再贷款2644万元、扶贫再贷款4038.5万元，引导辖内银行机构累计向受疫情影响的客户新发放贷款4145笔、25.58亿元。开展“金融保市场主体百日大走访”，有序对接市级下发一类重点企业23家，自主走访企业300余家。

【首贷续贷中心建设】 推动设立小微企业首贷续贷中心，深入贯彻党中央、国务院关于做好“六稳”“六保”决策部署，落实重庆市金融支持稳企业保就业电视电话调度会议精神，加强管理，确保中心运转正常。运用两项创新工具有序推进稳企业保就业工作，银行机构采取展期、续贷等方式对受疫情影响的企业及个人的2128笔、8.27亿元贷款本金办理延期，其中四家地方法人银行对459笔、1.93亿元普惠小微企业贷款实施阶段性延期还本付息，支行为县域法人银行办理延期支持激励资金32.64万元；4家地方法人银行累计发放普惠小微信用贷款450笔、0.71亿元；推进银行贷款利率逐步下降，降低企业融资成本。全县银行机构全年发放小微企业贷款平均利率5.22%，较同期下降19.94%。

【金融支持脱贫攻坚】 用活信贷政策，督促防范化解扶贫小额信贷风险。引导银行通过设置还款宽限期、“快续快展”、应贷尽贷、应延尽延、精准落实风险补偿等措施，积极化解扶贫小额信贷到期无法按时还贷的风险。同时，引导银行机构持续发放金融精准扶贫贷款，全年累计发放4亿元。组织辖内银行机构通过创新金融服务方式等手段，开展金融支持乡村振兴主题业务竞赛，选拔3家金融机构参与中支业务评比，获一等奖1名、三等奖2名。

【金融统计】 以金融统计数据质量治理年为契机，做好辖内金融统计工作。完成新冠病毒疫情对企业经营影响跟踪调查、月度生猪价格监测、月度工业企业财务数据、季度服务业财务数据、季度服务业、小微企业调查等制度性调查工作。按时完成对民间融资、保险、担保、证券业、社会融资规模的统计；对辖内8家银行机构开展统计现场核查，以查促学，倒逼银行机构举一反三，加强统计制度的学习掌握及准确运用。

2020年9月1日，个人信用报告自助查询代理网点授牌仪式在工行彭水支行黔龙分理处举行

（中国人民银行彭水支行　供图）

【金融稳定】 成立防范化解金融风险攻坚战领导小组、金融机构突发事件应急领导小组，统筹开展县域金融风险监测、防范、处置工作。约谈相关银行业金融机构领导班子及相关部门，专题汇报彭水县几家大型房地产开发项目进展情况，及时掌握工程进度、开工情况、烂尾处置等相关信息，并及时提出相关应对措施及建议，努力防止房地产信用风险向金融机构渗透；严格落实重大事项报告制度，要求银、证、保金融机构及时报送本单位重大事项，及时上报金融稳定信息，针对银行机构、保险机构等重大事项报告建立专档保管，保证全县金融稳定工作信息畅通。坚持按

月统计银行机构涉诉案件情况，要求各金融机构密切加强与法院的联系，加大涉诉前调解，坚持依法催收。要求辖内银行业金融机构梳理风险点按季定期报送机制，防止系统性金融风险，确保全县辖区金融平安运行。

【征信管理】 开展“6·14信用记录关爱日”“金融知识普及月”主题宣传活动，构建“线上线下齐联动，多措并举共推进”的立体宣传体系，确保征信宣传落到实处。2020年投放宣传折页30000余份，金融网点接受质询10000余人次。落实责任，扎实做好征信日间业务工作，累计来行查询个人信用报告15395人次、企业信用报告432笔；做好客户异议处理解释、申请受理工作，提高异议处理效率，促进系统数据质量的提高，共计处理异议7笔，办结异地投诉1笔，提升了对外履职的服务形象和征信救济用户满意度。开展应收账款服务和动产融资平台推广工作，支行开展上门督促面谈，引导符合条件的客户完成平台注册及操作，全年新增应收账款融资服务平台成交9笔隐蔽保理融资业务，金额7.91亿元。积极筹划准备农村信用体系建设的各项工作，着手开展信用村评级工作。落实农村商业银行、邮政储蓄银行分别选点，完成信用乡、信用村的创建，同时支行领导积极向政府领导汇报，及时出台相关政策，支撑农村信用体系建设工作的稳步推进。

【外汇管理】 加强外汇政策的传导，组织辖内相关机构参加上级行召开的外汇工作会议和培训会，督促银行按时上报外汇业务监管报表。引导各涉汇行提高外汇管理理念，服务实体经济，防范跨境资本流动风险，维护辖区经济金融安全，促进辖区涉外经济健康快速发展。支行组织辖内银行机构利用网点LED显示屏及其他宣传活动契机持续宣传跨境人民币业务，提高跨境人民币业务在实体经济中的知晓度和使用度，积极推动人民币国际化进程。

【1+2+N普惠金融服务到村】 支行紧紧围绕“让党中央放心，让人民群众满意”这一中心目标，将开展普惠金融服务到村工作作为支行近几年的重点工作来抓。支行行长及分管副行长多次主持召开专题推进会议，确保普惠金融服务到村工作落到实处。及时制定了彭水县“1+2+N普惠金融服务到村”工作实施方案和建设工作计划，实施银行机构“主办行”制度，明确了有关单位及部门工作内容、责任范围、完成期限。重点在县内三义乡、大垭乡两个深度贫困乡镇所辖村开展试点工作，打造具有特色的普惠金融示范基地。

【货币发行】 支行按计划完成现金服务示范区建设，做好疫情期间现金供应工作。着力推进人民币知识进校园，推动县教委发文要求全县各中学校开展人民币知识教育工作，发放8000余册反假教材。针对重庆市2019年反假货币工作综合评价通报情况，支行协调县公安局、各银行机构加大工作力度，收缴假人民币220050元，公安收缴假人民币73550元，警银收缴比例达50%。大力开展反假宣传活动和反假知识进乡镇活动，严格按要求开展发行库风险排查，扎实推进货币发行制度执行专项治理活动，切实做好新版5元人民币发行工作，确保发行工作平稳、有序。

【经理国库】 不断夯实国库会计核算基础工作，确保国库资金安全；支持配合财税体制改革，持续推进社保征管改革，支持减税降费政策落地，配合财政做好辖区工资性支付保障工作；优化国债下乡，扎实做好“国债宣传服务站”“村民理财课堂”建设；进一步优化全程电子退库系统，有效提升退库工作效率。充分发挥预算支出前置系统、库款预警监测系统作用，提升国库监督效能。

【支付结算】 稳步推进支付结算管理工作，依法履行人民币银行结算账户管理职能，持续落实改善“营商环境”，做好取消账户行政许可工作；推动移动支付供给侧结构性改革，大力推广“云闪付”，推进移动支付便民工程建设；持续推进农村支付服务高质量发展，实现金融基础服务设施行政村全覆盖；切实做好防范电信网络新型违法犯罪工作，督促和指导金融机构严格贯彻落实关于防范电信网络新型违法犯罪各项监管要求，积极配合公安部门开展打击电信网络诈骗、跨境网络赌博等非法活动，实时开展存量账户涉案排查。

【反洗钱】 积极推进反洗钱工作，对辖内24家反洗钱义务机构开展反洗钱分类评级工作；督促各义务机构切实开展反洗钱宣传培训，履行反洗钱义务。积极与公安、检察等部门联系，建立反洗钱协调机制，努力探索洗钱判例突破。

2020年3月，中国工商银行重庆市分行行长到彭水县三义乡开展扶贫工作，查看三义乡扶贫产业，为三义乡捐赠40万元

（中国工商银行彭水支行　供图）

工商银行

【概况】 中国工商银行股份有限公司重庆彭水支行是隶属于中国工商银行股份有限公司黔江分行的一级支行。自1986年5月成立以来，坚持积极作为、勇于担当，营造实干氛围，全力融入地方经济发展。截至2020年年末，支行有员工38人，平均年龄39岁；内设职能部门2个（综合办公室、业务发展部），对外营业机构2个（支行营业室、十字街支行）；自助银行4个。

【经营业绩】 2020年，彭水支行全部存款余额18.26亿元，其中个人储蓄存款余额10.66亿元，突破十亿元大关，较年初增长2.09亿元，创历史最佳成绩；公司存款4.10亿元，较年初增长1.91亿元，增长率87.2%，机构存款增加0.46亿元。全部贷款余额达26.98亿元，较年初增长1.19亿元；其中个人贷款余额8.44亿元，较年初增加2.73亿元，贷款增长率47.8%；公司贷款18.30亿元，较2019年减少1.78亿元。实现拨备前利润5068.59万元。被中国工商银行重庆市分行授予“2020年工银成就集体”称号。

【社会责任】 金融支持企业复工复产，紧密落实党中央、市、县政府关于支持企业复工复产、支持企业稳保就业等相关工作部署，坚持开展客户走访活动，了解企业发展情况，积极落实减费让利政策，用实际行动支持企业发展。2020年累计走访客户1200余户，累计授信6.73亿元；人行降准普惠口径贷款余额1.68亿元，较年初新增0.46亿元，增幅37.97%，高于全行贷款增速，贷款户数较年初增加83户。其中，小微企业贷款余额0.29亿元，个人经营性贷款1.39亿元。2020年度新发放的普惠型小微企业贷款执行平均利率约为3.95%，较年初下降52BP；为小微企业减免评估费用84003元，公证费用63304元，抵押登记费5760元。

积极开展扶贫工作，支行高度重视扶贫工作，自觉把助力脱贫攻坚的政治责任扛在肩上，在上级行的支持下，充分发挥作用，积极开展靛水街道天井村和三义乡脱贫工作。2020年9月，支行得知天井村蜂蜜已丰收，但销路仍是问题，主动将天井村蜂蜜推介到上级行工会，合计购买天井村蜂蜜300余斤，涉及金额3万余元。支行驻村扶贫工作人员被评为“2019年度脱贫攻坚先进个人”。11月，彭水支行联合三义乡人民政府、县人民银行在三义乡莲花村、龙阳村“1+2+N普惠金融服务到村”基地，设置专门的客户经理作为联络员，以便第一时间解答客户咨询问题。2020年为三义乡累计投放个人经营贷款16笔，金额235万元。涉及的产业覆盖面广，有中蜂、中药材、豪猪养殖、珍珠鸡养殖、食用菌种植等特色产业，覆盖了三义乡6个行政村，预计带动了农户增收户数达320户。

大力支持老百姓安居工程建设，2020年，持续开展以“拓项目、增投放”为主题的按揭贷款主题营销活动，加大对新城区拟建、在建楼盘的服务力度，积极支持县域核心区域改善居住环境。2020年，新建立合作关系开发企业7家，累计达到10家；实现个人住房按揭贷款投放29663万元，较2019年新增23762万元；个人贷款余额84365万元，较年初新增27341万元。

农业银行

【概况】 2020年，农行彭水支行坚持以习近平新时代中国特色社会主义思想为指导，以党建为统领，围绕“一抓三促两实现”工作思路，统筹抓好战疫抗洪，积极服务“六稳”“六保”工作，助力脱贫攻坚与乡村振兴有效衔接，实现了农行彭水支行各项工作稳中有进，稳中有为。农行彭水支行内设部室5个、辖营业机构6个，在职员工120人。实现营业收入1.51亿元，实现经济增加值7221万元。

【业务发展】 负债业务方面，2020年，彭水支行各项日均存款余额30.45亿元，比年初增加3.29亿元，计划完成率118.98%。其中个人日均存款余额20亿元，比年初增加2.29亿元，计划完成率117.3%。对公日均存款余额10.41亿元，比年初增加1.02亿元，计划完成率100.2%。突出

2020年12月，农行彭水支行首个乡镇物理网点保家支行正式开业

（农行彭水支行　供图）

重点产品，充分利用大额存单、抵押e贷、纳税e贷等重点产品，着力做好客户的“保、抢、挖”工作；突出重点客户，抓法人客户，致力于客户走访与维护工作，全方面覆盖机构类存款客户、贷款类客户、小微企业客户和其他纯存款客户，全年共计走访和维护客户100余次；突出重点时段，为抓好春节前后旺季营销关键时期，制定并下发了《彭水支行2020年“春天行动”零售业务竞赛方案》《彭水支行2020年“春天行动”零售业务考核方案》充分激励和调动营业机构全员营销的积极性，为旺季零售产品营销奠定考核基础。同时制定下发了《关于印发2020年零售业务短板指标竞赛方案》，为全年支行零售业务短板指标可持续健康发展提供了考核依据，做到了任务早明确、措施早制定、工作早落实。

资产业务方面，2020年年末，农行彭水支行各项贷款余额59.37亿元，比年初3.4亿元，计划完成率137.34%。其中个人贷款余额14.48亿元，比年初增加1.85亿元。法人贷款余额44.89亿元，比年初增加1.55亿元。不良贷款余额和占比较年初出现双升。2020年年末，支行不良贷款余额2233万元，较年初增加474万元，不良贷款占比0.38%，较年初上升0,06个百分点。围绕彭水县基础设施、摩围山景区、交通设施建设项目，全年为重庆九黎集团、彭水城投集团、重庆铁发建

新公司发放贷款3.84亿元；围绕彭水县小微企业和民营企业发展，全年为其累计发放贷款1.22亿元。

中间业务方面，2020年年末，实现中间业务收入1388万元。围绕信用卡分期，基金、贵金属、代理保险政策激励，补足营销短板，夯实个金中收基础。以缴费中心、农银e管家核心商户为重点，大力拓展掌上银行、金穗e融通等线上产品，推动网络金融业务增收。全年零售板块中收实现1212万元，比同期增加109万元。

两户营销方面，支行把两户营销作为业务发展的重要抓手，在多个方面取得了突破，成功营销了彭水县林业直补资金。与彭水县林业局签订了《金融支持林业振兴战略合作协议》和《代理兑付直接补贴资金协议》。成功开立中铁建渝湘复线高速公路总承包专户2个、中铁二十局标段账户12个、渝湘复线高速公路巴南—彭水段项目指挥部账户1个。12个账户转入资金累计达2.5亿元。成功营销彭水县职教中心智慧食堂项目。该项目带动支行多项零售产品指标提升进位，其中个人掌银活跃客户净增3245户，达到21444户，在掌银专项营销活动中计划完成率112.94%，排名全市第1位。成功营销村集体经济组织账户66户、共管账户61户。2020年以来共开立对公账户401户。

“三农”业务方面，持续推进扶贫小额信贷“扫村行动”。2020年支行聚焦建档立卡贫困户，坚持“应贷尽贷”原则，共发放扶贫小额信贷306笔、1403万元（其中新增93笔、422万元），累计发放扶贫小额信贷17176笔，共计8.5亿元，为贫困户发展产业输血助力。2020年以来，新华社、华龙网、《彭水日报》等媒体先后对支行扶贫小额信贷工作进行了报道。针对全县因疫情影响不能按期还款的精准扶贫小额贷款到期客户，支行给予信贷政策支持，通过设置宽限期延长还款期限助其渡过疫情困难期，共计34户，金额145万元。对前期因受疫情影响未还款的客户，消除逾期征信记录，共计95户，355万元。持续优化金融服务渠道建设，建设惠农服务点266个，累计为村民提供金融服务超过46万笔，金额3.19亿元。为更好的助力深度贫困乡镇脱贫攻坚工作，让更多的农户享受更多更优质的金融服务，支行为升级大垭乡网点服务，配置了最先进的超级柜台。同时按照“1+2+N普惠金融到村”工作要求，大垭乡冬瓜村建成普惠金融基地，惠及周边乡镇务川、润水镇居民共计1100余人。持续做好定点扶贫工作。支行选派5名优秀干部到彭水县深度贫困乡镇大垭乡、三义乡、汉葭街道双坪村开展定点扶贫工作，在定点扶贫工作中扶贫干部积极发挥“四员”作用，赢得了当地党政机关和贫困户的好评。2020年5月，支行制定了《中国农业银行重庆彭水支行扶贫干部考核方案》，通过考核，进一步加强扶贫干部管理，压实扶贫工作帮扶责任，推动做到扶真贫、真扶贫。同时，定点扶贫干部积极为深度贫困乡广大农户提供金融服务，开展知识讲座，派发宣传资料。特别是在疫情期间，支行积极践行社会责任，分别到大垭乡、三义乡开展“同心抗疫 助力深贫”防疫物资捐赠活动，共为大垭乡、三义乡捐赠了价值20万元的防疫物资。彭水电视台全程进行了采访报道。持续做好消费扶贫工作。积极推动彭水晶丝苕粉、苗妹香香、苗乡人家等企业入驻支行扶贫商城，将彭水的特色农产品卖到全国各地。2020年，入驻支行扶贫商城的9家彭水企业，实现产品销售3357万元。

【综合管理】 抓好思想建设，持续开展学习习近平新时代中国特色社会主义思想，宣传贯彻党的十九届五中全会精神。2020年，支行党委中心组学习20次，举办交流学习会10余次。全员思想和行动进一步向党中央和总分行党委的决策部署统一。抓好支部建设，积极推行党组织清单式管理和党员积分制管理，组织各支部书记到大足五星大道支行学习党建经验。各支部分别到深度贫困乡镇帮扶村开展形式多样的党日活动。抓好廉政建设，时刻警醒全行员工始终做到心有所畏、言有所戒、行有所止，积极开展员工行为排查。全年行政处分 1 人次，通报批评、经济处理 28 人次。达到了处理一批、震慑一片、教育全行的目的。积极开展企业文化建设，组织开展了“三八”节踏春活动，青年员工座谈会、“九九重阳”座谈会，并成立了“青年突击队”，在“春天行动”期间下乡下村营销，积极发挥基层共产党员的先锋模范作用。

加强队伍建设，全年选拔任用干部 6 人，均为 35 岁以下青年员工，在全行形成了一个以群众公认为基础、以德才表现为准则、以工作实绩为尺度、以干事创业为导向的队伍建设机制。抓好员工培训教育，组织全行员工参加总行的岗位资格考试工作，并多次开展模拟考试，报名参加考试 37 人次，其中通过岗位资格考试 32 人次，考试通过率 86.5%。

抓好财务预测分析，按季编制经营计划，按月抓好财务预测监测，按季拟写财务、业务经营及资金运营、管理会计分析。抓好运营管理及相关工作，做好反洗钱制度建立、信息补录、持续识别和可疑交易信息审查；做好押品接收、退出和管理；做好重空凭证的管理与配送；做好预警信息核销与处理工作，为杜绝案件和各项经济责任事故起到了有效的监控作用；做好日常影像信息扫描工作。抓好综合绩效考核工作，开展“绩效考核办法大家学”活动，以考核为导向，及时制定支行综合绩效考核、营业网点综合绩效考核、内勤行长考核、大堂经理、柜面经理等考核方案，并结合重点工作按季调整，并按要求做好考核汇总审核提交等工作。

2020 年支行处置清收不良贷款 2289 万元，其中现金清收 1819 万元，占处置额的 79.46%，呆账核销 210 万元，占处置额的 9.17%，不良资产证券化 260 万元，占处置额的 11.37%。狠抓案件防控，以员工行为排查为重点，采取主动报告、内部谈话、问卷调查和通过“三线一网格”系统等方式，排查重要岗位人员轮岗、强制性休假、亲属回避、员工行为异常、基层负责人及员工违法违规对外担保、私售“飞单”、非法集资等情况，进行“八小时内外”行为排查。排查自查人数为 120 人，互查、外部走访和组织排查人数 120 人次，参与率达到 100%。安全保卫工作得到进一步加强，2020 年，支行安全生产正常运营，全年无安全事故发生。法律事务工作稳步推进，2020 年，加强了对已诉案件和被诉案件的管理，对诉讼案件进行了部分补录；起诉案件 265 件，全部胜诉；被诉案件 1 件，获得胜诉。

【综合保障和其他工作】 2020 年年初，由支行工会牵头开展对困难员工、离退休员工慰问，为 10 名员工申请了困难员工集中补助，为 2 名大病员工申请了互助补助，为全行员工集中办理了 2020 年体检卡和生日蛋糕券，开展了国庆、端午、五一等节日慰问，探望生病员工 11 人次。

农业发展银行

【概况】 中国农业发展银行彭水苗族土家族自治县支行（简称农发行彭水县支行）是由国家出资设立、直属国务院领导、支持农业农村持续发展、具有独立法人地位的国有政策性银行，依托国家信用支持，在农村金融体系中发挥主体和骨干作用，加大对农业农村重点领域和薄弱环节的支持力度，促进经济社会持续健康发展。农发行彭水县支行，自 1996 年 12 月成立以来，紧紧围绕国家战略，把握服务乡村振兴，为支持地方经济发展作出卓越贡献。2020 年年末在职员工 24 人，平均年龄 36 岁，大学本科占比 95.8%，内设二部一室（办公室、信贷业务部、会计结算部），营业场所位于彭水县绍庆街道河堡一号（乌江大桥桥头）。

2020 年是决战决胜脱贫攻坚、全面建成小康社会和“十三五”规划收官之年，是具有里程碑意义的一年。开年以来，支行认真履行农业政策性银行的职能，发挥“扶贫银行”的作用，着力打好疫情防控“阻击战”和脱贫攻坚“收官战”，全面超额完成上级行下达任务，金融助力脱贫攻坚成效显著。全年有扶贫贷款余额 43.32 亿元(含农发重点建设基金 4.63 亿元，扶贫统贷资金 1.61 亿元，农发行在彭水总投资则为 49.56 亿元)，较年初净增 8.87 亿元，增长 25.75 %；实现扶贫贷款投放 11.25 亿元，着重投放于农村扶贫通畅公路、人居环境改造、旅游康养基地、农村流通体系建设和河堤水利等基础设施建设项目；网银客服覆盖率 66.67%，离柜支付替代率达到 91.73%；不良贷款余额和占比均为“零”。扶贫贷款投放额、净增额、余额均居全县金融系统前列，金融扶贫先锋主力模范作用进一步彰显。

【党建工作】 2020 年，支行党支部始终坚持把加强党员领导干部的政治理论学习当作首要工作来抓。制定出台了《2020 年支委会首议题学习计划表》，坚持每月召开 2—3 次支委会、2 次行务会和 1 次以上职工会，全面系统学习习近平新时代中国特色社会主义思想，学习《习近平扶贫论述摘编》《习近平谈治国理政（第三卷）》等，做到读原著、学原文、悟原理。全年共开展党员集中学习 40 次，班子成员讲党课 4 次，一般党员讲微党课，开展主题党日活动 16 次。上报《全面从严治党夯实年活动动态》4 期。特邀县委党校老师来行讲授党课 1 次。结合彭水国定贫困县的实际，以“扶贫”为主题打造特色党支部，制定了《彭水支行特色党支部创建工作方案》。做实金融扶贫，积极申报扶贫贷款项目，全年超额完成审批和投放任务，建议并完善统贷 2.4 亿元的支付方式，全力支持彭水县仅有的两个深度贫困乡交通建设和人居环境整治。与贫困村党支部“结对子”，与帮扶贫困村凤山村党支部和三峡银行结对子，党支部书记每月一次深入凤山村和挂钩 12 户贫困户开展帮扶工作，帮助该村改造党员活动室，2020 年捐赠 5 万元，用于卫生环境清理、通畅路排危、集体经济建设等。疫情发生后上班第一天，就从行里有限的物资储备中调剂防疫物资一批，及时送抵援助抗“疫”一线。彭水发生了暴雨大风灾害，双方党支部实地查看了结对帮扶户的损失情况，协助申请保险补偿。支行组织凤山村党支部、三峡银行、驻村工作队开展参观农发行信贷帮扶贫困乡村成果，讲党课，瞻仰烈士陵园，重温入党誓词。2020 年支行将“普惠金融到村基地”落实到凤山村。创新宣传方式，拍摄扶贫特色党支部的党建视频在营业厅滚动播放，办专版 4 期，摄影展 3 期，红色征文 1 期，红色照片展示 1 期；积极参加总行“微信一分钟扶贫区县农产品带货比赛”，市分行扶贫故事征集活动将三义乡龙阳村农村公路建设向总行推荐；助力彭水土特农产品销售，有 9 个分支行在彭水购货，全年共计销售和购买贫困地区农产品 14.33 万元。开展“以党带团”“以老带新”活动，成立青年突击队，激发青年员工以“敢想、敢干、敢于创优争先”的理念服务脱贫攻坚，充分展示了积极向上的精神风貌。2020 年度，支行党支部被市分行党委授予“特色党支部”称号。

【经济工作】 秉承“正德厚生，臻于至善”的

2020 年，农发行彭水支行职工到黄家坝开展红色教育活动

（农发行彭水支行　供图）

核心价值观，坚持打造良好而巩固的银政企关系，持续关注客户利益，建设以“客户认同”为目标的经营服务体系，深挖客户价值，在内部开展围绕“开门红”“落实‘四大工程’，集中推进业务发展劳动竞赛”活动，调动员工积极性，企业实现年度经营业绩考核全市农发行系统前6位。扶贫业务再创新高。新获批贷款金额15.54亿元，实现全年扶贫贷款审批任务的199.19%，投放贷款9.11亿元，实现全年任务的123.11%，FTP利润5321万元，实现全年任务的121.93%，完成任务居全市前列。金融产品不断刷新。2020年在全市实现首笔支持“双创”孵化平台建设项目，为贫困地区全民创新发展农村电商，开展网上创业提供了发展平台。2019年业务圆满收官以后，全行并没有停下脚步歇一歇，元旦后上班第一天，支行领导与县领导和部分企业到市分行汇报衔接工作。行领导带领信贷人员深入企业，逐个摸底调查，开展营销，宣传政策，了解企业融资需求，建立项目库，解决存在的问题和困难，分轻重缓急排出申报顺序，找准了突破口，实现了年度业务高起点起步。依托市分行领导扶贫包片、处室对口联系等扶贫机制，充分利用市分行领导带队到支行指导工作，市分行项目策划组、评估组现场工作的机会，形成上下联动、全员行动的态势。经过努力，疫情期间支行获批贷款15.54亿元，投放6.77亿元，全面超额完成下达的阶段性任务。支行信贷投入地方余额53.3亿元，在区域银行业中排名第二位，剔除不可比因素后为第一位，呈现出“一步领先、步步领先”的良好态势。

【宣传工作】 支行支持脱贫攻坚事迹相继被《农村金融时报》《粮油市场报》《重庆日报》等中央和地方级媒体刊载10多次，县委书记钱建超，常务副县长巩义胜在支行扶贫党支部建设汇报材料上分别批示，给予农发行支持脱贫攻坚高度评价。两次在全县工作会上高度赞扬农发行工作，支行作为县内金融系统唯一代表作了交流发言。

农村商业银行

【概况】 2020年，重庆农村商业银行股份有限公司彭水支行坚持以习近平新时代中国特色社会主义思想为指导，在监管部门的指导下，统筹推进党的建设、疫情防控与改革发展，主动融入成渝地区双城经济圈和“一区两群”建设，积极服务乡村振兴和实体企业，大力支持县域经济发展。

2020年9月26日，农商行彭水支行在金山广场开展“守护钱袋子”金融知识宣传普及活动

（农商行彭水支行　供图）

农商行彭水支行内设9个机关职能部门（综合部、人力资源部、保卫监察部、公司金融部、零售金融部、审计稽核部、风险管理部、计划财务部、会计结算部），2个营销部，1个个人贷款中心，1个集中作业中心，43个营业网点。布放23台便民服务终端，安装自动存取款机、查询机、发卡机和非现金智能综合柜台等自助设备共126台，建设便农服务点23个、便民终端23台，投放1台流动银行服务车，在岗员工324人，是县域营业网点最多、从业人员最多、金融机具投放最多、覆盖范围最广的金融机构。

【公司业绩】 2020年，农商行彭水支行进一步提高政治站位，纵深推进全面从严治党，把党建工作和业务经营同部署、同推进、同落实，各项业务经营继续保持良好的发展态势。

存贷款指标增势良好，各项存款余额110.46亿元，比年初净增9.49亿元。各项贷款余额47.07亿元，比年初净增10.52亿元。存贷比42.62%，比年初提升6.42个百分点。

经营效益有效提升。年末营业收入2.5亿元，同比多增6840万元，实现FTP净利润2.3亿元，同比多增0.5亿元，经济增加值1.8亿元，同比多增0.4亿元。为地方创税3356万元。

【信贷服务】 利用支行“点多面广”的优势，充分发挥支农主力军作用，全年累放各类贷款37.85亿元，其中涉农贷款27亿元，涉农贷款余额33.52亿元，占全部贷款余额的92%。将支持小微企业和民营企业发展作为工作重点，全年发放普惠型小微企业贷款5.63亿元，有力支持了民营经济发展。

【社会责任】 疫情防控期间，除定时服务机构和两人制网点外，全辖39个营业网点坚持每天开门营业，尽全力满足客户的金融服务需求。同时，在外出务工人员春节前返乡和疫情期间返岗复工之际，支行组织人员到车站进行全程接送，让老百姓切实感受到家的温暖。帮扶企业纾困解难。主动对接疫情防控重点保障企业200余次，综合运用展期、续贷、下调贷款利率、减免罚息、使用应急周转资金进行转贷等措施，帮助38家受困企业应对疫情影响，运用支农支小再贷款支持12户小微企业3500万元助力复工复产。

助力决战决胜脱贫攻坚，全年发放建档贫困户贷款4699万元，帮扶1034户贫困家庭，惠及5002个贫困人口。发放扶贫小额贷款335万元，有力推动乡村振兴，助力脱贫攻坚。围绕“1+2+N”普惠金融服务到村行动计划，定期到辖内贫困村宣讲金融扶贫政策，普及金融知识，通过建设金融扶贫工作站，升级便民终端服务功能，持续提升老百姓获取金融服务的便利。

持续开展流动银行车服务，定期到偏远山区、贫困地区为当地老百姓办理基础金融业务。同时，以创新流动服务为题材，参加黔江金融学会组织的“金融支持乡村振兴主题业务创新活动”，斩获一等奖。以43个营业网点为阵地，依托国债下乡、流动银行服务等为载体将金融知识和服务送到边远山区、贫困地区，真正打通金融服务“最后一公里”。持续开展“五走进”“金融知识进乡村”“金融知识进务工聚集地”等各类外拓宣传活动，借助“3·15”活动、外出务工人员回乡等契机，将金融知识送到广大群众身边，切实提高公众金融素养和风险防范能力。

【精细管理】 农商行彭水支行在积极支持地方经济发展、尽最大努力履行好社会责任的同时，不断完善风险控制措施，强化内控管理，有效防范金融风险，守住了不发生“系统性、区域性风险”的监管底线，实现了保持“零风险事件和零案件”的目标，内控评价连续2年保持一级行列。获得辖内银行业监管统计工作、反洗钱工作、安全保卫工作“优秀单位”称号，集中报账和信息工作获全行第一，银行保险机构案件防控获辖区第一，人民币银行结算账户考核评价A类。

邮储银行

【概况】 中国邮政储蓄银行彭水县支行位于彭水县绍庆街道滨江路178号碧云龙庭汇景3号楼6楼。支行于2008年1月9日正式挂牌成立，内设综合管理部、综合业务部、风险合规部三个部门，下设网点27个（自营3个、代理24个），全县布设自助银行34个、自助机具123台、农村便民服务点17个；全行员工61人。支行开办了公司存贷款、供应链金融、现金管理、票据；个人零售类贷款、消费类贷款、小企业贷款；个人储蓄存款、中间业务等银行业务。

【业务发展】 负债业务方面，自营存款余额107836.16万元，其中个人存款余额53258.16万元，比年初新增5974.41万元，本年余额增幅12.64%；公司存款余额54578万元，较年初增长13189万元，增幅为31.87%。资产业务方面，支行资产规模117760.58万元，其中信用卡余额14084.7万元，贷款余额103675.88万元；涉农贷款余额59624.67万元，本年净增9087.81万元，同比增长17.98%。

【案件防控】 截至2020年底，全辖无资金案件和重大资金安全事件发生。

【主题活动】 2020年，开展各类金融知识宣传活动18次，组织开展了“银企对接会”“客户答谢会”等主题活动。

【业务培训】 组织员工开展业务操作培训、消防知识培训、规范化服务培训、保险业务培训、警示教育等各类培训50余次。

【支农工作】 根据县域经济实际情况，以支农为重点，充分利用邮政网络点多面广优势，广泛开展营销宣传，大力发展乡镇小额贷款；加强政府沟通合作，做好再就业贷款营销及发放工作；根据实际情况，适时调整信贷结构，重点向“两小”业务倾斜，促进信贷业务效益的稳步增长。

【安保工作】 加大了安保投入，强化安全基础设施建设；加强了信息化建设，建立健全了安防监测、防控体系；强化预案演练，提升员工应急处理能力。全年共组织各类防抢、消防安全演练4次。

【服务质量建设】 坚持“以市场为导向、以客户为中心”经营理念，努力提高服务水平和效率。加强营销工作，成立营销小组，加强理财、国债、基金、保险、信用卡、代收付等业务营销工作。

【检查监督】 广泛开展业务自查、审计检查、风险排查等活动，掌握潜在风险，适时加强控制；安保方面，定期开展安全保卫工作检查，对存在问题的网点、部门限期整改并上报整改情况。业务方面，不定期抽查前台人员业务操作，及时纠正了不当操作和错误操作。

【廉政建设】 紧抓行业作风建设，抓制度，抓预防，严谨行业作风；坚持重大事项公开公示制度，特别是对涉及用人、薪酬分配等问题，主动接受群众监督；狠抓问题整改落实，严格责任追究。

民泰村镇银行

【概况】 重庆彭水民泰村镇银行由浙江民泰商业银行和重庆中业投资集团有限公司出资成立，于2012年9月开业。注册资本金5000万元，其中浙江民泰商业银行占比90%（法人股）、重庆中业投资集团有限公司占比10%（国有股）。全行三会一层组织架构健全，设股东会、监事会、董事会，董事会下设“战略、薪酬委员会”“消费者权益保护管理委员会”“‘三农’与小微企业金融服务委员会”“风险、关联交易管理委员会”，内设7个部门，其中职能部门5个，业务发展部门2个，下设5个营业网点，全行员工107人，平均年龄30.2岁。其中柜面人员25人，占比23.36%，客户经理45人，占比42%。

【党建工作】 坚持党建引领，围绕经营管理中心任务，努力推进党建工作规范化、党员教育经常化、作用发挥品牌化。2020年，彭水民泰党支部顺利完成换届，并全面落实了主题党日和“三会一课”制度，实行计划、目标管理，做到有计划、有人抓、有人管。健全党员教育学习管理制度，施行了《党员积分制管理实施办法》，将积分结果直接与年度评议与评先挂钩。2020年来，党支部先后联合工会、共青团组织全行员工观影《八佰》，激励员工不忘初心、砥砺奋进。共捐赠与募集资金46675元，用于支持一线防疫，资助贫困地区困难儿童、残疾人士与社区公益活动。积极引导党员参与脱贫攻坚、乡村振兴、进村入居、结对联建等主题活动，开展消费扶贫，共购买贫困村农副产品12800元。开展“戮力同心战疫情、彭水民泰伴您行”微视频大赛，积极宣传弘扬抗疫精神。与人行彭水县支行党支部联合开展“强化政治自觉，筑牢使命担当，扎实做好稳企业保就业”主题党日活动，与陈家园村共建“1+2+N普惠金融到村基地”，将营销点、示范点建设与推动普惠金融工作有机结合，实现了党建与业务的有机融合，成为全行未来党建与“进村入居”、基地建设结合的一个品牌。

发挥群团作用，加强技能练兵，增强队伍活力。2020年全行工会、共青团更加注重打造丰富的企业文化活动、丰富工会活动种类，进一步增加行内“人情味”，提升员工对内对外凝聚力，提高员工认同感。疫情期间开展了“暖心3·8妇女节”发放爱心卡片与花束活动；组织竞赛小组参加全县集体合同协商竞赛获二等奖；篮球队参加发起行“民泰杯”、全县“科普杯”、九黎运动会均获第一名；演讲人员参加发起行内训师演讲获第二名，参加九黎演讲比赛获第二、三名。同时组建了一支民泰乐队，团支部完成换届选举，组建新一届支部委员班子。

【业务发展】 基础客群持续拓展，存贷规模稳步增长。全行贷款余额客户数为4180户，较年初增加1430户，增长52%，连续两年保持1000户以上、50%以上的增长。全行资产总计12.40亿元，较年初增加2.83亿元，增长29.61%。各项贷款余额7.02亿元，较年初增加1.38亿元，增长24.38%。户均贷款16.8万元，较年初减少3.74万元，比全年任务目标低10.2万元。小微企业贷款余额5.88亿元，较年初增加0.74亿元（计划6500万），涉农贷款余额6.03亿元，较年初增加0.94亿元（计划6200万元）。农户和小微企业贷款占比93.58%，较年初下降2.69%，完成全年任务目标“≥90%”承诺值。“两增两控”除增速没有达标外，其他包含增量投放计划、户数、不良率及成本控制均达标。全行负债总计11.51亿元，较年初增加2.55亿元，增长28.52%。存款日均9.21亿元，较年初增加1.69亿元，增长22.47%，超全年任务目标9938万元；存款余额10.39亿元，较年初增加1.80亿元，增长20.97%，超全年计划4000万元；储蓄存款占比71.77%，完成全年任务目标“≥69%”承诺值。

存量风险处置有序、风险状况稳定可控。截至12月末，全行不良贷款余额1351.7万元，较年初减少98.07万元；不良率1.92%，较年初下降0.65%，较全年任务目标2.4%低0.48%。关注类贷款率3.14%，较年初下降0.39%。逾期90天以上贷款余额为1200.8万元，占不良贷款比88.84%，较年初下降2.86%。拨备覆盖率228.69%，超全年任务目标68.69%；拨贷比4.4%。盈利与风险抵补能力进一步增强。全年实现账面净利润1292.30万元，计提拔备139.78万元。资产利润率1.12%，资本利润率17.16%，资本充足率14.73%，流动性比例93.38%。除成本收入比64.73%外，其余主要监管指标保持良好水平。

【社会责任】 疫情防控克难关，政策执行显担当。面对严峻的疫情形势，抓实疫情防控与复工复产政策落实。制定疫情防控指南，全面做好网点防控与人员防护工作，加强信息反馈，相关材料被监管部门、媒体平台（如：新华财经）采用30余篇。制定金融服务及小微企业客户纾困解困具体工作方案，公开特殊时期金融服务6项承诺，全面落实金融支持政策。截至12月末，全行2020年共计发放各项贷款8622笔，6.86亿元，余额7.02亿元，较年初增加1.38亿元，增幅为24.38%。截至12月末，共办理延期还本贷款135笔，5438.6万元，其中办理续贷124笔，5009.59万元；展期2笔，200万元；调整还款计划9笔，229.01万元；办理延期付息44笔，23.76万元。推出“抗疫贷”专项产品，对小微企业及农户融资普遍下调利率150BP。

坚守定位不动摇，“六稳”“六保”见成效。坚持服务村居，助力脱贫攻坚。重点强化对当地农业扶贫项目、农村产业升级的支持力度，积极落实各项涉农优惠政策，综合运用支农再贷款、扶贫再贷款等政策工具，切实降低农户融资成本。截至12月末，共运用央行再贷款发放涉农贷款184笔，金额6687.6万元，其中支持农户157笔，3896.6万元，支持涉农企业27笔，2791万元；推出“烟农贷”“药材贷”“养殖贷”等专项产品，积极支持农民春耕备耕、林下经济发展，保障生猪等“菜篮子”及特色效益农业生产。截至12月末，全行共计发放养殖类贷款509笔，5288.8万元；种植类贷款232笔，2832.6万元，支持烟草种植38户，489.8万元；支持蔬菜种植64户，564万元；支持中草药种植28户，264万元。

持续减费让利，服务小微实体。进一步加大对批发零售、住宿餐饮、物流运输、文化旅游、农产品生产加工等小微企业金融支持力度。截至12月末，发放批发零售2133笔，2.28亿元；住宿餐饮630笔，5158.7万元；物流运输550笔，2886.7万元。在风险评估可控的情况下，采取纯信用或农村住房抵押的方式，支持农户创业。截至12月末，全行共计发放农户信用贷款3254笔，1.19亿元，发放农村住房财产抵押贷款298笔，2141.94万元。借助重庆市中小企业商业价值信用贷款平台，发挥中小企业商业价值信用作用，2020年放商业信用价值贷款14笔，205万元。

深化服务，打通渠道，提升质效。进一步扩大“整村授信”“进村入居”覆盖面，在“授信村”基础上强化“营销示范点”的建立，加强与县经济主管部门、乡镇政府、乡镇（示范点、区）、商会、协会等洽谈会商，拓展“三社”“信用价值平台”及金融发展中心等渠道，加强村组客群信息采集与产业发展信息的结合运用。截至12月末，全行新建“授信村”24个，合计“授信村”35个，授信平台2个，协会1个，授信总金额8亿元，授信村贷款户数736户，余额1.08亿元。发放专业合作社贷款30笔，678万元；同时加强对农村基础建设“共管账户”营销，尝试开展“工程履约保函业务”。截至12月末，共管账户140户，余额2664.35万元；全年开展工程履约保函业务5笔，120.85万元。

大力推进“百园千村万户”活动，围绕营销“示范点”“授信村”打造标杆“普惠金融到村基地”，统一标准、统一标识，全行成型“普惠金融到村基地”1个。在鞍子镇、新田镇等10余个村组实施驻村客户经理制度。加大移动PAD使用推广、“随贷通”产品推广，着力提升客户体验感。截至12月末，全行通过移动PAD办理发放贷款1932笔，1.95亿元；发放首笔贷款4137笔，2.87亿元。

三峡银行

【概况】 三峡银行彭水支行成立于2014年11月16日，有1个营业网点，2台存取款一体机，在职员工15人，平均年龄32岁。内设综合部（保卫部）、业务部、营业部3个部门。

【业务发展】 截至2020年年末，时点存款余额10.44亿元，比年初净增2.35亿元；日均存款9.67亿元，比年初增加0.46亿元；各类授信余额11.7亿元，比年初增加1.3亿元；内控评价一级B档；安全保卫工作考核为“优秀”，全年无案件事故发生。

零售业务方面，积极营销“财富存”、大额存单、三峡付、手机银行等金融产品，个人存款得到了有效提升。年末，个人存款净增6200万元。进一步强化优质服务管理，规范厅堂环境布置，深植标准文明服务理念，举办了“微沙龙”“童心飞扬 梦想起航”“粽叶飘香迎端午，幸福和谐小区情”“九九重阳，健康久久”等主题活动，提升客户粘连度，有效提升三峡银行整体形象和美誉度。

公司业务方面，积极支持县域重点项目建设，紧密对接老城、新城、蚩尤九黎城等城市内重点项目、县属国有企业及其上下游客户。为县属国有企业提供各项授信10.24亿元，当年向县属国有企业授信3.5亿元，重点支持彭水三江口水电站项目贷款1.5亿元；围绕支持农业供给侧结构性改革主线，加大对农产品生产、加工和流通各个环节的支持力度，加大对农村电商、休闲农业等新产业、新业态的信贷投入。年末，普惠型涉农贷款余额6650万元。同时，按照工信部、市政府、监管部门及总行支持企业复工复产相关要求，积极出台相应措施对照落实，共延期、展期贷款本金6笔、金额1838万元，拜访受困企业6户，及时了解客户需求，主动为客户解压纾困。

普惠金融方面，以“房e贷”“助医贷”“万家贷”“育才贷”等产品为抓手，细分市场和客群，积极拓展小额抵押贷业务；深入贯彻人民银行支小再贷款政策，着力服务实体经济。累计发放支小再贷款2400万元。大力拓展涉农客户，发放精准扶贫贷款1.5亿元，带动当地贫困户致富增收。

【内控管理】 积极防范信用风险。落实管户客户经理梳理到逾期贷款客户情况，分类制定方案。依托情感清收、诉讼清收等方式，推进不良贷款清降。全年清收转化不良15笔，金额2599万元。积极防范操作风险。深入开展市场乱象“回头看”“清理银行乱收费、降低企业负担”等专项自查行动，对发现的问题均已全部完成整改。支行柜面业务总量为7.58万余笔，差错率低于总行标准；全年支付结算系统往来账2.2万笔、金额45.96亿元，结算业务量稳中有增，核算质量持续提升。积极夯实案防基础。以网点负责人日常案防管理基础台账为核心，落实案防安全部署，完善规章制度10余个，层层签订目标责任书，开展案防教育12次，组织各类安全检查30次，召开案防分析例会12次，开展员工家访17人次，开展警示教育60人次，案防考试覆盖率100%，消防培训演练2次，防抢演练2次。定期开展滚动案防风险排查和案防自评估，通过排查，未发现员工违规违纪违法犯罪行为及线索。

【党风廉政】 扎实抓好主题教育活动。全面认真开展“两学一做”和“不忘初心、牢记使命”主题教育，自觉强化“四个意识”，坚定“四个自信”，牢记“四个服从”，做到“五个必须”。要求党员干部必须身先士卒、率先垂范，在继续做好“六讲”的基础上，过好“五关”，为三峡银行发展创造性开展工作，以实际工作的成效检验初心使命。认真抓好主题党日活动。全年共开展12次主题党日活动，重点学习《习近平谈治国理政》《中国共产党章程》《中国共产党纪律处分条例》《向时代楷模毛相林同志学习》等内容。引导全员更好地立足本职，主动而为，久久为功，推动三峡银行高质量发展。扎实开展党建活动。支部书记按季度为全员上党课，支部及时组织召开党员大会和支部民生活会，与农发行彭水支行党支部、普子凤山村党支部开展党建共建活动，组织2次红色基地教育、1次《八佰》观影活动，丰富了组织生活内容和形式。积极推进清廉金融文化建设活动。先后深入开展“以案四说”警示教育活动8次、廉洁知识考试1次、廉政基地教育活动3次，拍摄《不忘初心牢记使命》廉政微视频获得总行“不忘初心、牢记使命”廉政微视频评选优秀奖，积极选送硬笔书法作品参加总行

“清风三峡”清廉金融文化书画竞赛活动，让全体员工牢固树立廉洁意识和行业道德，建立“不敢腐、不能腐、不想腐”的自律和他律机制。坚持以党建带工会和团建活动，引领员工相互交流，增进了解，共同成长，凝聚合力。营业部团队参加总行组织的半年会计人员业务考试，分别取得第四名、第三名的成绩，员工赵成瑜、张迪参加“三峡好YOUNG”系列活动竞赛，分别获得“我的青春我奋斗”——“会计技能大比拼”银手指奖和铜手指奖，赵成瑜获得“2020年度重庆市银行业文明规范服务先进个人”称号。

【脱贫攻坚】 发挥“输血”“造血”功能，增强贫困户的自我发展能力。对走马、桑柘、桐楼、万足、新田、诸佛等6个乡镇19个行政村进行实地调查走访，采集到未获贷建档立卡贫困户信息3005户（其中贫困户2925户、边缘户80户），调查摸清，获得客户信贷需求17户、金额75万元，已发放贷款14户、60万元；纵深推进“1+2+N”普惠金融服务到村工作，建成龙射镇葡萄村普惠金融服务到村基地，完善了设备设施，为支行金融服务延伸工作奠定了良好基础。积极开展结对帮扶。持续深入开展帮扶对象走马乡各贫困村走

2020年，彭水民泰村镇银行职工上街进行金融知识宣传

（三峡银行彭水支行　供图）

访调研座谈，找准帮扶路径，为该乡扶贫工作“扶上马，再送一程”夯实基础工作。积极推进消费扶贫工作，全年消费扶贫金额10万余元。

保　　险

中国人寿保险

【概况】 中国人寿保险股份有限公司彭水苗族土家族自治县支公司，下设综合管理部、营销发展部、收展发展部、团体业务部、银行保险部、客户服务中心、教育培训部7个管理部门。公司在全县各乡镇（街道）设有营销服务网点5个（郁山、保家、高谷、靛水、鹿角）。有劳动合同制员工27人、派遣员工2人、代理人285人，与工行、农行、农商行、邮政储蓄银行、邮政等渠道建立了广泛的代理合作关系，合作网点60个。

【拓展业务】 深入学习贯彻党的十九届五中全会精神，坚定不移加强党的全面领导，增强“四个意识”，坚定“四个自信”，做到“两个维护”，始终以党的政治建设为统领，以巩固深化“不忘初心、牢记使命”主题教育成果为抓手，积极实施“131工程”，面对2020年国际国内形势发生深刻复杂变化，新冠疫情冲击全球，严重影响全球经济，市场竞争激烈的困难局面，公司以党建为统领、上下一心、披荆斩棘、共谋发展，深入贯彻中央经济工作会议精神，围绕彭水县委县政府的工作中心和市公司的任务目标，对标市场、突出发展，全面完成公司各项任务目标。

【保险业务】 开办人寿保险、健康保险、意外伤害保险等各类人身保险业务；人身保险的再保险业务；各类人身保险服务、咨询和代理业务；国家保险监督管理部门批准的其他业务。代理中国人寿财产保险有限公司重庆市分公司的保险险种。为全县团体、个人提供保险新产品100余种，全

年实现总保费收入9018.81万元，其中新单保费2476.67万元，续期保费6542.14万元；新单保费中期交保费1163.08万元，短期险保费1045.3万元。

【品牌服务】 创新科技国寿，持续推广微回执微回访微理赔、e宝账、智能理赔等项目。积极助力脱贫攻坚，发挥保险扶贫独特优势，为彭水苗族土家族自治县大垭乡帮扶贫困户捐赠保险，总保险金额1.26亿元。发挥保险贷款融资优势，为资金缺乏的客户提供保单质押贷款。积极开展“防范化解重大风险攻坚战”“治乱打非”等风险排查和整改工作，有效防控各类经营风险，继续举办“服务质量社会监督员座谈会”，定期开展“总经理接待日”活动。

【理赔】 公司累计给付2373.87万元，其中长险死亡伤残给付349.39万元、年金给付205.36万元、医疗险给付194.19万元、满期给付646.96万元、短期险赔款977.97万元，充分发挥了保险保障功能。

【脱贫攻坚】 积极开展扶贫工作，践行央企社会责任。公司高度重视脱贫攻坚工作，根据中央、市分公司党委、县委政府的工作精神和工作安排，拟定全年工作计划和预算安排，明确工作目标和内容，认真安排部署。2020年6月17日在大垭乡政府现场捐赠资金10万元，支持大垭乡村级集体经济发展产业和其他项目；配合扶贫办推进“精准脱贫保”综合保险在大垭乡落地，实现对贫困户因病灾害意外事故返贫的全方位保障，2020年6月17日，向大垭乡全乡5730人赠送了保险保障

2020年1月13日，县人寿保险公司开展“传播保险知识”进乡镇活动

（县人寿保险公司 供图）

1.26亿元的人身保险（保险期间为1年，含交通意外、身故、重大疾病等保险保障）；制订精准脱贫计划，落实帮扶措施，对口帮扶木蜡村4组王顺德及王天明2户贫困户，工作取得了实效；2020年11月，分公司利用电商消费扶贫平台，采购消费了大垭乡鸡蛋1000个、花生50公斤、黄豆50公斤、香肠腊肉15公斤、菌2公斤，合计9810元。2020年6月支公司捐赠工作经费4万元，捐资制作“乡村振兴、精准脱贫”专题宣传片。制订精准脱贫计划，落实帮扶措施，对口帮扶鞍子镇鞍子社区1组贫困户张晓艳，2020年向张晓艳家庭捐赠6000元，用于两个孩子的学习生活费用。2020年2月初，公司向彭水苗族土家族自治县人民政府办公室抗疫一线的乡镇干部（含村一级的基层干部）503人捐赠防疫保险，保险费标准为88元/人，参保人数503人，合计保费44264元，承担100600万元人身保险责任。

经济管理

综　述

【概况】　2020年是“十三五”收官之年，县发展改革委在县委、县政府坚强领导下，坚持以习近平新时代中国特色社会主义思想为指导，深入落实习近平总书记对重庆提出的“两点”定位、“两地”“两高”目标、发挥“三个作用”和推动成渝双城经济圈建设等重要指示要求，自觉对标习近平总书记重要讲话精神，紧扣全面建成小康社会目标任务，坚持稳中求进工作总基调，坚持新发展理念，加大“六稳”工作力度，扎实推进稳增长、促改革、调结构、惠民生、防风险各项工作，聚焦聚力打好“三大攻坚战”，大力实施“八项行动计划”，努力推进高质量发展，保持经济平稳健康发展。2020年，全委上下始终保持决战决胜的工作状态，守初心、担使命，冲在先、干在前，应对大战大考措施有力，谋划实施战略规划成效明显，推进一批重大项目、重大事项、重点改革取得明显进展，为夺取疫情防控和经济社会发展双胜利发挥了重要作用。

【宏观经济管理】　全年实现GDP增长4%。加强经济运行监测，牵头召开经济形势分析联席会，围绕如何推动全县经济高质量发展，特别是疫情期间经济健康发展提出了系列建议措施。推动年度计划实施，撰写《关于彭水自治县2019年国民经济和社会发展计划执行情况及2020年计划草案报告》，形成《2020年上半年全县国民经济和社会发展计划执行情况》。积极开展“十四五”规划编制工作，召开部门工作协调会，编制《彭水自治县“十四五”规划编制工作方案》，通过网络有奖征集“十四五”规划意见建议，储备重大项目655个，总投资达2537亿元。落实重大政策，推动长江经济带发展，制定《彭水自治县2020年推动长江经济带发展工作要点》，代拟《关于成立彭水自治县推动成渝地区双城经济圈建设领导小组的通知》，及时报送彭水县双城经济圈建设各项工作情况；编制完成《彭水自治县县城新型城镇化补短板强弱项建设示范方案》；制定《彭水自治县防范化解经济领域风险2020年工作要点》。

【重点项目管理】　全年完成固定资产投资91.7亿元，同比增长6%。加强投资调度，全力推进184个年度重点项目建设，举行重点项目集中开工仪式，按月开展重点项目督查并通报进度，组织专班针对用地、资金、拆迁等问题跟踪督导服务，协调解决项目推进中的卡点难点问题，督促项目法人对开工项目应统尽统，强化目标考核。加强项目储备，储备2020年地方政府专项债券项目40个，总投资114亿元；储备2020年新增中央资金项目37个，总投资51.7亿元；储备县城城镇化补短板强弱项项目171个，总投资604.3亿元。积极争取资金，在做好日常项目储备工作的基础上，积极争取国家和市级资金。争取地方政府专项债券10亿元，居渝东南第2位；争取新增中央资金2亿元，争取到位中央预算内投资和市级配套资金18710万元。强化项目管理，2020年市下达彭水县中央预算内投资18个，总投资54249万元，其中市以上资金18775万元，所有项目均已开工建设，项目推进有序，年度投资完成率达71.5%，较好地发挥了中央预算内投资对项目建设的撬动作用。

【公共资源交易监督管理】　全面深化公共资源交易监督管理改革，实现工程建设项目招标投标、政府采购、土地使用权和矿业权出让、国有资产交易等公共资源交易实施集中统一监管，调整工程建设项目招标投标监管职能，整合公共资源交易平台，坚定不移地推行经评审的最低投标价法，加快推进电子招标投标，开展工程项目招投标领域营商环境专项整治工作。全年招标 77 个项目，概算金额 28.24 亿元，中标金额 26.85 亿元，节资 1.39 亿元，节资率为 4.9%。完成投诉案件处理 2 件；依法查处 1 家企业出借资质案件，没收投标保证金 8 万元，罚款 3.88 万元。

【能源利用】　加强天然气管道投入使用的安全监管及充电基础设施安全监管，推进农村电网改造升级，2020 年农网改造工程 13 项，总投资 3723 万元；向上争取老旧小区电网改造资金 499 万元，改造 6 个小区，涉及居民 629 户；加强煤炭管理重点时节、重点时段到煤矿企业开展行业检查和指导，确保煤矿无超能力生产，及时转发安全气候预警信息；加强能耗总量的监控，对接相关部门对规模以上工业企业能耗做好调度、企业节能及能耗监控。

【农村经济及粮食管理】　着力抓农村经济。争取市级以上资金 1.2 亿元，主要用于郁江流域农业面源污染、龙虎水库、石漠化治理、长防林建设、坡耕地水土流失综合治理、高标准基本农田建设和新希望养猪补贴等 7 个项目。监督监管，保证粮食供应安全。落实 2020 年度粮食安全行政首长责任制考核工作，牢固树立“手中有粮、心中不慌”和粮食安全事关民生的思想，全力做好守粮护粮工作，完成 2020 年度社会粮油供需平衡调查工作和政策性粮食库存数量质量大清查自查工作“回头看”及专项工作，全面完成整改销号工作；完成县级储备粮 3000 吨小麦轮换工作和市级 10040 吨（小麦 6450 吨，玉米 3950 吨）储备任务。县级应急大米增储为 300 吨，全县全年粮食市场供应充足、粮价稳定、未出现囤货哄抢现象，新冠肺炎疫情期间，未出现断供现象，市场供应充足；加强粮食节约和科技兴粮宣传，发放宣传手册 6000 余册；开展“重庆好粮油”创建工作，“苗妹香香米”获得“重庆好粮油”称号。

【易地扶贫搬迁】　将易地扶贫搬迁作为脱贫攻坚的“头号工程”，完成易地搬迁脱贫 3324 户 14207 人，让贫困群众实现“搬得出、稳得住、有就业、逐步能致富”。精准落实后续扶持“五个强化”措施，即分别强化“制度设计”“设施配套”“产业扶持”“就业扶持”“社区管理”，基本实现每户搬迁户至少有 1 个增收项目，每户有劳动能力的搬迁户家庭至少 1 人就业，每个集中安置点至少有 1 个产业项目等“三个一”目标任务，解决搬迁群众后顾之忧。成功探索“三三机制”建成 12 个集中安置点，其中市级示范安置点 6 个，所有安置点实现“六通八有”，即通路、电、水、电视、通信、网络，有产业基地、活动场地、购物超市、卫生室、图书室、议事厅、垃圾收运点、菜园地，成为推进乡村振兴战略的有机衔接点，成为展示全市易地搬迁工作成效的“形象样板”。彭水自治县搬迁工作成效被《人民日报》、新华社

润溪乡樱桃安置点

（县发展改革委　供图）

等国家媒体正面报道30余次。2020年6月，“五个强化”典型做法被国家发展改革委作为搬迁政策指引向全国印发推介。2020年11月，彭水自治县被评为全国“十三五”搬迁工作成效明显县，彭水自治县发展改革委被评为全国“十三五”搬迁工作担当有为集体，彭水自治县发展改革委党组书记、主任王传军被评为全国“十三五”奋进易地搬迁干部。2020年12月，彭水自治县受邀作为2个区县代表之一，参加重庆市人民政府新闻发布会介绍搬迁工作亮点。

【疫情防控】 出台《重庆市支持企业复工复产和生产经营若干政策措施》和《重庆市政府办公厅关于印发进一步助力市场主体健康发展政策措施》等政策，帮助企业尽快复工复产，利用各种渠道加大政策宣传解读，加强督导等各种措施，取得明显成效。各项减税降费政策共计减免1.54亿元，帮助企业降低生产经营成本共3.03亿元，发放各项贷款32.46亿元，促进稳岗就业创业资金1.64亿元，扩大内需带动消费近15亿元；贯彻落实疫情期间降低水、电、气支持企业复工复产，降低生产经营成本共计776.46万元，涉及优惠企业49840家，欠费不停供有4826户，欠费金额达41.54万元，免收滞纳金3.53万元。保障新型冠状病毒感染的肺炎疫情防控应急物资市场价格稳定。疫情期间坚持每日市场监测，重点关注大型超市、农贸市场等民生商品供应及销售价格情况，加强粮食保供等工作。严格落实24小时值班值守工作，抽调人员到三义乡一线蹲点值守，准确接收及时传达上级关于防疫工作的部署和要求并督促抓落实。

安全生产与自然灾害防治

【概况】 2020年，全县应急管理工作坚持以习近平新时代中国特色社会主义思想为指导，全面贯彻中共十九大及十九届二中、三中、四中、五中全会及习近平总书记关于推进应急管理体系和能力现代化的重要指示精神，统筹好发展和安全，牢固树立安全发展理念，以“控较大事故、防较大灾害”为目标，以大排查大整治大执法为主线，扎实推进安全生产专项整治三年行动，坚决打好防范化解安全生产与自然灾害防治重大风险攻坚战，工作成效明显，连续17年杜绝重特大事故，连续16年获全市安全生产与自然灾害防治工作先进单位。

县应急管理局位于彭水县新城体育馆1—3楼，有办公业务用房使用面积2560平方米。局机关内设8个行政科室，下属2个正科级公益一类事业单位、2个正股级公益一类事业单位。局机关在编干部职工59人，其中行政编制15人，机关工勤1人，事业编制43人（含参公29人、事业工勤14人）。取得国家注册安全工程师3人。主管危险化学品从业单位35家，其中生产企业1家、储存经营企业34家（其中加油站30家、氧气乙炔4家）。烟花爆竹批发企业2家、零售网点400家。非煤矿山34家，地下矿山13家，露天矿山21家。煤矿1家（2020年底关闭）。

2020年，全县发生一般生产安全事故8起、死亡8人，占市安委会下达死亡控制指标（14人）的57.1%，同比分别下降11.1%、11.1%。其中，道路运输事故3起、死亡3人，非煤矿山事故1起、死亡1人，工商贸其他事故（民爆）1起、死亡1人，建筑施工事故3起、死亡3人。全县发生自然灾害14次，其中洪涝12次、风雹1次、滑坡1次。

【监管执法】 发挥县安委办、减灾办指导协调、监督检查、巡查考核作用，督促全县各行业主管部门履行安全生产监督管理职责，全县18个行业领域主管部门开展执法检查193257次，发现违法行为和隐患问题86003个。提请县政府挂牌整治重大安全隐患1个、执法处罚74704家次、警告8164次、暂扣（吊销）证照502个、经济处罚

1233.5万元。对8起生产安全事故依法开展调查，依法对11家企业单位提出处理意见，县纪委监委提醒谈话1人，移送公安机关追究刑事责任1人，行政处罚168.39万元。

【专项整治】 2020年，县应急局深化安全生产专项整治三年行动，围绕3个专项、11个专题分别由县政府分管领导牵头组建15个推进落实专班，按“挂图作战任务清单”每月一次推进会议、一次专项督导检查跟踪推进，推动“三年行动”在全县基层末梢落实，2020年度92项任务全部完成。

【应急保障】 全年争取到位中央、市级救灾救助资金3793.5万元，比2019年（1047万元）净增2746.5万元，同比增长362.3%，争资总额实现历史突破。保障全县5257间倒塌受损房屋重建维修、5601人受灾人口临时生活救助、32个乡镇水毁道路修缮维护、6000人临时救助物资储备、61000人越冬救助、县级应急救援队伍救援装备配置和“12·11”疫情防控等。

【应急处突】 成立彭水自治县综合应急救援队，常态保持30人，与县消防救援大队在编消防人员同训练、同管理、同战备、同保障、同考核。组织全县森林扑火队伍100余人开展扑火技能培训，邀请四川省森林消防总队驻重庆分队14名教官对全县112名应急队伍开展森林消防大培训大演练，组织9支队伍、108人在两江广场开展高层建筑火灾扑救联合演练。成功处置“2·28”交通事故、“4·23”交通事故、“6·30”洪涝灾害事件、“7·17”保家桥梁垮塌事件等，出动应急救援人员400余人次。

【煤炭工业】 2020年，全县仅有1家芦塘煤矿，位于芦塘乡，为重庆能投资产运营有限公司所属矿，核定产能30万吨/年。根据《国务院关于煤炭行业化解过剩产能实现脱困发展的意见》《重庆市人民政府关于印发重庆市煤炭行业化解过剩产能实现脱困发展实施方案的通知》要求，及《重庆市人民政府关于同意重庆能源集团淘汰煤炭落后产能关闭退出煤矿总体实施方案的批复》精神，该矿于2020年12月底完成关闭退出工作。

【应急宣教】 紧扣“消除事故隐患、筑牢安全防线”主题，策划实施安全生产月“六个主题活动”，累计发放安全宣传资料20000余份，受众人群达30000余人次；组织全县应急管理系统干部执法培训282人次；企业负责人、安全管理人员、特种作业人员及从业人员培训4035人次；开展安全生产与自然灾害防治宣传教育“五进”活动，发放资料13万份；利用县城377台电梯电视媒体滚动播放防汛减灾、居民用电用气等应急知识；组织参与第二届全国应急普法知识竞赛活动，以总成绩241105分再次位居全市第一（连续三年全市第一）。

市场监督管理

【概况】 2020年以来，彭水自治县市场监管局以习近平新时代中国特色社会主义思想为指引，学习贯彻中共十九大和十九届二中、三中、四中、五中全会精神，贯彻落实县委、县政府及市市场监管局的部署安排，落实“六稳”“六保”要求，持续优化营商环境，着力防范安全风险，加大监管执法力度，开展质量提升行动，市场环境形势总体平稳，助力全县经济社会高质量发展。

【市场环境】 2020年，县市场监管局创优市场准入服务。推动“四个一”改革，拓展全程“无纸化”登记范围，开办企业压缩至1个自然日，采取“网上办”“一次办”“掌上办”等多种方式支持市场主体加快发展。2020年，全县累计新增市场主体5460户，增速达14.24%，其中：民营企业新增1194户，增速达14.94%，提前一个月完成市对县考核目标指标；个体工商户新增4138户，增速14.53%。全县市场主体总量达41778户，同比增长8.95%。创新监管执法方式，以"双随机、一公开"监管为基本手段，建立联席会议制度。以重点监管为补充，公平竞争审查制度稳步落实。着力规范直销打击传销，持续加强防疫用品、生活必需品的价格监管。积极开展"长江禁捕打非断链"专项执法行动。开展"四大领域"广告宣传信访突出问题专项整治，行政约谈96户次，责令改正36件。开展2020"网剑"行动，约谈电商企业40余家，责令改正20件。以信用监管为基础，全县企业主体年报率达93.15%，高于全市平均水平。以综合执法监管为突破，立案查处各类违法案件239起，10月与公安机关查获一起特大制售假冒红牛饮料案，涉及全国13个省（市区），涉案金额1亿余元，形成强力震慑。创造放心消费环境，深入开展"3·15"、知识产权宣传周、"5·25"护肤日、药品科技周等集中宣传活动，发放各类宣传资料8万余份，投放电梯公益广告400余台次。引导群众参与消费者保护知识有奖问答3万余人次、集中销毁案值约15万元的假冒伪劣商品，营造浓厚的舆论氛围。发布消费警示4期，畅通"12315"投诉举报热线，累计受理消费者投诉举报547条，挽回消费者经济损失258.73万元。

【安全工作】 抓好食品药品安全风险管控。贯彻落实深化改革加强食品安全工作若干措施，在全市范围内率先出台《关于落实食品药品安全党政同责的意见》，对地方党委的领导责任、政府的行政责任、部门的监管责任进行明细化、具体化。县委常委会、县政府常务会每季度听取1次食品安全专题汇报，牵头召开食药安委工作会议4次，食品安全工作推进会1次；调整成立县、乡镇（街道）两级食品药品安全委员会及其办公室，筑牢食品药品安全责任体系。完成食品监督抽检2820批次，收到检查结果不合格率3%左右。完成"两品一械"监督抽检98批次。建立智慧市场监管平台，全县学校食堂、大型酒店、旅游景区等400余家重点餐饮单位已纳入智慧监管，248家药品零售企业加紧纳入。建成智慧农贸市场1个，市级餐饮文明示范街2条。抓实工业产品质量安全监管，围绕吃穿住用行、消防、脱贫攻坚等领域重点产品，本级组织抽查产品326批次，问题发现率10.43%。抓细特种设备安全隐患排查，风险隐患限时整改率98.97%。全县电梯责任保险总体投保59%，公共电梯投保率100%。105台特种设备智慧监管平台建设进入试运行阶段。抓牢市场监管领域疫情防控，落实购买治疗发热、咳嗽类相关药品登记制度。持续推动规范活禽交易和宰杀行为。全面开展冷冻冷藏肉品风险排查，全覆盖检查冷库37个，配合卫健委开展核酸检测902批次，检测结果均为阴性，针对发现问题建档立案、厉行整改、跟踪督办。

2020年2月，疫情期间绍庆市场监管所检查超市货品价格

（县市场监管局　供图）

【质量惠民】 2020年，县市场监管局举办"质量月"暨"质量开放日"集中宣传活动，市局领导亲临现场指导，开展集中授课并座谈交流。强化质量基础保障，指导彭水苏麻种植通过市级标

准化示范区验收。深入开展计量监管“四进”惠民生行动，计量免费检定实现全覆盖。指导彭水苏麻种植通过市级标准化示范区验收。深入开展计量监管“四进”惠民生行动，计量免费检定实现全覆盖。强化认证认可活动监管，强制性认证企业监督检查率100%。加强知识产权保护运用，累计注册有效注册商标5391件，在渝东南片区率先突破注册商标数量5000件大关。全县地理标志商标总量25件，多年居全市各区县第一，帮扶指导“彭水紫苏油”获地理标志奖励50万元。9月，联合市企业知识产权保护促进会具体承办了由市知识产权局与彭水自治县人民政府主办的“重庆市2020年知识产权服务万里行系列活动之地标优品直播助力脱贫攻坚活动”，吸引20余万人在线观看直播并购买产品，进一步巩固脱贫攻坚质量。

物价管理

【收费管理】 2020年，县发改委加强行政事业性收费和经营性收费管理。草拟《彭水县管道天然气配气价格（试行）方案》，完成彭水城市公交客运票价调价成本监审，加强前期物业收费、教育收费监管。开展成本调查，完成农本调查电话询价表和价格动态分析材料、农作物成本直报分析报告、完成国家、市级农产品成本数据审核、兑现2020年度农产品成本调查经费62200元，成本调查工作在全市前列。

【重要商品价格管理】 加强重要商品价格管理，落实彭水县社会救助和保障标准与物价上涨挂钩联动机制持续，1—9月，发放临时价格补贴金额1507.81万元，涉及低收入困难群众人数约33.72万人次；制定彭水县自来水价格分类简化政策和建立健全城镇非居民用水超定额累进加价制度，加强市场物价监测预警，组织涉案物品鉴定，全年共受理66件，按时办结66件，涉案金额59.38万元，所办案件无一例重新认定、补充认定或复核裁定发生，办结率达100%。

审　计

【概况】 2020年，彭水自治县审计局人员编制34人，实有27人。设有办公室、法规审理科、经济责任审计科、财政审计科、投资审计科、整改督查与内审管理科等6个科室；下设参公事业单位彭水自治县审计中心。按照年初审计项目计划和市审计局的统一安排，分别实施重大政策措施落实情况跟踪审计和重大项目跟踪审计；实施66个县级预算单位2019年度部门预算执行和其他财政收支审计；完成县本级2019年财政预算执行和其他财政财务收支审计；参与实施全市住房城乡建委系统审计调查和全市学前教育等专项审计调查项目2个；对8名党政领导干部和1名国有企业领导人员实施经济责任审计，探索开展县规划自然资源局领导干部自然资源资产离任审计；完成投资结（决）算审计项目10个（其中2019年跨年度项目1个，2020年计划内项目9个），对3个政府投资项目实施跟踪审计，出具跟踪审计报告3个。审计查出主要问题金额1102166万元，审计发现非金额计量问题185个，审计查出损益（收支）不实金额43141万元，审计期间督促整改金额4249万元，审计处理处罚金额52876万元，移送问题线索7件、6人，审计督促整改有关资金137313万元，为财政增收节支7811万元，审计后挽回经济损失12370万元，审减工程价款12371万元。提出审计建议74条，均被审计单位采纳接受，呈报审计报告、审计专报、审计要情、审计信息110篇，被批示、采用58篇。

【国家重大政策措施落实情况跟踪审计】 按照市审计局统一安排，按季度开展新冠肺炎疫情防控款物管理使用情况、降低企业生产经营成本政策落实情况、新增财政资金直达市县基层直接惠企利民情况、培育高素质农民政策落实情况、统筹扶贫资金大力推广以工代赈措施落实情况、稳就业政策措施落实情况和稳投资政策措施落实情况的跟踪审计，累计查出各类问题14个，涉及问题金额64528万元。

【财政审计】 以政策为导向、以预算为中心、以资金为主线开展财政预算执行审计，重点揭示财政部门在预算收入组织、预算编制及执行、转移支付管理、重点专项资金使用绩效、决算草案编报等方面存在的普遍性、趋势性、典型性问题共25个，涉及问题金额633576.4万元，下达审计决定收缴国库金额39907.92万元。

【经济责任审计】 全年实施领导干部经济责任审计项目7个、领导干部自然资源资产离任（任中）审计项目1个。涉及县级部门4个、县属国有企业1个、事业单位1个、乡（镇）2个，涉及党政主要领导干部及企事业单位主要领导人员10人，其中党政主要领导干部4人、县级部门主要领导干部4人、事业单位主要领导人员1人、县属国有企业主要领导人员1人。出具审计报告或审计意见8篇，提出审计建议22条，查出问题68个，其中领导承担直接责任4个、承担领导责任64个，查出问题金额79202万元（其中：违规金额581万元、管理不规范金额78621万元），撰写要情、专报并被领导批示2篇，下达处理处罚决定3个，移送问题线索7件，移送涉及问题人员6人、涉及问题单位2个（其中：2个涉及问题单位移送主管部门查处，6名涉及问题人员移送纪委监委查处）。

【政府投资审计】 以规范投资行为、节约财政资金、提高投资效益为目标，紧紧围绕政府投资项目建设重点，严格按照市局关于投资审计新要求开展审计工作。共实施投资审计项目13个（含2019年的1个跨年度项目），其中结（决）算审计项目10个、跟踪审计项目3个，核减投资金额12371万元，出具审计报告13份，下达审计决定10份，出具审计结果通知书2份。

【企业审计】 6—9月，县审计局开展重庆彭水工业园区建设实业有限责任公司原董事长、总经理张志鸿任职期间经济责任审计；9—11月，开展重庆九黎旅游控股集团有限公司2019年度财务收支审计，审计查出主要问题金额178242万元。

【内部审计】 2020年，县审计局通过建立QQ群、公开联系电话、分享政策文件等方式为内部审计单位提供业务指导咨询服务，开展内审工作现场督查指导2次、结合审计项目开展工作检查2次，开展内审质量专项检查1次并对检查结果进行通报。切实加强对内审工作的指导监督，指导全县40个内审机构共计实施内部审计项目320个，审计金额569.38亿元，促进增收节支8667万元。

统　计

【概况】 彭水苗族土家族自治县统计局在彭水县绍庆街道两江桥行政综合楼三楼办公。县统计局下属县社会经济调查队、县统计行政执法支队和县社情民意调查中心（县普查中心），县统计局核定行政编制9名，实有人员10名，下设办公室、综合核算科、工业投资科和商贸服务科4个职能科室；县社会经济调查队为县统计局下属副局级全额拨款参公事业单位，核定参公事业编制12名，实有人员9名；县统计行政执法支队为县统计局下属正股级事业单位，核定参公事业编制5名，实有人员4名；县社情民意调查中心（普查中心）为县统计局下属事业单位，核定事业编制8名，实有5名。该局共有办公室12间，档案室1间，机房室1间，民调电访室1间，办公使用面积约580平方米。

【宏观经济运行监测】 全力做好全县宏观经济运

行态势的监测、预警和研判工作，狠抓月度、季度数据的调度、分析工作，主动与县经济主管部门沟通、协调，全面真实反映全县经济社会发展实绩。2020年，全县实现地区生产总值（GDP）245.1亿元，同比增长4.2%；实现社会消费品零售总额110.6亿元，同比增长2.4%；实现批发零售业商品销售总额157.4亿元，同比增长0.9%；实现住宿餐饮业营业收入19.7亿元，同比下降1.5%；完成固定资产投资91.7亿元，同比增长6.0%；财政一般公共预算达到73亿元、同比增长0.2%；实现常住居民人均可支配收入21224元、同比增长8.6%，其中城镇常住居民人均可支配收入33775元、同比增长6.1%；农村常住居民人均可支配收入13397元、同比增长8.3%。

【统计管理体制改革】 2020年，局党组多次召开专题会议，研究统计体制改革相关事宜，制定贯彻落实县委、县政府文件精神实施方案，细化工作措施，改革任务责任到人、任务到人。制订《2020年干部教育培训计划》，将在线学习纳入年度培训工作计划，落实专人负责在线学习管理，及时下发使用账号，督促全局职工上网使用在线学习，加强干部信息维护和培训档案管理工作。

2020年7月19日，彭水县派驻酉阳工作组临行前动员会

（县统计局　供图）

强化与县委组织部、县委党校的沟通衔接，将《中华人民共和国统计法》纳入每期培训内容，全面、系统解读《中华人民共和国统计法》及《意见》《办法》《规定》等相关内容，广泛宣传统计法律法规。2020年9月，彭水县举办2期2020年县管副职培训班，各乡（镇）、街道分管统计工作的领导，县级各部门分管领导参加培训。通过对统计法广泛宣传学习，全县干部统计法制意识进一步增强，营造敬畏统计法、遵守统计法的氛围。狠抓统计执法队伍建设，规范统计执法支队管理，任命统计行政执法支队副队长1名；组织10名业务骨干参加2020年全国统计执法考试，4名考试合格，统计执法力量进一步充实，为全县开展统计执法工作提供人才保障。加大统计执法检查力度，营造依法统计良好秩序。制订2020年统计执法检查工作计划，对“四上”企业开展执法检查，督促建立统计基础台账，规范专业报表流程，实现全县“四上”企业统计执法检查全覆盖。举办2020年统计法律法规专题培训班，邀请市统计局政策法规处老师到彭授课，派驻酉阳普查员约400人参加了培训，对统计法律法规和依法普查相关知识进行系统、全面培训。组织专业人员参加2020年统计专业技术职称考试。班子成员带头参加，全局14名专业人员报名参加2020年统计专业技术职称考试，统计初级职称和中级职称各1名考试成绩合格。

【重大国情国力调查】 2020年，县统计局高效完成脱贫攻坚普查工作任务。成立县脱贫攻坚普查领导小组办公室，建立健全（乡镇）街道普查机构，落实村（居）普查责任人；制定《彭水苗族土家族自治县脱贫攻坚普查实施方案》，足额预算脱贫攻坚普查工作经费，为黔江普查工作组采购防疫、防暑物资，切实做好后勤保障工作；按市脱普办工作要求，派驻酉阳脱贫普查工作组、南川脱贫专项调查工作组圆满完成了入户登记、数据审核、改错和上报数据各项工作任务。全力抓好第七次全国人口普查工作。县人普办编制《彭水自治县第七次全国人口普查经费预算方案》，制定《彭水自治县第七次全国人口普查单位职责分工》《彭水自治县人民政府第七次全国人口普查领导小组办公室工作制度》《彭水自治县第七次全国人口普查宣传工作方案》和《彭水自治县第七次全国人口普查“两员”补贴及工作经费划拨方案》等6个工作制度。精心组织“两员”选聘及培训。严格按照人普“两员”选聘条件和要求，全县共选聘普查“两员”2231人，其中普查指导员478人，普查员1753人。按时完成了全县人口普查摸底和入户登记工作，有序组织人口普查登记，在乡镇（街道）的高度重视和大力支持下，县人普办组织全县普查指导员、普查员开展短表和长表入户登记，按时完成了登记、核查比对和改错工作任务。全县上报268393户，登记人口961104人，常住人口533358人，登记户籍人口708135人。

2020年，人口普查员入户普查

（县统计局）

【常规统计】　2020年，县统计局圆满完成2019年统计年报和2020年各类定期报表数据的收集、审核、汇总和上报工作，实现定报与年报、行业数据与核算数据的有效衔接。

【行业统计“一套表”】　加强对全县“四上”企业统计人员的业务指导和培训，提高基层统计人员业务水平。全县244家“四上”企业联网直报率达100%。及时完善更新基本单位名录库数据资料，按时完成基本单位名录库年报和季度工作，确保全县基本单位名录库信息的准确、完整。狠抓“四上”企业入库工作，2020年1—12月，升规入库企业12家，其中房地产业5家、建筑业3家、批发零售业3家、住宿餐饮业1家。另有4家工业、2家批发零售业、2家住宿餐饮业在审核流程中。5000万以上投资项目9个，全县“四上”企业规模逐步壮大。

【统计产品丰富】　2020年，县统计局及时发布《2019年国民经济和社会发展统计公报》，编印《彭水经济社会发展统计月报》11期，完成了《2020年彭水统计年鉴》等统计资料的编印工作。抓好统计分析资料、统计信息撰写工作。全年撰写经济运行分析资料19篇、统计专报24篇，报送政务信息45期、向市统计局报送统计业务信息53期，在市局区县动态转发8期。

【社情民意调查】　2020年，县统计局起草《彭水自治县提升群众满意度工作方案》，提请县委办、县政府办下发全县各级各部门，对2020年全县民调工作进行安排部署。按照县委、县政府对民调工作的安排，县民调中心组织开展全县“居民安全感”“基本公共服务满意度”“生态环境满意度”“脱贫攻坚群众满意度”等社情民意电话调查，及时向县委、县政府上报民调专题报告，为县委、县政府科学决策提供参考。

【统计专项调查】　全力做好2020年城乡居民收支调查、农作物产量抽样调查、畜禽监测、工价调查、房价调查、规模以下工业抽样等专项调查工作。

【脱贫攻坚】 按照县委、县政府工作部署，制定《彭水自治县统计局对口帮扶岩东乡庐山村和河坝村脱贫攻坚实施方案》，明确主要目标、工作措施和保障措施，将帮扶任务分解到具体帮扶责任人。强化领导，由局主要领导负总责，将脱贫攻坚工作与统计工作同研究、同部署，坚持每月研究 1 次，听取工作汇报，安排部署下步工作。落实驻村工作队人员，派出 6 名机关干部负责驻村扶贫工作，其中三义乡 1 名，汉葭街道 1 名，岩东乡 4 名；担任第一书记 2 名、队员 4 名。要求吃住在村上，全身心投入到脱贫攻坚工作中去。对驻村工作人员与汉葭街道党工委、岩东乡党委、三义乡党委实行双重考核、管理；帮扶责任人每月深入贫困户宣传中央、市委和县委有关脱贫攻坚政策，走访贫困户至少 2 次以上，详细了解贫困户生产、生活情况，帮助贫困户制定增收方案、规划产业发展项目，确保帮扶工作取得实效。切实做好消费扶贫工作，组织全局职工在消费扶贫“832”平台购买贫困户农副产品人均达 200 元以上，并在重庆消费扶贫馆购买彭水扶贫产品人均达 200 元，要求当好彭水扶贫产品的宣传员，帮助贫困户销售农副产品，增加贫困户收入。

【统计工作考核】 2020 年，市局领导多次到彭水检查、指导统计工作。2020 年，市统计局和国家统计局重庆调查总队主要领导、分管领导带领局队核心处室到彭检查、指导工作，赢得上级统计部门的大力支持和帮助。狠抓基础工作，市局工作考核获新突破。局党组将专业工作纳入全局重点工作，全力做好数据采集处理、上报和数据质量控制、统计分析、调查研究，有效开展方法制度改革和统计工作创新，获市统计局充分肯定。2020 年度区县统计工作考核结果通报，彭水县统计局获全市“二等奖”，2020 年区县统计工作 17 项专业考核，彭水统计局 14 项专业工作考核获奖。其中，统计监测评价、统计宣传获“一等奖”；工业统计、统计法治、社会科技统计和统计执法检查工作获“二等奖”；综合统计、国民经济核算、统计设计管理、能源统计、投资领域统计、服务业统计、人口和就业统计、名录库管理及相关工作获“三等奖”。

国有资产管理

【概况】 2020 年，县国资中心以习近平新时代中国特色社会主义思想为指导，深入贯彻落实县委、县政府系列决策部署，坚持新发展理念、坚持稳中求进的工作思路，全面深化国资国企改革，积极化解债务风险，不断提高监管效能，为彭水县经济社会发展作出了积极贡献。纳入监管的 5 家县属国有企业实现营业收入 19.03 亿元，同比增长 17.3%；利润总额 2.36 亿元，同比减少 19.4%；上缴税金 1.62 亿元，上缴国有资本收益 0.86 亿元。企业资产总额 472.56 亿元，同比增长 19.4%；负债总额 257.24 亿元，同比增长 17.4%；其中流动负债 77.32 亿元，同比减少 10.6%；所有者权益总额 215.31 亿元，同比增长 21.9%，资产负债率 54.4%。

【县属国有企业】 为贯彻落实县委、县政府关于全面深化国资国企改革的工作部署和要求，将县属国有企业改革调整为“1+3+N+X”组织架构模式，新成立彭水国有资产经营投资管理有限公司（以下简称彭水国投）作为国资一级公司管理，将彭水苗族土家族自治县国有资产监督管理办公室持有的彭水县城市建设投资有限责任公司、重庆九黎旅游控股集团有限公司及重庆彭水工业园区建设实业有限责任公司 3 家公司股权划转至彭水国有资产经营投资管理有限公司，彭水国投作为 3 家公司法律上控股母公司；将彭水苗族土家族自治县国有资产监督管理办公室持有的重庆汉达集团有限公司（原重庆福冠投资有限公司改革后名称）股权划转至重庆九黎旅游控股集团有限公司。改革后，将彭水国有资产经营投资管理有限公司、彭水县城市建设投资有限责任公司、重庆九黎旅游控股集团有限公司、重庆福冠投资有限公司、重庆彭水工业园区建设实业有限责任公司、重庆市彭水县兴农融资担保有限公司纳入国资办管理的一级企业。国资办管理的一级企业分别按照《彭水苗族土家族自治县国有企业改革实施方案》的内部改革目标，完成内部整合重组。所有重组完成后，纳入国资办管理的一级企业 6 家、二级企业 19 家、三级企业 8 家（含参股单位 2 家）。企业职工人数 830 人，其中在岗职工 830 人，本年累计发放在岗职工工资总额 7770 万元，人月均薪酬 0.94 万元。企业执行《企业会计准则》及其补充规定。

【投资情况】 全年累计完成固定资产投资额 19.3 亿元。其中，县城投公司完成投资 7.8 亿元，九黎集团完成固定资产投资 6.7 亿元，福冠公司完成固定资产投资 2.9 亿元，工业园区公司完成固定资产投资 1.9 亿元。

【扶贫助困】 坚持每月开展入户走访，帮扶责任人结合贫困户实际，精准制定了“一户一策”帮扶措施，真正做到“因户施策”，为贫困户送去米、油等慰问物资，为外出务工人员办理交通补贴、创业补贴。自扶贫活动开展以来，回龙村实际减少贫困人口 192 户 902 人，全村基本完成“三改两硬化”，贫困户实现“两不愁三保障”。

【助推复工复产】 县属国有企业因新冠肺炎疫情减免企业或个人租户累计涉及资产类经营用房 80358.43 平方米，减免租户 128 户，租金 242.64 万元。

社会事业

科学技术

【概述】　彭水苗族土家族自治县科学技术局（规范简称：彭水县科技局），主要职责宣传贯彻国家和重庆市的有关科技工作的相关政策；协助企业开展各类科技项目的组织申报、受理、初审、跟踪管理及组织绩效评估工作；组织与研究开发机构的交流与合作，建立“产、学、研”平台，为产业发展提供科技、政策法规、技术市场、投融资、人才和管理等方面的信息与咨询服务；开展新技术、新产品和新工艺推广，开展企业诊断、项目可靠性论证、决策咨询、政策法规研究等服务；协助科技主管部门组织先进适用技术培训、企业管理培训、农民工转移就业技能培训；组织开展科技成果登记及科技统计工作；协助做好科技智力引进和外国专家引进工作，做好市县级科技特派员和国家级三区人才引进选派工作；完成主管部门交办的其他任务。

【自然科学综述】　2020 年，县科技局按照县委、县政府的工作部署，深入实施创新驱动发展战略，充分发挥科技创新示范引领作用，以项目推动科技成果转化，着力培育创新平台，提升企业创新能力，强化科技服务和科普宣传。全年开展科技调研 50 余次，有序指导科技型企业复工复产 27 家，指导 70 余家企业、社会经济组织开展创新、成果试验示范；加强宣传引导，弘扬创新精神，举办科技活动周、科技三下乡等活动，组织创新惠民街头宣传、校企培训 10 余场次，发放宣传资料 1.2 万余份，咨询答疑 4500 人次；积极推进东西科技扶贫协作，开展科技扶贫专题会 6 次，引进解决技术难题 4 个。

【科技体制改革】　县科技局认真贯彻落实重庆科技体制改革重点任务，把科技体制改革工作作为调整产业结构、转变发展方式、提升发展质量的重要举措，推动科技创新工作稳步发展。全年清理废止各类陈规旧章及文件 5 件。建立科技、经济、农业等相关部门产业发展协同创新议事机制和计划项目事前考察、事中督查、事后绩效评估机制。不断改革科技营商环境，建立“一网通办”并将项目主体单位纳入诚信管理和合同管理，初步试行项目研发人员的经费包干使用方式，建立企业科技需求清单，实行科技人才一对一选派精准服务。

【科技队伍建设】　县科技局始终把加强科技人才队伍建设推进创新驱动发展摆在优先位置，持续加大科技投入力度，营造尊重科技人才的氛围。深化市级“三区人才项目”和“科技特派员项目”，引进和推进国家级三区人才和市级科技特派员 53 名，指导服务 21 个乡镇、32 个村庄、34 家企业协会，开展线上线下培训近 300 场次，积极开展彭水—聊城渝鲁科技扶贫对接，签约引进烟薯25号、西瓜红两个地瓜种植技术协议，完成人才培训150人。

【自然科学成果】　2020年，获科技部“科技助力经济2020”重点专项立项2个，争取市级以上资金200余万元；组织实施县级科技专项12个，引进推广新品种新技术12项；新培育创新创业众创空间3家，新增科技型企业15家，新增高新技术企业1家。

气象事业

【概况】　2020年，县气象局坚持以习近平新时代中国特色社会主义思想为指导，积极发挥气象防办作用，气象防灾减灾工作有力有序。组织召开指挥部成员单位会议1次，印发《2020年彭水县气象灾害防治工作要点》，气象防办组织召开风险研判和临灾会商8次，单独或联合“一委”和其他三指办下发通知通报14份，将重要气象预警响应情况纳入全县安全生产与自然灾害防治季度考核。积极推动完善应急管理体制改革后气象防灾减灾体系建设，落实县、乡镇、村（社）三级网格化气象灾害风险管理人员2860人。全年准确预报13次区域性暴雨过程，发布各类预警短信976条，受众871万余人次，预警信号98条，电话叫应人514人次，报送决策服务材料767期，获县委、县政府领导批示5次，向县政府专题报告汛期、涝旱转折趋势分析情况2次，启动7次暴雨应急响应，1次重大气象服务保障（洪水防御）应急响应，1次防汛救灾气象保障服务应急响应，为全县防灾减灾、抗洪抢险提供科学的决策依据，最大程度降低灾害损失，实现零伤亡目标。

2020年10月13日，县气象局在三义乡开展防雷公益服务活动

（县气象局　供图）

【气象保障】　2020年，县气象局制定脱贫攻坚气象保障服务方案，印制《脱贫攻坚气象保障服务手册》4000余册，深入三义乡、大垭乡和梅子垭镇开展气象助力脱贫宣传，组织为农服务专家团成员开展烤烟、苏麻、猕猴桃、白茶、葛根等脱贫产业发展的服务需求调研，为全县贫困种植（养殖）户8000余人通过手机短信开展直通式气象服务，制作发布为农气象服务产品164期，发布专家服务产品26份，累计发布直通式服务短信230余条，各类专题服务材料500余期，受众180余万人次。重大活动专项气象保障服务有力。2020年，共开展7次重大活动以及6次重大节假日气象保障服务，发布气象保障服务材料156期，为活动的顺利举办及群众节日平安度假提供保障。利用预警信息发布平台发布疫情防控科普知识45条，惠及47.65万余人次，向县疫情防控工作领导小组办公室提供专题气象服务材料133期。组织实施人工影响天气作业62站次，发射人工雨弹904发，火箭弹9枚，为全县烤烟、蔬菜等扶贫产业提供保障，完成大垭乡标准化固定炮站建设。积极推动“重庆三峡气象公园”试点建设，成立县政府领导担任组长的工作领导小组，开展重庆三峡气象公园总体规划和实施方案编制现场调研，明确以摩围山风景区为依托打造气候康养示范基地。

【安全生产监督检查】　2020年，县气象局制订安全生产监督检查计划，开展内部安全检查16次，应急演练4次，施放气球专项巡查9次，人工影响天气专项检查14次，防雷执法检查47家次，下达整改通知书17份，行政处罚警告7家。按照常态化疫情防控工作要求，及时配备防控物资，加强人员排查管理，抓好重点区域重要部位的消毒防护工作。强化项目建设安全，完成气象老局围墙、污水管网、房屋渗漏等维修维护和隐患整改，龙射、大同、大垭等炮站建设安全竣工。

红十字会

【概况】 彭水县红十字会是中国红十字会的县级分会，是从事人道主义的社会救助团体，是公益一类正科级参照公务员法管理的事业单位。有人员编制6名，会长由县政府副县长兼任，设常务副会长1名，内设机构领导职数3名，内设办公室、赈济救护部2个业务科室，2019年5月设立了党支部，2020年10月设立了党组。有在编职工5人，公益性岗位职工1人，形成机构健全、队伍精干、独立工作、运转良好的工作机制。在全县范围内广泛发展会员，2020年新发展个人会员121个，团体会员9个，收取会费19210元。

【疫情防控】 新冠肺炎疫情暴发以来，县红十字会共收到捐赠资金71笔，金额220万元；收到捐赠物资7笔，价值50万元；直接捐赠至武汉的疫情防控资金4笔，共计1.2万元。

【红十字博爱送万家】 元旦、春节期间，到新田镇、桐楼乡、大垭乡、三义乡、石柳乡、彭水县精神病医院等地慰问困难群众，共计发放温暖包（含米、油、被条、衣物等，每箱价值300元）180箱。

【接收物资捐赠】 2020年，重庆雅乘电梯安装有限公司向县红十字会捐赠净水器296台，总价值近58.6万元，安装在全县296个村支部、村民委员会活动中心；重庆鼎润医疗器械有限责任公司捐赠血栓弹力图仪20台，价值100万元，发放到县内相关医疗单位。

2020年5月14日，重庆鼎润医疗器械有限责任公司向彭水县红十字会捐赠血栓弹力图仪20台

（县红十字会　供图）

【红十字博爱周】 5月8日，组织医务人员为群众进行义诊，开展应急救护培训，义诊群众250人，发放宣传资料1200份，发放纪念品400件；5月9日，在汉葭街道北斗村开展疫情防控以及防灾减灾宣传活动，发放文化衫等宣传品100件；5月10日，到保家镇羊头浦社区对遗体器官捐赠者家属开展人道慰问，送去慰问金500元、衣服6件；5月11日，对支援湖北返彭一线医务人员进行人道慰问，对14户受疫情影响的困难家庭每户给予500元的人道救助。

【救灾物资发放】 “6·11”和“6·27”两次强降雨对部分乡镇群众的生产生活造成不同程度影响，县红十字会将赈济家庭包200包、赈济家庭箱200箱、被条200床等物资及时发放到部分灾情严重的乡镇（鞍子镇、善感乡、岩东乡、桐楼乡、走马乡、龙溪镇、石柳乡、保家镇）受灾农户手中。

【应急救护培训】 县红十字会结合疫情防控实际，选派优秀救护师资，先后在北斗社区、新田镇幼儿园、思源中学、汉葭中学、彭水一中等地，为机关干部、社区居民、企业职工、学校师生进行了应急救护培训，现场教授心肺复苏术、气道异物梗阻清除术等急救技术，共培训3276人，发放《应急知识手册》4200余本、疫情宣传单3500余份。

【脱贫攻坚】 2020年，县红十字会配合市红十字基金会在彭水开展募捐活动，募集爱心资金25万元，采购爱心大礼包，依次发放至县内700名贫困家庭小学生手中。鼓励符合红十字博爱班申请条件的困难家庭学生入学读书，由市红十字会给予每名学生一次性学费补助2000元，审核通过76名。在大垭、三义两个深度贫困乡开展“星火助学”工作，为16名品学兼优、家庭困难的学生发放助学金，每人2000元，共计32000元。

【生命健康基地建设】 向市红十字会争取到项目资金80万元，用于在彭水县民族中学建设生命健康教育基地暨彭水县应急救护培训基地，项目建设全部完工。

民族宗教事务

【概况】 2020年，彭水苗族土家族自治县民族宗教事务委员会以习近平新时代中国特色社会主义思想为指引，深学笃用习近平总书记关于民族宗教工作重要论述，贯彻落实市、县民族宗教工作部署，依法管理民族宗教事务，积极助推全县经济社会加快发展，顺利完成了全年各项工作目标任务。

【民族事务】 彭水自治县是一个以苗族为主兼有土家族、蒙古族、侗族、满族等33个少数民族的自治县，其中苗族人口有36万，占全县总人口的51.4%，各民族分布居住在全县各乡镇、街道。2020年，彭水自治县民族宗教委坚持以脱贫攻坚统揽民族宗教工作全局，助力脱贫攻坚决战决胜。新冠肺炎疫情期间，全体干部职工通过电话、短信、微信等方式，与联系户密切交流与沟通，向联系户宣传疫情防控政策、产业扶持政策，帮助联系户制定本年度增收致富计划。疫情防控等级调整后，严格按照帮扶“八个一”工作要求，每月至少两次深入联系户家里实地走访，了解疫情防控和生产生活情况，及时解决他们生产生活中的困难和问题，密切和联系户的感情。积极争取到位少数民族发展资金3200万元，全部统筹用于脱贫攻坚。认定民贸企业7家，兑现贷款贴息112万元，有效降低疫情防控给企业生产经营造成的影响。兑现民族文化旅游企业2019年度和本年度贷款贴息近1000万元，助推企业做大做强。继续实施少数民族青年才俊成长工程，全县40名少数民族特殊困难家庭应届一本大学生受到资助。扎实做好民族团结进步宣传，铸牢中华民族共同体意识。协助与配合新疆驻渝工作组完成新疆籍在彭务工人员的走访慰问工作。由县委统战部牵头，会同县公安局、县城市管理局通过面对面沟通、集中座谈、现场交换意见等方式，将十字街新疆烤串摊位迁移到绍庆广场门店和下街商贸园广场。限时完成市级和国家级民族团结进步示范单位申报工作，精准指导申报单位完成现场布置和立档归卷，顺利通过全市互观互检，县职教中心、九黎旅游股份有限公司、巨盾实业公司等单位被命名为市级民族团结进步示范单位。指导县职教中心和九黎旅游股份有限公司高质量完成民族团结进步教育基地的申报。扎实做好民族文化传承保护，助推文旅融合发展。持续实施“民族文化进校园”工程，限时完成“民族文化进校园”学校的申报工作。及时启动射弩和苗族健身操的普及推广工作，定期深入县职教中心检查指导普及推广情况，确保普及推广成效。高质量完成佛山苗寨文化建设提升项目，为佛山苗寨乡村旅游发展增添动力和活力。

【宗教事务】 全县有宗教活动场所3个（天主教真原堂、云顶寺、高谷兴隆佛教活动点），宗教团体两个（县佛教协会、县天主教爱国会），县内佛教信教群众多，皈依人员400余人，接受洗礼的天主教教徒200余人。2020年，全县民族宗教领域持续和谐稳定，为全县经济社会发展营造了良好的宗教关系。严格按照市委统战部、市民宗委的部署和要求，在县委、县政府的统一领导下，坚持民族宗教领域“两暂停一延迟”的防控原则，第一时间摸排外地到彭水少数民族人数、分布、职业等信息，建立健全动态管理台账，第一时间关闭全县宗教场所，停止一切宗教活动。按照属地管理的原则，各乡镇（街道）做好宗教场所的日常监督，加强对外地到彭少数民族的服务，配备适量的口罩和消毒物资，及时解决他们在彭生活期间的困难和问题。加强值班值守，每天按时报送疫情防控信息。定期深入重点乡镇（街道）、重点场所督促指导疫情防控措施的落实情况。指导宗教场所有序开放，常态化做好疫情防控。民族宗教领域疫情防控实现“零传播、零聚集、零感染”。依法管理宗教事务，全力确保宗教领域持续和谐稳定。限时完成民间信仰活动情况调研和宗教工作调研，实现底数清、情况明。扎实推进云顶寺复建工作，完成云顶寺护栏安装和绿化美化，抓紧扫尾地下管网铺设和佛事区建筑垃圾清场工作，为实现全面对外开放做准备。严格按照国家宗教局、市委统战部、市民宗委的相关规定和要求，务实推进云顶寺有关问题整改，确保中央宗教工作督查反馈问题“清零销号”。积极做好宗教场所安全稳定工作，定期深入宗教场所检查安全措施落实情况。

教　育

【概述】 2020年，全县教育工作以习近平新时代中国特色社会主义思想为指导，全面贯彻落实习近平总书记关于教育工作的重要论述，坚守为党育人、为国育才的方针，发挥教育在培育和践行社会主义核心价值观中的重要作用。为培养担当民族复兴大任的时代新人而不断努力，持续推进教育公平，促进学生德智体美劳全面发展，培养学生爱国情怀、社会责任感、创新精神和实践能力。一手抓疫情防控，一手抓教育教学，突出重点、求真务实，推动教育各项工作有序有效开展。2020年，全县有独立法人学校150所，比2019年增加5所，增长3.45%；在校学生107374人，比2019年减少1750人，下降1.60%；有教职工7801人，比2019年增加198人，增长2.05%。全县学校占地224.79万平方米，比2019年增加4.44万平方米，增长2.01%；校舍建筑面积118.69万平方米，比2019年增加2.9万平方米，增长2.50%。全年教育经费总收入199288.42万元，比2019年增加356.42万元，增长0.18%；总支出199288.42万元，比2019年增加592.42万元，增长0.30%。

2020年11月，人民日报记者采访彭水教育
（县教委　供图）

【学前教育】　制定《普惠性民办幼儿园管理办法》，进一步明确普惠性民办幼儿园认定标准，防止和纠正学前教育小学化倾向。积极实施第三期学前教育行动计划，加大学前教育经费投入推进项目建设。大力治理县城小区配套幼儿园，进一步提高学前教育公益普惠水平。2020年学前三年毛入园率达到88.74%，普惠性幼儿园覆盖率达到100%。全县公办园在园幼儿占比52.29%，较2019年提高0.13个百分点。2020年安置学前教育公费师范生20人，进一步充实学前教育师资力量。

【基础教育】　支持县城优质学校与乡镇薄弱学校开展结对帮扶工作，逐步缩小城乡校际差距。2020年，全县有45所中小学开展结对帮扶工作。九年义务教育巩固率为98.01%。全县超大班额实现零目标，大班额比例为8.66%，较2019年下降6.75个百分点。积极推进优质教育资源共享，提升教育教学质量，缩小城乡、区域、校际教育差距，提高教育改革效益，促进教育公平。2020年，开展"一师一优课、一课一名师"活动，共计晒课2530节，有180节评为县级优课。2020年高考重本上线1038人，较2019年增加121人。

【职业教育】　实施中等职业教育产教融合工程，推动中等职业学校专业设置、课程内容、教学方式与生产实践对接，推进县职教中心高水平中等职业教育学校建设，职业教育质量进一步提升。深入探索传统文化的产业发展之路，开设民族工艺品专业，加强民族文化传承人培养。县职教中心联合100余所职业院校、行业企业、教研机构，牵头成立重庆非物质文化传承与保护产教联盟。加大校企深度融合，县职业教育中心与北京渝信紫龙餐饮有限公司、深圳市华文幼教品质管理有限公司开展冠名班订单培养，提高专业人才培养质量。职教高考本科上线206人，较2019年同比增长10.75%。

【成人教育】　电大成人开放教育稳步推进内涵发展，招生、教学、教务、考试工作秩序井然。以职教中心作为平台，探索成人教育与乡村振兴衔接机制，积极开展新型职业农民培育、特种作业人员培训等20个类别，累计培训128期，培训效益300万元以上；为九黎文化投资有限公司、太极集团、电力公司、中国铁路、中国移动等20余家企业开展员工培训4000余人次；300余名教师参与企业实践，20名教师兼职企业客座讲师，72名教师深入企业解决技术难题。

【特殊教育】　坚持残疾适龄儿童送教上门制度，严格按照送教要求制订送教计划及方案，多措并举，保障残疾儿童受教育的权利。按照分类施策、一人一案保障办法，对全县827名残疾适龄儿童少年进行安置。普通学校随班就读540人、特殊教育学校就读100人、实施送教上门140人、缓学15人、康复机构治疗2人，初中毕业25人。

2020年10月，重庆市校园足球联赛总决赛（小学混合组）在彭水举行

（县教委　供图）

文　化

【概述】　2020年，在县委、县政府的坚强领导下，县文化旅游系统认真学习习近平新时代中国

特色社会主义思想，深入贯彻中共十九大和十九届二中、三中、四中、五中全会精神，不断增强文化自觉和文化自信，大力改革创新，务实担当作为，努力建立健全文化发展政策和体制机制，不断优化文化发展社会环境，深入推进文化体制改革，文化事业、文化产业蓬勃发展。城乡公共文体设施进一步完善，现代公共文化服务体系逐渐成形，文化艺术创作生产全面加强，文化产业发展不断进步，全县文化发展在增强城市发展能级、提高人民生活品质方面起到了积极助推作用。

【文化事业】 乡镇（街道）综合文化服务中心、村（社区）综合文化服务中心覆盖率均达到100%，全面打通公共文化服务“最后一公里”。“两馆一中心”免费开放，全年累计服务群众90万人次；以娇阿依艺术团为主，开展2020年送文化下乡演出活动44场次，送戏曲进乡村241场次，以乡镇（街道）综合文化服务中心为主，实施送演出、送图书阅览、送展览讲座、送政策法规宣读等流动文化服务进村950场次，广大人民群众文化获得感、幸福感不断增强。

【文化产业】 组织开展东西部扶贫协作山东省援助项目，扎实推进非遗工坊培训，建有苗绣工坊2个，培训贫困户、低保户、残疾人共90人，积极引导文化消费，组织参加第五届重庆文化旅游惠民消费季活动，在疫情防控常态化条件下有序开展中国乌江画廊苗族踩花山节开幕式、蚩尤祭祀大典等系列节赛活动。

【舞台艺术】 县文化馆选送的节目《娇阿依》在第八届全国部分文化馆“群星璀璨遵义·百馆联动嘉年华”活动中获优秀展演奖，参加国际民歌赛获左权民歌汇·2020年国际民歌赛银樽奖，2020第三届“丝路欢歌 丝路欢舞”优秀群众文艺作品展演获“优秀演出奖”，舞蹈作品《巴山豆》在“奋进新时代·共圆小康梦”第九届重庆市乡村文艺会演获舞动类“网络人气奖”，在“奋进新时代·共圆小康梦”“欢跃四季·舞动巴渝”2020年重庆市广场舞（第二片区）展演中获优秀队伍。

【图书馆】 总馆有纸质图书59607册，电子图书资源7万册，分馆有纸质图书150115册。全年举办品牌全民阅读推广活动53场次、展览22场次、讲座20次，开展基层辅导及送文化下乡活动98次，累计服务20万余人次。年外借图书达12万余册，持证读者达3.32万人，占常住人口6.7%。

【群众文化】 在疫情防控常态化的同时，有序开展中国乌江苗族踩花山节开幕式、蚩尤祭祀大典、女儿会、民俗会、决战蚩尤九黎城——“和平精英”电子大赛、“山海九黎·文创新光”设计大赛、阿依河漂流大赛、“世界苗乡·养心彭水”乡村旅游、“苗乡记忆”特色小吃美食展等系列节赛活动。全县各级各部门自主开展的文化活动200余场次。举办各类培训班40期，设立基层文化活动基地8个。

【民间文艺】 全县有备案民间演艺团队17个，县文化旅游委在2020年送戏曲进乡村活动中遴选出10个团队参加送戏曲进乡村演出，以规范和扶持民间演艺团队发展。

【考古与文物】 全年完成190处文物保护单位201个文物点（古墓葬除外）安全责任人公示和公示牌悬挂工作，文物安全责任层层夯实。开展文物火灾隐患整治和消防能力提升三年行动，为30余处木结构建筑新配置干粉灭火器60余个。加强文物安全巡查检查，全年2000余人次参与文物安全巡查。启动13处县级文物保护单位保护范围和建设控制地带划定和11处县级文物保护单位立碑工作。禹王宫、善堂、万寿宫三处县级文物保护单位迁移保护施工方案经市级专家评审后项目动工。加强文物保护宣传，开展第四届文化遗产宣传月系列宣传活动。

【体育】 基础设施不断完善，全县公共体育设施总面积达到860833平方米，每万人政府公共体育设施面积18000平方米。完成重庆市重点民生实事任务4个社会足球场地建设和4个重庆市社区健身点建设。积极举办“能源杯”“交通杯”“体彩杯”等大型综合性职工运动会以全面推进全民健身发展。全年共举办大中型全民健身活动10次，参与人数达2万余人次，观众人数在20万人次以上。据抽样统计，全县经常性参加体育健身活动的人数已达36万人次以上，已超过总人口的50%。举办2020年度国家二级社会体育指导员培训班，培训三级社会体育指导员30人、二级社会体育指导员50人，群众体育骨干队伍不断壮大，累计有社会体育指导员1204人，举办了3期体育业务培训班，培养了一大批基层群众体育骨干和体育健身辅导员。300余名“好体育人”参加了“好体育人”志愿者活动，为市民进行体育健身咨询以及健身指导，发放健身宣传手册5000余册，累计指导群众体育健身5万人次。2020年彭水自治县民族中学、第一中学和彭水中学的跆拳道队员参加2020年重庆市青少年跆拳道冠军赛，获得甲组女子55公斤第三名1个，4个第五；县第一中学（彭水自治县武术协会一中分会）参加2020年重庆市武术套路锦标赛（甲组）获得1个第二，1个第四，1个第五，2个第六，2个第七的成绩，其中第二名达到国家二级运动员标准；彭水中学（体校足球训练基地）女足获得重庆市城市冠军联赛女子甲组第四名，获得国家一级运动员3人，国家二级运动员9人，重庆市校园足球联赛总决赛（高中女子甲组）精英组第七名，重庆市校园足球联赛总决赛（高中女子乙组）精英组第六名，2020年全国校园足球联赛夏令营三人入选，其中一人入选最佳阵容后补（全国共33人）；田径队参加2020年重庆市中学生田径锦标赛中获得2金、1铜、4银、3个第六、2个第七、1个第八、团体第五名的成绩。

广播电视

【概况】 2020年1—6月，彭水苗族土家族自治县广播电视台设8个部室，核定事业编制51人，实有在职职工50人（含台聘人员12人，在编38人）。高级工程师1人，编辑3人，助理编辑1人，助理记者3人，助理档案员1人，二级播音员2人，持有播音主持人证4人；持有记者证13人。

【栏目设置播出】 县电视台开设12档固定电视栏目，包括《彭水新闻》《新闻周刊》《微电影展播》《科普大篷车》《全民运动汇》《经典纪录》《党建大联播》《动画天地》《普法故事会》《光影纵横》《就业金桥》《天气预报》。

【机构沿革】 2019年3月1日，市委宣传部、市委网信办、市委编办、市财政局、市人力社保局、市文化旅游委、市大数据发展局、市记协8个单位联合印发《重庆市加强区县融媒体中心建设实施方案》，县委编委于2020年第1次会议研究，并报县委常委会审定，同意整合彭水日报社、县广播电视台设立彭水苗族土家族自治县融媒体中心。4月14日，县委宣传部以《关于印发〈彭水自治县融媒体中心建设工作实施方案〉的通知》，正式发布彭水自治县广播电视台和彭水日报社整合方案。5月6日，县委编办以《中共彭水苗族土家族自治县委机构编制委员会关于设立县融媒体中心的通知》，批复县融媒体中心的宗旨和职责任务等。6月5日，中共彭水县委任命温江华为县融媒体中心主任；刘将彬任县新时代文明实践服务中心主任；陈发伦、李大明、周青松为县融媒体中心副主任。6月8日，县委组织部常务副部长张军主持召开县融媒体中心干部职工大会，宣布县融媒体中心正式成立。9月25日，县委常委、宣传部部长裴煜宇出席县融媒体中心挂牌仪式并揭牌。

【脱贫攻坚宣传】 2020年是脱贫攻坚决战决胜收官之年，围绕脱贫攻坚主题，在彭水新闻设立《决战决胜脱贫攻坚》板块，结合微信等对在脱贫攻坚中涌现出的驻村第一书记和脱贫致富典型，进行系列报道，集中展示彭水县脱贫攻坚成效，激发了全县广大干部群众坚决高质量打赢打好精准脱贫攻坚战的信心和决心。

【时政宣传】 电视新闻《渝湘高铁彭水清水坪乌江特大桥钢围堰顺利下水》《芒种时节到 农民插秧忙》《村民直播插秧 电商销售大米出新招》被学习强国平台采用。

融 媒 体

【概况】 2020年6月8日，经整合彭水日报社、彭水县广播电视台，成立彭水苗族土家族自治县融媒体中心。9月25日正式挂牌。10月30日，通过市委宣传部等多部门联合验收，成为全市首批通过验收的15个区县融媒体中心之一。

县融媒体中心为县委直属正科级公益一类事业单位，归口县委宣传部领导，对外保留彭水日报社、彭水苗族土家族自治县广播电视台名称。宗旨是传递党政声音，关注社会民生，服务区域发展。中心内设办公室、总编室、新媒体部、大数据部、报刊编辑部、专题部、广告部、无线覆盖部、采访部、广播节目部、电视节目部、党建人事部、活动策划部、技术部、外宣部15个部室。核定事业编制82名，中心在编66人，劳务派遣6人，外聘人员12人。领导职数设主任1名、副主任3名，内设机构领导职数15名。拥有《彭水日报》、彭水电视台、苗乡之声、中国彭水网、彭水手机报、彭水手机台、苗乡彭水APP、彭水融媒微信公众号、彭水融媒体中心抖音号、数字报、直播平台11个全媒体平台。全年刊播稿件46600条，稿件累计阅读量达2.26亿，其中1000万+稿件2条，100万+稿件175条，10万+稿件103条，30件作品获全国全市新闻一、二、三等奖。

2020年9月25日，彭水苗族土家族自治县融媒体中心举行挂牌仪式

（县融媒体中心 供图）

【传统媒体与新媒体融合】 县融媒体中心成立编辑委员会，建立采编人员基层联系制度，严格执行“三审三校”制度，出台《全媒体审读实施办法》，编排《员工手册》等，以“制度管人管事”。打造新闻生产“策划、采访、编辑、发览稿”业务流程综合平台，构建“融为一体、合而为一”的全媒体传播格局，以“一次采集、多元传播”模式，推动新闻信息生产、传播、服务能力提升，实现了“1+1>2”的效果。

《彭水日报》采用由黄庭坚后人黄君题写的报头；增加苗乡彭水APP和彭水快微信等新媒体的二维码；增加图片、图标、图表量；每日更新的《彭水日报》均上传数字报平台，并将数字报链接植入网站、微信等新媒体。

彭水广播电台在《三分钟读报》栏目推送《彭水日报》内容；新开《此刻关注》栏目，推送中央主流媒体发布的国内、国际权威资讯；新增方言脱口秀《璐璐说事》栏目，以主持人“璐璐”名字命名，主持人以地道的彭水方言演绎本土幽默趣闻。

【抗击新冠肺炎疫情宣传】 推出《众志成城战“疫”情》《彭水：“约法三章”护航疫情防控阻击战》等重点报道100余篇；策划“夺取疫情防控和经济社会发展双胜利”“彭水9名农民工驰援雷神山”等特刊20个；开设“让党旗在防控疫情斗争第一线高高飘扬”“战疫战贫抓发展”等专题7个。制作播出七集原创系列微广播剧《抗“疫”路上》，在《学习强国》全国平台展播的35部优秀抗疫广播剧中，《阻击疫情不畏险 电力工人齐攻坚》《最美“守城兵”》《我的入党申请书》三集微广播剧成功入选，成为全市唯一入选此次优秀抗疫广播剧展播的单位。

2月7日，结合全县疫情防控形势发布景区海报，鼓励群众进行“云上旅游”，阅读量达23.4万+。县退伍军人事务局祭扫烈士陵园，清洗墓碑，抖音阅读量达6406.7万人次。与彭水中学联合制作的教师节系列视频，其中学生唱歌为老师送祝福的视频单条阅读量569万人次，点赞量达8万人次。

【脱贫攻坚宣传】 策划“决战决胜脱贫攻坚·我和我的脱贫故事”投票活动，5万多人次参与投票。开辟了“新春走基层——脱贫攻坚一线见闻”、战“疫”、战“贫”等栏目。持续大篇幅推出“决战决胜脱贫攻坚·一线故事”“聚焦10个专题行动”“我家脱贫了”“未脱贫户今年这样干”“聚焦百日大会战”等专题专栏。刊发专版专题“决战决胜脱贫攻坚——第一书记在行动”“我们走在致富路上”系列报道；扎实做好“脱贫攻坚成果展播”“走向我们的小康生活”等主题报道。全年采写了一批诸如《精准帮扶，决不让一个贫困群众掉队》《蹇春云：住上新房子有了新工作》等4200余件关于脱贫攻坚工作的新闻作品，让脱贫攻坚工作宣传有声有色。

【文旅推介活动宣传】 预热阶段，彭水新闻综合频道全天滚动播出双晒活动宣传90秒视频。彭水电台FM87.7《苗乡之声》制作预告片花《石县长直播带货预告》在每时段插播，同时推出的《FM87.7丨石强县长原音来了！618带货直播不见不散!》，由彭水电视台微信公众号和彭水手机台同步刊播。原创制作的《H5：狂欢618好物清单来啦！彭水县长直播间送好礼!》阅读量达6422人次。6月18日当天，彭水手机台、彭水电视台微信公众号、抖音号等网络平台，以及电视、广播等传统媒体共同推出“双晒”活动彭水篇专题报道，提升了活动知晓率和参与度。在时间紧、任务重的情况下，在较短的时间内，全力协助重庆电视台，全程参与“区县文旅精品荟”“文旅精品90秒”和时长为8分钟的“区县长带货来”三个专题片的摄制工作，紧紧围绕“民族、生态、文化”这条主线，深度推介彭水县重点景区、精品线路、文旅项目、文旅商品、健康产品、特色食品等内容，为“双晒”增色。6月18日，“文旅精品90秒”彭水篇在重庆电视台等震撼亮相，观众反响强烈，受到组委会专家一致好评。6月16—18日，展现彭水美食美景和文创产品稿件《探寻彭水鞍子罗家坨苗寨》《彭水：摩围山带您静享康养之旅》《苗族银饰 化平淡为神奇》等，连续三天在重庆电视台第1眼APP播出。6月19日晚，在重庆卫视、彭水电视台、彭水微信公众号等网络平台推出时长为8分钟的“区县长带货来”专题片，当晚县人民政府县长石强参加的“区县长带货来”直播活动，在腾讯视频、淘宝、抖音、第一眼新闻等平台顺利推出，受到网友热捧。稿件《彭水：县长直播带货·双晒汇聚人气》在重庆电视台新闻联播和重庆卫视午间版播出。华龙网、上游新闻等媒体也采用多篇。

【文化旅游宣传】 持续推出文化、旅游专版，连载《黄庭坚彭水往事》“彭水地名故事”“彭水古民居印记”和“非遗传承”系列报道，从不同角度深入挖掘彭水的旅游文化生态资源，展现彭水与众不同的美，为全县旅游发展营造浓厚氛围。《美了乡村 富了百姓》《泉水渔都：山泉水“冲”出美景区》，集中展示景区新变化，讲述了彭水县创建AAA、AAAA、AAAAA级景区的故事。报纸开设“习作天地”和“副刊苗乡韵”专题，所选作品涵盖了全县不同年龄段的文艺爱好者，为他们提供展示才华的平台，深受市民青睐。

【抗洪抢险宣传】 6月、7月，彭水县域内普降暴雨，山洪频发。中心采取“移动先行、全媒联动”的报道策略，及时发布《彭水持续强降雨 气象部门发布“暴雨红色预警信号”》《彭水乌江县城水位上涨近10米到达警戒水位线》《乌江彭水水电站开启三孔闸门泄洪 下游沿江市民注意》等快讯、简讯，对气象预测、重要险情、救灾部署、救灾进展、交通运行等情况第一时间发布权威信息，将镜头对准抗洪抢险的一线党员干部、群众、官兵，生动客观真实地展示了干部群众和解放军官兵的积极作为，采写了《我县各级积极抗灾救灾 安置群众生产生活》《致敬暴雨中的“逆行者”》等多篇报道。

【对外宣传】 上稿总量和质量均创历史新高，全年在中央级主流媒体用稿800余条，在市级媒体用稿3800余条，在学习强国平台用稿300余条，排名全市14位。全年14次登上《人民日报》，其中5次上了头版。

【新媒体】 拥有新媒体粉丝达100万，移动传播体系初步形成，成功构建了跨媒体、多平台、数字化的全媒体矩阵，成功入驻新华社、百度、今日头条、抖音号等12个大平台。

【广告经营】 2020年，县融媒体中心利用现有的11个全媒体平台大力开展自我营销，通过县交易中心公开发布广告经营权出让竞价公告，最终以每年85万元的价格出让给山楂树广告公司，净利比2019年增涨60%左右。

【对外交往】 为学习外地经验，组织考察队伍到璧山、綦江、荣昌 、垫江、梁平、长寿等区县融媒体中心考察学习，邀请重庆日报新闻专家到中心作专题讲座；与垫江县融媒体中心签署《信息共享战略合作框架协议》，在信息共享、人才交流、消费扶贫、招商引资、文旅推广等方面加强合作。

县融媒体中心新办公环境

（县融媒体中心　供图）

延伸阅读：

2020 年度获奖新闻作品

作者	获奖作品	获奖日期	颁奖部门
杨元忠　李亚军　甘勋乐　刘　蕊　杨春燕　赵　琴	《党建引领村级集体经济发展系列报道》荣获第九届重庆市区县报好新闻奖（通讯与深度报道）二等奖	2020.5	重庆市新闻工作者协会重庆市区县报研究会
廖　唯　陈兴盛　向玉婷	《岩东乡这个贫困村 24 名村民变身果树“专家”》荣获第九届重庆市区县报好新闻奖（通讯与深度报道）一等奖	2020.5	重庆市新闻工作者协会
赵　勇　李亚军　赵　琴	《送医送药送健康》荣获第九届重庆市区县报好新闻奖（报纸文字信息）二等奖	2020.5	重庆市新闻工作者协会重庆市区县报研究会
杨元忠　李亚军　陈兴盛	《扶贫路上“夫妻档”》荣获第九届重庆市区县报好新闻奖（通讯与深度报道）二等奖	2020.5	重庆市新闻工作者协会
赵　勇　李绍标　唐　源	《你是我的眼，我是你的耳》荣获第九届重庆市区县报好新闻奖（通讯与深度报道）二等奖	2020.5	重庆市新闻工作者协会重庆市区县报研究会
廖　唯　张茂玉　陈兴盛	《手工木雕师安廷斌》荣获第九届重庆市区县报好新闻奖（通讯与深度报道）三等奖	2020.5	重庆市新闻工作者协会重庆市区县报研究会
温江华　黄智宇　吴炳霖　张茂玉　陈乾敏	《彭水，向全世界发出邀请》荣获第九届重庆市区县报好新闻奖（融合创新）二等奖	2020.5	重庆市新闻工作者协会重庆市区县报研究会
蔡　秀　任　会　陈　淋	《四岁男孩不慎滑入江中》荣获第九届重庆市区县报好新闻奖（通讯与深度报道）三等奖	2020.5	重庆市新闻工作者协会重庆市区县报研究会
刘　蕊　杨元忠	《2019-05-13〈彭水日报〉2-3 版》荣获第九届重庆市区县报好新闻奖（新闻版面）三等奖	2020.5	重庆市新闻工作者协会重庆市区县报研究会
廖　唯	《浅析地方报社媒体融合发展策略》荣获第九届重庆市区县报好新闻奖（新闻论文）三等奖	2020.5	重庆市新闻工作者协会重庆市区县报研究会
徐　磊　赵应波	《一张留言条 见证红军爱民情》荣获 2019 年度“重庆市广播电视优秀作品”（新闻类）电视消息一等奖	2020.12	重庆市文旅委 重庆市广播电视协会
杨哲翎　郭明瑞	《女子高速路上车祸被困悬空 执法人员用肩膀托举 20 分钟》荣获 2019 年度“重庆市广播电视优秀作品”（新闻类）电视消息三等奖	2020.12	重庆市文旅委 重庆市广播电视协会

档　案

【概况】 彭水自治县档案馆新馆始建于 2009 年 8 月，2011 年 4 月竣工投入使用，总建筑面积 4200 平方米，属国家二级综合档案馆。2019 年 1 月，全县党政机关机构改革，实行局馆分离，将档案史志馆划出，单独设立，为县委办所属事业单位，办公地点不变。县档案局在县委办挂牌。2019年7月，将县档案史志馆更名为彭水苗族土家族自治县档案馆，为县委办管理的正科级公益一类事业单位，内设综合科、保管利用科、接收整理科、编研科、信息技术科，核定参公编制16名。下设档案信息化管理中心，核定事业编制3名。领导职数设馆长1名、副馆长3名，内设机构领导职数6名。档案馆主要职责任务是：承担档案接收、档案保管和利用、档案数字化、档案编研、党史和地方志业务工作。

【宣传教育】 2020年，县档案馆强化宣传教育，加强政治引领，提高政治站位。全年组织干部职工认真学习贯彻习近平新时代中国特色社会主义思想和党的十九大、十九届二中、三中、四中、五中全会精神，学习《中国共产党党章》《中国共产党党组工作条例》《中国共产党党内监督条例》《关于新形式下党内政治生活的若干准则》《中国共产党党内重要法规汇编》等党内法规和理论文献，以及习近平总书记系列重要讲话和重要指示、批示精神，并依托学习强国APP、干部网络在线学习平台强化理论学习。全年召开党组会24次、支委会13次、党建专题会2次、支部党员大会4次、组织生活会2次，组织中心组学习25次、职工学习40次，学习各类理论文章56篇。开展党课教育活动3次、主题党日活动12次、“以案四说”11次，班子成员之间、班子成员和职工之间谈心谈话6人次，集体约谈1次，发展中共正式党员1名。加大档案工作宣传力度，积极贯彻学习新《档案法》。向县委办、县政府办及有关单位报送档案工作动态29期，宣传档案馆工作成效，提高社会知名度。6月9日，联合县档案局、县扶贫办在县城十字街开展第十三个“6·9”国际档案日“档案见证小康路、聚焦扶贫决胜期”宣传活动，宣传新《档案法》，通过设置咨询台、布置展板、发放宣传单、解析档案利用案例，以及文字、图片、影像等档案资料对比的方式，向公众宣传介绍档案知识和档案工作的重要性。现场发放宣传单3000余份、“小康记忆”记事本200余本，接待群众咨询560余人次。充分展示了彭水县脱贫攻坚取得的辉煌成就，增强了群众脱贫攻坚的幸福感和获得感，提升了群众对档案工作的认知度，让广大市民更加关注档案、走近档案，扩大档案工作的影响力，为档案工作持续开展奠定了良好基础。

“6·9”国际档案日“档案见证小康路、聚焦扶贫决胜期”宣传活动

（县档案馆　供图）

【档案接收】 2020年，县档案馆加强馆藏资源建设，规范档案接收环节，保证档案资源质量，方便档案查阅利用。制发了《关于明确进馆档案接收工作流程和移交清单的函》，以资遵照执行。档案质量验收方式由馆内验收改为上门验收，树

立了档案服务意识，提高了档案整理质量。全年共接收县规资局（原县国土局）、县人社局、县发改委、县农业农村委、县煤炭局等24个单位文书档案47573件、退休人事档案389卷、会计档案2281卷。清点县农业农村委和县林业局移交的土地林权档案，并补办交接文据。协助县档案局对县发改委、县委宣传部、县规资局等30多个单位进行档案业务指导，对县残联、彭水中学等4个单位的档案管理开展行政执法检查。协助县扶贫办对各乡镇、各部门开展精准扶贫档案业务培训3次。

【档案保管利用】 严格遵守各项规章制度，牢记为民服务宗旨，库房管理有制度，档案查阅守规矩，服务态度有热心。新增两间档案库房恒温恒湿空调4台、除湿机2台，检修库房档案密集架。常规性开展库房安全检查，排查处理设备故障或安全隐患，并建好台账。及时处理空调运行不正常、空调管道漏水等问题。实现档案利用者自主登记和档案查阅系统身份证识别登记相结合，建立档案查阅利用登记、实体档案查阅登记、涉密档案查阅登记、实体档案借出登记、领导审签介绍信等台账。全年共接待档案利用者1．6万余人次，复印档案3万余页。其中提供实体档案查阅54次、涉密档案查阅8次、批量查阅3次，领导审签70次。主要涉及林权、土地、婚姻、渝湘高速、彭酉（务）二级路、县纸厂、县水泥厂、郁山水泥厂、轮船公司、水运公司等单位档案资料。首年实现了婚姻档案全市跨馆查阅，制作了婚姻档案跨馆查阅标志牌、查阅流程等标识。全年保证了实体档案和数字档案利用“零”安全事故。

2020年4月28日，档案库房安全检查
（县档案馆　供图）

【档案信息化建设】 档案信息化建设是档案部门的一项基础性工作，是档案工作迈向现代化的必由之路。2020年，县档案馆成立了档案数字化加工工作领导小组，建立中心机房管理制度和档案数字化加工管理制度，确保管理台账清楚、加工过程规范、数据保存安全。登记出入库数字化实体档案1450卷，完成馆藏27个全宗单位的档案及查阅大厅现存所有目录的数字化，共扫描791054页，录入扫描档案对应的著录信息119123条（折算后），逐条检查录入目录的题名、责任者、文号等各个子项8万多条，并成功挂接。截至2020年年末，有馆藏数字化档案条目3420972条。启动档案数字化数据接收工作，接收重庆烟叶复烤厂、中国电信股份有限公司、中国邮政储蓄银行股份有限公司彭水县支行等6个单位的人事档案数字化存储硬盘，编目造册，移交库房专门保管。

【疫情防控】 2020年，县档案馆认真履行防控职责，保障档案工作正常运转。成立档案馆新冠病毒肺炎疫情防控工作领导小组，统一指挥全馆疫情防控工作。常规性地对馆内外场所进行清扫消毒，保证环境整洁卫生。报送疫情防控工作动态4期，宣传疫情防控工作。收集彭水县李大东等9名劳务人员赴武汉支援雷神山医院建设有关资料。制定疫情期间档案查阅制度，工作人员全程佩戴好口罩，并用酒精对办公用品消毒。凡进馆查档人员必须持有效证件登记、佩戴口罩、测量体温，确保档案工作和疫情防控工作两不误。

【脱贫攻坚】 全面落实县委关于驻村帮扶工作的决策部署，按照“八个一”要求，深入走访帮扶户，了解群众意愿需求，听取群众意见建议，协助制定脱贫方案，协调解决问题和困难，积极协调有关部门并配合普子镇党委、政府推进脱贫攻坚“百日大会战”和结对帮扶工作，提升群众满意度。党组成员每月到联系村开展指导工作不少于2次，职工每月走访至少2次。县档案馆在工作人员紧张的情况下，派出5名干部分别进驻普子镇桐泉村、梅子垭镇联合村、大同镇大河村、芦塘乡星光村开展扶贫工作，其中两名任驻村第一书记。加强扶贫驻村干部后勤保障，按县委和政府要求全面落实驻村干部各项经济待遇，帮助解决驻村干部的实际困难。积极借助社会力量解决实际问题，协调电力部门为普子镇桐泉村全面排查解决电力设施安全隐患22个，增设100千伏变压器1台，更换增容变压器1台、更换木质电线杆为水泥电杆8根，新增水泥电线杆2根，移动更换水泥电线杆2根，彻底解决桐泉村群众用电难问题。结合单位实际进行对口帮扶，为村民委赠送档案资料柜48个，解决扶贫档案管理难的问题。本着自愿原则，以消费带动扶贫，全面完成重庆市消费扶贫馆平台人均消费200元的任务，累计购买农副产品约5300元。联系彭水中游旅游公司、重庆市优途国际旅行社有限公司组织游客118人次到彭水旅游，共计消费113775元。到2020年年末，桐泉村建档立卡贫困户194户810人全部脱贫。全村供电设施除一组肖家坨、九组油坪盖实施变压增容外，其他组别已实施第二次农网改造。完成通畅路13千米，通达路70余千米。硬化农户院坝数90%，人行便道50余千米。彻底改造了全村不安全住房，近两年易地扶贫搬迁31户153人，D级危房改造35户105人，拆除重建34户170人。对107人落实了产业扶持资金，带动了全村182户721人实现增收。

【机关建设】 2020年，县档案馆进一步强化机关作风建设，开展“优质服务、优良作风、优美环境”等活动，保证活动有阵地、工作有力量、办事有经费，干部职工为民服务的宗旨意识不断增强，信访稳定工作力度不断提高，档案工作成效显著，对外形象明显提升。2019年度全县综合考核中，获先进领导集体，党政领导班子考核等次为“优秀”，全面从严治党定性评价为“较好”。通过单位民主测评，报县委组织部对3名同志进行嘉奖、1名同志记三等功。修改完善党建制度2项、机关管理制度18项，规范和约束干部职工履职尽责、敢于担当、干净干事、廉洁从政，保证工作有制度、过程有监督、行动有约束。专题研究安全问题13次，整改安全隐患9个。档案库房屋顶漏水改造工程顺利完工，负二楼安全防护门重新安装，监控设施全面改造升级，消防设施全面维护维修，全馆安全得到很好的保障。会议室布置提档升级，馆内地情资料展示室完成规划设计，绿化美化持续开展，职工食堂新建运行，健身场所因地设立，健身器材获得赠送，职工办公环境优美、工作餐饮无忧、娱乐活动充实。

党　史

【概况】 2019年机构改革后，党史职能划归县委宣传部，党史具体业务由县档案馆承担。2020年，县党史工作在县委的统一领导下，在市委党史研究室的大力指导下，围绕全县中心工作，坚持以资政育人为根本任务，积极谋划，精心部署，统筹安排，较好地完成了党史工作任务。

【党史编研】 把“以史鉴今、资政育人”作为根本任务，进一步提高党史研究工作科学化水平。积极编纂、出版党史书籍，打造文化精品。通过购买社会服务和单位全程参与相结合方式，严把质量关，于2020年12月高质量完成《图说彭水党史》《口述彭水党史》资料征集编纂工作。《图说彭水党史》全书共8万字、收录图片435张、

100个专题，《口述彭水党史》全书共25万字、收录口述资料100篇，分别从新民主主义革命时期、社会主义革命和建设时期、改革开放和社会主义现代化建设新时期三个阶段记述了彭水近百年党史的光辉历程。

【党史教育】 利用县档案馆馆内“爱国主义教育基地”和“红岩联线”2个固定平台，配备解说员，接待三峡银行、联通公司、中安公司等单位参观学习，接受革命精神洗礼。邀请红岩英烈研究会到彭水召开红岩英烈革命精神座谈会；邀请党史专家走进党校课堂，对领导干部开展党史教育，传承红色文化，提升党员干部的使命感。向彭水中学、森林希望小学等13所中小学免费发放地方党史系列丛书《碧血》《铁血》《热血》共计2400套，加强全县广大中小学生革命历史教育；向彭水籍2020年入伍新兵每人发放一套地方党史系列丛书，宣传彭水红色文化，勉励他们继承革命传统、保家卫国建功军营。

2020年8月14日，三峡银行彭水支行参观彭水县爱国主义教育基地

（县档案馆　供图）

【队伍建设】 县档案馆党史工作者通过集中学习和分散学习的方式，深刻领会习近平总书记关于党史国史的重要思想，进一步了解党史、新中国史、改革开放史、社会主义发展史，增强党史工作人员守初心、担使命的思想自觉和行动自觉。积极组织参加中共重庆市委党史研究室举办的党史业务培训，聆听西南大学教授和党史研究室业务专家授课，拓展知识领域，开阔专业视野，切实提高综合素质和工作能力。

地　方　志

【概况】 2019年机构改革后，地方志工作职能划归县政府办，由档案馆具体承担地方志编修业务。2020年是地方志“两全目标”收官之年，县档案馆在县委、县政府的领导和市地方志办公室的业务指导下，潜心主业、奋力作为，坚持“抢进度”与“重质量”并举，稳步推进志鉴编修和其他各项工作，圆满完成地方志“两全目标”。

【年鉴编纂】 在《彭水年鉴（2017卷）》实现全面改版的基础上，《彭水年鉴（2020卷）》保持基本框架不变，对部分篇目进行微调，加强行文与格式的统一，深化对旅游开发、名优特产等特色资料的采编，丰富内文插图，图文并茂。全书收集稿件130余篇、文前彩页图片41幅、内文插图105幅，共计59万字，于2020年9月在四川科学技术出版社出版。自此，彭水自治县实现第二轮志书出版发行及地方综合年鉴一年一鉴、公开出版，全面完成地方志工作“两全目标”。

【部门志编修】 面对地方志工作氛围不够浓厚、修志人才匮乏、各部门经费不足的境况，县档案馆加大方志工作宣传力度、多方争取支持、强化业务指导，多措并举推进部门志编修。县档案馆抽调1名精通方志业务工作人员作为《彭水苗族土家族自治县人民代表大会志（1949—2019）》副主编，参与志书编修工作，县档案馆加强业务指导和审查。全书8篇18章87节，讲述了彭水人大的发展史，于2020年11月在重庆出版社出版。

【宣传服务】 向县四大家领导赠阅志书12套，凸显地方志书的资政作用。在《彭水年鉴（2020）卷》中，增加彭水山葵、彭水蜂蜜的内容，以作申请地理标志产品之用；在文前彩页、正文内容加强对彭水旅游资源的宣传介绍，助力旅游发展。做好志鉴发行工作，广泛开展读志用志活动。全年向各机关单位、史志爱好者发放《彭水苗族土家族自治县志（1986～2005）》200余册、《彭水年鉴（2019卷）》390余册、《彭水年鉴（2020卷）》近200册。借助重庆市地方志办公室官网及微信公众号、彭水昨日要情等平台，加大地方志工作的宣传力度，向重庆市地方志办公室、中共彭水自治县委办公室报送地方志信息4篇。配合重庆市地方志办公室网站建设和重庆市地方志资料库建设，报送《彭水清代方志集成》《彭水苗族土家族自治县志（1986～2005）》《彭水年鉴（2017卷）》《彭水年鉴（2018卷）》《彭水年鉴（2019卷）》《彭水年鉴（2020卷）》电子版，报送出版的旧志点校本、综合志书、部门志、综合年鉴、统计年鉴51册；为《重庆年鉴（2020卷）》提供彭水材料8000余字。

【队伍建设】 强化业务学习，提高地方志队伍素质。开展集中学习，积极参加重庆市地方志办公室组织的方志系统业务培训、主要负责人片区座谈会议，利用馆内方志工作会议进行理论业务学习探讨。开展交流学习，与市内兄弟区县、武昌市、平遥县等史志工作部门交换志书30余册，学习借鉴其他志书的成功之处，开拓视野。

卫生健康

【概况】 2020年，彭水自治县卫生健康委坚持以人民为中心，聚焦人民健康，统筹推进健康中国重庆行动、公共卫生服务受益率、基本医疗服务保障率、深化医药卫生体制改革、卫生健康行业治理等年度重点工作，为确保“十四五”卫生健康事业高质量发展开好局、起好步。2020年度市对县综合督查考核排渝东南武陵山区城镇群第3名，较2019年上升2个位次。

【抗击新冠肺炎疫情】 面对新冠肺炎疫情，秉承人民至上、生命至上理念，坚持把疫情防控工作放在首位，严格落实“四早”“四集中”原则和“外防输入、内防反弹”策略，动态调整防控措施，有序推进新冠病毒疫苗接种工作，全力为“六保”“六稳”提供坚实保障，有力助推全县经济社会发展。系统获全市抗击新冠肺炎疫情表彰先进个人8名、先进集体3个、优秀共产党员2名、先进基层党组织1个。彭水县被确定为全市第一批低风险区县。

【健康扶贫】 聚焦“基本医疗有保障”，实现贫困人口家庭医生签约服务全覆盖，36家健康扶贫流动医院进村入户、送医送药等医疗卫生健康服务累计3万余车次。实现大病专项救治100%、慢病签约服务率100%，48330名重病及其他疾病100%，解决“防不了病”问题。贫困人口住院医疗费用比例控制在10%以内，重大疾病和慢病患者门诊医疗费用自付比例控制在20%以内，2015年至2020年12月底，发放健康扶贫基金1.44亿元，惠及贫困患者36.5万人次，解决“看不起病”问题。乡镇卫生院和行政村卫生室标准化率100%、全自动生化和彩超DR等全覆盖，已培训培养全科医生152人、专科进修357人（其中三甲医院105人），实现医疗机构“三建好”、医务人员“三合格”、服务能力“三达标”，极大方便了群众就近看病就医，解决“不便看病”问题。

【综合医改】 深化医共体“三通”建设。完善医共体内绩效考核、薪酬分配、绩效工资兜底保障等管理机制，推进上下级用药衔接试点，切实增强基层服务供给能力，巩固提升基层医疗卫生机构集团化管理改革成效。全年基层总诊疗人次

76.4万，同比上升10.7%，门急诊、出院均次费用79.9元、1601.2元，处全市最低水平，基层首诊率维持在72%左右。全市综合医改试点工作推进会在彭水召开。深化公立医院改革。全面加强公立医院党的建设，建立健全医院决策机制、财务资产、医疗质量、绩效考核等现代医院管理体系，持续推进医改便民举措，增强群众获得感，县域内就诊率90%。完善疾控体系改革。加强公共卫生人才队伍建设，增配县疾控机构编制29名，建成标准化卫生应急队伍及其背囊化快速反应小分队各4支，推进预防接种信息系统和数字化门诊建设，完善常态化监管机制和追溯机制。

【医疗服务保障】 聚焦健康中国重庆行动。牢固树立“大卫生、大健康”理念，紧扣全方位全周期健康服务，出台《健康中国彭水行动方案》，建成1个具有示范效应的托育机构（七家托育中心）。全县居民健康素养水平20.91%，人均期望寿命76.09岁，重大慢性病过早死亡率14.02%，卫生厕所普及率达76.5%。聚焦公共卫生服务受益率。建成尘肺病康复站试点1个，创建健康企业2家，生物安全实验室覆盖率、地方病现症患者随访治疗、燃煤型氟中毒消除率均达100%。在县人民医院、县妇幼保健计划生育服务中心设中医科并开展中医药服务，龙射镇中心卫生院中医馆纳入市级精品项目建设，全县能提供中医药服务的医疗机构占全县总医疗机构45.8%。聚焦基本医疗服务保障率。全县乡村医生执业（助理）医师人员占比15.96%，较2019年增加1.58%。建立医疗卫生行业综合监管联动机制并开展督查，“双随机、一公开”完成率100%。无行政复议和诉讼案件。

【服务体系建设】 完善基础设施建设。实施县人民医院重症急救能力提升、关口传染病区改扩建、县公共卫生服务中心和黄家镇中心卫生院新建项目，县中医院新城分院门诊楼竣工投用，完工县妇幼保健院改扩建项目，竣工验收梅子垭、鞍子镇卫生院改扩建项目及三义乡、大垭乡卫生院新建项目，完成10家基层医疗机构数字化预防接种门诊建设，开展“美丽医院”“智慧医院”创建。加大人才队伍建设。2020年年底，基层有执业（助理）医师444名、注册全科医生93人，实现了每个基层医疗卫生机构至少拥有1名执业（助理）医师、1名注册全科医生。招聘卫生人员135人（含卫生技术人员119人）。完成“三峡之光”访问学者研修3人、住院医师规范化培训13人、其他专科骨干21人。系统编制内执业（助理）医师、注册护士分别较2019年增加5%、8.5%；正高级职称、副高级职称分别较2019年增长46%、15.4%。获“首批重庆市区县医疗卫生学术技术带头人”5人，8名基层卫生技术骨干获评“重庆市基层优秀卫生专业技术人才”称号。强化重点学科、专科建设。全县已获批的国家级、市级中医特色专科各2个、市级中医临床重点专科1个、市级临床重点专科3个；在建的市级临床重点专科、中医特色专科和区域重点专科（县人民医院心血管病科）各1个。获批“重庆市2021年科卫联合医学科研项目”1项。推进信息化建设。投用120指挥调度信息系统，完成互联网医疗服务监管平台建设，完成电子健康卡普及应用，完成医保异地结算、医师信息与处方关联结算、医疗电子票据等接口安装部署。与西门子（中国）有限公司开展“5G远程超声”医疗和远程培训，县人民医院、县中医院对部分基层医疗机构开展了远程医疗服务。启动“互联网+卫生健康”信息化建设项目。

延伸阅读：

卫生事业发展数据

（一）医疗卫生机构数。2020年年底，全县各级各类医疗卫生机构443个，其中政府办医疗卫生机构45个，社会办医疗机构76个，其他性质机构322个（村卫生室320个、医务室2个）。政府办医疗卫生机构中，委代管群团机构1个（县计划生育协会），县级卫生健康事业单位10个（县人民医院、县中医院、县爱卫办、县农村卫生管理中心、县卫生会计核算中心、县疾病预防控制中心、县妇幼保健计划生育服务中心、县卫生健康综合行政执法支队、县结核病防治所、县麻风病医院）。乡镇（中心）卫生院36个、街道社区卫生服务中心4个。社会办医疗机构中，一级综合医院3个，一级中医医院4个，一级中西医结合医院1个，二级中医医院1个，二级精神病专科医院1个，单采血浆站1个，中医类诊所25个，中医门诊部1个，普通诊所30个，口腔诊所9个。

（二）编制床位人员结构。全县各类医疗机构编制床位数2805张，每千常住人口编制床位5.86张。执业（助理）医师1219人，每千常住人口执业（助理）医师2.55人。注册护士1490人，每千常住人口注册护士3.11人。

（三）诊疗服务情况。2020年，全县医疗卫生机构总诊疗数为226.0万人次，与2019年同比增长3.9%，其中公立医疗卫生机构总诊疗数为200.2万人次，同比上升7.0%，民营医疗机构总诊疗数10.0万人次，同比下降7.3%。全县医疗卫生机构门急诊人次217.5万，同比增长5.0%，其中公立医疗卫生机构门急诊数191.9万人次、同比增长8.4%，民营医疗机构门急诊数9.5万人次、同比下降7.34%。全县医疗卫生机构出院数15.0万人次、同比下降9.4%，其中公立医疗卫生机构出院数12.6万人次、同比下降11.3%，民营医疗卫生机构出院数2.4万人次、同比增长1.4%。

地方经验

着力“巩固成果”推进医共体建设。以医共体建设为抓手，进一步优化完善基层集团管理机制，巩固提升改革成效。优化调配机制。实行基层医疗机构人员“定编定岗不定人”，编制总额控制、动态合理调配，有效解决偏远乡镇医务人员不足和优质人才紧缺问题。完善分配机制。完善医共体内绩效考核、薪酬分配、工资兜底保障政策，确保基本医疗、基本公卫均衡发展。健全保障机制。统一为基层医务人员购买意外伤害险、为基层医疗机构CT、DR、超声等设备购买5年维保服务，进一步调动基层单位工作积极性。县域内出院均次费用维持在3200元左右，均处全市最低水平，基层首诊率维持在72%左右。

着力“医疗保障”彰显扶贫成效。推行医生签约、上门流动、免费诊断、分类治疗“四种服务”，有效解决“防不了病”问题。实现贫困人口家庭医生签约履约服务全覆盖；健康扶贫流动医院累计进村入户3万余车次；医疗专家深入基层免费义诊，办理特殊疾病门诊证18213人；集中救治大病患者565名，签约服务特慢病患者10324名，兜底保障重病及其他疾病44247名。创新经费统筹、人才激励、项目建设“三项机制”，有效解决“看病不便”问题。借助集团“资金池”优势，累计使用集团资金5.3亿余元用于基层房屋改扩建、医疗设备采购、人才引进培养等；持续实施“特殊人才津贴”“偏远乡镇特殊补贴”“全科医生+专科培养”等激励政策，实现医疗机构“三建好”、医务人员“三合格”、服务能力“三达标”目标。健全医保缴费补助、医疗费用保障、重病家庭救助“三个体系”，有效解决“看不起病”问题。对不同类型的贫困人口实行差异化资助实现参保全覆盖，为贫困人口购买精准脱贫险，增加大病医疗补充险、疫病身故险和大学生重大疾病险；全面落实贫困患者“先诊疗后付费”“一站式”结算服务，累计发放健康扶贫基金13986.88万元，惠及349797人次；对贫困户中完全或部分丧失劳动力的重病患者及其家庭成员可享受低保政策，有效破解“因病致贫返贫”难题。贫困患者住院自付比例9.90%，重大疾病和慢病患者门诊自付比例11.85%。

着力“乡聘村用”解决无村医问题。探索推

进“乡聘村用”试点，切实解决部分村卫生室特别是边远贫困村无村医的突出问题，改革经验被写入重庆医改简报。争取部门支持，调剂增加基层医疗机构编制230名，为招聘派驻到贫困村的卫生技术人员提供可靠保证。明确人员身份，派驻村医生保持乡镇卫生院编制内人员身份不变。已招聘派驻村医生23人，在岗19人，其中具有执业（助理）医师14人，分别派驻到大垭等15个乡镇卫生院的19个村卫生室。保障福利待遇，对纳入“乡聘村用”的人员，除享有一般乡村医生相关经费补助外，还享受所在乡镇卫生院基本工资（含有关津补贴）、基础绩效和年度目标考核奖金，并为其购买“五险一金”，纳入“乡聘村用”村医，年人均收入达10万元左右。

民政工作

【概况】 彭水苗族土家族自治县民政局位于彭水县汉葭街道石嘴街32号。核定行政编制12名、机关工勤1名、事业编制41名，在岗职工37名。内设办公室、社会组织管理和执法监督科、基层政权建设和区划地名科、社会事务和慈善事业促进科、儿童福利和养老服务科等科室；下设殡葬事务管理中心、最低生活保障中心、婚姻登记处、救助管理站、社会福利指导中心等5个事业单位。

【脱贫攻坚】 出台并有序实施《脱贫攻坚总攻社会救助兜底脱贫专项行动方案》，高质量推进全县脱贫攻坚工作；出台《关于印发进一步做好“分片包乡”分组扶贫工作的通知》，建立摸排机制，及时将符合条件对象纳入兜底保障。全年将15221名建卡贫困对象纳入低保兜底，500名建卡贫困对象纳入特困兜底。2020年以来，全县贫困人口中享受临时救助585人，发放临时救助金263.3万元。积极推动“东西”协作扶贫工作。与山东省聊城市民政局建立对接机制，加大养老服务、社会组织、慈善帮扶等方面帮扶对接，聊城市慈善会2020年捐赠资金19万元。深入开展驻村扶贫。根据县委、县政府的统一部署，严格执行落实结对帮扶机制，形成40个帮扶对子，按照每月不少于深入贫困户家中2次的要求，帮助贫困户解决实际困难，做到结对帮扶“全覆盖”。严格按照全县脱贫攻坚要求，完成督导组工作职责，加强联系乡扶贫帮扶指导工作。2020年，全局共进村入户3000余人次，走访贫困对象1320余户次。民政职能得到全面履行，有效推动全县高质量实现脱贫摘帽的工作目标。

【社会救助】 2020年，县民政局不断改革完善社会救助制度。全面建立困难群众联系会议制度，及时召开联系会议，研究解决社会救助工作难点。在乡镇（街道）建立受理窗口，全面建立实施社会救助“一门受理、协同办理”工作机制，让群众便捷办事。持续推进农村低保专项治理工作，全面摸排核查贫困对象，确保应进尽进、应保尽保。2020年，全县有城乡低保对象13188户、31095人，全年支出低保金16369万元。其中，农村低保10379户、25795人，农村低保金支出12741万元，相较于2019年10201万元，低保金支出增加25%；城镇低保2809户、5300人，全年支出城镇低保金3628万元，相较于2019年3562万元，支出增加2%。全面落实分级审批、先行救助与临时救助规定，全年临时救助3466人次、1647.2万元，比2019年增加救助490人次、186.6万元。规范管理特困人员救助供养。落实特困供养机构（农村敬老院）管理运行经费170万元。按规定全面落实救助供养标准调标工作。截至12月共有特困供养对象3398人，全年发放生活及护理补贴3475.6万元，相比2019年增加5%。分散特困供养人员委托照料服务协议签订率100%，集中供养需求满足率100%，生活不能自理集中供养需求满足率100%。及时落实因受疫情、灾情影响困难群众兜底保障，严格执行市、县有关疫情防控政策文件，对因疫情导致家庭困难实施临时救助13人次，发放1.4万元；严格按照价格临时补贴的要求及时发放价格临时补贴，全年发放物价补贴1737万元。

【基层政权】 社区治理得到“创新”。2020年以来，彭水县通过不断务实党建引领、“三治融合”“三社联动”等举措，推进基层社区治理。桑柘镇李家社区被表彰为重庆市先进城乡社区组织。在易地扶贫搬迁安置点创新推行“点长制”，得到社会各界充分肯定，周边区县多次到彭水考察学习。基础设施持续“扩建”，在三义、大垭两个深度贫困乡完成改扩建城乡社区便民服务中心4个，在润溪乡打造1个城乡社区治理示范点。全县296个城乡社区便民服务中心实现全覆盖。基层社区实现“减负”。继续严格落实基层群众性自治组织工作事项“四个清单”，公布“四个清单”落实情况举报电话，开展“四项清单”落实情况调查统计，全面协调督促县政府各部门及乡镇（街道）将“四项清单”真正落实到位。未出现负面事项交于村（社区）办理情况。继续抓好村（社区）便民服务中心挂牌清理规范工作，结合脱贫攻坚片区分组督查工作，开展督查督导12次，清理规范挂牌135块，有效解决了村（社区）便民服务中心机构挂牌较多、门牌设置混乱的问题。基层民主自治“赋权”，选强配齐村（社区）带头人。2020年深入实地和电话指导村（居）民委员会补选工作20余次，成功补选村（居）民委成员7人。深入推进“三事分流”“一约三会”“四议两公开”“一事一议”、院坝（楼栋）会等民主协商工作体制机制。加强工作指导督导，建立分片区包干制度，结合脱贫攻坚低保兜底工作，成立5个专项工作组，由民政局县管领导带队，每月定期对包片的乡镇（街道）村（社区）民主自治相关工作落实情况进行指导督导。全县所有村（社区）均结合实际对村（居）各类事务进行收集、分流、分责办理，并制作“三事清单”，做到各类问题均能找到牵头人。全县所有村（社区）均已建立健全“一约三会”制度。社区社会组织“管理创新”。强化登记备案管理，对符合登记条件的社区社会组织，简化程序，予以登记；对暂时不具备登记条件的社区社会组织，以乡镇（街道）为主体，按类别进行备案登记，实行“分类登记、分级管理”。全县共注册登记社会组织347家，其中注册登记社区社会组织60家，在乡镇（街道）备案社区社会组织1184家。加强分类指导，引导社区社会组织积极发挥作用。对以老年协会等为代表的老年人社区社会组织，加强教育引导，促进沟通交流，丰富老年群体精神文化生活；对以慈善协会、志愿者服务组织等为代表的服务类社区社会组织，组织向老、弱、病、残、幼、孤、困等特殊群体或全体居民提供无偿、低偿等非营利性服务、社区公共事务管理服务，对倡导社会新风起到了较好的促进作用；对以腰鼓队、广场舞协会、篮球协会为代表的活动类社区社会组织，经常组织开展健康向上、群众喜闻乐见的文化娱乐活动，倡导科学、文明、健康的生活方式，引导居民自觉遵守公民道德规范，自觉抵制腐朽思想的侵蚀及邪教等反动文化的侵害。2020年，全县社区社会组织共开展活动1800余次，参加活动者19000余人次，丰富了群众社区精神文化生活。社会工作“积极参与”，社会工作服务机构和社会工作专业人才积极参与到村（社区）自治和群众服务工作。如三义乡社工参与服务老人200余人次，儿童心理辅导400余人次，有力地促进了社会和谐稳定。全县共引导登记注册社会工作服务机构4家，启动项目4个。切实做好村规民约“宣传执行”。下发村规民约执行工作文件通知，加强村规民约普及宣传，健全村规民约执行机制，完善村规民约实现途径，统筹村规民约执行力量，引导村民增强执行村规民约的自觉意识。打造城乡社区治理示范点。打造润溪乡樱桃井村城乡社区治理示范点，切实发挥以点带面、示范带动作用，助推乡村振兴。对全县296个村居民委有关情况再次梳理，积极做好村居民委换届前期调研工作。

【儿童福利】 先后制作的《精心呵护未成年人》《推进未成年人救助保护机构转型升级 提升临时监护能力》等2部短视频得到全市展播。先后针对儿童监护权转移、流浪乞讨人员救助管理等方面作全市性交流发言。2020年，彭水县儿童福利工作得到全面提高。组织保障落实。建立健全联席会议制度，每季度召开一次部门联席会议，研究解决困境儿童保障工作中的重点难点问题，全年召开部门联席会议4次，解决重点、难点问题13个。基本生活保障落实。及时发放孤儿基本生活费1570人次191.8万元；发放事实无人抚养儿童基本生活费247人次29.7万元；发放福彩圆梦金440人次36.6万元。加强关爱服务体系建设。县政府颁布《关于进一步加强困境儿童保障工作的实施意见》，10部门联合印发《关于进一步健全农村留守儿童和困境儿童关爱服务体系的实施意见》，儿童关爱服务机制体制建设进一步得到健全。政策保障落实。县政府颁布《关于进一步加强困境儿童保障工作的实施意见》，督促形成家庭尽责、政府主导、社会参与的困境儿童保障工作格局。协调督促县教委、县卫健委、县人力社保局、县住房城乡建委、县规划自然资源局等部门联合开展全县困境儿童关爱保护工作，形成合力做好儿童福利工作的氛围。监护管理落实。对全县5956名农村留守儿童进行建档立卡，组织乡镇（街道）收集完善困境儿童家庭成员、家庭收入、学习生活等方面资料，完善困境儿童资料库和信息库；签订委托监护协议书和确认书，规范困境儿童管理。对全县乡镇（街道）的儿童督导员开展教育培训2次，切实提升儿童监护管理能力。基础设施建设落实。在大垭中心校、三义中心校等10所学校设立“亲情驿站”和“心灵之家”的基础上，持续在诸佛、平安等2所中心校实施“一站一家”建设，让更多边远地区留守儿童得到亲情关爱。持续落实残疾人“三项补贴”。2020年，为117552人次符合条件的残疾人对象发放共计849万元残疾人两项补贴，为9276人次符合条件的高龄失能对象发放185.5万元养老服务补贴。扎实做好失能困难残疾人的集中供养工作。县政府颁布《彭水苗族土家族自治县人民政府办公室关于印发失能贫困人员集中照护实施方案的通知》，将高谷集中照护中心作为照护机构先行试点，及时总结试点工作稳妥推进的经验，逐步在其他乡镇（街道）推广，逐步解决全县失能贫困人员集中照护问题。高谷集中照护中心正式运营。持续开展残疾人“福康工程”。对乡镇（街道）工作人员进行“福康工程”项目的培训，加大项目在基层的宣传力度，提高其群众知晓度；全年为3名符合条件的残疾人配置假肢，项目得到对象的充分肯定和认可。

2020年，留守儿童口腔检查

（县民政局　供图）

【养老服务】 养老服务管理和激励机制不断完善。成立了县社会福利指导中心，配备人员编制8名，充实养老服务工作力量；制定养老服务机构考核实施细则和运营补贴办法，有力激发社会资本参与到养老服务建设的激情。社区居家养老全覆盖深入推进。成立由县级分管领导担任组长的社区居家养老服务全覆盖工作领导小组，印发《彭水苗族土家族自治县人民政府办公室关于印发社区居家养老服务全覆盖实施方案的通知》，全县社区居家养老工作稳步推进。2020年社区居家养老全覆盖设施任务全面完成。“公建民营”的运营管理模式探索初见成效。通过招商引资模式，彭水县与百龄帮（重庆）康养产业集团签订养老战略合作协议，将新城社会福利中心和高谷失能贫困人员集中照护中心委托给百龄帮（重庆）康养产业集团专业运营，切实发挥以点带面作用，推动全县养老服务工作全面铺开。养老服务质量建设得到快速提升。印发《关于做好2020年养老院服务质量建设专项行动工作的通知》，将疫情防控工作与“养老服务质量建设专项行动”有机结合，对全县所有养老机构在管理运行、消防安全、疫情防控等方面进行全覆盖排查，对排查出的问题逐一梳理要求限期整改。全年累计检查机构150余次，发现问题40个，提出整改意见40条，整改率100%。实现养老服务机构无安全责任事故和疫情感染“零发生”目标。积极推动对汉葭、郁山、保家、龙射等4家农村敬老院“三改”项目，全面升级改造乡镇敬老院服务功能。

【基层社会事务】 有序推进殡葬管理工作。结合疫情防控，不断加强文明治丧宣传，倡导殡葬文明新风，全年规范治丧丧家237家。加大殡葬设施建设，天龙山陵园项目一期建设任务顺利完成。投入近400万元，在靛水五湖社区修建完成新城殡仪服务站。全年办理“四类”困难群众死亡殡葬惠民补助13例，落实补助资金18617元。严格加强机关、企事业单位、社保人员殡葬活动审核，引导党员干部带头推进殡葬改革，全年审查办理殡葬活动审核意见书123件。计划投入280万元，修建自助式停车场，切实解决县殡仪馆停车难问题。持续开展殡葬领域突出问题专项整治行动，对清理发现的问题实行台账管理，并逐一整改销号。依法推进婚姻登记工作。结合疫情防控，实行线上线下预约登记，全年共办理婚姻登记7910对，登记合格率达100%。全面推进区划地名工作，完成12000卷地名普查成果档案整理立卷工作；全面完成乡镇政府驻地道路标志牌制作安装；按要求编制完成《国家地名志“彭水篇”》的纂稿工作。完成彭水与酉阳、彭水与黔江县级行政区域界线联合检查工作，深入推进平安边界创建，促进边界地区社会和谐稳定。大力推进慈善福彩工作。结合疫情防控，积极引导社会各界参与到慈善事业中来，2020年以来，累计收到社会各界慈善捐赠物资折合人民币200余万元。持续开展“福彩助学”34人，资助金约34万元；在桑柘镇鹿箐福彩资助15万元，修建福彩广场，惠及群众300余人。县慈善会联合5家爱心企业及社会各界人士以“贫困大病患者救助行动”项目首次参与“99公益日”网络募捐活动，共募集善款106715.87元。此次活动中彭水项目获配捐比例为37.7%，获得配捐比例比全市的20.12%高17.58个百分点，比全国的17%高20个百分点。开展“公益福彩·与爱同行”慰问城市管理一线工作人员活动，慰问城市管理一线工作人员60名，举行刮刮乐“锦绣江山”系列首发仪式。在受疫情严重影响的情况下，福彩发行销售2105万元，圆满完成市上核定的目标任务。筹集县级留存公益金350余万元。扎实做好流浪乞讨人员救助管理工作。全年救助流浪乞讨人员936人，简易救助716人，未成年人3人，长期在站内接受照料未成年人1人。按照“属地原则”，对滞留县救助站超过3个月的12名救助人员进行安置。

【疫情防控】 自新冠肺炎疫情发生以来，县民政局高度重视，将疫情防控作为当前最紧要的政治任务，强化工作指导，细化防控举措，压实防控责任，统一集中有效部署疫情防控，确保了全县民政系统“零感染”总目标。加强政治引领，树牢一盘棋思想。结合市、县有关文件精神，研究制定《彭水县民政局秋冬季新冠肺炎疫情防控工作方案》，坚持分块负责、全面实施的原则，分别制定养老、儿童、殡葬、婚姻登记、社会救助等疫情防控工作子方案，统筹推进全局疫情防控工作。聚焦服务机构，筑牢疫情防控防线。针对儿童养老服务机构，持续抓好全县儿童福利和养老服务机构（包含民办养老机构）安全管理和疫情防控工作，督促养老机构全面落实中央、市、县有关文件精神，强化对养老机构定期消毒、对养老人员定期测量体温、督促落实公共场合戴口罩等措施，避免出现感染，为全县养老机构发放口罩2000个、消毒液200瓶、体温计30支；针对殡葬服务机构，严格对照市、县疫情防控有关文件要求，持续强化管理指导，积极倡导丧事简办或不办，防止聚众吊唁；组建疫情防控工作小组，定期对县殡仪馆、白云公墓等殡葬服务场所卫生消毒和防控防护管理，确保治丧活动有序、安全；针对救助管理机构，持续加强宣传教育，发放宣传资料5000余份，上街宣传20次，接受咨询100余人次；严格执行疫情防控期间救助程序，结合救助管理机构疫情防控工作预案，定期对机构进行消毒，对求助人员进行体温监测、造册登记，掌握其来源地和健康状况。购置消毒液20瓶，体温枪2个，口罩2000个，救助流浪乞讨对象30余人；针对婚姻登记机构，积极倡导预约婚姻登记服务，防止扎堆登记。对婚姻登记人员要求体温监测、佩戴口罩、来源地和健康状况等进行造册登记，对发现问题的，及时按照应急预案处置。聚焦服务对象，抓实困难群众基本生活保障。聚焦重点对象排查，通过电话、上门走访等方式对城乡低保家庭、分散供养特困人员等困难群众开展持续排查，重点加强对分散供养特困人员和低保中老年人、残疾人、未成年人以及孤儿、重病患者等特殊群体的巡查，确保疫情期间困难群众基本生活。全县共涉及低保对象3.1万余人、特困对象3466人。简化审核审批程序，对新申请社会救助的，积极推行网上申报，切实减少疫情防控期间困难群体病毒接触风险。对疑似新冠肺炎患者、因疫情防控以及因探亲、旅游、务工等原因造成家庭生活困难的，开通低保、临时救助“绿色通道”，采取“先救助、后审批”方式，进行临时救助。简化新纳入低保兜底的边缘户470人，给予临时救助“绿色通道”244人次，发放临时救助资金103万元。做好防护物资保障，通过积极协调部门调配、引导社会力量帮扶、划拨救助资金自购等方式为困难群众配送口罩、消毒液等防护用品。全年共为困难群体发放口罩5000余个，发放消毒液1000瓶，发放大米、食用油、防寒服等生活保障物资折价260余万元。及时划拨救助资金，按时保量发放低保、特困人员供养救助、价格临时补贴、临时救助等方面的救助资金，切实保障困难群众疫情防控期间急难所需。立足群防群治，广聚社会防控力量。坚决贯彻落实市、县联防联控机制工作要求，配合相关部门组织安排社区干部、基层干部、下沉干部和志愿者参与社区排查，广泛动员社会组织、慈善组织、社会工作者、志愿者参与疫情防控。县慈善会接收物资捐赠折价约200余万元。志愿服务组织落实应急值班备勤3000余人次。社会组织、志愿者等参与疫情排查防控宣传劝导4万余人次。组织全县296个村（社）累计入户疫情排查约6万户18万余人次。

人民生活

【城镇常住居民】 2020年，全县常住居民人均可支配收入21224元，比2019年增长8.6%。城镇常住居民人均可支配收入33775元，比2019年增长6.1%。其中：工资性收入16110元，同比增长5.1%；经营净收入7373元，同比增长11.7%；财产净收入4532元，同比增长3.5%；转移净收入5760元，同比增长4.3%。

【农村常住居民】 2020年，农村常住居民人均可支配收入13397元，比2019年增长8.3%。其中：工资性收入5872元，同比增长8.2%；经营净收入4887元，同比增长7.8%；财产净收入301元，同比增长10.7%；转移净收入2337元，同比增长9.3%。

乡镇街道

汉葭街道

【概况】　彭水自治县汉葭街道处于乌江、郁江交汇处，地处北纬29°17′，东经108°09′，位于彭水自治县城中心，是彭水政治、经济、文化、交通中心。辖区面积189.73平方千米，集镇面积213.26万平方米，辖12个社区、8个村、148个村（居）民小组，共138091人，其中城镇人口105781人、农村人口32310人，人口密度727.8人/平方千米，城镇化率76.6%，耕地面积4447.5公顷，林地面积9640公顷。

辖区内有各类中小学16所，其中：中学1所，职教中心1所，特殊教育学校1所，小学13所，学前儿童入学率100%，文化站1个，社区卫生院2所。

【脱贫攻坚】　认真贯彻落实总书记在决战决胜脱贫攻坚座谈会上的重要讲话精神，高质量打好脱贫攻坚总决战。街道807户贫困户全部达到贫困户退出标准，高质量通过国家普查验收。2020年，汉葭街道推进“造血”扶贫向纵深发展，将个体精准扶贫与产业扶贫相结合，精准施策、精准发力。在下塘社区至大树村打造66.67公顷鹰嘴桃基地，形成集赏花、摘果、农事体验于一体的乡村旅游景点，在北斗村打造北斗星空·梦想草场乡村旅游建设项目，已成为彭水网红打卡点，带动46户145人致富增收，2020年北斗村集体经济收入已达10万余元。通过就业扶贫“造血”，2020年增加城镇就业人员342人，回引返乡农民工289人，组织就业培训385人，开发公益性岗位266个，发放就业再就业小额贴息贷款2270万元。组织各村社区参加种养殖培训51人，涉及贫困户45人，组织51人次参加雨露计划技能培训（母婴护理、汽车美容、养老护理、电工、挖掘机）。同时以一次性就业补贴和车费补助鼓励贫困户外出务工，2020年汉葭街道共1457人外出务工，已有745人申报兑现交通补贴，112人申请兑现一次性就业补贴。

针对基础设施短板弱项，实施精准攻坚，2020年“四好农村路”新建设项目7个，共24.71千米，水毁整治项目4个，乡道整治项目1个，开发农村道路维护公益岗位64人。2020年实施生态补偿面积10118.99公顷，生态效益补偿资金1935270.26元，其中涉及贫困户639户，面积928.77公顷，生态效益补偿资金177627.98元。

北斗星空·梦想草场乡村旅游建设项目

（汉葭街道　供图）

【经济发展】 2020年实现地区生产总值31.5亿元，同比增长4%；完成固定资产投资23.6亿元，同比增长5%；城镇居民人均可支配收入39464元，同比增长5%；实现农民人均纯收入16349元，同比增长4%。全年实现社会消费品零售总额42.9亿元，同比增长4%，批发零售商品总额116亿元，同比增长3%；住宿餐饮业营业额14.7亿元，同比增长3%；依靠“彭水赶场”“农村淘宝”“微店”等网络平台，培育成熟网络经营主体6家，网上交易额达200万元以上。

2020年，实现小春粮食播种面积1078.73公顷，产量5216吨，同比增2%，小春粮食增产丰收。其中，春洋芋1044.93公顷，同比减1.3%，产量5116吨，同比增2%；豌胡豆33.8公顷，产量100吨。油菜播种面积500.93公顷，产量978吨。

【社会发展】 加大社会保障力度，2020年街道征收城乡居民养老保险基金163.4606万元，新增参保人员459人，全年动员新增建卡贫困人员实现100%参保，办理宅基地复垦农转城养老保险83人，办理“4050”灵活就业养老保险补贴322人，开展养老保险领取待遇人员的人脸、指纹信息比对工作，已全部采集、比对居民养老保险3000余人，清理重复领保、死亡领保人员156人。2020年街道新增城镇就业人员342人，完成县上下达任务的164%；组织技能培训2期，培训人数110人；开发公益性岗位83个，办理就业再就业小额贴息贷款168人，发放贷款金额2871万元；组织9名建卡贫困户赴山东聊城务工，完成县上下达目标任务的180%；为重庆信产企业输送工人20人；组织900人次参加县上大型招聘会。有农村低保户为463户，保障人口1067人，12月发放保障金434593元；有城镇低保户1095户，保障人口1985人，12月发放保障金1055463元。截至12月，共解决部分群众医疗等临时生活困难救助381人，发放救助金约1996264元。按时足额发放残疾人补贴，其中生活补贴每月发放25550元，护理补贴每月发放43010元。辖区共有特困人员236人，月发放金额185149元。强化计生卫生服务。全年发放宣传资料1200余份，接受政策咨询560余人次；办理一、二孩生育服务证568本、再生育服务证35本；新增奖励扶助对象10人，新增计划生育特别扶助对象2人，均为三级残疾人家庭；为35岁至64岁妇女提供免费的宫颈癌筛查服务，受益人数共计1000余人次。街道20个村（社区）共建有22个村级卫生室，实现村级卫生室全覆盖。街道共计28名乡村医生驻村（社区）行医，有效解决群众“看病难”的问题。

【生态环保】 开展污染防治行动，提升居民幸福指数。以河长制为支点，开展“碧水行动”，坚持不懈加强境内11条、76.8千米河道全河段定期巡查，街道村级河长全年巡河1764次，巡河率达178.2%；镇级河长全年巡河272次，巡河率达206%，全年巡河发现并上报问题76件，处理75件，县河长办终止流程1件，问题处理率99%。汉葭街道全年开展清河行动22次，其中街道集中组织开展大型清河行动2次，村（社区）组织开展20次，清理垃圾约7吨，参与清理活动人数324人，用于清理垃圾的经费约5万元。以大气污染整治为疏点，开展“蓝天行动”，加强露天焚烧秸秆、垃圾、树枝树叶等违法行动的执法监管，加强县城燃煤专项整治，巩固县城高污染燃料禁燃区整治成果。开展卫生评比行动，互看互比美化环境，配齐配足村（社区）垃圾清运设施设备，设置垃圾分类四连体收集平台11个，在小区各楼栋坝子摆放分类垃圾桶80个，增设各类温馨提示牌、横幅、广告标语等宣传标语200份，营造垃圾分类宣传氛围，提高居民自觉进行垃圾分类意识。有序推进农村人居环境改造工作，2020年改厨户数12户，改厕户数18户。

【疫情防控】 深刻把握疫情防控的政治性、严峻性和紧迫性，把“生命至上、人民至上”刻在心间、扛在肩上，第一时间统一思想、端正态度，有效动员、组织力量，通过构筑“党委联支部、支部联党员、党员联群众”三联网络，主要领导冲在前，班子成员齐上阵，干部职工总动员，会同交通、公安、卫健等部门守住彭水西、彭水东、长滩火车站三个彭水大门，确保20个村（社区）、148个网格、15万名服务人口清净无疫，扛下冬季一例输入型患者引发的相当部分防控重任，党工委被市委、市政府表彰为重庆市疫情防控先进集体，被市委表彰为重庆市疫情防控先进基层党组织。

2020年2月7日，下塘社区G65彭水西站卡口成立疫情防控临时党支部

（汉葭街道　供图）

绍庆街道

【概况】　绍庆街道办事处位于河堡社区，东靠乌江，西临靛水街道伍湖社区，南界黄家镇湘楠村，北临高谷镇兴隆村，辖区面积122.05平方千米，场镇面积8平方千米，常住人口46000人。街道下辖6个社区、4个村，64个村（居）民小组，学校16所（含幼儿园4所），医院3个。

街道机关在职人员86人。街域经济以生态农业为基础，形成优质水果、蔬菜种植、经济林木等特色农业产业。旅游产业以特色生态文化旅游和乡村旅游开发为主，阿依河社区获得“重庆市特色旅游名村”称号。

2020年，实现财政税收1800万元；实现地区生产总值14.8亿元；全社会固定资产投资17.6亿元；销售品总额2.9亿元；农民人均纯收入15600元；城镇居民可支配收入28500元。

【脱贫攻坚】　2020年，全体干部职工奋战在脱贫攻坚主战场，帮助669户2472人实现稳定脱贫，两个贫困村整体出列。同时高质量完成脱贫攻坚普查迎检任务，高水平迎接国家和市级脱贫攻坚成效考核现场检查，实现脱贫攻坚完胜收官。狠抓问题排查整改。解决中央专项巡视“回头看”“两不愁、三保障”再排查再整改以及脱贫攻坚成效考核等巡视巡查反馈的22余条问题。落实书记遍访工作，压实“六访六促”要求，实施遍访台账管理。加强驻村工作队“三在村”工作制度执行，强化党建指导，推动产业发展，密切干群关系，树立良好干部形象。落地落实扶贫措施，大力推行产业扶贫举措，重点发展采摘体验农业、蔬菜种植、中药材、现代林业等特色产业，升级打造阿依河草莓采摘园等成熟产业，在弹子社区规划建设3.33公顷香水柠檬、四季青柚试验基地。天台、过江、坝竹、镇南、弹子、临江6个村（社区）集体经济不断发展壮大，天台已发展鹰嘴桃26.67公顷，坝竹村已种植楠竹13.33公顷，镇南种植蔬菜10公顷，阿依河已种植花椒40公顷，过江辣椒加工厂效益明显，弹子社区打造猕猴桃、四季青柚、香水柠檬等四季果园项目，临江花椒、黄菊产业初见成效。落实就业扶贫措施，共开发公益性岗位190人。其中，生态护林员94人，保洁员（包括道路维护、公用设施维护、三轮车驾驶员等）75人，管水员和河道管理员21人。开展技能培训167人，49名贫困户通过参加雨露计划培训获得技能证书，帮助其就业。解决24户易地搬迁户失业问题，落实交通补贴人数609人，一次性求职创业补贴人数98人。落实教育扶贫措施，资助家庭经济困难学生974人，其中建卡贫困户人口600人。建卡贫困户大学生学费资助72人、49万余元。实施“送教上门”共计5人，辖区内无辍学儿童。落实健康扶贫措施，建档立卡贫困人口参保率达100%，大病集中救治8人、43次。慢病签约服务293人、救助次数252次，贫困户家庭医生签约服务率达100%。落实住房保障扶贫措施。全面完成三类重点对象危房改造任务，其中C级房2户，D级房4户（其中贫困户3户，非贫困户1户），确保弱势群体住房保障问题“清仓见底”。落实兜底保障扶贫措施。建卡贫困人口中462人纳入低保兜底，发放救助金共计1142余万元，建卡贫困对象临时救助16人、83870元。

【经济发展】　完成渝湘高铁项目阶段性目标任务，征收永久用地21.31公顷，补偿金额258万余元；临时用地20.98公顷，补偿金额149万余元；拆除7户，补偿金额407万余元。完成渝湘复线高速公路项目永久用地58.37公顷，补偿443万余元；丈量并补偿面积2.12公顷。同时，完成阿依河易地扶贫搬迁安置点项目建设，蚩尤九黎城二期、临江河堤工程、旧城节点改造等辖区内重点项目快速实施、有序推进。

【社会发展】　建立健全低保信息网络化管理机制，实现应保尽保，应退尽退，阳光施保。城镇低保共计205户494人，农村低保共计366户923人。发放城乡低保最低生活保障救助金共计613.36万元。严格贯彻落实社会救助政策，重特大病医疗救助和灾害救助工作深入开展，实现临时救助74人次，发放救助金共计45.96万元。开展残疾人、精神病人的残疾证办理等各项服务工作，规范居民养老保险动态管理，提高医保参保质量。扎实做好全国第七次人口普查工作，普查登记107429人次。

绍庆街道天台村产业公路

（绍庆街道　供图）

【生态环保】　严格落实“党政同责、一岗双责”要求，修订完善《绍庆街道生态环境保护工作责任规定》，进一步明确环境保护工作职能职责。落实大气污染防治“十项措施”，禁止秸秆焚烧，推进餐饮油烟、熏制腊肉和城区燃煤专项整治，环境空气质量优良天数稳定在340天以上。开展水污染防治，切实履行辖区6条河道的治理监督工作，安排14名河道管理人员进行日常保洁管理；落实“河长制”，建立完善街道级河长抓全面，驻村干部、村支部书记、河道管理员抓落实的工作体系；落实集中式饮用水源定期巡查监测制度，集中式饮水源达标率100%。举一反三持续推进中央、市、县各级环保督察问题整改。开展中央环保督察整改“回头看”“绿盾专项行动”，密切配合县级有关职能部门查处涉及自然保护地违法违规行为，完成9个问题整改。

【城镇建设】　绍庆街道把辖区的环境卫生整治列为重中之重，落实工作人员专职负责保洁工作。组织人员定期对全街道的卫生清扫情况进行定期检查，并现场指导垃圾的清扫、清运和保洁工作。加强104名保洁员全程履职管理和考核，全年清运垃圾7000余吨。同时加大对农村环境卫生的治理力度，进一步明确门前“三包”责任制度，积极在城区、农村开展垃圾分类试点工作，城乡环境卫生面貌焕然一新。大力开展扫黑除恶专项斗争活动，广泛深入宣传扫黑除恶专项斗争的目的意义，全面贯彻中央、市、县“扫黑除恶”专项斗争会议精神，研究部署本街道“扫黑除恶”专项斗争具体工作，对重点领域、重点群体开展“问题”和“苗头”的双重梳理和摸排，做到底数清晰、任务明确，切实做到全民动员、全民发动、全民参与，全力维护辖区稳定。

2020年，县委副书记、县长石强（右一）调研绍庆街道农业产业

（绍庆街道　供图）

【党建工作】　自脱贫攻坚工作开展以来，绍庆街道始终把抓党建促脱贫攻坚工作置于全村各项工作中统筹和推进，做到中心工作推进到哪里，党建工作就跟进到哪里、服务到哪里，不断推进基层党建和脱贫攻坚深度融合，在脱贫攻坚主战场上，始终有党组织的声音在回响，始终有党员的身影在忙碌，始终有党的旗帜在飘扬，党建工作始终与全村中心工作同频共振，共同提高。其中又以天台村为典型，重点围绕选优配强带头人队伍、建强基层组织、发展壮大村级集体经济等方面工作，充分发挥基层党组织战斗堡垒和党员先锋模范作用，为打赢脱贫攻坚战提供坚强组织保证。

靛水街道

【概况】　靛水街道位于彭水自治县西部，呈东北—西南狭长走向，东临县城，西抵武隆，境内崎岖多山，距老城区7千米，为蚩尤九黎城、摩围山度假区所在地，2010年规划为彭水新城建设区，2011年撤乡设街道。辖区面积225.46平方千米，户籍人口10224户30900人，全年财政收入3635.05万元，本级财政收入568.82万元，林地面积14679.5公顷，活立木蓄积量643514立方米，森林覆盖率达60.1%，辖19个党支部，679名党员，机关党支部在职党员41名，退休党员18名，6个社区9个村104个村民小组。耕地面积52.81平方千米，辖区共有中学2所，小学4所，幼儿园4所，社区卫生服务中心1个，村级卫生室15个。

【党建工作】　以党工委理论学习中心组、“三会一课”、民主评议党员等制度为载体，深入领会习近平总书记重要讲话特别是对重庆的重要讲话和指示批示精神，不断提高政治判断力、政治领悟力、政治执行力，增强“四个意识”、坚定“四个自信”、做到“两个维护”。2020年，街道党工委共开展党工委会学习31次、中心组学习12次，开展“主题党日”活动112次，上廉政党课48次。围绕建设“高素质专业化干部队伍”，全年共选配干部8名，其中机关中层干部1名，面向社会公开招考选调生1名，晋升6名三级主任科员。聚力整顿长岩村、长沟村后进党支部2个，不断匡正基层作风。持续贯彻习近平总书记关于全面从严治党、党风廉政建设和反腐败斗争的重要论述，全年提醒谈话，集中谈话6次共580人次，单独提醒12人次，函询5人次，无诫勉谈话。按时召开民主生活会，对照9个方面，共查摆19个问题。

【脱贫攻坚】　2020年，街道剩余15户62人实现全部脱贫，并建立返贫监测机制，共联系贫困户10652余户次，实行每月调度24次，排查边缘户风险14户42人，监测户风险8户30人。精准解决“两不愁，三保障”突出问题：新建蓄水池18口，整治蓄水池13口，安装管道45600米，投入资金420万余元，解决辖区1160户共7282人饮水用水问题；建卡贫困户医保、养老保险参保率达100%；完成辖区内建卡贫困户住房核验758户；开发农村公益性岗位30人，城镇公益性岗位5人；宣传引导建卡贫困户到山东务工1人，举办乡村旅游培训班2场，培训建卡贫困户100余人。

【经济发展】 2020年，街道拥有各类农村新型经营主体30余个，粮食、油料播种面积3333.33公顷以上，总产量1.06万吨以上，发展烤烟、经果林、中药材共1242.67公顷，出栏生猪、草食牲畜牛共33030头，中蜂保有量6550群；顺利通过彭水自治县中药材标准化苗育苗工厂建设项目、2020年彭水自治县靛水中药材建设项目第三方机构验收；围绕贫困群众参与度高的特色产业建立规模产业基地，全面消除村级集体经济“空壳村”问题，累计收入达135.1万元。

【城市建设】 2020年，街道完成征收土地25.96公顷，助推渝湘复线高速公路项目建设，沿途共配合征收永久性占地51.33余公顷、临时征地8.01公顷；完成签订房屋拆迁协议35栋，组织拆除房屋37栋；搬迁坟墓155座，组织调处各项目推进建设矛盾纠纷300余件，兑现征地拆迁补偿费近0.6亿元，完成征地人员安置139人；完成人居环境改造290户（包括维修类、室内地坪硬化、后阳沟整治、重建类）、改厕226个、改厨62个，重建类8户，维修类12户；新增通达公路项目1个，全面完工7条通畅公路，新建成通畅公路37.26千米，通达公路14.8千米，彻底解决辖区居民出行问题；在火石垭社区、天井村等6个村（社区）添置乒乓球台8个，更换篮球架2副。

【社会民生】 居民就业方面，全年开发农村公益性岗位30人，城镇公益性岗位5人。社会保障方面，医保参保率达91.5%，贫困户医保、养老保险实现全面覆盖；累计对479个低保户发放低保金476895元，对185人发放五保金150260元。社会救助方面，临时救助95户困难群众，发放临时救助金64.52元；发放残疾人生活补贴、护理补贴和慰问金等46020元。精神文明建设方面，开展2020年“世界苗乡·养心彭水”靛水街道金秋消费扶贫助力乡村振兴活动；开展首届采蜜节及消费扶贫活动，贫困户特色农产品促销达12万元以上；免费开放农家书屋，共接待群众5000余人；弘扬社会模范精神，表彰“好婆婆”“好媳妇”等先进典型共126名。

【生态环保】 采伐管制方面，办理行政处罚案件13个、农户建房占用林地《使用林地审核同意书》3起，调解林地权属争议3起，处理滥伐林木4起，共计处罚金123650元。灾害防治方面，安装森林防火标牌20块，完成扫码入林设置工作，森林火灾事故全年未发生，除治松材线虫病647.92公顷、疫木1691株，有效遏制森林病虫灾害。国土绿化方面，完成退耕还林266.67公顷任务作业设计。

【安全稳定】 疫情防控方面，疫情发生后，街道迅速组织党员捐款84510元，招募250人深入各村（社区），共排查辖区各类人员26余万人，重点对贫困户进行疫情宣传1823次；积极组织企业复工复产，摸排企业员工863人，实现35家在建企业、29家餐饮企业、8条在建公路项目有序复工。信访维稳方面，采取“五包一”措施严密管控重点人员，共收到信访案件27件，办结县级交办重点信访问题2件；落实领导下访制度，有效化解社会矛盾，完成领导接访下访246件，办结本级录入13件，网上代理59件；落实“一金三制”制度，重点巡查44家在建工程，全面监管辖区所有在建工程农民工工资发放、施工现场人员考勤记录等工作。安全隐患防范方面，共整改辖区在建项目隐患30起，食品安全隐患15起，消防安全隐患48起，检查非煤矿山6家，路检路查车辆3102余台，专项排查烟火爆竹特殊行业3次，联合市场监管局对学校食堂进行食品安全检查，实现辖区学校消防安全检查全覆盖。

2020年9月3日，桂花村首届消费扶贫暨采蜜节活动篮球友谊赛

（靛水街道　供图）

高　谷　镇

【概况】　高谷镇位于彭水自治县城西北部，东连汉葭街道，南邻靛水街道，西接武隆区江口镇，北靠鹿鸣乡，距县城14千米。全镇辖区面积118.36平方千米，场镇面积3.07平方千米，耕地面积2549.8公顷。辖6个行政村，2个社区；辖12个党组织，有党员446名，镇机关在职人员50人。2020年年末，户籍人口19759人，其中农业人口16207人，场镇人口3552人。全年财政收入2521.45万元，为年度预算的141%，其中公共财政收入2468.64万元，为年度预算的138%；工商税收609.154万元。本级财政收入13.81万元。农民人均纯收入1.03万元。

镇辖区内有中小学4所，即高谷中学、高谷中心校、共和完小、庞溪小学，中小学在校学生2149人，在职教师152人；民办幼儿园1所，在职教师19人，在校学生379人。高谷中心医院在编职工35人，核定床位50张，全年医疗业务总收入1087.93万元，其中医疗收入744.99万元。全年出生人口193人，符合政策生育率93%。有金融机构2个，即重庆农村商业银行彭水支行高谷分理处、邮政储蓄高谷营业所。

【脱贫攻坚】　2020年，高谷镇动态清零“两不愁、三保障”突出问题，巩固拓展脱贫攻坚成果。全镇贫困户973户3969人全部脱贫，边缘户23户74人，脱贫监测户9户38人，未发生致贫和返贫现象，贫困发生率降至0。帮助1000余名低收入人群外出务工增收，兑现耕地地力保护补贴面积达804.64公顷，涉及农户3043户，发放耕地地力保护补贴1351795.2元；办理农机补贴131台，共发放补贴105600元；联合开发公益性岗位161个，线上线下销售产值已达10余万元，惠及农户500余户，低收入人口持续稳定增收。群峰村随机抽30户贫困户代表市上迎接脱贫攻坚国家普查事后质量抽查；共和村随机抽25户贫困户代表县上迎接国家脱贫攻坚成效考核，各项指标均为零问题。

【经济发展】　2020年财政总收入2521.45万元，税收收入609万余元，完成固定资产投资7100万元。金融机构存款余额4.43亿元，同比增长5%；居民贷款余额3300万元。服务业支撑力增强，兴隆苗寨景区提档升位，全年累计接待游客3万人次，实现收益60万元。2020年兑现生态公益林补偿资金148.3万元，兑现生态护林员管护费55万元。

【社会发展】　加强社会保障力度，全镇基本养老保险新增参保215人，累计参保7752人，全年发放养老保险372万元；发放创业担保贷款410万元；全年全镇享受奖励扶助政策163人，发放临时救助资金17.6524万元，发放33名80岁以上老人营养补助5.94万元，打卡发放五保金79.54万元，孤儿、困境儿童生活费6.5万元，132名60周岁以上的农村籍退役士兵享受生活补助。提升医疗服务水平，医疗保险参保人数15921人，个人缴费金额合计321.5万元，参保率达到95%。完善社会治理体系，深学笃用新时代“枫桥经验”，扎实推进信访维稳工作，全面化解库区移民、渝怀铁路复线、宅基地复垦等历史遗留问题，全年调处矛盾纠纷21件，完成信访问题“清仓见底”任务；开展反诈宣传，提高群众反诈骗意识，营造全民反诈氛围；坚持户借、户用、户还，严格扶贫小额信贷发放，有效防范信贷风险。安全生产、食品药品安全、森林防火、防灾减灾救灾等工作取得积极成效。

【生态环保】　全面落实河长制，全年累计巡河300余次，扎实开展乌江清洁大行动，以河长制迈向河长治为抓手，清理乌江、大青河、庞溪河、木棕河“一江三河”岸边的危岩垃圾，生态环境各类问题整治有力，确保江清岸洁。全面整治人居环境，扎实开展背街小巷和农户院坝街沿、床底柜面、猪圈厨房及公路沿线环境整治清理。加大对垃圾分类处置宣传和集镇市场管理，提高群众爱卫生、讲卫生意识。狠抓污染防治，全镇环境质量持续保持良好，关停采石场4家；在全镇范围内开展“大宣传、大消毒”行动，有效防控非洲猪瘟，畜禽养殖污染整治到位，完成畜禽粪污资源化利用项目2家，在建2家；推进污水沟、排水口、零散水体等综合整治，优化污水处理设施管理运行；场镇生活污水集中处理率达到96%以上，城乡生活污水集中处理率达到95%以上。全面清理乱占耕地，按农村乱占耕地建房的专项行动要求，执行最严格的耕地保护制度，深入推进农村乱占耕地建房专项整治行动，坚决执行宅基地审批“八严禁”政策，坚决遏制耕地“非农化”、防止“非粮化”。

【城镇建设】　完善基础设施，兴隆安置点广场设施建设、庞溪村分散安置区文化广场建设、庞溪产业路及配套基础设施建设、高谷中学附属设施建设等项目全部完工，通过自查及县级验收，全部验收合格。加强交通建设，全年完成畅通公路工程49千米，对陈家居委、大青安置点至狮子居委进行公路硬化。推进饮水工作，在人饮全覆盖的基础上，完成农村人饮巩固提升全覆盖工程，全年新建水池7口，维修整治10口水池，安装引、供水管道30429米。实施亮化工程，维修照明路灯200盏；加大市政基础设施建设，铺设二、三级污水管网，新增大青、狮子、陈家二级管网约3000米。

【党建工作】　党建助推脱贫攻坚有亮点和兴奋点。根据习总书记关于解决“两不愁三保障”突出问题的指示，全面落实全县脱贫摘帽誓师大会精神和“组长令”要求，全力开展脱贫攻坚“回头看”，找差距，补短板，在探索和实践中总结提炼出“四谈八看”工作法（“四谈”是指谈情感、谈政策、谈变化、谈发展，“八看”是指看院子、看房子、看管子、看柜子、看身子、看面子、看孩子、看票子）。同时融入文化建设脱贫攻坚档案室，体现“八个一”和“八个力”，即：一首歌，一张作战指挥图，一系列照片，一系列档案，一句话，一本书，一面旗，解读一个字。整个指挥部体现近年来脱贫攻坚投入的人力、物力、财力、精力，展现干部的号召力、执行力、凝聚力和影响力。特别要求全体干部解读好一个“赢”字和唱好《脱贫宣言》这首歌，提振干部的精气神。

郁山镇

【概况】　郁山镇位于彭水自治县东北部，东连黔江区沙坝乡，南接走马乡，西临芦塘乡，北靠联合乡，距县城37千米。全镇辖区面积149.6平方千米，耕地面积2590.67公顷，林地面积4800公顷。辖11个村，4个社区，78个村民小组，总户数11929户，46062人，农业人口32315人，建成区面积2.8平方千米；辖18个党组织，有党员861人；镇机关在职人员75人。建成镇公共服务中心1个、2000余平方米，便民服务中心15个。

镇辖区内有完全中学1所，即郁山中学，有学生854人，教师110人，学校占地面积28500平方米；中心校1所，即郁山中心校，有学生2408人，教师140人，学校占地面积32050平方米；完全小学1所，即朱砂小学，有教师35人，学生210人，学校占地面积4588.86平方米，有村小1所，有教师5人，学生31人，学校占地面积405.88平方米；郁山镇中心医院在岗职工70人，在编职工66人，副高级职称3人，主治医生7人，开放床位80人，共设置内儿科、外科、妇产科、中医理疗科、口腔科、医技科、公共卫生科、内部安全保卫科、卫生健康扶贫专项办公室，全年医疗业务总收入1200万元，其中医疗收入800万元。有金融机构3个，即重庆农村商业银行彭水支行郁山分理处、邮政储蓄郁山营业所、彭水民泰村镇银行郁山分行。

【疫情防控】 全员出动抓防控，面对新冠疫情，镇党委迅即行动，积极响应，迅速落实从政府到村社区统一指挥、全面部署、立体防控的总要求，制定防控方案，深入学习贯彻习近平总书记重要指示批示和李克强总理批示精神，专题研究新冠肺炎疫情防控工作，进一步压实责任、增强合力。推陈出新广宣传，制作横幅标语等36条，出动宣传车1200余次，辖区LED显示屏滚动播放、村支两委干部进村入户开展宣传，通过立体化、多渠道、全方位、成体系、高频次、大强度、黄金段开展宣传，切实有效提高公众自律意识和防护能力，营造凝心聚力共克时艰的良好氛围。以点带面严排查，在辖区设置16个人员出入检测点，进行全天候不间断体温检测和信息登记，支部党员先锋队在辖区的路口、各村组户开展疫情防控工作，全力做好外来人员登记排查工作。同时充分发挥先锋模范作用，指导社区建立“党员先锋岗”2个，招募党员志愿者250余人、群众志愿者560余人，组织镇干部65人、社区工作人员96人、网格员79人，捐款36.5万余元。

【脱贫攻坚】 2020年，郁山镇围绕脱贫攻坚“收官大决战”目标要求，聚焦未脱贫对象，继续强短板补弱项，坚持脱贫攻坚统揽全局的工作总基调，站在衔接乡村振兴、决胜全面小康的高度认识、谋划和推进脱贫巩固提升各项工作，全面落实党委、政府主体责任和相关部门行业扶贫责任，全面解决“两不愁三保障”难题，通过发展产业、转移就业、消费扶贫等多渠道、多措施保障农户增收，实现未脱贫户14户41人高质量脱贫，贫困发生率从2015年末的14.6%降到0%，做到零错评、零错退、零漏评，群众认可度达到100%，高质量打赢脱贫攻坚战，顺利通过国家普查验收和市级脱贫成效考核。全面解决“两不愁三保障”难题，深入推进住房安全保障工作，确保1200余人住房安全得到保障。深入实施健康扶贫工程，7790余人次享受健康扶贫政策，报销金额1500余万元，报账比例达91%，基本医疗得到保障。深入实施教育扶贫工程，确保建档立卡贫困家庭学生资助政策全覆盖，全镇未发生因贫困辍学现象。大力实施农村饮水全覆盖工程，全镇共计新规划人饮全覆盖查漏补缺项目565处工程点，受益农户7531户35640人，饮水安全得到保障。健全完善农村低保兜底制度，实现“应兜尽兜”，统筹推进最低生活保障、特困人员供养、医疗救助、临时救助、残疾人补贴等社会救助工作，全面保障困难群众基本生活权益。积极克服疫情影响，多措并举促增收。通过发展产业保增收，大力发展主导扶贫产业红薯，带动5000余农户户均增收3500元以上（其中500余户贫困户户均增收3500元以上）。通过转移就业实现快增收，郁山镇积极与县及市外用工企业积极联系，组织

1577 人外出务工，确保收入不下降，巩固脱贫成效。通过消费扶贫稳增收。全镇机关单位和企事业干部职工积极从贫困户家中购买产品等，带动 104 户贫困户增收，保证脱贫成果不受疫情影响，取得明显成效。

【经济发展】 2020 年，郁山镇全年一般公共预算收入 3118.55 万元；全年预计生产总值完成 5.33 亿元，同比增长 3%；全年固定资产投资 1.7064 亿元，同比增长 8%；城镇居民和农村常住居民人均可支配收入分别达到 32043 元、12583 元，分别同比增长 1.12%、0.9%。采取“公司+农户+集体经济组织”的模式大力培育红薯主导产业，郁山镇常年规划种植红薯 2000 公顷以上，其中，高淀粉红薯“商薯 19”等优质红薯 1200 公顷。政府牵头建成高淀粉红薯集中育苗基地，针对贫困户无偿供苗。在玉山村、钟鼓村、白池村、天星社区建红薯高产示范片，采取专业合作社、家庭农场和专业大户引领，贫困户“以土地入股分红+务工”模式使贫困户稳定增收更有保障。郁山镇全年红薯总产量可达 3.6 万吨，产值 3240 万元，纯收入 1620 万元，带动 5000 余农户户均增收 3500 元，其中 500 余户贫困户户均增收 3500 元。优先支持龙须晶丝苕粉有限公司、成伟红薯加工厂、天润红薯加工厂等红薯加工企业，在政策上、技术上予以倾斜。常年加工鲜薯 4 万吨以上，生产晶丝苕粉 8000 余吨，全镇“晶丝苕粉”年产值超 1.5 亿元。壮大农村新型经营主体，打造陈家园金融扶贫示范村，依托村镇银行金融扶贫贷产品，担保贷款 200 万元，规划打造陈家园乡村旅游观光产业，以盐泉酒厂、苗妹香香等企业为龙头，发展若干种植养殖规模小区，带动农户有效增收。

【社会发展】 积极开展职业技能培训，开发公益性岗位 240 名，其中全日制公益性岗位 5 人，非全日制 235 人，贫困户 191 人。为享受城市最低生活保障的 575 人发放低保金 256.25 万元，享受农村最低生活保障的 1442 人发放低保金 585.81 万元；特困人员 147 人，补助 126.98 万元，临时救助 147 人 89.2 万元；全镇 2020 年城乡居民养老保险参保 15868 人，交费 8086 人；全镇享受奖特扶助政策 309 人，发放金额 393930 元；全镇 3 万多人建立城乡居民医疗保险信息档案，城乡居民参保率达 95% 以上；完成孕前优生健康检查 102 人，宫颈癌筛查免费检查 1020 人；投入资金 40 万元，建成新中社区、天星社区老年活动中心，丰富老年文化生活；完成通畅公路硬化 16.62 千米，投资约 2625.9 万元，预计惠及 4830 户 23098 人；完成通达公路 10.6 千米，投资约 555 万元，预计惠及 229 户 1155 人；公路维护 100 千米，投资 16 万元；完成米长坝桥基础建设；着力基层社会治理，排查整改工商贸行业、非煤安全隐患 22 处，开展危险化学品烟花爆竹检查 12 次、整改 5 处，开展消防隐患排查 71 次，整改 53 处；检查车辆 1200 余车次，纠违机动车 500 余车次，教育警示驾驶员 1200 余人次。接待群众来信来访 822 人次、处理信访件 25 件，排查解决矛盾纠纷 821 起、调处 819 起，调解成功率 99.75%，落实“五帮一”措施，做好涉稳重点人员、重点群体稳控工作，建设平安郁山。

郁山镇清洁村通畅公路建设

（郁山镇人民政府　供图）

【生态环保】 聚焦打赢污染防治攻坚战，统筹推进生态环保与脱贫攻坚双赢，坚持“三大举措”抓环保成就新作为。坚持三级联动抓环保，织密全员环保责任网。通过压紧压实党政主体责任、企业主体责任、村社区和职能部门责任，层层传导压力，抓实扛牢环保责任。坚持全域治理抓环保，确保任务落实全覆盖。全面落实河长制工作，坚持镇级河长每人每月不定期巡河1次，村级河长每人每月不定期巡河2次，巡河发现问题立查立改21次，通过APP按流程上报办结3次。加强全镇6条河流水质检测，累计送水12次，检测72次，水质监测全年无异常。完成河道“三乱”问题排查整治。通过新建污水提升泵站，完善场镇一、二、三级污水管网等措施整治入河排污口16个，清理整治河岸种植农作物等岸线乱占行为共11家。全面落实水质监管，对1个镇级污水处理厂、2个彭水自治县农村连片整治项目村级污水处理站（陈家园污水处理站、玉泉新村污水处理站）、1个集中式饮用水源地、7个分散式饮用水源地，每月不定期进行检查抽查以及水质检测，检测结果均达标。全面落实畜禽养殖、工业企业及其他单位监管，对10个大小畜禽养殖场、105个工业企业、7所学校、1所医院，坚持每季度1次例行检查，并随时开展动态巡查，对发现的问题进行现场交办整改意见并跟踪落实；坚持严厉打击处理违规乱挖乱采行为，实时现场监督整改13处，已全部停工停业整改，完成复耕复绿1家，处罚款3家。妥善处理环保投诉，坚持对环保投诉事项及时开展现场检查、督查整改，并及时反馈举报人，全年共接到县、镇级举报投诉20次，处理办结率与投诉反馈满意度均达到100%。有效预防及正确应对突发环境安全事件，成立饮用水源地应急处理领导小组，详细制定《饮用水源地应急方案》。疫情防控期间，在全镇范围内设立废弃口罩专用回收垃圾桶，由专人专车进行分类处置。同时配备环保应急手电筒50个，环保执法车辆1辆，执法器材1套，为处置突发环境安全事件提供坚强保障，全镇未发生突发环境安全事件。坚持宣传引导抓环保，不断提升全民环保意识。利用赶场天集中开展主题为“美丽中国·我是行动者”的生态环境保护系列宣传活动，现场散发科普读物和各类宣传资料3200余份，宣传扇200余把，宣传布袋300余个，悬挂横幅30余条，张贴宣传画500余张。通过“进学校、进医院、进村社、进院坝、进家庭”等活动，大力宣传环保法律政策，督促动员全体村民主动开展卫生扫除，改善不良卫生习惯。整合驻村工作队员、村社干部等160余名环保志愿者，以脱贫攻坚日常走访为契机，深入到田间地头、农户家中开展纪念“世界环境日”、农村生活垃圾治理、禁止焚烧秸秆、废弃农膜回收、化肥农药减量使用等系列宣传行动，引导广大居民增强环保意识，提高广大群众关心环保、参与环保的自觉性。

【基层党建】 扎实开展党支部建设标准化工作，切实把党支部建设成为带头践行“两个维护”、做好“三个表率”、树牢“四个意识”的坚强战斗堡垒。一年来，建设标准化示范支部3个，创建党建示范点2个。对全镇18个党支部实施分类定级，排查换届选情复杂村1个。规范组织生活，落实“三会一课”、主题党日等组织生活制度。严格落实党内激励关怀帮扶制度，7月份开展关爱帮扶活动，慰问生活困难党员和老党员78人，发放慰问费和物资5.2万余元，党组织的凝聚力得到进一步提升。强化党员发展教育管理，严把入口、疏通出口，注重从农民青年、致富带头人、大学生村官和本土人才以及基层一线发展党员，全年严格按程序发展16名预备党员，35名入党积极分子。

【城镇建设】 不断完善城镇功能，提升场镇对外形象，着力在干净整洁上下功夫，全面整治场镇大街小巷清洁卫生及市场秩序，杜绝“脏乱差”现象，配备城管队员8人，场镇环卫工人8人，对南京社区、新中社区、天星社区、白马社区场镇道路实施冲洗20次，维护及管理大型停车场4个。划定环卫工人及保洁员职责区域，进行每日清扫，严格执行上下班制度，制定考核制度，实施动态监管。维护场镇120升垃圾桶150个，日常维护3吨垃圾清运车1辆、手推车13辆、5立方米垃圾箱体13个、大型垃圾处理站1个。

保家镇

【概况】　保家镇位于彭水自治县中心地带西南部，东界长生镇、乔梓乡，南接汉葭街道，西临龙射镇、普子镇，北接郁山镇，距县城23千米。全镇辖区面积205.18平方千米，有耕地面积6211.29公顷，林地面积11608.07公顷。辖9个行政村和3个社区，90个村民小组；辖41个党支部，有党员1208人；镇机关在职人员117人，其中公务员编制40人，事业编制31人，机关工勤1人，大学生村官3人（已录取为公务员暂未选岗），西部志愿者1人，临聘人员27人，公益性岗位10人，民政员2人，专职残联工作人员2人。城区面积4.6平方千米，城镇化率达30.2%。境内交通发达，渝湘高速公路、渝怀铁路、国道319线纵贯全境，已实现村通畅、组通达。郁江河、普子河、狗耳泉河三江汇集。2020年，全镇财政总收支6290万元，其中：一般公共预算收入5200万元，基金预算收入1090万元，整体收支比2019年增加21%。矿产资源丰富，境内主要以大理石、方解石为主，总储藏量分别达100万吨、200万吨。有桃花山庄、普子河流域原生态风景区等旅游资源。属全国重点镇、市级中心镇、市级商贸百强镇和市级特色小镇。

镇辖区内有中小学5所，即彭水一中、彭水二中、保家中心校、清平小学、羊头铺小学和木楠小学。中小学在校学生16189人，在职教师1010人。保家卫生院在编职工61人，核定床位86张，全年医疗业务总收入1750万元。全年出生人口366人，符合政策生育率96%。有金融机构4个，即中国农业银行保家支行、重庆农村商业银行保家支行、民泰银行保家支行、邮政储蓄银行保家营业所。

【脱贫攻坚】　2020年，保家镇持续推进“造血”扶贫向纵深发展，将个体精准扶贫与产业扶贫相结合，精准施策、精准发力。新建（改扩建）公路18条，涉及里程57.55千米，新建便民服务中心广场及配套设施5个，新建水池24口，新添置垃圾桶188个，改厕46户、C级危房改造3户、D级重建4户、拆除重建2户、维修整治18户。在巩固、扩大原有产业的基础上，积极主动地发展新兴产业，建成白茶基地338.6公顷。兑现产业奖励资金598户116.06万元。开展电商、农村种养殖实用技术培训346人次，2020年新增公益性岗位147人。建立返乡农民工就业创业台账，新增劳动力转移就业66人，县外市内返乡创业就业42人，市外返乡创业就业302人。举办就业招聘会3场，推送县内、市内、市外岗位信息1800条，受众1300余人次。打造扶贫车间2个，动员吸纳贫困户46人就地就业。已完成4家企业扶贫产品认定，并在重庆市消费扶贫馆上线产品。重庆市消费扶贫馆累计完成注册136人，消费2.84万元。建设电商运营中心1个、村级电商服务站点4个、仓储1个、冻库1个、网货基地1个，开设“走进采金城”微信公众号，完善电商物流体系，降低农产品运输成本。2020年学前教育至高中、中职阶段享受资助4371人次，资助金额375.33万元，建档立卡贫困大学生享受资助210人，资助金额141.54万元，其中2020年新生73人，资助金额48.71万元。2020年经动态调整，贫困人口自然增加28人、自然减少53人，实现贫困户脱贫退出12户46人，全镇1127户贫困户全部高质量脱贫退出，贫困发生率由11.65%降到0。全面完成各级督查反馈问题整改84个。

【经济发展】 2020年，全镇农业总产值658万元，粮食总产量21926.3吨，同比增长0.02%，农业基础设施不断完善，全镇人饮工程实现全覆盖，建设高标准农田503.07公顷。加快土地流转，种植白茶338.6公顷，混合果园4.6公顷，拓展群众致富增收渠道。完成最后12户46人脱贫任务。工业企业发展态势良好。有规模以上工业企业8个，保家镇电子商务运营中心顺利建成。

【社会发展】 社会保障方面，全年全镇享受奖励扶助政策12人，4.2万人建立城乡居民医疗保险信息档案，城乡居民参保率达92%以上，城镇新增就业人员完成目标任务100%，城镇登记失业人员完成目标任务100%，城镇就业困难人员完成就业任务100%，完成高校毕业生就业岗位94人，完成任务100%，新增创业人数102人。全年发放各类抚恤金、优待金及临救资金116.96万元，打卡发放五保金17.68万元，发放城镇低保金148.26万元、农村低保金725.96万元，发放节日慰问金25.96万元、物价补贴金110.45万元、电量减免补贴金1.15万元。发放孤儿、困境儿童生活费17.37万元和60周岁以上的农村籍退役士兵生活补助26.82万元。医疗服务方面，大力促进基本公共卫生服务均等化，新农保实现全覆盖，落实计划生育政策，完成社会抚养费征收0.2万元。新型农村合作医疗保险参保人数39691人，缴纳988.4万元，政策减免2669人（其中残疾249人，独生子女316人，低保及退役军人2104人），让农民真正得到实惠。教育事业方面，完成2015年义务教育的各项目标阶段性任务，保证适龄儿童按时入学，做好“希望工程圆梦行动”，出资141.54万元资助210名贫困大学生，注重师资队伍建设，教育质量稳步提高。

白茶种植基地风景

（保家镇人民政府　供图）

【生态环保】 生态环境保护和生态文明建设扎实推进。继续实施生态保护，在市级生态镇的基础上，继续创建国家生态镇，不断巩固生态镇创建成果。持续巩固绿化建设成果，全镇森林覆盖率54%以上。建立长效管护机制，做好天然保护林的林木管护；抓好高铁沿线的山头绿化工作，完成造林813.27公顷。加强污染源监管，关闭污染企业4家，为36家企业办理四清四治环保备案，开展生态环保巡查150次，配合完成中央、市级各类督察整改项目建设工作，整改完成集镇万人千吨饮水工程水源地保护区的划分和规范化建设工作。并高标准安装完成三江村四堰坪、大河坝村沙林沟千人饮水项目集中式饮水源地保护建设。全面完成室内改厕任务，做好小流域治理、人畜饮水改造项目。开展环境综合整治，抓好12个村的环境连片整治，加强农村饮用水源保护、污水和生活垃圾处理，为各村设立垃圾箱、垃圾桶，落实保洁人员，做到生活垃圾及时清理，实现村容整洁美观。

【城镇建设】 以“全国重点镇”建设为抓手，立足城乡面貌改善，加快小城镇基础设施建设步伐，完善城镇功能，完成场镇规划编修。启动场镇桂园街1、2号公路1.2米千米公路硬化。积极推进“老街区旧城改造”项目建设，全面整治场镇背街小巷，新建污水管道1100米。新增绿化面积1000平方米，更换路灯241盏，购置垃圾箱体30个和垃圾收运车9辆，投资1250余万元进行绿化改造。

【乡村振兴】 全力打造三江村乡村振兴示范点，带动沿线村居成片振兴，辐射全镇村（社区）整体振兴，形成“示范引导，以点带面”的良好格局。整合人居环境整治等项目实施三江村村容村貌、污水管网、垃圾治理等基础设施的改造提升，打造宜居典范。重点发展现代农业观光采摘业，建成草莓、西瓜、火龙果、甘蔗等采摘体验园，并以农业旅游观光园为基本定位，着重挖掘果园农业、垂钓渔业等文化符号，提升村民文化自豪感、游客文化体验感。同时依据三江口库区独特的天然风貌，利用移民后扶资金实施库区风貌改造，打造库区旅游农旅胜地。

桑 柘 镇

【概况】 桑柘镇位于彭水自治县东南部、西临新田镇，北靠走马乡和乔梓乡，南临鹿角镇和诸佛乡，东部和大同镇接壤，镇人民政府驻地桑柘坪，海拔887米，距县城43千米。全镇辖区面积192.65平方千米，耕地面积2723.2公顷，林地面积0.8万公顷，辖11个行政村3个社区，111个村（居）民小组，户籍人口31269人。辖区共有19个党组织，有党员655人。辖区有中学1所，完小1所，村级小学3所，独立小学1所，民办幼儿园1所，中心卫生院1所，村级卫生室18个。有金融机构2个，重庆农村商业银行彭水支行桑柘分理处、邮政储蓄银行桑柘营业所。

2020年，全镇农村经济总收入约1.66亿元，本级财政收入3560.7万元，税收收入926.33万元，转移性收入2631.9万元，非税收入2.48万元，农民人均纯收入10765元。

【脱贫攻坚】 2020年，桑柘镇推进“造血”扶贫向纵深发展，将个体精准扶贫与产业扶贫相结合，精准施策、精准发力，严格按照“两不愁、三保障、一达标”的标准和“八步、两评议两公示一比对一公告”的流程要求，认真开展贫困户动态调整工作。2020年实现24户90人（其中1户1人自然死亡）脱贫。全年无新增贫困户，无新增返贫户。884户3651人稳定增收，贫困对象减少至25户84人，贫困发生率降至1%。交通建设方面，桑柘镇抢抓市上交通“三年会战”机遇抓好农村公路建设，2020年全镇通畅公路在建项目9个，涉及12个村（社区）、里程77.24千米，通达工程通达率、通畅率分别达到100%、83%；到2020年年末，实现村民小组通达率达到100%、通畅率达到87.5%。加强辖区38.78千米乡通畅、139.3千米村通畅、60千米村通达公路日常养护工作，在交通建设过程中，全年无交通工程建设安全事故发生。人饮工程方面，完成8处水池建设，铺设管道79600余米，已全部验收完工，有效解决8个村（社区）2126户9177人饮水问题。通过实施人饮水池全覆盖工程，实现全镇居民生活用水供水入户，解决长期以来的季节性缺水问题，确保全部贫困人口生活用水得到有力保障。特色产业发展方面，狠抓烤烟传统支柱产业，2020年全镇种植烤烟1146.67公顷，产量达150万千克，烟农实现总收入4178万元，创税约919.16万元。同时积极谋划产业转型升级，依托桑柘良好的资源优势和多年积累的产业体量和经验，突出绿色、生态、健康理念，大力发展高端蔬菜、高山蔬菜、中药材、胡蜂、羊肚菌、万寿菊、碧根果等特色产业。形成以烤烟为主导产业，传统产业稳定发展，特色产业有效互补的产业发展格局。就业创业方面，积极开展就业帮扶、创业扶持工作，促进有就业创业意愿的农村建卡贫困劳动力、贫困高校毕业生等就业困难人员实现就业创业。开展雨露技工、农村实用技术、创业就业培训，强化劳务经纪人、致富带头人培训，不断提升农村劳动力创业就业能力。教育、健康扶贫方面，所有贫困人口参加农村合作医疗，实现建卡贫困户100%参保。按照贫困人口人平100

元的标准购买精准脱贫保。做好学前教育、义务教育、普通高中、职业教育和高等教育的建卡贫困户、城乡低保户家庭学生资助工作。完善义务教育阶段“控辍保学”机制，做到无一名学生因贫失学。乡风文明方面，强化政策引导、教育引导、典型引导，有效引导和教育群众树立勤劳致富、脱贫光荣等思想。营造良好的乡村文明风气，凝聚脱贫攻坚正能量。集体经济发展方面，三个贫困村利用每村30万元的产业发展资金均采取与农业企业合作的方式，打造红薯产业基地，助推贫困村经济发展，促农增收。美丽乡村建设方面，努力提升人居环境，乡村面貌不断改善。

【产业发展】 桑柘镇粮食播种面积达到4460公顷，其中马铃薯1693.33公顷、红薯966.67公顷、玉米1520公顷、油菜666.67公顷、高端蔬菜80公顷。发展肉牛3500头、山羊1500头、生猪8000头，家禽10万羽。2020年完成48家畜禽养殖资源化利用项目建设，仍有56家畜禽养殖资源化利用项目在建，预计2021年4月全面完成。桑柘镇2020年将完成54.1%畜禽养殖资源化利用治理。大力引进先进农机设备，机械化作业水平不断提高，2020年全镇农业综合机械化水平达60%。大力发展绿色环保型畜牧业，退耕还草、生态养殖、动物防疫等工作走在全县前列。

【社会发展】 2020年全镇共有低保户511户1313人，其中农村低保448户1201人，城镇低保63户112人；特困人员173人（五保户164人、孤儿9人）。全年养老基金征收148万元，新增养老保险参保509人，特殊对象、建卡贫困户100%参保；合作医疗参保人数达27204人，征收基金593.3万元，参保率达97.22%，位于全县前列。发放宣传资料200余份，上门办理生存认证100余人次，组织送工送岗到山东1人、重庆13人，开发农村公益性岗位35人，开发渝鲁公益性岗位13人。邀请县上企业到桑柘场上举办专场招聘会2次，举办中式烹饪培训班1期46人参训。完成小额担保贴息贷款768万元。为建卡贫困户申报车费报销1103人17万余元，申报一次性求职创业补贴662人33万余元。全年调整死亡、外嫁等低保户51人，停发低保26户50人，新增低保户25户72人。对因病、因灾、因上学、受疫情影响等造成临时生活困难群众给予临时救助259人，发放救助金90.1万元。

【生态环保】 生态环境保护和生态文明建设扎实推进。继续实施生态保护，在市级生态镇的基础上，继续创建国家生态镇，不断巩固生态镇创建成果。完成土地复垦929户129981平方米。每月分村开展农村人居环境卫生达标评比，注重群众的习惯养成和规范自觉。李家社区垃圾分类自愿服务获市级表彰。配齐配全基层环保设施，全年投入垃圾箱体93个，分类垃圾箱26个。开展大型村庄清洁活动5次，清理临时垃圾点7次，清理河道沟渠垃圾2次，共计投入经费79.61万元。整合公益性岗位、生态护林员、保洁员和管水员，加强村庄保洁，加强污染源的防控监管，建立巡河制和污染源排查长效机制，开展生态环保巡查200余次。加强开展环境综合整治，抓好14个村的环境连片整治，打造1个乡镇党建品牌和2个村级党建示范点，全面提升农村生活品质，全镇形象面貌和生活品质大幅提升。

【社会安全】 疫情防控方面，持续加强疫情防控，全面启动村（社区）防控工作，落实“内防扩散、外防输入”，全年出动排查人员400余人次，拉网式排查全镇8729户34760人；加强疫情防护宣传，及时公布疫情信息及防控工作情况，发放宣传单10000余张，组织开展卫生清洁活动12次；坚持“非必要、不举办”的原则，劝导群众减少聚集性活动10余次。安全生产方面，加大安全生产执法检查力度。扎实开展道路交通、矿山、建设施工、烟爆危化、消防、农机、地灾等行业安全生产专项整治4次，收缴罚款4万余元，深入开展道路交通安全整治行动20余次，安全生产责任事故实现“零”目标，实行月抽查、季度全面检查模式，强化食品药品安全监管。社会平安方面，扎实开展禁种铲毒踏查工作，对全镇111个村民小组进行无死角踏查，累计排查10余次，实现辖区毒种“零种植”。集中组织开展法治宣传月、综治宣传月、全民禁毒宣传月 、扫黑除恶专项斗争、反邪教知识和非法集资等宣传活动15次，发放宣传材料27000余份，宣传品12000余个，悬挂横幅123余条，张贴喷绘标语36处。排查出土地、林地、邻里等各类矛盾纠纷181件，调处成功173件，成功率达95%以上。2020年以来，上级交办、转送信访案件45件，办结45件，本级录入12件，办结12件，网上代理60件，办结60件，办结率均为100%。

【城镇建设】 以“全国重点镇”建设为抓手，立足城乡面貌改善，加快小城镇基础设施建设步伐，完善城镇功能，完成场镇规划编修。改造农贸市场，所有摊贩入市经营，规范场镇车辆停靠，镇村环境明显优化。同时积极探索股权化改革试点，助推李家社区脱贫攻坚。为切实抓好李家社区各项建设，助力脱贫，镇党委政府高度重视，多方争取资金，全面推动发展。阵地建设方面，投资280余万元，新建占地1320余平方米，建筑总面积3960平方米的便民服务中心，便民服务中心功能配套完善，有健身场地、篮球场、休闲广场、可容纳100人多功能活动室，党员活动室、小会议室；可接待休闲纳凉150人吃住，提高群众幸福感和获得感。生态农业方面，打造特色农业品牌，提高居民收入，壮大村集体经济，增强农户，特别是贫困户发展产业的信心。投资15万元发展30公顷经果林（清脆李），采取公司+农户的经营模式，通过公司统一管护种植，受益农户达170余户860余人。投资50万元发展中药材基地（烘烤房），并把该基地发展为村集体经济，采取租赁烘烤玄参和白芨的经营方式，带动有劳动能力、有种植意愿的农户参与种植，有效带动当地群众就近就业，确保30余户农户，14户贫困户稳定增收；人居环境方面，李家社区统一规划建设模式，按照人居环境改造的要求，对民居进行风貌改造，拆除废弃猪圈5个、废弃烤烟棚8个，硬化人行便道1000余米，硬化院坝7000平方米，修建2000立方米的蓄水池，完善环保设施。开展环境保护，抓好“零污染村庄”建设，加强人居环境建设。针对不可回收、易腐变质的厨余植物类垃圾，引入公益性专业团队，指导发动村民制作环保酵素。树立环境卫生典型示范，评选“清洁卫生家庭”，制定居民卫生规范管理细则，增强群众的环卫保护意识，把社区建设成为“和谐社区、文明社区、健康社区”，不断增强居民对社区的自豪感和归属感。

鹿 角 镇

【概况】 鹿角镇位于彭水自治县东南部，东界诸佛乡、鞍子镇，南接善感乡，西临双龙乡，北接新田镇，距县城23千米。辖区面积115. 49平方千米，耕地面积28. 1平方千米，林地面积79. 53平方千米，场镇面积0. 91平方千米。辖6个村1个社区，人口1. 4万人。有党组织11个，党员333人，镇机关在职人员59人。镇公共服务中心面积140平方米，村级便民服务中心7个，3480平方米。2020年财政收入2224万元，农民人均纯收入15100元。镇辖区内有中小学3所，即鹿角中学、鹿角中心小学、大元完小，在校学生1918人，在职教师147人。鹿角镇中心医院在编职工26人，核定床位40张，全年医疗业务总收入347. 65万元。有金融机构2个，即重庆农村商业银行鹿角分理处、邮政储蓄鹿角营业所。

【脱贫攻坚】 2020年，贯彻落实习近平扶贫重要论述和系列讲话精神，完善责任体系，补齐弱项短板，高质量完成脱贫攻坚收官工作，推动脱贫攻坚向乡村振兴有效衔接。坚持“两不愁三保障”动态清零机制，实行一周一排查，一月一研判，确保“两不愁三保障”问题全部清除，辖区最后的10户27人贫困人口如期脱贫，贫困发生率降至零。持续夯实农村基础设施，全年完工通畅公路16条69.78千米，群众出行更加方便快捷。完工乌江村、王家村全覆盖季节性缺水工程，健全饮水管护机制，饮水安全实现全覆盖。持续推进农村人居环境整治，实施危房改造7户，宅基地复垦453户，评选“美丽庭院”30户，在乌江村主干道沿线开展旧房改造提升100户，完工2个场镇的污水管网改造，人居环境得到极大改善。坚持产业优先，拓宽农民增收渠道，每个村（居）都有1—2个主导产业，花椒、苹果桃、羊肚菌、柑橘等产业已初显成效。高度重视创业就业，发放创业担保贴息贷款13人260万元，提供农村公益性岗位196个。开展技能培训67人，农村富余劳动力转移就业121人。实现贫困家庭签约医生全覆盖，建卡贫困户100%参加城乡居民合作医疗保险，九年义务教育巩固率达到100%。配合全县顺利通过脱贫攻坚第三方评估考核、重庆市脱贫攻坚成效考核和国家脱贫攻坚普查几次大考。

【经济发展】 立足地处乌江画廊旅游核心地带和30分钟县城旅游圈优势，加快建设以观光旅游、休闲度假、采摘体验、农耕文化为主的苗乡风情小镇。打造鹿角镇滨江休闲步道这一道靓丽的风景线和文普园农家乐、乌江苹果桃、横路村羊肚菌等农旅融合品牌。培植种养殖大户55户，致富带头人16个，栽植苹果桃100公顷，柑橘133.33公顷，花椒366.67公顷，油茶200公顷，发展村级集体经济产业7个，农民增收渠道不断拓宽，家庭收入稳定增长。

【社会发展】 2020年，全力以赴做好新冠肺炎疫情的防控工作。建立驻村领导、驻村干部、村干部、组长、派出所、卫生院、楼长七级监管防控体系。大力开展防疫宣传，制作固定标语8幅，张贴海报200余张，发放宣传资料1.2万份，每日出动流动宣传车辆4台次，场镇广播定时宣传3次。开展入户排查2轮，排查人员近2万人次，市场主体196家。设置劝返点4处，排查车辆2279辆。延期婚宴45场，上门劝导监督简办白事11场。积极稳妥推进复工复产，复工项目17个，新开工项目4个，引导外出务工2000人。春耕春播有序开展，粮油生产维持稳定，将疫情对经济的影响降到最低。

严格按照全国第七次人口普查方案及要求，做到“四不漏”（区不漏房、户不漏户、户不漏人、人不漏项），紧扣人口普查质量和工作进度两大关键，多举措稳步推动各项工作，面向镇村（社区）选派41名普查员，深入辖区内7个村（社区）45个小组，对辖区内的所有居民进行入户登记，采集居民信息，包括居民姓名、性别、民族、身份证号、居住情况等基本信息，做到“不漏一户，不落一人”，共摸底16730人，短表登记15483人（其中户籍人口13100人），长表登记1263人，高质量完成人口普查工作。

积极开展抗灾自救，发放救灾资金19.55万元，重建和维修受损房屋11户27间，发放救灾衣被79件。持续开展城乡低保、民政救助、扶贫项目等老百姓最为关心的惠农政策的整顿清理，公开透明加强集体审核把关，不断促进公平正义。开展城乡低保对象动态调整4次，新纳入16户40人，全镇有低保对象161户357人，月发放低保金15.69万元。开展临时救助39户，金额10万元。

【生态环保】 认真践行河长制，各级河长巡河599次，完成应巡次数的166.39%，发现并整改问题8个。启动乌江流域十年禁渔行动，排查清理各类船舶80余艘，全镇8户16人渔民全部上岸、8艘渔船全部拆解，退捕渔民得到100%安置。完成森林抚育 113.33 公顷，退耕还林 33.33 公顷，加强林地和耕地保护，查处违法占用林地 3 起，制止占用基本农田建房 2 起。用活农村公益性岗位，将场镇卫生外包专业性保洁公司，清运垃圾 859 吨，收运和处理生活污水 16.79 万吨，城乡环境卫生持续好转。

【城镇建设】 立足城乡面貌改善，加快小城镇基础设施建设步伐，完善城镇功能，完成鹿角老供销社化粪池维修项目，开展场镇滑坡治理，安装挡墙 1 处、维护防护网 1 处、建设二、三级管网 3 千米。全面整治场镇乱停乱放，实行划线经营，重新铺设新街路面 2.3 千米，完成鹿角中心校路段安全整治，建成鹿角居委篮球场和综合文化广场，居民文化体育设施更加完善。统筹推进规划控建，发放乡镇规划许可证 12 个，控制住集镇拓展区、彭西高速沿线、地质隐患点的房屋建设，并有效控制允许建设区范围内房屋建设的高度和面积，制止违章建筑 9 起。

【信访工作】 强化下访接访走访，及时回应群众诉求，及时化解矛盾纠纷，调解各类矛盾纠纷调解率 100%。受理信访案件，完成中联办交办积案及其他案件，逐步化解信访积案，全镇信访量持续大幅下降，从 2017 年至 2020 年下降率 90%，群众满意度不断提升，政治生态和社会生态持续向好向善。

黄家镇

【概况】 黄家镇位于彭水自治县西南部，距离县城 46 千米。辖 9 个村，1 个社区；辖 12 个党组织，有党员 397 人；镇机关在职人员 55 人。建成镇公共服务中心 1 个，便民服务中心 10 个。2020 年年末，户籍人口 15105 人，其中农业人口 13884 人，场镇人口 1266 人。镇辖区内有中小学 2 所，即黄家中学、黄家中心小学。在校学生 1470 人，在职教师 136 人。黄家镇卫生院职工 26 人，核定床位 30 张，全年医疗业务总收入 390 万元。有金融机构 2 个，农村商业银行黄家支行、邮政储蓄黄家支行。

【脱贫攻坚】 按照帮扶工作“八个一”要求实现贫困户走访全覆盖，核实排查贫困户家庭情况，实时解决群众困难。深化就业帮扶，完成外出务工人员车费报销 114 人，以“培训+转移”的模式开展“雨露计划”，输送培训对象 11 人；顺利完成全镇 10 个普查区域的普查任务，1021 户贫困户、24 户边缘户全部通过国家普查；动员广大干部群众积极参与消费扶贫，消费扶贫重庆馆注册 46 人，线上线下累计消费 10 余万元，机关食堂完成消费扶贫采购 84948 元；进行精准扶贫档案数字化管理，共收集整理精准扶贫文书档案 3311 件，项目档案 200 件，分户档案 1021 户，配置档案柜 11 个，档案盒 300 个。

【经济发展】 全镇累计新培育农村集体经济股份经济合作社 10 个，累计发展 37 家农民专业合作社，新培育农民专业合作社 2 家，落实村集体特色产业基地 11 个，引进和培育新型农业经营主体 18 个，累计培育家庭农场 5 家，新培育种植大户 1 户、养殖大户 36 户；新型经营主体主要通过土地

重庆红军历史陈列馆

（黄家镇人民政府　供图）

入股、务工就业、产品代销、签订保护价回收农产品等方式与贫困户建立利益联结机制，促进农民增收，促进农业增效；深入实施特色产业提升工程，大力发展现代山地特色高效农业。落实全镇蜂糖李200公顷、辣椒133.33公顷主导增收产业，按照“一村一品”产业培育行动，全镇培育特色增收产业生猪13000头、土鸡20000只、油茶166.67公顷、花椒200公顷、毛叶山桐子80公顷、辣椒133.33公顷等。

【社会发展】 严格执行最低生活保障动态调整制度，有低保户144户318人，全年发放低保金113.78万元，临时救助48户136人24.71万元。完成两癌筛查600人，2020年城乡居民合作医疗保险已参保7797人，其中建卡贫困户2048人、民政对象406人、计生奖励扶助对象147人，特殊群体参保率100%。落实“一岗双责”主体责任，积极开展秋季校园及周边食品安全专项检查、打击市场销售长江流域非法捕捞、道路和在建项目安全检查等工作共计60余次；全力以赴推动灾后重建，排除房屋、道路、堡坎等安全隐患10余处。实行“网格化”管理，推动“三治融合”，发挥村组干部及党员乡贤力量，做好群众思想工作，主动了解群众诉求，化解信访矛盾，有效解决漆红村、阿黄旅游路建设遗留等信访问题。

【生态环保】 严格落实环境保护工作责任，营造氛围，广泛开展环保宣传，在场镇进行“6·5”世界环境日宣传活动，突出“美丽中国，我是行动者”主体的宣传，发放宣传资料2000余份，提高环境保护意识。以农村生活垃圾治理为契机，下大力抓好农村生活垃圾整治，配备36名保洁员，制作宣传标语20幅，按时足额发放保洁员工资39.6万元，购置并发放分类垃圾桶500个，农村生活垃圾整治成效明显，农村人居环境得到明显改善。严防生态破坏，于2020年8月关停沟卡子临时采石厂。

红色基因传习所

（黄家镇人民政府　供图）

【城镇建设】 紧紧围绕水、电、路、迅、房等基础设施建设下功夫，加快推进各领域项目建设，深度改善生产生活条件。落实饮水、河道、山坪塘公益性管护员24人，收取饮水工程点水费4万余元。落实公路养护公益性养护员6人，农村公路管护公益性管护员16人。落实管水员制度，加强饮水管网和水池管理，保障饮水安全，解决季节性缺水难题；全面排查全镇不安全住房，续建2019年人居环境整治三改项目，涉及农户505户，投入资金156.8万元，拆除重建18户，实施D级危房新建房屋4户，白沙河人居环境整治火石堡示范点建设投入资金236万元；落实扶贫项目资金投入，投资交通项目1个，资金219余万元；水利项目27个，投资资金236.5万元，惠及3182户16483人，其中贫困户547户2335人。落实环境卫生月检查评比制度，培养农户良好卫生习惯，全面提升卫生环境。加快推进白沙河村人居环境示范建设，改善村容村貌。

【文旅融合】 整合利用资源，创新乡村旅游。利用历史文化、红色文化、忠诚文化，完善旅游配套设施，打造“重庆唯一红军主题生活小镇”，成功举办2020年“世界苗乡养心彭水”忠诚之乡红色游系列活动，进一步推动文旅融合发展，带动消费扶贫，吸引来自市、县内外游客1500余人，美食展商户户均实现增收2000元。

普 子 镇

【概况】 普子镇位于彭水自治县县城北部，东接联合乡、连湖镇，西连龙射镇、太原镇、棣棠乡，南与保家镇接壤，北靠三义乡，距县城57千米。全镇辖区面积184平方千米，耕地面积5.15平方千米，林地面积122平方千米，场镇按功能划分为居住、商贸、行政等区域，规划面积2平方千米，建成区面积1.3平方千米。辖8个村，3个社区，共87个小组；辖12个基层党组织，有党员719人；镇机关在职人员48人。便民服务中心11个，使用面积6670平方米。2020年年末，户籍人口30781人，其中农业人口27441人，场镇人口3340人。2020年全镇经济总产值3.2亿元，同比增长4.4%；人均可支配收入13875元，同比增长8.5%，经济发展稳中有进。

镇辖区内有中小学3所，即普子中学、普子中心校、砂石小学。中小学在校学生3310人，在职教师259人。普子镇卫生院在编职工50人，核定床位50张，全年医疗业务总收入1025万元，其中医疗收入680万元。全年出生人口237人，符合政策生育率3.5%。设2个金融机构，即重庆农村商业银行普子营业所和邮政储蓄普子营业所。

【脱贫攻坚】 2020年，普子镇推进“造血”扶贫向纵深发展，将个体精准扶贫与产业扶贫相结合，精准施策、精准发力。用好用活精准扶贫贷款412万元和产业扶贫资金99.7万元，帮助868户贫困户发展种植、养殖和个体经商等产业，户均增收5000元以上，帮助贫困户脱贫越线。通过“青饲料加工+肉牛养殖+饲料基地+红柚、中药材种植业+劳务经济、肉兔养殖+劳务经济+股份合作”方式，着力产业转型，各新型经营主体通过务工就业、土地入股、产品代销等方式带动农户2319户，其中贫困户630户。基础设施提档升级，新建通畅公路30千米，维修整治通达公路40.6千米，持续推进凤凰村、石坝子村通畅公路在建项目工程进度；新添置垃圾桶100个、面源污染垃圾桶57个；新增人饮工程点121个，新建和维修人饮水池19口、安装引水管道10千米；改厕439户；完成C、D级危房改造25户。2020年，全镇共4个贫困村已全部整村出列，共1399户5875人贫困人口全部脱贫达标，顺利通过县、市和国家组织开展的验收，历史性消除了绝对贫困。

【经济发展】 2020年，全镇工业总产值2029万元，同比增长11%；营业收入1326万元，同比增长17.9%；实现增加值867万元，同比增长11%；实现利润总额459万元。完成工业固定资产投资786万元。辖区内非公有制企业1个，从业人员15人，总产值240万元。农业总产值10721万元，同比增长7%，粮食总产量15552吨，同比增长0.6%。

农业基础设施不断完善，全镇人饮工程实现全覆盖。全镇围绕“青饲料加工+肉牛养殖+饲料基地+红柚、中药材种植业+劳务经济、肉兔养殖+劳务经济+股份合作”等发展模式，聘任33名村级产业指导员到户产业指导员开展技术培训，实现年出栏生猪2.7万头、肉牛3200头、家禽出栏7.8万羽，种植烤烟253.33公顷、实现年畜牧产值8千万余元。养殖泥鳅3.33余公顷，发展花椒、油茶、中药材、蜜柚、李子等特色种植业200余公顷，年加工红薯600吨、牛青饲料500余吨。在集体经济上，围绕“公司+村级集体经济组织+农户”“致富带头人+农户”的发展模式，全镇9个村以党支部为引领，组建村集体经济组织，9个村社区联合成立镇级经济组织普邦畜牧公司大力发展肉兔产业。

【社会发展】 社会保障方面，全镇共有农村低保

514户1263人，城镇低保99户209人，累计发放低保金720.75万元，发放临时救助、特困、高龄补贴、残疾人补贴等各类资金276.55万元，保障困难群众的基本生活，做到“兜好底”；就业方面，避免“一兜了之”，落实公益性岗位25人（含贫困户19人），选聘103名贫困户担任生态护林员，组织辖区内224人（含贫困户130人）参与劳动力技能培训、贫困户21人赴山东就业，动员、引导辖区内贫困户187人开展创业，并且全覆盖宣传金融扶贫政策，贫困户政策知晓率达到100%。医疗服务方面，全镇应参保24521人，已参保23440人，参合率95%，其中建卡贫困户参保率100%，建档立卡贫困户外出务工车费报销政策享受覆盖率达90%。教育方面，建立控辍保学工作机制，全面落实学生资助政策，对义务教育阶段建档立卡贫困家庭学生免除学杂费、书本费、教育补助及营养餐等。饮水安全方面，新增人饮工程点121个，新建和维修人饮水池19口、安装引水管道10千米，受益群众4000余人，农村饮水安全覆盖率达100%。基础设施方面，2020年启动实施公路硬化13千米，确保镇内92%以上的群众出行便捷。

【生态环保】 努力提升环境质量，扎实开展乌江清洁行动。推进垃圾分类，扎实开展专项整治行动，常态化开展农村污水处理监管及规模化养殖场污染防治工作50余次，新增垃圾分类宣传栏5块，推进垃圾分类试点村（社）4个，新增垃圾箱体11个，新增垃圾桶100个，清理存积或散落垃圾20吨，清理露天堆放农业废弃物18吨，辖区卫生得到改善。开展“绿盾2020”自然保护地专项行动；严格推进河长制工作，累计开展巡河次数300余次。全力以赴打好污染防治攻坚战，完成人居环境三年行动评估工作，评选美丽庭院20户，实现全镇人居环境新面貌。同时规范农村建房程序，严格按照“八不准”规定开展农村乱占耕地建房相关政策宣传及专项整治摸排工作，全面清理生态红线2378块图斑信息系统填报，有序推进99户易地扶贫搬迁房产整改工作。

【集体经济】 2020年，全镇9个村级集体经济组织在镇党委、镇政府的引导下“抱团发展”，联合成立重庆普邦畜牧有限责任公司，发展肉兔产业。经多次实地考察洽谈，重庆普邦公司与山东双运獭兔公司签订肉兔养殖合作协议，全镇完成7.33公顷的种群基地基础建设，一期（2020年）投入500万元。引进母兔2500只、肉兔专用饲料30吨，已正式开始养殖。2500只种兔已全部产仔兔且生长良好。肉兔出栏时，双运獭兔公司负责全部收购销售，形成“养产销”一体化模式。

2020年，贫困户在普邦畜牧发展公司务工

（普子镇人民政府　供图）

龙　射　镇

【概况】 龙射镇地处彭水自治县西北部，与平安镇、保家镇、普子镇、棣棠乡、鹿鸣乡及丰都县都督乡、武隆县后坪乡连界，彭石、彭丰二级公路穿越境内，距县城34千米。全镇辖区面积160.41平方千米（国土二调数据），其中耕地面积0.33万公顷（水田166.67公顷）、占20.7%，林草地1.13万公顷（草地253.33公顷）、占69%。境内处于半高山丘陵地带，海拔280—1560

米，政府驻地海拔930米。全镇辖9村1居委，76个村（居）民小组，辖11个党组织，有党员480人；镇机关在职人员54人。有公共服务中心1个，140平方米，便民服务中心10个，1200平方米。2020年末，户籍人口23032人，其中农业人口18614人，场镇人口4418人。全年经济总产值5.83亿元，人均可支配收入1.37万元。镇辖区内有中小学5所，即龙射中学、龙射中心校、大地小学、葡萄小学、白果小学，中小学在校生1703人，在职教师121人。龙射镇中心医院在编职工32人，核定床位30张，全年医疗业务总收入约610万元，其中医疗收入400万元。有金融机构2个，农村商业银行彭水支行龙射分理处、邮政储蓄龙射营业所。

【脱贫攻坚】 2020年，龙射镇坚持以脱贫攻坚统揽全镇经济社会发展，全年共实施通达公路工程10千米、通畅工程4千米，危旧房改造27户，新建水池（含取水口）44口，新安饮水管网80千米。组织开展技能培训600余人次，新型职业农民培训结业率100%。动员引导外出务工就业9100人（其中贫困劳动力1135人），累计落实增收公益性岗位210人。高质量完成4户13人剩余贫困人口脱贫，2020年度脱贫任务圆满完成，顺利通过国家脱贫攻坚普查验收和扶贫成效交叉考核，群众满意度进一步提升。

【经济发展】 2020年，全镇经济总收入5.83亿元，同比增长12.3%，贷款投放额3500万元、增长15.7%，财税收入1328万元、同比增长11.3%，农民人均可支配收入13700元、同比增长10.4%。除传统优势产业外，发展高淀薯133.33公顷、榨菜233.33公顷、商品蔬菜133.33公顷、烤烟233.33公顷，全年新发展特色增收产业油茶、中药材、辣椒、红高粱400余公顷。组建10个村（居）集体经济实体，发展红高粱、红薯、核桃产业以及劳务等产业，建立健全贫困户产业稳定增收和利益连接机制，2020年全镇5个贫困村集体经济总收入24.3万元，10个村（居）累计实现经营收入124.4万元，全面消除集体经济“空白村”。

【社会发展】 社会保障方面，全年全镇享受奖励扶助政策215人，合作医疗参保率达95%以上，其中贫困户等特殊人群参保率100%。全年发放各类抚恤金、优待金及临时救助72.57万元，发放1名100岁以上老人营养补助0.6万元，打卡发放五保金139.63万元，孤儿、困境生活费5.86万元和60周岁以上的农村籍退役士兵生活补助6.74万元。退役军人信息采集完成登记320余人，审核通过率达99%。医疗服务方面，加强公共卫生服务体系建设，改造葡萄卫生分院，建成10个村居标准卫生室，全面落实贫困户住院“先诊疗、后付费”等医疗扶贫政策，报销比例均达90%以上，群众就地就近就医就诊率成倍增长。教育事业方面，2020年，在全面落实教育扶贫政策、实施5所学校提质改造建设、新建龙射幼儿园正式招生，实现贫困家庭学生资助全覆盖基础上，争取教育扶贫社会资助困难学生155名，对6个特殊情况学生扎实开展送教上门行动，义务教育阶段学生入学率、巩固率均达100%，实现所有适龄学生

龙射镇葡萄村通畅公路

（龙射镇人民政府　供图）

"零"辍学。

【生态环保】 生态环境保护和生态文明建设扎实推进。继续实施生态保护，全面加强自然保护地管理，推进国土绿化提升行动，完成营造林93.33公顷，稳步提高森林覆盖率；深化山水林田湖草生态保护修复工程试点，实施90公顷土地保持工程，消除10余处地质灾害隐患，关闭4家非煤矿山。深化污水直排乱排专项整治行动，持续推进畜禽养殖废弃物资源化利用和农作物秸秆综合利用，完善废弃农膜回收利用体系，农药化肥施用量零增长。倡导绿色生产生活方式，大力发展循环经济、绿色产业和节能环保产业。压实"管发展必须管环保、管行业必须管环保、管生产必须管环保"责任机制，全面禁止非法野生动物交易，革除滥食野生动物陋习。

【场镇建设】 着重打造美丽场镇，实施胜利、葡萄两个场镇污水管网建设。开展违法建设专项治理，综合整治市容环境，提升美化管护品质，扩大环卫清扫保洁覆盖面和频次，实施环境卫生整治，巩固提升美丽场镇建设，推进"马路办公"常态化。加快建设美丽乡村，积极推进生态旅游型、文化休闲型试点，分类分档实施农村环境"五沿带动、全域整治"行动，稳步完善村落道路、照明、垃圾处置等配套设施，美化提升村容村貌。提速完善8个村（居）农村电网升级改造，新增农村通达、通畅公路16.2千米，维修整治水毁4.4千米，新建取水口、蓄水池44处，健全农村公路、饮水等管护机制。

【安全稳定】 2020年，龙射镇严格落实安全生产"党政同责、一岗双责"安全监管责任制，严格落实企业主体责任。全年开展安全知识等联合宣传14余次，发放宣传资料10000余份，受教育人数达12000余人。全年查处车辆违法行为300余起，排查乡村道路、非煤矿山、工贸企业、在建项目、消防安全、危化品及烟花爆竹等行业安全隐患58个，完成整改58个，整改率100%。完善社会矛盾纠纷预防和化解机制，依法妥善化解信访积案，2020年来重大涉负信访和案件持续减少。排查各类矛盾纠纷，矛盾纠纷化解率100%。辖区安全生产形势持续稳定。

【民生实事】 创新宣教方式，提升群众满意度。开展10个村居脱贫攻坚送文艺巡回演出，将脱贫攻坚政策及成效通过歌舞等形式展示出来，教育引导群众树立脱贫致富的坚定信念。创建社区教育学校和学习点，通过开展藤草编织、绘画（纸浆画、烙铁画）、葫芦丝、民族舞、篮球等课程，为辖区居民创造终身学习、全民学习的社区教育平台，不断增强群众的幸福感和获得感。

连 湖 镇

【概况】 连湖镇位于彭水自治县东北部，东与黔江区白石乡、黑溪镇临界；南与彭水自治县石柳乡、联合乡相连；西与三义乡、普子镇相接；北与湖北省利川市接壤。政府住址乐地居委（小地名：乐地坝），距离县城73千米。全镇辖区面积70.32平方千米，耕地面积2800.47公顷，林地面积2835.67公顷，建成区面积1.3平方千米。辖2个社区，5个村民委，67个村（居）民小组，2020年末户籍人口22832人，其中农业人口17101人，城镇人口5731人；辖8个党组织，有党员363人，便民服务中心7个，镇机关在编人员32人。全镇人均收入达13443元。连续保持县级安全生产优秀荣誉。地貌两边高中间低，海拔最高处1583米，最低处310米。东西各有一条北东—西南走向山岭，中部郁江河流横穿而过，将全镇分为东西两部分。镇内有银杏、香楠等珍贵林木，产红腹锦鸡、野猪、刺猬等野生动物；水资源较为丰富，库区内所产黄蜡丁、鲢鱼等在周边较有名气。建有马岩洞电站库区在境内形成长达12千米左右的靓丽风景线，建成集镇观光河堤步道，是观光、休闲、垂钓的绝佳场所。

镇内道路、水电、教育、卫生等基础配套完善；中学、小学、幼儿园、供电所、国土所、司法所、供水站、中心卫生院、银行网点、文化站、敬老院、污水处理厂等一应俱全。辖区内有中小学2所，即连湖中学、连湖小学；幼儿园3个，即连湖镇中心幼儿园、连湖镇幼儿园、连湖镇阳光幼儿园，其中，公办幼儿园1所，民办幼儿园2所。中小学在校学生2169人，在编教师155人。在校学前教育儿童有600余人。连湖镇卫生院在编职工26人，核定床位32张。有金融机构2个，即农村商业银行连湖支行、邮政储蓄连湖营业所。场镇各类经营商户320余户。

【脱贫攻坚】 2020年，连湖镇以问题为导向，扎实推进脱贫攻坚“十大”专项行动，聚焦剩余47户196人未脱贫户、35户脱贫监测户和48户边缘户，重点围绕“两不愁三保障”，整合帮扶资源，集中“人力、物力、财力”，实施一户一策，精准施策、精准发力。“战疫”“战贫”两手抓，有效化解疫情影响，自新冠疫情爆发以来，始终把做好疫情防控与实现贫困人口就业紧密结合起来，全面排查脱贫攻坚就业、产业、消费等各个领域受疫情影响的情况，为贫困户提供岗位信息和就业渠道，2020年外出务工贫困人口2332人，新开发公益性岗位10个，通过食堂采购、机关干部带货等方式帮助贫困户实现销售收入10万余元。组织辖区贫困劳动力参加技能培训班27期，培训人员259人次。用好产业扶贫资金97.78万元，帮助478户贫困户发展种养殖产业。做好2019年“三改”收尾工作，完成不安全住房整治49户，重建类21户，改厨39户，改厕32户，并对2017年以来的三改项目进行全面报账和兑付资金，2020年动态新增2户D级危房改造，已完成验收。全镇规划的全覆盖饮水项目工程已全部完工，根据实际情况，2020年新增3处饮水工程点，已完工投入使用。全镇落实7名公益性管水员及23名非全日制公益性岗位管护员对水池进行管护，保障所有村民饮水安全。2020年整改完成各类反馈问题109个。加强国扶系统信息核查录入工作，做到贫困户实际信息、档案资料信息、系统数据信息“三统一”，累计收集整理精准扶贫档案4491件。2020年脱贫47户196人，实现全镇建档立卡贫困人口1174户5317人全部如期脱贫，高质量高标准通过了脱贫普查。

【经济发展】 2020年，全镇主要粮食作物播种面积1584.73公顷，较2019年增加0.61%。新型主体或产业的发展势头良好，经济作物的种植面积约171.2公顷，较2019年增加1.12%，较粮食作物的种植占比在逐年提高。主要的经济作物是油料类的油菜籽、花生、芝麻，烟叶类的烤烟以及中草药材。传统的油料类和烟叶类经济作物的种植面积在减少，而新兴的中草药材的种植面积在增加且增幅较大，2019年中草药材（1年生）种植面积约54.33公顷，产量约187吨。通过产业扶贫项目加大对规模产业户和专业合作社的政策支持，鼓励他们与贫困户建立产业利益联结机制，带动周边更多的贫困户就业。全镇种产销一体红薯加工厂2家，年产淀粉130吨，带动贫困户41户151人就业。全额投资1个食用菌种植基础设施建设项目，投产后带动贫困户10户35人。以订单形式种植中药材的有1家，带动劳务效益的花椒基地1家。利用村集体经济、财政产业补助资金等加强贫困村的产业发展，成立回龙村家兔养殖专业合作社，带动300余户村民养殖肉兔。结合生态资源优势，做好“绿色”文章，引导贫困村发展中蜂养殖。回龙村利用村集体经济发展养殖中蜂150群，桐木村利用村集体经济发展养殖中蜂200群。规模养殖初现发展势头，肉牛养殖20头以上的养殖场6家，生猪养殖新投入生产1家，2019年出栏肥猪超出50头的养殖户达到18家，其中年出栏肥猪超100头的11家。抓好多家村农业产业示范园建设，完成安乐居委万头生猪基地建设，发展油茶133.33公顷，管理管护好133.33公顷经果林，带动全镇产业结构调整。

【社会发展】 社会保障方面，抓好低保动态管理，增强低保工作透明度，做到“阳光低保”。2019年全镇在册城乡低保共319户915人，共计发放城乡最低生活保障金413.899万元；在册五保户94人，发放五保供养金97.38万元；为94人重点优抚对象发放补助资金62.92万元；为11名孤儿发放生活补贴14.43万元，通过“福彩圆梦·孤儿助学工程”，给5名孤儿争取助学金5万元；发放残疾人“两项补贴”21.60万元；做好救灾救助工作，为114户困难家庭办理大病救助和临时救助，救助金额56.38万元，发放救灾救济金1.73万元，切实保障困难群众的生产生活。全镇计生特别扶助5人，计生奖励扶助167人，2020年共计发放资金23.04万元。医疗服务方面，动员群众积极参加合作医疗保险，对市外参保、大学生医保、职工医保、参军等情况建立相应的台账。2020年，全镇新型农村合作医疗保险参保人数16909人，参保率95.01%。民政、计生资助对象、建卡贫困户等特殊人群的参保率达100%。2020年以来，贫困户参加养老保险新增129人。2020年完成孕优检查40人，办理生育服务证116人。

【生态环保】 持续巩固绿化建设成果，提高全镇森林覆盖率。全面贯彻落实习近平总书记“绿水青山就是金山银山”的理念，加快建设“山水连湖，漫养胜地”，以“沿江”绿化提质、添彩增效为重点。2020年在郁江沿岸栽植大花月季6000株、小花月季5500株、夹竹桃5000株、茶梅7000株，满天星4000株、紫薇2000株，约18.67公顷。建立长效管护机制，全镇落实生态护林员、天保护林员共70人，加强对辖区天然保护林的林木管护；强化环境卫生治理，利用畜牧局补助项目支持辖区养殖大户建设化粪池，通过该项目的实施，10户养殖大户粪污得到有效治理，实现粪污资源化利用。加强保洁员、公益性岗位人员的管理，对不符合岗位要求的人员进行清理，制定保洁员、公益性岗位人员管理办法，完善考核机制，督促保洁员、公益性岗位人员到岗到位，保证全镇环境卫生干净整洁。全镇落实60余名保洁人员日常强化生态环境保护和监管；并且加大执法监管，推进生态环境各类问题整改。落实河长制工作要求，镇河长每月、村河长每周定期巡河护河，督促整改发现的问题，切实履行河长职责。对违法违规行为始终保持露头就打的高压态势，处理环保投诉3起，对黔石高速1个弃渣场进行执法整改，拆除1处违规养殖场，排查解决3处污水直排入河。对全镇垃圾箱进行排查，对摆放位置不合理、箱体需进行刷漆等12处问题进行整改，5处增设垃圾箱。每周开展马路办公3次，累计发现解决问题40余处。加强对群众宣传生态环境保护的重要性和必要性，提高大家保护环境的意识。设置生态环境永久性固定标语3处，召开各类会议宣传习近平总书记生态文明思想100余场次，通过“6·5环保日”等活动在全镇张贴、悬挂宣传标语50余条（幅），开办专栏10余期，通过简报、专报、报纸等途径发布信息10余条。组织镇内小学开展《我们是生态环保铁军》传唱活动和知识竞答活动。引导群众对生活垃圾进行分类，持续推进农村生活垃圾治理及垃圾分类工作。

【城镇建设】 连湖镇加快基础设施建设步伐，完善城镇功能，完成场镇规划编修。2020年完成通畅公路建设14.1千米，硬化公路1.8千米，石黔高速建成通车，全镇新增道路交通管护人员15名，涉及公路55.694千米。完善便民服务中心配套设施，完成多家村、樱桃村运动场建设。推进全镇亮化工程，2020年规划连湖镇村级附属设施建设项目，投入资金199.82万元，在场镇安装太阳能路灯403盏，已投入使用。完成场镇畜牧市场和公厕还建工程。

万足镇

【概况】 万足镇位于彭水自治县境南部，东界新田镇，南接石盘乡，西临郎溪乡，北接汉葭街道、岩东乡，距区主城11千米。全镇辖区面积58.8平方千米，耕地面积9.49平方千米，场镇规划面积0.3平方千米；建成区面积0.3平方千米。辖2个村，2个社区；辖7个党组织，有党员219人；镇机关在职人员35人。镇公共服务中心1个、200平方米，便民服务中心4个、1920平方米。2020年末，户籍人口7288人，其中农业人口5146人。全年财政收入1193.56万元，农民人均纯收入8476.3元。连续保持“安全生产先进单位”等县级荣誉称号。

镇辖区内有中小学1所，即万足中心小学校，属县唯一一所寄宿制小学校，在校学生417人，在职教师36人。万足卫生院在编职工9人，核定床位12张，全年医疗业务总收入120万元，其中医疗收入66.72万元。全年出生人口45人，符合政策生育率100%。有金融机构2个，即农村商业银行彭水支行万足分理处、邮政储蓄银行万足营业所。

【脱贫攻坚】 2020年，万足镇紧紧围绕“两不愁三保障”，集中解决事关群众幸福指数的问题，在脱贫攻坚工作开展中，采取有效措施，确保脱贫目标任务如期实现。大力发展经果林种植和林下经济的培育，围绕贫困群众参与度高的特色增收主导产业建立产业基地，积极动员返乡人士参与到特色主导产业基地的建设。廖家村发展的桃子种植、爱国村发展的花椒种植、万足社区发展的油桐种植，都取得较好收益。设立农业技术服务机构，对辖区内农民专业合作社与新型经营主体进行指导与监督并给予相关政策支持。各农民专业合作社新型经营主体与致富带头人以资金入股、土地流转、就业务工等方式与农户建立利益联结机制。全镇共17户新型经营主体利益联结带动贫困户142户626人，贫困户参与土地流转90户22.67公顷，解决当地务工94人，产品代销19户收入2.4万元。因地制宜为贫困户制定产业发展计划，以生猪、肉牛、山羊养殖和红薯、特色粮油种植为主要发展方向，对应给每个发展产业项目的贫困户建立产业发展指导员台账。完成通达公路建设2.5千米，通畅公路建设2.5千米，小河社区（酒厂至北基）的改扩建油路工程2.5千米，全面整治通达公路17千米，完成小河社区产业生产便道建设10千米，完成生产用水水池10口，完成2020年美丽整洁庭院认定33户，D级危房建设及验收2户，C级危房建设1户。开展瓦厂坝村传统村落保护，编制《瓦厂坝村传统村落保护规划》。2020年脱贫11户32人，全面消除绝对贫困，建卡贫困户全部脱贫。

【经济发展】 2020年，全镇农作物播种面积1766.67公顷，其中粮食作物1080公顷，产量4026.3吨，油料作物280公顷，产量464.8吨，经济作物400公顷，产量7500吨，其他农作物63.07公顷，产量122吨。

农业基础设施不断完善，全镇人饮工程实现全覆盖。严格按照主管部门产业到户政策，针对贫困户开展产业规划，因地制宜推荐种养殖项目，以养殖生猪、肉牛、山羊等与种植红薯、特色粮油等为主要发展方向，共发展种植146户，养殖224户，特色粮油种植104户，特色经果林17户。做到一对一产业规划，覆盖率达到100%。培育和壮大贫困村集体经济，加强对村级集体经济发展的引导，消除贫困村集体经济“空壳村”。各村（社区）集体经济产生收益合计11.895万元，带动农户195户，贫困户82户。持续发展培育新型农业经营主体，建立健全减贫带贫机制，各村（社区）集体经济存在经营实质的企业与农民合作社共12家，覆盖辖区内各个村（社区）从事村级主导增收产业发展工作。各企业与农民专业合作社涉及成员650人，以土地入股、就近务工等利益联结机制，带动贫困户78人，人均增收1000元。

【社会发展】 社会保障方面，全年全镇城乡居民养老保险累计参保总人数2760人，城乡居民参保率达80%以上，对特殊困难群体（低保、一二级重残、贫困人口）动员积极参保，做到应参尽参、享受资助代缴政策，参保率达100%，缴费达100%。积极组织开展各类就业培训和现场招聘工作，全年组织参加3场次招聘会，对就业需求人员提供就业岗位，新增就业人员260人，完成目标任务100%。加大就业扶贫政策宣传力度，开发用好农村公益性岗位，全年安置22人就业。全年发放各类抚恤金、优待金及临救资金62.27万元，发放168名残疾人两项补贴10.38万元，发放五保及困境儿童生活费34.5万元，发放城乡最低生活保障金133.56万元。医疗服务方面，2020年城乡居民合作医疗共参保5646人，参保比例达95%。贫困人口及特殊困难群体参保率达100%。为贫困户落实签约医生服务，全年为65周岁以上老年人免费体检498人，高血压人群随访350人，宫颈癌筛查任务完成180人，为慢性疾病患者办卡172人，为重大性疾病患者办卡5人，让农民真正得到实惠。教育事业方面，建立所有学段困难家庭学生长效帮扶机制。每学年对全镇5至16周岁儿童进行全面摸排，保证困难家庭学生不因贫困而失学，确保贫困人口义务教育全面保障，不漏一人。对户籍在万足镇的新入学大学生进行一次性入学学费资助，2020年全镇县内秋季学期家庭经济困难学生享受教育资助共506人、43万元；建档立卡贫困大学生享受教育资助共80人、52.3万元；建卡贫困户大学生生源地助学贷款47人、36.5万元；县外就读学生62人，均享受教育资助。

【生态环保】 持续实施生态保护，巩固绿化建设成果，全镇森林覆盖率75%以上，2020年共申报退耕还林任务53.33公顷，封山育林66.67公顷；建立长效管护机制，落实6名中心护林人员，45名生态护林员，加强巡逻力度，做好天然保护林的林木管护。加强污染源的监管，增建场镇污水管道3千米，加强污水处理厂管护，清理维护两处环保督查整改项目，全面落实环境保护责任制，全年无环保污染源出现。开展环境综合整治，全年开展两次市政环境卫生提升行动，一月一次的清洁评比活动，全面清理规范农村生活垃圾分类，为各村设立垃圾箱、垃圾桶，新设置垃圾分类投放点2个，镇级再生资源回收站1个，沤肥池1个。落实市政保洁公益性岗位人员12名，做到生活垃圾及时清理，实现村容整洁美观。落实河长制工作并开展乌江流域清洁大行动，全面建立镇、村两级河长体系，镇境内共有大小河道6条，设立双总河长和河流河长，并按时完成每月巡河任务，保障各河段两岸清洁。

【城镇建设】 以建设美丽乡村为抓手，立足改善农村面貌，完善城镇功能，增建场镇周边居民污水管道。完成2020年美丽整洁庭院认定33户。完成建卡贫困户348户住房等级鉴定再次鉴定工作。完成廖家村三组电力扩容，有效解决移动公司手机信号覆盖廖家村问题。落实全镇农户C、D级住房用电问题。严格执行占地先批后建制度，坚定守住耕地红线，同时加大土地开发整理力度，提高土壤肥力并实施严格的后期监管，严把占补项目挂钩，实现耕地占补动态平衡。积极推动农村亮化工程，为贫困户发放半导体照明灯惠及贫困户348户，共计发放9瓦照明灯1192盏，20瓦照明灯200盏，使农村环境达到亮化、美化、健康的生活环境。

新田镇

【概况】　新田镇位于彭水自治县东南部，镇政府驻地距县城23千米，辖区面积132.46平方千米，共有耕地3517.33公顷，林地9853.33公顷。辖11个行政村3个社区，69个村（居）民小组，有居民7679户24097人，其中有建档立卡贫困户879户3282人，已全部达到“两不愁三保障一达标”脱贫标准，实现稳定脱贫。

镇辖区内有学校5所，即新田中学、新田小学、新场小学、新田幼儿园、康桔幼儿园。有金融机构2所，即新田邮政所、重庆农村商业银行彭水支行新田分理处。有新田卫生院、县人民法院第三人民法庭、县公安局新田派出所、县公安局交巡警大队马峰公巡中队、新田供电所等派出机构。

【党建工作】　坚决落实主体责任，全面加强基层党建。加强政治建设，落实全面从严治党主体责任。镇党委充分发挥领导核心作用，认真落实上级党委、纪检监察机关工作部署和要求，将全面从严治党工作纳入经济社会发展和党的建设各项工作决策中统筹谋划。镇党委切实履行主体责任、镇党委书记切实履行“全面从严治党”“意识形态”等工作第一责任人职责、班子成员切实履行“一岗双责”。营造良好政治生态，坚决肃清孙政才恶劣影响和薄熙来、王立军流毒，增强“四个意识”、坚定“四个自信”，做到“两个维护”。加强基层党建，全面履行党建主体责任。加强党委班子自身建设，全年召开镇党委（扩大）会议34次，组织党委理论中心组学习20次，及时传达贯彻落实中央、市、县意识形态工作会议精神，牢牢把握正确的政治方向，不断加强意识形态工作。规范党内组织生活，严格执行“三会一课”、支部主题党日、党组织生活会、民主评议党员等制度，确保党内组织生活常态化、制度化开展。持续巩固深化“主题教育”成果，把“不忘初心、牢记使命”主题教育作为加强党建工作的永恒课题和党员终身课题来抓，认真落实“10项具体措施”。强化干部队伍管理，充分发挥领导干部示范表率作用，加强干部队伍建设，抓好干部教育培训。严格落实“四议两公开”。抓好党建促脱贫攻坚，强化驻村工作队伍的日常管理考核。抓实抓细疫情防控，充分发挥党员干部力量，守严守牢疫情防控第一道防线。强化党内监督，持之以恒正风肃纪。严格党员干部教育管理，持续推进185名党员干部亲属涉权事项公开。14个村（社区）监察监督员、村（居）务监督委员会，职能职责得到充分发挥。深入开展“专项治理”，强化镇、村（社区）干部监督，及时提醒谈话干部24人次，集体约谈村干部2次，切实扭转干部作风。加强宣传教育，持续开展警示教育。发送廉政短信200余条，发放信访举报宣传册3000余份，扎实开展“以案四说”“以案促改”，警醒干部300余人次，培育清正廉洁的价值观念。

【脱贫攻坚】　切实巩固提升脱贫攻坚成果，稳步推进脱贫攻坚工作。加强组织领导，坚持尽锐出战。镇党委严格落实脱贫攻坚工作“双组长”制，党政主要领导坚决扛起脱贫攻坚主体责任，选强配齐村（社区）第一书记14人、驻村工作队员13人、包村干部共30人、帮扶责任人251人。坚持“靶向聚力”，统筹推进“战疫”“战贫”“防汛抗旱”工作。全镇879户贫困户全部脱贫，顺利接受脱贫攻坚普查和国家对市脱贫成效考核，高质量完成脱贫攻坚目标任务。坚持问题导向，持续开展“两不愁三保障”问题动态清零，确保脱贫成果巩固提升不反弹、脱贫户持续增收稳定脱贫不返贫，持续提升脱贫攻坚质量，各类问题已整改清零，并积极主动做好问题整改“回头看”相关工作。落实贫困户产业发展指导组人员32名、产业发展指导员251名，到村到户指导农户产业发展，大力发展肉牛、生猪、中蜂、土鸡养殖、红薯、葡萄、中药材种植等产业，让贫困群众持续增收。坚持智志双扶，成立理论宣讲队，通过召开群众会、院坝会等形式，深入各村（社区）开展政策理论宣讲，开展移风易俗、环境卫生整治等宣传，提升群众满意度、认可度。严格落实“四个不摘”要求，坚持“靶心不变、标准不降、力度不减、创新工作方法”的思路，稳定脱贫长效机制，建立健全返贫监测预警和动态帮扶机制，全面巩固和提升脱贫成果。

【经济发展】 夯实农业产业基础，助推产业兴旺。2020年，全镇粮食播种面积达3114.67公顷，蔬菜、油菜、烤烟等经济作物种植面积达1122.13公顷。有规模以上企业4个即茂田能源开发有限公司、利源农业发展有限公司、中石化5号井、石龙村标准化生猪养殖场。全镇经济社会发展呈现良好态势。

稳定粮食生产，保持粮食播种面积和产量基本稳定。完成红薯种植面积666.67余公顷，烤烟种植面积230.13公顷，蔬菜种植面积达533.33余公顷，新发展中药材46.67公顷，辣椒种植133.33余公顷，玉米种植866.67余公顷。有农民专业合作社38个，有家庭农场8个，新培育农民专业合作社4个。民主村、东山村、河门村、任家村4个贫困村集体经济持续发展。“公司+农户+基地”的红薯产业发展模式得到全面推广。积极推进全镇高标准农田建设，持续开展耕地质量保护与提升行动。

畜牧产业规模不断扩大。全镇有重点养殖场45家，存栏生猪23000余头、牛1180头、山羊1250只、家禽45300羽。持续做好非洲猪瘟防控工作，对全镇生猪存栏数建档动态管理。

【社会发展】 社保体系不断完善。城乡居民基本养老保险基本达到全覆盖，截至2020年12月31日，正常参保9304人，2020年新参278人，辖区内离退休人数4085人，采集人脸指纹次数4035人次。养老扶贫特殊人员群体除学生及已享受待遇人员及城镇职工以外，其余人员参保率达100%。落实稳岗就业政策，2020年“4050”人员就业19人，小额贷款办理12人。建档立卡贫困户在外务工人员累计报销车费680人，报销覆盖率达93.92%。就业创业补贴466人，共计发放补贴23.66万元，开发公益性岗位64个。城乡合作医疗参保基本实现全覆盖，建档立卡贫困户等特殊人群无遗漏，为贫困群众办理慢性病卡300张，连续5年为建卡贫困户购买精准脱贫保险，严格落实相关报销政策，减轻医疗负担43万元，严防因病致贫、因病返贫。

全面落实民政政策。全镇有农村低保对象266户548人，城镇低保对象25户32人，停发13户47人，动态调整15户15人，共计发放低保资金531.6万元。纳入特困对象供养118人，共计发放生活补助资金128.3万元。着力加强镇敬老院的日常管理，改善供养条件，提高在院老人的生活水平。严格落实执行城乡医疗、临时困难救助政策，救助困难群众79户，发放临时困难救助金37.9万元。

全力做好退役军人事务工作。全镇有重点优抚对象139人，全面完成信息采集，完成“中国退役军人关爱基金会捐赠保险申领保单”发放登记，保障重点优抚对象的家庭（财产）和呼吸系统重大疾病。1至7月退役军人服务站兑现资金共计127.76万元（8月份起由县退役军人事务局兑现资金）。2020年度退役军人申请医疗住院政策补助21人，住院共48次。

提升卫生健康教育工作。完成孕前优生检查23人，新增奖扶人员31人，公共卫生管理新生儿159人，发放叶酸83人次，完成宫颈癌筛查262人，60岁以上老年人免费健康检查379人。生育办证125人，信息比对、录入、核查25次，准确率达100%，提供便民服务238人次，未出现一件上访事件。本级计生协管执法检查87次，协助县卫生执法2次，打击非法行医1次。大力宣传义务教育法律、法规、政策，对义务教育阶段就学情况进行动态管理，对疑似失学辍学人员多次开展上门劝返复学工作，全镇无人因贫困而辍学。

食品安全保民生。加大检查频次、规范经营行为，对镇辖区200家食品药品经营户监督检查覆盖面达100%，每户每年至少进行现场监督检查一次。对学校食堂及学校周边等高风险隐患单位监督检查频次达到至少每月一次，对生产企业、小作坊每季度至少监督检查一次，共出动检查260余人次。强化日常工作、控制经营环节。严格食品经营许可证办理，保证辖区食品药品经营户持证率达95%以上。对小摊贩实行备案管理制度，要求取得健康证并对经营设备进行改善。督促医疗机构上报药品不良反应。加强农村宴席管理，申报备案登记160家宴席。

【生态环保】 加强生态文明建设，打造宜居美丽乡村。开展“三清一改”“村庄清洁行动”及垃圾分类处置工作，积极营造整洁有序、生态宜居的乡村环境。新增易腐垃圾、可回收垃圾、有害垃圾桶600个、其他垃圾桶200个、不锈钢垃圾分类宣传专栏18个，大力宣传垃圾分类回收工作。各村（社区）组建保洁队伍，全镇落实保洁员61名，从事环境卫生整治工作。实行“户集、村收、镇运、县处理”的管理模式，做到全镇保洁全覆盖，确保条条道路有人扫、处处垃圾有人清。开展农村污水治理。团结社区污水处理厂、集镇污水处理厂、坨园垃圾中转站、马峰垃圾中转站运行顺利。加强饮用水源管理，新场供水站人民隧道三洞水水库及赵元溪水库实现饮用水源地规范化建设，投入资金强化三洞水、赵元溪、窄井三水库日常清漂管理。完善两级河长制体系，镇、村河长坚持日常巡河，深入推进“清四乱”常态化、规范化。扎实推进生态综合治理。开展国土绿化行动，扎实开展国土绿化行动、乡村绿化行动，规范畜禽养殖，加强林业国土执法，整改畜禽养殖场7个，规划搬迁5个；整治林业违法毁林图斑14处，收缴罚款14万元，关停临时采石场1个；整治国土违法图斑4处。加强农业面源污染监测，完成污染源（农业源）普查。

【城镇建设】 统筹推进城乡基础设施建设，促进城乡融合发展。全力推进基础设施建设。持续推进“四好农村公路”、农田基础设施建设，新田社区、马峰社区、团结社区、任家村、河门村、大黄村、干河村、红旗村、坨园村、庹家村等基础设施明显改善。新建取水口35个、蓄水池37口、维修水池19口，共计2.7万立方米，安装管道17万余米，建立健全管护机制，落实管护人员，安全饮水得到保障。持续改善群众居住环境，建立住房安全排查整治动态管理机制，对所有农户房屋开展等级鉴定并挂牌公示，共挂牌5608户6032张。通过对房屋不安全、功能不配套排查，累计改造不安全住房3188户，其中不安全住房整治2060户，拆除重建88户，改厕1145户，改厨867户，D级危房改造26户。完成人行便道硬化1700余米、院坝硬化9100余平方米。完善城镇发展空间规划，推进集镇建设。结合“十四五”规划关于“建材工业镇”的定位，完善国土空间规划编制，抓好城镇功能提升，不断完善城镇基础设施。通过进一步完善集镇规划，不断拓展集镇空间，加大集镇建设力度，加强城镇规范化管理。实施乡村善治行动，加强精神文明建设。以党的政治建设为统领，建立健全党委领导、政府负责、社会协同、公众参与、法治保障的现代乡村社会治理体制，健全自治、法治、德治相结合的乡村治理体系，让农村社会既充满活力又和谐有序。组建宣讲队到各村开展形势政策宣讲活动。各村（社区）进一步修订完善《村规民约》《居民公约》，强化移风易俗。

【安全稳定】 坚持总体国家安全观，严抓安全稳定工作。组织发动村（社区）专兼职巡逻队、网格员、综治专干等群防群治力量，积极开展治安巡逻防控。切实抓好矛盾纠纷和安全隐患排查整治。组织综治专干、网格员、村（社区）干部进村入户开展排查，做到横向到边、纵向到底、不留死角。对梳理排查出来的各类隐患问题，逐一明确责任单位、责任领导、责任人员，实行动态管理，预防化解矛盾纠纷。加强重点群体、人员和重点场所稳控。严格落实“一人一专班”稳控疏导措施，采取“多帮一、多控一”措施，严防漏管失控、滋事生事，有效防止矛盾激化。认真抓好“大排查、大整治、大执法”工作，加强车辆户籍化管理，检查车辆6300余台次，查处违规车辆735台次，纠正违章行为共1832余人次。加强消防安全、建筑施工、危化品、烟花爆竹、森林防火、食品安全等工作，保护人民群众的生命财产安全。

鞍 子 镇

【概况】 鞍子镇辖区面积125.15平方千米，辖鞍子、大池2个社区，冯家、何家、红星、金山、干田、罗家坨、大林7个村，66个村（居）民小组，总户数5066户，总人口18609人，比2019年增加0.5%，其中非农业人口107人。耕地面积4099.47公顷，林地面积8050.6公顷。粮食产量19120吨，比2019年增产2%。经济总收入21021万元，比2019年增长2.1%，其中农业6750万元，比2019年增长0.5%；工商企业760万元，比2019年增长1.5%；农民人均纯收入10952元，比2019年增加0.7%；财政收入3125.33万元，比2019年增长1.5%；财政支出3125.33万元，比2019年增长1.7%。小学2所，在校学生724人，比2019年增加0.3%；学前儿童入学率100%。文化站1个；医院2个，病床39张，卫生技术人员41人。

2020年10月，县委书记钱建超（前排左一）一行陪同中央外办副主任刘建超（左三）在罗家坨苗寨调研

（鞍子镇人民政府　供图）

【集镇建设】 配套设施进一步完善。完成对鞍子苗寨AAA级景区挂牌工作；在罗氏祠堂搭建民俗文化传习展示平台，祠堂内植入雕刻工艺品、文字图片、音响设施，添置桌椅，已经建成并投入使用；完场全镇房屋风貌改造；投资200余万元完成建设大池社区1组磨盘石开挖项目；争资156万元（自筹30万元）为罗家坨苗寨36户实施提档升级；总投资1400余万元，对干田村木欧水苗寨传统村落项目进行改造升级，全市传统村落现场会成功在鞍子镇召开。

【产业发展】 全镇有优质水稻基地200公顷、烤烟66.67公顷、红薯200公顷、中药材56.67公顷、花椒106.67公顷，依托“苗妹香香”特色品牌新建优质大米核心基地66.67公顷、特色米基地26.67公顷，小米花生71.33公顷，围绕退耕还林政策发展经果林390公顷、油茶175.33公顷；全镇生猪存栏4715头、出栏9541头、牛存栏1425头、出栏157头、山羊存栏1580只、出栏4530只、家禽存栏37520羽、出栏45700羽、肉兔存栏1000只、出栏1000只，肉类总产量970.33吨，蜜蜂保有量2850群，能繁母猪375头全面参保。全镇科技示范户66户，养殖大户45户，其中肉牛养殖大户7户，山羊养殖大户5户，能繁母猪养殖大户2户，中蜂养殖大户57户，养猪大户9户；专业合作社2家，农业开发公司1家。全年无重大疫情发生。配合做好全县重点招商引资项目——新希望百万头生猪养殖项目，全程做好协调服务和土地流转工作，已于2020年全面启动建设。

【民生保障】 完成2020年居民医保参保工作，全镇参保14262人，征收医保基金3436995元，参保比例98.35%，特殊群体100%参保。新增养老保险参保283人，增收社保基金1004823元。发放就业补贴314人，金额158500元，交通补贴720人，金额78961.5元，全镇外出务工人员交通补贴发放率达95%以上。

【脱贫攻坚】 全镇贫困户609户2445人（已全部实现脱贫），已出列贫困村4个。2020年年初，全镇有33户111人未脱贫，针对33户未脱贫户因户施策，已全部实现高质量脱贫。驻村工作队9支，队员（含第一书记）28人，帮扶责任人145名。9个村（社）公路通畅率达100%。

【人居环境】 完成11户C级危房改造和3户D级危房改造计划申报与验收，解决14户困难群众住房无保障问题，完成347户贫困户实现产业增收，享受产业奖励政策717020元；完成2021年水务项目的规划和设计，金山村新建水厂1座，完成7处集中供水点提档升级改造，大林村4组新建100立方米水池，预计投资700余万元。

【安全稳定】 全年共组织开展12次矛盾纠纷排查会议，领导干部积极下访接访，解决问题，同时通过网上信访系统办理案件，受理率100%，办结率100%。摸排矛盾纠纷，化解率达100%。全年未发生安全生产事故，安全生产行政罚款3万元。

【党建工作】 制订全年党建工作计划，深化“一岗双责”，召开专题例会20余次研究解决党建问题20余个，与各村（社区）支部、非公支部签订目标责任书15份，下发党建工作任务清单40余份，开展全覆盖党建督查9次，开展“主题党日”活动150余场次，组织各驻村第一书记、支部书记以及其他党员干部开展党建业务培训10余次，培养入党积极分子33人，新发展预备党员4人，转正人员8人；将意识形态工作作为党的建设和政权建设的重要内容，镇党委书记作为意识形态工作第一责任人，旗帜鲜明地站在意识形态工作的第一线，带领班子成员牢固树立抓好意识形态工作是本职、不抓是失职、抓不好是渎职的思想理念；紧盯作风问题，全面落实从严治党要求和中央八项规定精神，不断加强党员干部党风廉政建设，年内通报批评党员干部2名，提醒谈话1名，集体约谈2次，党内处分2人，发放党风廉政信息3000余条，有效形成风清气正的干事创业环境，群众满意度和干群亲密度持续提升。

平安镇

【概况】 平安镇位于彭水自治县城西北部，东界汉葭街道，南接高谷镇，西临鹿鸣乡，北接龙射镇，距县城32千米。全镇辖区面积78.4平方千米，辖区平均海拔800米左右，耕地面积1866.67公顷，场镇面积0.37平方千米。辖5个村，1个社区；辖8个党支部，有党员271人。镇公共服务中心1个，90平方米，便民服务中心6个，4460平方米。全镇总户数3046户，12554人，其中农业人口10287人。

镇辖区内有中心校1所，村小学2所，在职教师95人，在校学生1085人。文化站1个，卫生院1个，村卫生室6个，病床29张，卫生技术人员18人，比2019年增长12.5%。有污水处理厂1座，垃圾中转站1座。有金融机构2个，即重庆农村商业银行、邮政储蓄银行。

【脱贫攻坚】 2020年，平安镇推进“造血”扶贫向纵深发展，将个体精准扶贫与产业扶贫相结合，精准施策、精准发力。用好用活精准扶贫贷款1200万元和产业扶贫资金70.15万元，帮助406户贫困户发展种植、养殖和个体经商等产业，户均增收6000元以上，帮助贫困户脱贫越线。通过“公司引进+合作社带动+农户实施”方式，着力产业转型，极管护油茶400公顷、清脆李206.67公顷、梨子133.33公顷、毛叶山桐子200公顷，初步投用投产；推进食用菌20余公顷、蔬菜近200公顷、花椒和南瓜33.33余公顷等特色产业发展；同时，大力发展特色养殖业，为农户实现增收打牢基础。开发农旅结合发展模式，引导各类产业落地生效。共涉及水利、交通、农业、畜牧等19个，项目总投资2000余万元，村（社区）覆盖率100%，硬化公路24千米，建成高标准农田233.33公顷，大型冻库1个，人饮全覆盖工程项目共有6个，新建维修水池24个，提灌工程2个，解决农户饮水1997户8962人，保证农户能够吃上安全饮用水，确保饮水全覆盖。共计实现脱贫18户46人全部如期脱贫。

【经济发展】 2020年，全镇生产总值达到2.7亿元，同比增长3%；完成固定资产投资2000万元；财政收入达到420万元；劳务收入达到3500万元，同比增长22%；农民人均纯收入突破15000元；居民存款余额达到1.4亿元；人口自然增长率控制在5‰以下。

农业基础设施不断完善，全镇人饮工程实现全覆盖。粮食总产量约9700吨，油菜、玉米种植同比分别上升10%、8%；种植烤烟46.67余公顷，实现烤烟收购6.35万千克，产值超过307万元。发展生猪养殖大户12户，肉牛养殖大户14户，山羊养殖大户3户，生猪存栏3932头、出栏6848头，牛存栏722头、出栏920头，山羊存栏814只、出栏2100只，家禽存栏20000羽、出栏37634羽，蜜蜂保有量1000余群。

【社会发展】 推动社会保险全覆盖，新参保人数245人，累计参保5985人，缴费人数2715人，缴费金额74.8万元，办理参保终止和死亡待遇支付76人，2020年居民医保参保人数10868人，筹集合作医疗资金2298025元；城镇新增就业191人，开发扶贫公益性岗位141人、城镇公益性岗位1人、基层服务岗位1人，申报交通补贴568人80313元、一次性求职补贴250人125000元，城镇低保户18户28人、农村低保222户633人，申报高龄补助人员8人，每月享受高龄养老补贴200元；敬老院入住8人，配套一体式烤火炉，消毒柜，实行分餐制度及食品留样制度，为了让居住环境更舒适，对敬老院进行装修整改；享受重度残疾人补贴90人、贫困残疾补贴66人，与县残联为贫困残疾儿童杨薇薇、杨倩倩争移送托养中心护理；开展以“办实事、解难题、做贡献”为主要内容的双拥共建活动，做好优抚对象的调查摸底，在册优抚军人82人，办理住院医疗补助18人次。在“6·20”洪涝灾害中，共发放救灾资金40573.7元，其中农业救灾资金36273.7元，房屋救灾资金4300元。遭遇突发事件、意外伤害、重大疾病或其他特殊原因导致基本生活陷入困境，其他社会救助制度暂时无法覆盖，或者救助之后基本生活暂时仍有严重困难的家庭或个人给予应急性、过渡性的救助45次，救助金额87549元。

为辖区4家农家书屋新进图书5000余册，新建妇女儿童之家2个，2月成功举办平安社区篮球比赛，9月成功举办楼房村丰收杯篮球赛，不断充实辖区群众文化生活，编撰平安镇2001年—2019年人大资料。

【生态环保】 在知上重环保，下功夫。开展以“美丽乡村，我是行动者”为主题的世界环境保护日宣传活动，发放《生活垃圾分类》《环保使用化肥》《节约能源》等宣传资料300余份，发现并处理环境污染问题4个，办结环保投诉件3件；对现有分散式饮用水源5处饮用水源集中管理，对生猪规模养殖场1家、规模养殖专业户有11家、肉牛规模养殖专业户14家、山羊规模养殖户3家分级分类管理，按时定期对养殖户进行环保检查，完善排污设施，杜绝乱排污水，乱堆垃圾现象；在行上强环保，出成效。停产墓碑加工厂3家，有效控制扬尘污染及环保安全隐患，胡孝坤墓碑厂和杨秋墓碑厂责令其封闭式操作，减少噪声和粉尘污染。全面推进清洁评比到村到户2次，农村环境卫生集中整治2次，增强干部群众环境卫生整治思想自觉和行动自觉。维修新村和场镇污水管网500余米，更换存在安全隐患的下水道井盖8个。垃圾中转站正常运行，每早上9点前进行全面大清扫，全部转运到龙射中转站，下午市场管理员巡查督促环卫工作进行保洁，购入240升的垃圾分类桶4个、120升的垃圾分类桶104个用于鹿坪村的垃圾分类工作。落实林业生态护林员选聘93名，与各村（居）民委签订管护协议93份；完成2019年国土绿化提升行动计划任务729.67公顷，并完成验收合格面积729.67公顷；完成松材线虫病除治任务400余公顷，并经监理机构验收合格，同时清理疫区周边农户库存疫木情况2000余户，清除处理农户疫木20余户，完成2019年森林督查2个违法图斑现地核查及查处资料报送，完成2020年国土绿化提升行动规划设计33.33公顷，栽植正在紧密锣鼓地进行中；全年高质量开展河长制巡河工作，有效解决平安镇段庞溪沟和红春坝2条河流四乱问题，并加强完善河流日常维护。

【城镇建设】 及时录入更新农村危房改造脱贫攻坚三年行动农户档案信息检索系统，完成2020年危房改造申报工作，2019年危房改造全面完成报账打款，房屋改造6户，2020年三改项目维修改善类通过验收6户、厕所8个、厨房8个、化粪池1个；再次鉴定复查贫困户住房，居住木瓦房、土坯房、石墙房为51户，居住框架、砖混、砖木结构房屋为405户，通过精准识别农村住房安全等级，鉴定结果均为安全；完成农村公共照明建设目标31盏公共照明路灯或庭院灯，按照“功能美、风貌美、环境美”的创建评选要求，严格把关，认真填写美丽整洁庭院自评表，及时完成上级交办的工作任务。

长生镇

【概况】 长生镇位于彭水自治县中部，东抵桑柘镇，西接保家镇，南邻岩东乡，北连乔梓乡，辖区面积56.5平方千米，距县城35千米，辖3个社区26个居民小组。全镇有3075户10277人，人口密度182人/平方千米。集镇面积9.4公顷，集镇人口1865人。耕地面积1639.5公顷，林地面积3467.97公顷，退耕还林面积262.4公顷。粮食产量1.04万吨，比2019年增长5%。经济总收入1.51亿元，比2019年增长9.02%，其中农业收入2646万元，比2019年增长5%，务工收入1.25亿元，比2019年增长8.3%；工商企业885万元，比2019年增长10.01%；农民人均纯收入15000元，比2019年增长8.53%。

机关在职职工31人，公共服务中心1个，便民服务中心3个，文化站1个，小学2所，幼儿园1所，在校学生176人，学前儿童入学率100%。村级卫生服务站3个，医院1个，病床18张，卫生技术人员10人。连续保持“市级卫生乡镇”“市级平安乡镇”“最佳休闲纳凉避暑乡村”等市级荣誉称号。

【疫情防控】 坚持抓早抓细，防控形势稳定向好。坚持把人民群众生命安全和身体健康放在第一位，在县“一办十组”和五个分指挥部的正确指导下，强化人财物、组织指挥“两个保障”，全力抓好医疗救治、交通流动、社会面排查、舆论舆情“四个基本面”，开展疫情防控的人民战争、总体战、阻击战。突出群防群控，人民防线全面筑牢。发挥集中力量办大事的制度优势，动员全社会力量、调动各方面资源，迅速形成抗击疫情强大合力，在资金特别紧张的情况下，全力保障防疫物资，自购口罩8200个，及时配齐四个交通卡点防疫物资和生活用品，接受社会各界及爱心人士捐赠物资1000余件，在这场“战疫”大考中，卫生院医护人员英勇奋战，镇村干部、派出所民警、广大社区工作者、志愿者不惧风险、坚守岗位，广大群众众志成城、守望相助，各级各部门和广大党员干部担当尽责、默默奉献，社会各界大爱无私、捐款捐物，铸就抵御疫情、护佑生命的人民防线。因势精准施策，疫情管控严而有序。对密切接触者进行流行病学调查和追踪管理，实现重点人员核酸检测全覆盖。强化交通流动面管控，按要求设立4个卡口检测点，严密监测往来人员健康情况，坚决防止跨界疫情传播，累计排查湖北返镇人员87人次、入境人员14人次。先后开展3轮全覆盖排查，累计入户走访2.7万人次。常态化做好疫情防控，狠抓舆论舆情引导，及时发现处置舆情信息，全镇范围内无重大舆情事件发生。有序复工复产，各项工作未得延误。按照分区分级分类精准防控要求，全面推动复工复产、开学复课，全力以赴抢时间、赶进度，努力把损失降到最低，把影响降到最小。

【脱贫攻坚】 着重精准施策，按照年初《长生镇2020年脱贫攻坚工作方案》和《长生镇脱贫攻坚定点攻坚实施方案》的规划，分阶段有序推进脱贫攻坚工作。对全镇建卡贫困户490户2058人分门别类建立台账，因户施策，严格落实“四个不摘”要求，对未脱贫户21户63人实行联系县领导、帮扶部门领导班子、镇领导班子分别包户措施，切实解决“两不愁三保障”突出问题，剩余贫困人口已全部达到“两不愁三保障”标准，认真准备，精心筹划，高质量完成国家脱贫攻坚普查，全面完成收官大决战各项工作任务。强化机制建立，成立以镇党委书记、镇长为组长的脱贫攻坚工作领导小组，落实“双组长”责任制；每年签订《长生镇脱贫攻坚目标考核责任书》，每年度对社区给予20000元工作奖励，实行“月考核、年兑现”；修订《长生镇脱贫攻坚帮扶责任人职责任务及考核管理办法》；充分利用监督执纪“四种形态”，特别注重运用第一种形态，加强对财政、扶贫、民政等重点岗位、重点领域的监管，对镇机关党员干部、社区干部约谈9人次，诫勉谈话6人次。抓好政策落实，“十三五”期间易地扶贫搬迁共计65户299人，其中建卡37户165人，一般农户28户134人，集中安置33户153人，分散安置32户146人，兑现补助资金216.4万元。落实易地扶贫搬迁后续产业、就业政策，确保搬迁户有具体的产业和稳定的收入。2017年至2020年精准扶贫小额贷款157户，共计发放贷款749万元，财政贴息共计75.53万元。充分利用市发改委、重庆工商大学对口帮扶资源优势，订单采购定点攻坚村（长生社区）脆红李、土鸡、菜油、红苕粉等农副产品，价值10万余元。积极组织干部职工线上线下采购4.43万元农副产品，真正让农户的“产品”直接变成“商品”。培育致富带头人6人直接带贫26户121人，产生带贫效益8.53万元。抓好“志智双扶”，扎实开展宣传引导，以小组为单位每月召开一次群众会、一次贫困户专题会，一幅脱贫攻坚标语、一个公示栏；收集全镇居民手机号码，通过政务易每周发送信息，正面宣传引导。扎实开展帮扶工作，“两级书记”遍访在家贫困户，驻村工作队、帮扶责任人按“八个一”要求落实走访帮扶。组织成立乡村宣讲队伍，广泛开展“身边的脱贫故事”“榜样面对面”等脱贫攻坚先进典型基层宣讲活动，通过宣讲身边人身边事来激发群众内生动力。全镇共评选7类先进典型182户，并在庆祝新中国成立70周年系列活动中公开表彰。三合社区第一书记王天奎带病坚持在一线工作，相继被学习强国、重庆网、彭水网等主流媒体宣传报道，并于10月登上“中国好人榜”入选“敬业奉献好人”。抓好问题整改，完成中央脱贫攻坚专项巡视及“回头看”、国家脱贫攻坚考核、评估、审计反馈问题“举一反三”整改销号193个，市级及以下各类问题整改138个，完成率达100%。其中2020年长生镇对涉及的6项整改，包括中央脱贫攻坚专项巡视“回头看”反馈意见、国家2019年脱贫攻坚成效考核、国扶组2020年脱贫攻坚督查问题、2019年贫困县退出专项整改、2019年市对县脱贫攻坚成效考核反馈、彭扶组脱贫攻坚“回头看”全面排查，逐一细化整改措施、落实整改责任、明确整改时限，已全部完成整改销号。抓好资金管理，镇党委、政府积极开展扶贫资金使用监管专项治理活动，强化扶贫资金使用过程管理，优化资金拨付和报账流程，进一步健全领款报账、竣工验收和财务决算机制。规范村级资金会计核算管理，全面推行扶贫项目资金公告公示制度，严格执行扶贫资金违规使用责任追究制度，在政策和法律法规允许的范围内，统筹整合涉农资金，集中支持贫困户脱贫。严厉惩处扶贫领域“微腐败”等违纪违法行为，做到廉洁扶贫、阳光扶贫，累计拨付扶贫专项资金5900余万元，无违纪违法违规行为发生。抓好档案收集，落实专人对2015年以来的脱贫攻坚相关资料进行全面收集整理，并请档案公司专业人员进行规范化立卷归档，整理项目档案81卷，其中交通21卷、水务5卷、双硬化26卷、异地搬迁10卷、住房改造7卷、其他12卷；文书档案1707件，其中保存期限“永久”877件，保存期限“30年”830件；照片档案33件；实物档案4件。

长生黄桃花开季

（长生镇人民政府　供图）

【产业发展】　在抓好传统产业的同时，积极培育发展特色产业，重点抓好农旅融合发展，200余公顷油菜花、66.67余公顷黄桃、33.33余公顷花椒已发展基本成型，确保户户有持续稳定增收的产业。2020年，为降低疫情影响，通过反复宣传动员，全面实现应种尽种、基本实现能养则养，种植辣椒14.67公顷、西红柿10公顷、红薯83.47公顷、玉米117.93公顷、水稻63.27公顷、烤烟46.67余公顷、花椒33.33公顷、黄桃66.67公顷，养殖生猪2608头、肉牛181头、山羊500只、中蜂435群、土鸡18327羽。辖区7家生猪养殖大户收入均在30万元以上，2020年一期33.33公顷黄桃实现产值收入200余万元。同时通过几年来发展乡村旅游，“长生花海”这个品牌已在县内外小有名气，这几年共接待游客600余万人次，带动旅游消费收入近1000余万元。累计兑现产业发展到户补助资金95.05万元、发放耕地地力补贴635万元、生态补偿金500余万元。200公顷油菜花、66.67公顷黄桃相继被中央电视台朝闻天下、中国网、《重庆日报》、重庆网、彭水网等主流媒体宣传报道。

【基础设施】　住房改造方面，2015年以来，全镇C级危旧房改造共完成179户、D级危旧房改造共完成90户、旧房提升800户。“三改”方面，共整治1574户，其中拆除重建类52户、维修加固类1168户、改厕826户、改厨650户。“双硬化”方面，完成人行便道硬化20.03千米，院坝硬化91659平方米。人饮全覆盖方面，农村饮水巩固提升“全覆盖”工程共计26处，“季节性缺水”工程6处，全镇建设取水口20个，蓄水池24口，其中新建蓄水池15口、维修整治蓄水池9口，蓄水总容积2487.9立方米，彻底解决3个社区1772户8627人（其中建卡贫困户378户，贫困人口1619人）的饮水安全问题。公路建设方面，2015年至2020年共实施公路工程25条，里程88.86千米，总投资3864.30万元；其中通畅公路16条，里程66.08千米，通达公路6条，里程22.78千米。2020年实施的通畅公路2条，里程7.5千米，已完工待验收，另有2019年发改委下达的易地搬迁基础设施（公路油化）3条，里程7千米，总投资822万元，全镇26个居民小组均实现通畅。路灯安装方面，投资250万元新安装环山路、三合社区和龙汇社区公路沿线路灯500盏。产业基础设施方面，共下达产业发展基础设施建设项目（财政全额投资类、补助类）12个，总投资1579.89万元。2020年实施的产业发展基础设施建设项目（财政全额投资类、补助类）4个总投资603.4万元。

【人居环境】 围绕签订一张责任状、开展一次大扫除、成立一支清扫队、打造一个示范点、落实一个监督岗"五个一"全力抓好农村环境卫生工作。层层签订责任书，层层落实工作责任，实现保洁工作全覆盖。重庆红星美凯龙通过重庆慈善总会为长生镇捐赠压缩式垃圾车1辆、垃圾桶280个，落实垃圾分类处理示范点建设，新购置分类垃圾桶300个，共开展大扫除活动75余次，出动人员7500余人次。对全镇14名保洁员、26名公益岗、57名生态护林员实行分片作业、定时保洁，分别由社区统一管理、量化考核。投入资金8万余元，对辖区主干道白色垃圾和杂草、场镇历史垃圾和破损的店招店牌进行全面清理。在每个社区打造1个环境卫生示范点，积极推行垃圾袋装化和分类处理。结合农村党员设岗定责工作，每个组推选2名思想素质好、党性原则强、影响力较大的老党员作为环境卫生义务监督员，有力地促进工作的落实，全镇人居环境得到明显改善。人居环境整治提升乡村"颜值"被学习强国、重庆网、彭水网等主流媒体相继宣传报道。

【民生保障】 严格落实健康扶贫政策，完成全镇贫困人口、特扶对象、特困人员等2287人次的家庭医生签约服务工作。落实先诊疗后付费、一站式结算服务，五年来完成全镇贫困人口住院报销7275人次，共报销1003.55万元，报销率达92.09%。对患"原发性高血压、糖尿病"办理慢病卡的人员由帮扶责任人及签约医生帮忙收集资料进行集中办理特慢病卡，同时对特慢病患者每个季度至少完成1次随访，对"肺结核"患者每月1次随访。严格落实教育扶贫政策，5年来，长生镇中心校共资助学前教育233人次，涉及金额212180元，义务教育（小学一至六年级）共资助689人次，涉及金额175250元。共资助特困大学生11人，资助建卡大学生49人，补助资金325000元。严格落实控辍保学措施，确保适龄儿童全部上学。严格落实兜底保障政策，全镇在册低保156户423人，其中低保贫困户24户106人。每月发放低保资金168442元，发放临时救助资金19.31万元。有重度残疾106人，每月发放护理补贴7820元。特困64人、每人每月享受金额806元，孤儿1人、每月享受金额1256元。2020年共解决临时救助24户101人，救助总金额173400元。全力确保困难群体生活有保障。严格落实就业扶贫政策，坚持"按需开发、人适其岗、岗尽其能、人岗匹配"的要求，开发公益岗114人，保障有意愿的贫困劳动力就近就业。运用就业需求服务信息平台，及时通过微信群、QQ群、朋友圈向社区干部和贫困群众发布企业复工、招聘岗位126个，开展"线上+线下"招聘活动，引导企业和贫困劳动力双向对接。有序组织外出务工累计15621人次，其中贫困人口4213人次。广泛宣传雨露计划、实用技术等培训政策，积极动员有劳动能力且有意愿参加技能培训的贫困群众参训。累计各类培训641人次，兑现创业补助253人、128500元，交通补贴676人、83171元。

【安全稳定】 完善社会矛盾纠纷多元化预防调处化解综合机制，健全社会心理服务体系和危机干预机制。加强社会治安防控体系建设，开展公共交通、校园安全、食品药品等领域专项治理。推进应急管理体系和能力现代化建设，提高防灾减灾救灾能力。建立健全网络综合治理体系，推进政务新媒体健康有序发展，营造清朗的网络空间。全面完成第七次全国人口普查。纵深推进“扫黑除恶”专项斗争，有黑必扫、有恶必除、有乱必治，让群众安居、安业、安心，健全立体化、信息化社会治安防控体系。

【自身建设】 坚决落实“两个维护”政治要求。镇党委始终在思想上、政治上、行动上与以习近平同志为核心的党中央保持高度一致，牢固树立“四个意识”，坚定“四个自信”，做到“两个维护”，贯彻落实习近平总书记对重庆所作的重要讲话和系列重要指示批示精神，始终坚持把维护党中央权威、严明党的政治、组织纪律作为管党治党的第一责任，自觉担负起执行和维护党的纪律的责任。强化督查考核，由镇纪委书记为组长的督查工作组，每季度针对各单位工作情况开展1次以上监督检查、明察暗访。针对扶贫政策落实、项目立项审批、资金管理使用等进行5次工作督查，发现问题2个，已全部整改。对开展脱贫攻坚“百日大会战”“收官大决战”等工作落实情况进行督查检查，共发现问题10个，对发现的问题，建立台账，实行销号管理，已全部整改。对中央、市委巡视反馈的各类问题整改情况进行督查检查，对涉及的5大类、38个问题实行每周督查、每周情况通报，提醒约谈2人。开展扶贫领域腐败和作风问题专项督查，共发现涉及“两不愁三保障”、帮扶责任人作风等问题12个，建立台账，限期整改，约谈帮扶责任3人。坚定不移正风肃纪，强化扶贫领域“以案四说”“以案四改”警示教育力度，将扶贫领域腐败和作风问题典型案件作为重要内容，综合运用领导班子民主生活会、组织生活会、干部职工大会、群众院坝会等方式，开展“以案说纪、以案说法、以案说德、以案说责”警示教育，以身边人教育身边人。镇纪委印发“长生镇开展以案四说”警示教育活动实施意见，召开全镇干部职工“以案四说”警示教育会2次，各社区召开“以案四说”警示教育会共3次，成功劝导制止违规整酒2起，整改扶贫领域作风问题12个，诫勉谈话2人。强化组织建设，充分发挥战斗堡垒作用。发挥党支部引领带头作用，坚持每月召开第一书记会议、驻村工作队每周一次例会，协调用好社区“两委”成员，做到驻村工作队和社区工作的统筹安排。完善基层阵地建设，改建三合社区便民服务中心，并增加整合社区养老服务站和法制宣传室功能，规范便民服务中心管理，严格村干部坐班制度，印发《社区考核管理制度》《村干部考核管理制度》，社区党务、政务财务做到及时公开，推进基层党建规范化、制度化。全年发展预备党员1人，按期转正2人，培养入党积极分子6人。抓好非公党组织“两个覆盖”，选派1名熟悉党建业务的指导员，指导帮助非公党组织党建工作水平的提升。

龙 溪 镇

【概况】 龙溪镇位于彭水自治县东部，东界黔江区沙坝镇，南接大同镇，西临走马乡，北接郁山镇，距县主城64千米。全镇辖区面积81.23平方千米，场镇规划面积1.2平方千米；建成区面积0.56平方千米。辖7个村，1个社区；辖9个党支部，有党员352人；镇机关在编人员34人。建成镇公共服务中心1个、280平方米，便民服务中心8个、2780平方米。2020年末，户籍人口16776人。全年财政收入1945.4万元，其中财政拨款收入1594.54万元，其他收入12万元。镇辖区内有小学6所，即龙溪镇中心小学校、漆树村小学校、老桥村小学校、如榔村小学校、黄岭村小学校和灯光村小学校。在校学生493人，在职教师64人。卫生院1所，在编职工17人，核定床位20张，全年医疗业务总收入400万元，其中医疗收入26万元。有金融机构1个，即重庆农村商业银行龙溪营业所。

【脱贫攻坚】 全镇736户2767名建卡贫困人口已全面脱贫，其中2020年度脱贫43户142人。住房三改方面，本年度实施C、D级危房改造25户（贫困户14户、非贫困户11户），实施三改项目380户，其中不安全住房整治类162户、改厕202户、改厨175户、修建化粪池25户，旧房整治提升工作完工85户，问题整改55户，已全部通过农村人居环境整治全部完工，涉及资金39.40万元。消费扶贫方面，完善消费扶贫重庆馆全镇注册人数216人，购买产品3590余元，解决扶贫农畜产品滞销，为农户增加收入，2020年帮助68户贫困户实现产品销售1.02万元。教育扶贫方面，累计资助学生332人，共资助资金10.85万元，实现应助尽助，实现应享尽享，适龄贫困学生辍学实现动态“清零”，同时努力推动龙溪镇学校的配套设施建设，满足日益增加的教学需求。就业扶贫方面，2020年贫困户外出务工1065人，开发公益岗255人（贫困人口217人），已兑现创业补助379人、21.57万元，交通补贴842人、8.81万元。健康扶贫方面，全年贫困户大病住院共89人次，累计住院综合报销金额82.5万元，报销比例全部达到90%以上。项目扶贫方面，本年度县级有关部门下达全镇涉农统筹整合资金和专项扶贫项目24个，涉及农村公路建设、农村人饮、产业发展、集体经济发展等方面，资金总额逾1571.06万元，完善农村基础设施，新建通畅路19.98千米，整治维修道路86千米，改扩建蔭家堡桥0.03千米，行政村通畅率、自然村通达率均达100%，实施农村饮水全覆盖工程25处，农村安全饮水实现全覆盖，动力电、光纤网络、4G网络覆盖所有贫困村，所有项目已全部完工，资金拨付到账。易地扶贫搬迁方面，从政策开展以来享受易地搬迁政策共计90户418人，兑现补助资金501.6万元，同步搬迁18户80人，兑现补助资金46万元，落实易地扶贫搬迁后续产业、就业政策，确保搬迁户有具体的产业和稳定的收入。

【经济发展】 发展龙头企业1家、农民专业合作社21个，每个贫困村均有1—2个稳定增收产业。2020年种植油茶133.33公顷、蜂糖李33.33公顷、中药材百合53.33公顷、辣椒33.33公顷、优质水稻13.33公顷、香椿产业80公顷、蜜本南瓜66.67公顷和食用菌10000袋，建立起“公司+贫困户+村级集体经济组织”的利益联结机制，拓宽群众增收和村级集体经济组织增值的渠道，“自养+代养”结合，稳步实施猪、鸡、羊等脱贫产业，全年完成到户产业奖补申报379户，共发放到户产业奖补资金67.156万元。

【社会发展】 医疗保障方面，2020年城乡居民医疗有序推进中，已参保14558人［其中民政城乡低保对象903人、民政城乡重度（一、二级）残疾人员76人、民政在乡老复员军人3人、建卡贫困户1969人、特困人员119人、计生优抚（奖扶）对象123人、民政部门建档其他人员27人、因病致贫家庭重病患者26人、计生残抚（特扶）对象8人、民政城乡孤儿3人、民政在乡重点优抚对象86人］，共缴费309.825万元，参保率达95.51%（其中四类人员参保率100%）。养老保障方面，全镇已参保7363人，低保人员参保率100%，建卡贫困户参保率100%，特困人员参保率100%，完成缴费3374人，城乡居民养老保险领取待遇2421人，离退休人员的指纹采集工作已采集2713人，指纹采集率达到95.04%。就业服务方面，全镇就业劳动力11957人，扶贫就业培训2次，就业培训人数200余人次，返乡农民工回引300人，城镇新增就业150人，公益性岗位38人，山东对口劳务对接帮扶岗位18人，信息产业招工宣传引进50人，城镇登记失业人员20人，对就业失业人员实施就业援助30余次，推荐企业50余家，推荐就业岗位100多种，四类人员全部就业，无未就业情况，高校毕业生就业率达100%，办理审核无息担保、抵押贷款300余万元。计生服务方面，为81对夫妻办理生育服务证，6对夫妻办理再生育服务证，完成孕优检查21对，申报家庭奖励扶助3人。低保保障方面，按照应保尽保、应退尽退、阳光施保的原则，低保政策得以全面落实，2020年全镇城市低保30户47人，农村低保359户1053人，其中2020年农村新增低保整户54户182人，调增4户5人，农村低保停发户数5户，调减7户7人。城镇低保无新增，停发4户4人，低保兜底贫困户17户37人，龙溪镇农村低保整年发放460万余元，城镇低保整年发放31万余元。社会救助方面，为患重病、突发意外等情况导致生活困难的低收入家庭办理大病救助和临时救助，特别是对低保户、五保户等特殊困难对象给予重点倾斜，帮助他们渡过难关，全年共为120户困难家庭办理大病救助和临时救助，救助金额47万元。

2020年12月5日，龙溪镇司法所工作人员在周家坝场镇宣传《中华人民共和国民法典》

（龙溪镇人民政府　供图）

【生态环保】　2020年，龙溪镇坚持以生态文明为抓手，强化宣传引导，提升环境保护意识，扎实推进生态环境保护和生态文明建设。巩固绿化建设成果，全镇森林覆盖率56%以上。建立长效管护机制，做好天然保护林的林木管护。加强污染源的监管，开展生态环保巡查160次，做好小流域治理、人畜饮水改造项目。开展环境综合整治，抓好各村的环境连片整治，加强农村饮用水源保护、污水和生活垃圾处理，为各村设立垃圾箱、垃圾桶，落实保洁人员，做到生活垃圾及时清理，实现村容整洁美观。对硬化道路绿化美化，在做好公路、河流绿化的同时，场镇和各村建立美化景点，高标准做好常绿美化工作。加快造林绿化步伐，2020年本镇植树造林197.33公顷，绿色示范村（周家坝社区）建设已全面完成，退耕还林已落实灯光村、黄岭村、老桥村、如榔村规划110公顷的地块，已完成作业设计、正实施栽植。

【高铁建设】　为了加快渝湘高铁建设，龙溪镇多箭齐发，推进征地拆迁工作。提高政治站位，充分认识做好征地拆迁工作的重要意义。征地拆迁工作关系人民群众的切身利益，龙溪镇对此高度重视，严格执行国家关于征地拆迁的法律法规和政策规定，明确要求坚决制止乱占滥用耕地，把工作任务抓好、抓细、抓实，妥善解决群众的实际困难，切实维护社会稳定。落实主体责任，有序推进征地拆迁工作。龙溪镇不断学习领会征地拆迁补偿方案并结合镇村实际情况，研究出台关于限期拆迁房屋的通告，同时成立征地拆迁组、秩序维护组、工作突击组、工作督查组四个工作组，实行分组包干、分块负责工作机制，细化目标任务，明确时间节点，划分具体责任，限期完成房屋拆迁、坟墓搬迁、渣场征地等工作任务，上下联动推动拆迁工作高效开展。加大宣传力度，不断提升群众对征地拆迁工作的配合度。龙溪镇镇村两级干部多次深入农户，耐心讲解拆迁方案及补偿细则，手把手指导农户计算自己的补偿款项，同时严格执行征地拆迁奖励机制，对按时签订拆迁协议的农户，及时兑现奖励，从而带动更多农户积极配合征地拆迁工作。强化督查考核，严格干部管理加快推进征地拆迁工作。龙溪镇定期开展渝湘高铁建设推进会，通报高铁建设进度，党委主要领导对工作开展不力的镇村干部及时约谈提醒，并将征地拆迁工作纳入年度工作考核，严禁吃、拿、卡、要行为，督促党员领导干部带头廉洁从政，努力为项目建设单位营造良好的施工环境，确保征地拆迁工作按时按要求推进。

【疫情防控】 2020年，全镇按照内防扩散、外防输入的原则，带领全镇干部群众上下一心、全力以赴，共同打好疫情防控阻击战，守护人民群众身体健康和生命安全。加强组织领导，迅速成立新型冠状病毒感染的肺炎疫情防控工作领导小组，下设8个小组，负责全镇疫情防控工作；严守“战营关口”，确保进镇有监测，进村有劝导，进组有报信；划分“作战区域”，确保驻村干部包村，村干部包组，组长包户；摸清“作战状况”，确保底数明了，监测到位、管控有度；提高“战时警觉”，确保白天有巡逻，晚上有夜巡，时时有突击；营造“作战氛围”，确保舆论正确、群众齐心、人心稳定。全镇社会生产生活秩序良好，党员群众上下一心，坚决做好常态化疫情防控工作。

梅子垭镇

【概况】 梅子垭镇位于彭水自治县东南部，东接黔江区石家镇，南接酉阳县浪坪乡，西临鞍子镇，北接诸佛乡，距县城68千米。辖6个村，1个社区，42个村民小组；辖区总人口14614人，其中农业人口14905人，城镇常住人口507人；辖区总面积86.4平方千米。境内最高点海拔930米，最低点海拔650米。属亚热带季风气候，四季分明，日照充足。年平均气温15.2℃，年平均降水量1150—1300毫米之间。境内河道属乌江流域，主要河道由南向北，经梅子垭镇东北部出境入诸佛乡，其中干溪河东源亦出自辖区中部，两岔河和小浩河两条小河是诸佛江的主要支流。

镇辖区内有中小学2所，即梅子垭中学、梅子垭小学，中小学在校学生共1539人；卫生院1所，即梅子垭中心卫生院，有金融机构2个，即农村商业银行营业所、邮政储蓄银行营业所。

【脱贫攻坚】 截至2020年底，全镇740户2923名建卡贫困人口已全面脱贫，全镇13000余名群众“两不愁三保障”已得到全面解决。全镇贫困家庭2020年人均可支配收入达到12010.7元。全面完成交通项目扫尾工作，全镇已建成通畅公路205千米，实现100%村、组通畅；建成通达公路172千米，完成人行便道建设157千米，镇域交通便捷大环线已初步建成。查漏补缺全覆盖水池33处，集镇建设方面铺设下水管道280米；住房方面完成集中安置点111人27户的易地扶贫搬迁，并获得上级领导和群众一致好评。充分发挥“党委带领、支部带动、党员带头”的示范作用，以“支部创带工程”为抓手，通过“支部（干部）+公司（基地）+农户”模式，坚持把产业发展作为群众致富的路子，种植辣椒68.27公顷、百合37.13公顷，实现年产值420余万元；新建中药材育苗基地3.33余公顷。

【疫情防控】 成立由镇党委、政府主要领导任组长的疫情防控工作领导小组，疫情期间，入户排查总人数2238人，均未出现症状。全镇范围内设立卡口3处，配备检疫人员24名，实行24小时值守。一直以来，紧盯“两个重点”，外防输入，内防扩散，严防死守，坚决遏制疫情扩散和蔓延，确保人民群众生命安全。

【经济发展】 2020年底，全镇经济总量突破1.5亿元大关，同比增长9.3%；财政收入在烤烟减产减税的艰难形势下，实现税收300余万元，同比增长4.6%；农民人均纯收入突破12000元大关，同比增长8.6%；银行机构存款余额稳定在1.25亿元以上。农民收入不断增加，人民生活条件不断改善，消费水平不断提高，商品流通日趋活跃，综合实力明显增强。

【社会发展】 截至2020年底，全镇共有11535人参加城乡居民医疗保险，参保率90%以上，其中建卡贫困户参保率100%。镇健康扶贫医疗救助累计救助8394人次，涉及金额550余万元。实行养老保险全民参保登记，医疗、养老保险实现全覆盖，全面落实低保、五保、优抚等政策，全年发放低保金383万元，发放临时救助金32.28万元。学有所教、老有所养、病有所医、住有所居的保障能力进一步提高。

【生态环保】 生态环境保护和生态文明建设扎实推进。树立“绿水青山就是金山银山”的理念，积极响应县委、县政府要求。污染防治扎实有效：采取责令沙场停产、清理河道垃圾等多项措施，切实加强水环境监管；整治散乱污企业，切实抓好节能减排，做好大气污染防治等。“河长制”全面实施，主干河流及其支流按照分级负责、属地管理、条块结合、全流域包干的管理体系，全部实现每条河流都有人管理，都有人负责，“河长制”实现全覆盖、无遗漏。七个村已落实管护人员并建立管护机制。建立河长制巡查制度，设立镇村河长14人，全年巡河600余次，完成了目标任务。

【安全稳定】 大力加强平安建设，加强法制宣传教育，定期排查、及时消除不安定因素，严厉打击影响社会稳定的违法行为，全镇治安状况良好。高度重视稳定工作，落实领导下访、定期接访制度，开展“集中排查调研”活动，全力解决信访突出问题，全年成功化解各类问题110余件，无市进上访、无到县非法集访。高度重视安全生产工作，落实“党政同责、一岗双责”责任制，层层落实安全生产责任和监督管理职责，落实企业主体责任，全年无重大安全事故发生，全镇安定和谐，人民安居乐业。

太 原 镇

【概况】 太原镇位于彭水自治县北部，东界普子镇，南接棣棠乡，西临石柱县龙潭乡，北接石柱县马武镇，距区主城65千米。全镇辖区面积98.86平方千米，耕地面积20.38平方千米。辖3个村，1个社区；辖6个党组织，有党员268人；镇机关在职人员30人。建成镇公共服务中心2个，120平方米，便民服务中心4个，400平方米。2020年末，户籍人口3747户12427人，其中农业人口8514人，场镇人口3913人。全年财政收入1149.68万元，为年度预算的100%。农民人均纯收入12390元。成功创建“泉水渔都”国家AAA级景区。

镇辖区内有小学2所，即太原镇小学校、太原镇高桥完全小学校。小学在校学生776人，在职教师53人。太原镇卫生院在编职工20人，核定床位22张，全年医疗业务总收入490万元，其中医疗收入330万元。有金融机构2个，即重庆市农村商业银行太原分理处、中国邮政集团太原邮政所。

【脱贫攻坚】 2020年，太原镇始终坚持以习近平新时代中国特色社会主义思想为指导，深入学习贯彻习近平视察重庆重要讲话精神，深学笃用习近平总书记关于扶贫工作的重要论述，贯彻落实习近平总书记在决战决胜脱贫攻坚座谈会上的重要讲话精神。把脱贫攻坚工作作为最大的民生工程抓落实，严格履行脱贫攻坚“双组长”责任，镇党委会定期研究脱贫攻坚工作，研判解决各个问题，努力克服疫情、灾情影响，针对未脱贫户、边缘户、脱贫监测户加派帮扶力量，督促帮扶责任人严格按照“八个一”帮扶要求倾情开展帮扶，强化帮扶措施，确保帮扶出成效。强化推进各项政策落实，开展脱贫攻坚定点攻坚战、百日大会战、收官大决战，组织实施“十大专项行动”，顺利通过国家脱贫攻坚普查，各级各类反馈问题全部整改清零，高质量完成全镇501户2018人贫困人口脱贫任务。完成322户贫困户实施产业增收项目申报，发放产业增收补助资金71.525万元。兑付贫困劳动力就业创业补助270人次135600元，务工交通补助655人137921元，教育、卫生、医疗、民政、就业各项惠民政策全部落实到位，“两不愁三保障”突出问题全部清零，贫困群众稳定脱贫有保障。

【社会发展】 救助因病、因灾户101户，发放救助资金41万元，动态调整低保兜底、优抚、留守儿童、高龄失能、特困人员供养、重度残疾人花名册，做到底数清、情况明，并严格按照政策兑付补助救助补贴资金，确保惠民政策落地落实。发动10745人主动参加城乡合作医疗保险，做到应保尽保，建卡贫困户实现100%参保，新增参加养老保险277人，贫困户参保率缴费率实现100%，进一步维护群众基本医疗、养老权益。全年开展卫生监督执法工作4次，卫生检查20余次，办理准生证65张，新增6名计划生育奖励扶助人员，累计发放扶助资金22万余元，卫生健康工作实现稳中有进。

【生态环保】 投资16万元完成2条灌溉渠堰整治，健全完善农村饮水工程安全运行管护机制，落实2名专职管水员，全镇饮用水水量、水质、供水保证率均全部达标。安装山洪灾害防治简易雨量装置12个，落实监测人员12名，开展山洪灾害防御群测群防演练4次，群测群防员全天候监测13个地灾隐患点，全年实现零事故发生。深入开展河长制工作，镇村级河长巡河完成率总计达到180.56%，上报并完成整改问题共24个。积极推进农村乱占耕地专项整治行动、农村垃圾分类、农村宅基地审批、环境保护等工作，全镇生态文明建设持续向好，群众反响良好。

【基础建设】 进一步完善基础设施，总投资3354701.33元，新建水池75口，取水口115处，人畜饮水实现全覆盖，脱贫攻坚以来落实人居环境整治完成1523户，完成C、D级危房改造198户［C级（141）户，D级（57）户］，实施人行便道3535.97米，硬化院坝17175.4平方米，农户住房安全有保障，人居环境进一步升级。2016年至今实施通畅公路46.84千米，通达公路36.5千米，维修整治组级公路20.8千米，总投资3480.57万元，村民小组公路通达率达到100%，通畅率达到94%，成功打通群众脱贫致富的“最后一公里”，为巩固拓展脱贫攻坚成果有效衔接乡村振兴奠基蓄势，为太原高质量发展起好步、开好局打下坚实基础。

大同镇

【概况】 大同镇位于彭水自治县城东部，东与黔江区新华乡、白土乡接壤，南以桐楼乡为邻，西靠桑柘镇，北以走马乡、龙溪镇为界，距县城63千米，全境平均海拔1300米，多平坝和丘陵；全镇辖区面积50.21平方千米，耕地面积1566.6公顷，林地面积1950.08公顷，集镇面积0.39平方千米。辖3个村、1个社区；辖5个党组织，有党员165名；镇机关在编人员28人。2020年末户籍人口2462户8635人，场镇常住人口3850人。全年财政收入1320.41万元，其中公共财政收入946.82万元；工商税收363.59万元。2020年农村居民可支配收入达10058元。取得2019年、2020年连续两年全县满意度综合第一的成绩。

镇辖区内有小学1所，即大同小学，有在校学生823人，在职教师51人。大同卫生院在编职工8人，核定床位14张，全年医疗业务总收入

132万元，其中医疗收入54万元。有金融机构1个，即农村商业银行小厂支行。

【脱贫攻坚】 2020年，全镇坚持精准识别、精准退出，按程序开展扶贫对象动态管理，自然增加贫困人口4人、减少7人，全面完成8户29人减贫任务。建立防止返贫监测帮扶机制，落实监测责任人定期开展监测和帮扶，8户25人边缘易致贫户、5户19人脱贫监测户消除致贫或返贫风险。查漏补缺，补齐短板，持续巩固脱贫成果。在机制体系上，全面落实“双组长”制度和“五级帮扶”体系，定期研判，动态管理；在教育保障上，全面落实学生资助政策，实现贫困户家庭困难学生资助全覆盖，贫困学生“零辍学”；在医疗保障上，贫困户基本合作医疗保险和“精准脱贫保”实现全覆盖，落实贫困人口各类补贴、救助和报销1578人次46.2万元；在住房保障上，坚持“动态清零”原则，改造不安全住房3户，实施环境提升美化150户，实现住房安全全覆盖；在就业政策上，动员引导627名贫困人口外出务工，实现务工收入1597万元。开发落实各项公益性岗位153名，开展贫困人口劳动技能培训300余人次；在产业补助政策上，落实产业扶贫到户补助贫困户156户，补助金额26.71万元。投资380万元实施产业项目9个，通过利益联结机制带动贫困户82户212人，有效推动产业快速发展；在消费扶贫上，通过电商平台、组团采购、线上线下双管齐下，畅通扶贫产品销售渠道，机关食堂和帮扶责任人共购买扶贫产品4万元；在生态扶贫上，用活用足林业农业政策，发放公益林补贴34.66万元、耕地地力补贴139.89万元。

2020年8月12日，2020“世界苗乡·养心彭水”第三届高山避暑纳凉大同游暨乡村旅游文化节开幕

（大同镇人民政府 供图）

【社会发展】 民生保障持续有力，全年向32名特困人员发放生活补助32.15万元，向635人发放城乡低保金261.58万元，向89名残疾人发放生活补贴6.08万元，重度残疾人护理补贴4.89万元。建卡贫困户、计生优抚对象、低保户、五保户、孤儿等合作医疗参保率达100%。“世界苗乡，养心彭水”第三届高山避暑纳凉暨大同镇乡村旅游文化节在大同镇大厂社区成功举办，投入10万元，推进基层武装部规范化建设。完成十八周岁适龄青年兵役登记任务，输送兵员2人。全年排查治理各类安全隐患56处，调出各类矛盾纠纷260余件，未发生安全事故和影响恶劣的群体性事件，大力开展扫黑除恶，在全镇开展全覆盖排查2次，未发现黑恶势力，社会大局和谐稳定，党风廉政建设和平安建设满意度明显提升，群众生活幸福感不断提升。

【项目建设】 全镇村通畅和村村连接通畅实现100%，组通畅2020年实现100%。标准化自来水厂全面完工投用，实现全镇安全饮水全覆盖。4个村完成村级阵地升级改造，致力于大厂社区石笋岩“避暑纳凉基地”打造，提档升级大同小学运动场，龙门村便民服务中心新建工程和马驴村1、2组“乡村旅游避暑纳凉点”步道项目正有序推进。

【疫情防控】 新冠疫情发生后，全镇干部上下一心，抓实网格管理，筑强战斗堡垒，全力打造疫情防控“安全墙”。抓好组织保障机制，第一时间成立新冠肺炎疫情防控指挥部，下设10个工作小组，建立联防联控工作机制、排查情况日报制及督查情况日通报制。抓实流动人口摸排，提倡全民使用渝康码，特别是车站、酒店，进一步强化疫情防控风险提示，配合卫生健康部门对国内高风险地区的到彭返彭人员实行14天集中隔离医学观察，对中风险地区的到彭返彭人员实行14天居家医学观察。抓细属地属事责任，严格落实常态化疫情防控机制，划分23个网格，由网格员每日统计上报，组织志愿者疫情防控宣传队4支共28人，每天遍访偏远散户，变“传统宣传”为“送教上门”，进一步扩大辖区群众对疫情防控知识的知晓度、覆盖面，打通防疫宣传“最后一公里”，实现全镇清洁无疫。

鹿　鸣　乡

【概况】　鹿鸣乡位于彭水自治县西北部，东界平安镇，南接高谷镇，西临武隆区沧沟乡，北接武隆区火炉镇，距彭水自治县城28千米。全乡辖区面积132.1平方千米，耕地面积3091公顷，场镇面积12平方千米。辖10个村，58个村民小组。乡公共服务中心1个，80平方米，便民服务中心10个，4000多平方米。辖11个党组织，有党员436人；乡机关在职人员45人，其中在编在岗31人。2020年末，户籍人口19114人，其中农业人口17089人，场镇人口2025人。全年财政收入2016.7万元，比2019年增加246.7万元，增幅24%。乡辖区内有中小学5所，即鹿鸣中心校、合理完小、马金希望小学、向家希望小学、转坪小学，中小学在校学生1285人，在职教师92人。鹿鸣乡中心医院有职工25人，其中在编职工16人，核定床位25张，全年医疗业务总收入410万元，其中医疗收入290万元。有金融机构11个，即重庆农村商业银行鹿鸣支行1个和金融代办服务点10个。

【脱贫攻坚】　2020年，面对全国新冠肺炎疫情严峻形势的影响，严格对标对表中央要求，落实市委、县委的工作要求，战疫战贫两不误两促进。在抓牢抓实疫情防控的前提下有序复工复产，落实稳岗就业，抓保障供给，坚持栽满种满。脱贫攻坚取得圆满胜利，顺利完成2020年度减贫任务34户84人，全乡建档立卡贫困户714户2840人已全部脱贫。所有巡视巡察反馈问题清零，整改中央巡视“回头看”问题37条、2019年国家脱贫攻坚成效考核反馈问题23个、2019年市级脱贫成效考核反馈问题8条，2019年贫困县退出专项评估检查问题4条，整改脱贫攻坚“回头看”全面排查问题4个。金融扶贫贷款415户2049万元，落实产业项目补助资金153万元，产业到户奖励534户135万元，做到产业扶持项目与贫困户利益联结，激发贫困户内生动力，实现贫困户户均增收6000元以上。开发公益性岗位215人，其中贫困人口就业182人。贫困人口技能培训17人，孔婵文在开州长江烹饪学校中式面点培训中获得优秀学员称号。持续推进鑫堂服饰加工扶贫车间加工厂建设，带动就业20人，其中贫困劳动力7人。人居环境全面提升，全面消除C、D级危房，新建卫生厕所1519个。全面完成国家脱贫普查，全乡“两不愁三保障”问题动态清零，脱贫动态机制形成，帮扶干部队伍稳定，代表全县接受国家及市上检查抽查调研五次。严格落实“四个不摘”要求，继续保持相关扶贫政策稳定，持续加大对脱贫攻坚的监管力度，做到脱贫政策不变、工作队伍不撤、帮扶力度不减，积极推进巩固脱贫攻坚成果同乡村振兴有效衔接。

【经济发展】　2020年，全乡农业生产总值突破2亿元、农民人均纯收入10628元，同比分别增长6.1%、6.2%；粮食总产量突破1万吨；生猪出栏15134头、存栏15777头，同比分别增长18.8%、5.3%。全乡累计发展合作组织47个，带动农户867户，其中农民专业合作社46个，带动农户702

户。辖区非公有制重点企业1个，从业人员7人，生产总值300万元，同比增长4.89%。劳务经济持续稳中发力，有序组织外出务工就业7828人，同比增长7.96%。

围绕“盯紧市场壮大传统产业、创新培育新兴产业”的发展思路，全乡共播种农作物面积4020公顷，其中粮食作物2900公顷，经济作物500公顷。肉内总产量1539吨，其猪肉1351.5吨、牛肉108吨、羊肉45.5吨、禽肉34吨。水产养殖2公顷，水产品产量15吨。坚持依托现有的资源和产业优势，积极引导农民流转土地，通过建立村级股份合作社和专业经济合作社，发展适度规模集中经营，其他烤烟、经果林、中药材等产业实现稳定发展，成片种植蔬菜面积133.33公顷、中药材200公顷、花椒200公顷、经果林200公顷、烤烟115.33公顷。新造特色经济林66.67公顷、抚育林73.33公顷。2020年投入各类项目资金9000万元，新建道路26千米，新建供水设施12处，高标准农田500公顷，新建沟渠8千米，永丰水库新建已正式开工启动，将历史性地解决鹿鸣全乡饮水困难问题。

【社会发展】 社会保障方面，2020年动态调整低保65户179人，其中农村低保53户146人，城镇低保12户33人，取消在册低保9户32人，全乡共有低保390户1004人，其中城镇低保75户137人，农村低保315户867人，全年共计发放低保金442.5万元；临时救助40人16.86万元，残疾人生活补贴102人次7.259万元，护理补贴175人次14.029万元，申报高龄津贴12人6000元，特困救助116人128.64万元，发放孤儿生活费2.64万元。全年享受农村部分计划生育家庭奖励扶助政策152人，奖励金18.59万元。城镇新增就业人员146人，返乡农民工创业就业20人，非全日制公益性岗位40人，山东帮扶公益性岗位2人。农村自主创业人员申请创业担保贷款25人，贷款金额375万元。扶贫车间带动就业20人。新增参加社会养老保险277人，累计参保8934人。卫生事业方面，大力促进基本公共卫生服务均等化，防疫卫生及医疗服务、分级诊治落实较好，居民医保参保率达95%，全面落实慢病签约服务。教育事业方面，全乡教育教学水平全面提升，素质教育走在全县乡镇中小学前列。

【生态环保】 大力开展生态环保治理，农村生活环境生态质量持续提升。巩固绿化建设成果，全乡森林覆盖率近70%。建立长效管护机制，做好天然保护林的林木管护。用“6·5”世界环境日集中开展环境保护知识宣传活动，发放环保知识手册500份、围裙400条、宣传扇400把，悬挂横幅标语22幅。加强污染源的监管，开展生态环保巡查60余次，全面完成畜禽养殖场无害化改造。持续开展环境卫生综合整治，加强农村饮用水源保护和污水生活垃圾处理，为各村设立垃圾箱、垃圾桶，落实保洁人员。加强饮用水源地巡查力度，确保全乡人民的饮水安全百分之百达标；加强畜禽养殖场粪污排放监管，确保群众生活环境明显改善；加强石碑加工厂非法运营，确保大气污染事件零发生；加大生态环保政策宣传力度，以“六五世界环境日”为契机、院坝会等形式为契机，稳步提升群众生态环保意识。大力推进农村环境卫生提升行动，落实农户“门前四包”责任制度，完善“垃圾分类、集中收集、乡镇转运”的乡村生活垃圾处理体系。每月组织对全乡环境卫生和垃圾集中收集处理等日常工作进行检查。加大基础设施建设投入力度，从事保洁工作人员30余人，投入垃圾桶590个，垃圾箱体48个，更换生活垃圾转运三轮车7台。严格落实垃圾分类制度，着力改变群众乱丢乱倒垃圾的习惯。全面推行河长制，每条河流落实1名乡级河长，1名村级河长，落实辖区内6条河道的巡河制度，全年有效完成巡河任务，切实加强中小河流管护与治理。

【安全稳定】 2020年，全面开展“扫黑除恶专项整治活动”，加强社会治安综合治理，狠抓信访维稳工作。通过网格化管理信息服务平台，有力推动综治维稳和平安创建工作水平。以“防范化解重大风险月”活动，驻村工作队员利用脱贫攻坚下村入户为契机开展综治宣传，共发放宣传单8000余份，悬挂宣传横幅20条；在LED显示屏上滚动播放平安建设口号18条，接受群众咨询约4000人次。落实领导干部下访接访制度，全年接访群众400余人次，下访群众600余户、100余人。强化矛盾纠纷及不稳定因素排查化解及时有力，排查各种矛盾纠纷89件，已成功调处89件，矛盾纠纷化解率100%，切实维护群众合法利益。严格落实安全生产主体责任，切实抓好道路交通、危险化学品、烟花爆竹、非煤矿山、防汛、地质灾害、森林防火等领域及人员密集场所的安全隐患排查治理，做到不打折扣、不留死角、不走过场。每季度召开一次道路安全形势研判会议，每月召开一次道路交通安全专题会议。严肃执法，摸准时段，加强检查。全年共检查车辆1100余次，教育、处罚500余起，2020年度完成罚款任务2万余元。检查英雄村四组烂泥坨临时取料点20余次，并于12月29日下达关停通知书。对烟花爆竹经营点开展监督检查60余次。成立消防安全办公室，组建消防队伍，配备相关消防设施，制定一系列消防安全实施方案。严厉打击食品药品安全违法行为，全年食品销售环节共检查450于家次，出动执法人数80余人次，指导小作坊整改2家，教育处罚30余次，其中立案1件。对全乡15个地灾隐患点，每月进行定期或不定期的隐患排查。开展地灾演练30场，发放“两卡”50余份。全力做好汛期地质灾害防范工作，保证人民群众生命财产安全，完成向家村沈家湾地灾点治理，实现2020年地质灾害防治“双零”目标。大力排查住房隐患安全，确保群众住所安全。为鹿鸣乡发展提供和谐稳定社会环境。

【信访工作】 信访矛盾纠纷化解调处有力，矛盾纠纷调解成功率100%。全乡信访件明显下降，切实维护群众合法利益。

诸 佛 乡

【概况】 诸佛乡位于彭水自治县东部，政府驻地距县城68千米，由原诸佛乡和珍加乡合并而成，北连桑柘镇、南接梅子垭镇、西临鹿角镇、东靠桐楼乡；辖区面积122.41平方千米，辖10个行政村、54个村民小组、16062人，耕地面积3342.33公顷、林地7096.33公顷。辖区自然风光秀丽，人文景观众多，文化底蕴深厚。红岩溶洞壮丽奇巧、黑塔子群古树参天、诸佛江畔风景秀丽、会仙石桥神仙相助、杨家花坟雄伟精细、诸佛古寺令人兴叹；市级非物质文化遗产诸佛盘歌、庙池甩手揖，优美动听、欢乐健体。2020年，农民人均纯收入10800元，农业总产值7750万元，粮食总产量8100吨；党支部13个，其中农村支部10个、非公企业支部2个；辖区内有小学2所，诸佛乡中心校和诸佛寺小学校占地1.5公顷，在职教师52人，在校学生668人；卫生院2所占地0.4公顷，在职医护人员21名、床位26张；金融机构1处，业务人员4人。

【脱贫攻坚】 2020年，全乡所有贫困村、贫困户均已全部脱贫摘帽（其中2020年脱贫摘帽15户45人）。全乡2019年排查、识别边缘户7户25人、脱贫监测户12户38人，已全部消除致贫、返贫风险。

【基础设施】 2015年脱贫攻坚以来，全乡新建通畅公路101千米、通达公路95千米，新建公路桥4座、待建1座（干溪河），维修整治通畅公路36千米、通达公路56.5千米。新建人畜饮水项目工程点247个，投入资金1200余万元，安装饮水管道168千米，其中2020年实施项目8个，共计

46.75万元，实现农村安全饮水全覆盖。新建污水处理厂3个，垃圾中转站1个，配备垃圾运输车3台，三轮车8台，农村生活垃圾、污水治理能力大大提升。积极开展农村人居环境整治。新修人行便道105千米，硬化院坝8.6万平方米，人居环境整治3165户，到位补助资金637.5万元。建好村级脱贫攻坚指挥部，全面完成便民服务中心标准化、规范化建设，并正常有序运转。

2020年11月11日，人文庙池体验游活动
（诸佛乡人民政府　供图）

【社会发展】　发放冬春生活救助5.7万元、临时救助72人次42万元、低保金424万元、民政定补106万元、高龄失能4.8万元。新农合筹资参合率达95%以上，特殊困难群体实现全部参保；贫困户参加养老保险率已达100%。大病医疗补充保险对贫困户实现全覆盖，建卡贫困户二次医疗报销约3900余人次71余万元，为全乡1800余名老年人进行健康体检，慢病卡办理552人，签约家庭医生实现全覆盖，发放残疾补助200余人次18.1余万元，救助精神障碍患者3人。积极保障义务教育阶段学生的上学问题，确保全乡无一人因贫辍学，先后资助各阶段贫困学生1606人次，资助金额175万元。多措并举保障贫困家庭就业问题，农村垃圾治理运输员10个，全乡公益性岗位131人，其中道路维护（农村公益性岗位）31人，生态护林员61人，河道和山坪塘管护员31人，城管局保洁员8人，解决100余户贫困家庭的就业问题。

【乡村振兴】　持续推进庙池乡村振兴示范点建设，进一步充实服务人员，健全管理机构，完善管理办法，充分发挥10个股份制专业合作社的头雁作用。文旅、产业基础设施完善升级和配套齐全。坚持乡村文化与产业发展相结合，培育一村一产业，挖掘“一户一故事”。创办三农学校（县委党校教学基地），全年共开培训班20余期，受训1000余人，提升贫困群众发展内生力，做到扶贫先扶智。积极做好经验总结，逐步推广，带动全乡产业发展，助推农户增收致富，巩固脱贫攻坚成果，有序推进脱贫攻坚各项工作与乡村振兴战略的衔接，推动农业农村现代化工作。

走　马　乡

【概况】　走马乡位于彭水自治县东北部，东临龙溪镇，南接桑柘镇、大同镇，西临保家镇、乔梓乡，北接郁山镇，距彭水自治县城60千米，乡政府所在地海拔710米，辖区面积77.59平方千米，林地面积4655.4公顷，耕地面积1621.4公顷，场镇规划面积1平方千米，建成面积0.5平方千米。辖8个行政村68个村民小组，辖9个党组织，有党员339人；乡机关在职人员40人。建成乡公共服务中心1个，80平方米，应急管理服务大厅1个，面积60平方米，标准化林业服务中心一个，便民服务中心8个，占地面积3890平方米。2020年末，户籍人口5128户17824人，农村常住人口19201人，农民人均纯收入12047元。

辖区内单设中学1所，在校师生449人；中心校1所，在校师生共计768人；村小2所，在校师生共计101人。农商行1家，卫生院1个，有医生14人，核定床位20张。农民收入主要以务工为主，农业产业以传统产业为主。

【脱贫攻坚】 完成770户3423人的脱贫工作任务，顺利通过一系列考核工作。脱贫攻坚工作成效明显，打通走马至大同、乔梓、桑柘、龙溪、保家等五大交通动脉。实施人饮工程改造，投入资金1178万元，解决1.7万多人安全饮水问题。建卡贫困学生453人，全部享受教育资助，义务教育阶段送教上门10人、劝返复学5人。建卡贫困户全部参加2020年合作医疗，实现建卡贫困户签约医生全覆盖；全年实现住院和慢性病门诊救助2764人次，合计救助金额460余万元。完成改厨455户，改厕703户，不安全住房改造1061户；易地扶贫搬迁84户403人。完成场镇雨污管网铺设，更换路灯140余盏，全面改善场镇面貌。开发公益性岗位154个解决贫困户就业问题。开展农村实用技术培训36人次，开展就业培训135人次。强化问题整改，将中央巡视反馈问题、国家2019年脱贫攻坚成效考核反馈问题、市2019年脱贫攻坚成效考核反馈问题、主题教育检视问题等制定问题、任务、责任清单，定人定责定时整改销号，坚决杜绝出现任何两不愁三保障一达标问题。严格落实“四个不摘”要求，对边缘户、脱贫监测户重点关注，用好用活民政、医疗、教育、住房、产业等政策，确保贫困群众脱贫后不返贫，新出现大病、灾情的群众不入贫。全乡公益性岗位赵昌芳从一名“被扶贫人变成扶贫人”的故事被国家人社部和国务院扶贫办联合举办的2020就业扶贫论坛隆重推出，她本人也成为重庆市脱贫攻坚先进事迹巡回报告团成员、获得重庆市最美“巾帼脱贫户”称号。

2020年1月，县委书记钱建超（左五）在走马村红薯加工厂检查工作

（走马乡人民政府　供图）

【社会发展】 群众收入大提升，2020年农村居民人均可支配收入达到11700元，比2019年增长10%；粮食产量达7200吨，比2019年增长9%，银行存贷款余额分别为2.3亿元和780万元，比2019年同期分别增长0.2亿元和190万元。生态产业大提升，种养殖专业合作社达到15家，新发展天冬20公顷、油茶80公顷、丝瓜13.33公顷、羊肚菌10公顷，建成规模化生猪养殖场一个、村集体经济产业面条加工厂一个。基础设施大提升，形成走马至郁山、大同、乔梓、桑柘、龙溪、保家六线环路；人饮工程再提升，全民饮水质量再提高；旧房整治提升项目让群众房屋大改善；龙胜、楼房村通畅工程、羊肚菌产业基地配套扩展项目、万家、楼房高标准农田项目、产业配套项目、村级阵地建设等实现全乡面貌大改善。社会事业大提升，全乡养老保险参保8091人，到龄领取3025人；全年残疾人护理补贴170人，临时救助43人次，发放救助金26万元；全年对贫困妇女和儿童发放慰问金5800元，开展妇女健康讲座和技能培训各4次；支持和引导全乡壮劳力7000余人外出务工，其中建卡贫困人口1200余人，同时开发公益性岗位89个解决贫困户就业问题；开展农村实用技术培训36人次，开展就业培训135人次。不断强化村集体经济组织建设，全乡8个村成立村级集体经济发展公司，因地制宜发展产业，带动贫困户232户实现入股分红收益9万元。

【民生保障】 扎实做好疫情防控，始终保持高度重视、高度警惕、高度负责的工作态度，持续抓好外防输入工作，抓常抓细抓牢内防反弹重要环节。持续做好民生保障工作，加强对困难群众的生活保障，抓实走访慰问和帮扶工作。做好农民工转移就业、返乡创业就业和就业困难人员帮扶等工作。切实抓好安全维稳工作，坚决贯彻习近平总书记关于安全生产的重要指示精神，及时补短板、强弱项，守住安全生产底线，坚决遏制重特大事故发生。全力维护社会和谐稳定，严厉打击各类违法犯罪，切实做好信访维稳工作，努力维护好群众合法权益。

【基层党建】 加强理论武装，保持班子政治坚定。坚持高标准严要求，将思想政治建设放在班子建设首位，巩固深化“不忘初心，牢记使命”主题教育成果，落实党委中心组学习制度，认真学习和贯彻习近平新时代中国特色社会主义思想及党的十九大、十九届二中、三中、四中、五中全会和市委五届九次全会精神，进一步强化理论武装，坚定理想信念，坚决肃清孙政才恶劣影响和薄熙来、王立军流毒，拧紧思想“总开关”。牢固树立“四个意识”、坚定“四个自信”，做到“两个维护”，严守政治纪律和政治规矩，落实意识形态工作责任制，营造走马风清气正良好政治生态。全年召开党建工作专题会12次、“支部主题党日”活动12次、党员大会集体学习10次、召开支委会12次、讲授专题党课5次。强基固本，推进基层组织建设全乡8个便民服务中心附属设施建设全部完善，阵地规范化建设达到100%；量化党建考核任务，定期对党建工作实行“清单式”督查，“交叉式”检查促进工作落实，按照“一岗双责”要求，建立领导班子成员抓党建工作联系点，一对一督促各党支部主动承担党建责任和任务；定期对村“两委”班子进行回访研判，开展软弱涣散党组织整顿，对履职不力的村干部及时给予清除，对4名理想信念不坚定等党员进行教育谈话；开展无职党员设岗定责，实行结对帮扶，各村党员带头积极参与到疫情防控工作当中，让党旗在防控疫情斗争的第一线高高飘扬；不断强化村集体经济组织建设，全乡8个村成立村级集体经济发展公司，因地制宜发展产业，带动贫困户232户实现入股分红收益9万元。

【乡村振兴】 开展美丽乡村行动，打造“生态乡村”。落实保洁考核制度，清理垃圾，砍除公路两旁杂草乱枝，实现环境舒美。开展环境卫生大清扫大评比活动，深入开展环境整治和垃圾分类试点工作。坚持重点突破，严格考核督查，逐步提升农村人居环境整体水平。发展精神文明建设，打造“文明乡村”。加强农村精神文明，聚焦人民群众的需求，完善公共文化服务、加强农村道德建设、丰富基层文化活动。为乡村振兴注入源源不断精神动力和生机活力。抓实产业发展，打造“富裕乡村”。全乡中药材产业进一步扩大种植，天冬、苍术种植面积均在20公顷以上。龙胜村以“村集体经济+合作社+农户”的模式发展羊肚菌+丝瓜种植，每年能为每家贫困户带来8000—12000元的收入，成功带领村里的14户贫困户54人走向小康生活。

【生态环保】 全面加强领导，严格执行“一岗双责”责任制，狠抓环保督查问题的整改落实。广泛宣传环保知识，固定标语24幅，张贴环保小标语500余张，召开党员干部会议、群众院坝会和保洁人员会议等，开展“六五环境日”、垃圾分类、“小手牵大手，环保进家庭”等活动。大力抓环境保护，开展环境卫生整治，发现问题限时整改。加大考核力度，对8个村实行不定期考核督查。公共卫生严格实行区域清扫保洁，农户环境卫生实行“六干净一规范”，干部进村入户督促指导，农户家庭卫生大有改善。垃圾分类试点继续推进，洪家村被列为市级垃圾分类示范村，增添设施，强化分类宣传，提高群众分类意识，节约资源，为推进绿色发展作出贡献。场镇管理有力有序，场镇设施不断完善，新建、改建场镇污水管网，保证场镇污水安全有效运行，改变脏乱差现象，场镇干净有序，群众文明意识提升。农户饮水安全得到保障，乡村干部不定期对水源地开展巡查保护，对1000人以上的楼房坝村集中饮水水源地划定水源保护区，制作界桩界牌保护水源。人居环境顺利完成评估，按照市县要求开展人居环境三年行动评估工作，夯实基层工作，对全乡8各村细心指导、查漏补缺，不断加强人居环境卫生的督查整改，巩固提升全乡人居环境，楼房坝村代表全乡接受了县级评估。

石 柳 乡

【概况】 石柳乡位于彭水自治县东北部，东界黔江区黑溪乡，南接郁山乡，西临联合乡，北接连湖镇，距县城69千米。全乡辖区面积44.31平方千米，耕地面积1756.85平方千米，场镇规划面积23公顷。辖4个村、28个组；辖5个党组织，有党员192人；乡机关在职人员41人。2020年年末，户籍人口2532户11455人。全年财政总收入1320万元，为年度预算的137%。辖区内有小学2所，即石柳中心校、正洞坪村小学，石柳中心校有教职工26名，在校学生289名；正洞坪村小学有教职工5名，在校学生17名；有医疗机构7个，其中乡卫生院占地2300平方米，在编职工11名，核定床位18个，全年医疗业务总收240万元；全年出生人口90人，其中男孩45人，女孩45人，符合政策生育率84.44%。有金融机构1个，即中国邮政储蓄银行彭水自治县石柳乡营业所；有文化广场1个。

【脱贫攻坚】 2020年，石柳乡脱贫攻坚取得全面胜利，“百日大会战”“收官大决战”两战两捷，顺利通过市级脱贫攻坚成效考核和国家脱贫攻坚成效考核暨东西部扶贫协作考核，全乡建档立卡贫困户730户3235人全部实现稳定脱贫。全年用好用活扶贫资金2000余万元，完成通畅公路建设25千米、通达公路建设28千米，村民小组公路通达率达到100%、通畅率达到95%；新添置垃圾桶200个；新修建蓄水池7个；改造C、D级危房7户；发放产业直补资金92万元，惠及419余户，实现贫困户产业扶贫利益联结机制全覆盖。

【经济发展】 2020年，石柳乡经济总量持续增加。农业基础设施不断完善，全乡农村人畜饮水巩固提升工程实现全覆盖；全年种植水稻203.73公顷、玉米346.67公顷，实现产值741万元；出栏生猪6500头、肉牛569头，实现产值4753万元；种植烤烟69.67公顷，产量157吨，实现产值471万元；种植金银花53.33公顷，制作干花15吨，实现产值130万元；发展高山蔬菜253.33公顷、高淀粉红薯420公顷，实现产值8541万元。村集体经济发展态势良好，2020年村集体经济收入超过8万元。

【社会发展】 社会救助公平公开，有低保保障对象547人、残疾人220人、特困人员38人、高龄失能老人20人，全年发放低保金218万元、残疾人两项补贴合计14万元、特困人员供养金42万、高龄失能补贴1.9万元；发放民政临时救助资金21万元，惠及困难群众34人。社会保障全域覆盖，享受养老保险1473人，全年发放养老保险金241.4万元；“双拥”工作有力推进，全年发放抚

2020年7月，石柳乡金银花基地采摘

（石柳乡人民政府　供图）

恤资金、退伍士兵老年生活补助50万元；扶贫小额信贷贴息23万元，惠及贫困人口115户。教育保障力度加大，实现入学率100%，有在校就读学生734人（其中小学352人、初中135人、高中108人），学前教育儿童139人，全年发放教育补助资金188余万元，落实雨露计划资助57人11.32万元，切实减轻家庭教育负担。

【生态环保】 生态环境保护和生态文明建设扎实推进。深入开展农村人居环境综合整治，乡村两级保洁员64名，4个村28个村民小组保洁队伍全覆盖，全年发放保洁员公益性岗位工资超过77.2万元，开展卫生清洁集中宣传活动16次，人居环境综合整治8次。深入推进“厕所革命”，累计改建无害化卫生厕所641座。持续开展“最美家庭”评选活动，促进全乡群众比学赶超，共建共享文明美丽家园。大力实施村庄清洁行动，进一步完善农村生活垃圾“户分类、村收集、乡转运”垃圾收运处置体系，推进垃圾分类减量和资源化利用。持续改善环境质量，秸秆禁烧、森林防火等蓝天、碧水、净土工作常态化推进。严守耕地红线，规划建设高标准农田200公顷，进一步提高耕地利用效率。开展农村乱占耕地建房问题专项整治，严格落实“八不准”要求，全年查处违规占用耕地案件2起，有效遏制违法占用耕地行为。推深做实“河长制”“林长制”，完成人工造林46.67公顷、幼林抚育36公顷，乡、村两级河长累计巡河244人次。全面落实长江禁捕退捕任务。积极培育文明乡风，开展送文化下乡等精神文明建设活动10余次，群众精神文化生活更加丰富。积极创建文明乡村，围绕“自治、法治、德治”三治融合，坚持自治为基，进一步规范完善村规民约、村务公开、“四议两公开”等制度；坚持法治为本，深入开展法治入村组宣传活动，积极拓展治安防控体系；坚持德治为先，提升居民自我管理、自我监督意识，开展“清风常伴，廉洁齐家”家庭助廉立德活动，推行文明守礼之风，大力弘扬社会主义核心价值观和农村传统美德。

【安全稳定】 矛盾纠纷高效调解，推进信访积案“清仓见底”，定期开展房屋拆迁、涉法涉诉、劳资纠纷等方面的问题隐患及历史遗留问题排查，落实领导包案化解机制，把突出矛盾纠纷化解在源头。全年办结率100%。完善矛盾纠纷化解、重点稳控、依法处置、责任追究“四个机制”，做到有事敞开议、小事不出村、大事不出乡，确保矛盾不上交。全年矛盾纠纷，调处率100%。综治维稳持续深入，牢固树立抓稳定就是抓发展的理念，不断加大综治维稳宣传攻势，2020年全乡先后开展扫黑除恶、国家安全、禁毒防艾、打击非法集资、打击传销、打击电信诈骗等主题宣传教育活动10余次，通过召开宣讲会、发放宣传单、悬挂宣传标语等方式实现4个村28个村民小组宣传教育全覆盖，有效增强群众公共安全意识和自我防范意识。坚持群防群治，落实物防技防人防，切实维护全乡社会和谐稳定。安全生产常抓不懈，严格落实安全生产“党政同责、一岗双责、齐抓共管”责任制。7—8月，全乡迎来连续强降雨天气，乡党委政府迅速行动，全力抢险救灾，迅速启动灾后重建。扎实开展地质灾害防治，完善地质灾害防治预案，强化对地质灾害点监测监控，组织干部群众50余人开展应急演练，确保异常情况第一时间应急处置，保障群众生命财产安全。突出“五一”“中秋”“国庆”“春节”等重点时段，山坪塘、工程现场、冬季山林等重点区域定期开展安全生产大排查大整治大执法行动，发现整改问题隐患153个。全年开展道路交通综合整治行动50余次，集中整治无照驾驶、非法营运、超限超载等问题，完成道路交通路检路查登记检查车辆1584部，查处违法行为780起，接受批评教育人员800余人；开展食品经营、医用药品安全隐患专项检查50余次。全年组织驾驶员及各类安全生产人员开展集中培训374人次，提高各类操作人员安全防范能力。深入开展安全生产月宣传活动，全面普及安全常识，集中开展道路交通、建筑施工等安全宣教活动30余次、悬挂横幅35幅，张贴标语200余张，发放《致全乡人民的一封信》等宣传资料10000余份，实现乡域安全生产工作宣传教育全覆盖、常态化。

岩东乡

【概况】 岩东乡位于彭水自治县中部，东以猪头箐为界，毗邻新田镇；南部七梁子山继续延伸，紧靠万足镇；西边斜长约15千米，与汉葭街道山水相连；北以一岭之隔，与羊头铺接壤，距县城约17千米。全乡辖区面积74.06平方千米，耕地面积14.7平方千米。辖堰塘、河坝、下坝、庐山4个行政村，40个村民小组。2020年末，户籍人口3450户、10217人。

岩东乡境内有堰塘、庐山两个场镇，集镇人口1120人，机关在职人员40人。乡辖区内有小学2所，即岩东中心校、岩东乡庐山完小，在校学生165人，在职教师42人。岩东乡卫生院在编职工10人，核定床位14张，全年医疗业务总收入437万元。有金融机构1个，即邮政储蓄岩东营业所。全年信访积案、民事纠调解率和成功率均为100%。杜绝了重特大安全生产事故发生，死亡事故为零。

【疫情防控】 面对突如其来的新冠病毒疫情，尤其是作为全县唯一出现输入型确诊病例的乡镇，全体党员干部在以高度的政治责任感和使命感入户排查消毒、设卡值班值守、隔离巡查宣传，不断建立完善常态化疫情防控机制，合力打赢防控疫情阻击战，用行动诠释初心和使命。疫情后复工复产，各类重点建设项目按时启动，各家各户劳动力先后稳定就业，全乡复工复产率达100%。

【脱贫攻坚】 2020年，岩东乡认真开展精准识别和动态调整，贫困户自然增加56人、自然减少66人，完成减贫任务38户128人。扶贫项目顺利完工，涉及公路建设项目5个，建设里程23.38千米、投入资金1640余万元；涉及水利项目3个，新建水池26口、整治水池9口、新建取水口55个、管网8.9万米，投入资金378余万元；涉及公共服务项目1个，河坝村便民服务中心建设，投入资金200余万元；涉及产业发展项目3个，河坝村林药套种产业配套项目、庐山村生态蔬菜配套项目、庐山村小龙虾基地配套项目，投入资金300余万元，其中的青脆李林下药材种植基地被国家农业农村委授牌为“国家林下经济示范基地”。在此基础上，全体乡村组干部、驻村工作队、帮扶责任人深入开展“两不愁三保障”排查摸底，及时研判并实行清单式整改和动态清零，确保岩东乡顺利通过各级脱贫攻坚考核评估和验收。

【经济发展】 2020年，全乡农业总产值为1965.2万元，同比增长2%，粮食总产量1934吨，增长2.5%。固定资产投资实现1022万元。农村常住居民人均可支配收入约为1.11万元，同比增长3.1%。农业基础设施不断完善，全乡人饮工程实现全覆盖。加快土地流转，发展壮大特色产业，通过“公司+基地+农户”模式，重点打造岩东乡林药基地，因地制宜发展青脆李186.67余公顷，采取林下种植天冬、百部等中药材60余公顷，楠竹80余公顷，小龙虾基地13.33余公顷，油茶66.67余公顷，发展壮大龙头企业3个，种养殖大户2户。

【社会发展】 社会保障方面，城乡居民养老保险参保总人数达5819人，新增参保人数243人，其中低保户22人，征收基金45.3万元。养老待遇领取人员人脸、指纹认证比例达95%，城乡居民养老保险基本实现全覆盖。设立农村公益性岗位17个，协助就业局报销贫困户外出务工车票486人，金额5万余元。贫困户申请求职创业补贴259人，金额13万余元。全面完成城乡低保229户，493

人复核复查动态调整工作，按时足额发放资金340万余元，临时救助35人次，发放资金21.4万元。有效保障特困人员，实行月核查制度，发放47人特困供养资金共73万余元。及时兑现优抚政策，按月发放各种补助补贴金共计约59.4万元。落实残疾人员登记及录入工作，完成动态更新调整及精准康复，及时兑现落实“两项补贴”制度，发放残疾护理和生活补贴共计16.66万元。统计并完成全乡217名退役军人的系统登记、挂牌和慰问工作。医疗服务方面，大力促进基本公共卫生服务均等化，新农保实现全覆盖，落实计划生育政策。医疗保险参保8075人，其中低保户参保人数为473人，补贴13万余元。全年卫生扶贫救助1562人次，金额32万余元；特、慢病门诊救助353人次，救助金额约1.2万元，贫困户医疗签约服务达到100%，公共卫生服务能力和水平不断提高。教育事业方面，完成义务教育的各项目标阶段性任务，保证适龄儿童按时入学，注重师资队伍建设，教育质量稳步提高。

岩东乡岈山小龙虾养殖基地

（岩东乡人民政府　供图）

【生态环保】　生态环境保护和生态文明建设扎实推进。巩固绿化建设成果，全乡森林覆盖率约为67%。建立长效管护机制，做好天然保护林的林木管护。加强污染源的监管，开展生态环保巡查80余次，全面完成室内改厕、人畜饮水改造任务。开展环境综合整治，抓好4个村的环境连片整治，加强农村饮用水源保护、污水和生活垃圾处理，为各村设立垃圾箱、垃圾桶，落实保洁人员，做到生活垃圾及时清理，实现村容整洁美观。

【城镇建设】　随着公路建设项目的实施，全乡通村公路硬化（油化）覆盖率达100%、通组公路硬化（油化）覆盖率达95%以上；通过“两硬化”等项目的实施，全乡常居人口人行便道覆盖率达90%以上，院坝硬化覆盖率达95%以上。全乡村民住房和饮水保障实现全覆盖，村民饮水达标率为100%。全乡公共照明路灯安装数量达400盏，集镇区域和各村中心区域公共照明达到100%。生活垃圾收运规范，设置农村生活垃圾分类收集点61个，配备分类垃圾桶284个，初步形成职责到人、运转有效的环境卫生运行体系，全乡环境卫生得到全面改善。

【农旅融合】　以“生态涵养”为支撑，切实抓好农旅融合发展，通过“公司+基地+农户”模式，打造岩东乡林药套种基地，形成集生态、观光、旅游为一体的百草农庄。

润　溪　乡

【概况】　润溪乡位于彭水自治县西南部，东接黄家镇、龙塘乡，南邻大垭乡和贵州省务川濯水镇，西隔芙蓉江与武隆区浩口乡相望，北与靛水街道和武隆区文复乡接壤，距县主城49千米。全镇辖区面积10665.6公顷，耕地面积2118公顷。辖8个村；辖10个党组织，党员353人；镇机关在职人员48人，建成乡公共服务中心1个，1000平方米，便民服务中心8个，4210平方米。2020年末，户籍人口13572人，其中农业人口8016人，场镇人口5556人。全乡人均可支配收入达13652元，全年增长8%；固定资产投资初步预计全年增长7%；一般公共预算收入2340万元，税收收入210万元。

全乡多个村获得“国”字号荣誉：全国美丽

乡村白果坪村、全国宜居村庄莲花寺村、全国森林乡村樱桃井村、全国传统保护村落樱桃井村、全国乡村旅游重点村樱桃井村。

乡辖区内有中小学 2 所，即润溪中心校、龙洋完小。小学在校学生 402 人，在职教师 51 人。润溪龙洋中心医院在编职工 31 人，核定床位 40 张，全年医疗业务总收入 720 万元，其中医疗收入 180 万元。全年出生人口 106 人，符合政策生育率 100%。有金融机构 1 个，农村商业银行润溪支行。

【脱贫攻坚】 2020 年，润溪乡全面完成脱贫攻坚普查及目标任务，全乡脱贫 927 户 3608 人，群众满意度继续保持在 95%以上。坚持主要领导包片、班子成员包村、工作队驻村的制度，将责任明确到领导、具体到人头。专题组织研究脱贫攻坚工作 36 次，驻村工作队专题会议 24 次，每周召开 1 次调度会，每周印发 1 期调度令，帮助解决 8 个驻村工作队 24 名驻村队员的实际困难和问题，做到靠前调度指挥。整合资金 9600 万元，整治不安全住房 1550 户，新建人行便道 150 千米，硬化院坝 13.8 万平方米，新建人畜饮水池 156 口，安装水管 130 千米，整治和新建公路 200 余千米，新建、改建便民服务中心 8 个，卫生室 8 个，群众获得感不断提高。大力发展“一村一品”，樱桃村乡村旅游受益农户年均收入 3 万元以上；凉水村淡水养殖壮大集体经济组织，带动贫困户增收 5 万元以上；莲花寺村中药材基地惠及 58 户 220 人，年产值可达 400 万元，规模带动效应更加明显，群众幸福感不断提高。组织开展机关党员干部带着伙食进村开展脱贫攻坚“再冲锋行动”，全乡 48 名机关党员干部坚持吃在村、住在村、干在村，切实保障各项工作任务的质量和效率。

【经济发展】 2020 年，润溪乡经济形势稳中向好。全乡人均可支配收入达 13652 元，全年增长 8%；固定资产投资全年增长 7%；一般公共预算收入 2340 万元，税收收入 210 万元。农村经济总收入（农、林、牧、渔业、工业、服务业）18198.5 万元，较 2019 年增长约 5.4%。全乡发展中药材基地 200 公顷（其中：育苗基地 13.33 公顷）、广东中烟优质烤烟基地 180 余公顷、大宗油料基地 66.67 公顷、花椒基地 80 公顷、藤椒基地 25.33 公顷、优质红薯基地 133.33 公顷（正在规划建设一座小型红薯加工厂）、淡水鱼养殖基地 20 公顷、小龙虾养殖基地 3.33 公顷、丑柑 36.67 公顷、油茶种植 100 公顷、茨竹 133.33 余公顷、有机蔬菜基地 20 公顷、太空莲基地 20 公顷（其中 3.33 公顷已投产，莲子加工厂已建成投用），拓展群众致富增收渠道。农业基础设施不断完善，全乡人饮工程实现全覆盖。

【社会发展】 全面加强教育、文化、卫生、社保、民政等工作，义务教育阶段学龄儿童入学率达到 100%，教育资助实现全覆盖（含营养午餐计划）；全年资助学生 1217 人次，资助资金 173.89 万元，义务教育阶段学龄儿童入学率达到 100%。卫生健康事业深入推进，社会保障服务民生，居民养老保险参保率稳步提升，贫困户医疗保险参保率达 100%，非贫困户参保率 97.1%，大力实施乡村文化建设，充分挖掘勤俭持家、尊老爱幼、邻里团结、清正廉洁等本土民族文化，在各村居民集中居住地修建文化墙，进行广泛宣传弘扬；积极拓宽贫困劳动力就业渠道，共计推送务工信息 2000 余条，引导外出务工 1571 人，提供稳岗就业创业补贴 80 人，共计 96.182579 万元、交通补助 773 人，报销金额 109279.9 元。开发各类（生态护林员、道路维护员、河道管护员、管水员、民政协管员）公益性岗位 209 名。开发建设扶贫车间 2 个（白果坪扶贫车间、干溪村扶贫车间），带动 20 余名贫困户增收，带贫效果良好。开展贫困户技能培训 200 余人，全乡致富带头人共计 23 人，带动贫困户 72 户 317 人。深化消费扶贫，加强产销对接，通过机关食堂、超市采购、帮扶干部认购和彭水赶场、社会扶贫网等平台多渠道多方式解决500余户农户农产品滞销问题，涉及金额10余万元。兜底保障实现应保尽保，全乡低保户257户580人。重点关注收入骤减支出骤增户及其他重点人群，加大跟踪帮扶力度，持续开展动态监测，防止因疫因灾因病因突发事件致贫返贫。推动扶贫项目复工开工，优先提供要素保障支持，优化调整脱贫攻坚项目库，加快项目建设和资金拨付进度，辖区扶贫项目复工率达100%。强化金融支持，对有还款压力的扶贫小额信贷贫困农户采取延期还贷、免息等多种措施减轻压力，对有贷款意愿的边缘户、监测户提供产业发展资金支持。加大对受灾农户的农业保险理赔协调，如部分群众烤烟受灾，保险公司做相应赔付。通过应急办对受灾农户进行救灾救急，涉及金额31.32万元。

【生态环保】 生态环境保护和生态文明建设扎实推进。继续实施生态保护，组织开展“六五”世界环境日宣传活和环保“十进”活动，分村发放宣传图册25套，发放宣传资料1000多份，悬挂和刷写生态创建横幅18条，张贴标语60条，撰写环境整治黑板报10块，宣传栏9块。加大硬件设备设施投入力度，配备垃圾车辆1台，垃圾箱体8个，垃圾桶300个，50%的村推行垃圾分类工作，农村垃圾收运数量每日10余吨，实现垃圾收运全覆盖。整治重点养殖场5个，对关停的非煤矿山2家进行日常性监督管理，开展好日常饮用水源、重点养殖场等领域的巡查监管工作，全年未发生饮用水源污染和饮用水安全事故的发生。全面建立完善乡村二级“河长制”工作体系，全面落实巡河工作责任。

【城镇建设】 全乡投入上万元安装50余盏太阳能路灯并整治场镇设施设备。加强对污水处理厂的监管，按月强化各集中式水源和分散式水源的监管，确保饮用水安全。重新强化河长制，形成对巡河监管常态化机制。全年突出重点狠抓辖区内保洁工作，加强对保洁员的双向管理，对各保洁员职责进行区域划分，做到目标明确，责任明确，并多次集中组织调动全乡保洁员对重点活动、重点区域，积存垃圾进行突击治理。实现乡村主干道可视范围内白色垃圾，农村五户大院干净整洁。全乡组织较大精力开展农村人居环境进一步改造，全面实施不安全住房排查复查改造工作，使润溪人居环境工作走在全县前列。

【农旅融合】 以“生态涵养”为支撑，切实抓好特色旅游景观名镇和生态旅游镇建设，充分借助大摩围山的地理优势，重点打造和发展以黄地峡为核心的樱桃井村乡村旅游，成功打造黄地峡智慧田园，充分展现美丽润溪自然风光和独特苗乡风情，吸引游客观光体验，为扎实推进乡村振兴战略，积极发展乡村旅游产业，走农旅融合发展道路打下坚实基础。全年游客接待量超过10万人次，全乡多个村获得“国”字号荣誉，即：全国美丽乡村白果坪村、全国宜居村庄莲花寺村、全国森林乡村樱桃井村、全国传统保护村落樱桃井村、全国乡村旅游重点村樱桃井村。

棣 棠 乡

【概况】 棣棠乡位于彭水自治县北部，东临普子镇，西靠丰都县都督乡，南靠龙射镇，北接太原镇和石柱县，距县城48千米。全乡辖区面积90.79平方千米，耕地面积23.44平方千米，林地面积62.83平方千米，场镇规划面积0.1平方千米。辖4个村，6个党组织，有党员263人；乡机关在职人员38人。建成便民服务中心及附属设施4个，面积7100余平方米。2020年末，户籍人口12148人，其中农业人口10832人。全年财政收入1457.15万元，为年度预算的178%，其中公共财政收入2631万元，为年度预算的151.7%。农民人均纯收入1.2万元。

乡辖区内有学校2所，即棣棠乡中心校、棣棠乡幼儿园。在校学生451人，在职教师39人。棣棠乡卫生院在编职工13人，核定床位20张，全年医疗业务总收入257.6万元，其中医疗收入167.1万元。全年出生人口58人，符合政策生育率100%。有金融机构1个，即农村商业银行彭水支行棣棠分理处。

【脱贫攻坚】 2020年，棣棠乡坚持以习近平新时代中国特色社会主义思想为指导，深入贯彻落实党的十九届二中、三中、四中、五中全会精神和市委五届九次全会精神，不断巩固“不忘初心、牢记使命”主题教育成果，持续实施精准方略，精准施策、精准发力、攻坚克难，全面实现脱贫目标任务。深化产业扶贫，用好用活精准扶贫贷款972万元和产业扶贫资金89万元，帮助375户贫困户发展种植、养殖和个体经商等产业，户均增收5000元以上，帮助贫困户脱贫越线。深化就业扶贫，召开现场招聘会1场，积极申报公益性岗位143人，帮助贫困人员实现就业增收。深化消费扶贫，完成“832”扶贫电商平台交办任务，实现财政供养人员购买贫困户农产品20279元。深化医疗扶贫，实现全乡贫困人口医疗保险、养老保险100%保障，贫困人口医疗费用报销90%。

2020年9月30日，棣棠河大桥通车仪式

（棣棠乡人民政府　供图）

深化生态扶贫，全面完成2020年国土绿化提升行动、农村集体经济产权制度改革工作，落实耕地地力补贴156.5万元、生态公益林补偿103.4万元。抓实人居环境整治“最后一公里”，完成危旧房改造99户。完成通畅公路建设13千米，通达公路建设4.4千米，新建塑胶运动场2个，建成棣棠河大桥、元田大桥，完善安置点后续基础设施。2020年，圆满完成国家、市级、县级各类脱贫攻坚普查、考核，有序开展第七次全国人口普查工作，共计实现脱贫20户56人。

【经济发展】 2020年，全乡实现固定资产投资916万元；农业粮食产量6746吨；烤烟发展133.33公顷，产值达580万元；稳步发展生猪、肉牛、山羊、家禽等畜牧产业。不断完善农业基础设施，不断巩固全乡人饮工程全覆盖，积极创新谋划集体经济发展路子。加快土地流转，种植中药材等特色产业，拓展群众致富增收渠道。

【社会发展】 疫情防控方面，坚持“外防输入、内防反弹”防控策略，开展三轮全覆盖入户排查，累计排查61063人次，排查重点地区到彭返彭人员125人次、其他地区返乡人员1399人次，全乡无疑似病例发生。社会保障方面，全年全乡享受奖励扶助政策179人，新增享受人员15人，1.2万人建立城乡居民医疗保险信息档案，城乡居民参保率达95%以上；养老保险征收64.374万元，超额完成县上下达目标任务。民政救助方面，全年新增低保14户35人、五保2人；发放低保、特困、孤儿补助资金142.5万元、价格补助资金5.56万元；临时救助8人，补助资金24828元；新换第三代残疾证41人；核发残疾人两项补贴11.16万元；发放高龄失能补助9600元；为全乡57人特困群众送衣物57套，为残疾人送生活用品130份，为全乡退役、现役军人家庭送慰问品277份。医疗服务方面，大力促进基本公共卫生服务均等化，新农保实现全覆盖，新型农村合作医疗保险参保人数9722人，缴纳232.1万元，政策减免2525人（其中残疾53人，独生子女147人，低保及退役军人238人），让农民真正得到实惠。教育事业方面，完成2020年义务教育的各项目标阶段性任务，保证适龄儿童按时入学，注重师资队伍建设，教育质量稳步提高。文化事业方面，推进乡村图书室定点开放，借阅图书485册；新建塑胶运动场2个，丰富群众业余生活；高度重视文化保护工作，完成文物巡察28次，启动黄泥村弹子峡传统村寨保护工程。全面完成农村集体经济产权制度改革工作，兑现耕地地力补贴156.5万元、生态公益林补偿103.4万元，申报农机购置补贴35台28800元。

【生态环保】 生态环境保护和生态文明建设扎实推进，巩固绿化建设成果，全乡森林覆盖率70%以上。建立长效管护机制，做好天然保护林的林木管护；抓实国土绿化提升行动，完成造林156.7公顷。开展环境综合整治，实施垃圾分类管理，抓好4个村的环境连片整治，加强农村饮用水源保护、污水和生活垃圾处理，为各村设立垃圾箱、垃圾桶，落实保洁人员，做到生活垃圾及时清理，实现村容整洁美观。对硬化道路、河岸进行绿化美化，对干溪坝、安置点硬化道路进行四旁植树栽植紫薇5600株（共计6.67公顷）；对棣棠河两岸进行国土绿化提升，栽植垂柳3000株（共计333.33公顷）；对安置点周边进行美化提升，栽植红枫200株。进一步规范、便捷群众零星树木、林地林木采伐审批程序，强化对生态护林员的跟踪管理。

【城镇建设】 以建设“集镇建设先行乡”为目标，立足城乡面貌改善，加快小城镇基础设施建设步伐，完善城镇功能，完成场镇规划编修。完善牌楼村易地扶贫搬迁安置点建设，建成棣棠河大桥，场镇发展方向不断延伸。积极推进场镇规范化管理，规范场镇摊位摆设，规范农贸市场管理，规范场镇停车管理，落实场镇保洁员、市场管理员，构建畅通整洁场镇。

【民生工程】 棣棠河大桥是群众期盼已久的民心工程，投资1240万元，长152米、宽9.5米，在县委、县政府的支持下，在县级各部门的帮助下，在乡党委、政府的积极行动下，在全乡父老乡亲的配合下，在施工单位的辛苦付出下，于2019年11月进场施工，2020年9月建成，在新中国成立71周年之际举行通车仪式，并正式投入使用。它的建成拉近了两岸发展距离，直接解决了两岸区域内群众出行问题，扩展场镇发展，是安置点搬迁群众的一条便利通道，是连通两岸经济发展的一条重要通道。元田大桥，在乡党委、政府的积极协调配合下，在牌楼村两委的支持努力下，于2020年7月建成通车。两座大桥的建成，直接构建起棣棠乡城镇外部环道，极大地减缓城镇交通压力。

乔 梓 乡

【概况】 乔梓乡位于彭水自治县东南部，距县城34千米，距渝襄高速公路保家互通14千米，距渝怀铁路彭水站25千米，交通方便快捷。全乡辖区面积64平方千米，辖5个行政村。海拔高度在700—1200米之间。乔梓乡自然风光秀美，气候宜人，有丰富的植被资源，有圣水洞、仙人洞、神仙岩、长寿山等景点，有上千亩经济林观光片区，更有丰富的有益长寿健康的富锶水资源，境内长寿村六组更有一个院子百年间出了6位百岁老人，被称为“长寿堂”，北京电视台和中央电视台、重庆电视台等相关媒体多次做过详尽报道，在全国引起较大反响。乔梓乡以境内丰富的富锶水资源为载体，全力做大做强长寿水产业，太极集团开发的“太极水”畅销全国，远销东南亚等地区，康百矿泉水公司开发的“巴山蜀水”也畅销全国各地。同时全力打造中药材种植基地，进一步加快发展生态旅游和生态工业产业，全力打造以“康养”为主题的乡村旅游产业。

乡辖区内有小学2所，即乔梓乡中心小学校，在校学生364人，在职教师35人；乔梓乡高龙完小，在校学生160人，在职教师15人。乡中心医院在编职工12人，核定床位20张，全年医疗业务总收入394万元。全年新出生人口133人，符合政策生育96%。有金融机构1个，即农村商业银行彭水支行乔梓营业所。

【脱贫攻坚】 2020年，乔梓乡全面完成脱贫任务。全乡共有农户3472户11744人，其中建档立卡贫困户752户3071人。建立防止返贫监测和帮扶工作机制。2020年，全乡脱贫监测户已消除风险24户94人，未消除风险1户1人，边缘户已全部消除风险。全面完成2020年度4户危房改造任务（其中建卡贫困户2户，一般农户2户；C级3户，D级1户），并将住房安全排查纳入常态化工作。同时实现饮水安全全覆盖并全面完成管护制度的建立，“两不愁三保障”突出问题实现动态清零。全力抓好易地扶贫搬迁工作，完成易地扶贫搬迁41户173人，其中分散安置26户118人，集中安置15户55人。积极落实小额扶贫贷款政策，全年共放贷7户发放贷款35万元，小额扶贫贷款政策实施解决部分困难群众发展产业无资金的难题，带贫减贫成效显著。基础设施实现质的提升，全乡公路建全长60.418千米，实现村通畅100%，组通达100%。

【经济发展】 2020，全乡经济运行一度受疫情影响，但总体发展态势平稳，完成了既定目标。2020实现社会生产总值3.6亿元，同比上升2%。其中，工业总产值1.1亿元，同比下降1%；农业总值2.5亿元，同比增长3%。农业产业稳步发展，扎实开展各项工作。全乡完成种植水稻166.67公顷，种植油菜333.33公顷，同时还大力种植玉米、红薯等传统粮食作物，传统农业得到稳步发展。发展种植前胡68.67公顷，涉及种植农户333户，其中建卡贫困户194户、低保户21户，实现家庭纯创收5000元以上。发展特色效益农业，2020年全乡共申报特色效益农业、农业项目5个。及时兑现产业到户补助政策，共761户贫困户计划实施产业增收（养殖生猪、肉牛，种植中药材、红薯等），验收合格共505户，合计1072772元，实现户均增收2000元以上。大力发展绿色生态环保工业，工业产业发展实现稳中有进。太极二期项目水管安装工程全面完成，太极阿依达泉水有限公司和康百矿泉水与有限公司在政府的科学引导下顺利复工复产，其中太极阿依达泉水有限公司实现年产值8000万元；康百泉水有限公司实现年产值1800万元。

长寿糯米包装阶段

（乔梓乡人民政府　供图）

【社会发展】 社会保障方面，2020年全乡应缴纳社保费人数为3304人，实际缴费人数为2381人，缴费金额为62万元，应缴未缴共923人，新参保171人。其中参加养老保险建档立卡贫困户1203人，参保率达100%。医疗保障方面，全乡应参保任务数9979人，实际参保2569户9979人，参保率达100%，其中贫困户758户3071人，建卡贫困户等特殊困难群体参保率达100%。社会民生方面，全乡全年临时救助61户116人，救助资金218935元；按照应保尽保、规范运作、分类施保、动态管理的要求，对全乡未脱贫的24户89人收入不达标的人员已全部纳入低保兜底，2020年新增低保17户53人；全力做好特困供养工作。全乡共有分散供养特困人员68人，其中集中供养人员2人，分散供养人员66人；全力做好福彩圆梦工作，为全乡唯一一名年满18周岁的孤儿办理福彩圆梦资助，每月800元及低保540元，帮助其完成大学学业。

【生态环保】 大力推进农村环境卫生治理，对2019年纳入垃圾分类的合心村、长寿村两个示范点进行进一步宣传引导，提升农户垃圾分类的意识及环保意识，计划到2021年实现5个村垃圾分类全覆盖。全力推动污染防治工作，加强企业、畜禽养殖、矿山、采石（沙）场的清理整治工作，最终实现环评三同时全覆盖、排污许可证全覆盖、风险防范全覆盖、环境监管全覆盖。严查环境违法行为，对污染环境的行为实行零容忍。2020年处理环保投诉案件3例，及时化解矛盾纠纷，环境卫生得到改善。严防饮用水源污染，按照统一领导、分级负责、快速反应、措施果断、加强合作的原则，规范和加强相关部门对饮用水源的保护及突发事件应急处置工作，确保全乡饮用水源安全，全年水源地巡护55次，送检2次，完成县考核日常目标考核，保障场镇居民及群众饮水安全。扎实推进河长制工作，因地制宜出台工作方案和“一河一策”实施方案，精准落实主体责任和监管责任。进一步完善“一河（库）一档”资料，夯实工作基础，推进河长制信息化建设，加大巡河力度。未发现河流重大污染行为。

【城镇建设】 在县委、县政府的领导下，深入贯彻党和国家有关城镇化建设工作的方针政策和法律法规，切实确保城镇化建设的科学性和合理性。2020年购置垃圾箱体6个和垃圾桶290个，进一步完善垃圾分类工作，场镇环境卫生得到进一步提高。更换场镇太阳能路灯110盏，场镇街道亮化工程得到进一步提升。移民安置点全面建成入住，新建停车场全部投入使用，场镇功能更加科学合理。

【农旅融合】 2020年，乔梓乡以“康养”为主题，切实打好“长寿牌”，壮大发展特设效益农业，形成以前胡中药材为主导产业，蒲公英茶、长寿糯米、生态小龙虾等特色效益农业同步发展的良好产业格局。为进一步拓宽群众增收渠道，为实现高质量脱贫奠定坚实基础。全年共发展种植前胡68.67公顷，涉及种植农户333户，其中建卡贫困户194户、低保户21户。通过公司+专业合作社+农户的模式进行种植，并实行订单保底收购。前胡亩产达到500千克以上，实现家庭纯创收5000元以上。同时金光村依靠“一村一品”蒲公英茶专业合作社，通过最新技术林下育种蒲公英基地33.33公顷，每公顷生产蒲公英茶叶750千克左右，全年实现产值70万元以上，净利润达到22万元。带动贫困户13户，实现户均增收5000元以上。水花村利用得天独厚的自然资源，持续发展长寿糯米种植，通过农户种植，合作社统一收购，进一步拓宽贫困户收入渠道。2020全乡共发展糯米13.33公顷，参与农户35户，其中建卡贫困户17户，糯米产量2000余千克，达到产值28万余元，实现户均增收2000元。长寿糯米受到的广泛好品和客户的青睐，长寿糯米已成为乔梓最为重要扶贫产业之一。

龙 塘 乡

【概况】 龙塘乡位于彭水自治县西南部，东北起黄家镇，东与贵州省务川县茅天镇接壤，南与贵州省务川县濯水镇接壤，西靠润溪乡，北临靛水街道，距县城53千米。全镇辖区面积81.02平方千米，耕地面积12.97平方千米，林地面积44.67平方千米，森林覆盖率达62.5%。辖8个村，58个村民小组；辖9个党组织，有党员245人；乡机关在职人员39人。建成镇公共服务中心1个、120平方米，便民服务中心8个、2312平方米。2020

年末，户籍人口8044人，全年财政收入1142.4万元，农民人均可支配收入8000元。

乡辖区内有中心校、卫生院、金融机构（重庆农村商业银行龙塘乡营业所）、烟草点各1个。中心校在校学生224人，在职教师20人。龙塘乡卫生院在编职工12人，核定床位14张，全年医疗业务总收入239.83万元。

【脱贫攻坚】 2020年，龙塘乡推进“造血”扶贫向纵深发展，将个体精准扶贫与产业扶贫相结合，精准施策、精准发力。通过“公司+专业合作社+农户”方式，着力产业转型，在双龙等7个村发展核桃266.67公顷，在双星村发展车厘子53.33公顷，在双星村发展红薯33.33公顷。改建场镇至川岍公路，启动石院、黄金、桃子、桃园、石园等通畅公路建设，维修整治双星、黄金、白金等村通达道路，新建通畅公路32.63千米，村通畅率100%。全乡共有蓄水池122口，2020年新建取水口4处，维修和新安装管道5000余米，解决全乡广大群众饮水难问题。全乡完成“三改”90户，其中，实施不安全住房整治46户、改厕38户、改厨6户。贫困群众均住上了安全住房，人居环境得到大幅度改善。2020年，全乡700户2571人建卡贫困户全部实现脱贫。

2020年12月6日，县委书记钱建超（前排左二）到龙塘乡调研脱贫攻坚工作

（龙塘乡人民政府　供图）

【经济发展】 2020年，龙塘乡按照“一乡一园，一村一品、一户一产业”的发展思路，发展新兴产业，建立脱贫长效机制。巩固烤烟种植产业，每年种植266.67公顷以上，保持年均产量达45万千克以上，产值1300万元以上，带动130户贫困户增收。发展辣椒产业，每年保持种植辣椒200余公顷，组建2个辣椒专业合作社，保持年均产值700万元以上，带动120户贫困户增收。打造九竹坎生态农业观光园，发展高山蔬菜133.33公顷、中药材黄精66.67公顷、脆红李13.33公顷，项目涉及桃园村和桃子村。发展食用菌种植示范基地，成立竹荪专业合作社种植，建立竹荪示范基地，在桃园村种植竹荪年均不少于3.33公顷。完善专业合作社，壮大集体经济发展，以石院村带头示范，发展前胡、苏麻、青菜、生态猪等增收产业。以“公司+专业合作社+农户”的模式，在双龙等7个村发展核桃266.67公顷，在双星村发展车厘子53.33公顷，在双星村发展红薯33.33公顷。以龙虎水库为中心，在白金村发展脆红李66.67公顷，楠竹33.33公顷。在石园村发展脆冠梨66.67公顷，发展油樟80公顷。打造龙塘乡世外桃源田园综合体，在桃子村、桃园村发展黄金桃。完成336.67公顷国土绿化，33.33公顷退耕还林工作。

【社会发展】 2020年，龙塘乡不断强化社会保障体系，及时落实各项民生政策。社会保障方面，7178人建立城乡居民医疗保险信息档案，城乡居民参保率达93.11%。全年发放灾害防治及应急管理资金8.72万元，打卡发放农村、城镇低保金112.9万元，发放临救资金13.12万元，发放经济困难的高龄失能人员3.12万元，发放特困供养对象57.64万元，发放孤儿1.51万元，发放事实无人抚养儿童1.44万元，发放60周岁以上的农村籍退役士兵生活补助4.69万元，发放春荒救助1.3万元。医疗服务方面，大力促进基本公共卫生服务均等化，新农保实现全覆盖，新型农村合作医疗保险参保人数7178人，政策减免2766人，医疗报销170.90万元，让农民真正得到实惠。教育事业方面，完成2020年义务教育的各项目标阶段性任务，保证适龄儿童按时入学，做好“希望工程圆梦行动”，核实建档立卡贫困家庭子女入学情况，帮助落实建档立卡贫困大学生学费资助91人次，建卡贫困户大学生生源地助学贷款38人次，学前教育资助128人次，义务教育阶段资助551人次，贫困高中生补助58人次。

【生态环保】 生态环境保护和生态文明建设扎实推进，启动农村环境卫生提升行动和垃圾分类行动，对各村环境卫生治理签订责任书，建立环境卫生分片责任制度；全覆盖式开展普及“垃圾分类治理”等工作，形成村与村比干净，村与村比发展的良好氛围，全乡环境得以靓化美化。加强生态扶贫，开发农村非全日制公益岗位21名，生态护林员岗位62名，用于农村环境卫生和生态保护工作。加强农村饮用水源保护、污水和生活垃圾处理，为各村设立垃圾箱、垃圾桶，落实保洁人员，做到生活垃圾及时清理，实现村容整洁美观。

【政务公开】 开办龙塘乡《昨日要情》，按照便利、实用、有效的原则，创新政务公开的新载体、新形式，使政务公开的形式呈现多样灵活。把《昨日要情》列为公开信息的重要途径，开设政务信息、信息摘登、信息刊登、领导行踪等栏目。以《昨日要情》为载体，公开政务信息，公示领导行踪，公布工作安排，通报近期工作开展情况。全年共发布要情105期，其中疫情防控要情48期，脱贫攻坚要情57期。通过推行昨日要情制度，增加政府工作透明度，监督和制约行政权力的运行，促进廉政勤政建设。

联合乡

【概况】 联合乡位于彭水自治县东北部，距县城61千米。全乡辖区面积59.87平方千米，耕地面积1845.33公顷，场镇规划面积0.45平方千米。辖4个村25个村民小组；辖6个党组织，有党员254人；乡政府机关在职人员37人。乡公共服务中心1个、50平方米，便民服务中心4个、1200平方米。2020年末，户籍人口14109人，其中农业人口12989人，场镇人口1120人。全年财政收入1310万元。农民人均纯收入11187元。

乡辖区内有中心小学1所，村级小学3所，即联合中心校、三门小学、石柱小学、茨坝小学。中小学在校学生753人，其中幼儿班142人，在职教师56人。联合乡卫生院在编职工12人，核定床位20张，全年医疗业务总收入141万元，其中医疗收入81.5万元。全年出生人口64人。有金融机构1个，即农村商业银行彭水支行联合分理处。全年信访积案、民事纠调解率和成功率均为100%。杜绝了重特大安全生产事故发生，死亡事故为零。

【脱贫攻坚】 2020年，联合乡推进“造血”扶贫向纵深发展，将个体精准扶贫与产业扶贫相结合，精准施策、精准发力。用好用活精准扶贫贷款267.29万元和产业扶贫资金158.166万元，帮助412户贫困户发展种植、养殖和个体经商等产业，户均增收4500元以上，帮助贫困户脱贫越线。充分发挥资源优势，致力打造“一村一品”产业发展格局，发展农村增收产业。培植扶持烤烟等主导产业，打造青脆李、红豆杉等区域特色产业，逐步形成具有市场竞争力的产业带，提高农业效益。全乡种植烤烟60.67公顷、高淀粉红薯333.33公顷，红豆杉、油茶、清脆李等经济林累计栽植面积达666.67余公顷，中蜂保有量600群，生猪出栏10396头、存栏3872头、山羊出栏

816只、存栏664只、肉牛出栏340头、存栏841头、家禽出栏27677羽存栏35505羽。

落实低保兜底保障措施，精准安排公益岗位，群众的不愁吃不愁穿问题得到全面解决；对全乡所有农房进行鉴定排查，对排查出来的3户不安全住房全部整治到位；全年新建和维修整治水池容积4655立方米，强化管护，巩固提升2817户13402人饮水安全问题，实现居民饮水保障安全全覆盖；对出现的暂时辍学适龄儿童，落实劝返入学、送教上门、办理延缓入学等方式，确保无一适龄儿童因贫困而辍学，全面落实教育资助政策；实现建卡贫困户基本医疗保险应保尽保，落实医疗签约服务，有效遏制因病致贫、因病返贫问题；推进各级脱贫攻坚巡视、审计、考核、市纪监委反馈问题的整改，建立问题台账、落实整改责任、细化整改措施，限时推进问题整改，应完成整改问题全面整改到位，推进整改问题取得阶段性成效；全年完工8条通畅公路、产业路建设，有序推进2条通畅公路和1条通达公路建设，完工2处人畜饮水工程，修建完工一批灌溉设施；制作政策宣传栏6期、宣传横幅20余幅，讲身边的志智双扶典型事例，开展“五好家庭”评选、乡风文明评比表彰、感恩党教育等活动；开展就业创业培训5期，加强技能培训；加强扶贫对象动态管理，精准识别、动态管理建档立卡贫困户，精准扶贫对象，做好贫困户基础信息核实、采集、更新、录入等，完善档案资料，全面准确掌握扶贫对象信息。建卡贫困户778户3188人全部脱贫，消除边缘易致贫14户46人和脱贫不稳定16户54人的致贫返贫风险，脱贫成果得以进一步巩固，脱贫质量得到不断提升，全乡顺利通过国家脱贫攻坚普查，历史性消除了绝对贫困。

【经济发展】 2020年，全乡工业总产值6000余万元。辖区内非公有制企业17个。农业总产值2535万元，粮食总产量5500吨。

农业基础设施不断完善，完工4处人畜饮水工程，修建完工一批灌溉设施，全乡人饮工程实现全覆盖。积极推进河东村“公司+农户”生态猪养殖模式，引导群众自愿参加，发展生态猪养殖21户，其中建卡贫困户7户；蔡家坝村的柑橘基地、河东村的柑橘基地和花卉苗木基地、同连村的阿依林海乡村旅游基地、龙池村的土鸡养殖等示范基地带动效应开始显现；在红薯、烤烟等产业上，大力推广订单帮扶，覆盖贫困户76户，重点在经济林产业上推广土地入股分红利益联结方式，覆盖贫困户76户；积极动员贫困户发展适合的产业，发放产业到户补助资金403户791660元；依托退耕还林政策在蔡家坝、龙池村、河东，栽植柑橘、柚子、核桃、板栗、李子等266.67公顷；利用河东村平坝和半山的优势，引导返乡农民工李建义组建渝宏青脆李种植股份合作社（16户建卡贫困户入社），种植34.2公顷青脆李。

全力抓好畜牧业。实施养殖补助类项目9个，产业补助类项目3个，圆满完成全年畜牧生产的各项任务，全乡生猪存栏3872头，牛存栏841头，山羊存栏664只，禽存栏35505羽，蜜蜂600群。全年出栏生猪10396头、价值6237.6万元，肉牛340头、价值289万元，山羊816只、价值179.52万元，禽27677羽、价值221.4万元，蛋117吨、价值351万元，蜂糖3.65吨、价值94.9万元。加强非洲猪瘟检查排查，设置非洲猪瘟临时检查点，实行24小时值守，严禁外乡生猪、猪肉入境；全面开展辖区内生猪养殖大户、生猪养殖场排查，以便及时发现并处置猪瘟疫病；与辖区内的部门食堂、餐馆全部签订禁止餐厨剩余物饲养生猪的承诺书，以减少非洲猪瘟传播途径，确保辖区内猪瘟疫情零发生。

【社会发展】 扎实推进民政救济工作，落实五保、低保、优抚对象、孤儿救助等各项惠民政策。集中供养老人3人，保障五保户老有所养。严格有序地开展城乡居民最低生活保障工作，对辖区低保对象实行动态管理。全乡在册农村低保共有

643人，全年累计发放低保金279.145万元；在册城镇低保共有19人，全年累计发放城镇低保金11.974万元。全乡在册优抚定补人员62人，累计发放定补资金171.9805万元。孤儿供养3人4.5216万元。

健全社会保障体系，2020年征收医保基金210.7375万元，新增参保人员488人；全面开展养老保险领取待遇人员人脸、指纹信息比对工作，已采集、比对养老保险居民2180人，清理重复、死亡领保人员12人；扎实开展农村小额人身保险工作，参保34份，征收保费1360元；完成2020年度养老保险征收任务，参保人数为2282人、完成缴费84.93万元（征收计划为80万元）；新增参保人数228人；设立农村公益性岗位51个，转移就业贫困户428户；设立城镇公益性岗位1个，解决大学生就业1人。强化计生工作，农村计划生育奖扶、特扶申报，年审率达100%，全年全乡新增奖扶人员1人，奖扶人员69人。全年办理生育服务证52件。

烤烟种植

（联合乡人民政府　供图）

【生态环保】 生态环境保护和生态文明建设扎实推进，成立2020年联合乡森林防火工作领导小组，与各村签订森林防火、森林资源保护目标管理责任书；制定森林防火预案、森林资源管理制度；对4棵古树建立台账，录入古树名木电子信息系统上报，同时加强对野生动物、古树名木的宣传保护力度，坚决打击乱捕滥猎、乱砍滥发等违法行为，有效地保护生物物种多样性；加大森林病虫害监测力度，积极开展松材线虫病普查工作。同时植树造林，还原生态清新之美。积极开展国土绿化提升行动，依托退耕还林政策在同连村、龙池种植红豆杉、油茶、花椒等411.47公顷。实施“四旁植树”13.33公顷、幼林抚育295.07公顷。切实开展郁江流域面源污染治理，建设水肥一体化设施28.47公顷（3个区域）；秸秆堆沤池6座45立方米，农业废弃物田间收集池3座22.5立方米，秸秆粉碎机30台，太阳能杀虫灯93座，垃圾转运集装箱60个，垃圾收运车2辆，农村生活污水处理站3座生态沟渠568米、蓄水池3座600立方米。全面推行乡、村两级河长体系建设，落实最严格水资源管理制度，严守“三条红线”，严格水域岸线水生态空间管控。2020年，河长巡河发现问题4个，全部及时整改，任务处置完成率达100%。开展环境综合整治，强化宣传引导，建立乡、村、组、户环境卫生保洁责任制，加大日常保洁力度，农村环境卫生明显改善。在蔡家坝村垃圾分类示范点建成的基础之上，积极规划河东村垃圾分类示范点建设；新购置垃圾箱体3个、垃圾桶50个，保证全乡生活垃圾得到集中处理；完成蔡家坝村场镇的污水管网增设4000米，确保场镇200余户居民产生的生活废水得到全部处理；切实开展污水偷排直排整治，持续打好蓝天碧水保卫战；扎实开展矿山整治修复行动，关闭露天采沙场1家。整合公益性岗位人员分“辖区”开展环境卫生整治，巩固提升环境卫生整治成效。以河长制为支点，开展水污染防治行动。全面开展“清河一号”行动，对河流水面垃圾、漂浮物进行专项治理，开展河道清理12次，河流水质持续好转。以露天焚烧监管为目的，加强日常巡查检查。现场动态巡查和告诫100余次。

【城乡建设】 立足乡村面貌改善，加快基础设施建设步伐，完成河东村6组渝宏青脆李种植专业合作社产业路3.533千米、同连村7组红豆杉产业基地产业路4.305千米硬化。完工河东村6、7组后扶公路2.456千米硬化。完成全乡4个村的绿色示范村建设，进一步提升形象。完工202户旧房整治提升，群众幸福感不断提升。

芦塘乡

【概况】 芦塘乡位于县城东北部，西、南两面与保家镇接壤，北邻普子镇，东连郁山镇、联合乡，距县主城56千米。全乡辖区面积52.25平方千米，耕地面积24.67平方千米，场镇规划面积3平方千米；建成区面积0.91平方千米。辖5个村，辖6个党组织，有党员229人；乡机关在职人员33人。建成文化站563平方米，议事大厅226平方米，塑胶篮球场472平方米，幼儿园建设753平方米。2020年末，户籍人口8281人，常住人口4040人，其中农业人口7804人，场镇人口477人。本级财政收入96.4万元。农民人均纯收入11636元。

镇辖区内有中小学3所，即芦塘乡中心校、星光村小、天落水小学。在校学生共326人，在职教师37人。芦塘乡卫生院在编职工13人，核定床位15张，全年医疗业务总收入298万元，其中医疗收入170万元。全年出生人口61人，不符合政策生育9人，符合政策生育率85.2%。有金融机构1个，即重庆农村商业银行芦塘分理处。

【脱贫攻坚】 2020年，芦塘乡抓脱贫、补短板、增实效。历史性消除了绝对贫困，全乡深入实施脱贫攻坚总攻十大专项行动，深化东西扶贫协作，全乡601户贫困户2504名贫困人口实现脱贫，高质量通过国家脱贫攻坚普查，有效巩固脱贫成果，“两不愁三保障”突出问题动态清零，为巩固拓展脱贫攻坚成果与乡村振兴有效衔接打下坚实基础。集体经济提速提质，全乡树立“一盘棋”思想，全面消除村集体经济“空壳村”，鞍子岭村芦康酒厂建设规范并合法生产经营，实现业务拓展，产品分红；板栗村经营的供销合作社资产添置，服务功能，经营格局逐日形成；坡坪村生态养殖合作，资产运营初显成效；乐园村、星光村利用农村“三变”改革政策资源，劳务协作取得初步成效。全乡“公司+村集体经济+农民专业合作社+农户”的运作模式初步形成，为有效探索农村集体经济发展，利益联结，培育农村新的经济增长点贡献智慧和力量。

2020年，芦塘乡芦康酒厂分红仪式

（芦塘乡人民政府　供图）

【经济发展】 全年固定资产投资稳定在6000万元以上。地区生产总值1.2亿元，一般财政收入950万元，本级财税收入完成96.4万元。当地银行存款余额12272万元，比2019年增长7.8%。贷款余额476万元，比2019年增长13.33%。人均粮食占有量稳中有增，人均纯收入增长11636元，同比增长9.7%。

农业基础设施不断完善，全乡建成人饮提升全覆盖工程64口和季节性缺水应急工程12口，安装饮用水管道180千米，农村饮水得到全面保障。坚持“一村一品”发展思路，优化产业结构，特色高效农业加快发展。种植烤烟128.67公顷、产量3800担，种植西瓜100公顷、高粱13.33公顷、中药材20公顷、辣椒13.33公顷，有效管护柑橘柚等经果林320公顷和红豆杉333.33公顷，传统粮食作物种植及粮食供给结构保持稳定。新培养规模养殖户21户，全年出栏牲畜3660头，常年存栏量在4000头以上，畜牧产业保持稳定增长势头。

集中安置点菜园地

（芦塘乡人民政府　供图）

【社会发展】　就业创业服务再创新高，农村贫困劳动力转移就业1125人，技能培训146人次，开发公益性岗位安置就业115人，其他渠道帮扶就业16人。城乡居民养老服务水平不断提升，城乡居民养老保险工作建立完善数据库，基本实现数据化智能化管理，极大提高政府服务效率。农村医保参保意识逐步提高，卫生事业得到持续发展。社会事业全面进步，教育均衡发展得到持续巩固，民政资金按时发放，确保不多发、不漏发。2020年，累计发放临时救助302090元，救助困难群众170户；开展春节国庆重要节日慰问，慰问低保、特困、孤儿、优抚对象983人次，发放慰问金73520元；结合脱贫攻坚兜底保障工作实际，新增低保32户59人，退出低保8人，发放低保救助金共计1744896元；救助孤儿1人，发放救助金15072元；特困供养74人，发放特困资金741202元；关心关爱高龄、残疾等弱势群体，全乡动态更新调查残疾人221人、高龄失能26人，发放资金64800元，重度智力残疾9人、发放资金4050元；残疾人两项补贴166人，发放资金共计138120元。慰问贫困残疾人4人，发放资金1400元；帮扶贫困残疾人10户，发放资金25200元，困难群众生活得到基本保障。社会治理体系更加完善，第七次全国人口普查登记顺利完成。民事纠纷调处机制约束有力，社会稳定形势研判精准有效，扫黑除恶专项斗争深入开展，重点人员管控切实有效，法治建设全面加强，平安建设成效明显。安全工作再摘桂冠，深入开展道路交通、建筑施工、地质灾害、食品药品、煤矿及非煤矿山、消防及森林防火等领域专项整治，依法稳妥地处理“6·28”煤矿自然灾害事故，有序淘汰落后产能芦塘煤矿，积极稳妥安置煤矿矿工，年度考核被评为安全生产先进单位。

【生态环保】　2020年，全乡环境保护工作，坚持以环境保护服务和优化经济发展为主导，围绕从源头抓起、从基础抓起，严格控制，重点治理，着力抓好环保机构能力建设、宣传教育、基础工作、环保“四清四治”、环保“五大行动”、环境安全、生态村创建等工作，不断完善工作机制，改善生态环境、人居环境，全面推进生态文明建设，通过《武陵都市报》、《彭水日报》等媒体，以及书写标语、办板报、印发传单等多种形式，在群众中广泛开展环境保护宣传教育活动，抓好文明单位、文明村、文明窗口等建设，全乡累计评选出优秀基层党组织3个，优秀共产党员15个次，优秀乡干部9人次，优秀村干部18人次，文明示范户486户，遵纪守法户417户，计生“三结合”户39户，环境卫生达标户812户。以“阿依林海”景区为载体，把深入推进造林绿化工程作为调整产业结构、优化生态环境的重点来抓，栽植红豆杉200公顷、桃树33.33公顷、柑橘100公顷，种植行道树200余株，实施退耕还林166.67公顷，石漠化治理133.33公顷，严格环保审批，有效控制新增污染源。严厉打击非法排污行为，近年来共关闭煤矿3家，淘汰落后产能50万吨。投入200万元用于农村改厕、改水、基础设施建设等项目，充分考虑各方资源，发挥好项目效益，力争做到“整治一村，美丽一片”。

【城镇建设】 投入600余万元，建成近5千米污水管网和日处理能力90立方米的污水处理厂，重点区域和场镇污水收集处理率达到90%以上；投入20万元对干溪沟饮水源进行保护，争取10万元农村环境连片整治资金，购置5辆三轮垃圾清运车，建设2个沤肥池对餐饮垃圾集中回收。整合面源污染治理资金600余万元对郁江流域芦塘段6个养殖场、3条溪流集中防污处理。自筹30万元在34个村小组设立标准化垃圾分类投放点，鞍子岭村被评为“全市垃圾分类示范村”。完成通畅公路和农村公路改建16.055千米，产业公路硬化4.8千米，整治泥碎石公路21千米，实现村民小组通畅率达到100%、入户通达率达至85%以上，郁芦公路提档油化，实现芦塘到保家、郁山、联合、普子四条出境通道全面畅通。人居环境实现量与质的飞跃。建成板栗村和坡坪村集中安置点，共搬迁贫困户入住41户，D级危房改造3户，农房提升改造200户，创建美丽庭院15户，安装公共照明170盏。

【民生实事】 率先垂范垃圾“四分类法”在全乡实现垃圾分类齐抓共管、共参与、全面普及格局，垃圾分类概念逐步深入人心。立足“两山论”加强生态环境建设，还绿于民，环境保护工作取得明显成效，乡村功能得到飞跃提升，全民环保意识有了极大增强。把易地扶贫搬迁作为打好脱贫攻坚战的重要抓手，建设板栗村和坡坪村两处集中安置点，安置建卡贫困户41户146人，多措并举解决安置难题，强化后续支撑，培育特色产业，增强贫困户发展后劲。大力推进产业培育行动，建设鞍子岭酒厂1家，利用东西协作资金配齐建好酒厂附属设施，建立利益联结机制，实现酒厂盈利分红。积极探索经果林种植“三变”改革道路，一方面突破传统种植实地破碎化桎梏，将土地“化零为整”，抹除边界，便于种植。同时，科学丈量入股土地面积，绘制图纸，形成底册，让群众无后顾之忧。另一方面，完善利益分配机制。采用“公司+农户”的方式进行投资分配。采用“四六分成”的利益划分机制，农民占六成、合作社占四成，极大提高农民干事创业激情，促进传统合作社老树抽新芽，走出新路子。

朗溪乡

【概况】 朗溪乡位于彭水自治县南部，东临石盘乡，南与贵州沿河县塘坝乡、后坪乡接壤，西与黄家镇和贵州务川县的茅天镇连界，北与绍庆街道、万足镇相连，地跨两省三县七乡镇，是连接彭水与贵州的重要边界乡。辖5个行政村27个村民小组，辖区面积60.28平方千米，乡总人口2415户8354人，苗族、土家族占89%。乡政府驻地朗溪村1组，交通较为便利，路经黄家镇距离县城68千米，路经万足镇距离县城38千米。2020年农民人均纯收入12417元，海拔667米，集镇面积560000平方米，集镇人口1493人，城区化率达15.9%，耕地面积1778.8公顷。机关在职人员27人，共有村支两委成员35人，辖7个党组织，有党员199人。

乡辖区内有小学2所，即朗溪中心校和马头村小。共有在校学生173人，在职教师26人。有标准化中心卫生院一所，在编职工12人，核定床位14张。有金融机构1个，即农村商业银行彭水支行朗溪分理处。

【脱贫攻坚】 成立定点攻坚工作领导小组、综合协调组、督查组等专项工作组，并设立专门办公室，统筹推进攻坚工作，细化攻坚工作责任。将21户75人的未脱贫对象在一对一帮扶责任人不变的基础上，落实21名责任领导，捆绑限期高质量脱贫责任，2020年大堡村脱贫6户25人。对定点攻坚村（大堡村）按尽锐出战要求强化战贫力量，除乡党政负责人负总责以外，明确3名班子成员具体负责，落实包片干部4名，分工协作，推动工作。2020年定点攻坚村下达项目2个，新场至尚子岭通畅公路项目和彭家至冷茨垭产业配套公路项目均全面完工。边缘易致贫户风险消除4户22人，脱贫不稳定户风险消除22户98人（还有5户20人需继续监测）。做好疫情灾情应对工作，抓实抓细贫困劳动力外出就业及产业发展等需求，2020年动员建卡贫困户外出务工就业1208人，交通补贴835人11.93万元，一次性求职创业补贴441人22.2万元。通过社会帮扶、机关食堂、电商平台、帮扶干部认购等多渠道多方式解决农产品滞销问题，帮助农产品销售38.77万元。农村最低生活保障兜底177户463人，建卡贫困户15人救助8.54万元。全面做好扶贫小额信贷逾期延长服务工作，解决贫困户因收疫情影响暂时无法按期归还贷款的问题，28户已续贷或者展期，2020年新发放小额扶贫贷款6户30万元。加强基础基建设，全乡共5个村，2015年以来已建成通畅公路115千米，实现100%村组通畅。饮水全覆盖共计建设89口水池，并投入使用，已全面解决辖区2415户8354人的饮水问题。全乡电力得到保障，农网升级改造完成田湾、马头、思南三个村。全乡移动、联通、电信网络及4G信号已全覆盖。人居环境方面，实施人居环境改造，2017年以来，房屋改造1339户（贫困户493户），改厕792户（贫困户377户），改厨372户（贫困户191户），两年“双硬化”院坝硬化1042户（贫困户426户）69368平方米，人行便道累计完成75.8千米，入户率97.9%。完成农村危旧房改造C级28户、D级4户，拆除重建18户，五年来完成易地扶贫搬迁90户402人，且全部搬迁入住。开展扶贫资产清理工作，严格按照上级要求上报《扶贫资产形成情况明细表》，强化扶贫资产管理，明确扶贫资产权属，确定管护运营主体，加强运营管护，加强扶贫资产收益管理。始终坚持以问题为导向切实推进整改工作，建立问题整改工作领导小组，将中央第四巡视组脱贫攻坚专项巡视“回头看”反馈的4个问题11个方面38项具体任务、国家反馈2019年重庆市脱贫攻坚成效考核存在的8个类型15项具体任务、2019年脱贫攻坚市级检查反馈问题整改推进落实14个方面、2019年贫困县退出专项评估检查反馈4个问题等问题整改为重点，既主动认领又举一反三，已建立整改台账、落实整改落实、收集佐证资料，涉及问题已全部进行销号，各类问题全面整改结束。全面规范精准扶贫档案，落实乡、村两级档案室，建立健全精准扶贫档案管理机制，并严格进行规范化管理；明确专人对档案资料进行管理及业务培训；乡级规范化管理文书档案1070卷、项目档案107卷、照片档案207张、实物档案4件，村级共规范管理文书档案500卷、分户档案713卷。

【经济发展】 全乡收到财政划拨资金共计1268.18万元，共支出1268.18万元，按功能分类，一般公共服务支出359 .56万元，文化体育事业支出24.15万元，社会保障和就业支出143. 55万元，医疗卫生与计划生育支出23. 26万元，城乡社区事务支出56800元，农林水事务支出665.97万元，住房保障支出19.98万元，公共安全支出11.48万元。农民人均纯收入12417元，同比增长6.1%。农村经济总收入11297万元，农业总产值9201.2万元，同比增长4.5%。

乡域经济以生态农业为基础，形成辣椒、核桃、中药材、高淀粉薯、烤烟等特色农业产业。依托现有的竹板桥古法造纸、马头山红色文化等乡村旅游资源，加大宣传力度和旅游地基础配套设施建设，打响乡村旅游名牌，加大何家盖传统村落建设资金投入，人行便道及广场工程项目已建成投用，2020年全年接待游客4300余人次，较2019年同比增长5.6%，乡村旅游前景向好。

农业产业发展推进有力，按照种满种尽、全面补栏的要求，33.33公顷烤烟、173.33公顷辣椒、26.67公顷高粱、20公顷苦荞、1013.33公顷玉米、500公顷水稻、186.67公顷杂粮全部落地；

240公顷干果及药材（吴茱萸）完成管护，猪牛羊补栏存栏量7500余头（只），落实产业发展利益连结机制，713户贫困户中，除整户外出及高龄老人户外，均实现产业就业全覆盖

基础设施建设提档升级，统筹推进战贫、战疫、战灾，优先保障扶贫项目开工复工，实现乡内所有扶贫项目全面开工复工建设，中蜂项目——朗溪乡马头村3组、朗溪乡C、D级危房改造、朗溪乡大堡村新场至尚子岭通畅公路工程、朗溪乡朗溪村板长溪至闵家盖农村公路改建工程、思南村杉树园子至大沱田段通畅公路工程、朗溪乡田湾村村委会至竹林堡通畅公路工程、2020年彭水自治县朗溪乡大堡村5组基础设施建设项目、2020年彭水自治县朗溪乡田湾村基础设施建设项目、2019年彭水自治县朗溪乡田湾村基础设施、彭水自治县朗溪乡思南村2020年（第一批）农村饮水工程、田湾村2020年（第一批）农村饮水工程等11个项目投资资金753.4万元，运营良好。

【社会发展】 全乡农村居民合作医疗参保率达99.3%，建卡贫困人口参保率达100%，养老保险参保人数为4048人（建卡贫困户养老保险应参保人员全部参保），达100%，贫困人口医疗报账工作及时到位。5个行政村配备农村养老保险指纹采集设备运行良好。计生卫生稳步推进，免费孕前优生检查超额完成。教育事业日渐均衡，贫困生教育资助全面落实，无义务教育阶段的孩子因贫辍学，全乡义务教育阶段贫困学生共有306人，享受资助16.98万元，高中阶段受资助98人23.84万元，受资助贫困大学生121人78.18万元。稳步推进就业创业，抓实抓细贫困劳动力外出就业及产业发展等需求，开发用好公益性岗位，重新对接公益性岗位32人，全乡共有公益性岗位129人。困难群众保障口袋不断扎紧，动态管理215户低保对象，发放低保金约174.99万元，五保金、优抚金66万元，残疾人护理补贴及生活补贴4.7万元，发放救助资金20.5万元，发放各类节日慰问、爱心大礼包1500余人次等。文化建设力度加大，大力丰富群众文化娱乐生活，举办清明祭扫、“七一”主题党日和主题教育活动，结合脱贫攻坚工作，配套全乡文体活动基础设施。加大安全整治力度，突出食品药品、道路交通、建筑施工等重点领域，开展安全隐患排查、整治，开展集市宣传活动12次，发放宣传资料3500余份，悬挂宣传标语32幅，积极宣传引导，形成安全环境。排查化解矛盾纠纷，加大领导干部接访、约访、带案走访力度，全年累计接访群众320余人次，走访群众300余户、1200余人，全年各类矛盾纠纷化解率100%，政府公开信箱交办案件、信访系统转交案件办结率100%，加强重点人员、重点人群监管，健全完善稳定工作台账，有效杜绝重大群体性事件发生。7个基层党组织新发展党员3名，预备党员转正2名。

【生态发展】 大力推进生态文明建设，树立“绿水青山就是金山银山”的理念，实行环保“一岗双责”“党政同责”工作责任机制，坚守生态保护红线，保障全乡生态文明建设向纵深发展。环保工作重拳出击，加强环保日常监管工作力度，升级污水处理厂设施设备，开展各项污染监管行动81次，举办“6·5”环境宣传日活动，发放宣传资料3000余份，开展自然保护区生态巡管、“零容忍、大执法”专项行动，整改率100%，河流专项整治，清理河流垃圾2吨。农村生活垃圾全年清运450吨。林业保护有序开展，新一轮退耕还林管护良好，森林防火宣传15次，发放宣传资料3200余份，严肃执法，开展2次防火演练，全面签订森林防火目标责任书。全乡林地面积共3050公顷，森林面积2802公顷，活立木蓄积量184029立方米，森林覆盖率达60%，有效保护绿水青山。

善感乡

【概况】 善感乡位于彭水自治县东南部，东临鞍

子镇，南接酉阳自治县龚滩镇，西临贵州省洪渡镇，北接鹿角镇，距县主城39千米。全乡辖区面积78.81平方千米，耕地面积1000公顷，林地面积4400公顷，场镇规划面积2平方千米；建成区面积0.8平方千米。辖5个村，辖7个党组织，有党员243人，含预备党员3人；乡机关在职人员47人。建成乡公共服务中心1个、80平方米，便民服务中心5个、1000平方米。2020年末，户籍人口7283人，其中农业人口6540人，非农业人口743人。全年财政收入1180.1万元，为年度预算的121%，其中公共财政收入1180.1万元，为年度预算的100%。

乡辖区内有中小学2所，即善感乡中心校、善感乡水田村小学，在校学生147人，在职教师24人。善感乡卫生院在编职工8人，核定床位10张，全年医疗业务总收入60万元。

【脱贫攻坚】 2020年，善感乡推进“造血”扶贫向纵深发展，将个体精准扶贫与产业扶贫相结合，精准施策、精准发力。用好用活精准扶贫贷款1080万元和产业扶贫资金88.68万元，帮助435户贫困户发展种植、养殖等产业，户均增收7000元以上，帮助贫困户脱贫越线。通过“支部+公司+合作社+农户”的模式，全乡集体发展柑橘133.33公顷，发展中锋600群，入股参与发展核桃、蜂糖李、油茶等果林产业586.67公顷，彻底消灭集体经济空壳村。完成通畅公路建设10千米，通达公路建设2.25千米，人行便道9.7千米，硬化、整治公路50千米，启动石盆村、农纲村、罗兴村、桂花村通畅路共计10千米，农纲村通达路共计2.25千米；新添置垃圾桶50个；修建水池55口；完成院坝硬化1127户24666平方米；旧房整治提升250户。全乡2个贫困村全部出列，现行标准下619户贫困户、2811个贫困人口全部脱贫，顺利通过国家脱贫攻坚普查、验收、考核。

【经济发展】 2020年，善感乡农村经济进入发展快车道，经济发展与农业基础设施配套建设日趋完善，全乡人饮工程实现全覆盖。加快土地流转，因地制宜发展烤烟、西瓜、中药等特色产业。种植烤烟53.33公顷、西瓜166.67公顷，发展中药33.33公顷，管护核桃200公顷、柑橘133.33公顷、油茶666.67公顷、猕猴桃33.33公顷、采摘园33.33公顷，畜禽养殖处于蓬勃发展态势，不断完善利益联结机制，推进产业及早达产增效。以农旅、文旅融合为重点，推进乡村旅游提档升级，成功举办“2020·世界苗乡·养心彭水·第三届乌江画廊文化旅游节活动”，完善一批旅游设施，提升一批景区景点，成功创建周家寨国家AAA级旅游区。年接待游客量达30万人次，实现旅游综合收入2000万元左右。

【社会发展】 全年全乡享受奖励扶助政策107人，城镇新增就业575人，落实低保156人，新增公益性岗位5人，解决临时救助16人次，享受计生奖励扶助政策107人，全年发放各类抚恤金、优待金及临救资金，发放5名80岁以上老人营养补助0.63万元，打卡发放特困人员生活费45.73万元和孤儿生活费1.5万元，60周岁以上的农村籍退役士兵生活补助33.18万元，开展各类培训1200人次。统筹推进教育、医疗、卫生、养老等事业发展，新型农村合作医疗保险参保人数6424人，基本医疗保险、城乡养老保险参保率均达95%以上，医疗公共服务能力不断提升，人口普查任务顺利完成，义务教育均衡发展持续巩固，师资队伍建设不断加强，教育质量稳步提升。公共文化设施不断完善，开展文化下乡活动12次，群众文化生活不断丰富提升。

【生态环保】 继续实施生态保护，在市级生态乡的基础上，继续创建国家生态乡，不断巩固生态乡创建成果。巩固绿化建设成果，完成国土绿化200余公顷，全乡森林覆盖率75%以上。建立长效管护机制，做好天然保护林的林木管护；抓好高铁沿线的山头绿化工作，完成造林 34.83 公顷。加强污染源的监管，开展生态环保巡查 121 次，全面完成室内改厕任务，做好小流域治理、人畜饮水改造项目。开展环境综合整治，抓好 5 个村的环境连片整治，加强农村饮用水源保护、污水和生活垃圾处理，场镇污水集中处理率达 90%，为各村设立垃圾箱、垃圾桶，落实保洁人员，做到生活垃圾及时清理，实现村容整洁美观。对硬化道路绿化美化，栽植水杉 500 株。严格落实“河长制”，形成垃圾收运管理长效机制，农村生活垃圾无害化处理率达到 93%以上，全乡农村人居环境整治取得显著成效。

2020 年 9 月 20 日，彭水自治县庆祝中国农民丰收节活动在善感乡举办

（善感乡人民政府　供图）

【农旅融合】　以“生态康养”为支撑，切实抓好特色旅游景观名镇和生态旅游镇建设，围绕“魅力周家寨”主题打造特色景观旅游和生态旅游。以中央外办帮扶、乡村振兴试点为契机，高起点规划周家寨，2020 年成功创建周家寨国家 AAA 级旅游区，获得乡村振兴示范镇村称号，乡村旅游注入新的活力，全乡生态产业呈现良好发展态势。9 月 20 日，在周家寨举办“2020 · 世界苗乡 · 养心彭水 · 第三届乌江画廊文化旅游节活动”。该活动由县政府主办、善感乡承办。活动现场举办精彩的文艺演出，举行拔河比赛、拳击比赛、抓鱼等活动。

三义乡

【概况】　三义乡位于彭水自治县北部，是彭水自治县最偏远乡镇之一，距彭水自治县城 78 千米，东、北与湖北利川文斗镇接壤，西与石柱县马武镇、黄鹤镇相连，南接连湖镇、普子镇，属全市 18 个深度贫困乡镇之一。辖区面积 74.76 平方千米，辖 6 个行政村、29 个村民小组。境内呈“两山夹一沟”地形，谷地、坡麓、岩溶洼地及小型山间盆地相间，海拔在 420—1650 米之间。耕地面积 1533.33 公顷，其中基本农田 866.67 公顷，耕地土层较薄、分布极为零散，坡度大于 25 度以上的耕地占比达 50%以上。林地约 5333.33 公顷。矿产资源丰富，主要有煤、铁、铜、锰等矿产资源。

辖区群众主要收入来源为务工和种养殖业。主要农作物有玉米、红薯、水稻，主要经济作物有烤烟、辣椒、中药材、脆红李、食用菌等，养殖业以肉牛、生猪、珍珠鸡、蜜蜂、黑猪、黑山羊等为主。全乡在籍户口 2284 户 7197 人，其中贫困户 659 户 2630 人（弘升村 77 户 319 人，莲花村 122 户 505 人，龙合村 135 户 516 人，龙阳村 150 户 663 人，五丰村 79 户 262 人，小坝村 96 户 365 人），贫困人口均已达到脱贫标准，全部稳定脱贫。主要致贫因素为：因病，321 户 1173 人，占比 48.63%，因学 138 户 662 人，占比 25.21%。全乡边缘户 18 户 55 人，监测户 28 户 111 人，低保户 121 户 304 人（贫困户中低保 94 户 240 人），五保 58 人（贫困户中五保 11 人），残疾 177 人（贫困户中残疾 101 人）。共有五丰、龙合、弘升三个贫困村。

乡政府共有干部职工 38 人，有中心校 1 所（在校师生 375 人，其中教职工 22 人）、卫生院 1 个（病床 18 张、医务人员 11 人）、烟草点 1 个（职工 6 人）、邮政和农商行金融服务网点 2 个

（职工 5 人）。

【脱贫攻坚】 对标对表中央、市委、市政府和县委、县政府安排部署，制定出台 2020 年脱贫攻坚工作实施意见、脱贫攻坚定点攻坚实施方案、脱贫攻坚“收官大决战”实施方案、加强驻乡驻村工作队管理等系列文件，明确总体要求、目标任务和工作责任，进一步强化对脱贫攻坚的组织领导和统筹协调。深入落实“两级书记”遍访贫困对象行动，常态化深入基层、群众，交心谈心、解决问题，持续提升脱贫攻坚满意度，全年累计走访贫困户 17033 户次（其中乡党委书记走访 1869 户次，村党支部书记和第一书记走访 15164 户次）；深入落实党政领导班子成员驻村和分管责任，以上率下带动全乡党员干部开展经常性入户走访、宣传政策和成效、听取意见、解决问题；深入落实驻村结对帮扶责任，严格执行“三在村”即：吃在村、住在村、干在村和“八个一”即：每月宣讲一次脱贫攻坚政策，每月核查一次帮扶对象户的“两不愁三保障”情况，每月核查一次帮扶对象户享受的政策，每月核查完善一次“三统一”情况，每月交流一次思想感情，每月整治一次环境卫生，指导发展一个以上持续稳定的增收项目，帮助办理一件以上具体实事工作要求。扎实开展帮扶干部走访、教师家访、医生巡访、农技随访“四访”工作，努力提高政策知晓率、增强群众获得感、提升群众满意度。

【经济发展】 为解决产业结构单一、农户增收效益低下问题，全乡整合人居环境改造、农业综合开发、土地整理、旅游开发等资金资源，发展小加工、小餐饮、小运输、小制作、小买卖“五小”非农经济 45 户，培育小果园、小花卉园、小瓜菜园、小水产园、小养殖园“五小”庭院经济 601 户，每户增收 3 万—5 万元，拓宽群众增收渠道。为解决贫困户产业发展缺项目、缺技术、缺市场等难题，邀请龙头企业负责人担任“产业村长”，参与村级产业发展规划、产品加工指导、销售市场拓展等服务，建立“企业+村集体经济+合作社+农户”捆绑发展机制，实现建档立卡贫困户 100%进入合作社，贫困户每户增收 1000 元以上。莲花村“产业村长”侯春军建设集技术研发、菌种培育、产品加工于一体的羊肚菌产业基地，直接带动 25 户农户增收，户均增收 2.5 万元，基地已成为全市羊肚菌种植技术培训基地。“产业村长”获人民网、新华网等国家级主流媒体持续报道。2020 年 4 月 8 日重庆卫视新闻联播进行了专题报道。为破解农产品销售难题，与重庆五斗米集团合作打造“汤和理”渝派特色餐饮门店，与重庆市烹饪协会签订消费扶贫合作协议，集中销售珍珠鸡 20 万只，变农产品为商品，促进了特色产业发展。

【社会发展】 全面落实建卡贫困、低保等特殊群体参加医疗保险政策，2020 年全乡参保 6349 人、参保率 96.8%，其中建卡贫困人口 100%参保；建成乡卫生院，全覆盖落实建卡贫困户、慢性病、大病患者家庭医生签约服务，兑现医疗扶贫专项基金 162.43 万元，贫困群众住院治疗费用控制在 10%以内，确保贫困群众有地方看病、看得起病。扎实开展控辍保学专项行动，为 1 名残疾学生开展送教上门，落实 2020 年义务教育学生资助 1285 人次 97 万元，全乡所有适龄儿童少年无一辍学。全面排查整治不安全住房，累计完成 D 级危房拆除重建 29 户、不安全住房改造 1441 户、易地扶贫搬迁 212 户，农村危旧房改造率、住房安全率均达 100%，实现“危房不住人，住人无危房”目标。建成自来水厂 2 个、人畜饮水池 141 处，探索建立“池长”管护制度，贫困户集中供水率、饮水安全保障率均达 100%。兑现发放贫困劳动力一次性求职创业补贴 365 人 18.84 万元和跨区域往返城市间交通补贴 492 人次 8.66 万元；实施金融扶贫贷款项目全覆盖，2020 年新增落实创业贷款 30 户 150 万元，位居全县 39 个乡镇 3 名，其中边缘户、监测户5户30万元；落实公益岗位296名并实行严格考核、动态管理。

【党建工作】 深入学习贯彻党的十九大和十九届二中、三中、四中、五中全会精神，不断深化“不忘初心、牢记使命”主题教育成果，建设坚强战斗堡垒。扎实开展扶贫领域腐败和作风问题专项治理，持续深化“以案四说”，推进“以案四改”。加强干部队伍建设管理，贯彻落实中央八项规定精神和市委、县委实施意见，干部队伍精气神持续向好。

双 龙 乡

【概况】 双龙乡位于彭水自治县东南部，距离县城34千米，东与鹿角镇隔江相望，南邻贵州省沿河县塘坝镇，西接贵州省沿河县洪渡镇，北与石盘乡接壤，地势呈西南高，东北低。辖区面积为54.98平方千米，耕地1483.41公顷，其中：水田有344.19公顷，旱地有1139.22公顷，林地有3464.79公顷，森林覆盖率高达70%以上。辖马岭、小坪、龟池3个村，21个村民小组。2020年末，户籍人口5405人，其中非农业人口723人，农业人口4682人，常住人口3818人，占总人口的70.6%。

双龙乡有小学1所，教职员工18人，在校生75人；中心卫生院1座，医护人员8名，新型农村合作医疗群众参合率在95%以上。

【脱贫攻坚】 2020年，双龙乡坚持把巩固脱贫成果、防止返贫与继续攻坚放到同等重要位置，按照脱贫不脱政策、脱贫不脱帮扶的要求，建立健全脱贫长效机制，加强返贫防范和脱贫帮扶。开展漏评、错退、返贫风险排查“回头看”工作，完善贫困对象动态监测机制，对剩余贫困人口、已脱贫人口、非建档立卡低收入人口全面开展排查走访，实行动态化、常态化管理。对排查出的风险问题及时分析研判，及时采取有效措施，消除风险，不断提高巩固提升脱贫成果工作成效。顺利通过2019年贫困县退出国级第三方评估检查、2020年国家脱贫攻坚普查，截至2020年10月底，366户1486人脱贫退出。集体经济蓬勃发展，成功注册“苗乡东篱田园”“晨龙山”“九黎橙”“椒阿依”等21个类别商标及“彭水龟池大米”绿色食品认证等，提升品牌影响力及市场认可度；成功组建双龙乡“苗乡东篱田园”运营中心，开发“苗乡东篱田园”公众号，培养农村电商带头人30名；建成产品信息共享源头追溯生产管理云视频，推广应用农产品“一品一码”“一户一码”，实现原生态产品有记录，过程可监督、追溯。利益联结机制不断完善，通过土地、资金入股，优先解决贫困群众务工，土地流转，资产量化等方式建立贫困群众利益联结机制。实现366户建卡贫困户分红，共计6.366万元。补齐基础设施短板，实施易地扶贫搬迁54户234人；投入399.8万元新建水池29口1830立方米，饮水管道共计85355米；投入250万元新建场镇水厂一个；投入176.51万元完成不安全住房维修整治482户，拆除重建20户，改厨187户，改厕287户；硬化人行便道7707.9米，硬化院坝28087.65平方米。

【社会发展】 切实落实社保扶贫工作，2015年以来，兑现建档立卡贫困人口1486人城乡合作医疗参保补助54.1374万元，实现贫困人口全员参保。社会保障覆盖面进一步扩大，全乡共有3175人参加养老保险，兑现建档立卡贫困户养老保险参保补助6.363万元。2015年以来，新增参保人数655人，其中建卡贫困人员860人，已实现应保尽保。贫困劳动力就业已达90%以上。2015年以来，新增就业人数347人，解决贫困户公益性岗位人员80人次，对贫困户就业宣传覆盖率为100%，就业培训达489人次。2015年以来，累计纳入农村低保14693人次，累计发放低保金373.70万元；八十岁以上高龄累计发放4468人次，金额为25.81万元；家庭困难高龄失能补贴1259人次，累计发放金额27.18万元，特困供养人员41人，累计发放金额168.99万元，孤儿2人，累计发放金额5.93万元，有重点优抚对象43人，累计发放重点优抚对象定期生活补助133.66万元。扎实开展大病救助工作，2015年以来，共有87人次申请临时救助，发放金额39.97万元。完成困难残疾人救助工作，全乡共有140个残疾人，享受残疾人两项补贴3792人次，累计发放金额26万元，发放残疾人康复健身体育器械3套。自2015年以来，完成536人117.83万元教育资助，其中享受政策义务教育资助536人48.64万元，高中及同等学历60人24.45万元，享受高等教育资助71人44.74万元，2018—2019年助学贷款发放43人32.9万元。

【生态环保】 加强农村环境保护政策宣传力度，强化环境保护人人有责的意识，组织开展整洁庭院评比3次，通过评选给予物质奖励和精神奖励30户。投资31.4万元大力开展农村生活垃圾分类工作，新建30个垃圾分类投放点，购压缩清运车一辆，配置三轮车3辆、勾臂车2辆、手推车5辆、垃圾箱体13个、分类果皮箱10个、室内分类垃圾桶30个、户外垃圾分类桶100个；建立公益性岗位和保洁员管理考核机制，落实公益性岗位36人、生态护林员69人、保洁36人；投入资金74万元，安装200盏太阳能路灯，维修53盏。

【集体经济】 在村集体经济组织的带动和发展下，双龙乡推动农业产业结构的调整，基本实现"一村一品"，村村都有主导产业的格局，为贫困群众脱贫增收巩固脱贫成效，推动乡村振兴奠定了良好基础。

在益贫带贫上，双龙乡采取流转土地、优先解决贫困户务工、扶贫资金量化入股分红（如重庆银行为小坪村117户贫困户每户入股2000元）三种方式，将农户嵌入产业发展之中，建立"公司+产业+农户"的利益共同体，形成"两金一分红"的利益联结机制（即土地入股得"租金"，务工就业得"薪金"，财政扶贫资金入股"分红"）。以马岭村柑橘产业为例：2020年脱贫励志户文中桃通过土地流转收入和柑橘园务工全年共计增收21400元，柑橘产业丰产后，入股土地0.2公顷，每年还可获得分红26167元（利润分红比例为群众70%，村集体30%）。

石 盘 乡

【概况】 石盘乡位于彭水自治县城东南部，东邻鹿角镇、双龙乡，南接贵州沿河县塘坝乡，西连万足镇、朗溪乡，北与新田镇隔江相望，距县城25千米。全乡辖区面积64.12平方千米，耕地面积24.67平方千米。辖2个村，3个党组织，有党员112人；乡机关在职人员32人。建成乡公共服务中心1个、80平方米，便民服务中心2个、973.8平方米。2020年末，户籍人口3464人。全年财政拨款收入73.51万元，非税收入0.27万元，烟叶税111.67万元。

乡辖区内有小学1所，即石盘乡中心小学校，在校学生61人，在职教师14人。石盘乡卫生院在编职工7人，核定床位6张，全年医疗业务总收入49.75万元，其中医疗收入31万元。全年出生人口16人，符合政策生育率100%。有金融机构2个，即农业银行石盘乡金融点、邮政储蓄石盘乡营业所。

【脱贫攻坚】 2020年坚持精准扶贫精准脱贫基本方略，坚持脱贫攻坚目标和现行扶贫标准，严格按照"两不愁、三保障"要求，聚焦特殊贫困群体，突出问题导向，下足绣花功夫，着力激发贫困人口内生动力，着力夯实贫困人口稳定脱贫基础，着力加强扶贫领域作风建设，切实提高贫困人口获得感。在市委市政府、县委县政府的领导下，全乡脱贫攻坚工作取得显著成效，辖区群众生活水平大幅度提高，基础设施明显改善，综合治理能力明显提升。依托彭水自治县洪胡农业开发有限公司，与农户达成一致意见，协调36.47公顷耕地，总投资8万余元，种植7万余株油茶苗，采取“5:4:1” [公司占50%，农户占40%，村集体（民委）占10%] 比例分配，农户出土地，未投产时公司按每年支付农户每亩50元租金模式，着力在发挥集体资产优势、提高土地利用率上下功夫，坚持把发展壮大村级集体经济作为促进农民增收的重要任务来抓，实现村集体和农户双赢的目的。完成通畅公路建设30千米；完成院坝硬化18户144平方米；室内地坪硬化11户820平方米；改厕141户；C级危房改造253户；D级重建85户。2020年，全乡239户1028人建档立卡户已全部脱贫摘帽。脱贫摘帽后，按照脱贫攻坚“摘帽不摘责任、摘帽不摘政策、摘帽不摘帮扶、摘帽不摘监管”的要求，进一步明确巩固提升目标任务，压紧压实责任，扶贫成效不断提升，有效巩固脱贫成果。建档立卡户人均纯收入由2019年的9661元增至2020年的11593元，同比增长10.1%。

【经济发展】 2020年，石盘乡从立足实际出发，不断深化农业产业结构调整，发展生态产业。采取错位发展，特色取胜的思路，加大对特色种植业的扶持力度，促进农民增收。发展林下养鸡1.2万羽，中蜂510群，山羊1100只，肉牛256头。2020年生猪存栏量896头、出栏量1920头，山羊存栏量120只。发展了烤烟166.67公顷、特色经果林53.33公顷、高山蔬菜40公顷，通过土地流转、务工就业等方式参与新型农业经营主体发展，带动贫困户58户增收88368元。

【社会发展】 社会保障方面，全年全乡养老保险参保人数1899人，缴纳159540元，638人享受养老待遇，低保、特困等人群实现全额资助。城镇新增就业34人，完成目标任务140%，新增农村劳动力转移就业人数19人，完成任务目标100%，完成高校毕业生就业岗位6人，完成任务100%，新增创业人数5人完成任务100%。全年发放各类抚恤金、优待金及临救资金136863元，打卡发放五保金25512元，发放60周岁以上的农村籍退役士兵生活补助73248元。医疗服务方面，大力促进基本公共卫生服务均等化，新农保实现全覆盖，城乡居民参保率达85%以上，新型农村合作医疗保险参保人数2885人（贫困户全部参保），缴纳563850元，政策资助1103人，让农民真正得到实惠。教育事业方面，完成义务教育的各项目标阶段性任务，保证适龄儿童按时入学。

【生态环保】 生态环境保护和生态文明建设扎实推进，继续实施生态保护，巩固绿化建设成果，全乡森林覆盖率达73.32%以上。建立长效管护机制，做好天然保护林的林木管护；抓好国土绿化工作，完成造林295公顷。加强污染源的监管，为2家企业办理四清四治环保备案，开展生态环保巡查88次，全面完成室内改厕任务，做好小流域治理、人畜饮水改造项目。开展环境综合整治，抓好2个村的环境连片整治，加强农村饮用水源保护、污水和生活垃圾处理，为各村设立垃圾箱、垃圾桶，落实保洁人员，做到生活垃圾及时清理，

石盘乡2020年森林灭火演练

（石盘乡人民政府　供图）

实现村容整洁美观。对硬化道路绿化美化，栽植桂花1200株。

【城镇建设】 以治理场镇脏、乱、差为抓手，立足乡村面貌改善，加快小城镇基础设施建设步伐，完善城乡功能，完成村规划编修。全乡安装路灯328盏，购置垃圾箱体14个、垃圾收运钩臂车2辆、垃圾收运三轮车3辆、垃圾桶212个，无害化公厕数量3座。

大垭乡

【概况】 大垭乡位于彭水自治县西南部，西南角，东、南、西三面与贵州务川、道真两县连界，西北与武隆隔芙蓉江相望，地处重庆、贵州两省（市）四县交界的边陲之地。距县城60千米。全乡辖区面积67.31平方千米，耕地面积1466.67公顷。辖4个村，5个党组织，有党员159人；乡机关在职人员50人。建成乡公共服务中心1个、300平方米，便民服务中心4个、600平方米。2020年末，户籍人口5700人，常住人口2273人。全年财政收入1726万元，为年度预算的179%，其中公共财政收入1725万元，为年度预算的178%，本级财政收入1万元。农民人均纯收入14775元。

乡辖区内有中小学1所，即大垭中心校小学，在校学生82人，在职教师15人。大垭乡中心医院在编职工12人，核定床位20张，全年医疗业务总收入2953130.61元，其中医疗收入1138986.38元。全年出生人口37人。有金融机构2个，即农业银行重庆彭水支行大垭自助银行、农村商业银行重庆彭水支行大垭分理处。

【脱贫攻坚】 2020年，大垭乡全乡上下深学笃用习近平总书记关于扶贫工作重要论述，深入贯彻习近平总书记视察重庆重要讲话精神和在解决“两不愁三保障”突出问题座谈会上的重要讲话精神，坚持以脱贫攻坚统揽经济社会发展全局，聚焦“两不愁三保障”突出问题，全力打好脱贫攻坚战。以“畜林药蔬特”产业发展目标，因地制宜发展特色种养殖产业。稳定发展中蜂4200群、土鸡50000羽；经果林340公顷；中药材81.33公顷；高山蔬菜166.67公顷；水产养殖11.33公顷；肉牛、山羊、生猪等在牲畜存栏4000余头；乡村旅游示范户55户实现村有发展门路，户有增收项目。因村因户实施“水、电、路、信、房”等项目建设，修建完成94处人饮项目建设，16处产业水源项目建设，改善全乡1300多户5000多人饮水不稳定问题，完成通畅公路135千米，实现村、组通畅率100%，建设网络基站11个，并且在各村安装网络电视，让通信信号遍及到全乡每一个角落，彻底消除覆盖“死角”。2020年，全乡贫困人口全部脱贫，2个深度贫困村全部出列，实现“户脱贫、乡销号”。并利用市住建委扶贫集团优势，成立大垭乡扶贫超市，为农拓展新销路。扶贫超市成立，市住建委扶贫集团捐赠设备，并对接扶贫集团成员单位，发动其食堂及职工以自愿购买的方式奉献爱心，将大垭乡的优质生态农副产品带到主城，送到职工手中变成餐桌美食，打通从贫困户地头圈舍到扶贫集团职工餐桌的通道。既让藏在深山里的农产品变了现、增加贫困户收入，又帮助贫困户转变“只产不销”的观念，倡导“先干先得、多干多得、不干不得”的脱贫理念，激发贫困群众内生动力，并且让职工在献爱心的同时能够享用到优质绿色农产品，动员更多社会力量参与到大垭乡脱贫攻坚中来。扶贫超市成立后，对农户增收起到巨大作用。通过大垭乡消费扶贫的多措并举，2020年大垭乡农副产品销售额已达到570万余元。

【经济发展】 2020年，全乡农村经济进入发的快车道，经济发展与基础设施配套建设日趋完善。村级集体经济起步较快，全乡村级集体经济公司4家、民营企业4家、农民专业合作社44家、家庭农场30余家，引进县内外中药材、辣椒、中蜂、土鸡、水果与干果等行业龙头企业8家。完成交通建设项目50个，完成投资额1.57亿元。其中包含2条二级路路面改造、1个客运站修建以及47条农村公路硬化，完成通畅公路135千米，实现村、组通畅率100%，农村4G网络全覆盖，4个行政村益农信息平台完善。大垭乡紧紧围绕“畜林药蔬特”产业发展扶贫产业，同时，大力培育各类农业经营主体，充分发挥带动作用，全乡村级集体经济公司4家、民营企业4家、农民专业合作社44家、家庭农场30余家、龙头企业8家。全乡已初步实现村村有支柱、户户有项目的产业目标，为全乡贫困户实现稳定脱贫及可持续发展奠定了坚实基础。

大垭乡塘口扶贫搬迁集中安置点

（大垭乡人民政府　供图）

【社会发展】　社会保障方面，全年全乡5613人建立城乡居民医疗保险信息档案，城乡居民参保率达96.5%以上，城镇新增就业人员完成目标任务850%，新增农村劳动力转移就业率34%，完成高校毕业生就业岗位13人，完成任务100%。落实城乡居民最低生活保障制度和残疾人两项补贴，全乡低保共53户157人，城市低保11户33人，农村低保42户124人，新增农村低保6户17人；城市低保全年发放补助资金14.2692万元，农村低保全年发放补助资金59.3154万元。医疗服务方面，大力促进基本公共卫生服务均等化，新农保实现全覆盖，落实计划生育政策。新型农村合作医疗保险参保人数4797人，缴纳907175元，政策减免2210人（其中残疾33人，独生子女29人，低保及退役军人166人），让农民真正得到实惠。教育事业方面，落实教育资助政策，确保符合条件的困难学生100%享受到国家教育资助政策。其中学前教育35人5654元，小学101人80800元，初中83人104950元，高中90人413000元，大学89人574433元，合计398人1178837元。

大垭乡大垭村唐家坝风貌

（大垭乡人民政府　供图）

【生态环保】　继续实施生态保护，巩固绿化建设成果，全乡森林覆盖率56%以上。建立长效管护机制，做好天然保护林的林木管护；抓好绿化工作，完成造林105.33公顷。加强污染源的监管，开展生态环保巡查，全面完成改厕任务，做好小流域治理、人畜饮水改造项目。开展环境综合整治，抓好4个村的环境连片整治，加强农村饮用水源保护、污水和生活垃圾处理，为各村配置垃圾箱、垃圾桶，落实保洁人员，做到生活垃圾及时清理，实现村容整洁美观。对硬化道路绿化美化，在二级路沿线栽植桂花树，高标准做好绿化美化工作。

【城镇建设】　以“脱贫攻坚工作”为抓手，立足城乡面貌改善，加快基础设施建设步伐，完善城镇功能，完成场镇规划编修。启动两条二级路路面改造、一个客运站修建以及47条农村公路硬化，完成通畅公路135千米。全面整治环境卫生，开展垃圾分类治理工作。建成垃圾中转站1座，配置勾臂车3辆、洒水车2辆。

桐 楼 乡

【概况】 桐楼乡位于彭水自治县东南边陲，东临黔江区石家镇、新华乡，南靠诸佛乡，北与桑柘镇、大同镇接壤，距县城84千米，是全县边远乡镇之一。全乡辖区面积45平方千米，辖3个行政村、16个村民小组，共1254户5840人，其中农业人口5021人，有耕地面积1201.06公顷，水田面积281.47公顷，林地面积1908.58公顷，海拔在400米至1100米之间，相对海拔较高，有贫困户408户1951（已全部脱贫），辖4个党组织，有正式党员141人，预备党员4人。桐楼乡人民政府机关在编人员23人、在岗人员32人。

乡辖区内有1所学校、1个乡级医院及3个村级卫生室。桐楼中心校在校学生192余人，在编教师19人，在岗（含临聘教师、工作人员）25人，共8个班级（幼儿班、学前班和小学一至六年级），占地面积4360.77平方米。桐楼乡卫生院占地面积2260平方米，在编医生6人，核定床位10张，全年医疗业务总收入158万元，其中医疗收入71万元；桐木村、普子村及细沙村均设立1所村级卫生室，并配齐相应设备设施。

【脱贫攻坚】 乡党委、政府高度重视扶贫工作，贯彻落实县委、县政府关于扶贫工作的重要精神，紧紧围绕"两不愁三保障"等关键指标，创新工作思路，突出重点、多措并举，扎实有效完成脱贫攻坚工作。突出精准识别，实现贫困群众帮扶全覆盖。全力做好普查抽查工作，做到底数清、数据明，全面查漏补缺，补齐短板，不断巩固脱贫攻坚成效。全乡建档立卡贫困户总户数408户1951人，2015—2018年共脱贫362户1770人，2019年脱贫45户178人，2020年脱贫一户3人，辖区内3个村均已脱贫摘帽。问题整改，助推脱贫攻坚政策落实。以"底数清、情况明、问题准、台账全、质量高"为工作目标，全面、细致分析梳理大走访、大排查、大整改工作情况，逐一对照市级脱贫攻坚成效考核组和中央巡视"回头看"、县级督导组反映的共性问题，结合桐楼乡实际，"一对一"制定整改措施，明确整改责任人和整改时限，所有整改任务全部清零。突出稳定脱贫攻坚政策，实现乡村振兴平稳过渡。制定边缘户和脱贫监测户防范风险措施，持续跟进"两不愁三保障"落实情况，紧盯薄弱环节，用心用力巩固脱贫成果。加快形成脱贫攻坚和乡村振兴战略相互支撑、相互配合、有机衔接的互动格局，巩固加大乡村治理及设施建设的投入力度，确保实现从脱贫攻坚向全面推进乡村振兴平稳过渡。

【基础设施】 以设施改善为根本，解决制约发展的突出问题，进一步巩固脱贫攻坚成果。住房安全保障方面，开展旧房整治提升工作，积极制订整体计划，明确目标任务，加强业务指导、检查和督促工作，全年共完成150户农村旧房整治提升。推进困难群众住房救助民心工程落地落实。全年共为4户（张德文、赵绪培、张泽明、赵寿孟）住房困难村民户完成住房改造。保质保量完成违规违法占地建房摸底排查工作，共排查问题图斑346块。扎实推进农村房屋安全信息采集工作，切实消除农村房屋安全隐患。饮水安全保障方面，饮水覆盖工程已全部完成竣工验收。针对水压低、水量不足、季节性缺水问题，新增30个工程点，新建蓄水池总容量1385立方，总受益人口达4207人，其中贫困人口1440人。对乡域内所有水池进行水质达标认定，经检测和认定所有水质结论为达标或基本达标，可放心使用。对引用水源地进行围栏安装，设立标示牌，并完成验收，全年对引用水源地监督检查共计12次，有效保障民众生活用水安全。启动场镇集中供水及补充水源工程，总投资达600万元，已完成工程量95%，工程完工后，将进一步提高乡域居民的供水保障能力，有效缓解枯水期和极端气候条件下供水压力大的问题。道路交通方面，通畅公路建设项目成效显著，规划建设11.621千米，已完成3.05千米。其他道路建设工程有序推进，细沙村2组硬化路完成87%；细砂村6组硬化路已完成1.8千米；细沙河新建桥工程，已完成桥墩基础，桥面建设进入收尾阶段；细砂村新安装路灯130盏，新安装护栏10千米。

【产业发展】 以产业发展为抓手，农业产业结构优化。按照产业兴旺、生态宜居、乡风文明、治理有效、生活富裕的总要求，结合桐楼乡实际，大力发展特色效益农业，推进一、二、三产业融合发展。集体经济不断壮大，细沙村集体经济发展丝瓜20余公顷，普子村集体经济发展淡水鱼养殖1.6余公顷，投放鱼苗16万余尾，桐木村集体经济发展密本南瓜66.67余公顷、火棘果66.67余公顷。产业扶贫持续跟进，全年共实施4个产业扶贫项目，总投资146.2万元，新建产业路2.91千米，硬化产业路0.91千米。加大贫困户产业增收项目的奖励力度，全年产业增收项目共补助贫困户277户，补助资金65.66万元。

2020年6月，细沙村丝瓜种植培训现场教学

（桐楼乡人民政府　供图）

【生态环保】 坚持走绿色发展之路，牢固树立"绿水青山就是金山银山"的发展理念。扎实开展农村环境卫生提升行动，实现屋美路净。执行"户集、村收、乡转运"模式，农户生活环境卫生有效改善。建立公路保洁考核激励制度，全乡有公路保洁人员18人，3个村公路沿线配备垃圾箱10台，垃圾清运车2辆，环卫三轮摩托车4辆，手推车15台，塑料垃圾桶100余个，公路环境卫生得到有效治理。全面落实河长制，实现水清岸绿。成立以乡党委书记、乡长为辖区总河长，班子成员为乡级河长、各村党支部书记为村级河长的管理体系，加强河流、水库的日常巡查工作，严控工矿企业污染，严防畜禽养殖污染，严查农业面源污染；制定巡河台账，按期完成每月10日的河水送检工作，切实保障全乡水资源安全；大力开展长江流域禁捕、节水型社会建设宣传工作，推进生态环境的可持续发展。全面推进国土绿化提升行动。积极组织乡、村、驻村工作队干部50余人参加义务植树3.33余公顷，栽植巫山脆红李1500余株，为新一年造林工作打下基础；完成普子村13.33公顷森林抚育验收工作，进一步巩固退耕还林成果；成功申报普子村绿色示范村建设项目，完成3000米行道树（槐树）的栽植及村级活动中心绿化任务；开展松材线虫病除治行动，对林业疫病加大管控力度，根治病虫害，最大程度减少经济损失，防止生态遭受更深层次的破坏，共涉及19个防疫作业小班，除治面积达110.53余公顷。

【民生保障】 教育保障方面，通过加强政策宣传，落实教育资助对口管理，实现贫困户子女享受教育资助全覆盖，不重不漏，全年共资助贫困学生81名，发放补助金22950元。全面落实因贫辍学排查工作，由乡领导牵头，成立因贫辍学领导小组，动员全乡职工及学校教师开展控辍保学活动，全年共劝返复学5人，为3位残疾儿童送教上门服务。及时发放资助资金，对贫困学生给予经济上的支持与帮助，确保所有适龄儿童顺利完成义务教育。医疗保障方面，根据县有关部门安排，及时召开城乡居民基本医疗保险参保缴费工作动员大会，对相关政策进行讲解和业务培训，对现场参会人员答疑解惑。制定并下发《桐楼乡关于做好2020年度城乡居民基本医疗保险工作的通知》《关于成立桐楼乡2020年城乡居民基本医疗保险工作领导小组的通知》。经统计，全年城乡居民基本医疗保险缴费人数为4745人，参保率达到99.08%，相关数据已全部完成录入，全年医疗二次报销人数共计294人，报销次数为589次，报销金额共计999690.09元。林业工作方面，全面完成2017—2018年退耕还林验收报账工作，并要求施工方对2016—2018年的退耕还林地块进行除草、施肥等后续管护工作。全乡选聘生态护林员46名，天保护林员3名，于年初分别签订管护责任书、落实管护责任区域。严格执行林地占用审批程序，严禁非法、违法乱占林地，全年共审批农户修建自用住房占用林地10户、森林防火通道3条。积极开展宣传教育工作，采用开会培训、赶集日集中宣传、走村入户发放宣传单、书写宣传标语、流动宣传车等形式，加强森林防火宣传，不断提高民众森林防火意识。全年共开展专题培训13次，悬挂横幅、书写标语30余条，发放宣传单600多张，出动宣传车15车次。积极组织全乡应急民兵、村组干部、护林员开展防灭火应急演练，确保发生火灾有人打火、能打火。农业服务工作方面，在全县率先完成农村土地承包经营权确权登记颁证工作。全年共发放农村土地承包经营权证书1387本，共确权农村土地承包经营地1174.65公顷。完成农村集体产权制度改革试点工作。乡域内三个村均挂牌成立股份经济合作社，社员组成涉及1318户，共5653人，全年实现集体经济累计收入15.21万元。扎实开展人居环境整治工作，及时成立工作领导小组，制定工作方案，积极动员开展村庄清洁行动、“三清一改”行动、工作成效评估活动，全力营造整洁美丽乡村。多措并举做好自然灾害防范工作，科学修订完善年度防汛抗旱、山洪灾害应急救援预案；定期对全乡水利设施开展汛前安全检查；组织召开自然灾害防治工作专题会，积极宣传应急知识，全面提升群众自主防范意识。畜牧工作方面，严格按照《两个条例》和主管局有关文件开展工作，全年对辖区内进行监督检查36场次，出动人员108余人次。引进优良品种，全年共引进217头良种能繁母猪，为品种改良工作打下基础。新增1个养殖大户和不少的重点户，乡域内养殖业的发展呈现良好态势。积极做好防疫检疫工作，全年疫病普查牲畜达12322头（只）。计生工作方面，利用LED显示屏、现场发放宣传材料等多种途径，进行计划生育政策法规和生殖健康知识的宣传教育。认真清理生育情况，确保出生人口统计和死亡人口准确率达到100%。共为26对夫妻办理一孩、二孩生育服务证，为1对夫妻办理再生育服务证。完成孕前优生健康检查5人，宫颈癌检查144人，乳腺癌检查10人，无“两非”案件发生。民政工作方面，全年共纳入低保户35户，97人，元旦春节期间为贫困农村留守儿童共发放600元的慰问金。上门为残疾人服务，全年为6人办理残疾人证，纳入残疾人护理补贴8人。为建档立卡残疾人落实1.16万元的物质补助，为残疾种植大户解决2万余元南瓜产业资金补助，帮助建卡低保残疾户，解决3000元临时资金救助。积极开展就业帮扶工作，全年共帮助16名高校毕业大学生择业选岗。

【安全稳定】 签订年度安全生产消防安全、道路交通安全、食品药品安全等责任书，召开全乡安全生产工作会议，将各项安全工作责任切实落实到各单位，全年无安全生产事故发生。利用宣传标语、横幅、小喇叭广播、培训会等方式积极开展宣传工作，全年共悬挂横幅标语167条，张贴标语500余条，利用LED滚动传播肺炎疫情防控、消防安全、道路交通安全、食品药品安全等常识60余次。加大检查执法力度，全年共计出动执法车辆40余台次，出动执法人员90余人次，安全劝导车辆200余台次，整治违法车辆10余台次，观看安全警示片10余人次；食品药品检查22户次；烟花爆竹检查15户次；消防安全检查20户次；排查隐患检查13次，及时整改完毕安全隐患11处。加强对安全隐患排查和治理，全年共查处过期食品10余件；查处黄标车2辆；排查不安全住房198户；积极化解历史遗留纠纷；处理解决工程类、土地林地类、房屋权属类等纠纷，切实确保安全生产形势持续平稳。

【文旅融合】　充分发掘红色文化资源，开展红色文化宣讲、红色文化展览、重走长征路活动，成功打造"红军入彭第一乡"，不断弘扬不畏艰险的革命精神，紧守初心，勇担使命，桐楼正向山清水秀美丽之地迈进，真正实现干在实处、走在前列。

2020年7月，桐楼乡举办庆祝中国农民丰收节暨金秋消费扶贫活动

（桐楼乡人民政府　供图）

荣 誉

集体荣誉

国家级荣誉一览表

获奖单位	授奖文号（单位）	获奖日期	获奖内容
彭水自治县	国家发展改革委	2020 年 11 月	全国“十三五”搬迁工作成效明显县
大垭乡大垭村民委员会	党中央、国务院	2021 年 2 月	全国脱贫攻坚先进集体
万足镇民政和社会事务办公室	党中央、国务院	2021 年 2 月	全国脱贫攻坚先进集体
县发展改革委	国家发展改革委	2020 年 11 月	全国“十三五”搬迁工作担当有为集体
县总工会	中互字〔2020〕20 号	2020 年 8 月	职工互助保障工作优秀单位
县总工会	国厂开组办发〔2020〕8 号	2020 年 12 月	全国推动厂务公开民主管理工作先进单位
县矫正帮教管理服务中心	司发通〔2020〕10 号	2020 年 1 月	全国司法行政系统特赦实施工作突出贡献单位
县司法局	中调协〔2020〕5 号	2020 年 12 月	组织宣传人民调解工作先进集体
诸佛乡庙池村	中央精神文明建设指导委员会	2020 年 11 月	全国文明村镇
县生态环境局	国污普〔2020〕5 号	2020 年 9 月	全国污染源普查工作先进集体
县生态环境局	中央文明委	2020 年 11 月	第六届“全国文明单位”
郁山镇朱砂村	司法部、民政部	2021 年 1 月	全国民主法治示范村（社区）
国网重庆市电力公司彭水供电分公司	中华全国总工会、应急管理部、国家卫生健康委员会	2021 年 3 月	2018—2019 年度全国“安康杯”竞赛优胜奖

市级荣誉一览表

获奖单位	授奖文号（单位）	获奖日期	获奖内容
县人民医院、县疾病预防控制中心党支部、彭水德济医院、县公安局、汉葭街道	渝委〔2020〕337 号	2020 年 10 月	重庆市抗击新冠肺炎疫情先进集体

续表

获奖单位	授奖文号（单位）	获奖日期	获奖内容
汉葭街道党工委、县疾病预防控制中心党支部	渝委〔2020〕338号	2020年10月	重庆市先进基层党组织
中共彭水县岩东乡委员会、中共郁山镇委员会、芦塘乡鞍子岭村党支部	渝委〔2021〕178号	2021年4月	重庆市脱贫攻坚先进集体
县林业局	渝府发〔2020〕22号	2020年7月	科技进步二等奖
郁山镇人民政府	中共重庆市委、重庆市人民政府	2020年3月	市乡村振兴贡献奖先进集体
郁山镇人民政府	中共重庆市委、重庆市人民政府、重庆警备区	2020年11月	市拥军优属模范单位
县公安局特警大队	渝公发〔2020〕136号	2020年12月	二等功（抗击新冠肺炎疫情工作成绩突出）
郁山镇派出所	渝公发〔2020〕136号	2020年12月	三等功（抗击新冠肺炎疫情工作成绩突出）
县检察院检察四部	渝人社发〔2020〕23号	2020年3月	重庆市检察系统先进集体
县财政投资评审中心	渝人社〔2021〕32号	2021年2月	全市财政系统先进集体

个人荣誉

国家级荣誉一览表

姓　名	授奖文号（单位）	获奖日期	获奖内容
邵红二	党中央、国务院	2021年2月	全国脱贫攻坚先进个人
何文忠	中委〔2020〕609号	2020年11月	全国劳动模范
王传军	国家发展改革委	2020年11月	全国“十三五”奋进易地搬迁干部
蒲秀川	公奖字〔2020〕106号	2020年9月	先进个人（全国公安系统抗击新冠肺炎疫情）
李方庚	高检政〔2020〕6号	2020年1月	全国检察机关检务保障工作先进个人
洪　明	司法通〔2020〕11号	2020年1月	“大排查、早调解、护稳定、迎国庆”专项活动表现突出个人
冉茂慰	司法通〔2020〕9号	2020年1月	全国法律援助工作先进个人
龚明君	国卫医函〔2020〕433号	2020年11	全国平安医院工作表现突出个人
王天奎	中央文明办	2020年10月	2020年1—7月“中国好人”
张晓平	农渔发〔2020〕26号	2020年12月	“中国渔政亮剑2020”系列专项执法行动工作成绩突出的个人
葛　蜜	《关于通报表扬首届全国渔业安全技能大比武队员的函》	2021年1月	全国渔业安全技能大比武队员通报表扬

续表

姓　名	授奖文号（单位）	获奖日期	获奖内容
邓劲松	国家电网人资〔2021〕10 号	2021 年 1 月	国家电网劳动模范
邓劲松	国家电网人资〔2021〕132 号	2021 年 2 月	国家电网服务脱贫攻坚突出贡献个人
李　野	环办环评函〔2020〕738 号	2020 年 12 月	2020 年全国固定污染源排污许可全覆盖工作表现突出个人
冉业凡	科技助力扶贫办〔2020〕2 号	2020 年 4 月	全国科技助力精准扶贫 2019 年度先进个人

市级荣誉一览表

姓　名	授奖文号（单位）	获奖日期	获奖内容
李孝前、刘颖娟、廖福淑、徐永兴、涂冬梅、敖琴攀、姚素鑫、陈衡乾、王云坤、陈江、何波、严昌平	渝委〔2020〕337 号	2020 年 10 月	重庆市抗击新冠肺炎疫情先进个人
王云坤、李孝前、刘颖娟	渝委〔2020〕338 号	2020 年 10 月	重庆市优秀共产党员
李继儒	—	2021 年 1 月	2020 年度感动重庆十大人物
邓相舜	渝府发〔2020〕22 号	2020 年 7 月	油茶良种选育及其配套技术集成创新与应用
余显成	渝 委〔2021〕178 号	2021 年 4 月	重庆市脱贫攻坚先进个人
夏国华、刘　爽	市卫生健康委	2020 年 4 月	“重庆好医生、重庆好护士” 2020 年第一季度特别人物“战疫英雄”称号
李　中、冷晓波	渝公发〔2020〕136 号	2020 年 12 月	二等功（抗击新冠肺炎疫情工作成绩突出）
刘长云、钱艳、余福、谭锋、何红芬、郑义梁	渝公发〔2020〕136 号	2020 年 12 月	三等功（抗击新冠肺炎疫情工作成绩突出）
谢成红	渝人社〔 2021 〕32 号	2021 年 2 月	全市财政系统先进个人
张　洪、张洪琼	渝人社发〔2020〕101 号	2020 年 11 月	重庆市第三届残疾人工作先进个人
刘淇境	渝人社发〔2020〕3 号	2020 年 1 月	首届重庆市中青年德艺双馨文艺工作者
程　川	重庆市总工会、市人力社保局、市企业联合会、市工商联	2020 年 9 月	全市集体协商竞赛优秀协商员

附　录

2020 年重庆市彭水苗族土家族自治县国民经济和社会发展统计公报

一、综合

年末户籍总人口 70.30 万人，比 2019 年减少 0.03 万人。其中，户籍城镇人口 20.67 万人，户籍乡村人口 49.63 万人。

初步核算，全年实现地区生产总值（GDP）245.10 亿元，按可比价格计算，比 2019 年增长 4.2%。其中，第一产业实现增加值 37.18 亿元，增长 4.8%；第二产业实现增加值 79.78 亿元，增长 5.2%；第三产业实现增加值 128.14 亿元，增长 3.3%。三次产业对经济增长的贡献率分别为 15.3%、42.2%和 42.5%，分别拉动经济增长 0.6 个、1.8 个和 1.8 个百分点。三次产业结构比由 2019 年的 14.4 ∶ 35.5 ∶ 50.1 调整为 15.2 ∶ 32.5 ∶ 52.3。

全年新增城镇就业人员 6389 人，指导帮助 1970 名登记失业人员和 1443 名就业困难人员实现就业再就业。

二、农业

全年实现农林牧渔业总产值 62.91 亿元，比 2019 年增长 5.2%。其中，农业 34.98 亿元，增长 6.6%；林业 3.82 亿元，增长 11.1%；畜牧业 23.27 亿元，增长 1.5%；渔业 0.17 亿元，下降 0.7%。实现农林牧渔业增加值 37.18 亿元，比 2019 年增长 14.9%，其中，农业 19.46 亿元，下降 3.2%；林业 2.49 亿元，下降 1.0%；畜牧业 15.12 亿元，增长 64.1%；渔业 0.11 亿元，下降 6.6%。

表 1　　2020 年全县主要农产品产量

产品名称	单位	产量	比上年±%
产品名称	单位	产量	比上年±%
粮食	万吨	31.22	0.4
#玉米	万吨	11.25	0.2
水稻	万吨	6.3	0.3
薯类	万吨	12.83	0.5
油料	万吨	3.33	4.8
蔬菜	万吨	42.66	3.8
烤烟	万吨	0.8	-4.4
水果	万吨	0.98	3.0

全年粮食播种面积 7.87 万公顷，下降 0.3%；油料播种面积 1.79 万公顷，增长 3.8%；烤烟播种面积 0.44 万公顷，下降 4.2%；蔬菜播种面积 1.63 万公顷，增长 3.8%。全年粮食总产量 31.22 万吨，增长 0.4%。其中，夏粮产量 7.34 万吨，下降 0.5%；秋粮产量 23.88 万吨，增长 0.7%。油料总产量 3.33 万吨，增长 4.8%；烤烟总产量 0.8 万吨，下降 4.4%；蔬菜总产量 42.66 万吨，

增长3.8%。

三、工业和建筑业

全年实现工业增加值40.51亿元，比2019年增长3.1%，占全县地区生产总值（GDP）的比重达16.5%，对全县经济增长的贡献率为14.0%，拉动经济增长0.6个百分点。规模以上工业企业实现总产值45.37亿元，增长4.2%。其中，国有控股企业27.47亿元，增长5.6%；大中型企业11.9亿元，下降4.8%。按轻重工业分，轻工业实现产值10.86亿元，增长4.2%；重工业实现产值34.51亿元，增长4.2%。

规模以上工业企业总产值分行业看，煤炭开采和洗选业实现产值1.25亿元，下降18.5%；农副食品加工业实现产值2.64亿元，增长16.6%；烟草制品业实现产值0.48亿元，下降32.6%；制鞋业实现产值3.07亿元，增长27.7%；非金属矿物制品业实现产值9.39亿元，增长6.8%；电力生产和供应业实现产值22.5亿元，增长7.8%。

表2 2020年全县规模以上工业经济主要经济指标

指标名称	计量单位	2020年	同比±%
规模以上工业总产值	万元	453736	4.2
#大中型工业企业	万元	119002	-4.8
#国有控股	万元	274681	5.6
按轻重工业分			
#轻工业	万元	108615	4.2
重工业	万元	345121	4.2
规模以上工业增加值	万元		3.4
规模以上工业企业销售产值	万元	442341	4.7
规模以上工业企业营业务收入	万元	398524	-3.5
规模以上工业企业利税总额	万元	110361	6.8
规模以上工业企业利润总额	万元	77747	10.9

全年规模以上工业企业实现主营业务收入39.85亿元，下降3.5%；实现利税总额11.04亿元，增长6.8%；实现利润7.77亿元，增长10.9%；产品销售率97.5%，比2019年提高0.4个百分点。

全年规模以上工业主要产品产量中，原煤产量6.9万吨，下降38.4%；水泥产量164.03万吨，下降6.3%；水泥熟料140.34万吨，下降11.1%；水力发电量71.37亿千瓦时，增长13.1%；商品混凝土60.41万立方米，增长45.7%；胶鞋产量1077.08万双，下降11.6%；包装饮用水产量1.19万吨，下降21.3%。

表3 2020年规模以上工业主要产品产量

产品名称	单位	产量	同比±%
原煤	万吨	6.9	-38.4
水泥	万吨	164.03	-6.3
水泥熟料	万吨	140.34	-11.1
水力发电量	亿千瓦时	71.37	13.1
商品混凝土	万立方米	60.41	45.7
胶鞋	万双	1077.08	-11.6
包装饮用水	吨	11931.2	-21.3

全年实现建筑业增加值39.27亿元，同比增长7.8%，对全县经济增长的贡献率达28.2%，拉动经济增长1.2个百分点。全年纳入企业一套表的资质以内建筑业企业28家，全年实现注册地建筑业总产值22.44亿元，增长18.1%。

四、固定资产投资和房地产开发

全年完成固定资产投资91.7亿元，比2019年增长6.0%。按产业划分，第一产业完成投资5.6亿元，下降74.1%；第二产业完成投资5.8亿元，下降35.7%；第三产业完成投资80.3亿元，增长43.9%。其中，全年完成工业投资5.8亿元，下降35.7%，占全县固定资产投资总额的6.3%；房地产开发完成投资25.7亿元，增长151.3%，占全县固定资产投资总额的28.0%。

全年商品房施工面积174.8万平方米，增长

19.1%；商品房竣工面积23.48万平方米，下降35.2%；商品房销售面积40.61万平方米，增长38.6%，其中住宅销售面积40.07万平方米，增长37%；商品房销售额21.06亿元，增长32.8%，其中住宅销售额20.67亿元，增长30.8%。

五、国内贸易和对外开放

全年实现社会消费品零售总额110.6亿元，比2019年增长2.4%。按经营地统计，城镇实现消费品零售总额34.3亿元，增长9.3%；乡村实现社会消费品零售总额76.3亿元，下降0.3%。按行业统计，批发业实现零售总额29.5亿元，下降0.9%；零售业实现零售总额73.5亿元，增长4.1%；住宿业实现零售总额1.8亿元，下降7.4%；餐饮业实现零售总额5.8亿元，增长2.2%。

在限额以上企业商品零售额中，粮油、食品、饮料、烟酒类零售额下降0.2%；服装、鞋帽、针纺织品类增长24.5%；五金、电料类下降47.6%；石油及制品类增长5.5%；家用电器和音响器材类下降8%；中西药品类增长8.9%；文化办公用品类下降3.8%；家具类下降7.3%；建筑及装潢材料类增长6.2%；汽车类增长4.3%。

截至年末，全县限额以上单位个数共190家，其中批发业64家，零售业101家，住宿业9家，餐饮业16家。全县批发零售业企业实现销售额157.4亿元，增长0.9%，其中限额以上批发零售单位实现销售额77.7亿元，占全县批发零售业商品销售额比重为49.4%；住宿餐饮业企业实现营业收入19.7亿元，下降1.5%，其中限额以上住宿餐饮业实现营业收入2.1亿元，占全县住宿餐饮业营业收入的比重为10.7%。

招商正式合同项目23个，计划总投资26.8亿元。

六、交通、邮政和旅游

全年交通运输、邮政和仓储业实现增加值7.56亿元，比2019年增长4.7%，占全县地区生产总值的3.1%。

全年公路通车里程达到8232千米。其中，高速公路65千米，一级公路71千米，二级公路202千米，三级公路115千米，四级公路6690千米。

全年完成公路客运量616万人次，下降33.6%；完成货运量566万吨（不含铁路运输，下同），增长15.0%。全年旅客周转量达到29194万人公里，下降33.6%；货运周转量达到45442万吨公里，增长15.1%。

全年完成邮电业务总量4.56亿元，同比增长1.0%。其中，邮政业务总量0.99亿元，下降4.8%；电信业务总量3.57亿元，增长2.8%。年末固定电话用户7.19万户，下降43.1%；移动电话用户55.75万户，增长2.7%；互联网用户14.83万户，增长16.4%。

2020年全年累计接待游客2816万人次，比2019年下降7.0%，其中海外游客0.81万人次，下降95.8%；国内游客2815万人次，下降6.5%。全年全县实现旅游综合收入143.61亿元，比2019年下降4.3%。全县旅游景区累计接待游客315.82万人次，同比下降46.8%。

七、财政、金融和保险

全年实现地方财政收入27.68亿元，比2019年下降2.9%，其中，一般公共预算收入14.15亿元，增长4.6%；基金收入12.67亿元，下降4.0%。一般公共预算收入中，税收收入9.41亿元，增长9.7%，占地方财政收入的比重达34.0%，非税收入4.73亿元，下降4.2%。税收收入中，增值税4.67亿元，下降0.5%；企业所得税1.27亿元，增长14.6%；个人所得税0.33亿元，下降9.2%；城市建设维护税0.49亿元，增长1.8%；房产税0.37亿元，增长83.4%；契税0.85亿元，增长35.3%；烟叶税0.37亿元，下降22.9%。

全年实现财政支出94.19亿元，比2019年增长5.2%。其中，一般公共预算支出72.98亿元，增长0.2%；基金预算支出21.02亿元，增长39.5%。一般公共预算支出中，一般公共服务支出

5.08 亿元，增长 6.8%；教育 14.86 亿元，增长 0.8%；文化体育与传媒 0.69 亿元，增长 13.8%；社会保障和就业 8.18 亿元，增长 15.5%；医疗卫生 7.83 亿元，增长 19.5%；环境保护 2.89 亿元，增长 1.3%；城乡社区事务 4.33 亿元，下降 40.6%；农林水事务 18.19 亿元，增长 4.4%；交通运输 4.11 亿元，下降 7.7%；住房保障 1.63 亿元，增长 10.9%。

全年金融业实现增加值 10.70 亿元，增长 3.3%，占全县地区生产总值 4.4%。年末金融机构存款余额 242.68 亿元，增长 12.6%，其中住户存款余额 192.72 亿元，增长 12.2%。年末金融机构贷款余额 242.36 亿元，增长 12.3%，其中，住户贷款 73.12 亿元，增长 27.5%；非金融企业及机构团体贷款 169.24 亿元，增长 6.8%。

年末营利性保险机构 15 家。全年保险机构实现保费收入 5.98 亿元，比 2019 年下降 3.4%。其中，财产险保费收入 1.68 亿元，下降 13.3%；人身险保费收入 4.30 亿元，增长 1.1%。全县保险机构赔付支出 2.07 亿元，比 2019 年增长 14.5%。其中，财产险赔付支出 0.99 亿元，增长 9.4%；人身险赔付支出 1.08 亿元，增长 19.6%。

八、教育

2020 年末，全县各级各类校（园）150 所，其中，小学 73 所，初级中学 16 所，九年一贯制学校 3 所，完全中学 3 所，特殊教育学校 1 所，职业中学 2 所，幼儿园 52 所。全县普通高中招生 5111 人，在校生 15491 人，毕业生 5423 人；普通初中招生 8169 人，在校生 25210 人，毕业生 8533 人；小学招生 6635 人，在校生 43888 人，毕业生 8599 人；职业中学招生 1848 人，在校生 4922 人，毕业生 1467 人。全县各级各类学校有专任教师 7028 人。

九、文化、卫生和体育

截至年末，全县共有文化馆 1 个，公共图书馆 1 个，影剧院 2 个，广播电视台 1 座，乡镇综合文化站 39 个。广播人口综合覆盖率 92.8%，电视人口综合覆盖率 98.0%。

截至年末，全县共有各级各类医疗卫生机构（含村卫生室）443 个，其中，医院 12 个，乡镇卫生院 36 个，社区卫生服务中心 4 个，诊所（卫生所、医务室）67 个，村卫生室 320 个，疾病预防控制中心 1 个，卫生监督所 1 个，妇幼保健院 1 个，结核病防治所 1 个。各类医疗卫生机构开放病床 2805 张，其中，医院开放病床 1555 张，乡镇卫生院、社区卫生服务中心开放床位 1214 张，妇幼保健院开放病床 30 张。全县有卫生技术人员 3345 人，其中，执业（助理）医师 1255 人。

举办了“蚩尤九黎城杯”第八届中国彭水阿依河国际漂流大赛，首届“决战九黎城下”电子竞技大赛全国总决赛，全年共举办大中型全民健身活动 30 余次，参与人数达 5 万余人次，观众人数在 50 万人次以上。

十、人民生活和社会保障

全年常住居民人均可支配收入 21224 元，比 2019 年增长 8.6%。按常住地分，城镇常住居民人均可支配收入 33775 元，比 2019 年增长 6.1%；农村常住居民人均可支配收入 13397 元，比 2019 年增长 8.3%。

城镇常住居民人均可支配收入中，工资性收入 16110 元，增长 5.1%；经营净收入 7373 元，增长 11.7%；财产净收入 4532 元，增长 3.5%；转移净收入 5760 元，增长 4.3%。

农村常住居民人均可支配收入中，工资性收入 5872 元，增长 8.2%；经营净收入 4887 元，增长 7.8%；财产净收入 301 元，增长 10.7%；转移净收入 2337 元，增长 9.3%。

截至年末，全县统筹范围内参加社会养老保险的企业职工人数达 4.49 万人，收缴养老保险基金 2.89 亿元；参加失业保险的人数达 2.94 万人，失业保险费征缴收入 663 万元；参加医疗保险的人数达 4.51 万人，医疗保险征缴收入 2.50 亿元；参加城乡居民合作医疗保险的人数达 57.41 万人，城乡居民参合率达 96.0%。

截至年末，全县享受最低生活保障的人数达3.11万人，其中城镇低保0.53万人，农村低保2.58万人。全年累计发放城乡居民最低生活保障金1.64亿元，其中城镇居民低保0.37亿元，农村居民低保1.27亿元。城乡低保标准分别提高到620元/月和496元/月，分别比2019年增长6.9%和12.7%。

十一、资源、环境和安全生产

全年降水总量1856毫米，全年总用水量7967万立方米。植树造林力度加大，森林工程建设成效显著，森林资源得到有效保护。全年完成各项造林面积1.06万公顷，其中人工造林面积0.48万公顷，全县森林覆盖率达60.1%，比2019年提高1.3个百分点。

全年全社会用电量8.11亿千瓦时，比2019年增长5.1%，其中工业用电量2.34亿千瓦时，下降2.3%。

县城空气质量状况优良的天数为359天，全年优良率为98.09%。环境空气中可吸入颗粒物（PM10）、可吸入颗粒物（PM2.5）、二氧化硫（SO2）、二氧化氮（NO2）年平均浓度分别为34微克/立方米、24微克/立方米、18微克/立方米、18微克/立方米。全年县城降水pH值范围为6.68-6.92，全年无酸雨。乌江、郁江彭水段水质全年分别达到或优于III类、II类标准。集中式饮用水源水质总体良好，县城饮用水源水质达标率为100%，乡镇街道集中饮用水源水质达标率为100%。

2020年发生生产安全事故8起、死亡8人。其中，道路交通事故3起、死亡3人，建设施工事故3起、死亡3人，其他事故2起、死亡2人。全年受理社会治安案件1285件，治安案件发案率18.27件/万人；刑事案件立案1458件，破获各类刑事案件727起，刑事案件发案率20.74件/万人。

注：

1. 本公报中2020年数据均为初步统计数，最终数据以《2021年彭水统计年鉴》为准。部分数据因四舍五入的原因，存在着分项与合计不等的情况。

2. 地区生产总值绝对数按现价计算，增长速度按可比价计算。

3. 规模以上工业、有资质的建筑业、限额以上批发和零售业、限额以上住宿和餐饮业、全部房地产开发经营业、规模以上服务业等行业统计标准：

规模以上工业：年主营业务收入2000万元及以上的工业法人单位。

有资质的建筑业：有总承包、专业承包和劳务分包资质的建筑业法人单位。

限额以上批发和零售业：年主营业务收入2000万元及以上的批发业、年主营业务收入500万元及以上的零售业法人单位。

限额以上住宿和餐饮业：年主营业务收入200万元及以上的住宿和餐饮业法人单位。

房地产开发经营业：全部房地产开发经营业法人单位。

规模以上服务业：年营业收入1000万及以上或从业人员50人及以上的执行企业会计制度的法人或视同法人单位。包括：交通运输、仓储和邮政业，信息传输、软件和信息技术服务业，租赁和商务服务业，科学研究和技术服务业，水利、环境和公共设施管理业，居民服务、修理和其他服务业，教育，卫生和社会工作，文化、体育和娱乐业；以及物业管理、房地产中介服务等行业。

4. 公报中所涉及的部门统计数据来自相关行业部门。

机构领导名录

县级领导人名录

中共彭水苗族土家族自治县委员会

县委书记：钱建超

县委副书记：石　强　彭玉萍（女）

张　勇（挂职，4月离任）

县委常委：钱建超

石　强　彭玉萍（女）

张　勇（挂职，4月离任）

程　途　巩义胜　陶　敏（女）

罗道书　蒋孟轩　裴煜宇

刘焕章

肖　强（挂职，6月到任）

李　福（9月离任）

王　丰（9月到任）

彭水苗族土家族自治县人民代表大会常务委员会

主　任：胡勤俭

副主任：庹朝福　鞠清洁　陈钱万

秦胜成　易　敏（女）

彭水苗族土家族自治县人民政府

县　长：石　强

副县长：张　勇（挂职，4月离任）

巩义胜

肖　强（挂职，6月到任）

夏　斌（4月离任）　王凡鹏

罗远江　谭祥平　谭毅力（女）

冉　靖（女）　赵　亚（挂职）

包　庆（4月到任）

政协彭水苗族土家族自治县委员会

主　席：谢　胜

副主席：冉龙超　冉启明　廖志华

梅小玫（女）　杨从勇　吴　铁

县级机构负责人名录

中共彭水苗族土家族自治县纪律检查委员会 监察委员会

县纪委书记、监委主任：蒋孟轩

县纪委副书记、监委副主任：李文胜

钱文权　冉启超

县纪委常委、监委委员：罗季春

县纪委常委：陈小珊（女）　钱能涛

县纪委常委、监委委员：王　明　魏树林

县监委委员：张兵红　杜昌权

中共彭水苗族土家族自治县委组织部

部　长：刘焕章

常务副部长：张　军

副部长：何　红（女）　赵江南（女）

陈　君

中共彭水苗族土家族自治县委宣传部

部　长：裴煜宇

常务副部长、县政府新闻办主任、县新闻出版局局长：何念屈

副部长、县社科联主席：赵学亚

副部长、县委网信办主任：龙文专

县新时代文明实践服务中心主任：刘将彬（6月到任）

县新时代文明实践服务中心副主任：杜继臣

（7月到任）

中共彭水苗族土家族自治县委统战部

部　　长：陶　敏（女）

常务副部长：李　振

副　部　长：冉雄伟　杨　波

侨 联 主 席：陈红梅（女）

县统战服务中心主任：谢　勃

中共彭水苗族土家族自治县委办公室

县 委 办 主 任：杨国洪

县委办副主任、县档案局局长：杨　新

县委办副主任、县委机要局局长：许　平

县委办副主任、县委保密办主任：

许　平（6月到任）

县委办副主任、县委研究室主任：徐俊峰

县纪委监委派驻县委办纪检监察组组长：

张　力（女）

县委办副主任：董永升（7月离任）

专职密码督查员：艾曦东　袁　婧（女）

中共彭水苗族土家族自治县委研究室

县委研究室主任：徐俊峰

县委研究室副主任：王　宏　刘小平

中共彭水苗族土家族自治县党政信息中心

主　任：马小飞

副主任：彭　庆（7月到任）

彭水苗族土家族自治县人大常委会办公室

主　任：王业培

副主任：晏其林　田小川

监察法制委

主任委员：袁学刚

副主任委员：罗　强　袁　伟（兼）

财政经济委

主任委员：王　冲

副主任委员：丁　慧（女）　严久林

农业城环委

主任委员：代荣成

副主任委员：庹小洪　李素芳（女）（兼）

社会建设民族委

主任委员：段茂淑（女）

副主任委员：马万发　陈卫东（兼）

教科文卫工委

主　任：肖世成

副主任：廖小涛

人代工委

主　任：刘成林

副主任：刘　位

预算工委

主　任：丁　慧（女）

副主任：李绍成

研究室

副主任：刘洋行　任　霞（女）

彭水苗族土家族自治县人民政府办公室

主　任：冯久洪

副主任：周晓敏（女）　付　伟　王雪松

王建军（兼）

邢金良（挂职，12月离任）

彭水苗族土家族自治县人民政府政策研究室

副主任：任　勇　廖秀华（7月离任）

政协彭水苗族土家族自治县委员会办公室

主　任：曾凡才（兼）

副主任：王　勇　严九江

县政协提案委

主　任：刘应平

副主任：曹　勇

县政协经济委

主　任：向国茂

副主任：张传武

县政协科教文卫委

主　任：王天平

副主任：廖泽刚

县政协学习联络委

主　任：蹇廷超

副主任：冉崇安

县政协农业农村委

主　任：陈　瑜

副主任：莫云香（女）

县政协人资环境委

主　任：张合奎

副主任：吴玉学

县政协社法民宗委

主　任：彭　华

副主任：谢成培

县政协研究室

主　任：段战农

副主任：刘海军　朱冬松

彭水苗族土家族自治县人力资源和社会保障局

党组书记、局　长：张国甫

党组成员、副局长：梅绪权　王天云

党组成员、县就业和人才事务中心主任：王小琴（女）

党组成员：王胜洋

副局长、县社会保险事务中心主任：侯静莲（女）

彭水苗族土家族自治县医疗保障局

党组书记、局　长：韦　胜

党组成员、副局长：周平川

副局长：廖书勤

彭水苗族土家族自治县机关事务管理服务中心

主　任：李　静（女）

副主任：刘　利（女）　冯小飞

中共彭水苗族土家族自治县委机构编制委员会办公室

主　任：傅江陵

副主任：向刚宗　李安方

县事业单位登记管理局局长：兰雪冰

中共彭水苗族土家族自治县委党校

常务副校长：唐富学

副校长：任紫胜　刘　勇

校务委员：伍北群（女）　郑凤竹（女）

彭水苗族土家族自治县信访办公室

主　任：王建军

副主任：刘在祥　杨忠辉

督查专员：张素芬（女）　王静洁（女）

彭水苗族土家族自治县退役军人事务局

党组书记、局　长：沈华凡

党组成员、副局长：李　兵（11月离任）　王海莉（女）　廖永鸿

党组成员、退役军人服务中心主任：姚　军

彭水苗族土家族自治县总工会

主　　席：易　敏（女）

常务副主席：孙德清

副　主　席：莫亚群（女）　谭宇嘉　肖　杰（挂职）　何　敏（女）（兼）　唐立硌（兼）

共青团彭水苗族土家族自治县委员会

书　记：梁　潇

副书记：何　娟（女）　喻铃隐（女）（7月到任）

彭水苗族土家族自治县妇女联合会

主　席：匡　琳（女）

副主席：高才华（女）　廖凤莲（女）

周俊利（女）（兼）
葛先萍（女）（兼）

彭水苗族土家族自治县科学技术协会

主　席：冉业凡
副主席：田银东（4月到任）　王贵兰（女）

彭水苗族土家族自治县工商业联合会

主　席：游兴茂
党组书记、副主席：刘月红
党组成员、副主席：谢应奎
党组成员、副主席、秘书长：陈智勇
副主席：何　林（挂职）　陈爱华（女）
张幸福　杨昌洪　廖小川
李元仙（女）　程家琪

彭水苗族土家族自治县残疾人联合会

党组书记、理事长：黄江河
党组成员、副理事长：秦榜华　刘维红

彭水苗族土家族自治县文学艺术界联合会（黔中文化研究院）

党组书记、主席、院长：任永松
党组成员、副主席、副院长：周健伟
刘兴模

中共彭水苗族土家族自治县委政法委员会

书　　记：程　途（县委常委）
常务副书记：陈卫东
副　书　记：田仕军　王子兰（女）
汪　盛　王雪岭（挂职）
政治处主任：石　川
法学会副会长：胡洪周
综治中心主任：周　茜

彭水苗族土家族自治县公安局

党委书记、局长、督察长：夏斌（4月离任）
包庆（4月到任）
党委副书记、政委：包　庆（4月离任）
党委副书记、副局长：李方顺
党委委员、副局长：陈大奎　梁晓鸿
周清茂
党委委员、政治处主任：尹顺华
党委委员、纪检组组长：胥呈波

彭水苗族土家族自治县消防救援大队

大　队　长：卢元安（10月离任）
陈　竹（10月到任）
政治教导员：张洪桥（10月离任）
杨志勇（10月到任）

彭水苗族土家族自治县人民检察院

党组书记、检察长：陈荣鹏
党组副书记、副检察长：黄治文
党组成员、纪检组长：覃成林
副检察长：陈昌凡
党组成员、副检察长：刘洪武
党组成员、政治部主任：
王　朴（女）（10月到任）
检委会专职委员：周玖林
童　梅（女）（10月到任）

彭水苗族土家族自治县人民法院

党组书记、院长：秦长春
党组副书记、常务副院长：冉隆川
党组成员、政治部（机关党委）主任：
郭唐均
党组成员、副院长：徐中和
党组成员、纪检组长：
刘　彬（女）（10月到任）
党组成员、执行局局长：庹德鸿
副院长：陈　霞（女）
专　委：冉启驰　彭　然

彭水苗族土家族自治县司法局

党委书记、局　长：
张　波（1—11 月为党组书记）
党委委员、副局长：
张　洪（1—11 月为党组副书记）
党委委员、副局长：
侯洪才（1—11 月为党组成员）
党委委员、派驻纪检监察组组长：
王小权（1—11 月为党组成员）
副局长：何贵秀（女）

彭水苗族土家族自治县农业农村委员会

县委农业农村工委委员、书记：谭小华
县农业农村委主任：苏光华
县委农业农村工委委员、副书记：唐宁敏
县委农业农村工委委员兼县农技推广中心主任：何昌均
县委农业农村工委委员兼县农业综合行政执法支队支队长：谭　勇
县委农业农村工委委员、农业农村委副主任：
王　胜　梅海飞

彭水苗族土家族自治县畜牧发展中心

党组书记、主　任：刘卉红
党组成员、副主任：王　程　谢太候　张乾鹤

彭水苗族土家族自治县林业局

党组书记、局　长：刘汉中
党组成员、副局长：赵乾琨　董雄然

彭水苗族土家族自治县水利局

党组书记、局　长：贺守良
党组成员、副局长：孙德昌　陈　红
党组成员：庹小科（抽调到县委巡察组）
副局长：王子剑
党组成员：邓文安
党组成员、水务工程管理中心主任：宁环军
党组成员：段晓锦

彭水苗族土家族自治县扶贫开发办公室

党组书记、主　任：张泽勇
党组成员、副主任：陈维凡　李育奎
张寿平（女）　赵　鑫（挂职）
副 主 任：黄庆华（女）（挂职）
莫娅群（女）（挂职，11 月离任）
晏其林（挂职）

彭水苗族土家族自治县经济和信息化委员会

书　记：何道信
主任、科技局局长：冉　旭
党组成员、副主任：焦辉平　梁光均
张　玲（女）　余　波
党组成员、副主任、科技局副局长：陈　坤
党组成员、经济和信息化行政执法支队支队长：王小兵

国网重庆市电力公司彭水供电分公司

总经理、党委副书记：邓劲松
党委副书记（主持党委工作）、副总经理：
汪　庆
副总经理：徐　峰
党委委员、副总经理：杨小东
纪委书记、工会主席：王承军
党委委员、副总经理：邓文东
总经理助理：王　毅（4 月到任）

彭水苗族土家族自治县工业园区管委会

书　记、主　任：罗远江（兼）
副书记、副主任：陈昌华（兼）
委　员、副主任：黄建明（兼）
冉　旭（兼）

彭水苗族土家族自治县工业园区建设实业公司

党委书记、董事长：肖林军
总经理：冉青松
党委委员、副总经理：冉　剑
党委委员、总工程师：廖志彬
党委委员、财务总监：任云平

彭水苗族土家族自治县商务委员会

党组书记、主　任：邵江涛
党组成员、副主任：周应彭　谢湖滨
汤天应　皮小坤（女）
党组成员：杨家刚

彭水苗族土家族自治县供销合作社联合社

党组书记、主　任：赵朝军
党组成员、副主任：陈　鹏　陈启锋　李远胜

彭水县烟草专卖局（分公司）

党组书记、局长、经理：窦远奎
副经理：唐晓渝　陈代明　刘　浪
纪检组长、副局长：王世伦
工会主席：尹龙明

中国石油天然气股份有限公司重庆彭水销售分公司

经　理：李刘刚
副经理：周雨春

彭水苗族土家族自治县招商服务中心

主　任：任小兵
副主任：邓相宇（女）　孟德学

彭水苗族土家族自治县文化和旅游发展委员会

党委书记、主任、体育局局长：袁业国
文化市场综合行政执法支队政委：
王世夏（7月到任）
党委委员、副主任：刘洪生　廖隽吟（女）
副主任、体育局副局长、体育发展中心主任：
吕中媚
党委委员、文化市场综合行政执法支队支队长：廖建军（7月到任）

彭水苗族土家族自治县蚩尤九黎城管委会

主　　任：程　途
常务副主任：李素芳
副　主　任：王天栋

重庆市彭水县兴农融资担保有限公司

董事长：高明勇
总经理：胡　嘉（女）

彭水苗族土家族自治县规划和自然资源局

党组书记、局　长：严海林
党组成员、副局长：黄　恩　张　玲（女）
党组成员、驻局纪检监察组组长：王国华
党组成员、县土地征收储备中心主任：
罗登连
党组成员、规划自然资源综合行政执法支队支队长：王国江
规划自然资源综合行政执法支队政委：刘波（7月到任）

彭水苗族土家族自治县城市管理局

党组书记、局　长：文元林
党组成员、副局长：王子贵　向建国
孙德兵　朱哲旭

彭水苗族土家族自治县住房和城乡建设委员会

党组书记：胡　宏
主　　任：冯立胜
党组成员、副主任：冉茂强
党组成员：李泽兵

彭水苗族土家族自治县生态环境局

党组书记、局　长：廖福保
党组成员、副局长、生态环境保护综合行政执法支队支队长：崔锦洪
党组成员、副局长：张绍云
党组成员、驻生态环境局纪检监察组长：庹小容（女）
党组成员、副局长：陈黎明（女）
党组成员、生态环境监测站站长：陈坤照
党组成员：毛　伟
生态环境保护综合行政执法支队政委：陈　瑜（7月到任）

彭水苗族土家族自治县移民服务中心

主　任：段晓锦
副主任：李朝斌　张　浩　张德礼
党组成员：张　强

彭水苗族土家族自治县委新城党工委、新城管委会

县委新城工委书记、新城管委会主任：罗道书
县委新城工委副书记、新城管委会副主任：王凡鹏
县委新城工委副书记、新城管委会常务副主任：罗　军
县委新城工委专职副书记：唐　宏
县委新城工委委员、新城管委会副主任：王　洵　王　松　任　刚

彭水苗族土家族自治县交通局

党委书记、局　长：陈敬红（1—6月为党组书记）
党委委员、副局长：文　朴（1—6月为党组成员）
党委委员、副局长：任　军（1—6月为党组成员）
党组成员、运管所所长：苟　勇（6月离任）
党委委员、道路运输事务中心主任：苟　勇（6月到任）
党组成员、路政大队大队长：喻晓林（7月离任）
党委委员：陈启军（1—6月为党组成员）
党委委员、县纪委监委驻县交通局纪检监察组长：叶庆丰（1—6月为党组成员）
党委委员、交通运输综合行政执法支队支队长：向建波（7月到任）
交通运输综合行政执法支队政委：喻晓林（7月到任）

中国邮政集团公司重庆市彭水县分公司

党支部书记、总经理：石江宁
副总经理、工会主席：谢朝芳（女）

中国电信股份有限公司彭水分公司

总 经 理：龙　浩
副总经理：黄美国　秦叙友

中国移动通信集团重庆有限公司彭水分公司

总 经 理：王建华
副总经理：王　亮　邵　波

中国联通彭水县分公司

总 经 理：严建国
副总经理：周　剑

彭水苗族土家族自治县财政局

党组书记、局　长：谢成红
党组成员、驻局纪检监察组长：任孔奎
党组成员、副局长：谢华鸥　冯田松
副 局 长：田小华（女）
党组成员：廖秀敏（女）（11月离任）

彭水苗族土家族自治县税务局

党委书记、局　长：杨　睿（7月离任）
胡　捷（7月到任）
党委委员、副局长：田江华（9月到任）
汪贵权　王　剑
余建波（9月到任）
刘　毅（6月离任）
肖　贤（6月离任）
李　伟（6月离任）
许　敏（女）(7月离任)
党委委员、纪检组长：郑　杰
党委委员、总经济师：郭　庆（6月离任）
张世进（12月到任）
党委委员、总会计师：刘　超（12月到任）

中国银行保险监督管理委员会黔江监管分局彭水监管组

组　长：朱　毅

中国人民银行彭水支行

党组书记、行　长：梁通祥
党组成员、副行长：汪庭华　毛海波
党组成员、派驻纪检组长：孔　迪

中国工商银行股份有限公司重庆彭水支行

行　长：王仁鑫
副行长：杜　科（女）　王　济

中国农业银行重庆彭水支行

行　　长：周光彩
副 行 长：倪伟松　傅甫灵
纪委书记：何小明

中国农业发展银行彭水支行

行　长：雷　鸣
副行长：田　军

重庆农村商业银行彭水支行

行　长：唐继东
副行长：杨　彬　朱　政

中国邮政储蓄银行彭水支行

行　长：徐立友
副行长：艾　伟

重庆彭水民泰村镇银行股份有限公司

行　长：朱小林
副行长：袁　虹　谢玉琴（女）

重庆三峡银行彭水支行

行　长：谭中海
副行长：黄　亿

中国人寿保险股份有限公司彭水支公司

总　经　理：陈　伟
总经理协理：雷　霆　杨贵联（女）

彭水苗族土家族自治县发展和改革委员会

党组书记、主　任：王传军
党组成员、副主任：邵　尉　任小兵
副 主 任：李光奎
党组成员、副主任：吴晓川
党组成员：冯　伟（挂职）

彭水苗族土家族自治县应急管理局

党委书记、局　长：郑永东
党委委员、副局长：汪卫军　周兴生
陈远兵　罗胜缤
冯家林
副 局 长：祝　娟（女）
安全生产监察执法大队大队长：甘国平
县应急救援中心副主任：张龙华

彭水苗族土家族自治县市场监督管理局

党组书记、局　长：冉茂波
党组副书记、副局长：田永东
市场监管综合行政执法支队支队长：张凌燕（女，7月到任）
市场监管综合行政执法支队政委：王子超（7月到任）
党组成员、副局长：温安坤
党组成员、驻市场监管局纪检监察组组长：任永友
党组成员、副局长：严昌平（8—12月，山东聊城挂职）

彭水苗族土家族自治县审计局

党组书记、局　长：尤文锋
副局长：廖建华　李昕屿（女）
党组成员、审计中心主任：周平天
经责联席办主任：陶　红（女）

彭水苗族土家族自治县统计局

党组书记、局　长：杨祥奎
党组成员、副局长：涂　勇　郭大波
党组成员、社会经济调查队队长：肖庆杰
副 局 长：冉鹏飞
县社情民意调查中心主任：冯洪瑞

彭水苗族土家族自治县国有资产管理服务中心

主　任：冯田松
副主任：王德金　冉建华

彭水苗族土家族自治县气象局

党组书记、局　长：张玉坤
党组成员、副局长：张德先（女）　朱舜前

彭水苗族土家族自治县红十字会

会　长：谭毅力（女）（兼）
常务副会长：谢德华

彭水苗族土家族自治县民族宗教事务委员会

党组书记、主　任：向　涛
党组成员、副主任：高曲云（女）

彭水苗族土家族自治县教育委员会

书　记、主　任：付美兵
副书记：朱洪斌
工委委员、县政府教育督导室专职督学：周　勇
工委委员、县纪委监委驻县教委纪检监察组组长：冉茂锡
工委委员、副主任：陈代全
陈恒平（9月离任）
任学交（9月到任）
副 主 任：刘　敏（女）

彭水苗族土家族自治县广播电视台

党组书记、台　长：刘将彬（6月离任）
党组成员、副台长：陈发伦（6月离任）
副 台 长：李大明（6月离任）

彭水苗族土家族自治县融媒体中心

主　任：温江华（6月到任）
副主任：陈发伦（6月到任）
李大明（6月到任）
周青松（6月到任）

彭水苗族土家族自治县档案馆

党组书记、馆　长：冉茂鸿
党组成员、副馆长：吴向华　汪卫东　谢直兴
党组成员：唐　茂

彭水苗族土家族自治县卫生健康委员会

党委书记、主　任：李孝前
党委副书记、副主任：李泽民
党委委员、驻委纪检监察组组长：李泽漩

党委委员、副主任：蒲世海　石发禄
　　陈洪学
党委委员、县中医院党委书记：冉启朝
党委委员、县人民医院党委书记：
　　邓登慧（女）

彭水苗族土家族自治县民政局

党组书记、局　长：尹雪梅（女）
党组成员、副局长：李　辉　邵瑞江
　　刘　波

乡镇街道负责人名录

汉葭街道

党工委书记：任孝云
党工委副书记、办事处主任：肖健康
党工委委员、人大工委主任：冯佑高
党工委副书记：陈代文
党工委委员、政法书记：苟　渠
党工委委员、办事处副主任：杨红波
党工委宣传委员：吴相芬（女）
党工委委员、办事处副主任：谢常辉
党工委委员、纪工委书记：黄一轩
党工委组织委员：张红霞（女）
党工委统战委员：邵　强
办事处副主任：刘　敏（女）

绍庆街道

党工委书记：曾林方
党工委副书记、办事处主任：刘朝权
党工委委员、人大工委主任：周广平
党工委副书记：尹承章
党工委委员、纪工委书记：范其福
党工委委员、政法书记：苏　兴
党工委委员：谢泽滨
党工委委员、办事处副主任：刘华川
办事处副主任：李　莉（女）
党工委组织委员：刘小容（女）
党工委宣传委员：刘帮清
党工委统战委员：庹贞琴（女）

靛水街道

党工委书记：钟兴云
党工委副书记、办事处主任：梁晓黎
党工委委员、人大工委主任：谢光远
党工委委员、纪工委书记：李鸿章
办事处副主任：罗富安　王卫林
党工委委员、办事处副主任：陈　普
党工委宣传委员：庹林祥
党工委统战委员：王　旭
党工委委员、政法书记：潘　峰
党工委组织委员、人大工委副主任：
　　陈秋瑾（女）

高谷镇

党委书记：任云义
党委副书记、镇长：任　兵
党委委员、人大主席：王建华
党委副书记：何江涛
党委委员、纪委书记：代明华
党委委员、政法书记：赵远川
党委委员：谢成建
党委组织委员：郭　虎
党委宣传委员、统战委员：王　勇（女）
副镇长：张小龙

郁山镇

党委书记：庹华明
党委副书记、镇长：金应强
党委委员、人大主席：周卿民
党委副书记：马晓春
人大副主席：宁环兵
党委委员、副镇长：王川源　谢海浪

副镇长：马培淑（女）
党委委员、纪委书记：冉茂兵
党委委员、政法书记：吴　锐
党委委员：罗春华
党委组织委员：豆　毅
党委宣传委员、统战委员：刘庆彬

保家镇

党委书记：陈昌华
党委副书记、镇长：黄建明
党委委员、人大主席：谭昭智
党委副书记：李柏汝
党委委员、纪委书记：李胜贤（7月离任）
　　　　　　　　　　龚愉森（8月到任）
党委委员、政法书记：彭万洪
党委委员、副镇长：郁德洪
党委委员、副镇长：周　强　谢成忠
党委宣传委员、统战委员：向国辉
党委组织委员：何　冀
副 镇 长：张　军

桑柘镇

党委书记：吴成印
党委副书记、镇长：孙　林
党委委员、人大主席：赵泽洪
党委副书记：李浩霞
党委委员、副镇长：赵中奎　魏远琴（女）
副镇长：庹雪峰
党委委员、纪委书记：刘建宏
党委委员、政法书记：董延卫
党委委员、副镇长：任朝培
党委组织委员：李林峰
党委宣传委员、统战委员：张志强

鹿角镇

党委书记：王　伟
党委副书记、镇长：龚安定
党委委员、人大主席：刘兴德
党委副书记：周晓琳（女）
党委委员、纪委书记：赵渝来
党委委员、政法书记、副镇长：冯　明
党委委员、副镇长：刘　密
党委组织委员：毛　莉（女）
党委宣传委员、统战委员：任继成
副 镇 长：黄永源

黄家镇

党委书记：王迎春
党委副书记、镇长：陈飞宇
党委委员、人大主席：谢晓红
党委副书记：陈　卫
人大副主席：刘　强
党委委员、纪委书记：邓春宏
党委委员、政法书记：廖亚非
党委委员、副镇长：陶西华
副镇长：陈露萍（女）
党委组织委员：叶腾秀（女）
党委宣传委员、统战委员：罗远忠

普子镇

党委书记：何成军
党委副书记、镇长：杨小刚
党委委员、人大主席：曾庆强
党委副书记：赵　洪
党委委员、纪委书记：严昌怀
党委委员、政法书记：何　奎
党委委员、副镇长：李孝勇　赵亚丽（女）
党委委员：陈小波
党委组织委员：李方红
党委宣传委员、统战委员：杨绪银
副 镇 长：宁胡江

龙射镇

党委书记：王昌高

党委副书记、镇长：张维斌
党委委员、人大主席：向国凡
党委副书记：张德双
党委委员、纪委书记：冉开成
党委委员、政法书记：毛　胤
党委委员：廖选安
副 镇 长：王　兵
党委组织委员：刘　洋
党委宣传委员、统战委员：豆江黎（女）
人大副主席：钟　鹰

连湖镇

党委书记：汪　艾
党委副书记、镇长：冉宗兵
党委委员、人大主席：杨天川
党委副书记：方建禄
副 镇 长：李永杰（女）
党委委员、纪委书记：朱元栋
党委委员、政法书记：陈　昊
党委委员：周　清
党委组织委员：高　翔

万足镇

党委书记：曾春森
党委副书记、镇长：胡　洪
党委委员、人大主席：焦辉照
党委副书记：张雪峰
党委委员、纪委书记：陈远家
党委委员、政法书记：陈大兴
党委委员：张国强
副 镇 长：黄邦德
党委组织委员：刘昌勇
党委宣传委员、统战委员：李秋亚（女）

新田镇

党委书记：夏　均
党委副书记、镇长：张晓辉
党委委员、人大主席：任永成
党委副书记：简银宝
党委委员、纪委书记：毛云东
党委委员、副镇长、政法书记：张直奎
党委委员、宣传委员、统战委员：
赵晓玲（女）
党委委员、副镇长：刘　辉
党委委员、组织委员、人大副主席：冉向东
副 镇 长：冉茂长

鞍子镇

党委书记：任　洪
党委副书记、镇长：简远成
党委委员、人大主席：冉　洪
党委副书记：谢从奎
党委委员、纪委书记：向　阳
党委委员、政法书记、副镇长：罗　阳
党委委员、副镇长：张　波
副 镇 长：毛显华
党委组织委员：廖园桂
党委宣传委员、统战委员：陈兰萍（女）

平安镇

党委书记：任小林
党委副书记、镇长：邓　拓
党委委员、人大主席：王　俊
党委委员、纪委书记：金小闯
党委副书记：陈继高
党委委员、政法书记、副镇长：冯中银
党委委员、副镇长：彭椿燕
副 镇 长：王海平（女）
党委宣传委员、统战委员：杨显福
党委组织委员：孙建东

长生镇

党委书记：刘邦宪
党委副书记、镇长：刘方亮

党委委员、人大主席：王桂英
党委副书记：徐昌明
党委委员、纪委书记：宁环明
党委委员、政法书记、副镇长：何宁建
党委委员、副镇长：王源韩
副 镇 长：冯进军
党委宣传委员、统战委员：周权成
党委组织委员：李　燕（女）

龙溪镇

党委书记：张国学
党委副书记、镇长：赵兴荣
党委委员、人大主席：王德平
党委副书记：张　勇
党委委员、纪委书记：董莹莹（女）
党委委员、政法书记、副镇长：焦辉忠
党委委员、副镇长：冉卓鹏
党委宣传委员、统战委员：
蔡小聪（5月离任）
党委组织委员：王明元
副 镇 长：张　超（女）

梅子垭镇

党委书记：文振华
党委副书记、镇长：王汉松
党委委员、人大主席：何群友
党委副书记：李继林
党委委员、纪委书记：彭术娟（女）
党委委员、政法书记、副镇长：赵春生
党委委员、副镇长：任云川
副 镇 长：谢腾飞
党委组织委员：文　科
党委宣传委员、统战委员：廖望光

太原镇

党委书记：梁易华
党委副书记、镇长：支　海
党委委员、人大主席：杨　胜
党委副书记：黄彩彩
党委委员、纪委书记：吴　维
党委委员、副镇长：严鸿彬
党委委员、政法书记、副镇长：汪远飞
副 镇 长：周　斌
党委宣传委员、统战委员：冯万奎
党委组织委员：刘　源

大同镇

党委书记：曹华东
党委副书记、镇长：徐　林
党委委员、人大主席：徐登勇
党委副书记：夏　旭
党委委员、纪委书记：王　勇
党委委员、政法书记：肖小江
党委委员：张正明
副 镇 长：余　飞
党委组织委员：肖　楷
党委宣传委员、统战委员：夏高刚

鹿鸣乡

党委书记：王栋梁
党委副书记、乡长：吴宇鹏
党委委员、人大主席：张　宏
党委副书记：赵晓航
党委委员、纪委书记：何泽万
党委委员、政法书记、副乡长：张　饶
党委委员、副乡长：冉　训
党委组织委员：张朝霞（女）
党委宣传委员、统战委员：黎家安
副 乡 长：李永秋　谢　均

诸佛乡

党委书记：刘胜平
党委副书记、乡长：豆超琼（女）
党委委员、人大主席：邓明斌

党委副书记：李兴西
党委委员、纪委书记：邓明斌
党委委员、政法书记、副乡长：李　清
党委委员、副乡长：邵　宽
党委组织委员：段丽霞（女）
党委宣传委员、统战委员：金小丁（女）
副 乡 长：谭银龙　张小兵

走马乡

党委书记：冯洪安
党委副书记、乡长：王　松
党委委员、人大主席：王明海
党委副书记：李其泉
党委委员、纪委书记：张小凯
党委委员、政法书记、副乡长：胡秀江
党委委员、副乡长：龙文彬
副 乡 长：周庆玖
党委组织委员：郑富尹（女）（7月离任）
党委宣传委员、统战委员：王灵宪

石柳乡

党委书记：余光明
党委副书记、乡长：陈忠均
党委委员、人大主席：喻修田
党委副书记：王付全
党委委员、纪委书记：张英安
党委委员、政法书记、副乡长：廖昌平
党委委员、副乡长：张　勇
副 乡 长：徐　玲（女）
党委组织委员：吴胜娟（女）
党委宣传委员、统战委员：朱国家

岩东乡

党委书记：田　燕（女）
党委副书记、乡长：张知海
党委委员、人大主席：张德文（12月工亡）
党委副书记：卢策群

党委委员、纪委书记：谭继奎
党委委员、政法书记：谭勤华
党委委员：田　川
副 乡 长：方义华
党委组织委员：徐　华
党委宣传委员、统战委员：杨于桥

润溪乡

党委书记：曾宪军
党委副书记、乡长：张先顶
党委委员、人大主席：谭书琼（女）
党委副书记：任武胜
党委委员、纪委书记：刘志潘
党委委员、政法书记：王云其
党委委员：李真兵
党委组织委员：张学成
党委宣传委员、统战委员：刘恩会（女）
副 乡 长：王　菲　朱远长

棣棠乡

党委书记：杨秀举
党委副书记、乡长：王美洲
党委委员、人大主席：谢　明
党委副书记：郭唐敏
副 乡 长：陈小波
党委委员、纪委书记：李　波
党委委员、政法书记：廖海彬
党委委员：黄光川
党委组织委员：王　伟
党委宣传委员、统战委员：龙桂林

乔梓乡

党委书记：陈　永
党委副书记、乡长：陈光旭
党委委员、人大主席：谢尚峰
党委副书记：豆东山
党委委员、纪委书记：廖寿文

党委委员、副乡长：向小东
党委委员、政法书记、副乡长：陈文刚
副 乡 长：向坤杰
党委组织委员：彭文全
党委宣传委员、统战委员：杨红梅（女）

龙塘乡

党委书记：冯久林
党委副书记、乡长：李海霞（女）
党委委员、人大主席：罗远书
党委委员、副书记：罗文锋
党委委员、纪委书记：庹征荣
党委委员、政法书记：陈开合
党委委员：晏贞华
副 乡 长：许碧川　李　鹏
党委组织委员：熊建华
党委宣传委员、统战委员：陈　静

联合乡

党委书记：王建军
党委副书记、乡长：吴国庆
党委委员、人大主席：魏　群
党委副书记：代成川
党委委员、纪委书记：汪常胜
党委委员、政法书记、副乡长：罗礼洋
党委委员、副乡长：朱寒松
党委组织委员：冉一涟
党委宣传委员、统战委员：操　玲（女）
副 乡 长：葛先奎

芦塘乡

党委书记：廖燕峰
党委副书记、乡长：周清洌
党委委员、人大主席：何玉方
党委副书记：赵奎荣
党委委员、纪委书记：张　俊
党委委员、副乡长：魏光举
党委委员、副乡长、政法书记：罗名兵
副 乡 长：龙　海
党委宣传委员、统战委员：陈洪川
党委组织委员：廖庆华

朗溪乡

党委书记：陈海洋
党委副书记、乡长：蒋廷昌
党委委员、人大主席：罗　坤
党委副书记：黄兴军
党委委员、纪委书记：陈守明
党委委员、副乡长、政法书记：彭国平
党委委员、副乡长：冉　雄
副 乡 长：宋廷友
党委组织委员：赵绪堂
党委宣传委员、统战委员：苏小蓉（女）

善感乡

党委书记：崔明伟（7月离任）
　　　　　庹玉均（7月到任）
党委副书记、乡长：庹玉均（7月离任）
　　　　　董永升（8月到任）
党委委员、人大主席：艾立鸿
党委副书记：冯　勇
党委委员、纪委书记：李绍银
党委委员、政法书记：洪　江
党委委员：谭海波
副 乡 长：焦辉波
党委组织委员：唐　雪（女）
党委宣传委员、统战委员：廖　皓

三义乡

党委书记：李小平
党委副书记、乡长：董民强
党委委员、人大主席：何英杰
党委副书记：赵玉玲
党委委员、纪委书记：任建成

党委委员、政法书记：侯小平
党委委员：王薛粲
党委组织委员：马小刚
党委宣传委员、统战委员：陈传国
副 乡 长：李小林

双龙乡

党委书记：张小洪
党委副书记、乡长：黄　辉
党委委员、人大主席：敖大明
党委副书记：谢　伟（女）
党委委员、纪委书记：刘　涛
党委委员、副乡长：廖石川
党委委员、政法书记：刘　皇
党委组织委员：凌征霞（女）
党委统战委员、宣传委员：吴家强

石盘乡

党委书记：陈　瑜（7 月离任）
方德斌（7 月到任）
党委副书记、乡长：方德斌（7 月离任）
廖秀华（7 月到任）
党委委员、人大主席：韩清平
党委副书记：陈　寨
党委委员、纪委书记：谢云峰
党委委员、政法书记、副乡长：刘定兵
党委委员、副乡长：廖云伟
党委组织委员：李海峰
党委宣传委员、统战委员：高　靖（女）

大垭乡

党委书记：赵中娅（女）
党委副书记、乡长：罗贵阳
党委委员、人大主席：李永帆
党委副书记：任大玖
党委委员、纪委书记：李松洁
党委委员、政法书记：胡小平
党委委员：文　黎
副 乡 长：龚成兴
党委组织委员：赵广周
党委宣传委员、统战委员：陈小东

桐楼乡

党委书记：冯佑峰
党委副书记、乡长：张　倩（女）
党委委员、人大主席：冉　军
党委副书记：陈彦全
党委委员、纪委书记：殷中睿
党委委员、政法书记、副乡长：龙　宇
党委委员、副乡长：高　寒
党委宣传委员、统战委员：任　伟